清代翁牛特右翼旗札萨克衙门档案汉译选编

（备兵、镇边专题）

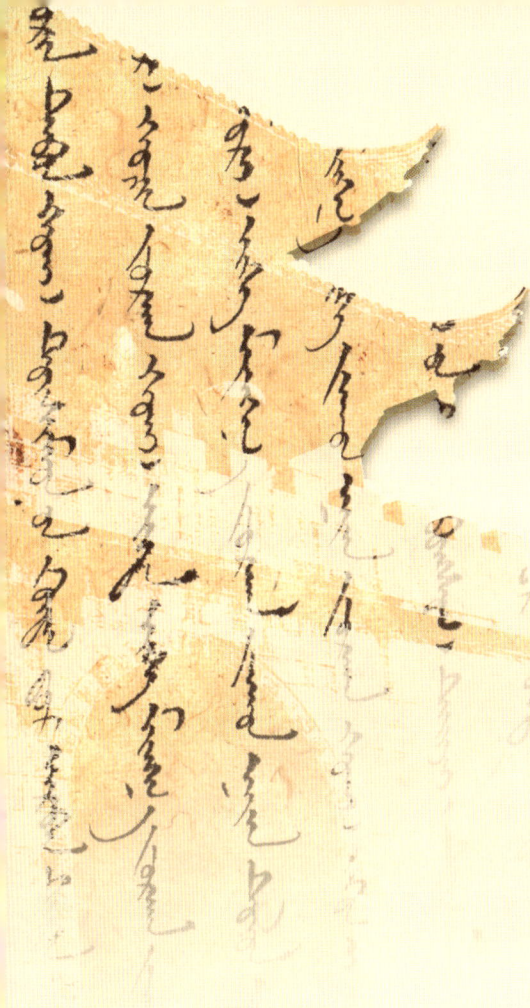

赤峰市档案史志馆 编

国家图书馆出版社

图书在版编目（CIP）数据

清代翁牛特右翼旗札萨克衙门档案汉译选编：备兵、镇边专题 / 赤峰市档案史志馆编 . -- 北京：国家图书馆出版社，2025. 4. --ISBN 978-7-5013-8551-5

Ⅰ .K292.64

中国国家版本馆 CIP 数据核字第 2025UQ3278 号

书　　名	清代翁牛特右翼旗札萨克衙门档案汉译选编(备兵、镇边专题)
著　　者	赤峰市档案史志馆　编
责任编辑	孟颖佼
封面设计	一瓢文化
出版发行	国家图书馆出版社（北京市西城区文津街 7 号　100034）
	（原书目文献出版社　北京图书馆出版社）
	010-66114536　63802249　nlcpress@nlc.cn（邮购）
网　　址	http://www.nlcpress.com
印　　装	北京金康利印刷有限公司
版次印次	2025 年 4 月第 1 版　2025 年 4 月第 1 次印刷
开　　本	787×1092　1/16
印　　张	35
书　　号	ISBN 978-7-5013-8551-5
定　　价	900.00 元

编 委 会

主　　编：吕雪生

副 主 编：刘绍林　汪志红　白云玲　乔四白

执行主编：白云玲

执行编辑：其其日力格　龙　燕　赵　娜

翻　　译：敖　拉

前　言

清代，朝廷在蒙古地区编佐设旗、定期会盟，建立了独特的行政体系——盟旗制度。翁牛特右翼旗是漠南蒙古四十九旗之一，属昭乌达盟，旗地包括今内蒙古赤峰市红山区、松山区、元宝山区和翁牛特旗部分区域。"札萨克"是旗最高首领，由朝廷任命，职位世袭，依朝廷授权管理旗内一切军政事务。翁牛特右翼旗驻牧地毗邻京畿地区，又与边疆蒙古各部有着血脉相连的兄弟关系，在清朝政府与边疆蒙古各部的关系中发挥着重要作用，对整个北疆安宁有重要影响。

赤峰市档案史志馆馆藏清代翁牛特右翼旗札萨克衙门档案，形成于康熙十四年（1675）至宣统三年（1911），以蒙文为主，兼有少量满文和汉文。档案内容涉及袭爵册封、年班朝觐、俸禄赏赐、会盟盛事、官员任免、王公嫁娶、兵丁征调、军需供给、木兰围场、驿站事务、宗教事务、比丁户口、社会治安、案件审理、垦地开矿、旗仓收支、契约税赋、灾害赈济、汉民管理等等，涵盖了旗务管理及札萨克衙门与中央政府往来的方方面面。档案总计 1501 卷，数量并不十分庞大，但在时间上保持了较好的连续性，自康熙至宣统历朝皆有（其中抄件可上延至顺治时期），是少数得以较为完整、系统保存下来的清代蒙旗档案，且具有比较突出的民族和地域特色，其历史意义和学术价值自不待言。

档案作为珍贵的历史遗存，其价值不在"藏"而在"用"。清代翁牛特右翼旗札萨克衙门档案以蒙文为主，汉译后可进一步拓展利用范围。《清代翁牛特右翼旗札萨克衙门档案（备兵、镇边专题）》是 2024 年度国家重点档案保护与开发工程项目，是赤峰市档案史志馆继《赤峰地区清代蒙满文档案汉译汇编》之后，又一蒙满文历史档案编译成果，也是首个专题性成果。

为了稳定边疆、巩固政权，清政府在军事方面对蒙古各盟旗实行了一系列管理措施。按照朝廷规定，蒙古各旗要担负守边御敌、派兵应征、供应军械的职责，需定期编审壮丁报理藩院备案，会盟的主要任务也是检阅兵员数量、素质与军备情况，而木兰围场的建立，也包含着"肄武绥藩"、稳固边防的政治目的。在此历史背景基础上，赤峰市档案史志馆以备兵、镇边为主题，从馆藏清代翁牛特右翼旗札萨克衙门档案中择选百余件涉及会盟比丁、兵丁征调、守边御政、木兰围猎、社会治安以及军需供给等内容的档案结集出版，可为清代边疆治理、民族关系等方面的历史研究提供第一手资料。

本书既有原件影印呈现档案原貌，也附有汉译全文可供对照，以期为普通读者或专业学者的阅读、研究提供最大便利，在一定程度上响应社会与学界对蒙满文档案的利用需求，也是赤峰市档案史志馆保护和开发蒙满文历史档案的又一次尝试。

赤峰市档案史志馆馆藏有限，清代翁牛特右翼旗档案尚不完整，希望能与保存或收藏相关文献的组织机构、专家学者等通力合作，共同推动蒙满文历史档案的收集整理与编译研究工作。

本书的出版是多方共同努力的结果，衷心感谢国家档案局、内蒙古自治区档案馆的大力支持和悉心指导！感谢所有为本书的翻译、编辑、出版付出智慧与劳动的专家学者和工作人员！

由于水平和时间所限，书中难免存在错漏之处，恳请专家学者不吝指正！

《清代翁牛特右翼旗札萨克衙门档案汉译选编（备兵、镇边专题）》编委会

2025 年 3 月

编 辑 说 明

　　《清代翁牛特右翼旗札萨克衙门档案汉译选编（备兵、镇边专题）》是精选赤峰市档案史志馆藏"翁牛特右翼旗（清）全宗档案"中关于备兵、镇边专题的具有代表性的101件档案汇编并汉译而成。关于本书的编排，有以下几点需要说明。

　　一、本书对所选档案进行影印，其后附本件档案汉译全文，并逐件拟写汉文标题。

　　二、档案时间即公文落款时间，信息著录精确到日期。对于档案中存在附件或者出现多份公文的情况，以主体公文或第一份公文落款时间为准。

　　三、本书原则上按档案时间先后依次编排，对于没有明确时间或年、月、日信息不全的档案，根据其内容关联性或判断大体时段进行排序。

　　四、本书所收蒙、满文档案由赤峰学院敖拉教授进行汉译，并逐件拟写汉文标题，由国家图书馆萨仁高娃研究馆员担任外审。翻译时既尊重清代蒙、满文语言特点，又考虑现代人的阅读习惯，保留古今相同的名词，省略没有实际意义的虚词，蒙、汉文词汇间适当借代，对于蒙古文言文中省略的词，按需要在译文中加以补充。

　　（一）基本上以句子为单位进行直译，为了便于读者理解，一些表述采用意译。

　　（二）译文所涉地名、人名均为汉文常见字词音译转写，不表实意；译文所涉清代机构、职务、爵位等，尽量使用当时的称谓。对上述名称存在的多种表述或译法，尽量统一。翻译过程中参考了《理藩院则例》《蒙古回部王公表传》等文献。

　　（三）原件内容残缺、字迹不清等无法识读的地方，以"□"表示。

　　五、本书所选部分档案存在原件残损、缺页、附件散失不全的情况，考虑到其本身具有的文献价值与内容上的代表性，依旧将其选入并翻译，敬请读者谅解。

　　六、本次翻译出版工作时间紧、任务重，加之编者水平有限，遗珠之憾、错讹之处，所在兹多，恳请专家学者不吝赐教，以匡不逮。

目　录

2

5

7

001

理藩院为进藏喀喇沁、翁牛特、土默特旗兵丁家属赏银事札翁牛特王苍津文

康熙六十年秋末月初二日

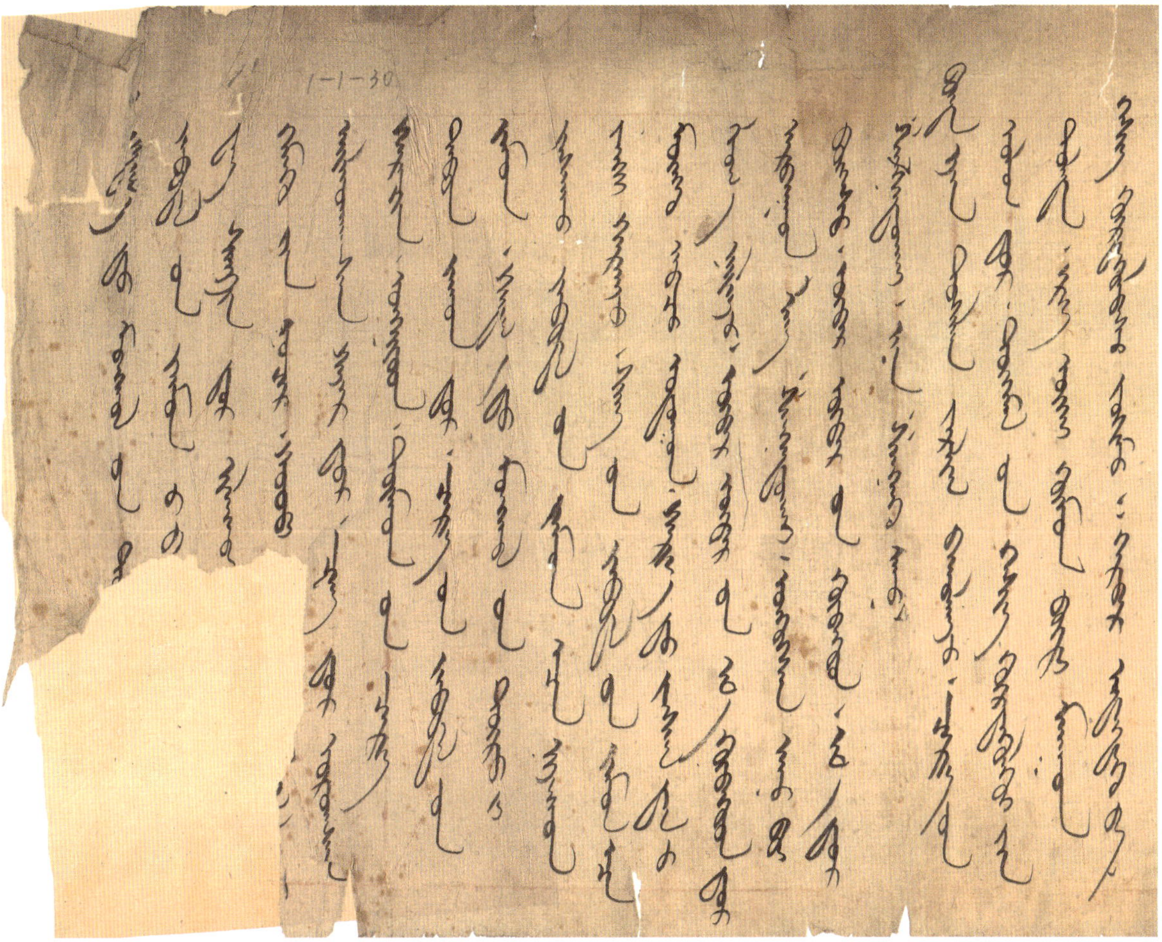

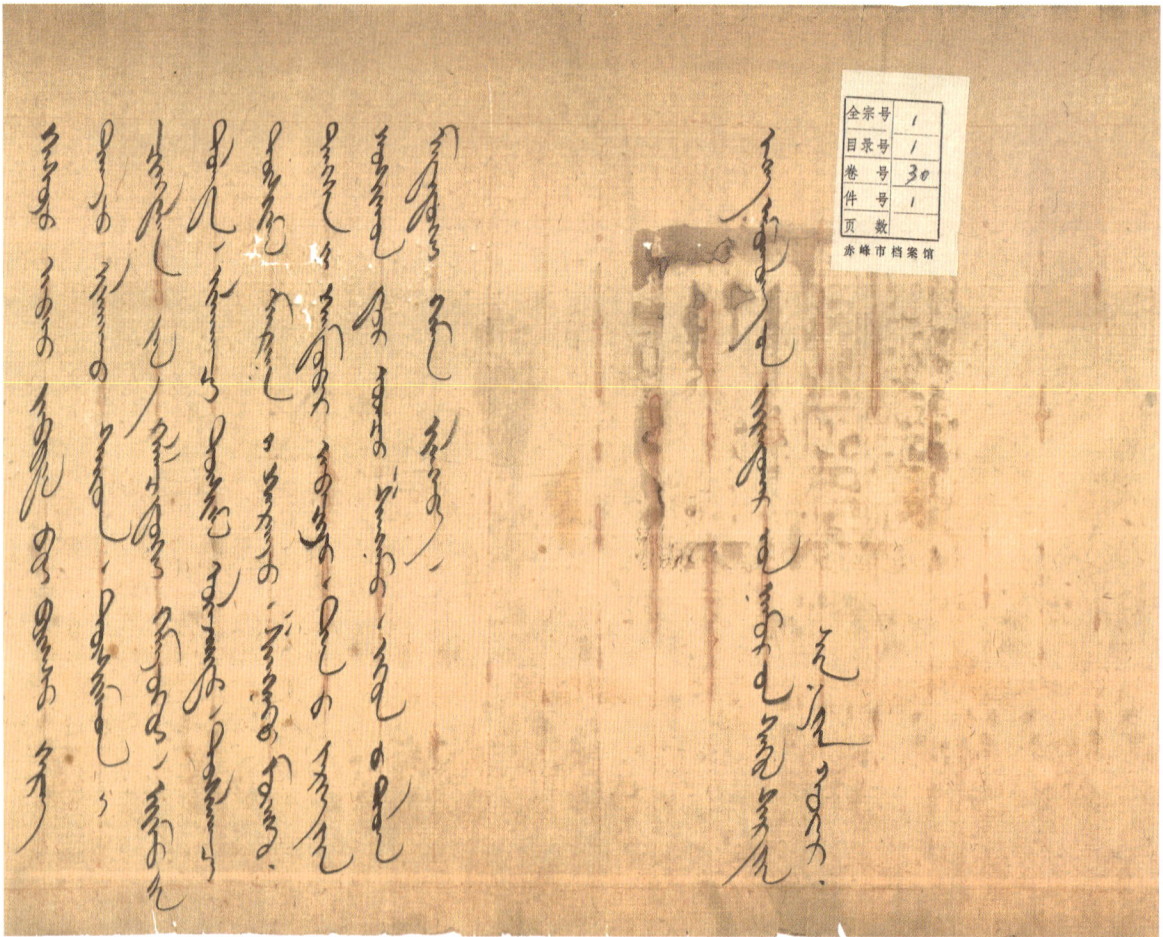

理藩院为进藏喀喇沁、翁牛特、土默特旗兵丁家属赏银事札翁牛特王苍津文

理藩院札翁牛特王苍津文，为知悉事。参赞大臣奏闻后，上准赏赐入藏喀喇沁、翁牛特、土默特兵五百人，由兵部、理藩院派遣若干章京自户部领取银两，前去与属旗札萨克一同赏给各旗入藏兵丁及其妻儿十两银，若有阵亡者，赏给其妻。

本赏赐事乃圣主亲自下旨，惠及兵丁，是授恩之事。为此，每人必须受恩赐，若有误差或未受恩之事，严查问罪承办大臣、官员。为此，派出大臣乌力吉图、协理玛尔甘带赏银、账簿等一同前往各旗进行赏赐。为此，札行。

康熙六十年秋末月初二日

002 理藩院为派员购买驻防阿尔泰路兵丁所需马、驼事札盟长翁牛特多罗杜棱郡王鄂齐尔文

雍正六年□月

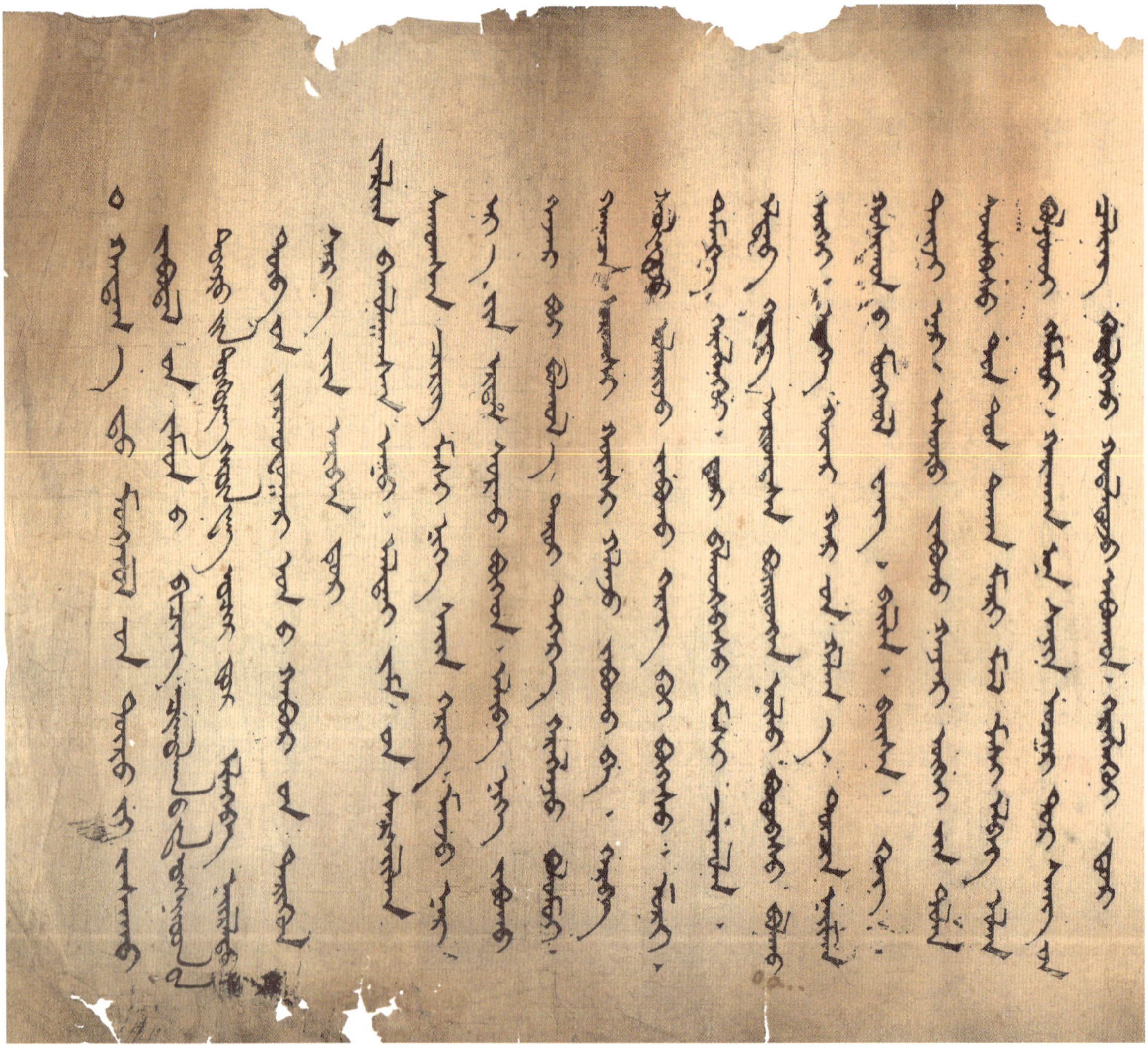

002

理藩院为派员购买驻防阿尔泰路兵丁所需马、驼事札盟长翁牛特多罗杜棱郡王鄂齐尔文

雍正六年□月

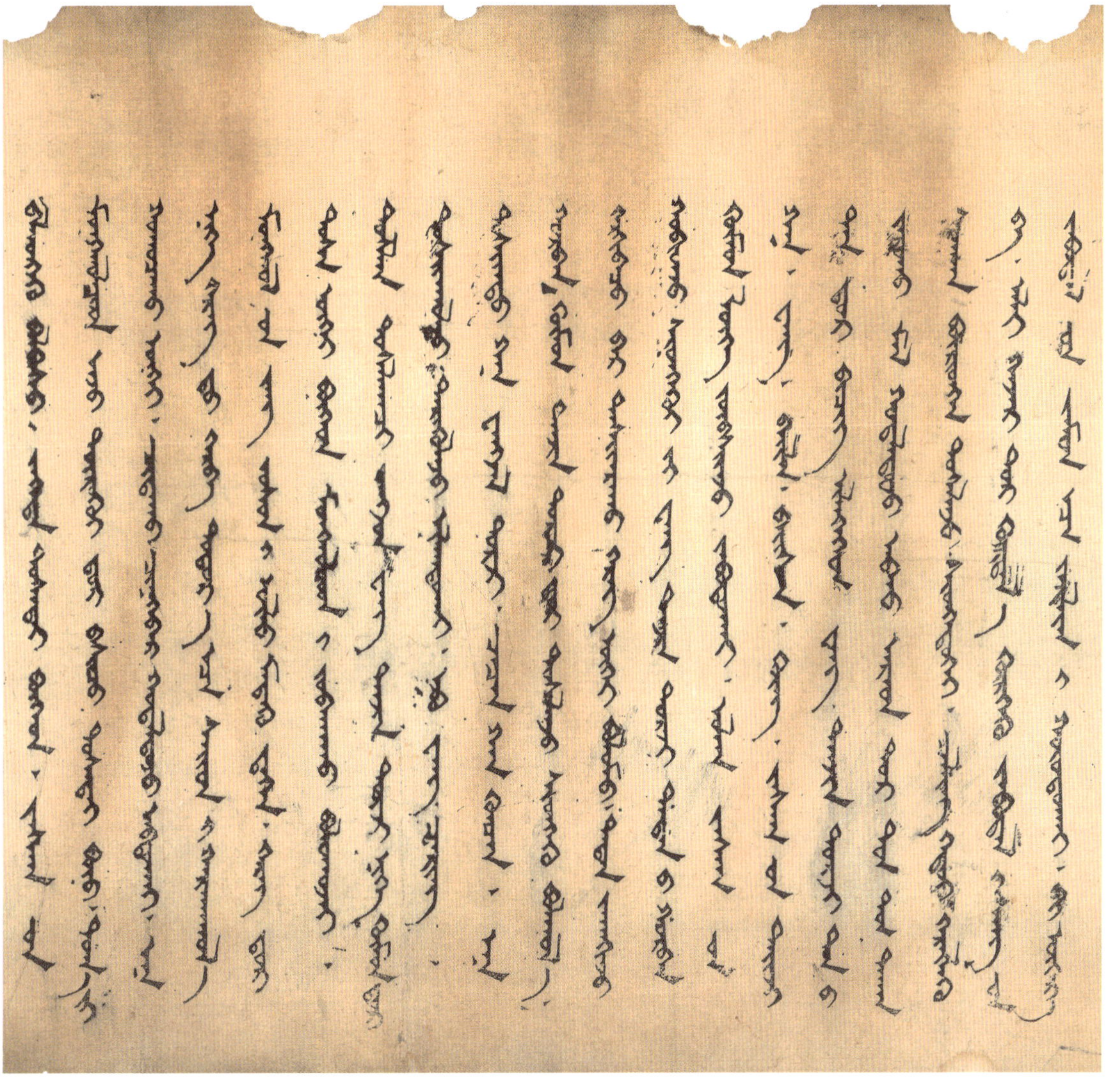

理藩院为派员购买驻防阿尔泰路兵丁所需马、驼事札盟长翁牛特多罗杜棱郡王鄂齐尔文

　　理藩院札盟长翁牛特多罗杜棱郡王鄂齐尔文。雍正六年春一月十日谕旨："驻防阿尔泰山路是一件好事,诸满洲人能学男人本领,走到一方,可得重用。因往返换岗,应急走时,有必要多备马驼。凡事事先统计,不思考不行。如今两翼喀尔喀,四十八旗蒙古王、贝勒、贝子、公、台吉等无处走动,听说各自牲口越加丰富。当下有这么好事,为何不动用库银买下来,以备使用,这不仅对国家有利,也对札萨克蒙古人安居有利。不受限制,尽量多买下来。为这一事,若内部派遣官员办理,则因不懂蒙古人习俗,不但不起作用,反而为难蒙古人。为此,专门交给协理将军王丹津多尔济带头办理,额驸王策凌、土谢图汗旺扎道尔吉、车臣汗衮臣这三人协助丹津多尔济办理,则无论如何不能出差错。如何分配并办理,由王丹津多尔济与其他三人商定执行。向众札萨克汗、王、贝勒、贝子、公、札萨克台吉去文,协助办理并统计王丹津多尔济所需牲畜,逐一跟踪并统计买卖情况。所需钱粮多少、送到哪一个地方等事呈文请示户部,朕另下旨。"等因。圣旨到本部,为此,下饬贵盟在内各札萨克,奉饬执行。为此,札行。

雍正六年□月

7

003

003

科尔沁盟长札萨克和硕达尔汉亲王额驸罗卜藏衮布为各旗出协理及兵丁到克鲁伦河事咨盟长翁牛特多罗杜棱郡王鄂齐尔等文

雍正九年秋中月二十二日

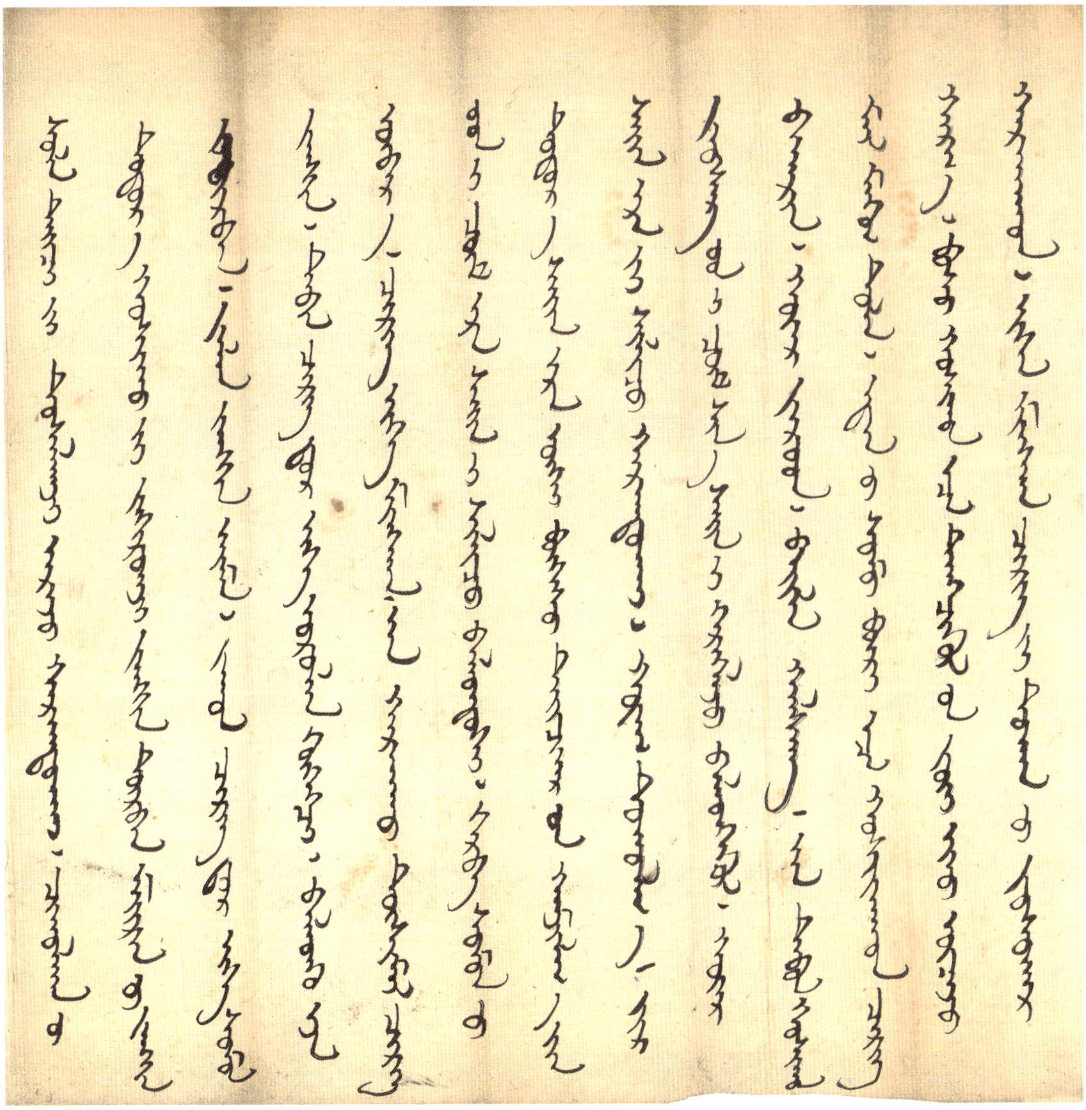

003 科尔沁盟长札萨克和硕达尔汉亲王额驸罗卜藏衮布为各旗出协理及兵丁到克鲁伦河事咨盟长翁牛特多罗杜棱郡王鄂齐尔等文

雍正九年秋中月二十二日

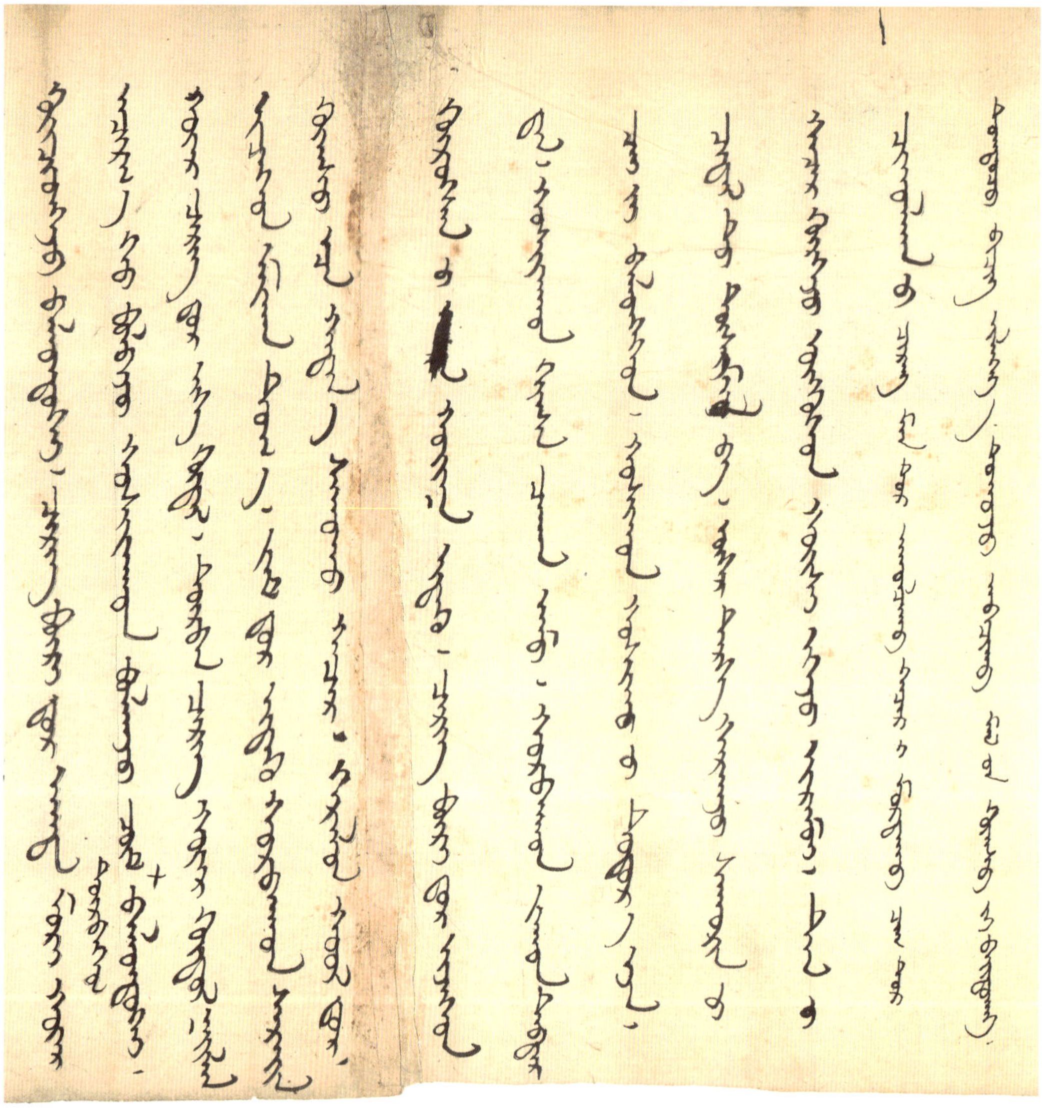

003

科尔沁盟长札萨克和硕达尔汉亲王额驸罗卜藏衮布为各旗出协理及兵丁到克鲁伦河事咨盟长翁牛特多罗杜棱郡王鄂齐尔等文

雍正九年秋中月二十二日

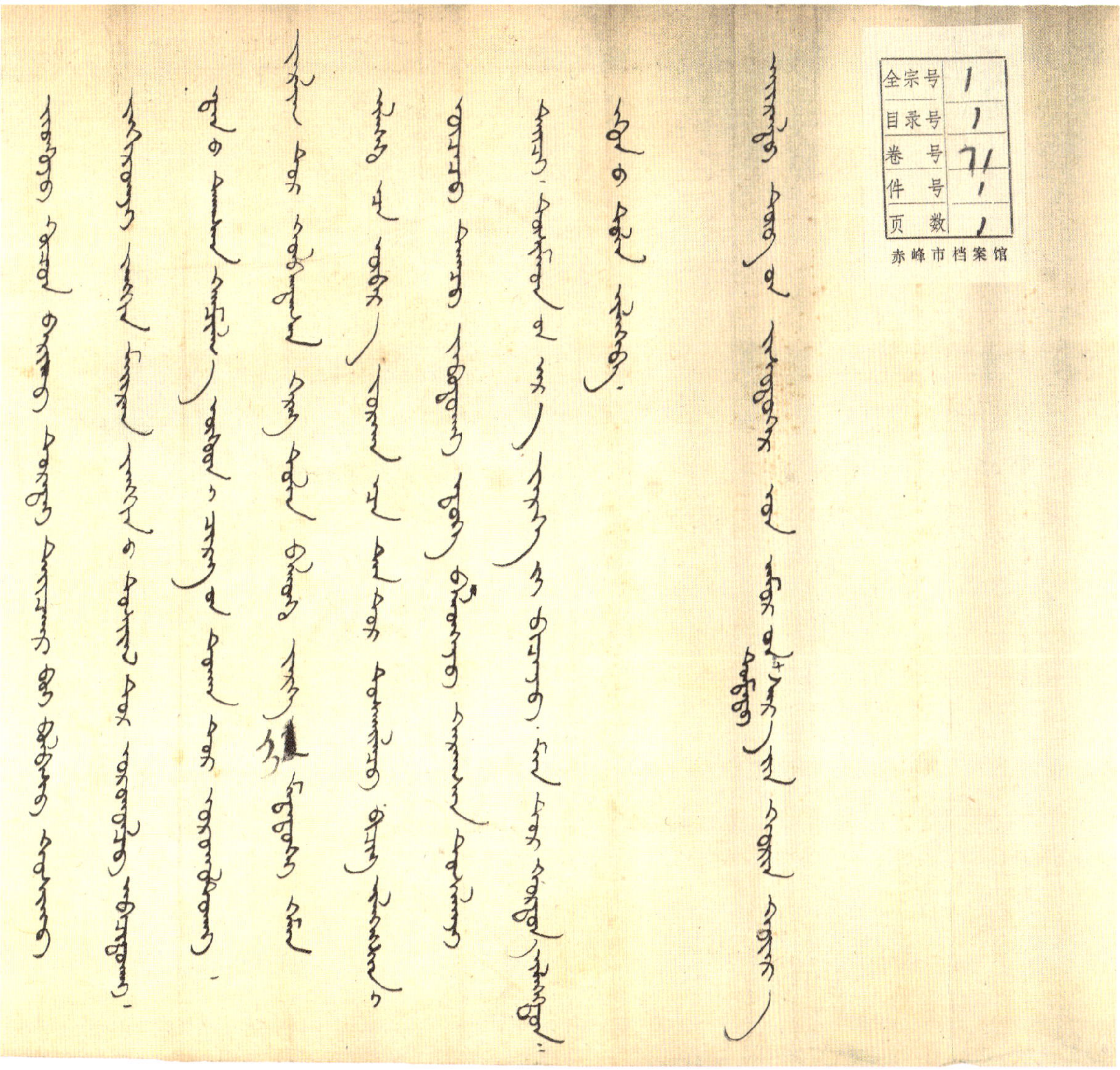

003

科尔沁盟长札萨克和硕达尔汉亲王额驸罗卜藏衮布为各
旗出协理及兵丁到克鲁伦河事咨盟长翁牛特多罗杜棱郡
王鄂齐尔等文

　　科尔沁盟长札萨克和硕达尔汉亲王额驸罗卜藏衮布咨十一札萨克旗盟长多罗郡王鄂齐尔、副盟长多罗郡王淳丕勒、带兵多罗郡王乌力吉图文，为谨遵谕旨将与参赞大臣商定事宜颁行晓谕事。贵盟各旗备一名协理台吉，出征时每两旗内选一名协理。若各旗协理年龄大或有疾病者，选出健壮闲散台吉。盟里选派管旗章京四名、梅林章京四名、札兰章京八名，一百名兵丁派一名佐领章京，五十名兵丁派一名骁骑校外，备兵丁一千名。所备这些官兵必须遴选体质优良人员。若佐领内缺优良兵丁，则从各台吉所属随丁中选出体质优良者。盔甲、武器等均选优备好。因两巴林、两个扎鲁特、贝勒嘎啦桑这五个旗缺乏人员，每佐领出两名兵丁，从其他旗均数派出，一千兵丁按数额备齐。每名兵丁备骟马两匹，种马或骒马备两匹，共备四匹。两名兵丁中备一名牵马人，四名兵丁中备两名牵马人，分别备若干帐篷、够用三月的路途口粮外，到驻地克鲁伦河后，每兵丁吃口粮一石、白米两匣、砖茶三百块，各旗内选出健壮官员用牛车送到驻地后返回。贵盟兵丁与我们会合的地点将在出发时派信告知。若有自愿提供赶往牲畜的饲料乃至自愿出力的台吉等则可提升为管旗章京、梅林章京等职，其随丁入伍充兵丁数目。

　　事关圣旨，知悉所备事项外，随时遵照理藩院饬文执行。当下所备协理台吉、官员名单等抄录后速送来。为此，咨行。

雍正九年秋中月二十二日

004 管理翁牛特等四盟兵丁御前台吉罗卜藏为抓捕遣回逃逸披甲、跟役事呈大王文

雍正十年春初月二十四日

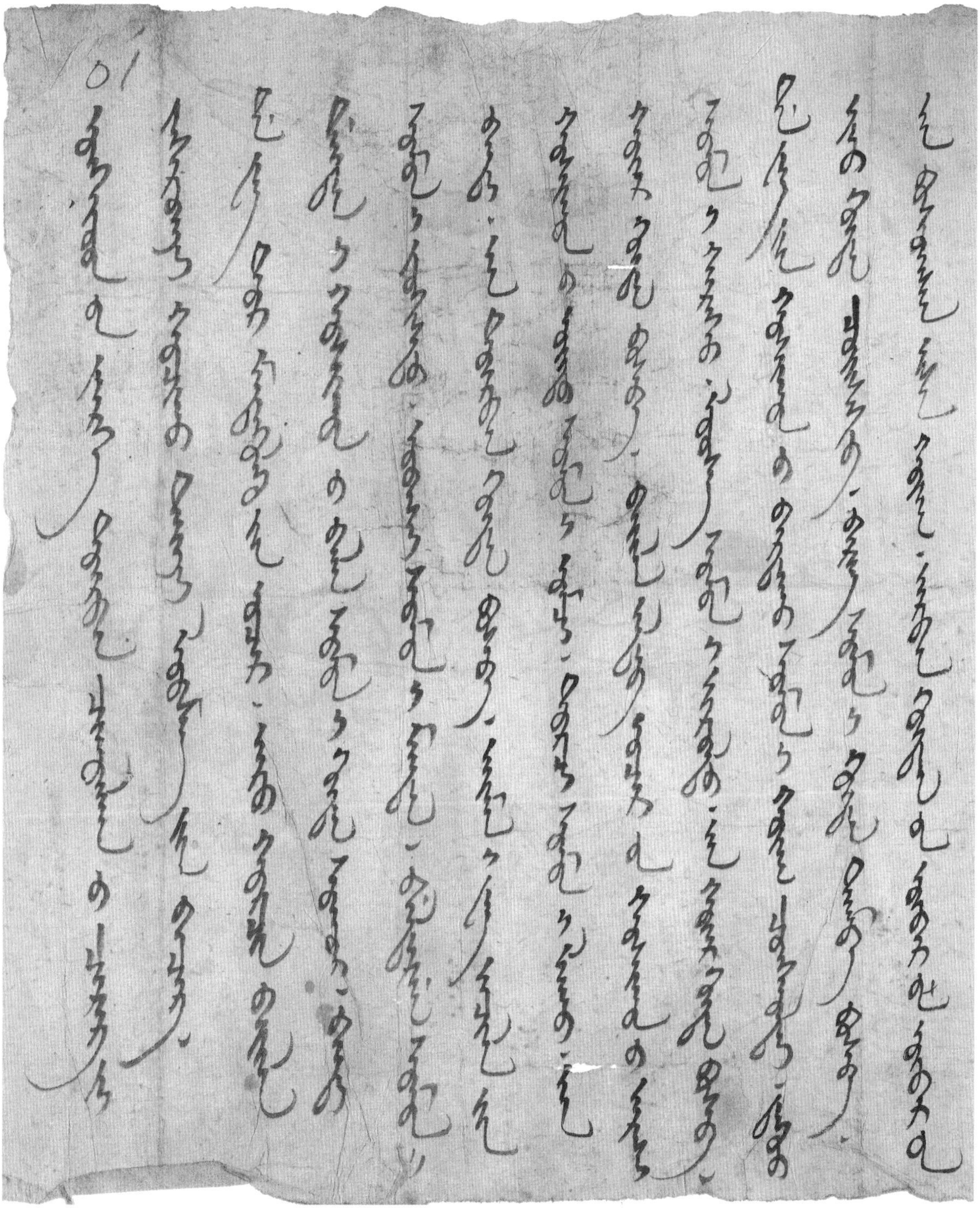

004

管理翁牛特等四盟兵丁御前台吉罗卜藏为抓捕遣回逃逸披甲、跟役事呈大王文

雍正十年春初月二十四日

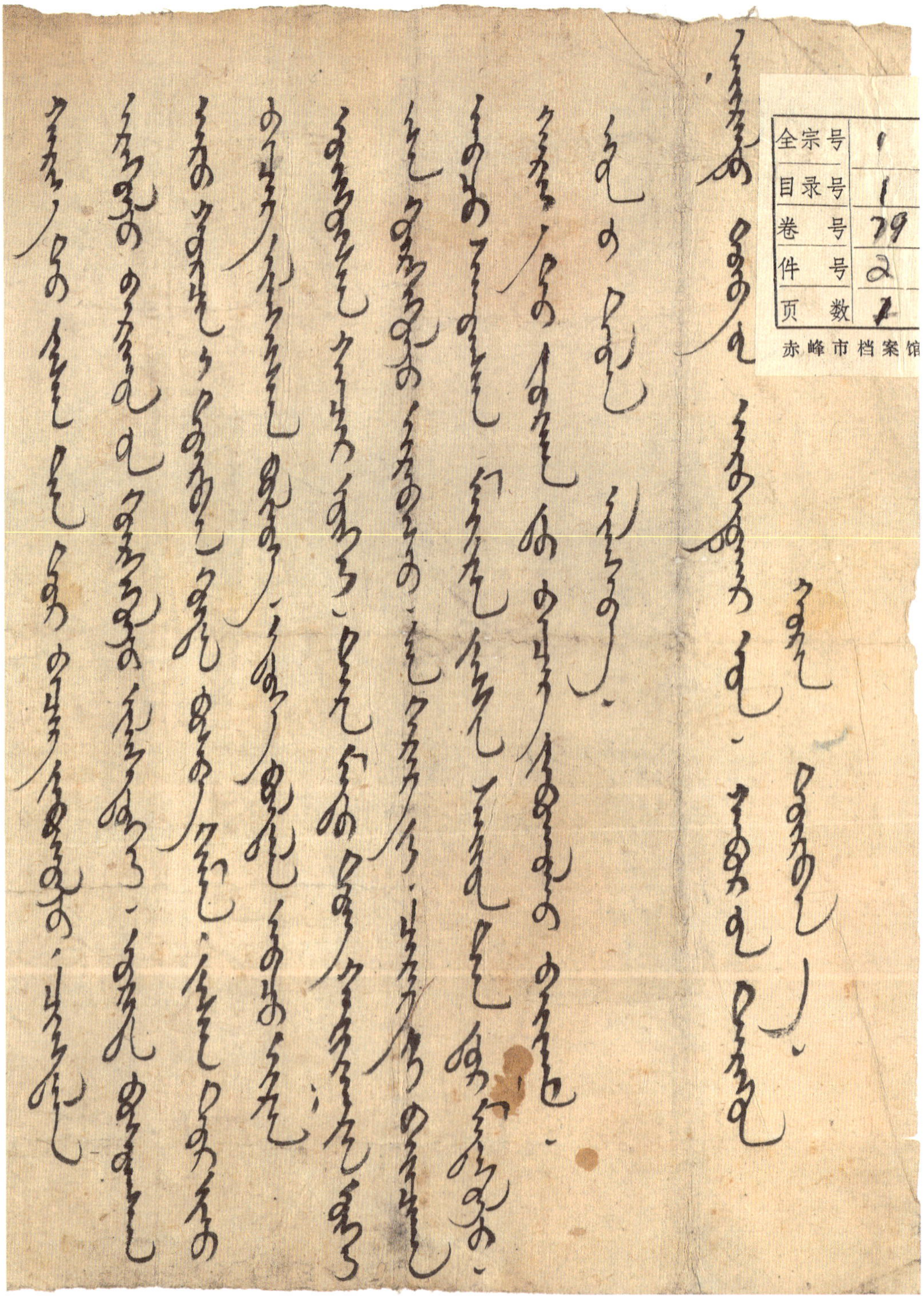

管理翁牛特等四盟兵丁御前台吉罗卜藏为抓捕遣回逃逸披甲、跟役事呈大王文

　　管理翁牛特等四盟兵丁御前台吉罗卜藏呈大王文。阿鲁科尔沁贝勒达格丹旗巴兰佐领跟役苏胡尔、班第佐领卓黑思图、兀巴希佐领满都拉、巴勒达尔嘎佐领班迪四名跟役逃逸；奈曼王阿其拉旗敖伊都佐领敖木齐、道尔吉佐领拉忽两名跟役逃逸；贝勒额勒德布鄂齐尔旗阿拉希佐领哈拉夫、罗卜藏佐领伊如勒图两名跟役逃逸；大王旗巴达日呼佐领披甲冲呼勒泰、德古跟役却吉扎布、巴仍佐领跟役丹巴逃逸。为此，札文管束逃逸的一名披甲、十名跟役，各札萨克严查，抓捕并遣送回来。先前札文提及的阿鲁科尔沁旗逃逸的四名跟役，至今未遣送到。如果再不屑而不送来，呈报督军都统大臣，呈文理藩院。为此，晓谕。

　　　　　　　　　　　雍正十年春初月二十四日

005

护军统领宝迪为会盟选派兵丁事咨翁牛特多罗杜棱郡王鄂齐尔文

雍正十年二月二十七日

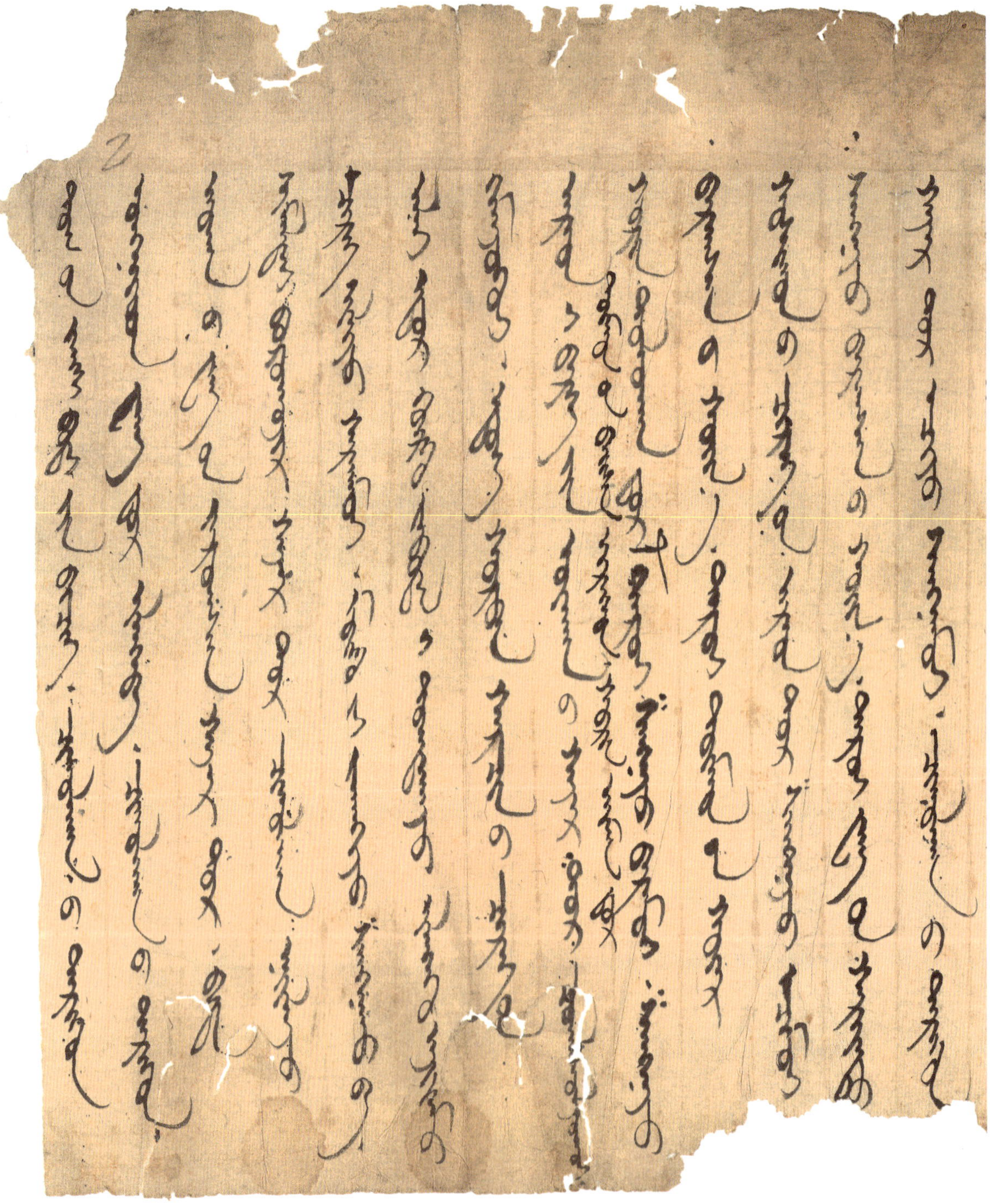

005

护军统领宝迪为会盟选派兵丁事咨翁牛特多罗杜棱郡王鄂齐尔文

雍正十年二月二十七日

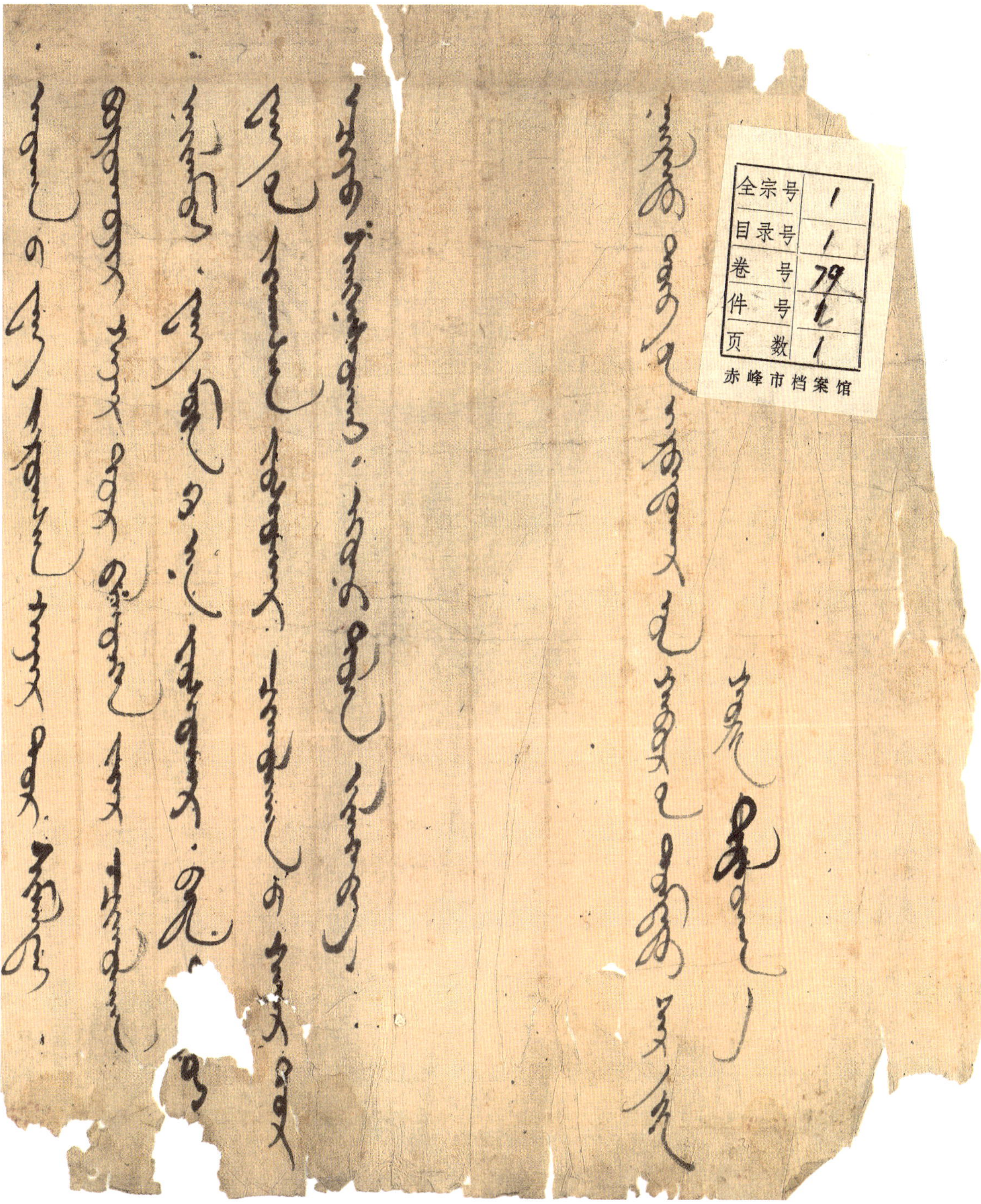

护军统领宝迪为会盟选派兵丁事咨翁牛特多罗杜棱郡王
鄂齐尔文

护军统领宝迪咨盟长翁牛特王文。盟长敖汉王派遣地希么勒泰、宝鲁胡吉尔地会盟遴选兵丁。如何赏赐和哪天到达等事定下后请咨复。等因。今三喀喇沁兵丁在柏尔合拴马处汇集，二十七日土默特贝子来，二十八日赏赐完毕。之后再去赏赐土默特两个旗兵丁。之后即可去王属地进行赏赐。盟长敖汉王派遣地希么勒泰、宝鲁胡吉尔地按预案进行会盟。请王爷照此预案会盟，进行赏赐。为此，特咨。

雍正十年二月二十七日

ᠣ

(满文/蒙古文文书)

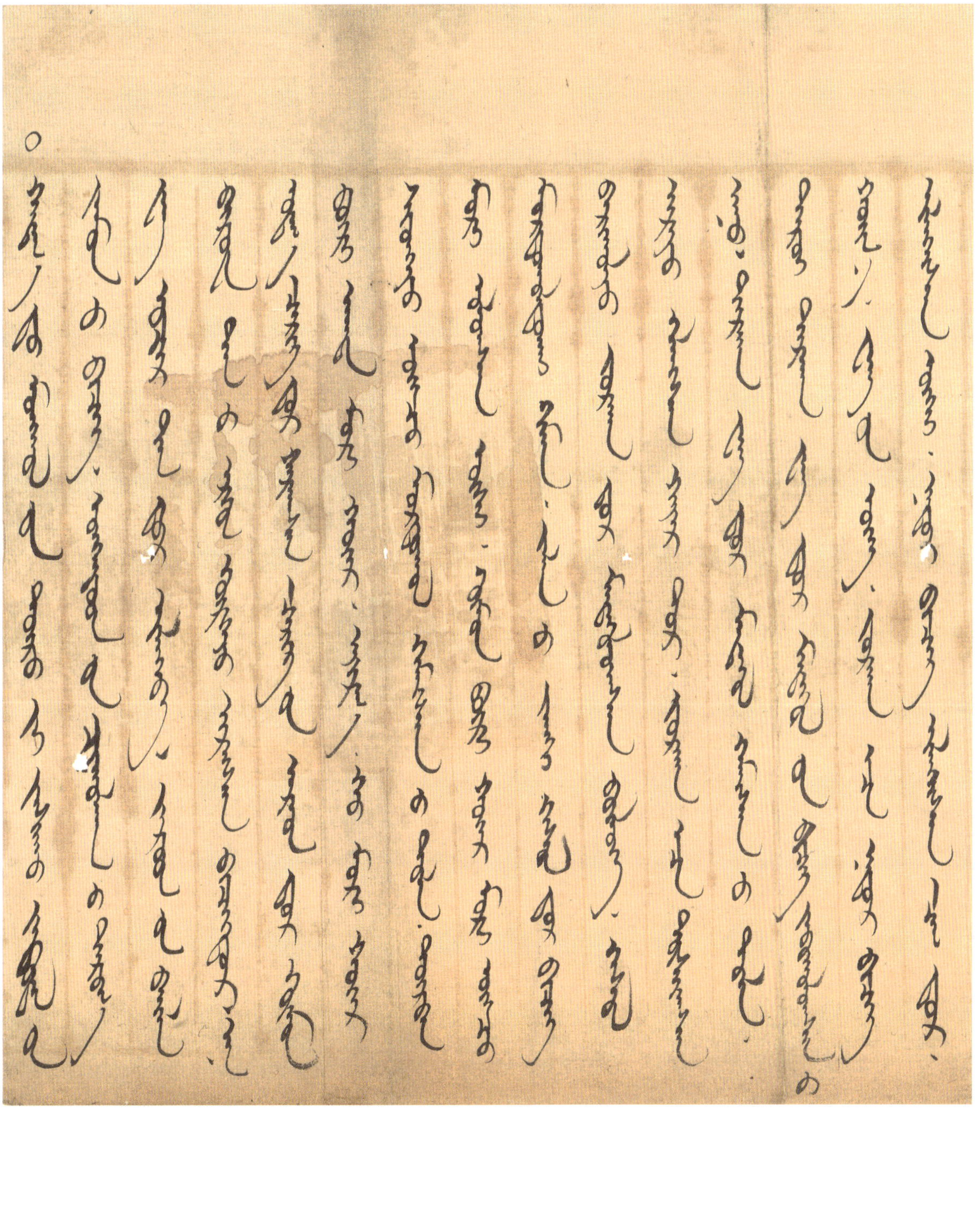

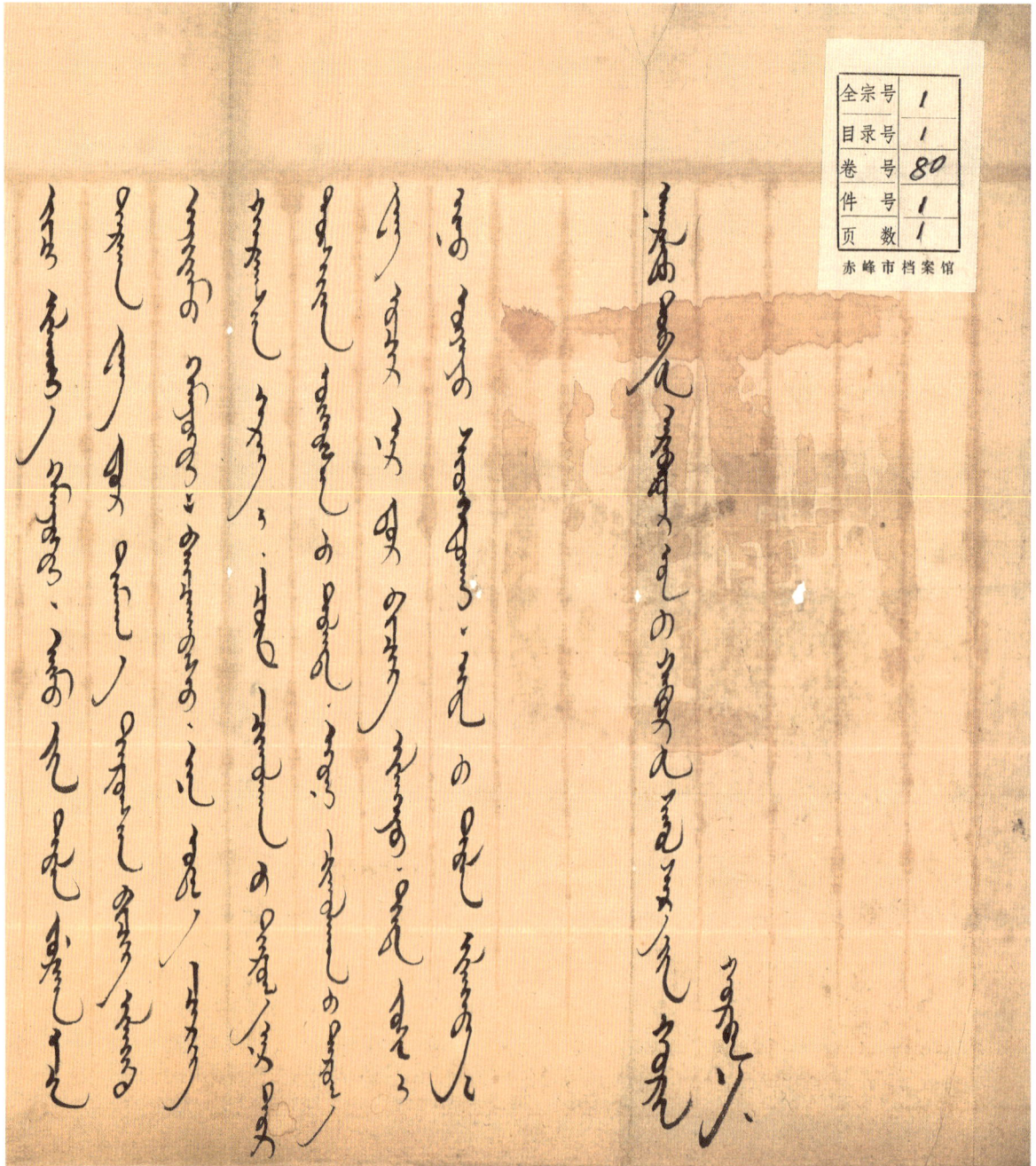

理藩院为派出兵丁分给马匹已札文各盟长事饬盟长翁牛特多罗杜棱郡王鄂齐尔文

　　理藩院饬盟长翁牛特多罗杜棱郡王鄂齐尔文。今扎鲁特贝勒巴鲁瓦呈文称，本次派遣兵丁奉命配给每人骟马两匹，种马或骒马两匹。但没配齐四匹马，只能配给两匹马。为此，已派札兰章京格顺呈理藩院。格顺回来报称，理藩院饬请示达尔汉王。等因。呈文达尔汉王，达尔汉王复文称，理藩院未来饬文，等理藩院来饬文后答复。为此，请理藩院札文达尔汉王。案查，本次派兵事已札文各盟长，故饬盟长鄂齐尔，酌情审理。为此，此饬。

雍正十年春三月二十三日

007

翁牛特多罗达尔汉岱青贝勒彭苏克、旗务协理二等台吉罗卜藏、四等台吉阿敏达瓦为往乌拉盖、尹扎嘎驻防披甲姓名及分给马牛数量事呈十一札萨克旗盟长大王文

雍正十年闰五月初三日

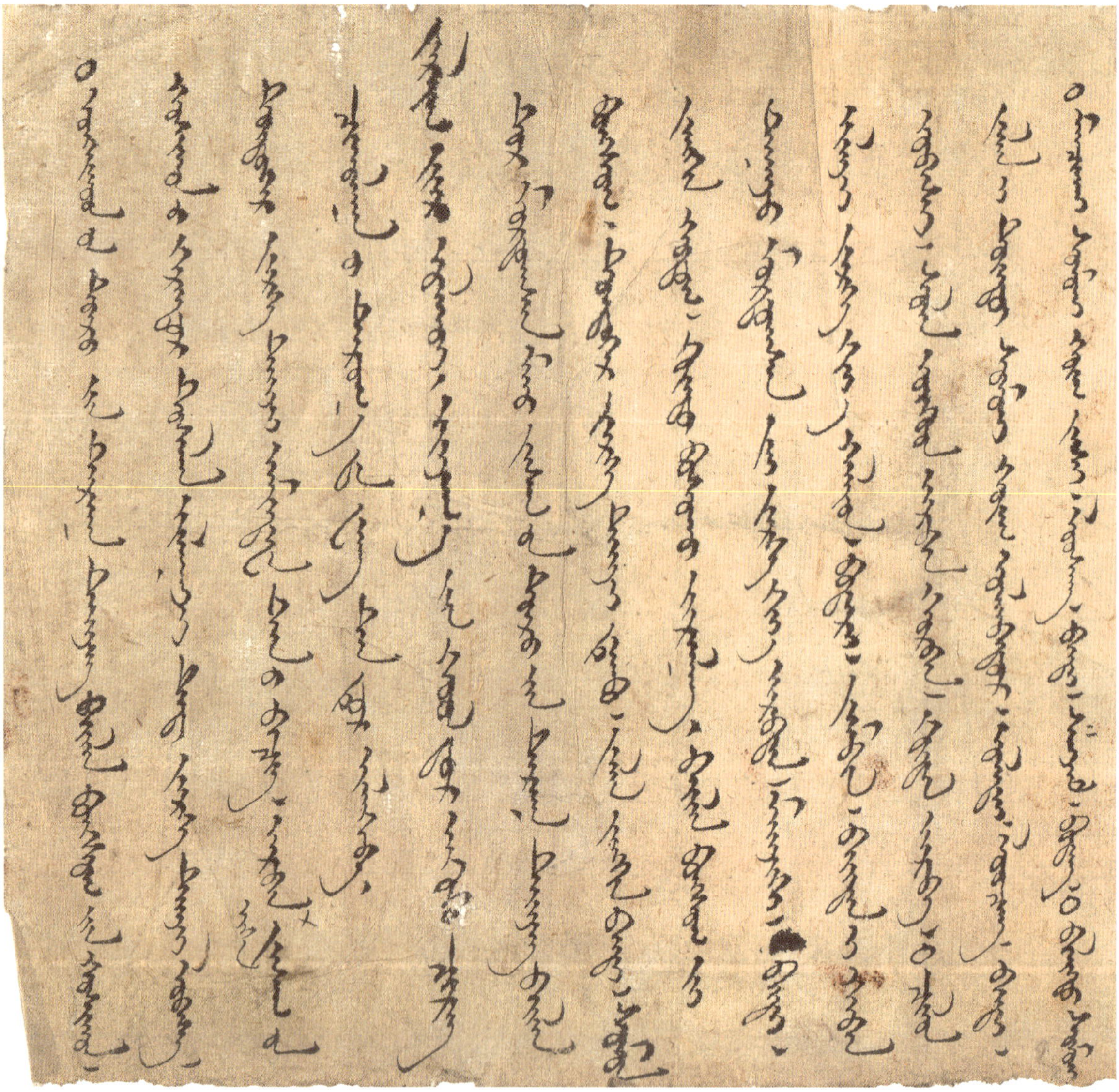

23

翁牛特多罗达尔汉岱青贝勒彭苏克、旗务协理二等台吉罗卜藏、四等台吉阿敏达瓦为往乌拉盖、尹扎嘎驻防披甲姓名及分给马牛数量事呈十一札萨克旗盟长大王文

雍正十年闰五月初三日

翁牛特多罗达尔汉岱青贝勒彭苏克、旗务协理二等台吉罗卜藏、四等台吉阿敏达瓦为往乌拉
盖、尹扎嘎驻防披甲姓名及分给马牛数量事呈十一札萨克旗盟长大王文

雍正十年闰五月初三日

007

翁牛特多罗达尔汉岱青贝勒彭苏克、旗务协理二等台吉罗卜藏、四等台吉阿敏达瓦为往乌拉盖、尹扎嘎驻防披甲姓名及分给马牛数量事呈十一札萨克旗盟长大王文

雍正十年闰五月初三日

翁牛特多罗达尔汉岱青贝勒彭苏克、旗务协理二等台吉罗卜藏、四等台吉阿敏达瓦为往乌拉盖、尹扎嘎驻防披甲姓名及分给马牛数量事呈十一札萨克旗盟长大王文

雍正十年闰五月初三日

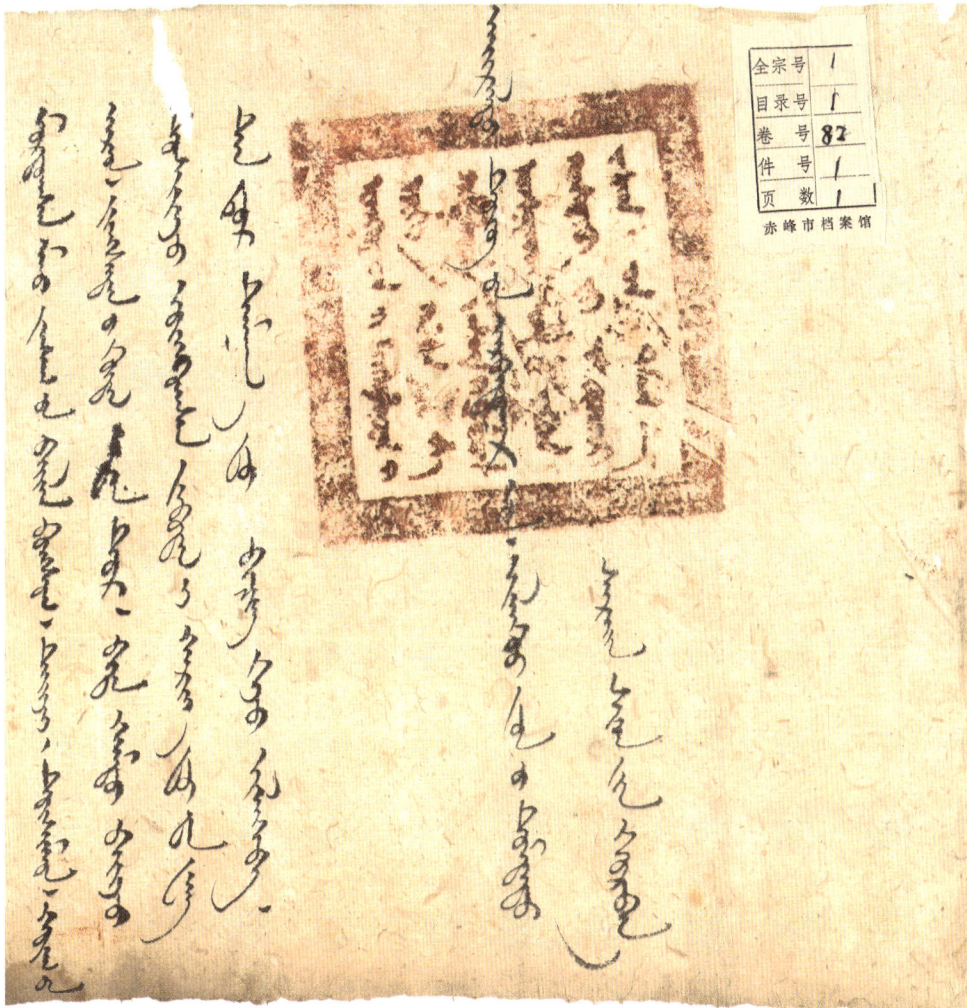

翁牛特多罗达尔汉岱青贝勒彭苏克、旗务协理二等台吉罗卜藏、四等台吉阿敏达瓦为往乌拉盖、尹扎嘎驻防披甲姓名及分给马牛数量事呈十一札萨克旗盟长大王文

翁牛特多罗达尔汉岱青贝勒彭苏克旗务协理二等台吉罗卜藏、四等台吉阿敏达瓦呈十一札萨克旗盟长大王文。钦命移驻乌拉盖、尹扎嘎从军者有本旗达尔汉岱青贝勒彭苏克、四等台吉达嘎宝、札兰章京班第、佐领章京呼图克、领催济尔哈朗、贝勒彭苏克等带领。跟随兵丁有：

二等侍卫阿拉布坦、麦济黑、班第，三等侍卫哈力温、宝达力、占普乐，校卫兀巴希，闲散人员十三名，跟役十名；

札兰朝伦所属佐领敦都披甲敖伦巴特尔、敖拉泰、老常、班第；

满其海佐领披甲扎希、老桑、班第、尚占木、宝当；

毕力格图佐领披甲沙克图尔、沁达、兀巴希、朝克图、诺门达赖；

纳斯图佐领披甲沁布、乌尔图、乌乐木吉、珲沁；

毕力格图佐领披甲桑、巴其尔、罕扎布、苏巴、兀巴希；

札兰班丹所属阿木古郎佐领披甲老当、占住、毛敖津、吉尔干、比奇干夫；

宝达历佐领披甲乌力吉图、西拉、兀巴希、哈拉夫、兀巴希；

哲里木佐领披甲希尔拉泰、色布坦、曹纳木、乌达力、班第；

张森佐领披甲宝义道格、布日夫、纳木、老赛；

布达佐领披甲萨代、敖木其、乌力吉图、西拉济达德；

札兰班第所属乌力吉图佐领披甲纳斯图、敖垂、车仁、老章；

尚扎木佐领披甲曹帮、毕希日勒图、宝萨浑、克希克图、宝南；

特布格佐领披甲达尔巴、哈林温、毛迪、毛伦；

老桑佐领披甲巴拉胡散、玛拉占、德喜、巴图、赛音查珲；

宝鲁其塔迪佐领披甲阿木尔其夫、兀巴希、老老胡、巴如勒；

札兰敖恩格瑞所属古什佐领披甲巴图鲁、萨格都、苏部迪、巴雅尔图；

巴胡佐领披甲其伦、楚鲁图尔、敖拉图、固鲁格、曹东；

白彦佐领披甲萨格奥顿巴拉、蒙格泰、额尔德尼；

翁牛特多罗达尔汉岱青贝勒彭苏克、旗务协理二等台吉罗卜藏、四等台吉阿敏达瓦为往乌拉盖、尹扎嘎驻防披甲姓名及分给马牛数量事呈十一札萨克旗盟长大王文

雍正十年闰五月初三日

托胡琪佐领披甲苏胡尔、那颜、塔尔巴、卓黑思图、班第；

阿敏达瓦佐领披甲哈拉夫、宝音图、胡速瑞、朝克图、阿木尔希迪；

呼图克佐领披甲白斯胡郎、扎玛、斯里达格、班第；

札兰丹巴所属希如布佐领披甲都兰、沁布、拉白、萨都、特尔济；

乌拉泰佐领披甲达尔查、特其斯、希拉巴特尔、达希拉；

阿拉希佐领披甲老格扎木、查纳苏、照勒其海、宝迪；

乌巴西佐领披甲巴达扔贵、巴特尔、查珲、巴特尔、陶呼其；

札兰苏力泰所属图布新佐领披甲宝达苏、希峰、奥乐准、塔尔查、纳沁；

拉力达佐领披甲呼达力、老玛班扎、格尔勒图、兀巴希、巴特尔；

阿拉希佐领披甲毕启业、阿尔达大木德、嘎拉朱夫、阿尔查宝；

敏珠尔佐领披甲特木热、沙拉当、巴德玛、巴音桑；

朝克图佐领披甲巴达格、班第、胡春、□；

札兰珠木沁所属希尔达格佐领披甲宝拉木、哈拉夫、德衮岱、哈拉夫、桑图；

卓日格图佐领披甲巴达扔贵、沁巴拉、□、□、□；

垂木普勒佐领披甲图格么勒、老伊垂格、巴图尔、那苏图、西迪；

呼巴日格佐领披甲噶尔图、其木亭尔、敖木沁、特古斯；

温都孙佐领披甲扎雅嘎图、扎木苏、赖崇、额格图；

巴鲁佐领披甲赛音图、桑图、南迪、大拉当。

随从这一百六十二名披甲的配偶、父亲、兄弟、子女中，入册男丁共一百八十八名，未入册男丁三十三名，未成年男子一百三十五名，已婚女子一百八十二名，未婚女子一百三十四名，被移出旗册的父亲、兄长七名，加上一百六十二名披甲，共八百七十一人。外加札兰章京跟役六名，佐领章京跟役四名，领催跟役三名等四十五名，共移驻兵丁人口九百一十六人。

再者，本札萨克贝勒彭苏克、四等台吉达嘎宝外，札兰章京班第乘马二十匹、廪饩牛二十头、羊四十只；佐领章京呼图克马十三匹、牛二十头、羊三十只；领催济尔哈朗马十匹、牛十二头、羊三十只；再一百六十二名披甲，每名披甲分给带驹骒马两匹、六匹骟马、带牛犊母牛两头、犍牛六头、羊二十五只；官员跟役给马十五匹、牛十头、羊三十六只。共一千六百七十八匹马、一千六百八十七头牛、四千一百八十六只羊。我们已当面交给服兵役札萨克贝勒彭苏克及台吉、旗员、披甲、员弁、跟役等。为此，备具印文呈大王。

雍正十年闰五月初三日

008

理藩院为往达里杭盖派遣兵丁事札盟长翁牛特多罗杜棱郡王鄂齐尔文

雍正十年八月十七日

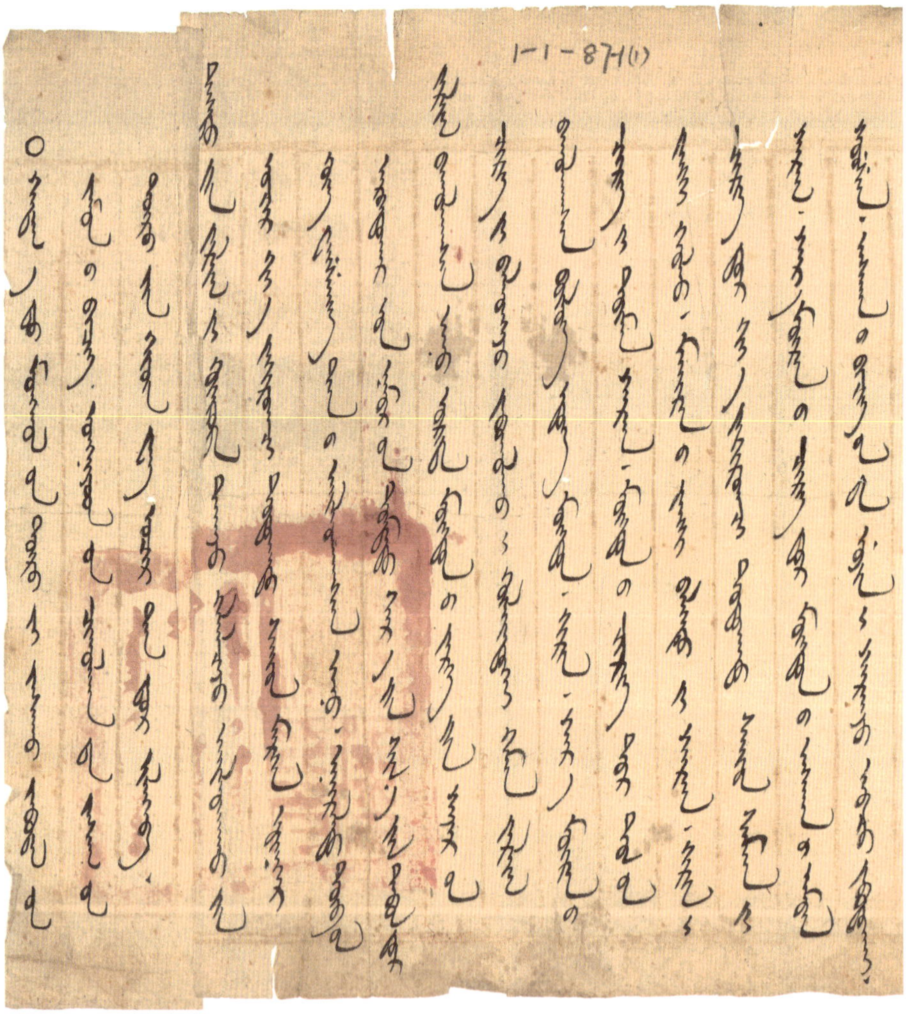
1-1-871(1)

008 理藩院为往达里杭盖派遣兵丁事札盟长翁牛特多罗杜棱郡王鄂齐尔文

雍正十年八月十七日

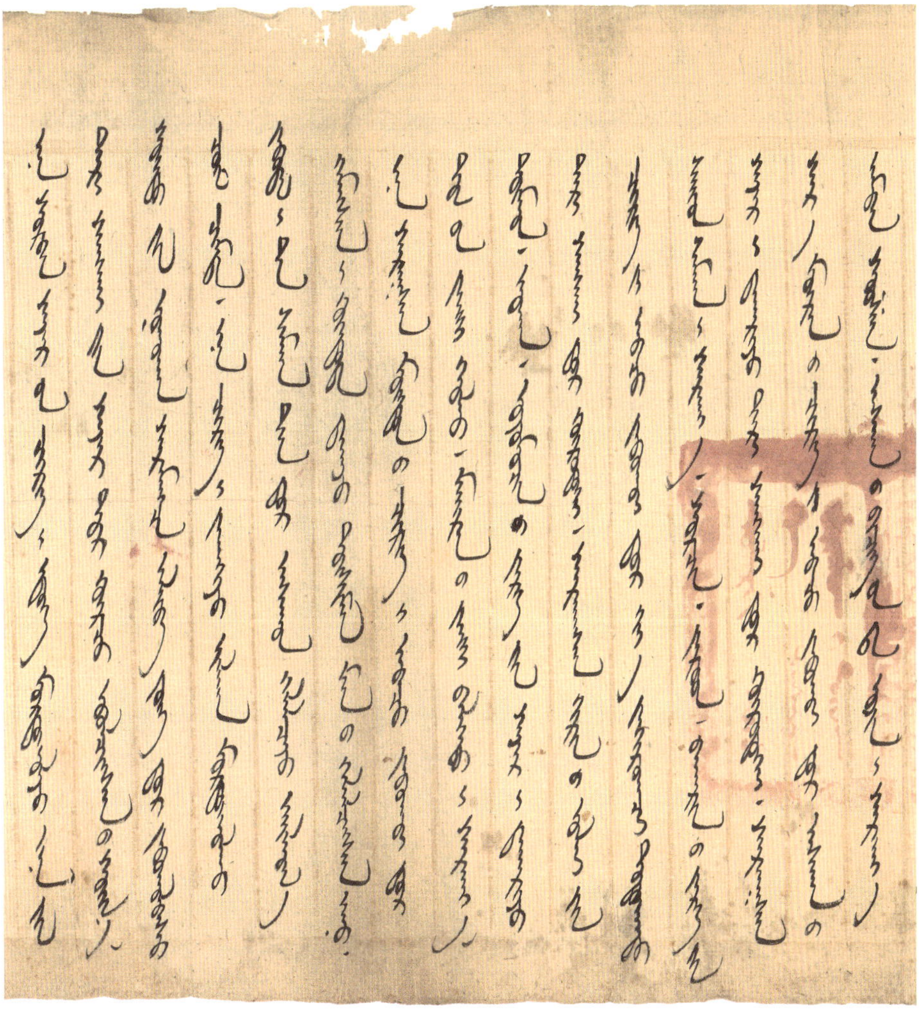

008

理藩院为往达里杭盖派遣兵丁事札盟长翁牛特多罗杜棱郡王鄂齐尔文

雍正十年八月十七日

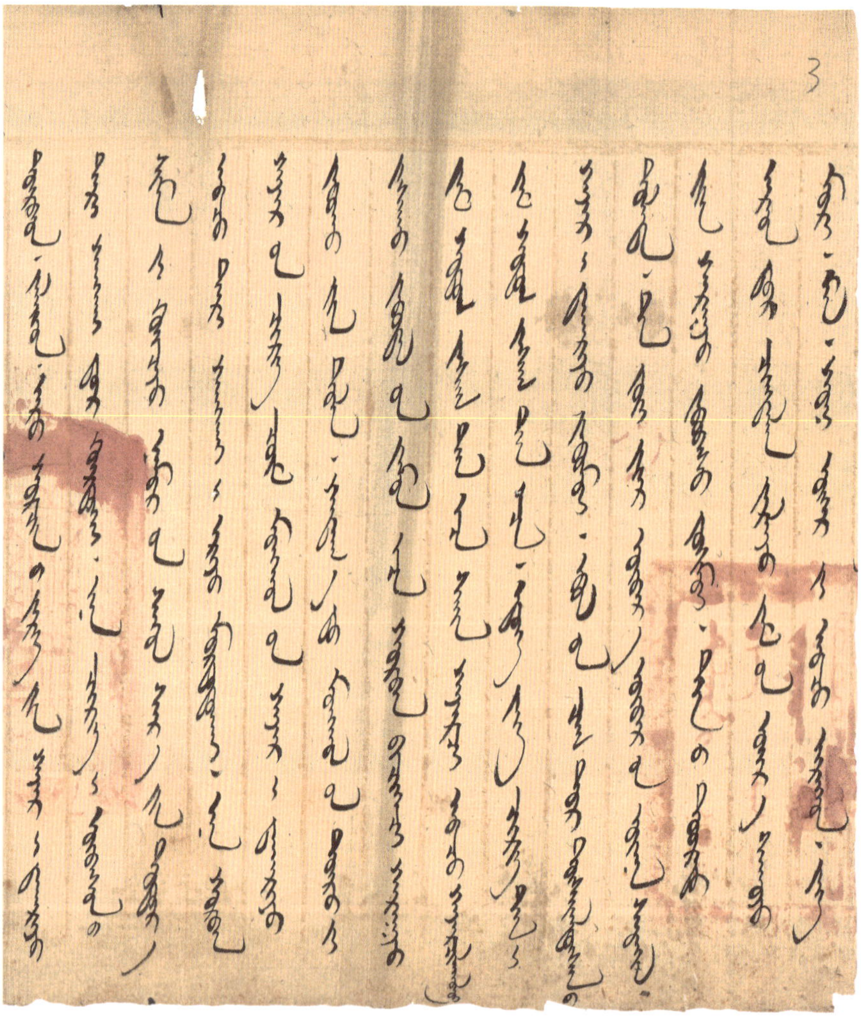

008

理藩院为往达里杭盖派遣兵丁事札盟长翁牛特多罗杜棱郡王鄂齐尔文

雍正十年八月十七日

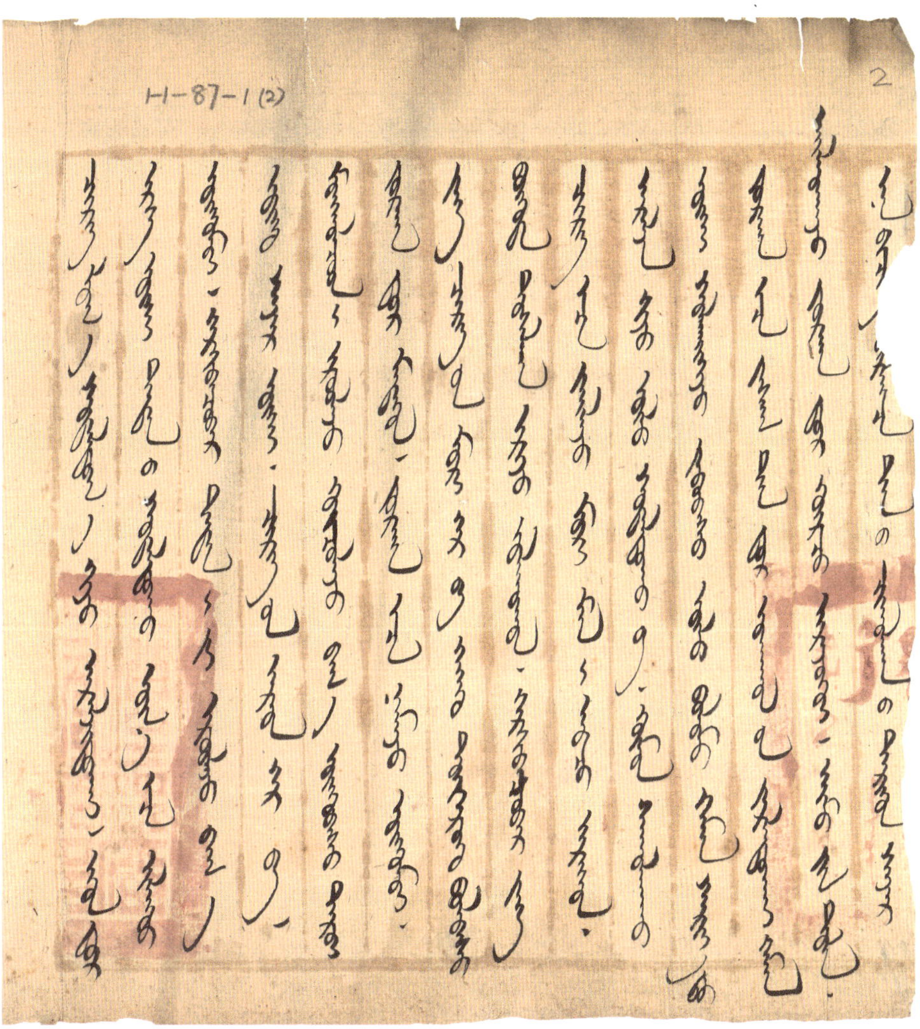

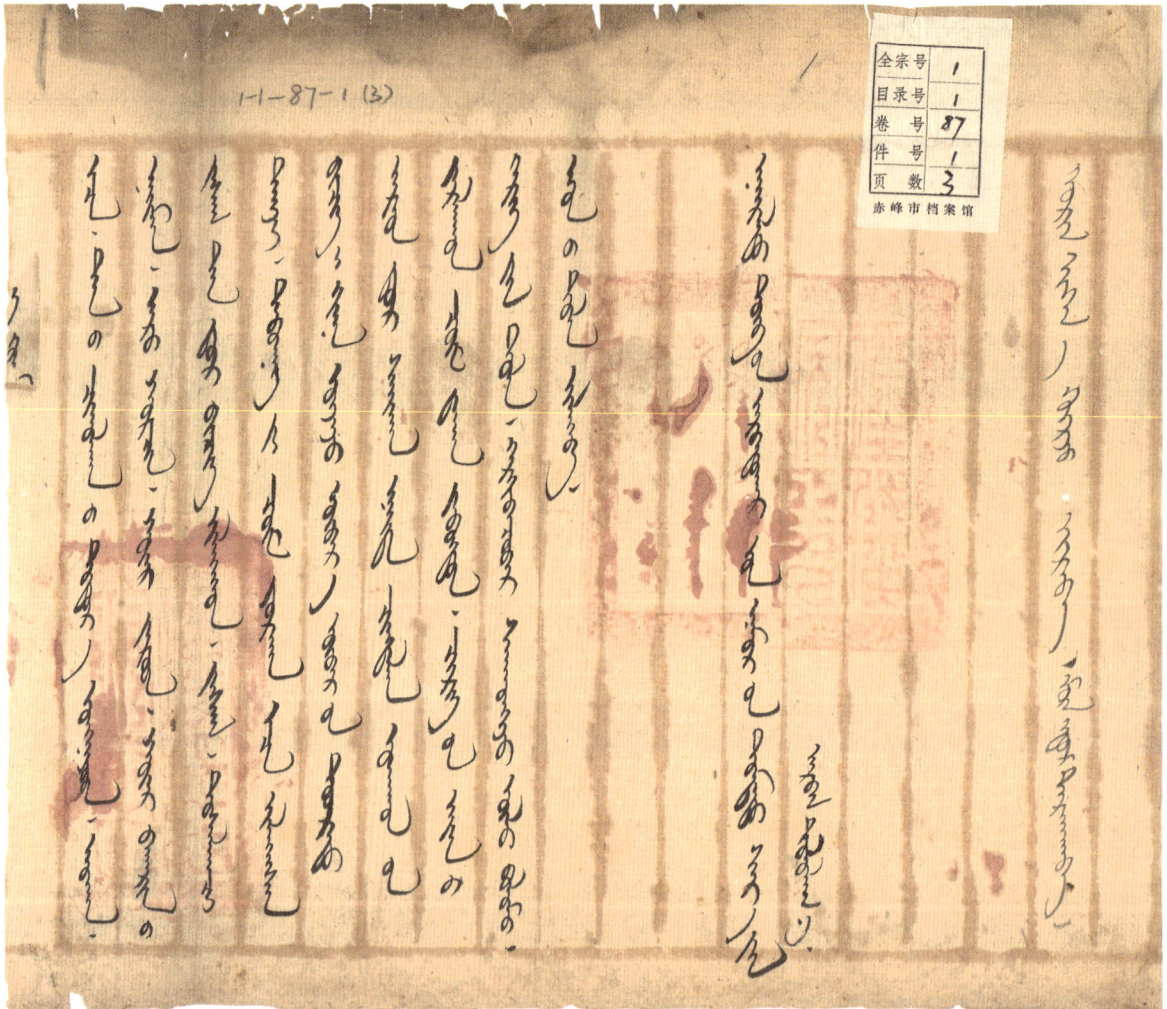

理藩院为往达里杭盖派遣兵丁事札盟长翁牛特多罗杜棱郡王鄂齐尔文

　　理藩院札盟长翁牛特多罗杜棱郡王鄂齐尔文，为谨遵谕旨商定奏闻事。领侍卫贤实公丰盛格奏，雍正十年八月五日谕旨："上次曾下旨盛京等地备兵，等候派遣。今下旨盛京、吉林、黑龙江派兵一万。盛京兵派护军统领浩拉胡、副都统字勒格图，吉林兵派领侍卫萨木喀，黑龙江兵派盛京侍郎高山、内阁学士兀金等一同前往。派遣这三处兵丁今年到达里杭盖过冬后，明年长草后派往各处则时间紧。如何派遣这些兵丁一事与萨木喀商量后奏闻。"等因。

　　奉旨商议，派护军统领浩拉胡、副都统字勒格图管带盛京兵，经土默特、敖汉、乌珠穆沁等地后到达里杭盖。派领侍卫萨木喀管带吉林兵，经科尔沁、扎鲁特、巴林等地到达里杭盖。派盛京侍郎高山、内阁学士兀金管带黑龙江兵经杜尔伯特、扎赉特、阿鲁科尔沁等地到达里杭盖。这些兵丁在秋末月草未干枯前到达里杭

盖。这三处兵都经蒙古地方，为此，理藩院派遣三名笔帖式，在路途中让各札萨克派向导来引路。途径的各札萨克，如今大军经你们地方，又遇上冬季，你们应真诚对待。通告属下民众，沿路居住的民众，带马、牛、羊来与大军进行交易，肯定给高价，不会刁难压价，如果有兵丁刁难蒙古百姓给低价，报理藩院，理藩院将给补添。如有大军马匹遗失、迷路，要帮助他们找回来。不能躲避大军，带着马、牛去与他人进行交易，不但不靠近处住，更不能有偷窃等事。理藩院传饬各札萨克一事已奏准。为此，此饬到达后，盟长即刻札文盟内翁牛特、敖汉、奈曼、阿鲁科尔沁、两个扎鲁特、两个巴林各札萨克，札萨克、协理台吉、塔布囊等详看文内内容，向属下民众宣传通告，严格执行。行军事不能有耽搁。为此，此札。

雍正十年八月十七日

二十一日到达，当天传达通告。

35

009 理藩院为严查抓捕逃役披甲、跟役事札翁牛特多罗杜棱郡王鄂齐尔文

雍正十年秋九月二十四日

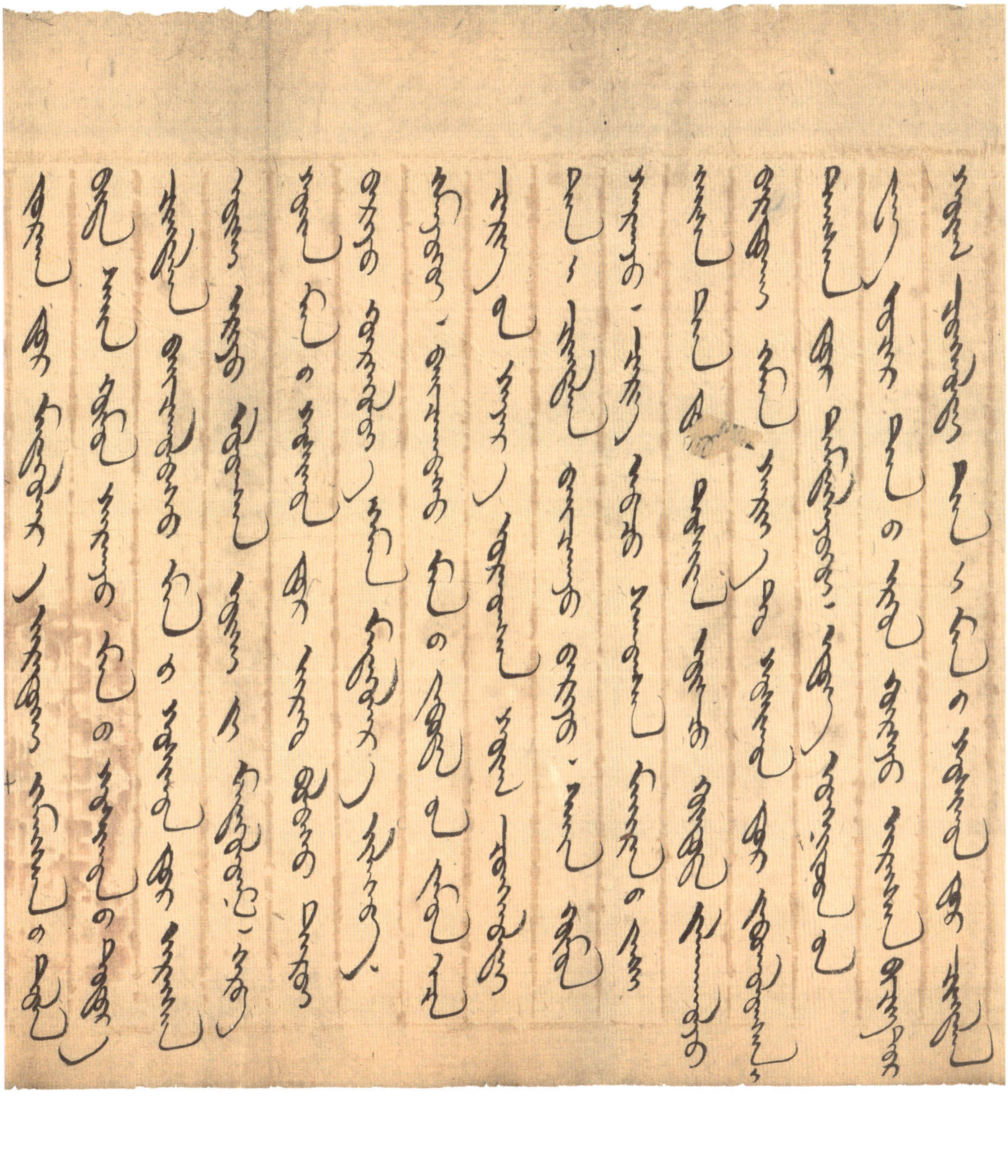

009

理藩院为严查抓捕逃役披甲、跟役事札翁牛特多罗杜棱郡王鄂齐尔文

雍正十年秋九月二十四日

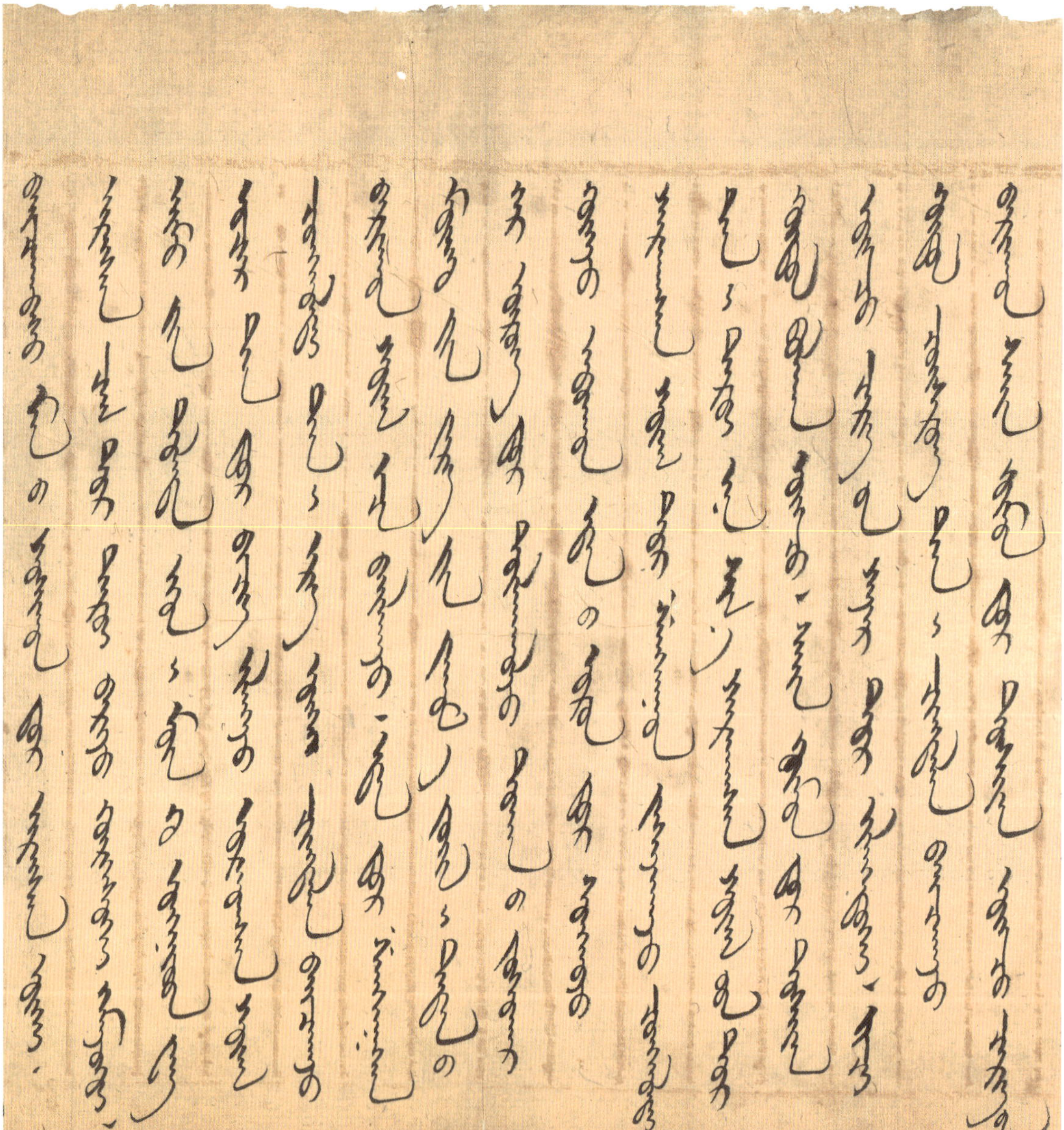

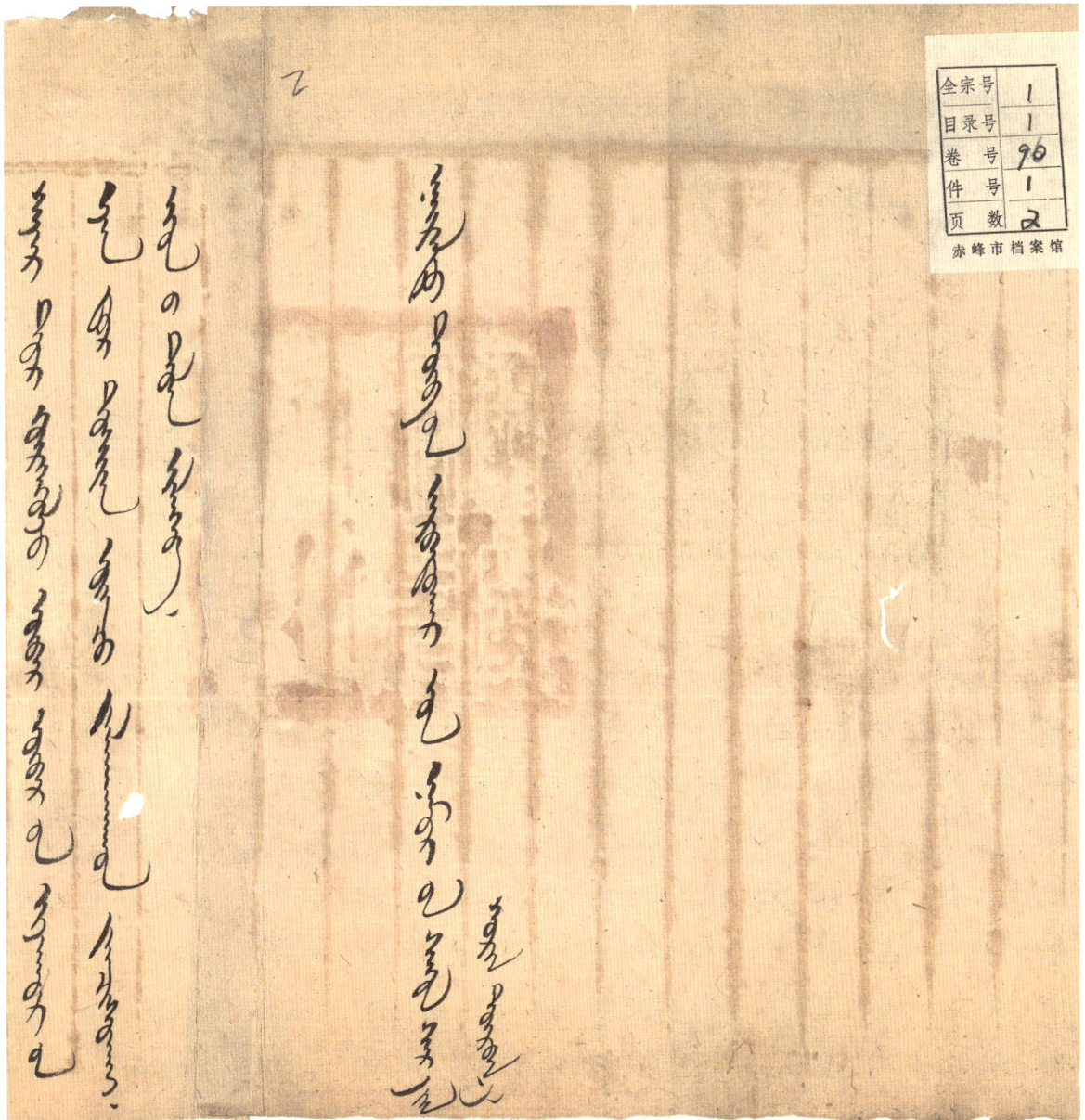

理藩院为严查抓捕逃役披甲、跟役事札翁牛特多罗杜棱郡王鄂齐尔文

理藩院札翁牛特多罗杜棱郡王鄂齐尔文。贵旗呈称，理藩院札文，与敖汉台吉罗卜藏一同派出的兵丁中，贵旗巴达日呼佐领披甲冲呼勒泰、跟役却扎布，巴仍佐领跟役丹巴，白虎佐领披甲芒来等出逃，贵旗必须派出精干人员严查抓捕。抓捕后立刻派章京兵丁交给带兵副都统海萨，示众，惩戒，并呈报本部。等因。本旗派精干人员严查旗内后，未发现出逃人员，如果以后发现出逃人员到本旗来，我们立刻抓捕解送。等因。案查，严查抓捕自军务处出逃披甲冲呼勒泰，并派精干人员解送到带兵副都统海萨处严厉惩处一饬，本部已录在案。如今，翁牛特王鄂齐尔等呈文称，本旗派人巡查后未发现披甲冲呼勒泰在本旗内，如果他逃回本旗立刻抓捕解送。因此，本部再饬翁牛特王鄂齐尔，必须严查抓捕逃逸披甲冲呼勒泰，免去其披甲资格，如数收回所赏银两后，赏给新选出披甲，使冲呼勒泰成为新当选披甲跟役，交给可靠人解送到军务处来。另，严查抓捕跟役却扎布，派可靠人解送到军务处，交给各自主人，进行严惩。为此，此饬。

雍正十年秋九月二十四日

010

理藩院为补给达里杭盖军营受损马匹事札昭乌达盟盟长、翁牛特多罗杜棱郡王鄂齐尔文

雍正十一年二月初五日

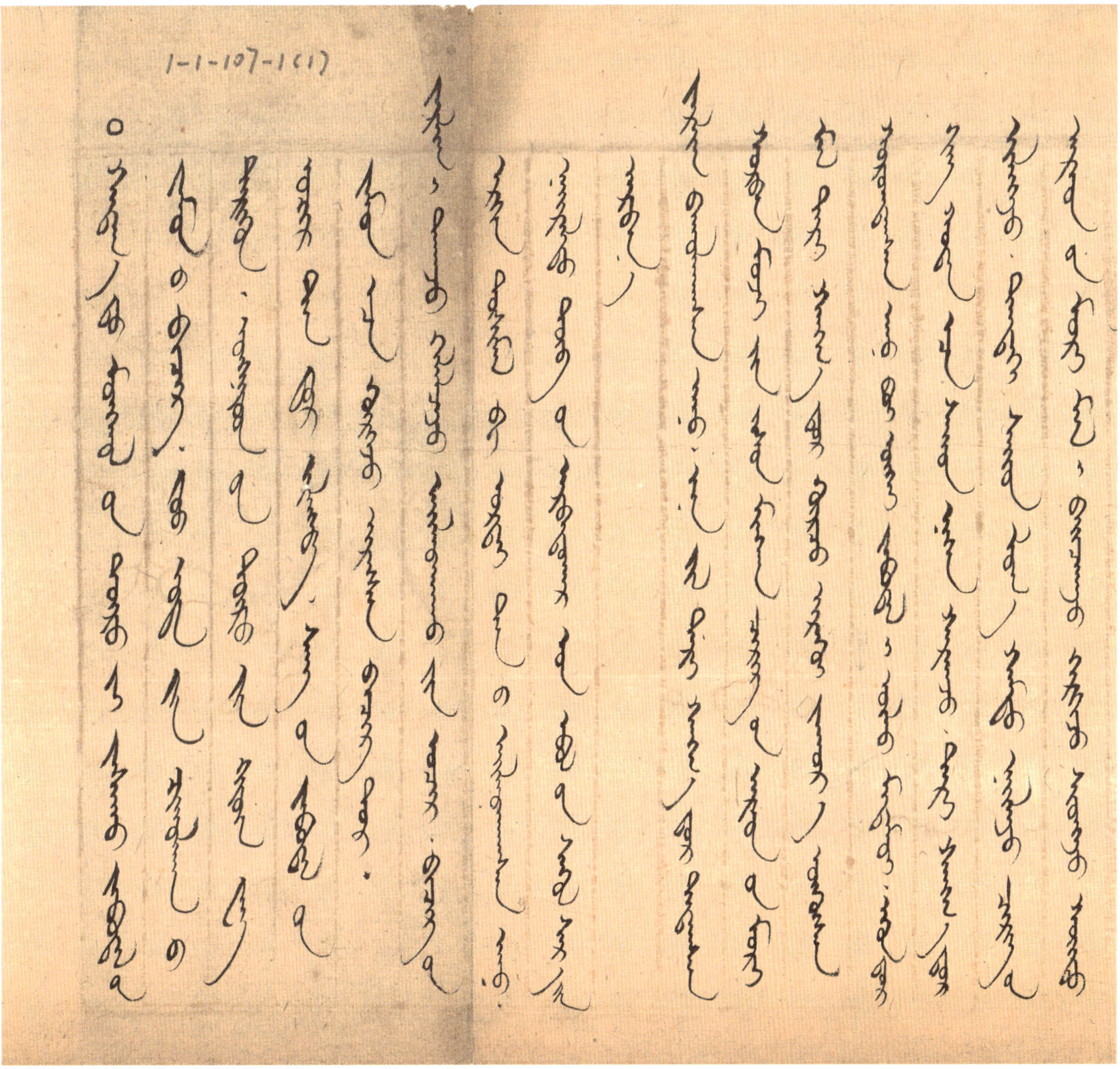

010

理藩院为补给达里杭盖军营受损马匹事札昭乌达盟盟长、翁牛特多罗杜棱郡王鄂齐尔文

雍正十一年二月初五日

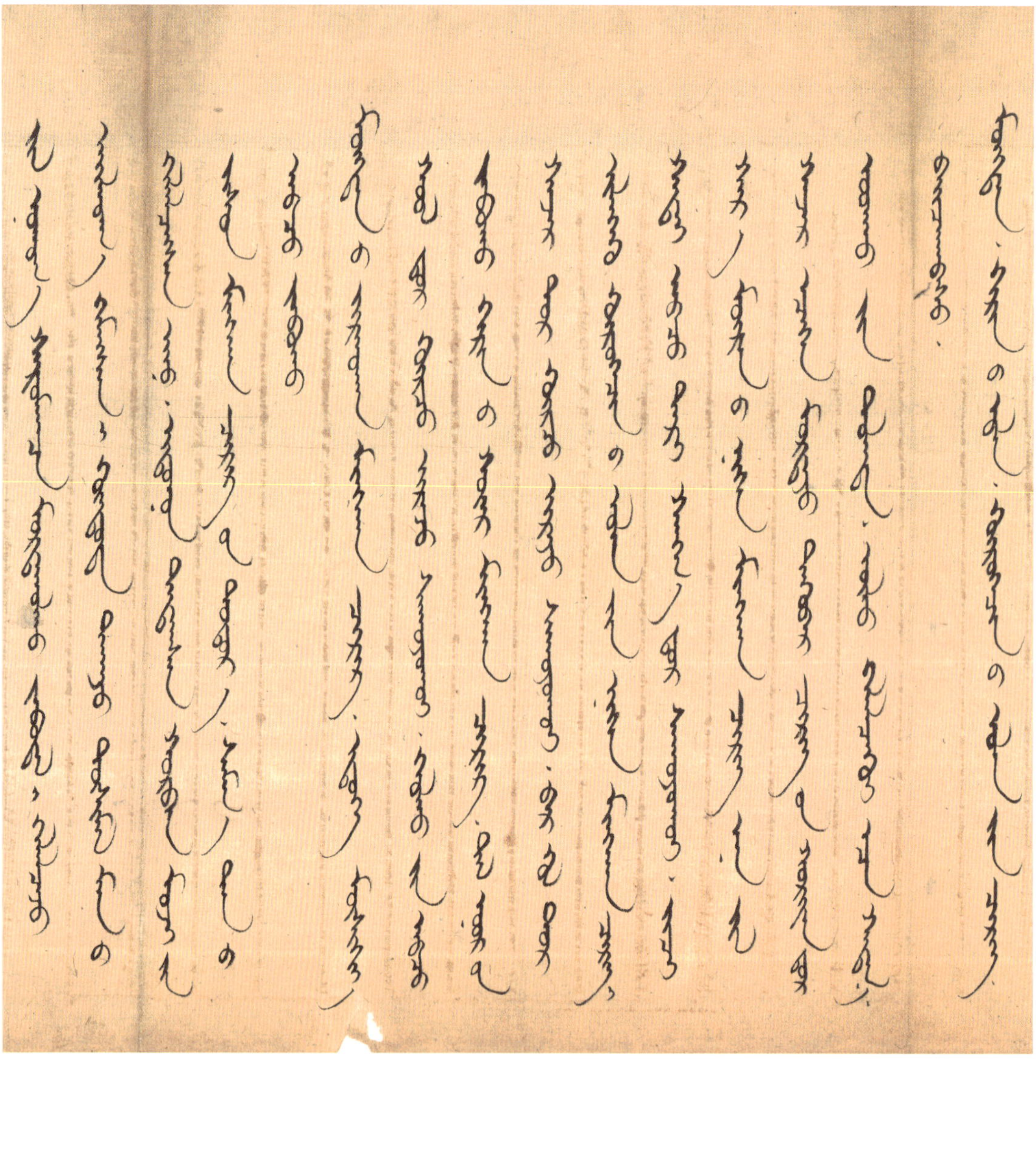

010 理藩院为补给达里杭盖军营受损马匹事札昭乌达盟盟长、翁牛特多罗杜棱郡王鄂齐尔文

雍正十一年二月初五日

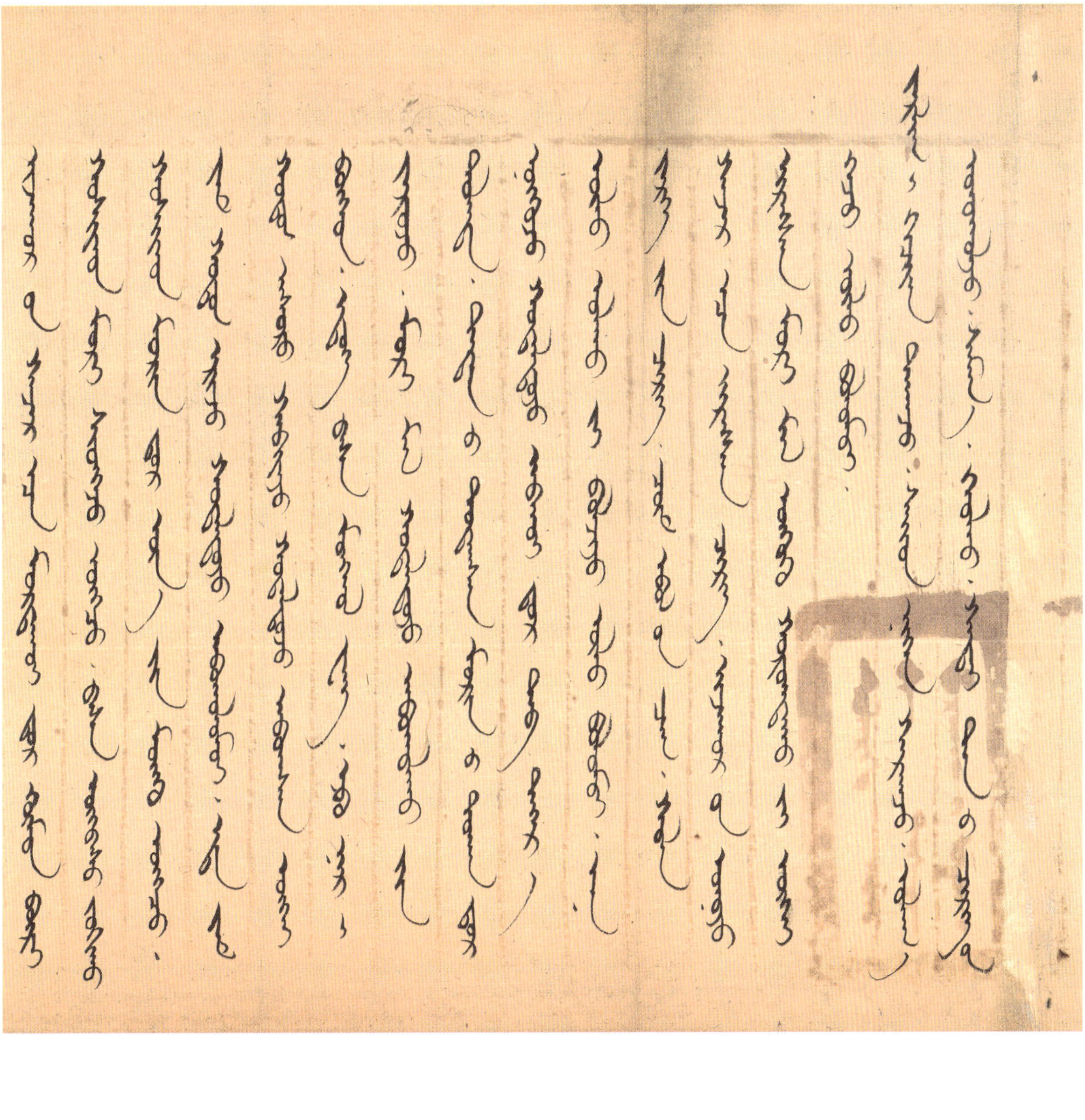

010

理藩院为补给达里杭盖军营受损马匹事札昭乌达盟盟长、翁牛特多罗杜棱郡王鄂齐尔文

雍正十一年二月初五日

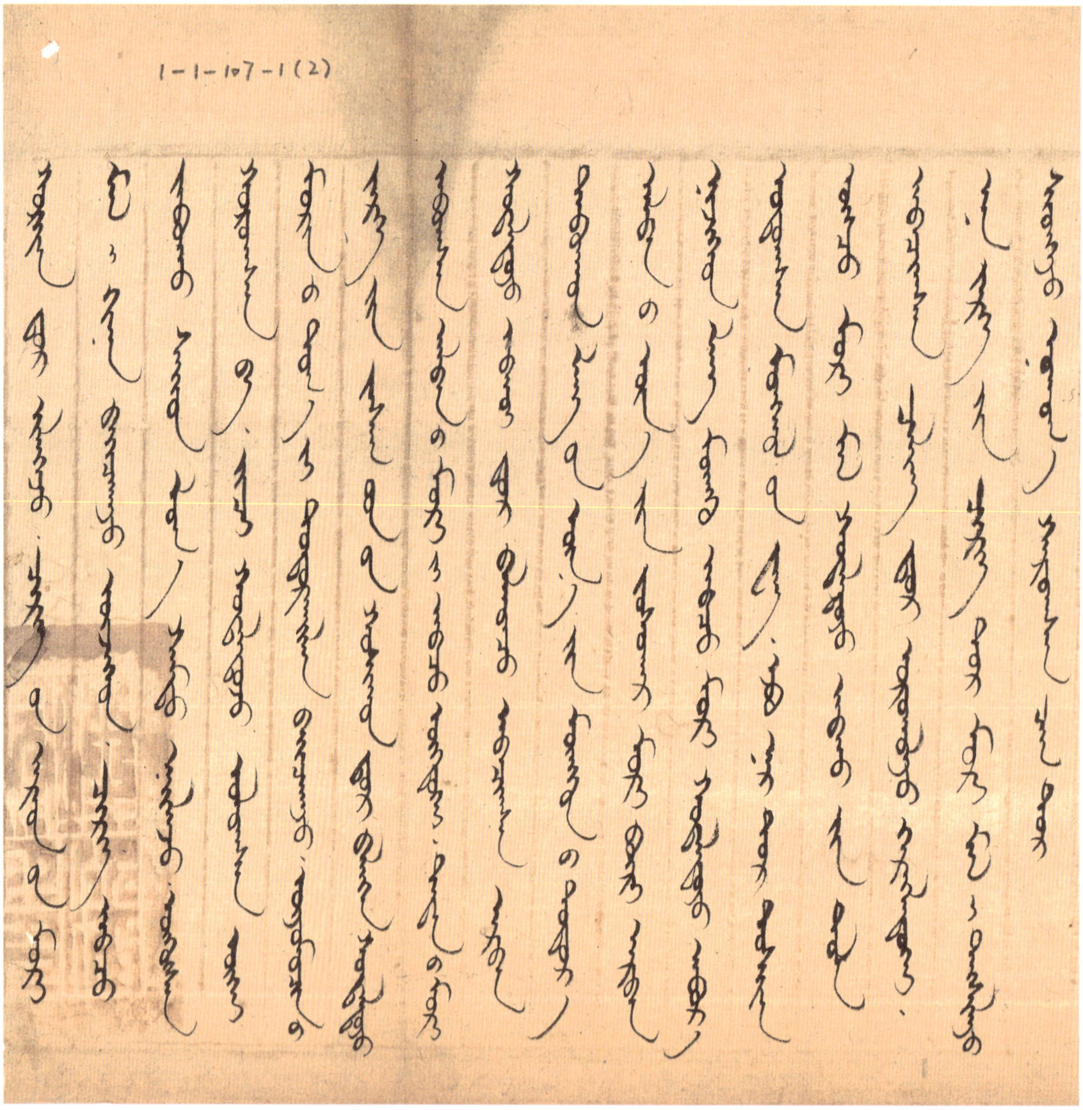

010

理藩院为补给达里杭盖军营受损马匹事札昭乌达盟盟长、翁牛特多罗杜棱郡王鄂齐尔文

雍正十一年二月初五日

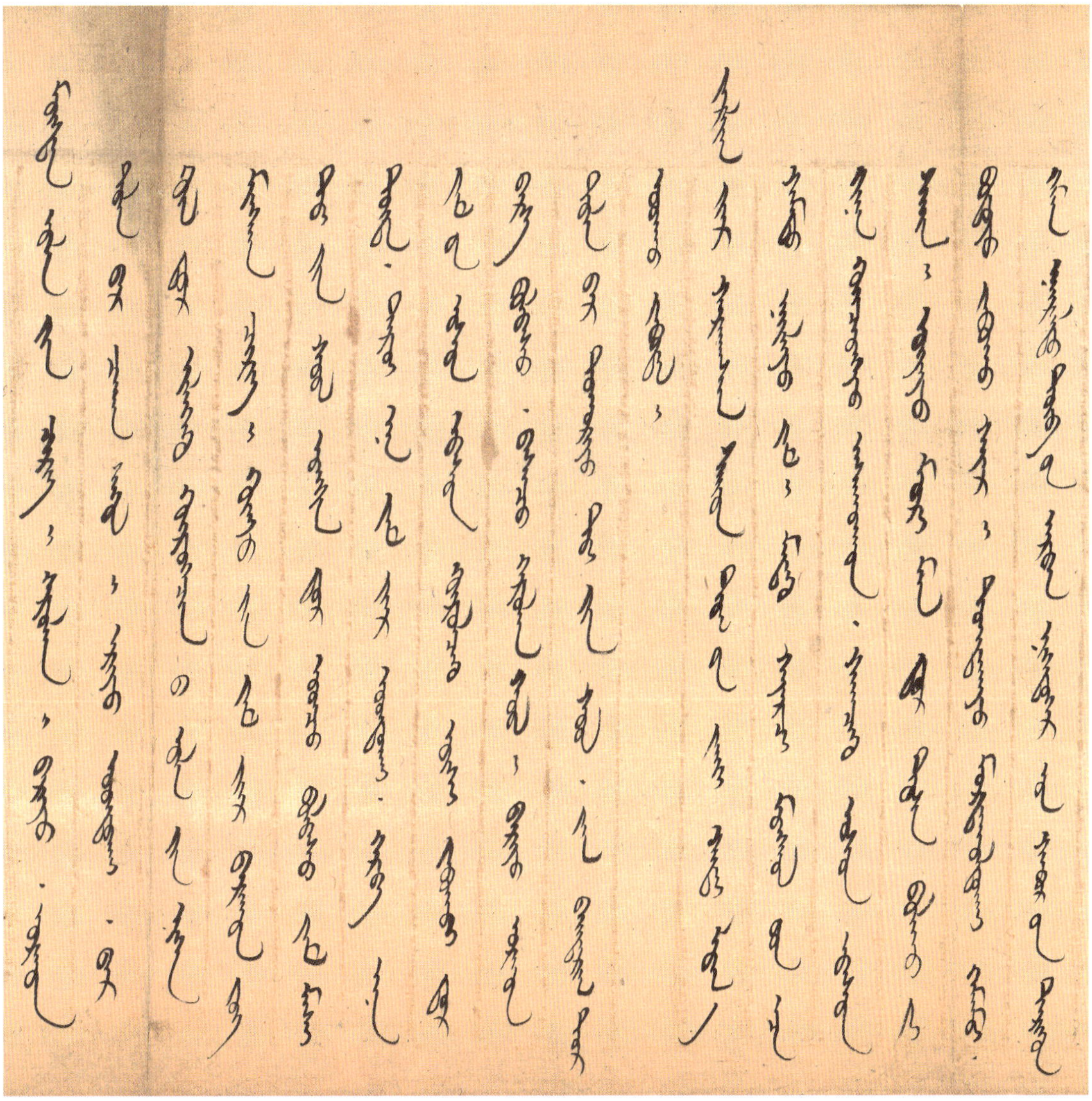

010 理藩院为补给达里杭盖军营受损马匹事札昭乌达盟盟长、翁牛特多罗杜棱郡王鄂齐尔文

雍正十一年二月初五日

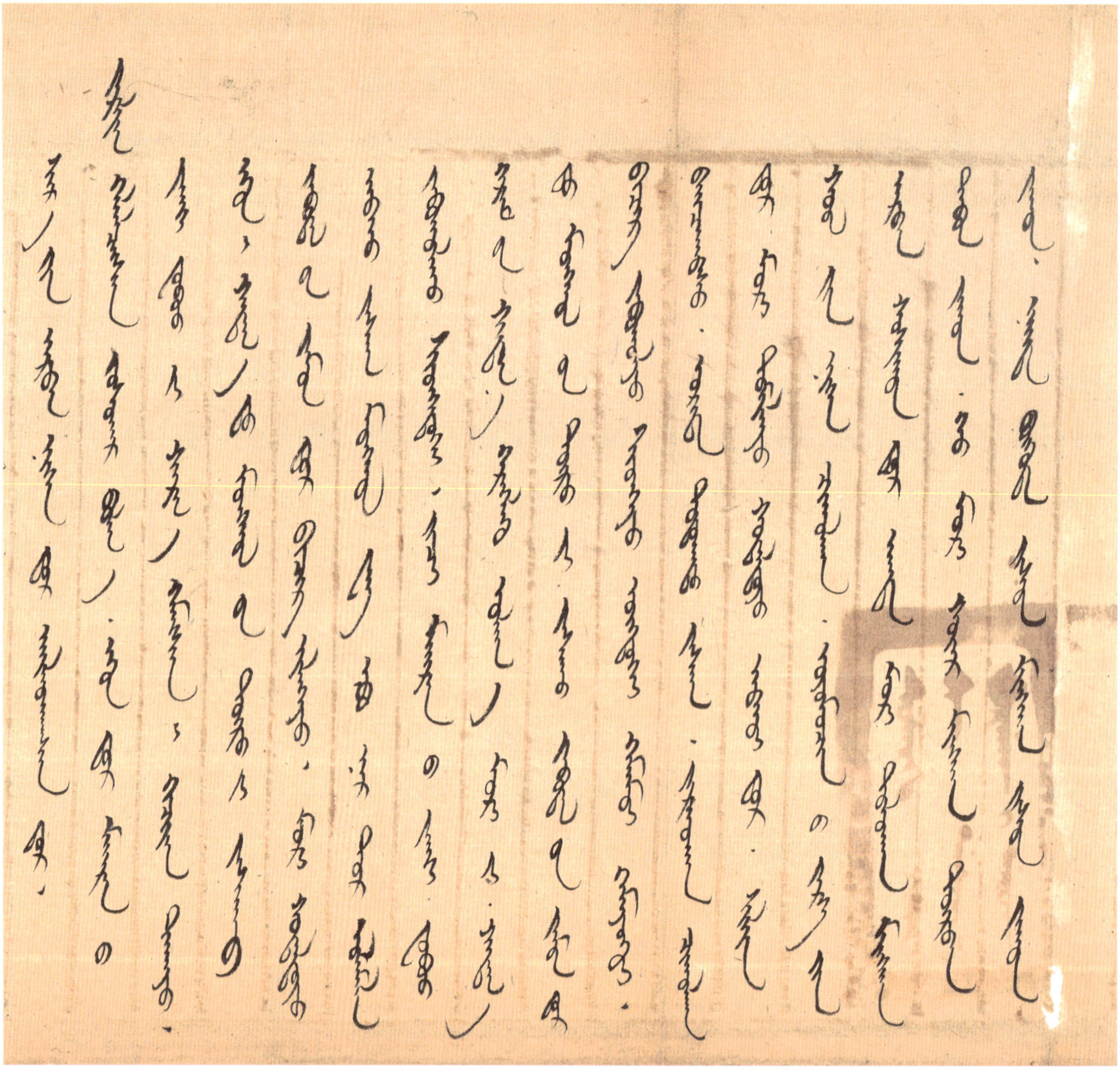

1-1-107-1(3)

理藩院为补给达里杭盖军营受损马匹事札昭乌达盟盟长、翁牛特多罗杜棱郡王鄂齐尔文

　　理藩院札昭乌达盟盟长、翁牛特多罗杜棱郡王鄂齐尔文，户部咨文，内开，为遵旨议奏事。大学士宰乌尔泰奏闻，雍正十年冬十二月十日谕旨："今年派往达里杭盖三地所征九千名兵丁马匹在路途上是否损失，无法知道。为此，京城派一名大臣往达里杭盖与当地大臣一同查兵丁马匹受损情况，商定，明年长草后将该事送达上奏。"等因。

　　臣等遵旨商定，去岁所征三地九千名兵丁，内萨木喀所带盛京六千名兵丁如今已到木希吉雅河驻扎，浩拉胡所带吉林两千名兵丁已到德勒淖尔驻扎，派往巴里坤狩猎乌拉一千名兵丁由哈岱带领驻达里杭盖。黑龙江一千兵丁今年去兵营，暂不论外。案查，盛京、吉林、狩猎兵丁自原地出发时，每人分给两匹马或两匹马银子在路途买马用。他们不但未能在路途上买到马，

如今又在蒙古王、额驸去买马匹补给他们所缺马数额时，不能随意约定，买不到马匹等事。这些兵丁遇冬季，又路途遥远，自原地出发时所骑马匹不能说没有受损。奉旨，派一名大臣乘骑到萨木喀、浩拉胡、哈岱兵营，查看兵丁马匹，与带兵大臣一同查清死耗及未能买到马匹数量，自乌珠穆沁等札萨克旗购买马匹里拨给。他们为买马匹而带去的银两，每匹马十五两里按市价十两银价交给去买马匹蒙古王、额驸，一同用于为买马匹所产生的钱粮款。如此，兵丁马匹齐整后，等长草时，盛京兵丁沿克鲁伦河，经鄂尔浑、图拉河奔查干苏勒地方去。派往巴里坤地方狩猎一千兵沿公主路向西可走忒河、翁金河，这条路较为便捷，可走这条路。如果这条路水草不够、行程艰难，则仍沿克鲁伦河，经鄂尔浑、图拉河绕行到忒河、札克毕都里雅地方去。向与

钦差大臣护军统领哈岱一同商量找熟悉路况的蒙古向导仔细询问，并选定水草丰美适合放马地方行军一事，由雍正十一年春一月十一日奏闻后，圣旨："按商定颁行。"等因。派遣副都统福宝执行。为此，咨理藩院，札行札萨克蒙古王、额驸等酌定买马匹事。另，副都统福宝关外使用马匹事咨理藩院，允许办理。再查，自内札萨克六盟购买马匹时，向锡林郭勒一盟、乌珠穆沁等十一旗购买了骟马七千五百匹、骒马两千四百匹，共九千九百匹。今萨木喀、浩拉胡、哈岱所带三班兵共近万人，每人用一匹马就用一万匹马，如果只从一个盟收购马匹会耽搁兵营用马。因此，咨文副都统福宝，如果军营用马不多，就自锡林郭勒盟十一旗购买马匹；如果用马匹多，就近处自乌兰察布盟乌拉特等六旗以及昭乌达盟敖汉等十一旗里购买所需马匹后分给。这一事已饬前往三盟买马匹王、额驸等。为此，札行。

雍正十一年二月初五日

50

011

翁牛特多罗杜棱郡王罗卜藏、旗务协理贝子额尔德尼、镇国公索诺木、协理二等台吉萨木鲁布为送达军营马匹缺额事呈理藩院文

雍正十三年七月十五日

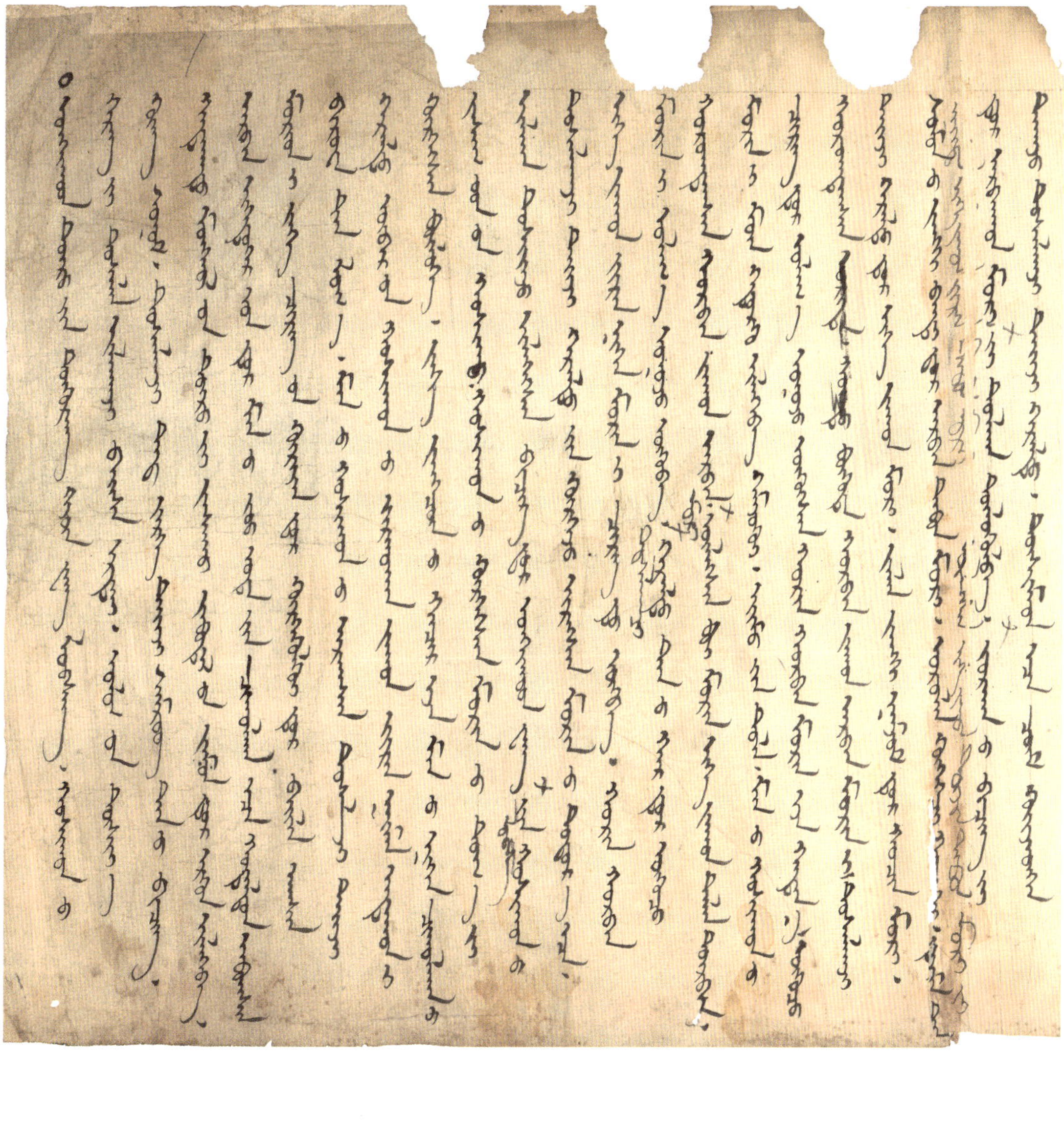

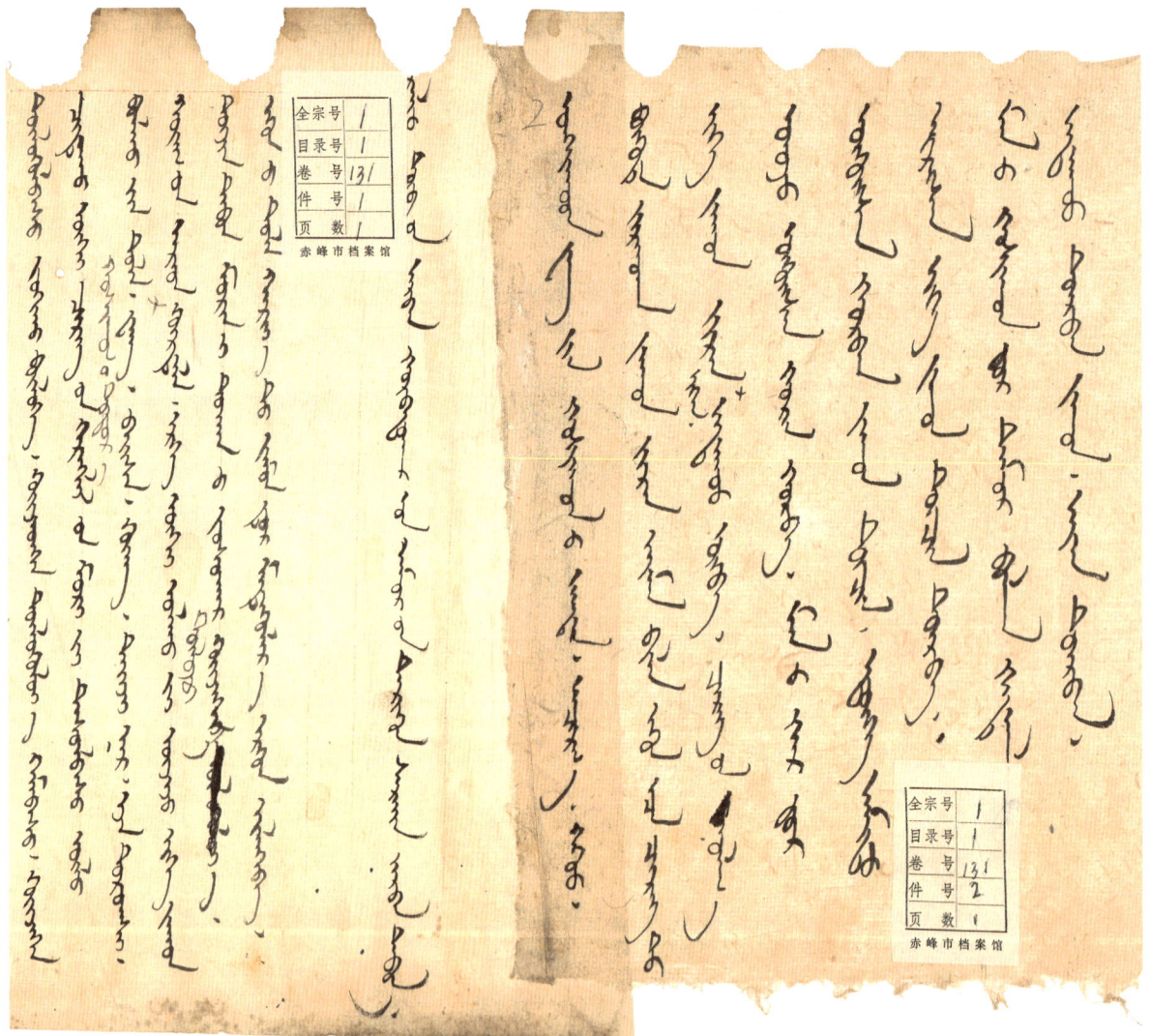

翁牛特多罗杜棱郡王罗卜藏、旗务协理贝子额尔德尼、镇国公索诺木、协理二等台吉萨木鲁布为送达军营马匹缺额事呈理藩院文

翁牛特多罗杜棱郡王罗卜藏、旗务协理贝子额尔德尼、镇国公索诺木、协理二等台吉萨木鲁布呈理藩院文。十一年，自我昭乌达盟购买马匹送达大军军营时，我旗派协理格尔勒图与贝勒巴鲁瓦一同送达本旗内所购六百六十八匹马。大将军处已收到我盟各旗所交付马匹数目清单中，确认翁牛特王罗卜藏旗协理台吉格尔勒图送来马匹内一百六十一匹马分给兵丁，二十三匹马因乘骑而死。协理格尔勒图手里死耗马三百一十五匹，剩下马匹里一百七十四匹已退回。为此，我旗因乘骑而死的二十三匹马外，死损马匹共三百一十五匹里，有协理台吉格尔勒图一百匹马，札兰章京纳木珠三十匹马，佐领章京班第十五匹马，骁骑校□十余匹

马，共一百六十五匹马，分别进行赔偿。其余一百四十五匹马，奉理藩院饬，应由协理台吉格尔勒图、旗员等进行赔偿。但他们几个人无力赔偿，又不能断供军用马匹。为此，自旗内王、贝子、公、台吉以下披甲内尽力征集一百四十五匹马，如数进行赔偿。为此，呈文。

雍正十三年七月十五日

翁牛特王旗骟马、种马、骒马共六百六十八匹，一百六十一匹分给兵丁。兵丁乘骑死掉二十三匹，我们手里死掉有三百四十匹，现在活着一百四十四匹。我旗帖木儿宝尔罕存马四百八十四匹。

012 盟长贝勒额驸为木兰秋狝所需物品事饬翁牛特王文

乾隆十七年五月十九日

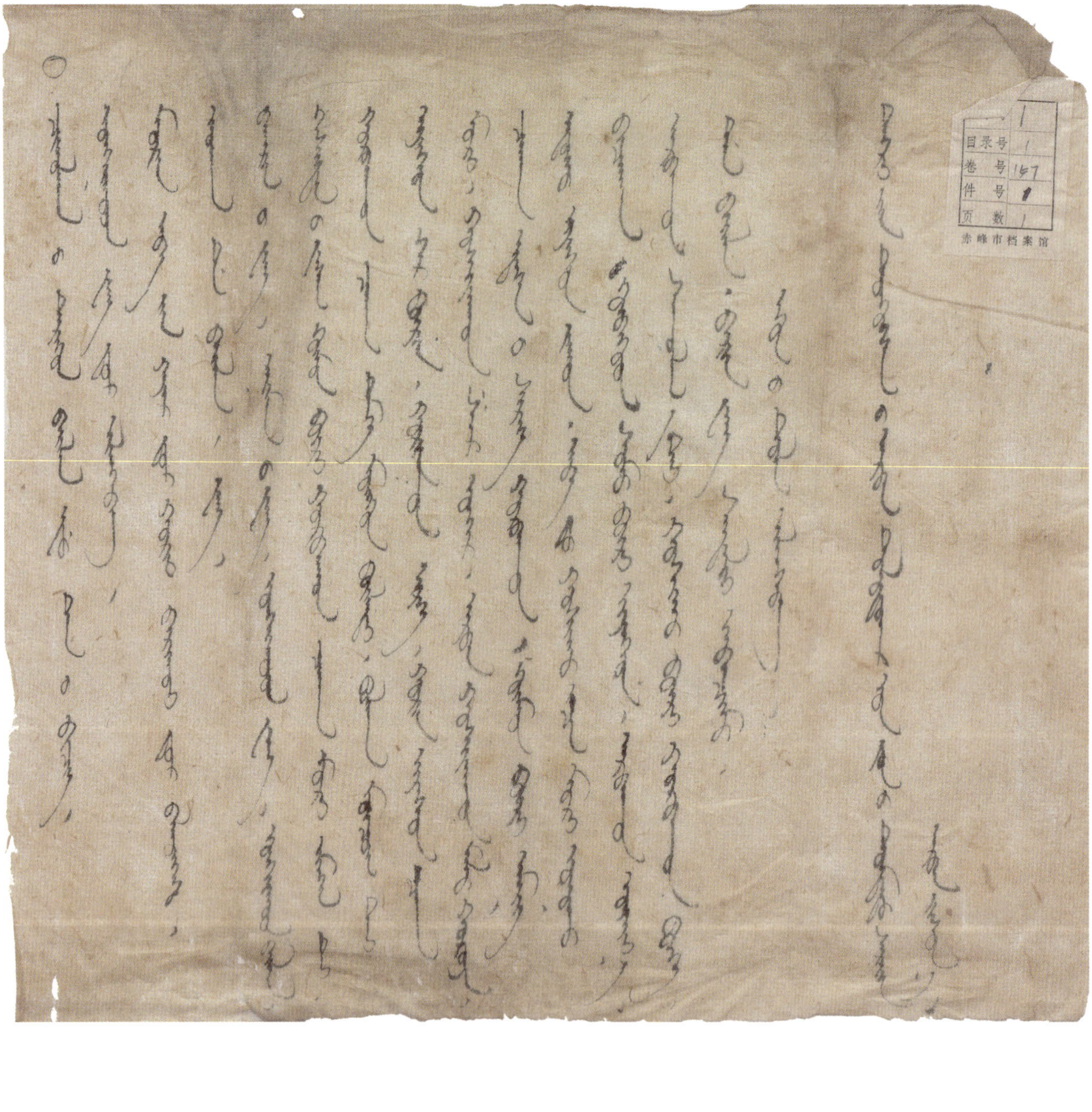

盟长贝勒额驸为木兰秋狝所需物品事饬翁牛特王文

　　盟长贝勒额驸饬翁牛特王文。木兰秋狝宴会备品由盟长敖汉贝勒、王及巴林王、奈曼王、翁牛特王、翁牛特贝勒、克什克腾旗札萨克谨备：每人备三匹鞍辔白马，带银鼻钩貂鼠踢胸驼三峰，完整蒙古包一架，二十只羯羊，二十匹白马，两头牛，十对坛奶酒，摆奶食桌三个，每人备生马驹一百匹，狩猎旗备骑马儿童每佐领一名，十头奶牛，挤奶桶十个，每旗摔跤手三名。盼带去盟长贝勒、巴林王椅子。为此，此饬。

乾隆十七年五月十九日

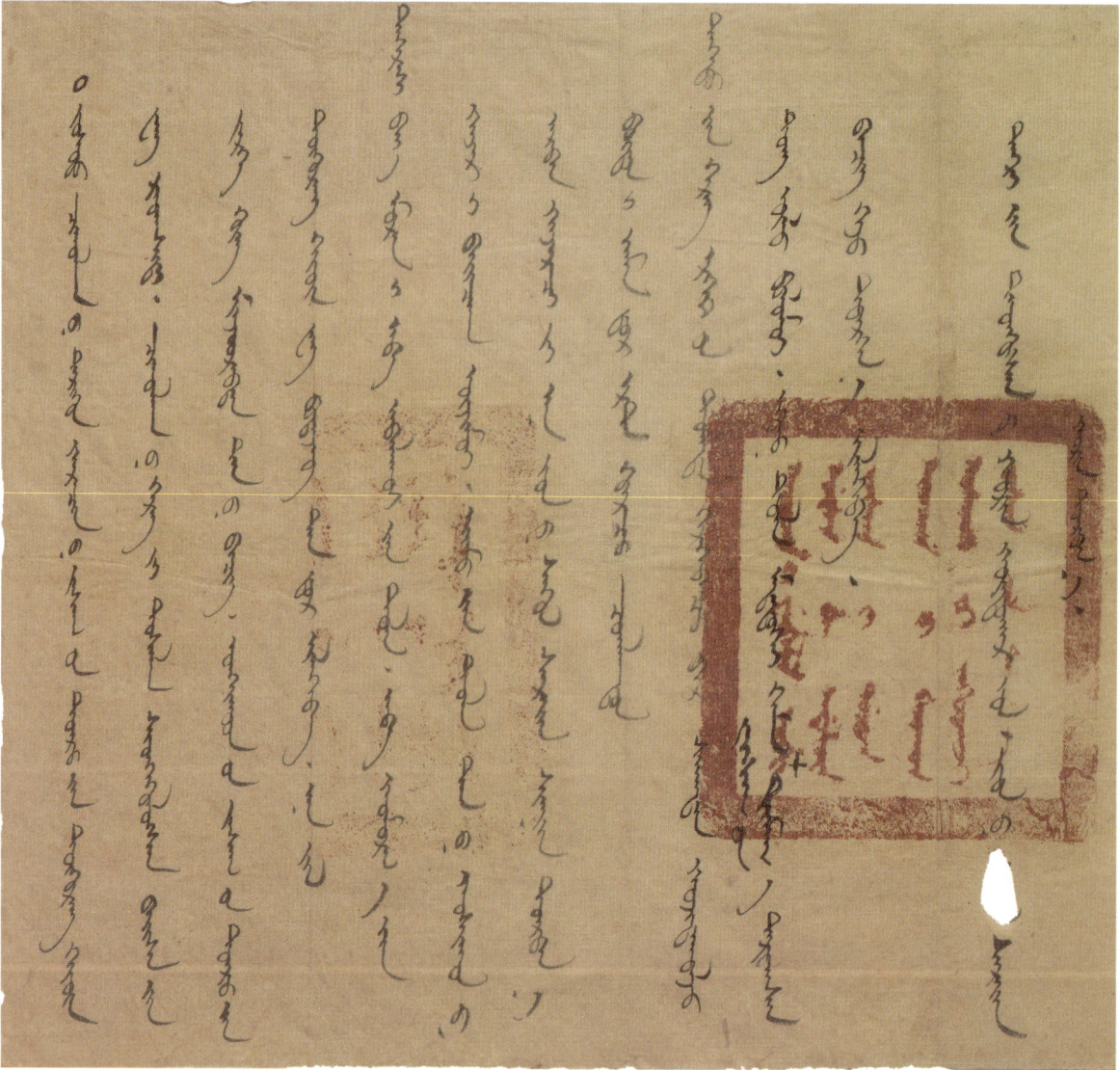

卓索图盟盟长喀喇沁多罗杜棱郡王喇特纳锡第、盟务协理贝子级敏珠尔喇布坦为视察木兰围事饬翁牛特多罗杜棱郡王宝迪扎布文

卓索图盟盟长喀喇沁多罗杜棱郡王喇特纳锡第、盟务协理贝子级敏珠尔喇布坦饬翁牛特多罗杜棱郡王宝迪扎布文。今年，圣主木兰围猎，有必要先去视察木兰围场。为此，贵旗派十名向导今夏六月四日到布统口集结。圣主事重大，无论如何不能有延误。为知悉事，备具盟长印文，特此，札行。

乾隆二十二年五月二十四日

014

盟长敖汉辅国公和硕额驸为备木兰围宴会所需物品事札翁牛特札萨克多罗杜棱郡王宝迪扎布文

乾隆三十二年七月

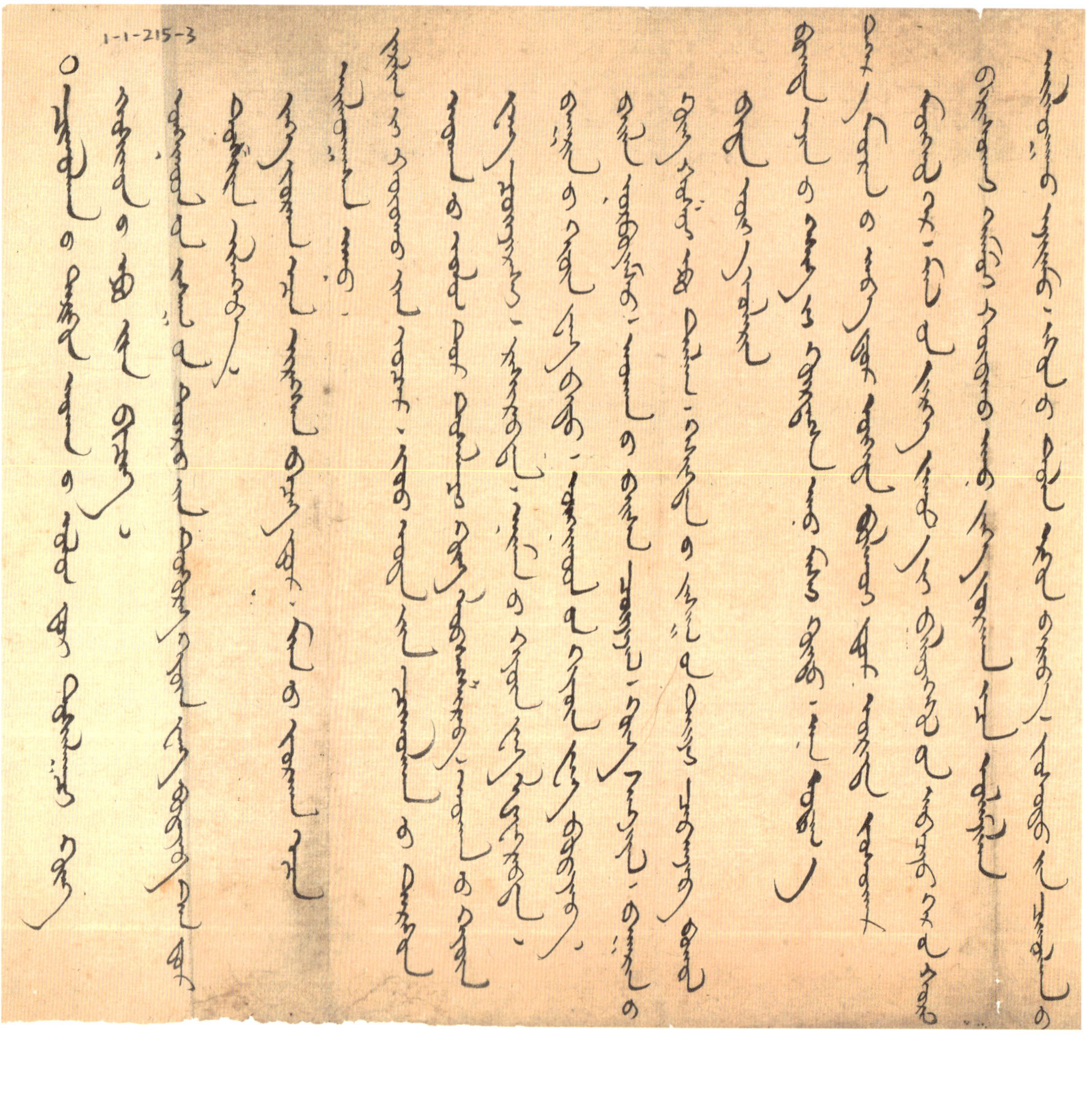
1-1-215-3

014

盟长敖汉辅国公和硕额驸为备木兰围宴会所需物品事札翁牛特札萨克多罗杜棱郡王宝迪扎布文

乾隆三十二年七月

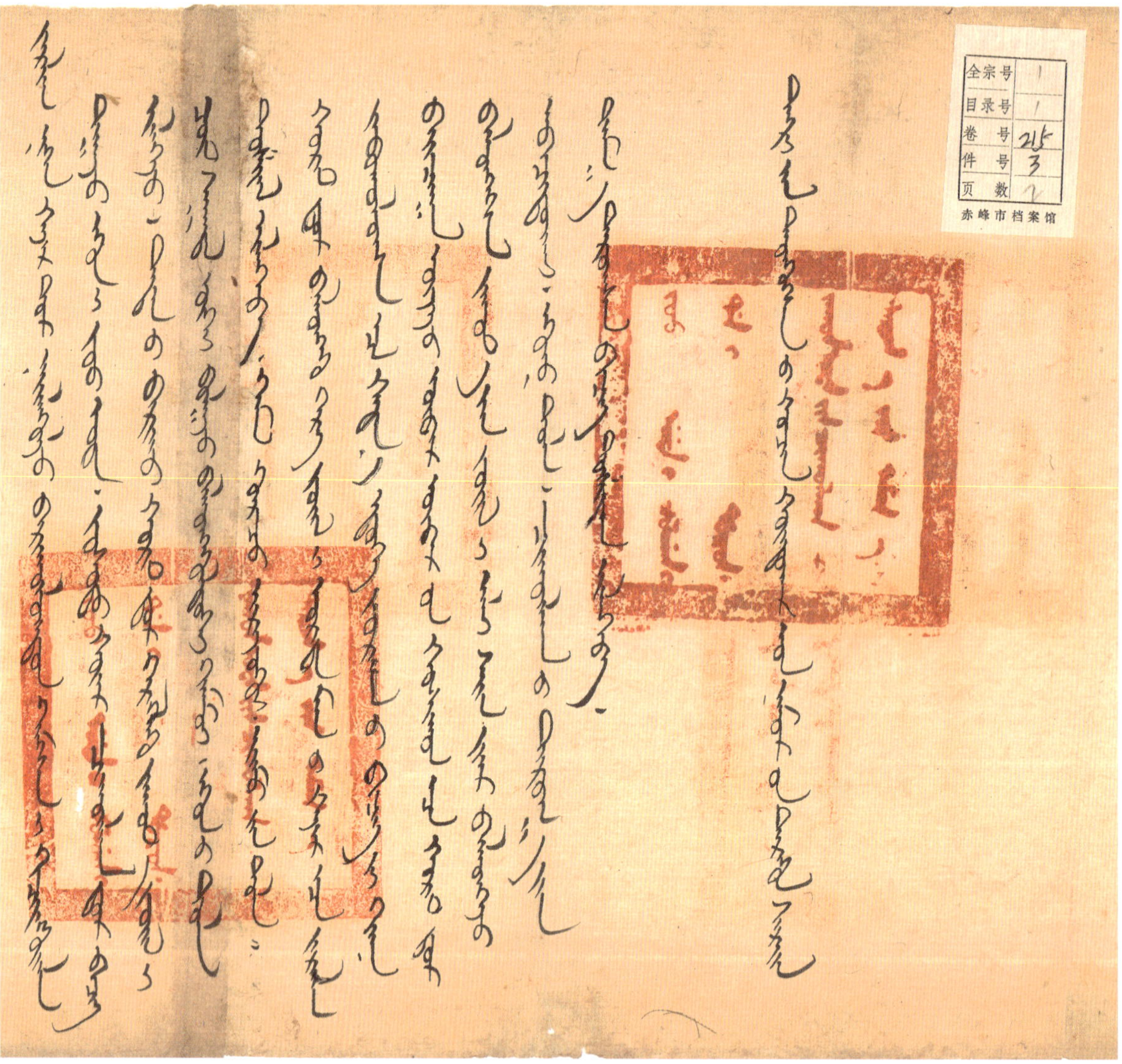

盟长敖汉辅国公和硕额驸为备木兰围宴会所需物品事札
翁牛特札萨克多罗杜棱郡王宝迪扎布文

　　盟长敖汉辅国公和硕额驸札翁牛特札萨克多罗杜棱郡王宝迪扎布文。理藩院来饬，内开，本部奏闻请旨之事。昭乌达盟盟长敖汉王罗卜藏希若布，敖汉郡王垂济喇什、喇什喇布坦，奈曼郡王拉旺喇布坦，巴林郡王巴图，翁牛特郡王宝迪扎布，贝勒诺尔布扎木素，敖汉贝子却吉扎勒，公桑杰扎勒，巴林公和硕额驸德勒克，克什克腾札萨克台吉齐巴克扎布，奴才等世代受圣主洪恩。本次皇上木兰围猎，按先例备蒙古包、牲畜等，做家宴敬上。请大部转奏请旨，为此，上奏。

　　卓索图盟盟长喀喇沁王喇特纳锡第等呈理藩院文，为转奏事。今皇上木兰围猎，本盟札萨克等做家宴敬上。请大部转奏请旨，为此，上奏。喀喇沁多罗郡王喇特纳锡第、辅国公丹津达尔扎呈理藩院文，为转奏事。皇上进行木兰围猎，若恩准，奴才二人备家宴敬上。请大部转奏请旨，为此，上奏。等因。乾隆三十二年七月三日交付蒙古事侍卫咋布丹奏闻。谕旨："合并为一处做家宴。"等因。奉旨，札昭乌达、卓索图二盟，备齐进家宴所需物品，不得耽误，为此，札行。因此，进家宴所需物品本部先已札行外，今细看文内内容，各旗带去选好进宴物品。为此，备具盟长印文，特此，札行。

　　　　　　　　　　　　　　乾隆三十二年七月

015

盟长敖汉辅国公和硕额驸侍郎为准备木兰围所需物品事咨翁牛特札萨克多罗杜棱郡王宝迪扎布文

乾隆三十五年五月十七日

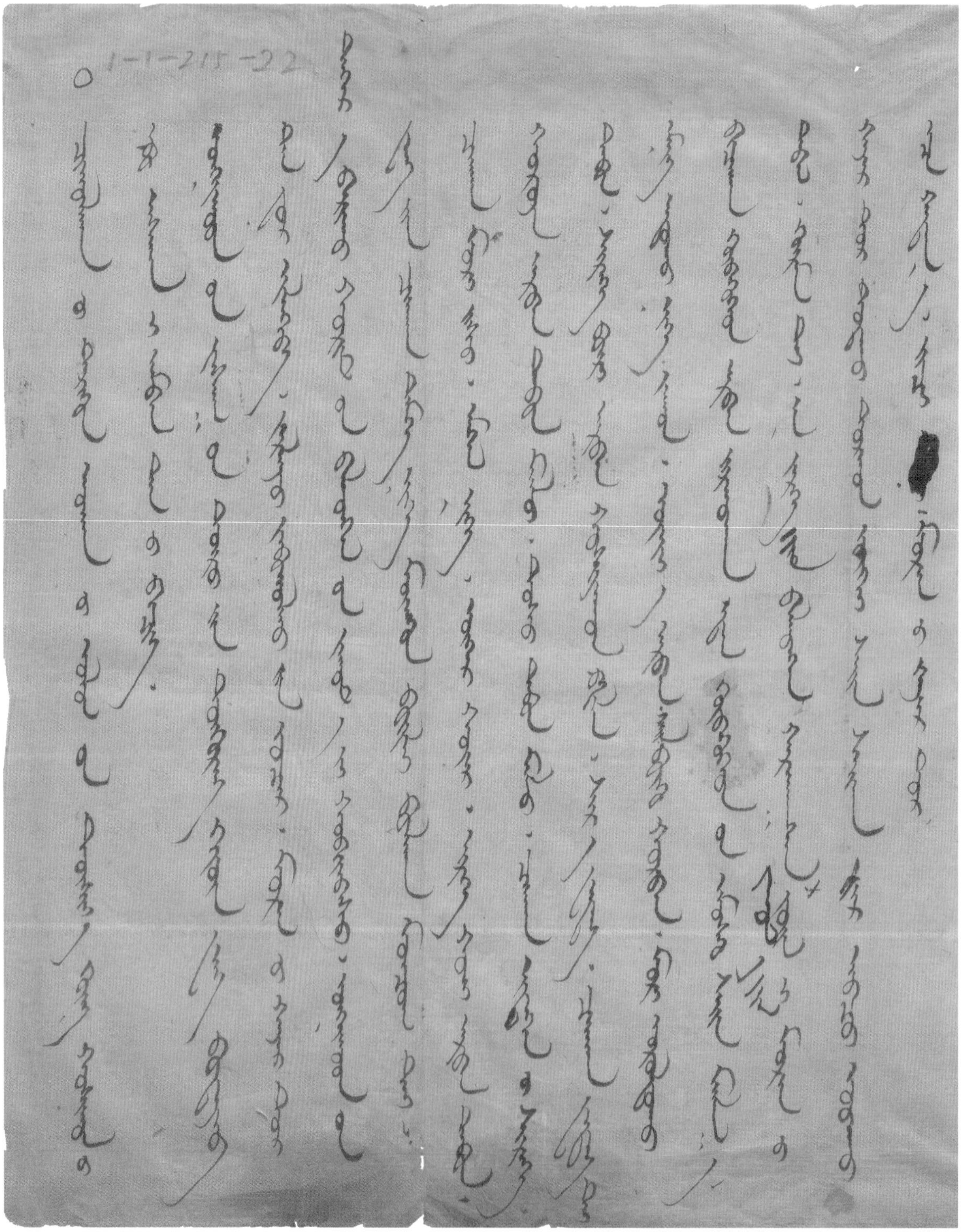

盟长敖汉辅国公和硕额驸侍郎为准备木兰围所需物品事咨翁牛特札萨克多罗杜棱郡王宝迪扎布文

乾隆三十五年五月十七日

63

015

盟长敖汉辅国公和硕额驸侍郎为准备木兰围所需物品事咨翁牛特札萨克多罗杜棱郡王宝迪扎布文

盟长敖汉辅国公和硕额驸侍郎札翁牛特札萨克多罗杜棱郡王宝迪扎布文，为札行事。上驾木兰秋狝，所备物资分配如下：翁牛特王带银鼻钩貂鼠踢胸驼一峰，白马九匹，马鞍一个，牛两头，羯羊十五只，奶酒十五坛，油五坛，奶食桌五张，每桌备盘子十对、黄色铺布、白色铺布，生马驹一百匹，奶牛十头，摔跤能手三名，赛马骑童十六名（这些孩童穿着上等帽、袍、外套）等。木兰围所需物品无一缺少，并完好无损送到。此外，为上驾木兰围进宴，贵旗出运大房子、质量好牛车十辆，配赶车人，他们穿着讲究，带两月粮食，每辆车需捆绑绳子，覆盖席子、毡子两张等按先例点收，交付给一名官员，七月二十五前务必到我处。为此，备具盟长印文，特此，咨行。

乾隆三十五年五月十七日

016

盟长敖汉辅国公和硕额驸侍郎为准备木兰围所需物品事饬翁牛特札萨克多罗杜棱郡王宝迪扎布文

乾隆三十八年六月十七日

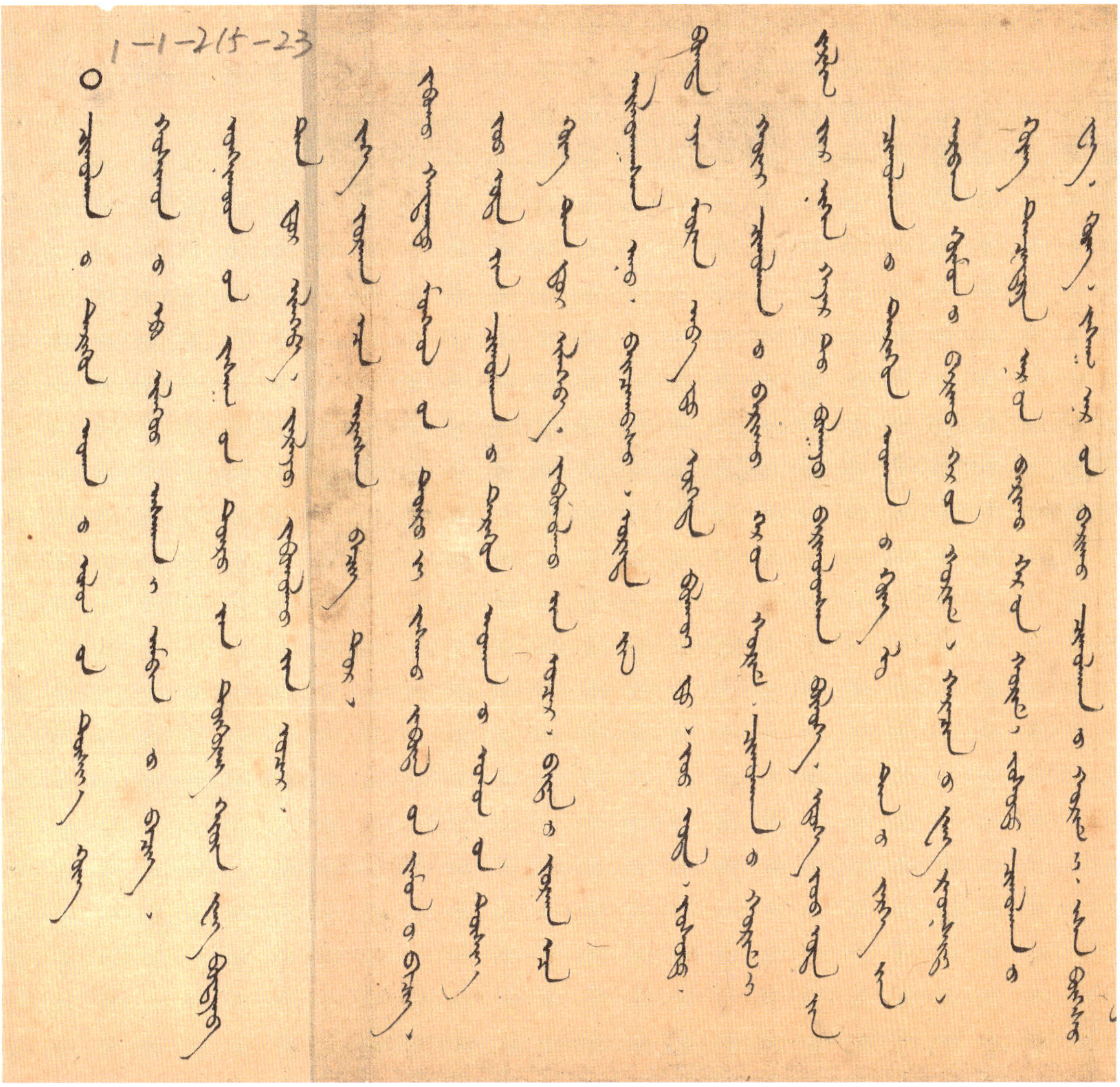

016

盟长敖汉辅国公和硕额驸侍郎为准备木兰围所需物品事饬翁牛特札萨克多罗杜棱郡王宝迪扎布文

乾隆三十八年六月十七日

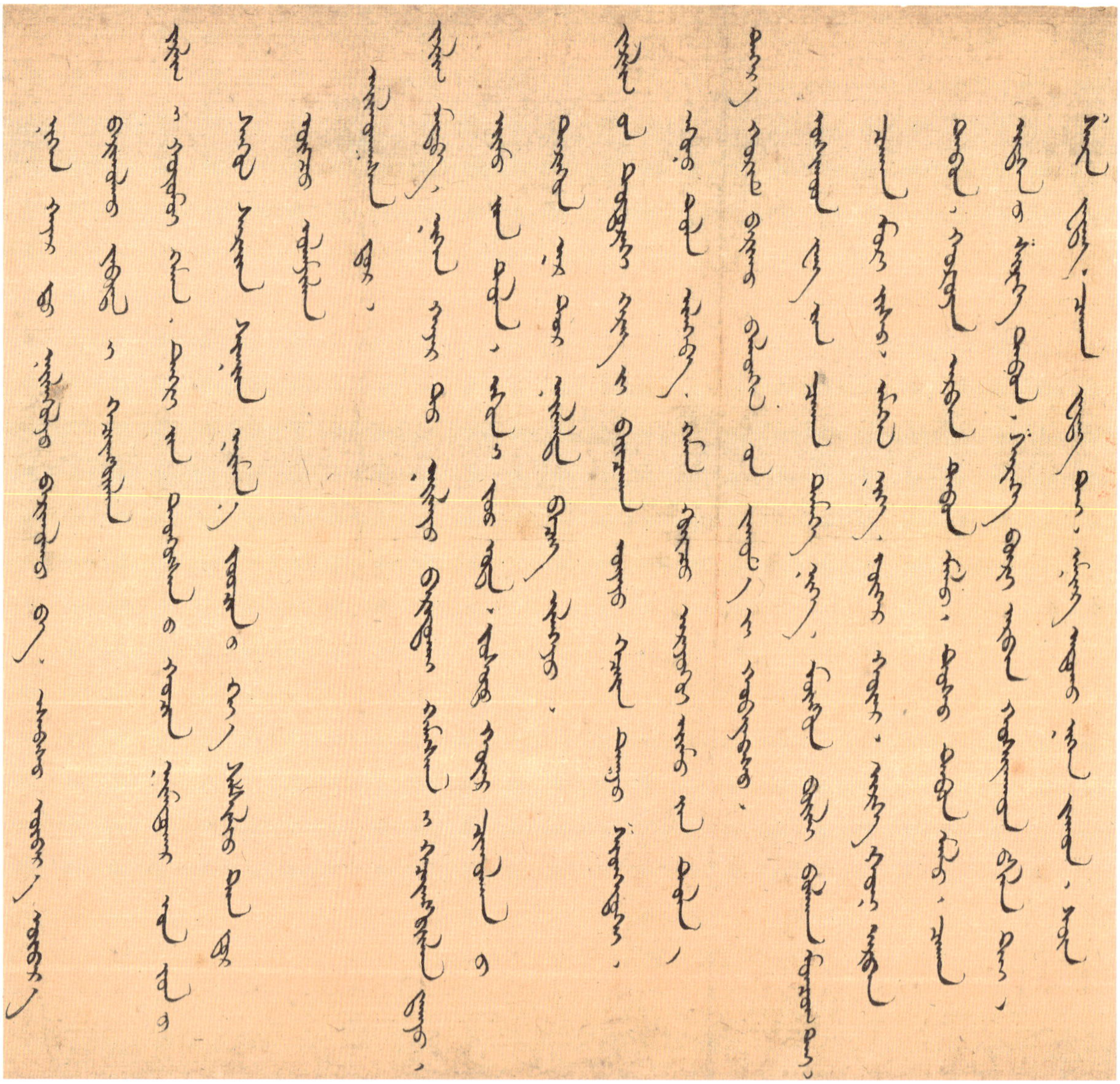

016

盟长敖汉辅国公和硕额驸侍郎为准备木兰围所需物品事饬翁牛特札萨克多罗杜棱郡王宝迪扎布文

乾隆三十八年六月十七日

016

盟长敖汉辅国公和硕额驸侍郎为准备木兰围所需物品事饬翁牛特札萨克多罗杜棱郡王宝迪扎布文

乾隆三十八年六月十七日

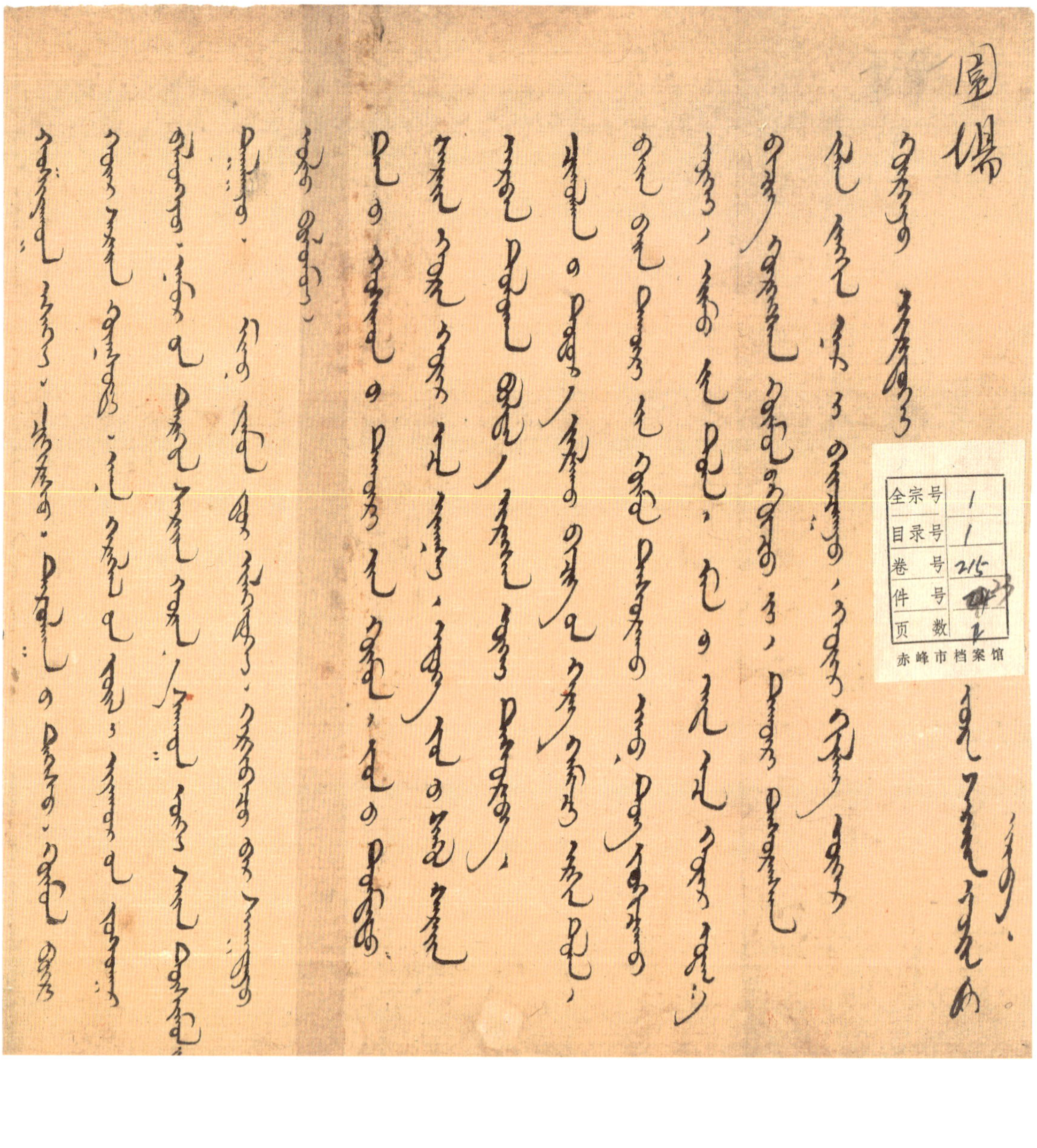

盟长敖汉辅国公和硕额驸侍郎为准备木兰围所需物品事饬翁牛特札萨克多罗杜棱郡王宝迪扎布文

盟长敖汉辅国公和硕额驸侍郎饬翁牛特札萨克多罗杜棱郡王宝迪扎布文，为札行事。大部札文，内开，理藩院札昭乌达盟盟长敖汉辅国公文。本部奏闻，案查，早年皇上木兰围猎，昭乌达、卓索图两盟家宴、盟宴各一次。后奉旨，改为一处进宴。今昭乌达盟盟长敖汉公罗等十人进家宴，喀喇沁王喇特纳锡第、辅国公丹津达尔扎进家宴，卓索图盟王公札萨克进盟宴，是否一处进行或各自进行一事，请旨，乾隆三十八年六月初八日交给奏蒙古事侍卫沙喜柳转奏。谕旨："一处进宴。"等因。奉旨，咨行昭乌达、卓索图两盟盟长奉旨进行，为此，晓谕。等因。为此，筵宴用品分摊如下：翁牛特王备品有带银鼻钩貂鼠踢胸驼一峰，白马九匹，马鞍一个，牛两头，羯羊十五只，奶酒十五坛，黄油五坛，奶食桌五张，每桌盘子十对，每桌备黄色铺布、白色铺布，生马驹一百匹，奶牛十头，摔跤手三名。此等物品由贵札萨克处按先

例无一缺少并选优质品完好无损带去。为此，备具盟长印文，特此，札行。

乾隆三十八年六月十七日

敖汉札萨克王尚未承袭，故其分摊生马驹数量缺很多，因而由翁牛特王增加十匹马送至进宴处。札文事由，为皇上进宴所用驮载大斡儿朵车辆，应由贵旗承担，需要套双牛车五辆，每辆车备一对毡、席、捆绑绳，每人备两月粮食，将以上物资按先例备齐，七月二十日派精干人员送到我衙门，无论如何不能延误。

自五月二十二日至今六月十七日贵旗差役人员未来。盟内传文意义重大，差役人员不应时常中断。因此，送来我处两次送文人员的劳务费，查办已中断差役之札兰章京，送来两头四岁牛。

六月二十日送来。

69

017 副盟长奈曼札萨克多罗达尔汉郡王记录三次、盟务帮办巴林一等台吉等为比丁造册事札翁牛特札萨克多罗杜棱郡王旺舒克文

乾隆四十九年二月二十日

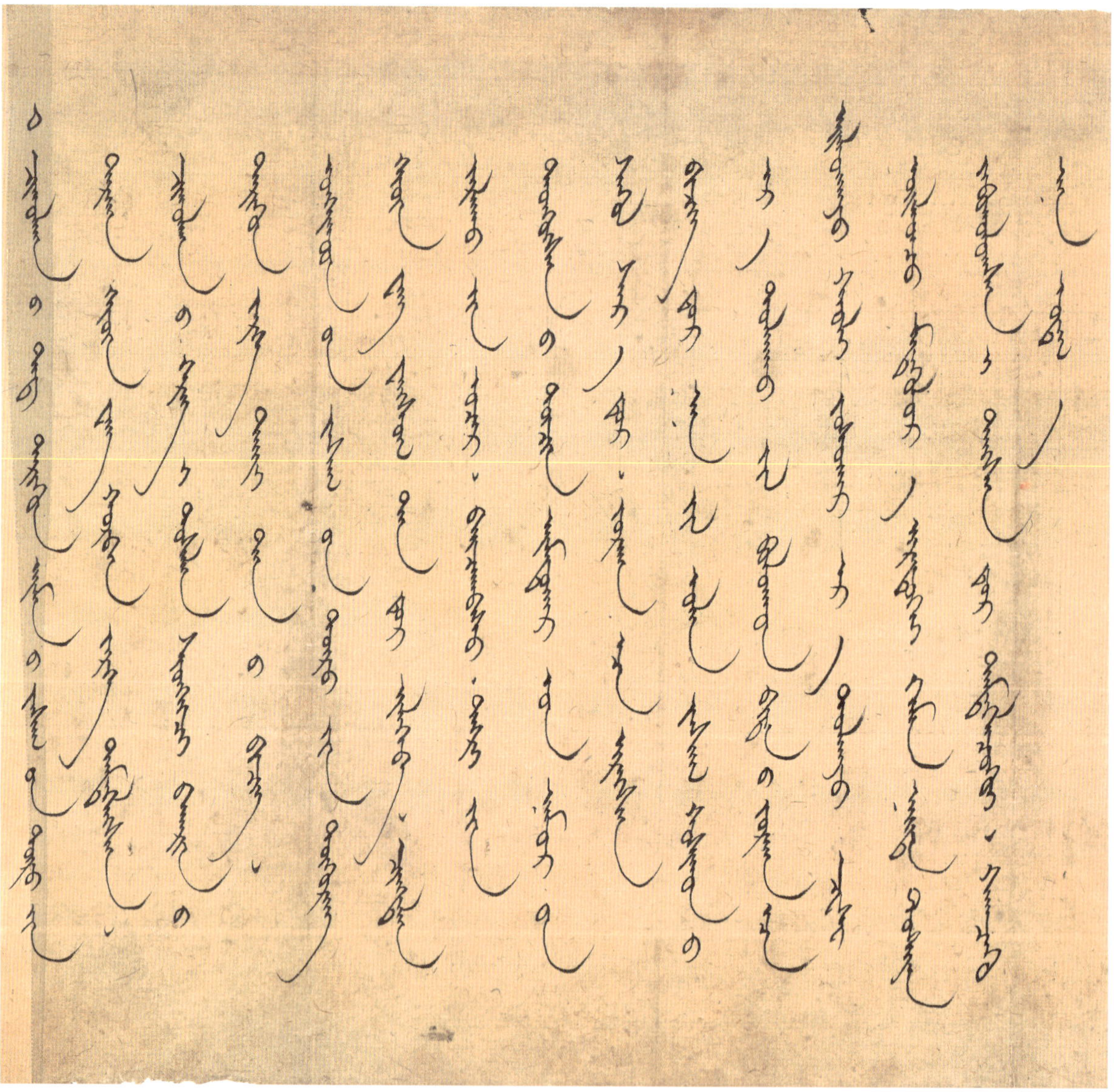

副盟长奈曼札萨克多罗达尔汉郡王记录三次、盟务帮办巴林一等台吉等为比丁造册事札翁牛特札萨克多罗杜棱郡王旺舒克文

乾隆四十九年二月二十日

71

副盟长奈曼札萨克多罗达尔汉郡王记录三次、盟务帮办巴林一等台吉等为比丁造册事札翁牛特札萨克多罗杜棱郡王旺舒克文

乾隆四十九年二月二十日

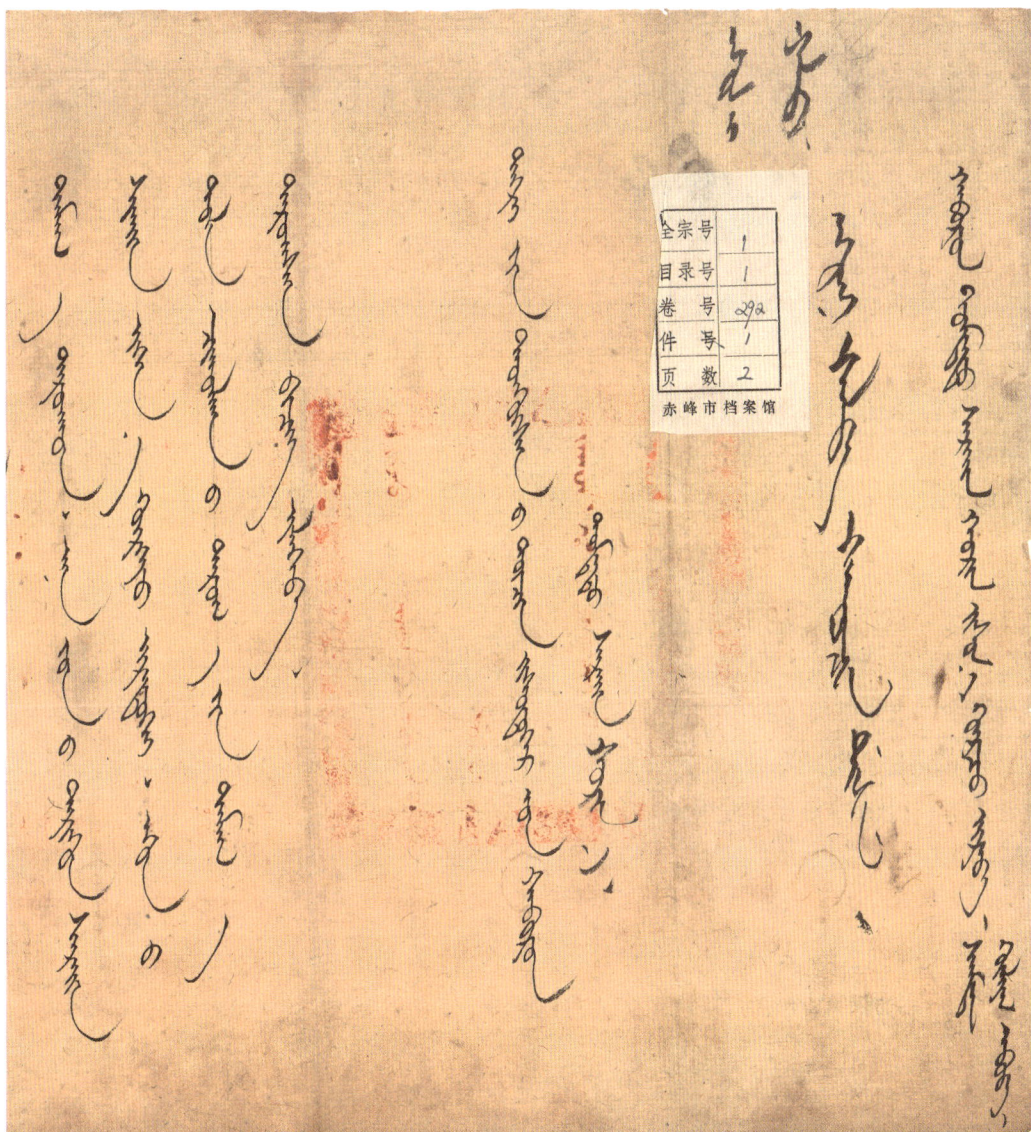

017

副盟长奈曼札萨克多罗达尔汉郡王记录三次、盟务帮办巴林一等台吉等为比丁造册事札翁牛特札萨克多罗杜棱郡王旺舒克文

副盟长奈曼札萨克多罗达尔汉郡王记录三次、盟务帮办巴林一等台吉等札翁牛特札萨克多罗杜棱郡王旺舒克文，为札行事。案查，乾隆四十八年九月理藩院饬，内开，今年到了各札萨克比丁之年，因此，我院奏准，照旧例今年比丁造册送达一事已录在案。只因本次皇上东巡盛京祗谒祖陵时，卓索图盟盟长喀喇沁王喇特纳锡第、昭乌达盟巴林王巴图等扈从皇上之故，他们在今年会盟未来得及比丁造册并呈报上来；哲里木盟盟长科尔沁亲王贡噶喇布丹又去盛京当差之故。谕旨："这三盟札萨克旗比丁造册时间定为四十九年进行，并呈理藩院。"等因。奉旨，札行一事已录在案。今年应会盟查验才是，只是时间紧，停止会盟，各旗内部统计协理多少、台吉多少、到年龄台吉多少、在任哈藩多少、侍卫与随丁多少、披甲多少、佐领多少等细查分类，按类照例数量无差，造简册，付官印，今夏四月初一送来。为此，备具盟长印文，特此，札行。

乾隆四十九年二月二十日

此已换旧档，二月二十九日到，萨玛丹接收。

018

王爷为准备木兰围所需物品事札葛根仓札兰赛音太文

乾隆五十年六月二十四日

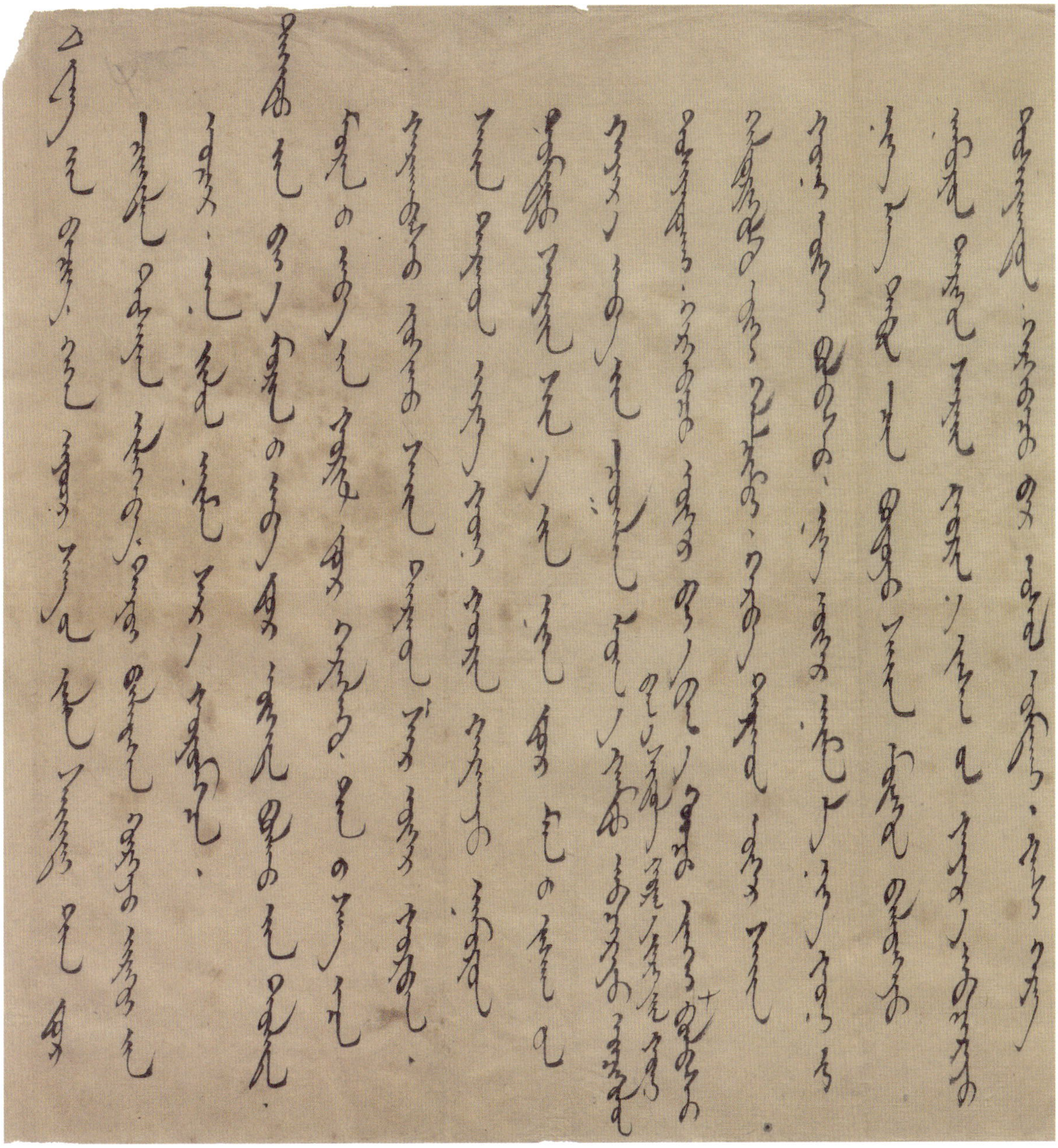

018 王爷为准备木兰围所需物品事札葛根仓札兰赛音太文

乾隆五十年六月二十四日

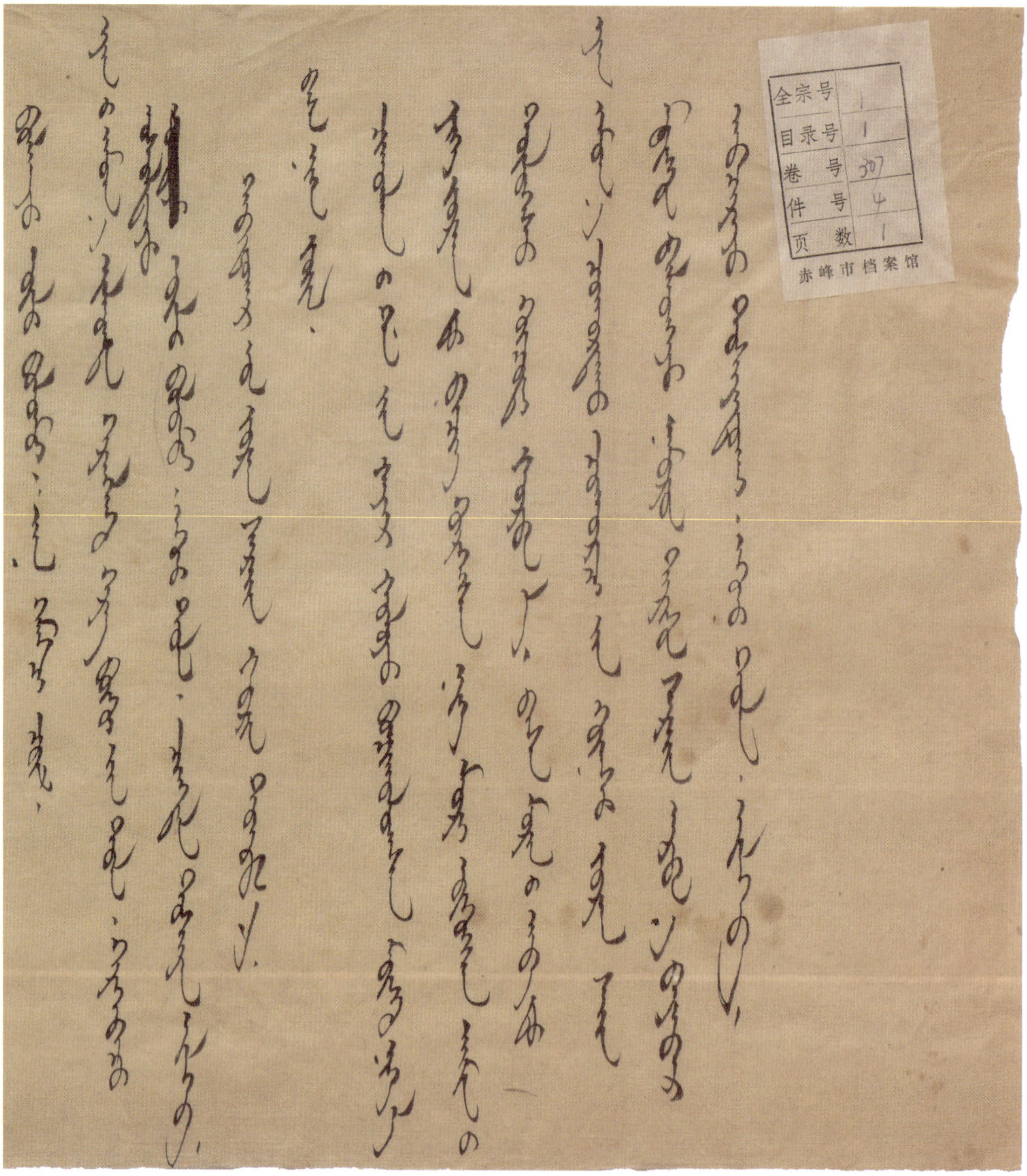

王爷为准备木兰围所需物品事札葛根仓札兰赛音太文

王爷札葛根伊珠尔仓札兰赛音太文，为札行事。速备齐送达事。今年八月皇上木兰围猎，因此，应由你仓出木兰围用犍牛三头、肥壮羯羊三十只，八月初一日送到本札萨克处，经前去围猎人员验收。若送瘦小、无力气、三岁牛或送小羊羔，则问罪，不宽恕。如果没有肥壮牛羊则按一头牛八两银子、一只羊一两五钱银子折算备好，七月二十日送到札萨克处交付。不能延误、马虎。这等事，御用物品，千万不能有失误。为此，札行。

乾隆五十年六月二十四日

又一事，盟长处退回银子一两，理藩院送文用一匹马死去，赔偿款三两，木兰围猎时在圣主前奏蒙古乐之人廪饩银六两，备好后，七月十日亲自来交付。为此，札行。

1-1-316-1(1)

019 盟长巴林札萨克和硕亲王品级记录三次多罗郡王为皇上赴避暑山庄时当班王公名单事札翁牛特多罗杜棱郡王旺舒克文

乾隆五十一年五月初五日

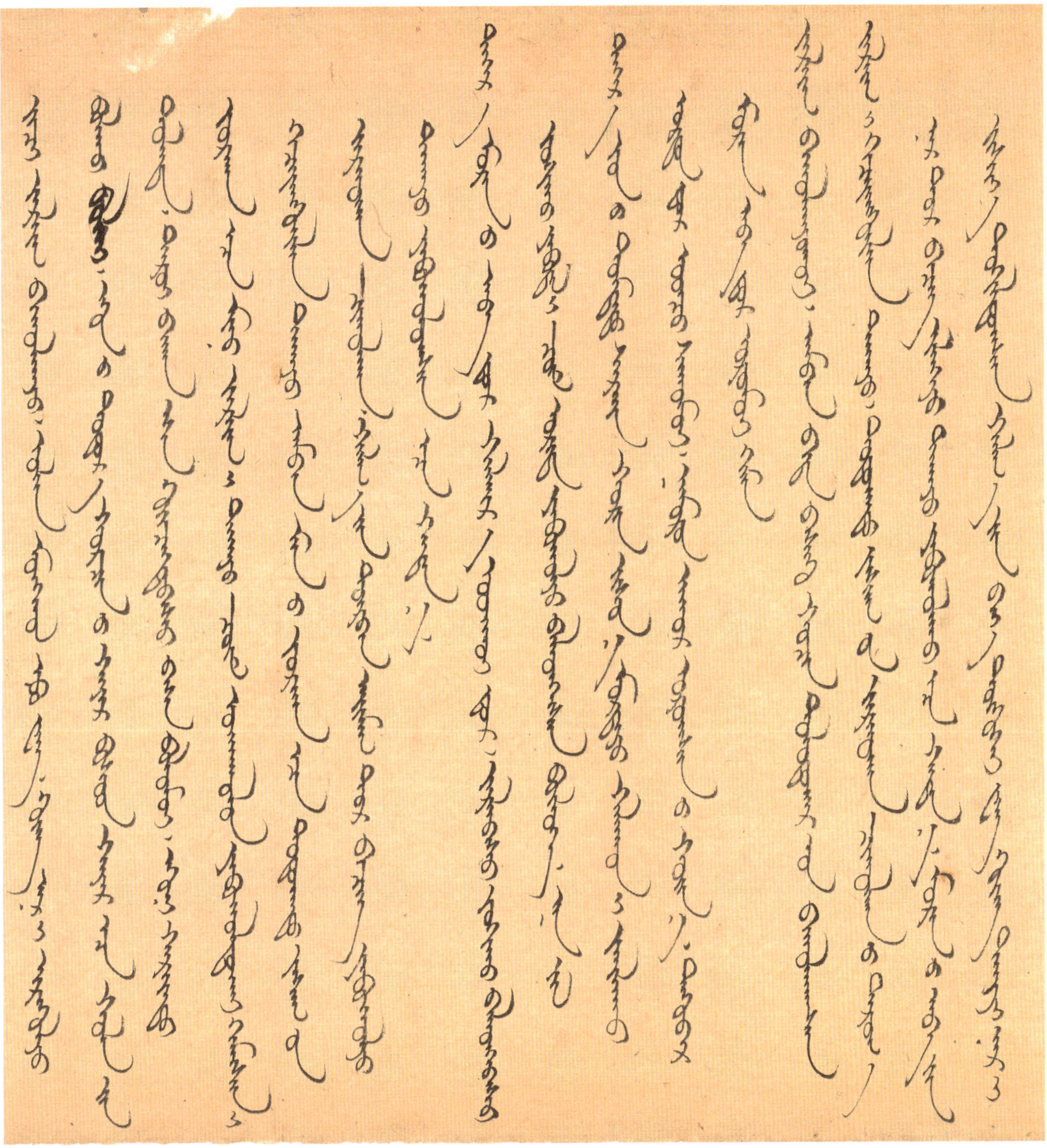

019

盟长巴林札萨克和硕亲王品级记录三次多罗郡王为皇上赴避暑山庄时当班王公名单事札翁牛特多罗杜棱郡王旺舒克文

乾隆五十一年五月初五日

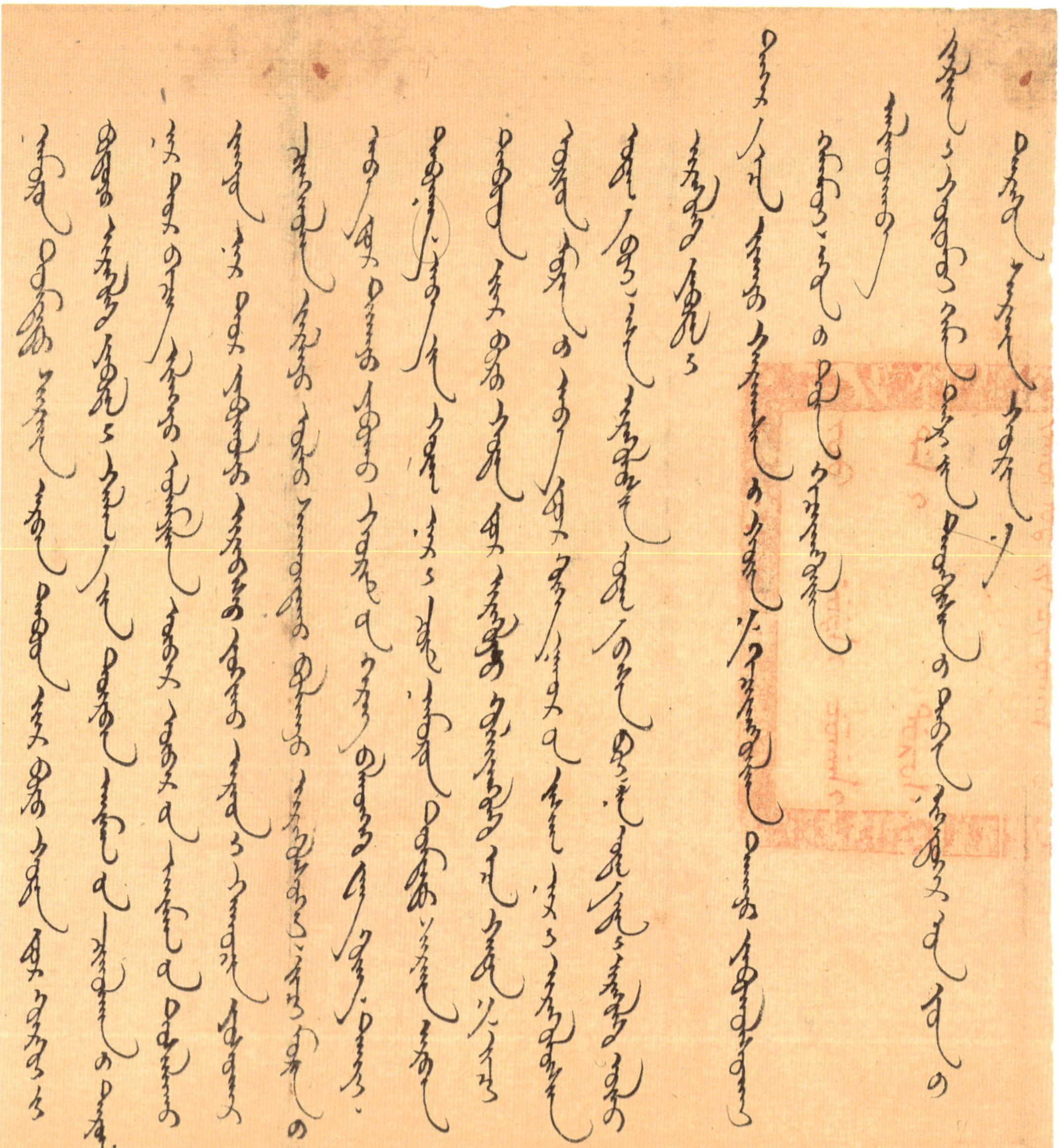

019

盟长巴林札萨克和硕亲王品级记录三次多罗郡王为皇上赴避暑山庄时当班王公名单事札翁牛特多罗杜棱郡王旺舒克文

乾隆五十一年五月初五日

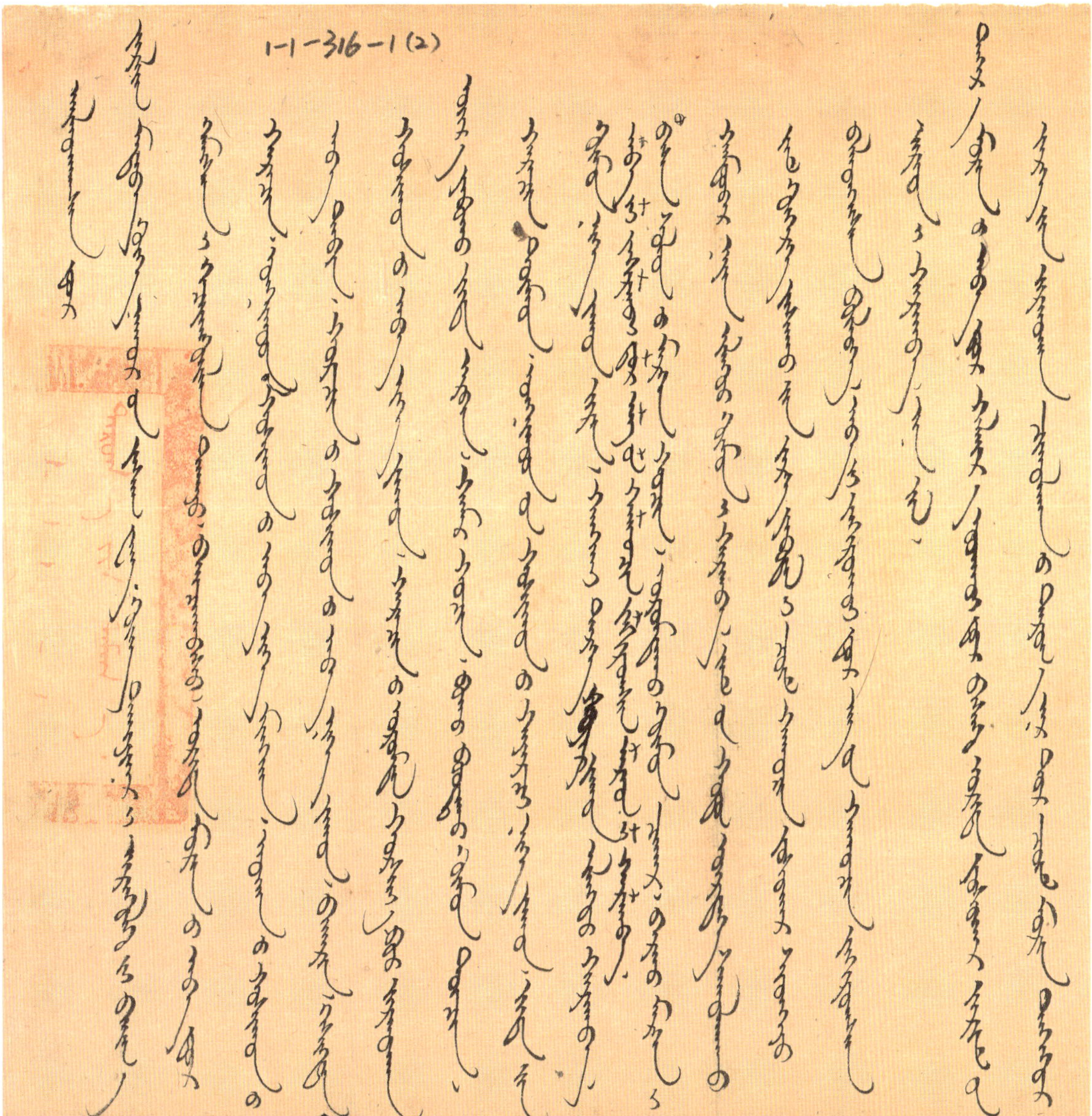
1-1-316-1(2)

皇帝往奉天避暑各蒙旗护圣驾随行事由

乾隆五十一年

ᠮᠣᠩᠭᠣᠯ ᠪᠢᠴᠢᠭ᠌

019

盟长巴林札萨克和硕亲王品级记录三次多罗郡王为皇上赴避暑山庄时当班王公名单事札翁牛特多罗杜棱郡王旺舒克文

乾隆五十一年五月初五日

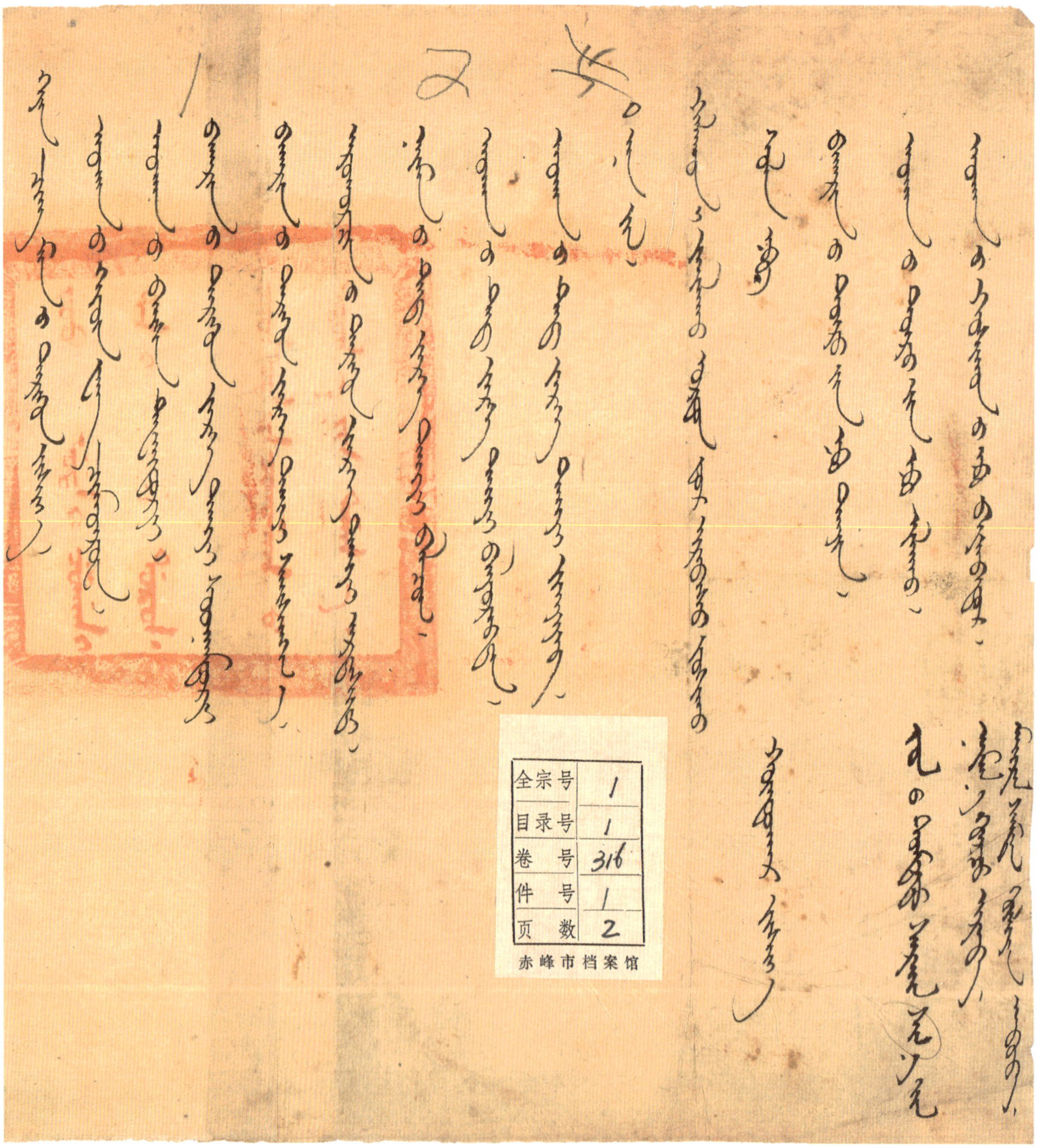

盟长巴林札萨克和硕亲王品级记录三次多罗郡王为皇上赴避暑山庄时当班王公名单事札翁牛特多罗杜棱郡王旺舒克文

盟长巴林札萨克和硕亲王品级记录三次多罗郡王札翁牛特多罗杜棱郡王旺舒克文，为札行事。乾隆五十一年六月初四日理藩院饬，内开，谨速备事。我院奏闻，请旨，案查，乾隆三十七年三月初二日谕旨："今年朕往避暑山庄比往年略早，众蒙古王、额驸、公等不必随即到来，和往年一样进木兰围场前七月二十日来避暑山庄即可。土尔扈特班布尔等人来避暑山庄朝觐，如果他们早来，饬蒙古众王、额驸、公等允许早来。其中科尔沁地比其他地远，允许稍迟来，理藩院传朕旨。"等因。理藩院奉旨饬内札萨克六盟、喀尔喀四部奉旨执行。皇上木兰围猎，应札行届时预备事，已札行。

今年五月二十九日皇上出发进驻避暑山庄，入秋后进木兰围场事，已下旨。臣等又奉三十七年旨，饬内札萨克六盟盟长照旧例执行外，来木兰围当班喀尔喀部未出痘王、公、台吉等计

算好时间，八月十五日到波罗河屯事宜，已札喀尔喀四部盟长，并呈报各部辖区将军，不能耽误应来人员行程。另，扈从木兰围，谨备宴会王、公、台吉、塔布囊、围甲等，八月十五日前务必到波罗河屯等候。此外，前有青海诸札萨克有准来不准来等案例，本次准来与不准来，皇上准定后奉旨执行。为此，奏请，请旨。乾隆五十一年四月二十日谕旨："不准青海王、公、台吉等来。"等因。奉旨。

案查，旧例木兰围猎时喀喇沁、翁牛特旗派围甲一千人，敖汉派围甲五十人，科尔沁派围甲一百人，巴林、克什克腾派围甲一百人；喀喇沁伙计鸟枪六把、近侍卫虎枪十把，哨头三十，射鹿人四十人；喀喇沁、土默特、翁牛特旗向导一百人，标枪手一百六十人，派出杭霭车（空车）二百多辆等。为管围官派去原来人员。又，索伦射手三十人，哨鹿人及察哈尔、巴尔虎射手，共

出八十多人。路途住驿站，修路、修桥等事，照旧例已备齐。为管围官派去原来人员。

今年皇上木兰围猎，照旧例速转饬哲里木盟等六盟，谨速备，该办理事情立刻备齐办理，不能有误外，遵圣旨内容，奉旨执行。等因。为此，各札萨克奉旨，各处应准备的事物要提前预备。为此，备具盟长印文，特此，札行。

乾隆五十一年五月初五日

温都尔胡写，阿木尔封。

附件

四子王旗多罗郡王朋楚克桑鲁布、鄂尔多斯多罗郡王什当巴拜、苏尼特多罗郡王巴勒珠尔雅喇木丕勒、扎鲁特多罗贝勒德沁、敖汉和硕贝子德威多尔济、科尔沁辅国公锡达什里等未到年龄，不必来。

今年准到避暑山庄来　第二班

翁牛特郡王旺舒克、喀尔喀贝勒阿裕尔、巴林贝子萨木丕勒多尔济、扎鲁特镇国公色棱扎布、翁牛特镇国公达瓦什里。

今适合进木兰围场人员　乾清门头班

敖汉郡王齐默特鲁瓦、敖汉贝子德威多尔济、巴林一等台吉索德纳木多尔济、巴林一等台吉赛尚阿、阿鲁科尔沁一等台吉阿尔达什第、奈曼二等台吉巴勒楚克、敖汉二等台吉巴拉珠喇布坦、敖汉二等台吉济克济扎布。

今年适合来避暑山庄　闲散额驸二班

巴林多罗额驸丹津、敖汉多罗额驸伊拉忽、敖汉和硕额驸巴颜巴图鲁。

五月初八到，梅林萨玛丹接收。

1-1-524-1(1)

020

盟长巴林札萨克和硕亲王品级记录三次多罗郡王为皇上幸临避暑山庄时前来当班王公名单事札翁牛特多罗杜棱郡王旺舒克文

乾隆五十二年四月二十九日

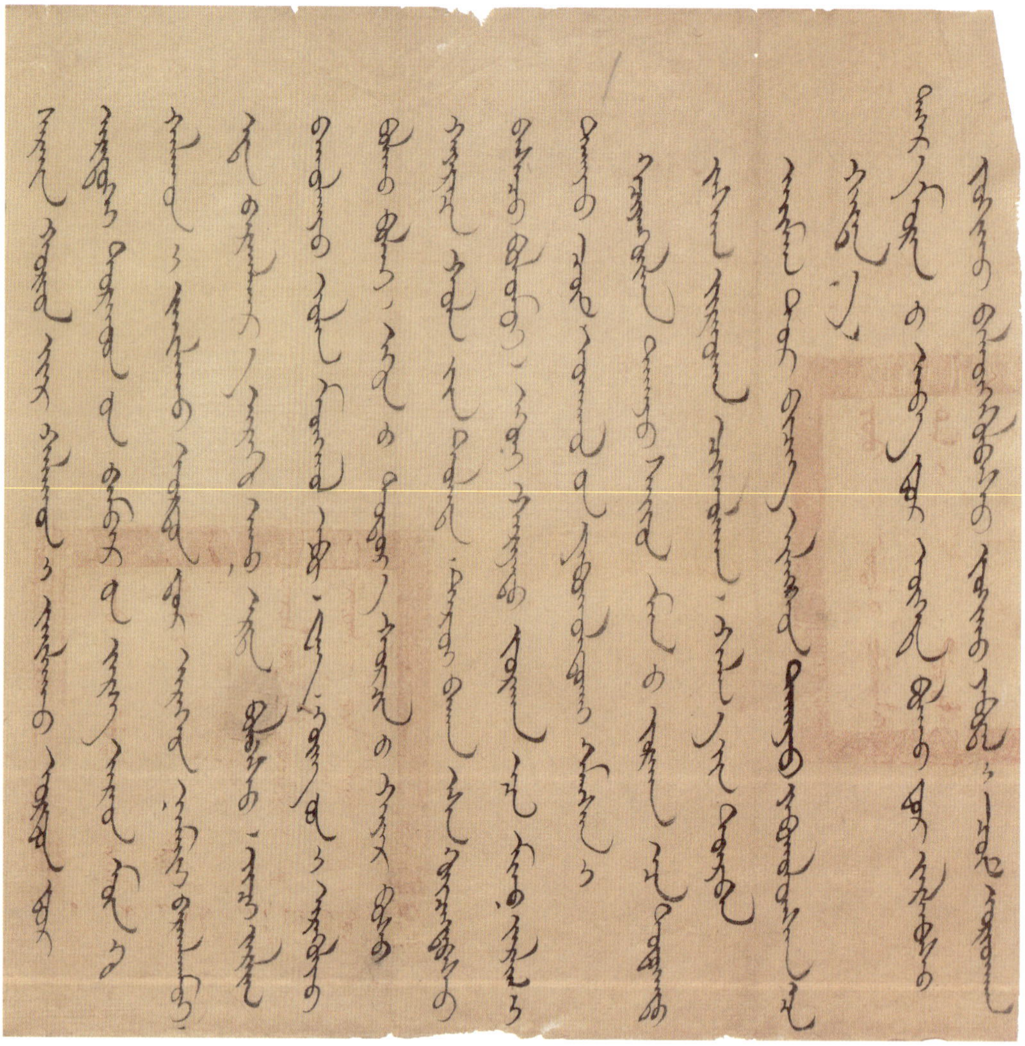

1-1-324-1(2)

020

盟长巴林札萨克和硕亲王品级记录三次多罗郡王为皇上幸临避暑山庄时前来当班王公名单事札翁牛特多罗杜棱郡王旺舒克文

乾隆五十二年四月二十九日

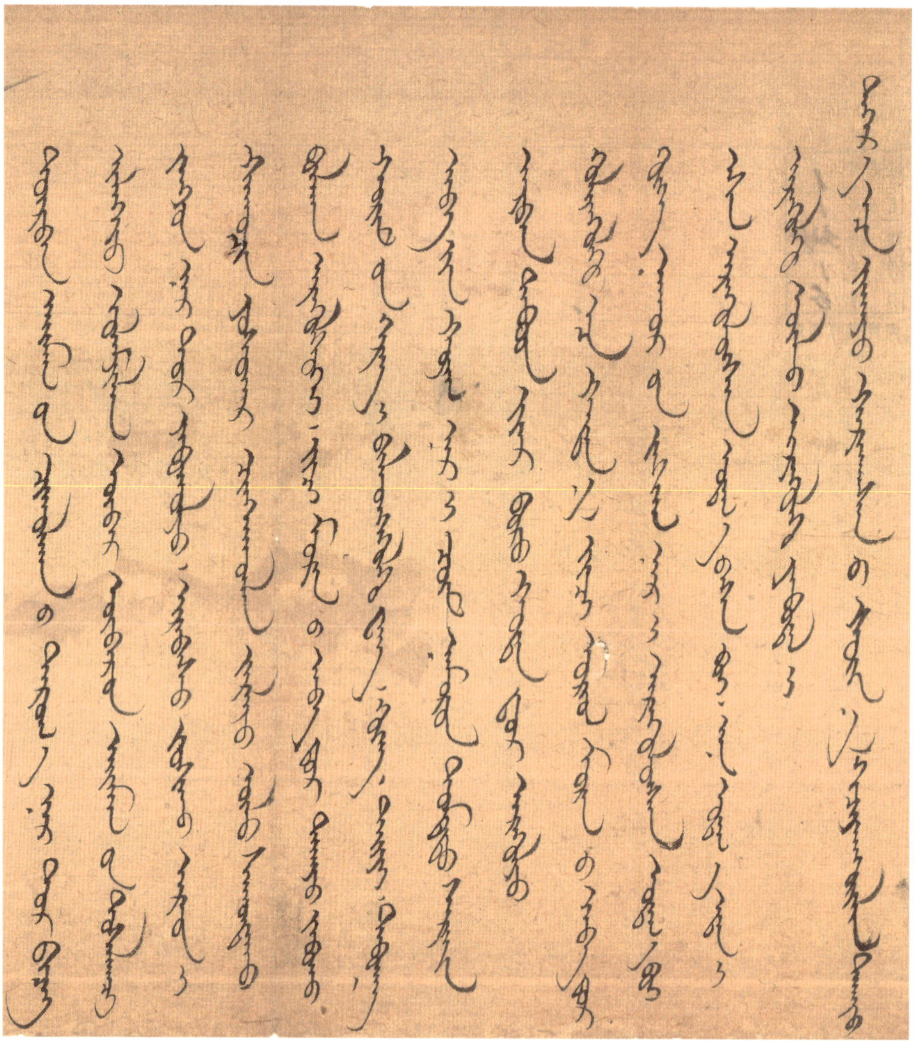

020

盟长巴林札萨克和硕亲王品级记录三次多罗郡王为皇上幸临避暑山庄时前来当班王公名单事札翁牛特多罗杜棱郡王旺舒克文

乾隆五十二年四月二十九日

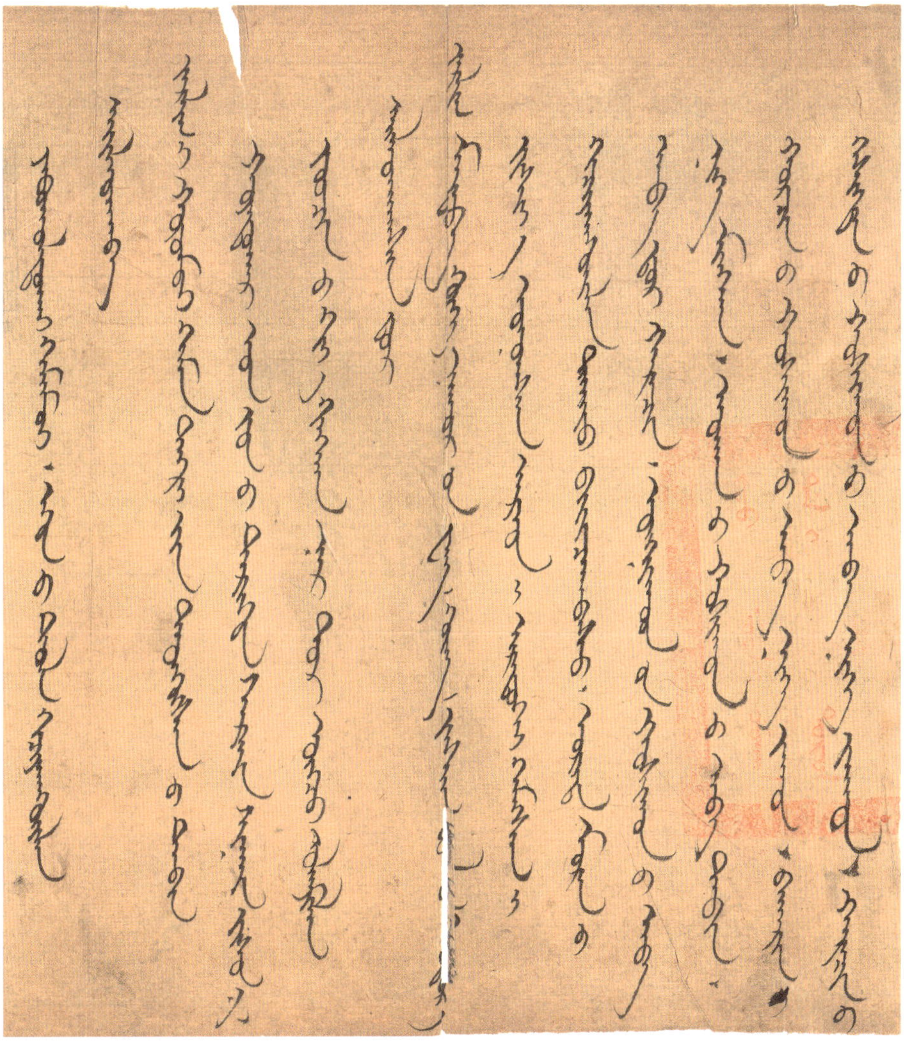

020

盟长巴林札萨克和硕亲王品级记录三次多罗郡王为皇上幸临避暑山庄时前来当班王公名单事札翁牛特多罗杜棱郡王旺舒克文

乾隆五十二年四月二十九日

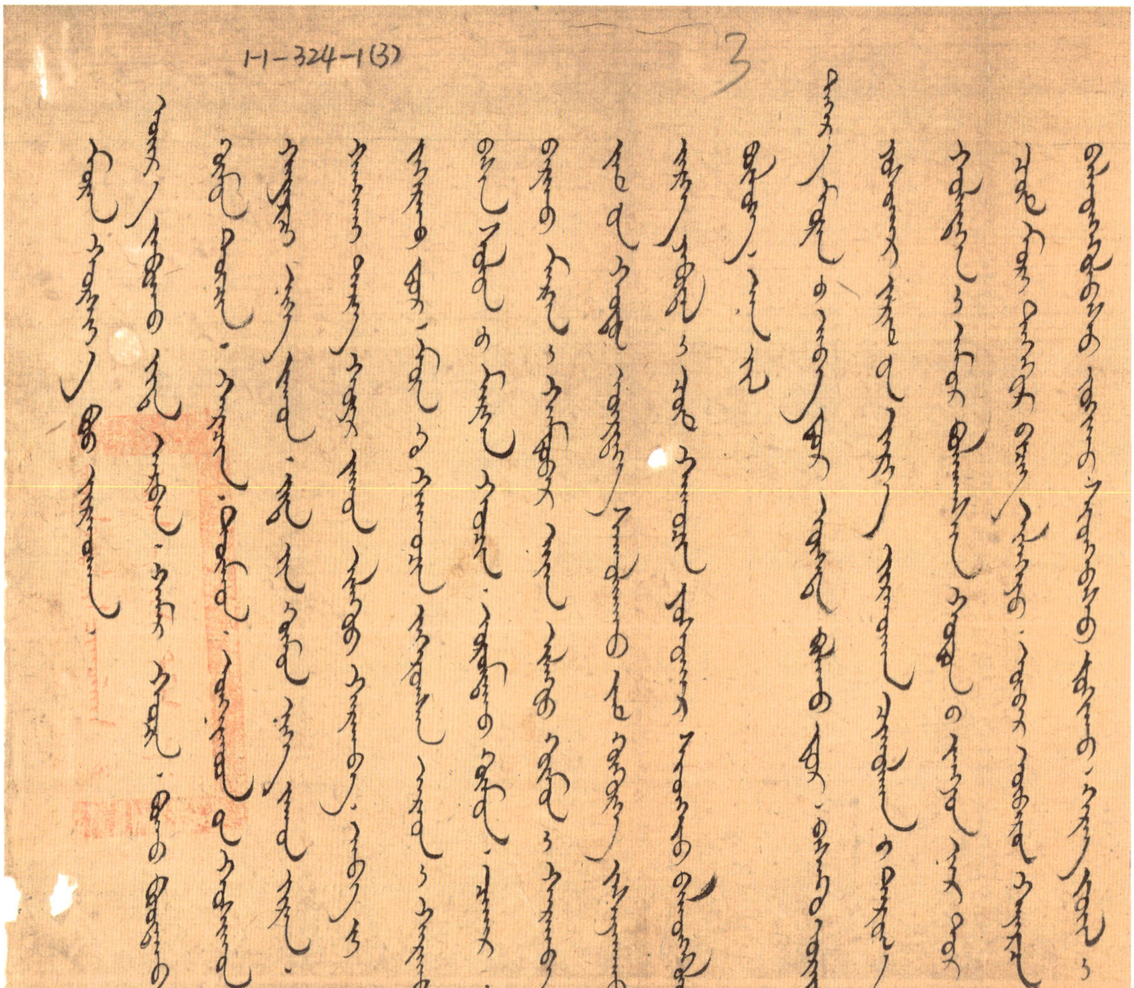
1-1-324-1(3)

3

020

盟长巴林札萨克和硕亲王品级记录三次多罗郡王为皇上幸临避暑山庄时前来当班王公名单事札翁牛特多罗杜棱郡王旺舒克文

乾隆五十二年四月二十九日

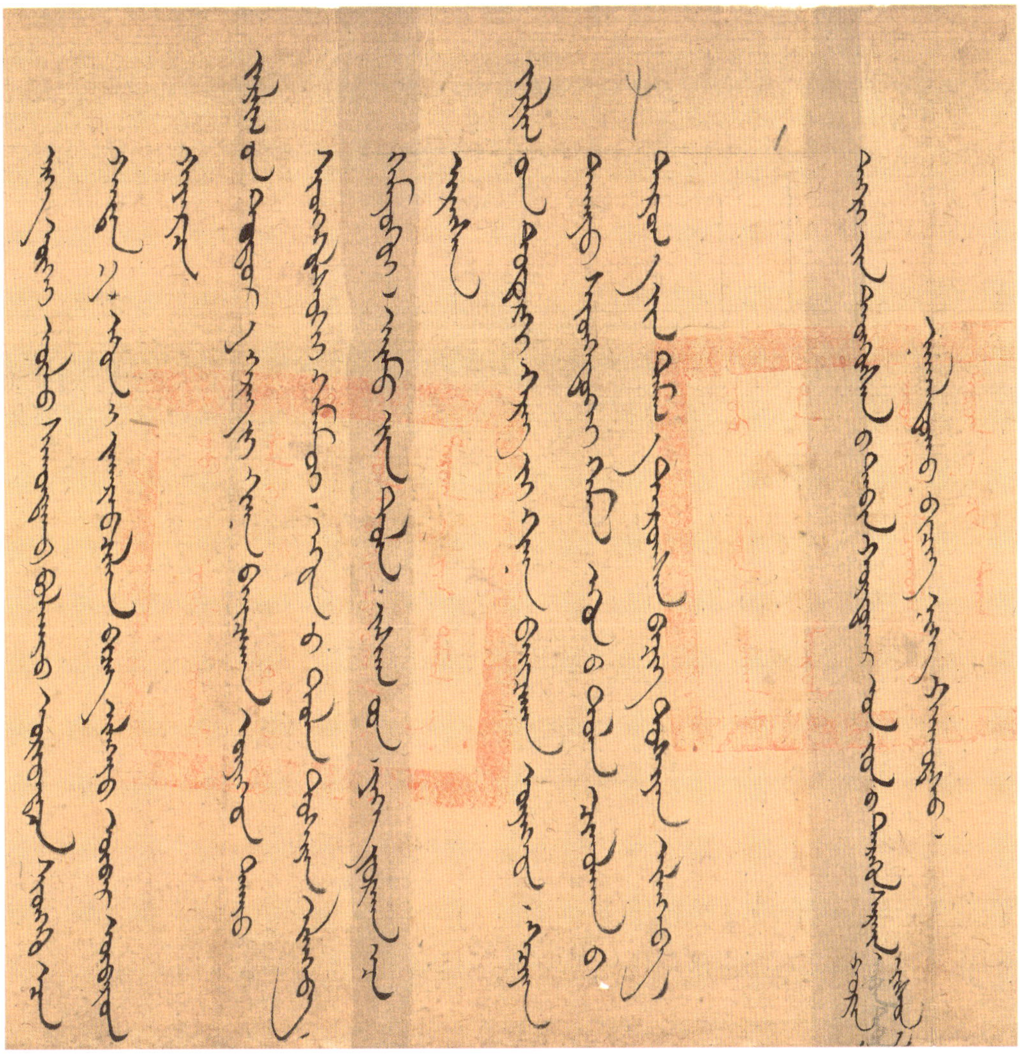

020

盟长巴林札萨克和硕亲王品级记录三次多罗郡王为皇上幸临避暑山庄时前来当班王公名单事札翁牛特多罗杜棱郡王旺舒克文

乾隆五十二年四月二十九日

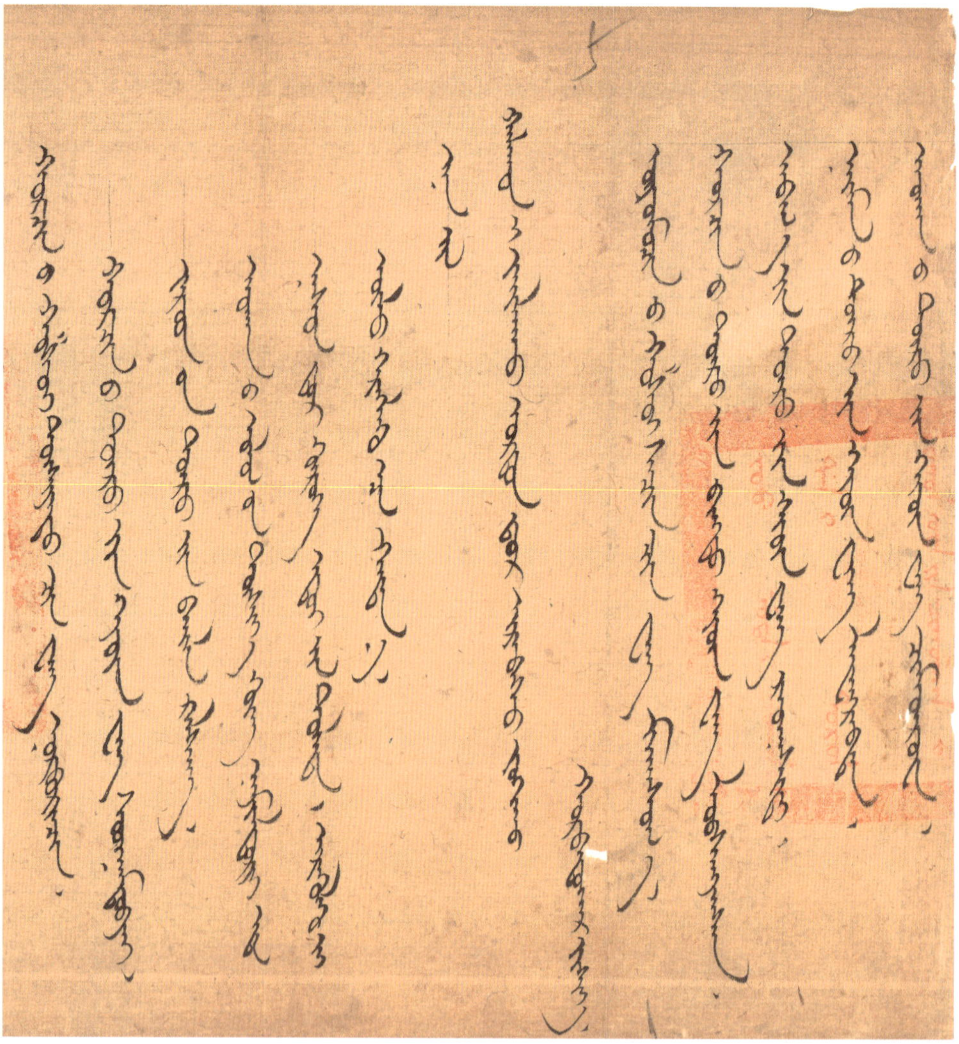

020

盟长巴林札萨克和硕亲王品级记录三次多罗郡王为皇上幸临避暑山庄时前来当班王公名单事札翁牛特多罗杜棱郡王旺舒克文

乾隆五十二年四月二十九日

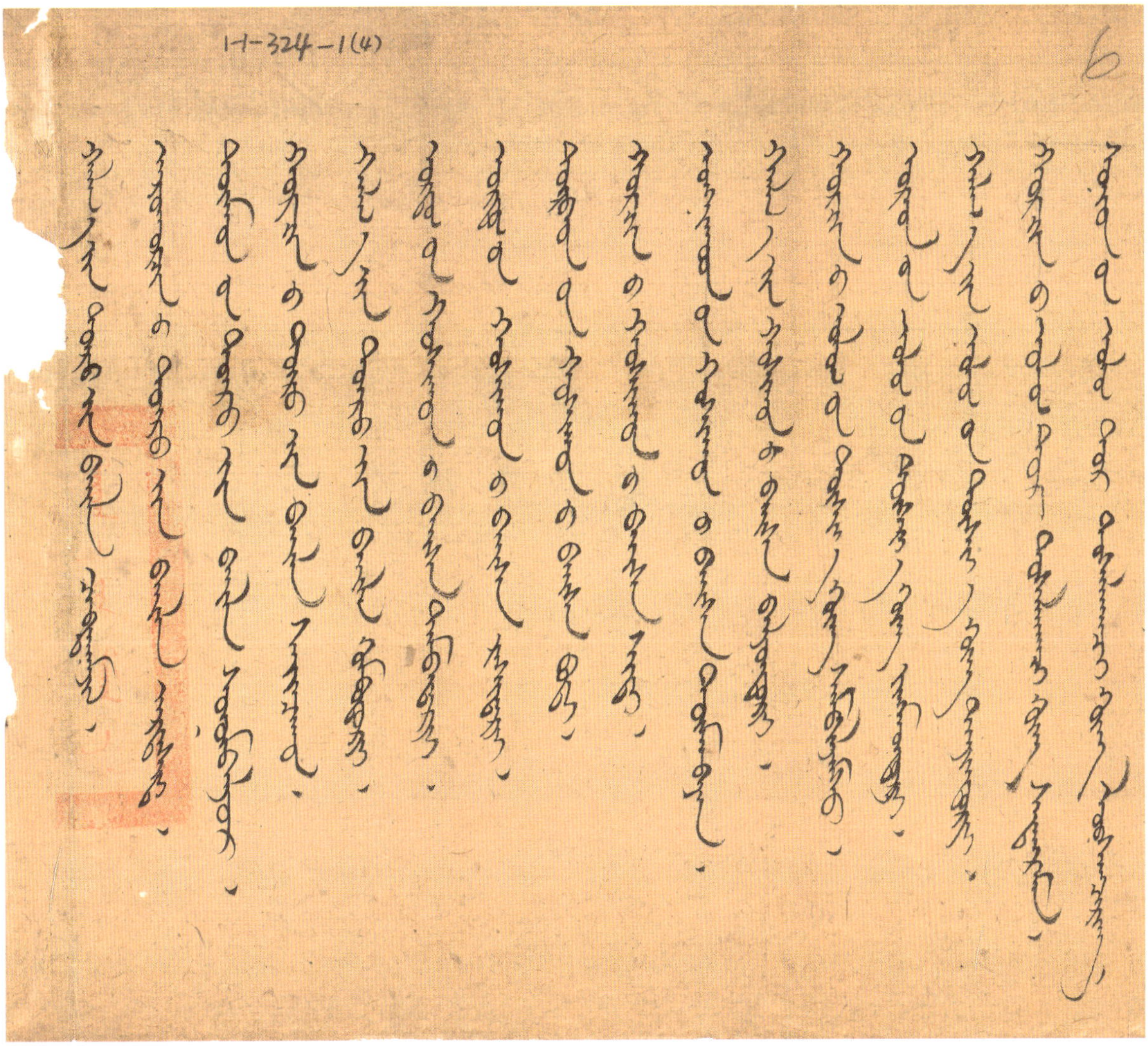

盟长巴林札萨克和硕亲王品级记录三次多罗郡王为皇上幸临避暑山庄时前来当班王公名单事
札翁牛特多罗杜棱郡王旺舒克文

乾隆五十二年四月二十九日

020

盟长巴林札萨克和硕亲王品级记录三次多罗郡王为皇上幸临避暑山庄时前来当班王公名单事札翁牛特多罗杜棱郡王旺舒克文

乾隆五十二年四月二十九日

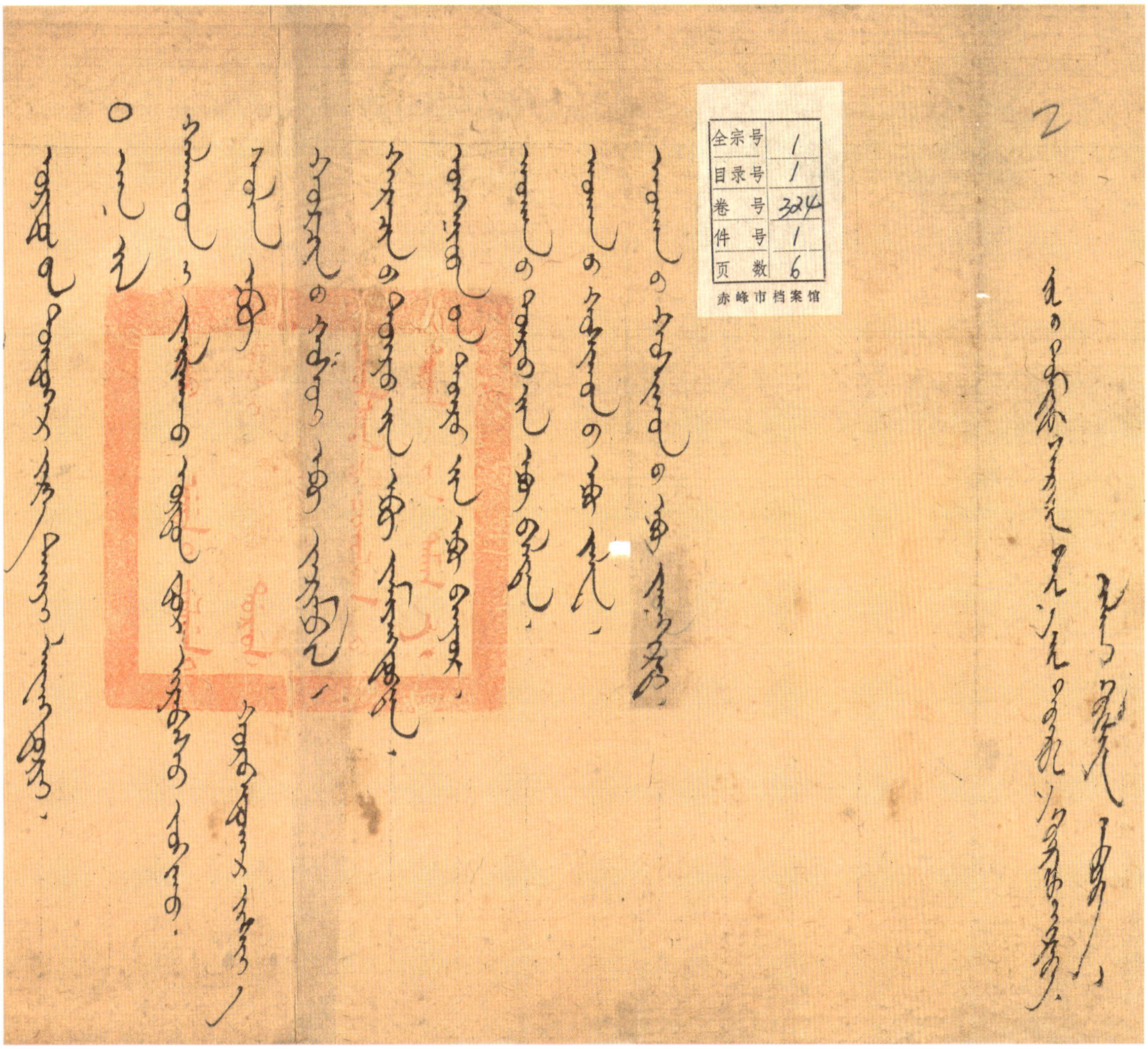

全宗号	1
目录号	1
卷号	324
件号	1
页数	6

赤峰市档案馆

2

盟长巴林札萨克和硕亲王品级记录三次多罗郡王为皇上幸临避暑山庄时前来当班王公名单事札翁牛特多罗杜棱郡王旺舒克文

　　盟长巴林札萨克和硕亲王品级记录三次多罗郡王札翁牛特多罗杜棱郡王旺舒克文,为速办事。理藩院饬,内开,本部奏闻,请旨,案查,乾隆三十七年三月初二日谕曰:"今年朕往避暑山庄比往年早,众蒙古额驸、王、公等不必随即到来,和往年一样进木兰围场前七月二十来日来避暑山庄即可。土尔扈特班布尔等人来避暑山庄朝觐,如果他们早来,饬蒙古众额驸、王、公等,允许早来。其中,科尔沁地比其他地远,允许稍迟来,理藩院传朕旨。"等因。理藩院奉旨,除饬内札萨克六盟、喀尔喀四部外,皇上木兰围猎一事,该札行该备好事宜均已事先让准备。

　　今年皇上五月初八日出发到避暑山庄住,入秋后进驻木兰围场等事已下旨。臣等奉三十七年谕旨,饬内札萨克六盟盟长奉旨执行。值木兰围班喀尔喀部未出痘王、公、台吉等计算好时间,八月十五日到波罗河屯,已饬喀尔喀四部盟长,呈报各部辖区将军,照旧例办理应来

人员行程,不能耽误。另,扈随木兰围、备进宴王、公、台吉、塔布囊、围甲等,八月十五日前务必到波罗河屯等候。原先青海诸札萨克获准或不获准来木兰围场的情况,本次准来还是不准来,皇上下谕旨后奉旨执行。为此,奏请,请旨。乾隆五十二年四月九日奏蒙古事侍卫兴安转奏,谕旨:"准青海王公札萨克中当班人员来。"

　　案查,先前木兰围猎时喀喇沁、翁牛特旗派围甲一千人,敖汉派围甲五十人,科尔沁派围甲一百人,巴林、克什克腾派围甲一百人;喀喇沁伙计鸟枪六把、近侍卫虎枪十把,弹头三十,射鹿人四十人;喀喇沁、土默特、翁牛特旗向导一百人,标枪手一百六十人,杭霭车(空车)出二百多辆等。为管围官派去原来人员。又,索伦射手三十人,哨鹿人及察哈尔、巴尔虎射手,共出八十多人。路途住驿站,修路、修桥等事,按先例已备齐。

　　今年皇上驾临木兰围场,还按先例马上行文饬哲里木盟等六盟及绥远将军等,除各自应

备、该办理事情立刻备齐办理，不能有误外，查看圣旨内容，奉旨执行。为此，此饬。为此，各札萨克查看理藩院饬文内容，奉旨执行。备具盟长印文，特此，札行。

乾隆五十二年四月二十九日

附件

科尔沁和硕土谢图亲王诺尔布仁沁，科尔沁多罗郡王索德纳木多布济、扎鲁特多罗贝勒噶勒桑、敖汉镇国公纳木吉拉多尔济等未到年龄，不能来。

今年适合来热河避暑山庄　第三班

乌珠穆沁和硕车臣王玛哈索哈、科尔沁多罗冰图郡王罗卜藏占散、阿巴嘎多罗郡王喇特纳锡第、奈曼多罗郡王拉旺喇布坦、敖汉多罗郡王齐默特鲁瓦、喀尔喀多罗贝勒车布丹纳木吉拉、阿鲁科尔沁多罗贝勒阿尔达锡第、土默特多罗贝勒索纳木巴勒珠尔、科尔沁多罗贝勒赛音察衮、喀尔喀多罗贝勒衮布多尔济、鄂尔多斯和硕贝子丹巴达尔济、鄂尔多斯和硕贝子扎西达尔济、杜尔伯特和硕贝子宝迪、科尔沁和硕贝子锡第、翁牛特和硕贝子图扣巴颜、喀尔喀和硕贝子巴喇珠多尔济、科尔沁镇国公萨木丕勒扎木素、乌拉特镇国公济克默特多尔济、喀尔喀镇国公丹津多尔济、科尔沁辅国公色当噶玛勒、苏尼特辅国公罗卜藏车凌、克什克腾札萨克一等台吉根敦达尔扎。

今年应入木兰围场　乾清门第二班

科尔沁多罗亲王扎西噶勒当、敖汉镇国公纳木吉拉多尔济、扎鲁特辅国公朋素克、科尔沁公级一等台吉拉旺、喀喇沁和硕额驸纳木扎布、科尔沁一等台吉色棱丹巴、科尔沁一等台吉仁钦多尔济、敖汉二等台吉色布登多尔济、翁牛特二等台吉三音扎布、翁牛特二等台吉巴颜巴特尔、翁牛特二等台吉哈斯巴特尔、呼和浩特土默特二等台吉巴拉丹多尔济、鄂尔多斯四等台吉拉旺多尔济。

今年适合来避暑山庄　闲散额驸第三班

科尔沁和硕额驸扎仁丕勒、喀喇沁多罗额驸扎木央图布丹、翁牛特多罗额驸班珠尔、敖汉多罗额驸巴拉丹、敖汉和硕额驸扎拉瓦、敖汉和硕额驸扎纳济尔第。

五月初四日来文，阿来接收。

021

盟长巴林札萨克和硕亲王品级记录三次多罗郡王为皇上前往避暑山庄及诸王公朝觐事札翁牛特多罗杜棱郡王旺舒克文

乾隆五十三年四月二十六日

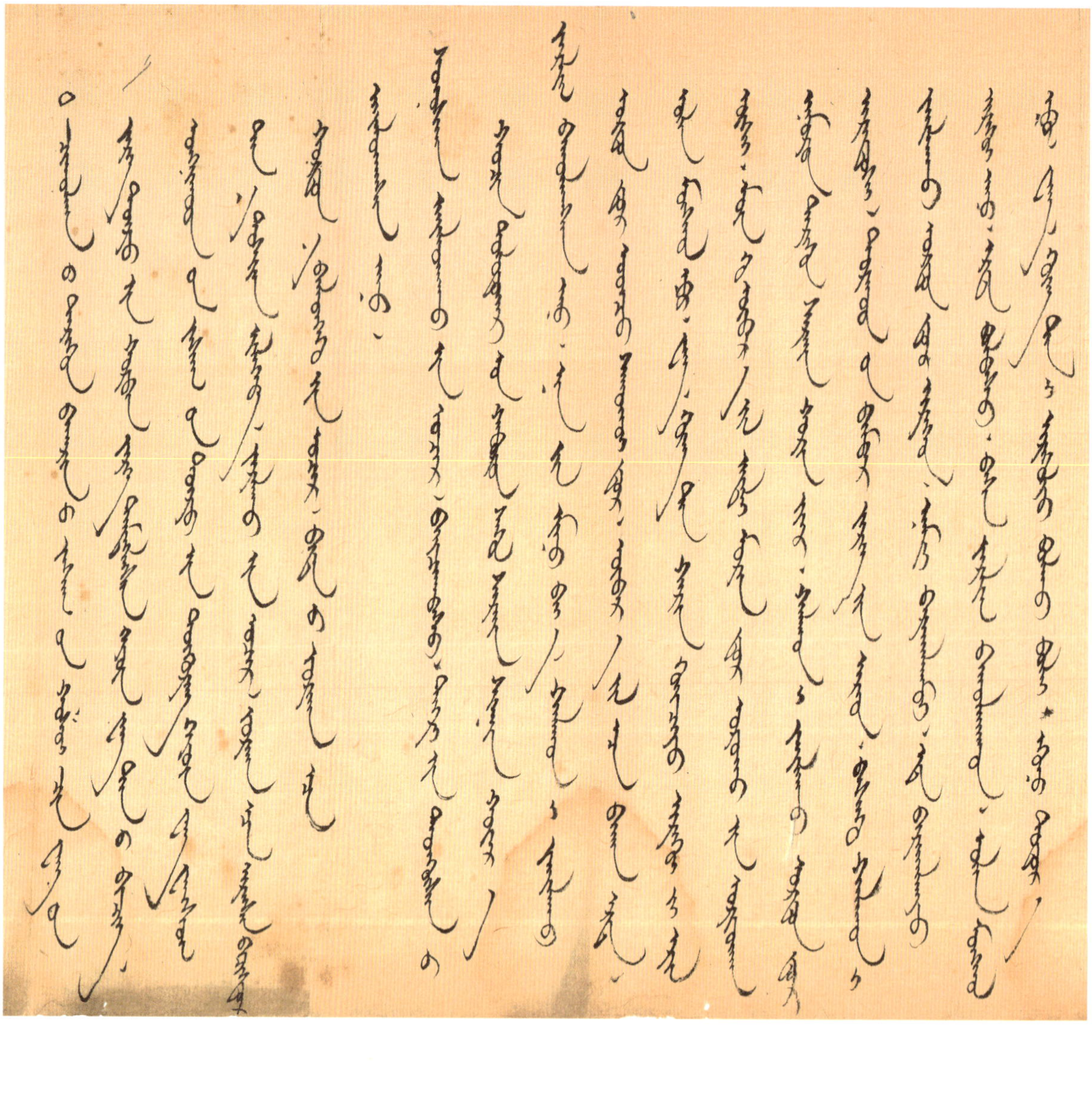

021

盟长巴林札萨克和硕亲王品级记录三次多罗郡王为皇上前往避暑山庄及诸王公朝觐事札翁牛特多罗杜棱郡王旺舒克文

乾隆五十三年四月二十六日

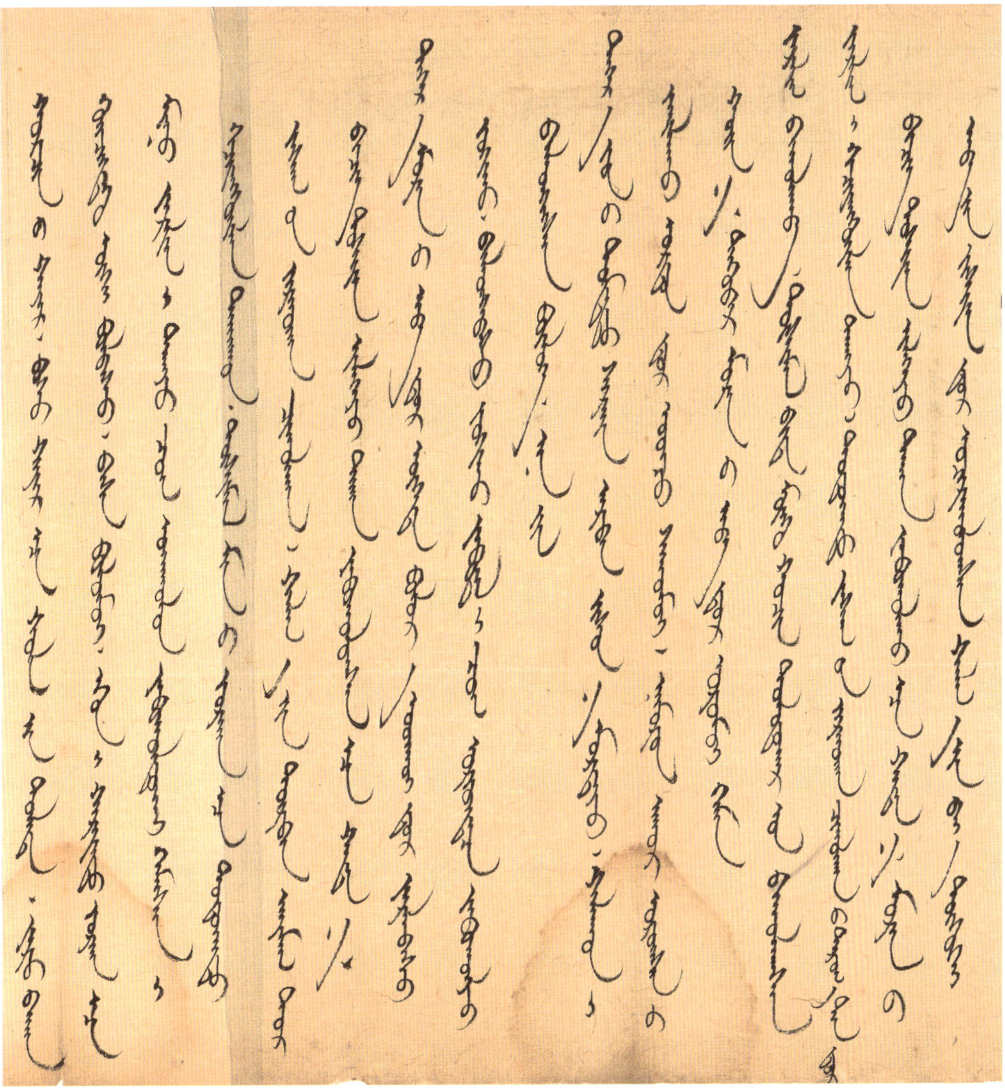

021

盟长巴林札萨克和硕亲王品级记录三次多罗郡王为皇上前往避暑山庄及诸王公朝觐事札翁牛特多罗杜棱郡王旺舒克文

乾隆五十三年四月二十六日

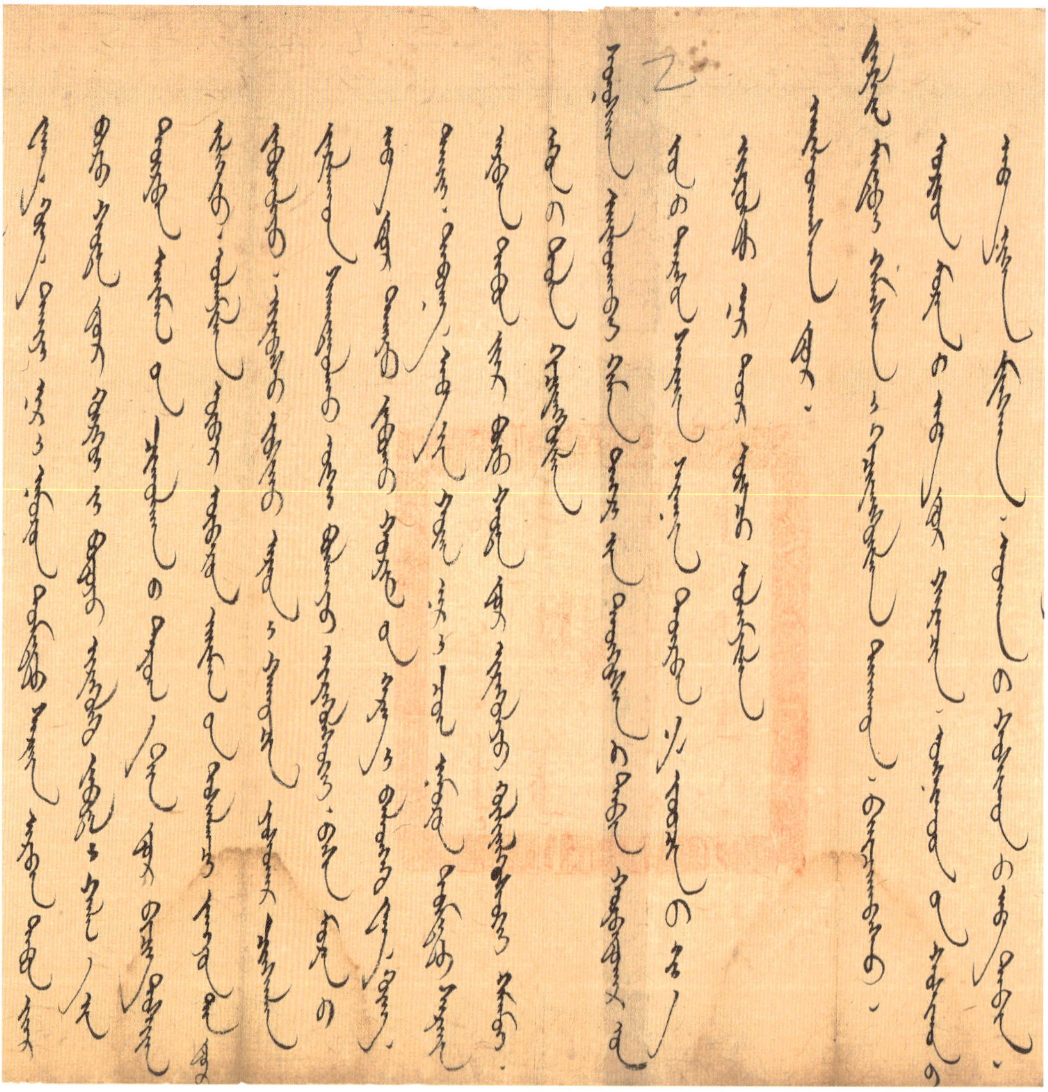

021

盟长巴林札萨克和硕亲王品级记录三次多罗郡王为皇上前往避暑山庄及诸王公朝觐事札翁牛特多罗杜棱郡王旺舒克文

乾隆五十三年四月二十六日

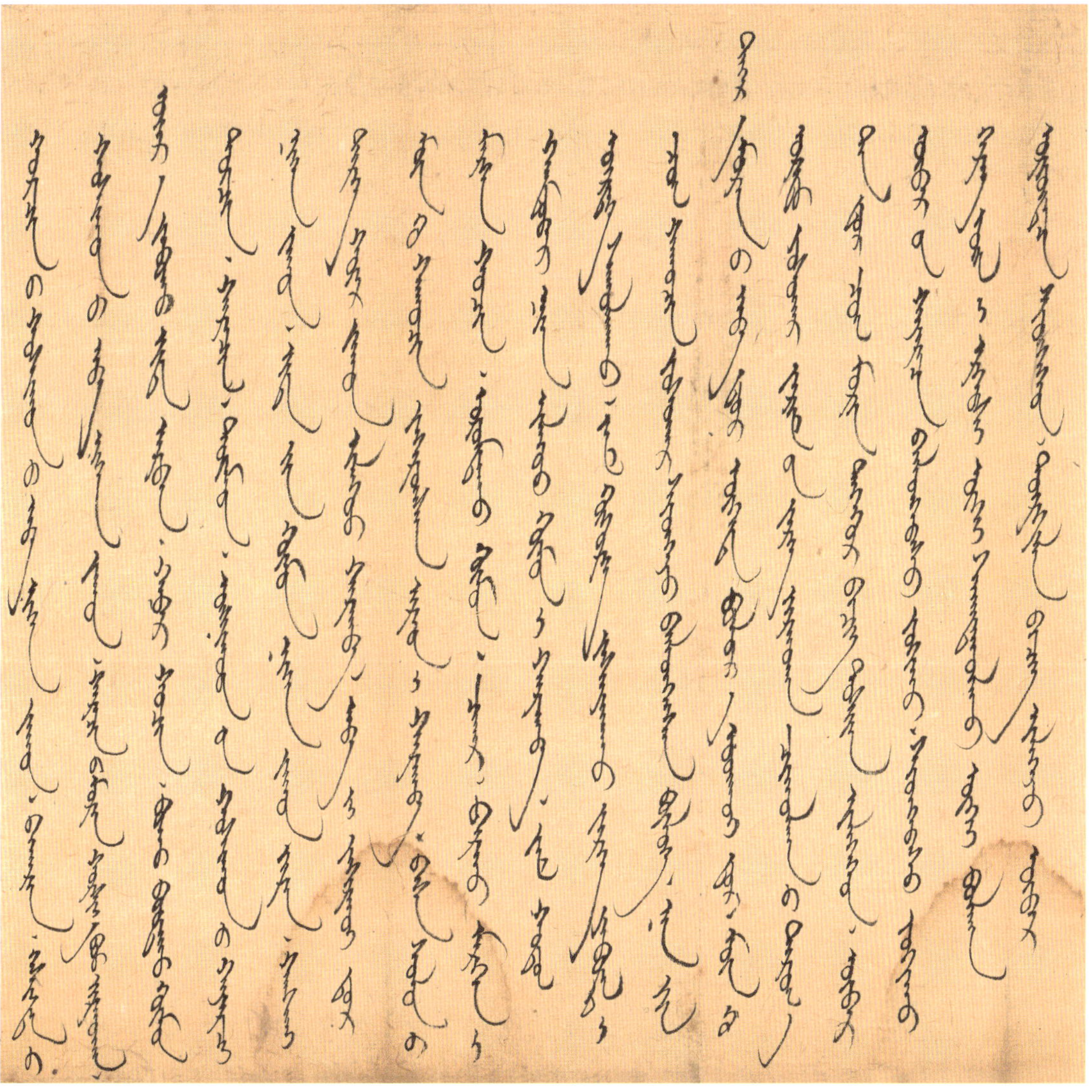

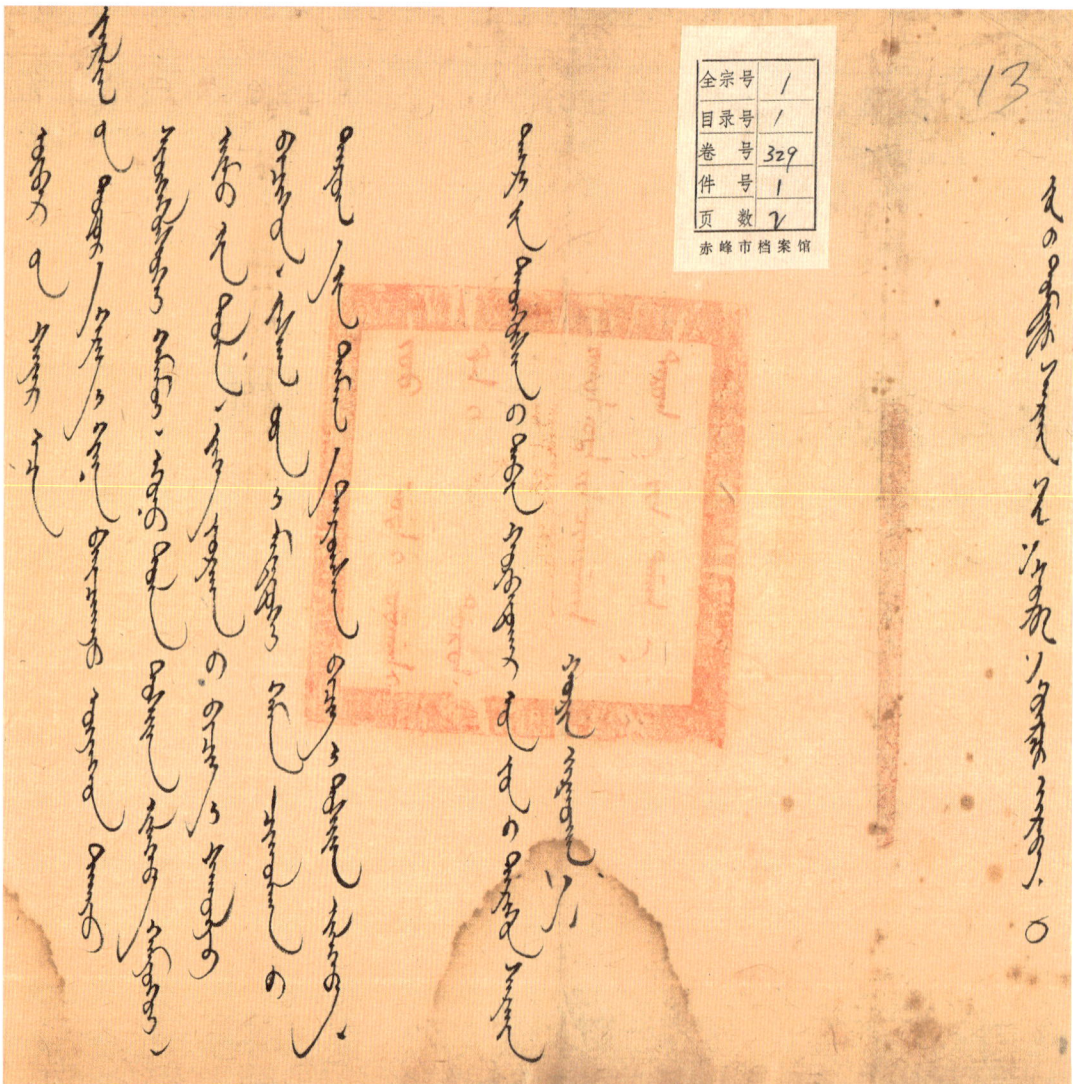

盟长巴林札萨克和硕亲王品级记录三次多罗郡王为皇上前往避暑山庄及诸王公朝觐事札翁牛特多罗杜棱郡王旺舒克文

盟长巴林札萨克和硕亲王品级记录三次多罗郡王札翁牛特多罗杜棱郡王旺舒克文，为札行事。理藩院饬，内开，为速办事。本部奏闻，请旨，案查，乾隆三十七年三月初二日谕旨："今年朕往避暑山庄比往年早，众蒙古额驸、王、公等不必随即到来，和往年一样进木兰围场前七月二十来日来避暑山庄即可。土尔扈特班布尔等人来避暑山庄朝觐，如果他们早来，饬蒙古众额驸、王、公等，允许早来。其中，科尔沁地比其他地远，允许稍迟来，理藩院传朕旨。"等因。

本部奉旨，除饬内札萨克六盟、喀尔喀四部外，皇上驾临木兰围场一事，应札行应备好事，已事先让准备。今年皇上五月十九日出发到避暑山庄住，入秋后进驻木兰围场等事已下旨。臣等奉三十七年谕旨，饬内札萨克六盟盟长奉旨执行。值木兰围班喀尔喀部未出痘王、公、台吉等计算好时间，秋中月十五日到波罗河屯，已饬喀尔喀四部盟长，呈报各部辖区辅佐将军，按旧例传旨应来人员，不能耽误行程。

另，扈随木兰围、备进宴王、公、台吉、塔布囊、围甲等，一同秋八月十五日前到波罗河屯等候。为此，奏闻，请旨，乾隆五十三年四月初四日交由蒙古事侍卫伊如勒图转奏，恩准。奉旨，案查，先前木兰围猎时喀喇沁、翁牛特旗派围甲一千人，敖汉派围甲五十人，科尔沁派围甲一百人，巴林、克什克腾派围甲一百人，喀喇沁派伙计鸟枪六把、近侍卫虎枪十把，弰头三十，射鹿人四十人。喀喇沁、土默特、翁牛特旗向导一百人，标枪手一百六十人，杭霭车（空车）出二百多辆等。为管围官派去原来人员。又，索伦射手三十名，哨鹿人及察哈尔、巴尔虎射手，共出八十多人。路途住驿站，修路、修桥等事，均按先例已备齐。今年皇上驾临木兰围场，按先例速饬哲里木盟等六盟，疾速传达，各自应备、该办理事情立刻备齐办理，不能有误外，查看圣旨内容，奉旨执行。

为此，照抄理藩院饬，各札萨克知悉事由，备具盟长印文，特此，札行。

乾隆五十三年四月二十六日

022 盟长巴林札萨克和硕亲王品级记录三次多罗郡王为准备木兰围所需物品事札翁牛特多罗杜棱郡王旺舒克文

乾隆五十三年七月六日

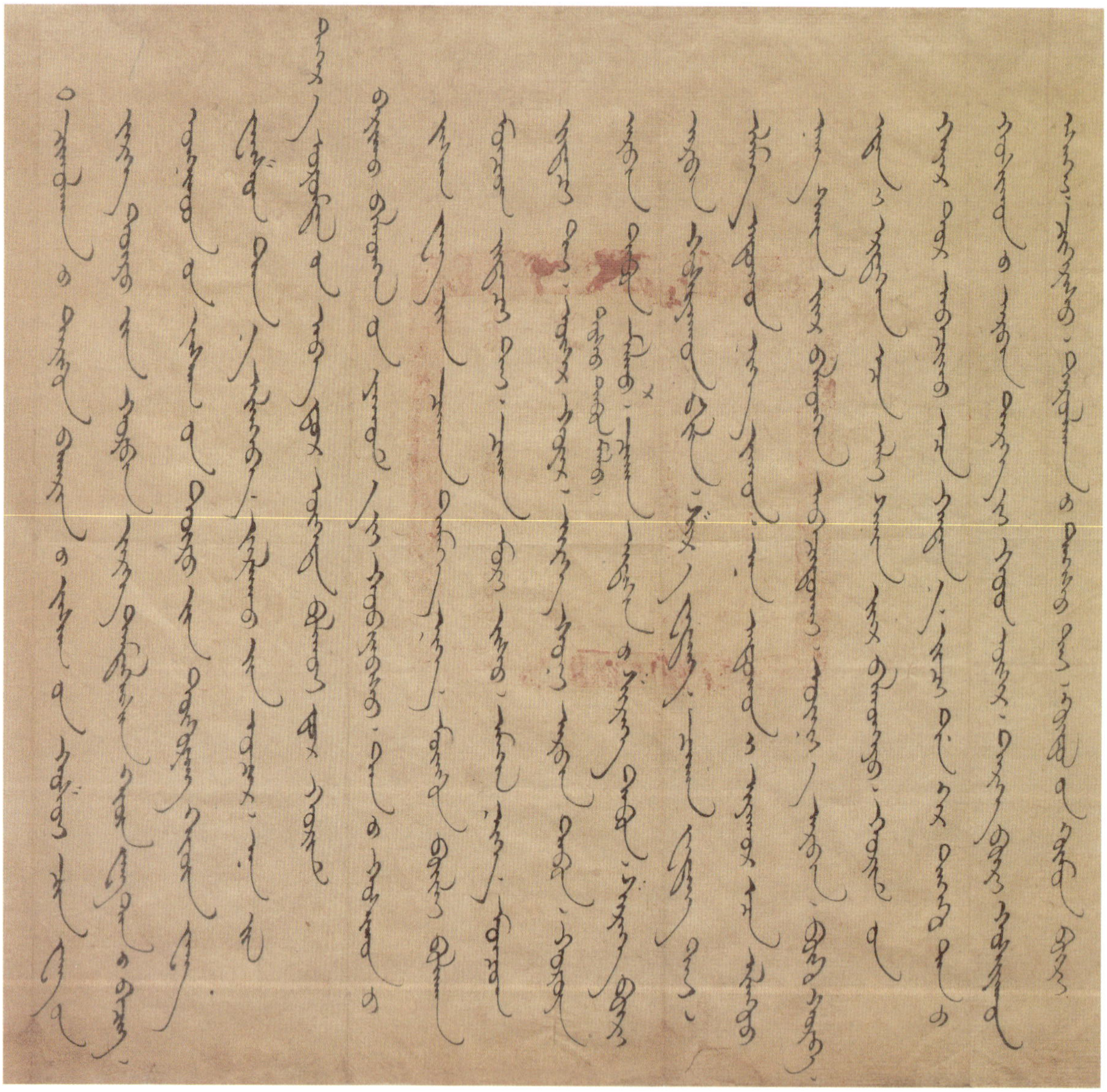

盟长巴林札萨克和硕亲王品级记录三次多罗郡王为准备木兰围所需物品事札翁牛特多罗杜棱
郡王旺舒克文

乾隆五十三年七月六日

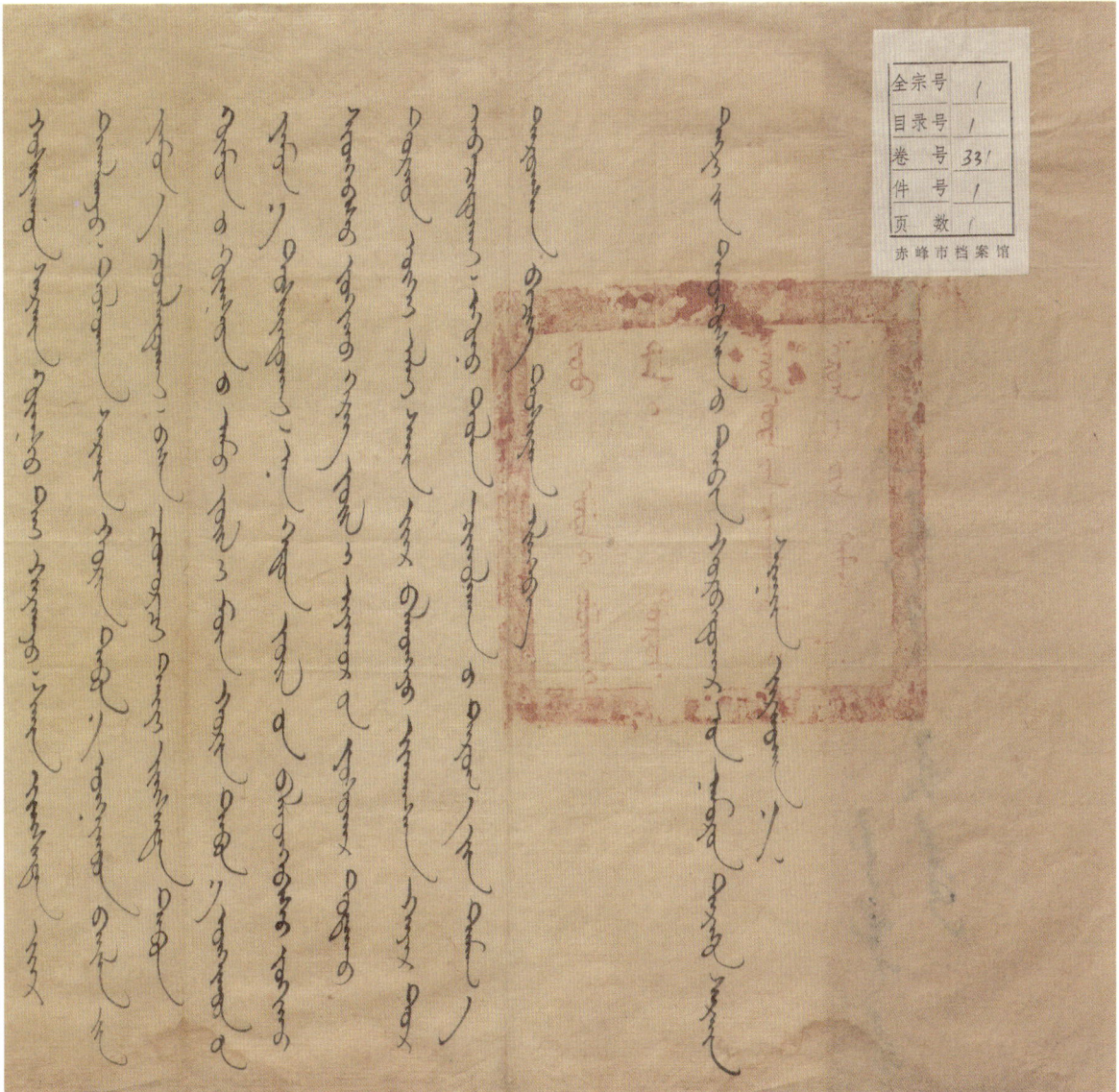

盟长巴林札萨克和硕亲王品级记录三次多罗郡王为准备 木兰围所需物品事札翁牛特多罗杜棱郡王旺舒克文

盟长巴林札萨克和硕亲王品级记录三次多罗郡王札翁牛特札萨克多罗杜棱郡王旺舒克文，为札行事。今年皇上幸临木兰围场时，进宴所需物品分摊给贵旗：带银鼻钩貂鼠踢胸白驼一峰，白马九匹，马鞍一个，带头套牛两头，羯羊十五只，奶酒十五坛，油五坛，奶食桌五张，每桌备盘子十对、黄色铺布、白色铺布，生马驹一百匹，这些马匹选优后带过去，奶牛十头，摔跤手三人，这些早些备好带去，运大房子车辆十台，每车套双牛，每车备两张毡子、席子及捆绑绳子等。赶车人带两月口粮，交付给一名旗员，七月二十五日到翁牛特贝勒府集合。另，绰尔手、台吉、旗员五人口粮等物品二十五日交到翁牛特府上。这些应备、应办理事情按先例无缺额选优备好，送到指定地方。为此，备具盟长印文，特此，札行。

乾隆五十三年七月六日

1-1-343-1（1）

023

贝子、协理为准备木兰围所需物品事札四札兰、章京、骁骑校文

乾隆五十四年六月初

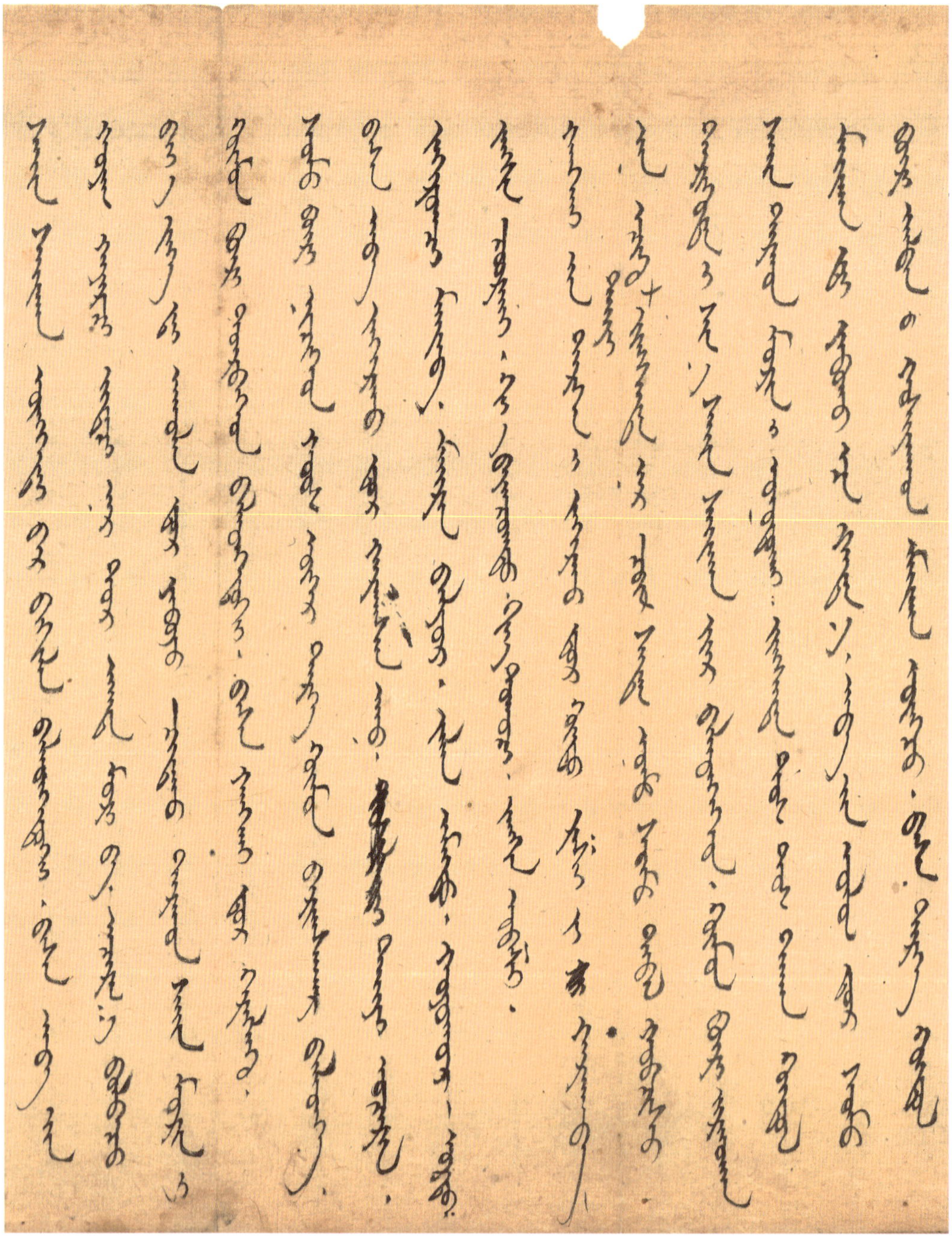

023 贝子、协理为准备木兰围所需物品事札四札兰、章京、骁骑校文

乾隆五十四年六月初

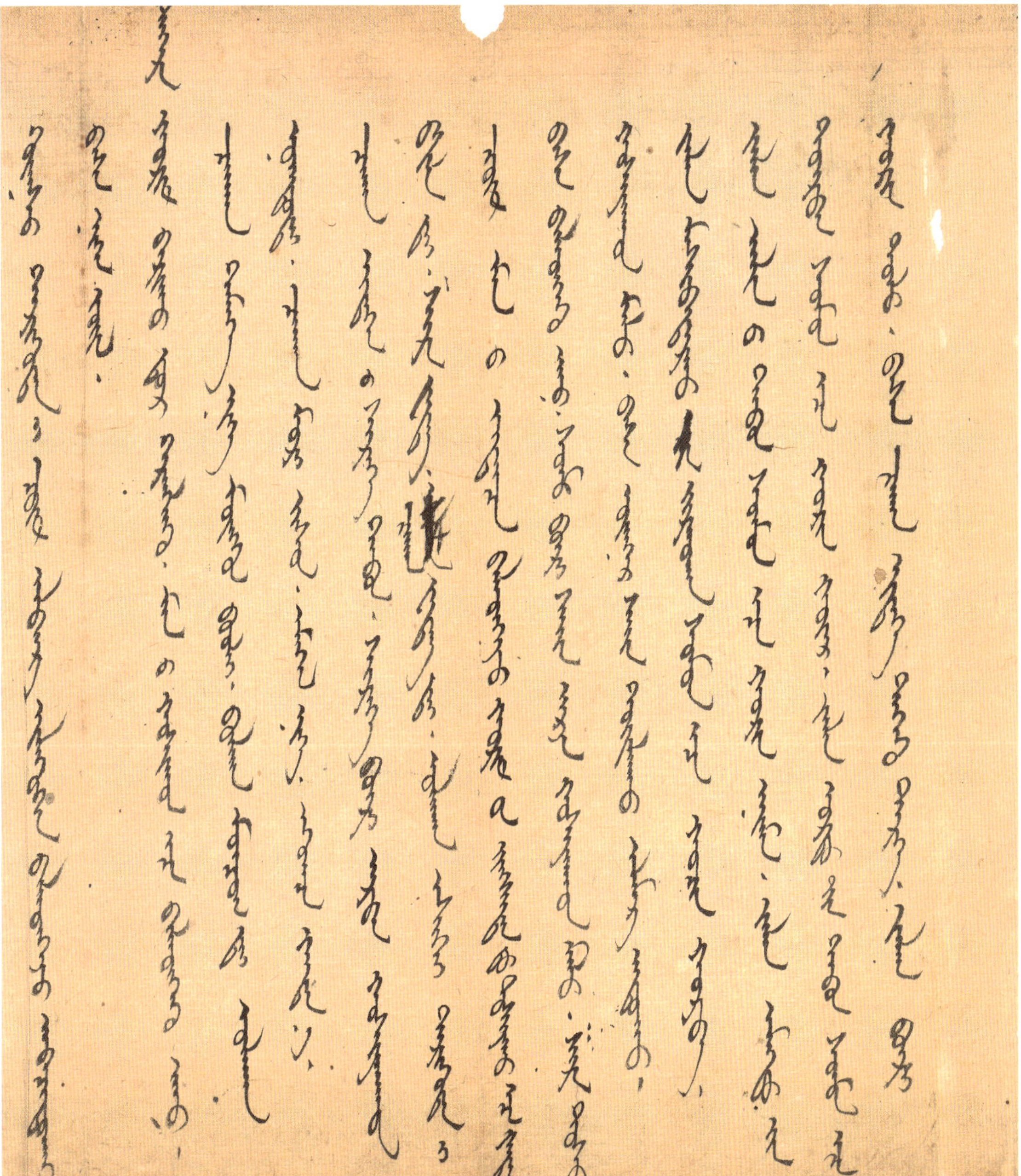

023

贝子、协理为准备木兰围所需物品事札四札兰、章京、骁骑校文

乾隆五十四年六月初

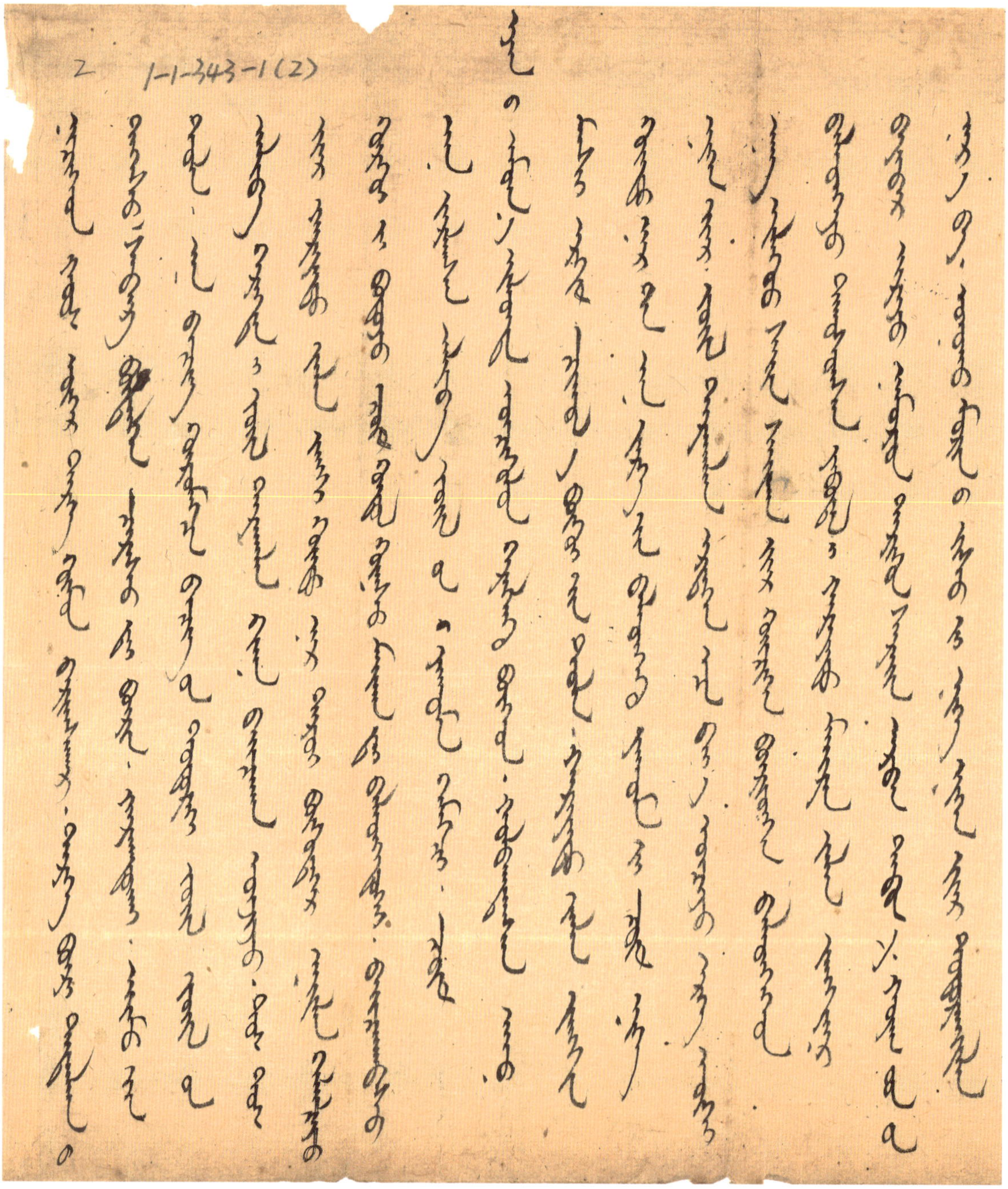
2 1-1-343-1(2)

023 贝子、协理为准备木兰围所需物品事札四札兰、章京、骁骑校文

乾隆五十四年六月初

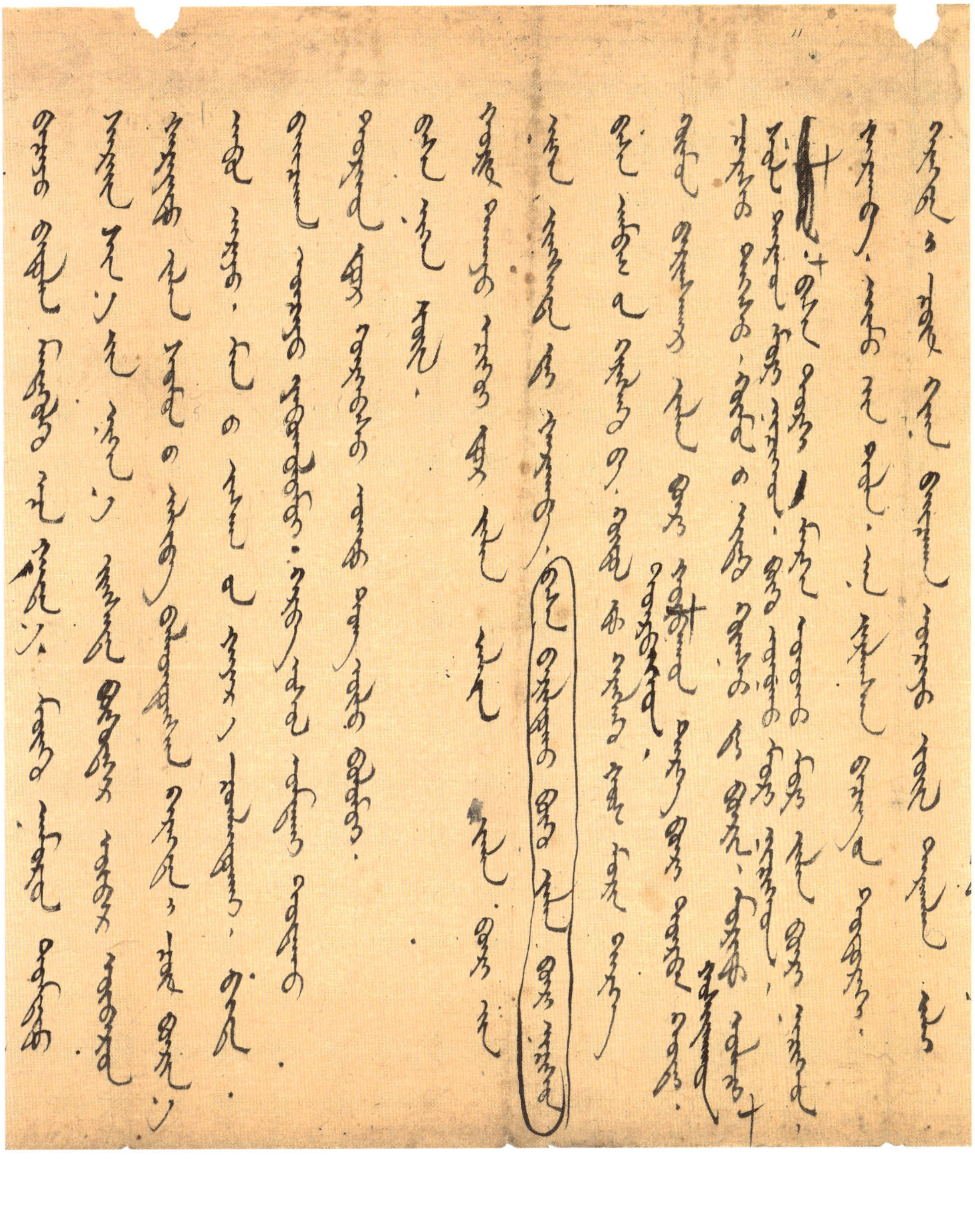

全宗号　1
目录号　1
卷　号　343
件　号　1
页　数　1
赤峰市档案馆

贝子、协理为准备木兰围所需物品事札四札兰、章京、骁骑校文

贝子、协理札四札兰、章京、骁骑校文，为备齐事。今年八月多，皇上驾临木兰围场，我旗应备披甲一百，标枪手三十，向导十人，共一百四十人，分摊如下：有向导、标枪手佐领加披甲，算做旧向导、标枪手，备七人；无向导、标枪手佐领，备围甲七人。无论在册和未在册随丁必须指派健硕中青年人员。修好散袋、弓，用新羽毛和铁做箭十二支，带新缨黑色羊羔皮帽、新长袍、短衣、围裙、鞍鞯等一切物品，备好既好看又结实者。另，围甲、向导、标枪手等人的马匹，若是种马，选个子大、体质好、能走山路者，每人备四匹。拉车用牛，每佐领备套双牛车及赶车人。又派出管围人员台吉乌查日勒，章京玛尼扎布，梅林巴拉珠尔，札兰额木格图、高余古尔、乌日图，章京超日海，侍卫巴颜朝克图，侍卫图呼其，章京兀巴希。派骁骑校扎西

管车辆。这些台吉、旗员全带上优等散袋、弓箭、衣服、鞋帽等，每人备六匹乘骑好马。每位旗员带上跟役、帐篷行走外，围猎人员每佐领配给两顶帐篷。又，车辆、跟役、口粮等多备带去。

又一条，为皇上进宴，我旗谨备物品：带银鼻钩貂鼠踢胸红笼头白驼一峰，白马九匹，马鞍一个，奶食桌五张，每桌盘子十对、黄色铺布、白色铺布、红色毡子等。这些均由我处准备，交给管进宴旗员。此外，再准备每佐领上等奶酒两坛、黄油两坛。能摆蹄生马驹由札兰马喜巴达日呼六佐领备三十三匹，札兰阿林五佐领备二十八匹，札兰额木格图四佐领备二十二匹，札兰乌日图五佐领备二十七匹。又，每札兰备载奶食套双牛车配赶车人、每车用捆绑绳子、覆盖用席子等，全备好。为此，饬文一到，逐

一细看文内各名目内容，各自与所属札兰、章京、骁骑校等一同商量，备好足够口粮、帐篷。案查，本次饬备所有东西在皇上前用，事关重大，所属札兰、章京、骁骑校等把这些备品逐一查看，提前按质按量备好。备完后所属梅林、札兰、章京等亲自送来，于七月十五日将披甲名称、所乘马匹相貌等一一写清呈报，又，八月初一日所有旗员把各自所属札兰、佐领所备物品全部带来，在札萨克处集合。我们验看后发送，如果有过失或欠缺地方，决不能宽恕。

又一条，随筵宴去札兰阿林，每札兰派出一名员弁。官员用和跟役用套双马车及赶车人，每札兰出四辆，每车四大袋子、席子、绳子、口粮全备好。乘骑随丁两个、肥壮马各一匹、摔跤手所骑马匹各一匹、射手所骑马匹每札兰各一匹。为此，细看饬文内容，逐一选优备好带来。今年管围官员都是新人，如有前似闪失，物品缺少，严惩所属员弁。为此，严传札付。

乾隆五十四年六月初

去木兰围场笔帖式用跟役札付札兰马喜巴达日呼。

024

盟长巴林王印务护理协理一等台吉廷色为准备木兰围所需物品事札翁牛特王旺舒克札萨克印务护理和硕贝子记录二次图扪巴颜文

乾隆五十六年五月二十三日

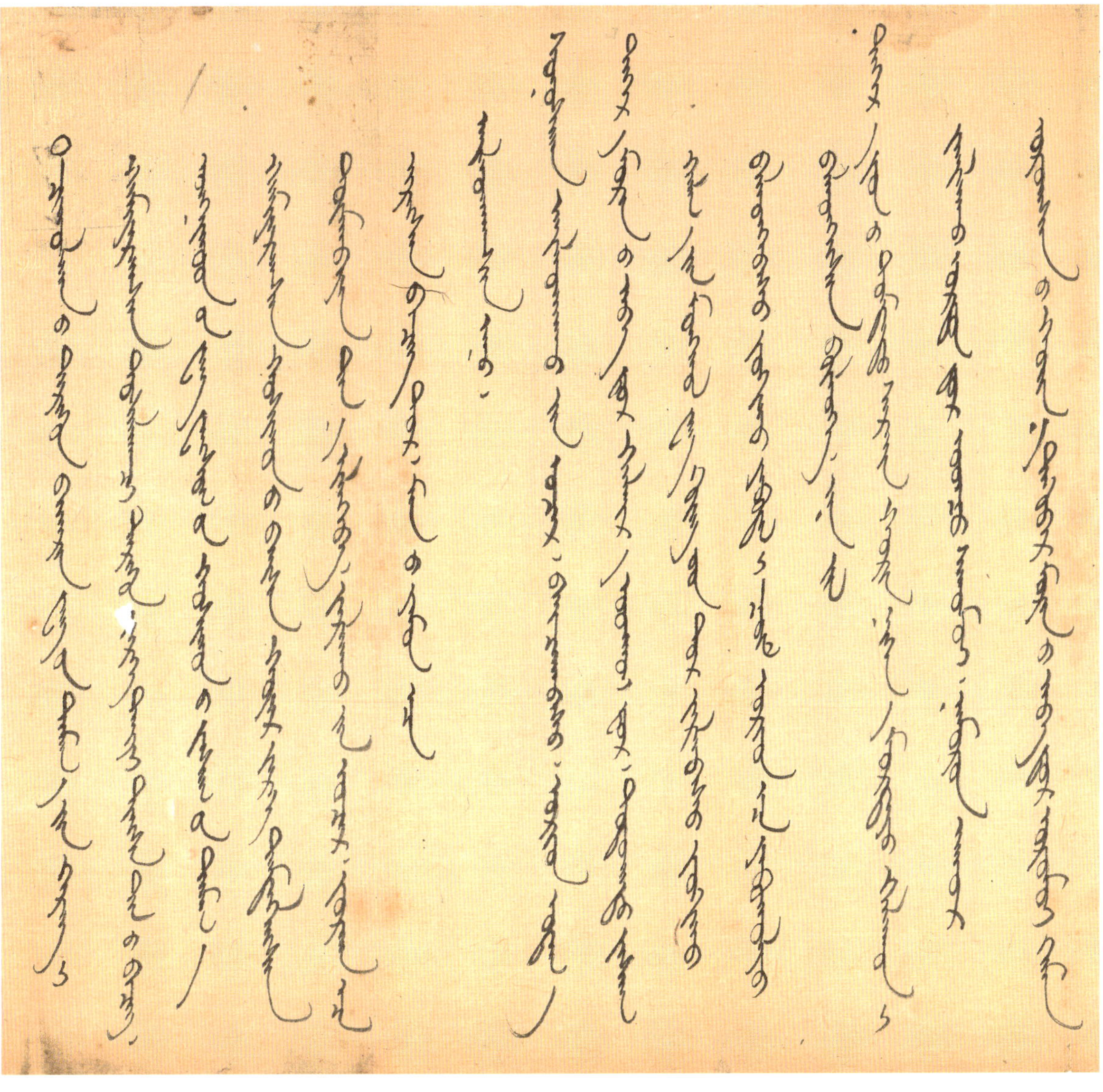

024

盟长巴林王印务护理协理一等台吉廷色为准备木兰围所需物品事札翁牛特王旺舒克札萨克印务护理和硕贝子记录二次图扪巴颜文

乾隆五十六年五月二十三日

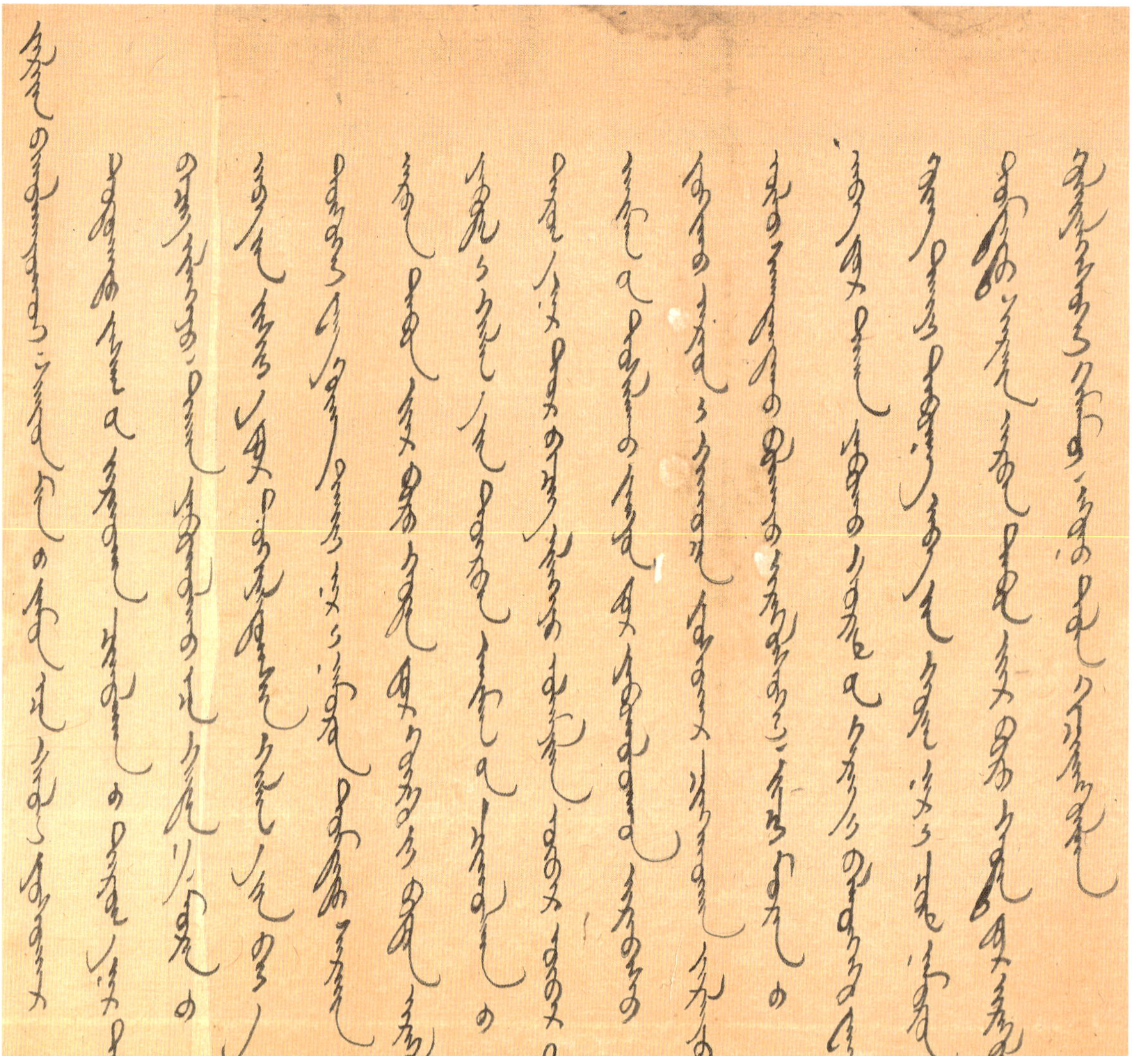

024

盟长巴林王印务护理协理一等台吉廷色为准备木兰围所需物品事札翁牛特王旺舒克札萨克印务护理和硕贝子记录二次图扪巴颜文

乾隆五十六年五月二十三日

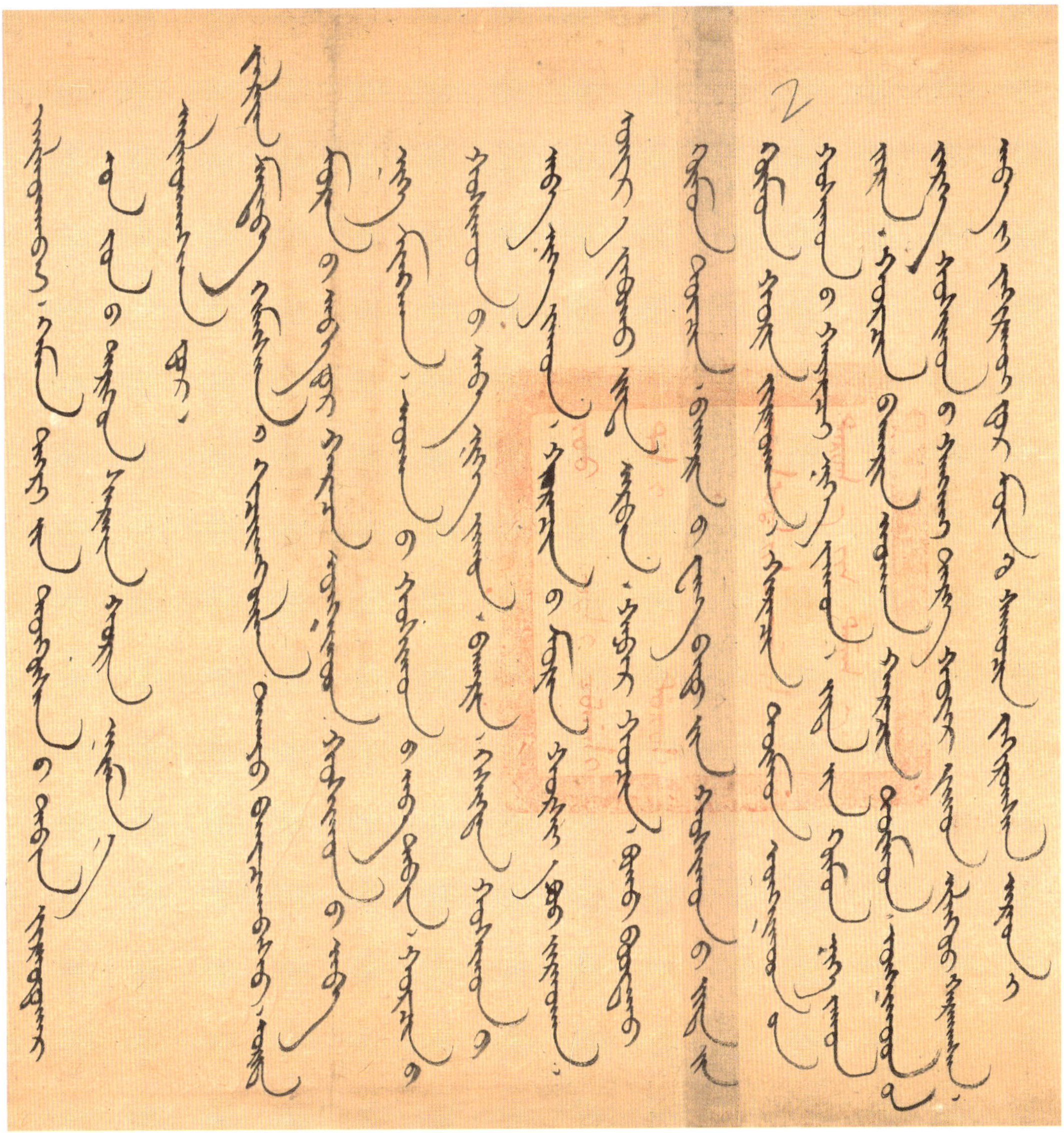

盟长巴林王印务护理协理一等台吉廷色为准备木兰围所需物品事札翁牛特王旺舒克札萨克印
务护理和硕贝子记录二次图扣巴颜文

乾隆五十六年五月二十三日

024

盟长巴林王印务护理协理一等台吉廷色为准备木兰围所需物品事札翁牛特王旺舒克札萨克印务护理和硕贝子记录二次图扪巴颜文

乾隆五十六年五月二十三日

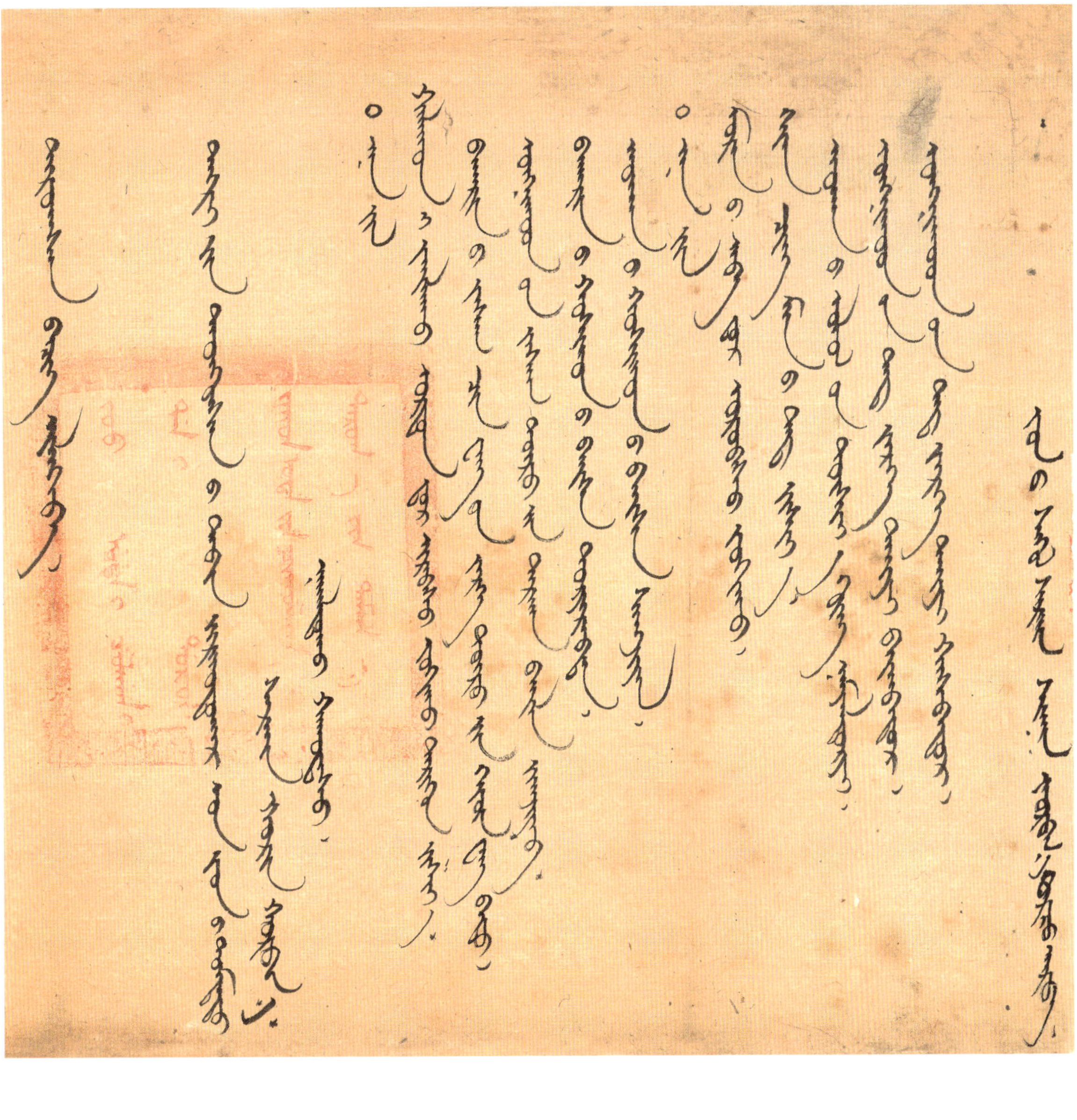

盟长巴林王印务护理协理一等台吉廷色为准备木兰围所需物品事札翁牛特王旺舒克札萨克印务护理和硕贝子记录二次图扣巴颜文

盟长巴林王印务护理协理一等台吉廷色札翁牛特王旺舒克札萨克印务护理和硕贝子记录二次图扣巴颜文，为札行事。理藩院饬，内开，本部奏闻事。案查，上次皇上木兰围猎时，对内札萨克、喀尔喀王公该饬、该备事项都先行札饬备好。

今年皇上五月二十一日出发住避暑山庄，入秋后进驻木兰围场等事已下旨。臣等照例，饬内札萨克六盟盟长遵照执行。值木兰围班喀尔喀部未出痘王、公、台吉等计算好时间，秋八月十五日到波罗河屯，已饬喀尔喀四部盟长，并传报各部所辖区将军，按旧例不能耽误应来人员行程。另，扈随木兰围、备进宴王、公、台吉、塔布囊、围甲等，于约八月十五日到波罗河屯等候。为此，奏请，乾隆五十六年夏四月二十八日恩准。奉旨，案查，先前木兰围猎时，喀喇沁、翁牛特旗派围甲一千人，敖汉派围甲五十人，科尔沁派围甲一百人，巴林、克什克腾派围甲一百人；喀喇沁派伙计鸟枪六把、近侍卫虎枪十把，弹头三十，射鹿人四十人；巴林王巴图旗标枪手二十六人；喀喇沁、土默特、翁牛特旗向导一百人，标枪手一百六十；科尔沁、巴林、敖汉、喀喇沁、土默特、翁牛特等旗派杭

霭车（空车）二百多辆等。管围官员派去原来人员。又，索伦射手三十名，哨鹿人及察哈尔、巴尔虎射手，共出八十多人。路途住驿站，修路、修桥等事，按先例已备齐。

今年皇上驾临围场一事，照旧例已饬昭乌达盟盟长巴林札萨克亲王品级多罗郡王巴图，各自应备、该办理事情立刻备齐办理，不能有误，查看饬文内容。为此，此饬。为此，各札萨克查看理藩院饬文内容，遵照执行，备具盟长印文，特此，札行。

乾隆五十六年五月二十三日

附件

今年适合来热河避暑山庄　头班

巴林札萨克亲王品级多罗郡王巴图、翁牛特札萨克多罗达尔汉贝勒济克济扎布、巴林旗贝子多尔济剌布坦、敖汉旗贝子桑济扎勒。

今年应进木兰围场　乾清门二班

敖汉镇国公纳木扎勒多尔济、翁牛特二等台吉巴颜巴特尔、翁牛特二等台吉哈斯巴特尔。

夏六月初三来。

025

盟长巴林札萨克和硕亲王品级记录三次多罗郡王为准备木兰围所需物品事札翁牛特王旺舒克札萨克印务护理和硕贝子记录二次图扪巴颜文

乾隆五十七年闰四月二十四日

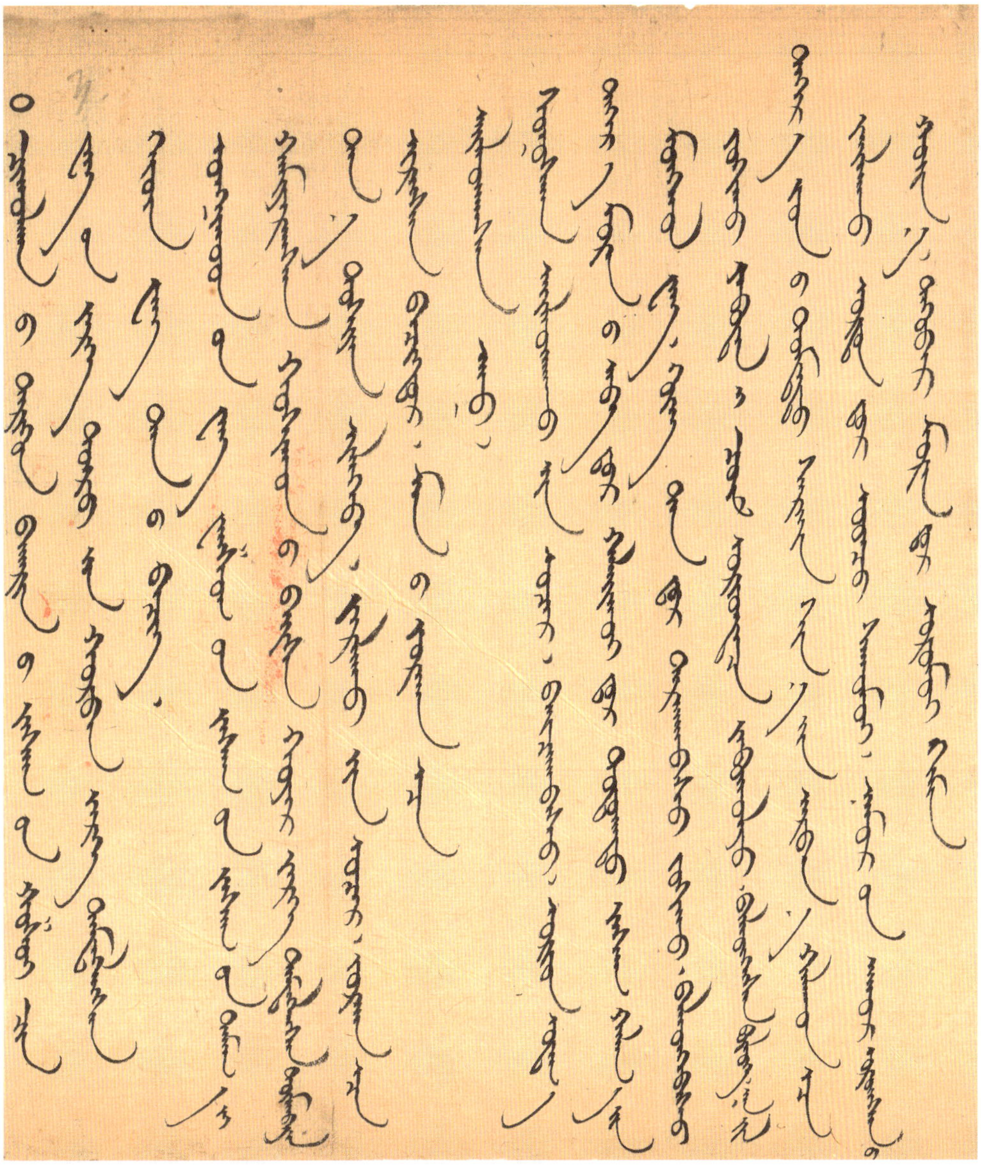

025

盟长巴林札萨克和硕亲王品级记录三次多罗郡王为准备木兰围所需物品事札翁牛特王旺舒克札萨克印务护理和硕贝子记录二次图扪巴颜文

乾隆五十七年闰四月二十四日

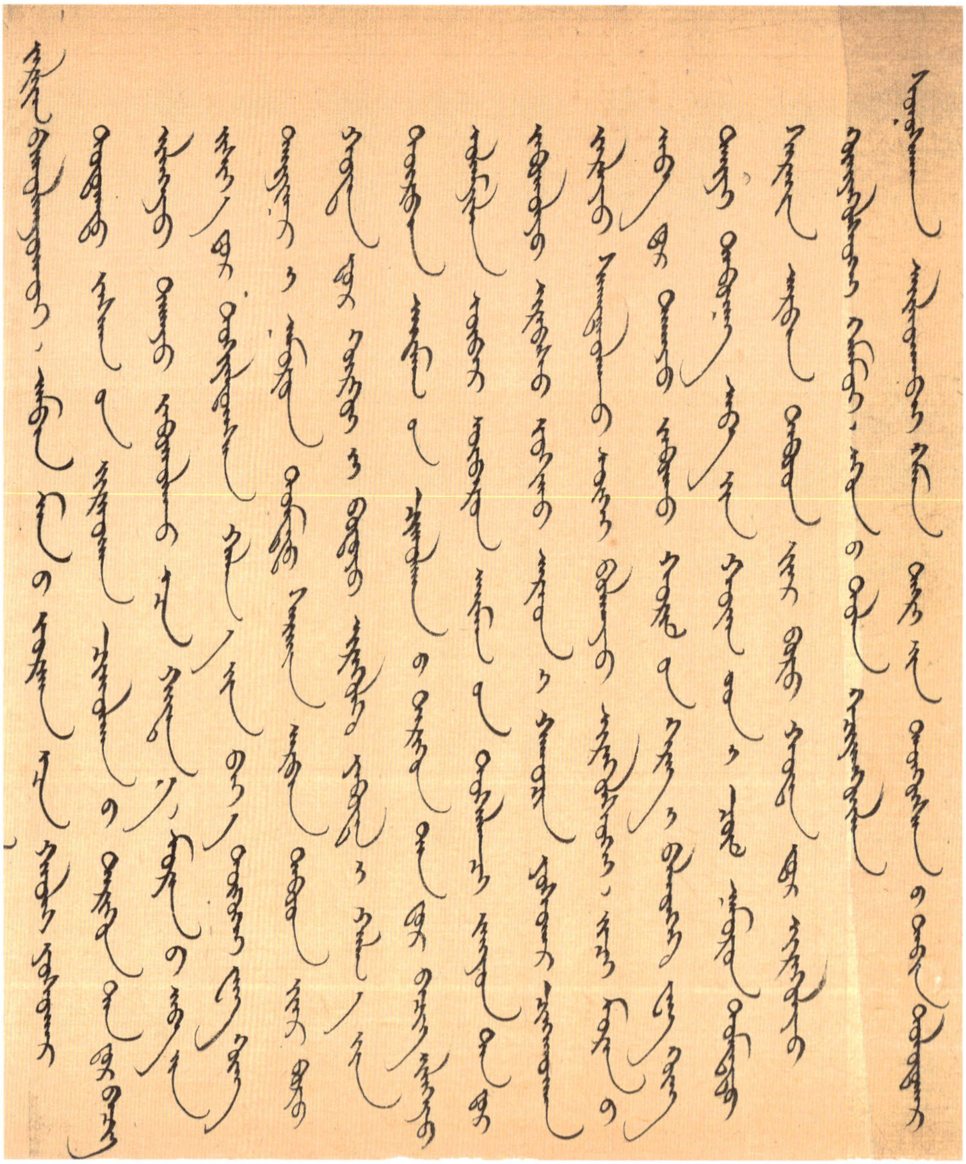

025

盟长巴林札萨克和硕亲王品级记录三次多罗郡王为准备木兰围所需物品事札翁牛特王旺舒克札萨克印务护理和硕贝子记录二次图扪巴颜文

乾隆五十七年闰四月二十四日

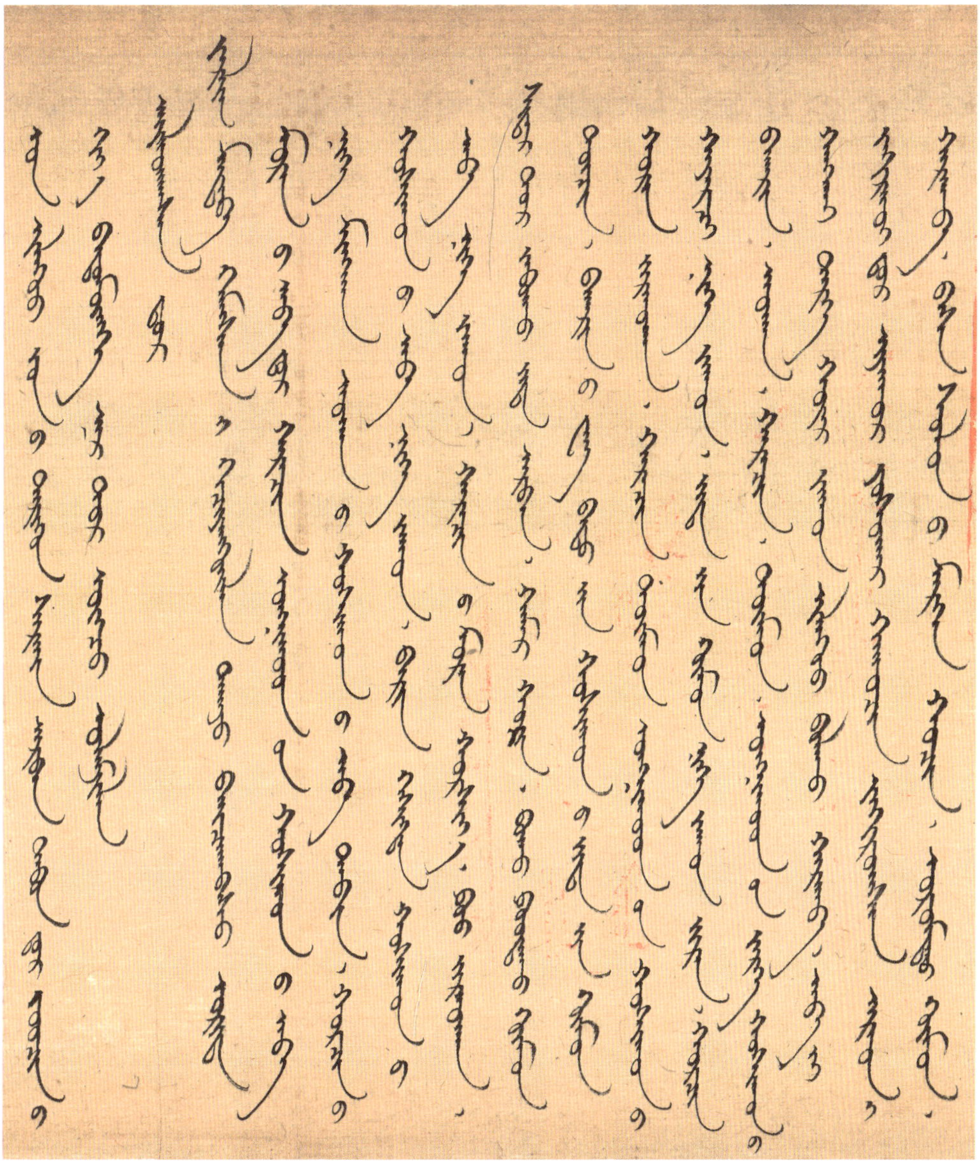

025

盟长巴林札萨克和硕亲王品级记录三次多罗郡王为准备木兰围所需物品事札翁牛特王旺舒克札萨克印务护理和硕贝子记录二次图扪巴颜文

乾隆五十七年闰四月二十四日

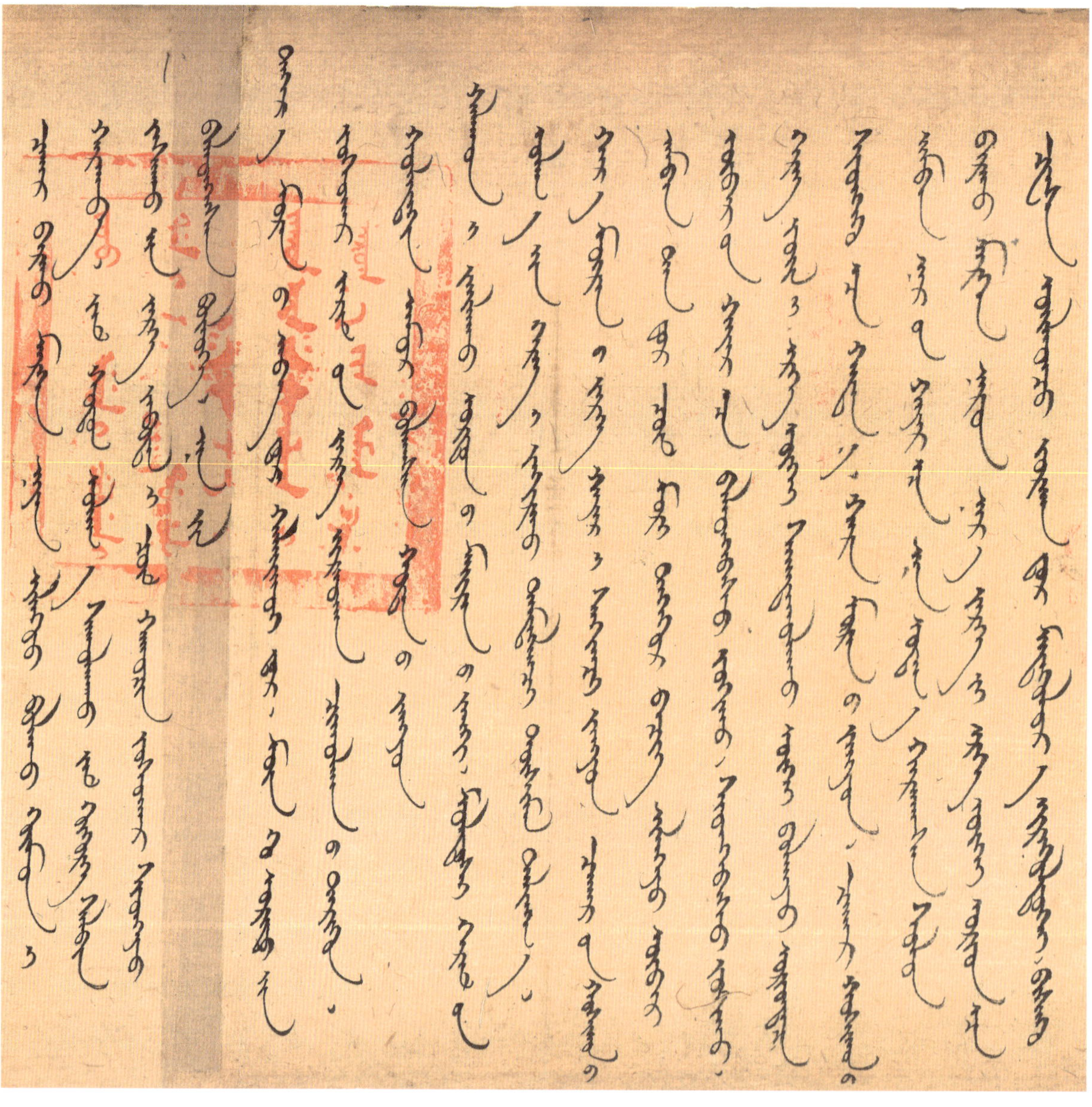

盟长巴林札萨克和硕亲王品级记录三次多罗郡王为准备木兰围所需物品事札翁牛特王旺舒克

札萨克印务护理和硕贝子记录二次图扪巴颜文

乾隆五十七年闰四月二十四日

025

盟长巴林札萨克和硕亲王品级记录三次多罗郡王为准备木兰围所需物品事札翁牛特王旺舒克札萨克印务护理和硕贝子记录二次图扪巴颜文

乾隆五十七年闰四月二十四日

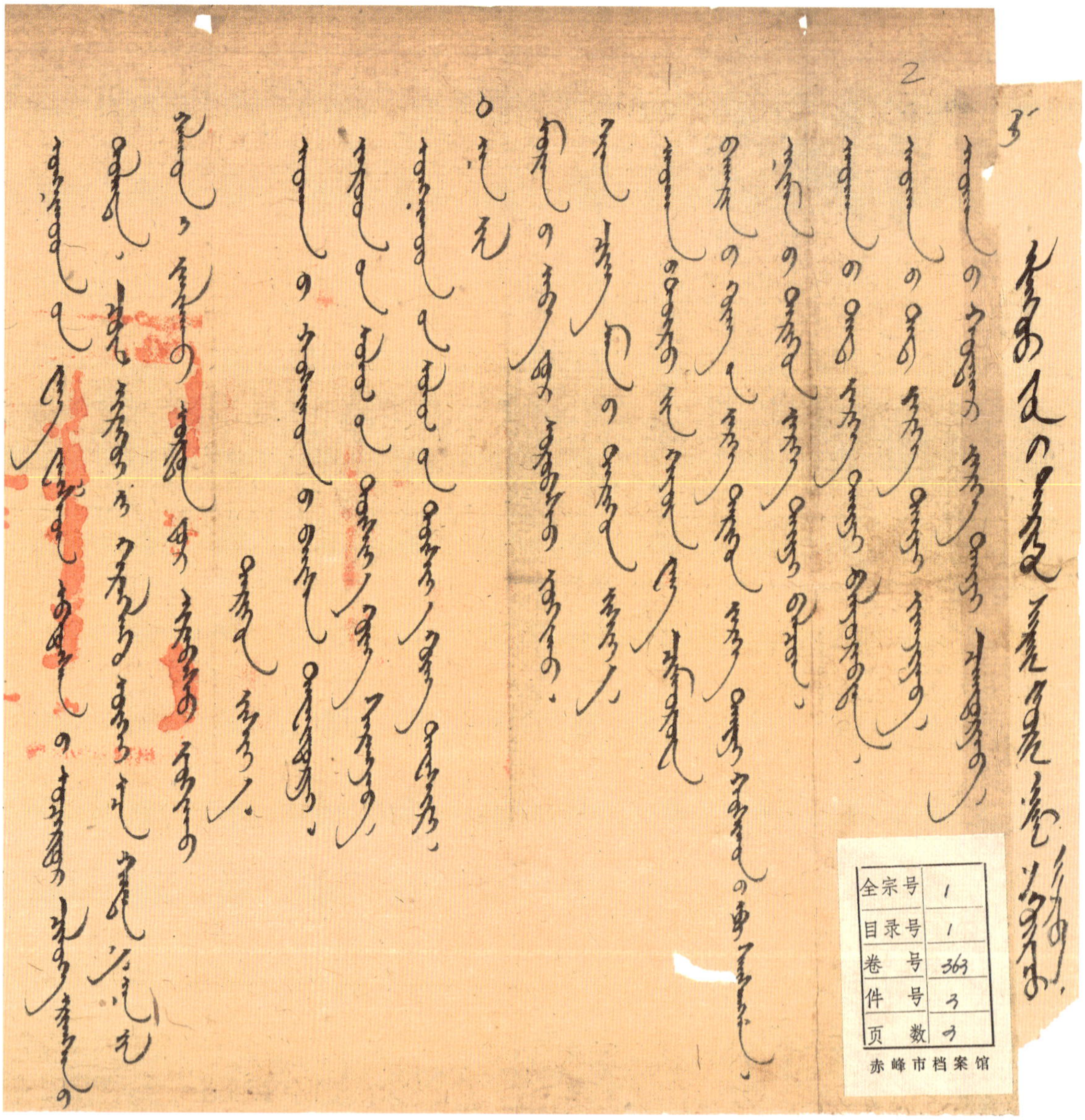

全宗号	1
目录号	1
卷　号	363
件　号	3
页　数	3

赤峰市档案馆

盟长巴林札萨克和硕亲王品级记录三次多罗郡王为准备木兰围所需物品事札翁牛特王旺舒克札萨克印务护理和硕贝子记录二次图扣巴颜文

盟长巴林札萨克和硕亲王品级记录三次多罗郡王札翁牛特王旺舒克札萨克印务护理和硕贝子记录二次图扣巴颜文，为札行事。理藩院饬，内开，本部奏，奏闻事。案查，上次皇上木兰围猎时，内札萨克、喀尔喀蒙古王公应分摊、应备事项提前札付备齐。今年皇上五月初十日出发进驻避暑山庄，入秋后进驻木兰围场等事已下旨，本部照例饬内札萨克六盟盟长奉饬执行。值木兰围班喀尔喀部未出痘王、公、台吉等计算好时间，八月十五日到波罗河屯事宜，已札文喀尔喀四部盟长，转呈所辖区各协理将军，按先例严办应来人员行程，不能耽误。另，扈随木兰围、备进宴王、公、台吉、塔布囊、围甲等，八月十五日前务必到波罗河屯等候。为此，奏闻，乾隆五十七年闰四月十五交蒙古事侍卫巴图孟克转奏，恩准。奉旨，案查，先前木兰围猎时喀喇沁、翁牛特旗派围甲一千人，敖汉派围甲五十人，科尔沁派围甲一百，巴林、克什克腾派围甲一百人；喀喇沁伙计鸟枪六把、近侍卫虎枪十把，弰头三十，射鹿人四十人；巴林王巴图旗标枪手二十六人；喀喇沁、土默特、翁牛特旗向导一百人，标枪手一百六十人；科尔沁、巴林、敖汉、喀喇沁、土默特、翁牛特等旗派杭霭车（空车）二百多辆等。管围官员派去原来人员。又，索伦射手三十名，哨鹿人及察哈尔、巴尔虎射手，共出八十多人。路途住驿站，修路、修桥等事，按先例已备齐。

今年皇上驾临木兰围场，照旧例哲里木盟等六盟盟长，绥远将军、热河副都统、古北口管理驿站员外郎达凌哈、守黑龙江等地将军、察哈尔都统等地马上行文饬各自应备、该办理事情，立刻无延误备齐办理。黑龙江将军、察哈尔都统所派遣索伦、巴尔虎射手等名称、职位等，先登记造册，呈报本部。又，定边左翼辅将、喀尔喀四部盟长速札文各自处，查看圣旨内容，奉旨执行。为此，札行。为此，诸札萨克查看理藩院札文，奉旨执行。为此，备具盟长印文，特此，札行。

　　　　　乾隆五十七年闰四月二十四日
却扎布写，济仁泰封。

扎鲁特多罗贝勒德沁、巴林和硕贝子多尔济帕拉木等未及岁，翁牛特王旺舒克因病请假未能到。

今年应到避暑山庄　当班头班

敖汉和硕贝子德威多尔济、扎鲁特镇国公色棱扎布、翁牛特镇国公达瓦什里。

今年应去木兰围场　乾清门一等侍卫

敖汉多罗郡王齐默特鲁瓦、巴林公级一等台吉和硕额驸赛尚阿、奈曼一等台吉巴勒楚克、敖汉二等台吉巴拉珠喇布坦、敖汉二等台吉济克济扎布、敖汉三等台吉察克多尔扎布。

闰四月二十八日送来。

026

盟长巴林札萨克和硕亲王品级记录三次多罗郡王为木兰围筵宴准备物品事札翁牛特札萨克印务护理和硕贝子记二级图扪巴颜文

乾隆五十七年六月二十五日

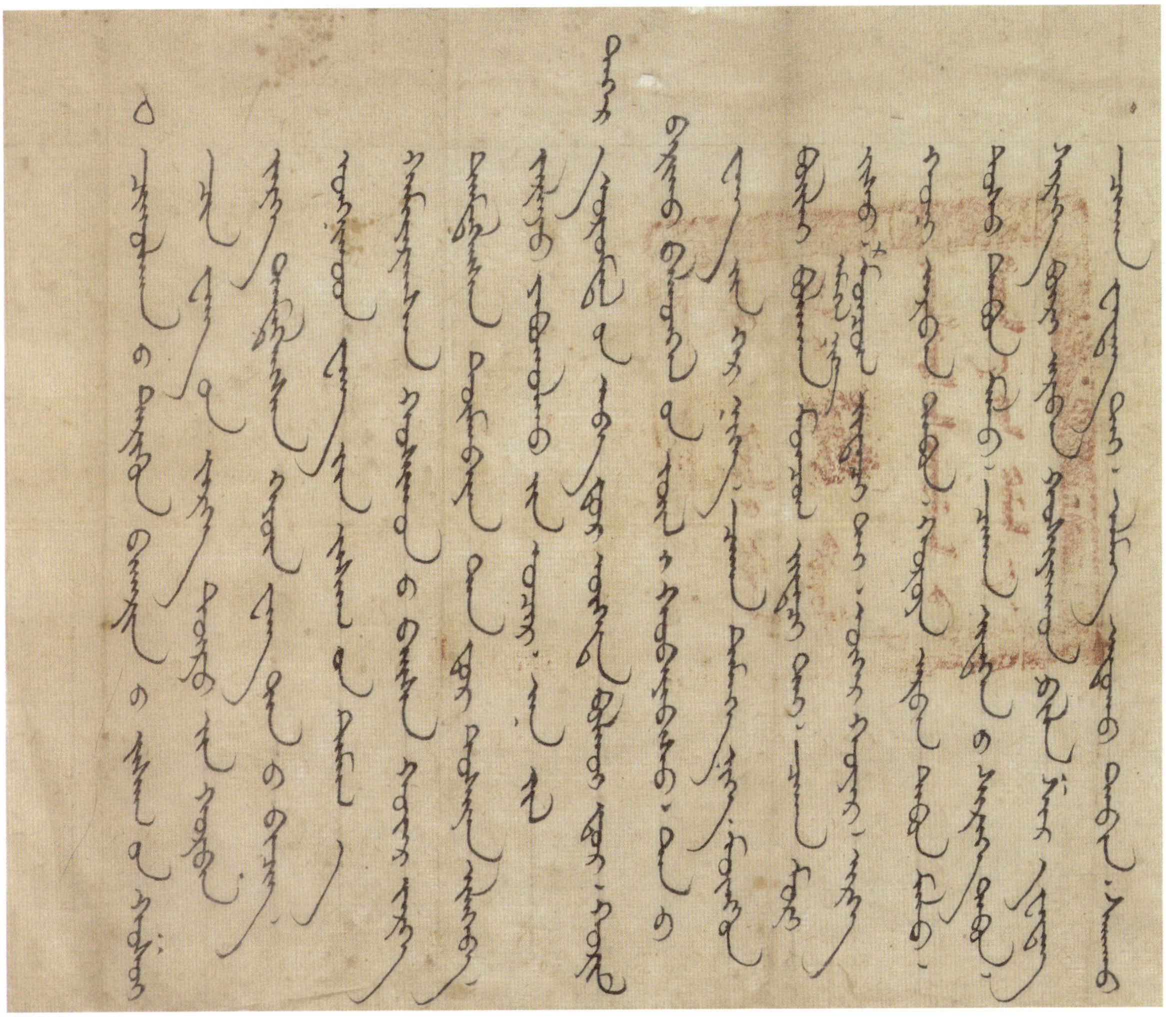

026

盟长巴林札萨克和硕亲王品级记录三次多罗郡王为木兰围筵宴准备物品事札翁牛特札萨克印务护理和硕贝子记二级图扪巴颜文

乾隆五十七年六月二十五日

盟长巴林札萨克和硕亲王品级记录三次多罗郡王为木兰围筵宴准备物品事札翁牛特札萨克印务护理和硕贝子记二级图扣巴颜文

盟长巴林札萨克和硕亲王品级记录三次多罗郡王札翁牛特札萨克印务护理和硕贝子记二级图扣巴颜文，为札行事。今年皇上木兰围猎，进宴所需物品分摊给贵旗王爷谨备：带银鼻钩貂鼠踢胸白驼一峰，白马九匹，马鞍一个，带头套牛两头，羯羊十五，奶酒十五坛，油五坛，奶食桌五张，每桌盘子十对、黄色铺布、白色铺布，生马驹五十匹，奶牛十头，摔跤手三人。这些物品按先例不缺额、选优等备好，送到进宴处带去。运大房子车辆，敖汉王二十辆车，每辆车套两头牛，配毡子、席子及捆绑绳子等与赶车人，交付给可靠旗员，于七月二十日前到贵府集合。为此，备具盟长印文，特此，札行。

乾隆五十七年六月二十五日

朝克泰写，却扎布封。

围班首喀喇沁札萨克和硕亲王品级多罗杜棱郡王多罗额驸满珠巴咱尔为视察狩猎地事札翁牛特札萨克护理贝子图扣巴颜文

乾隆五十八年四月二十八日

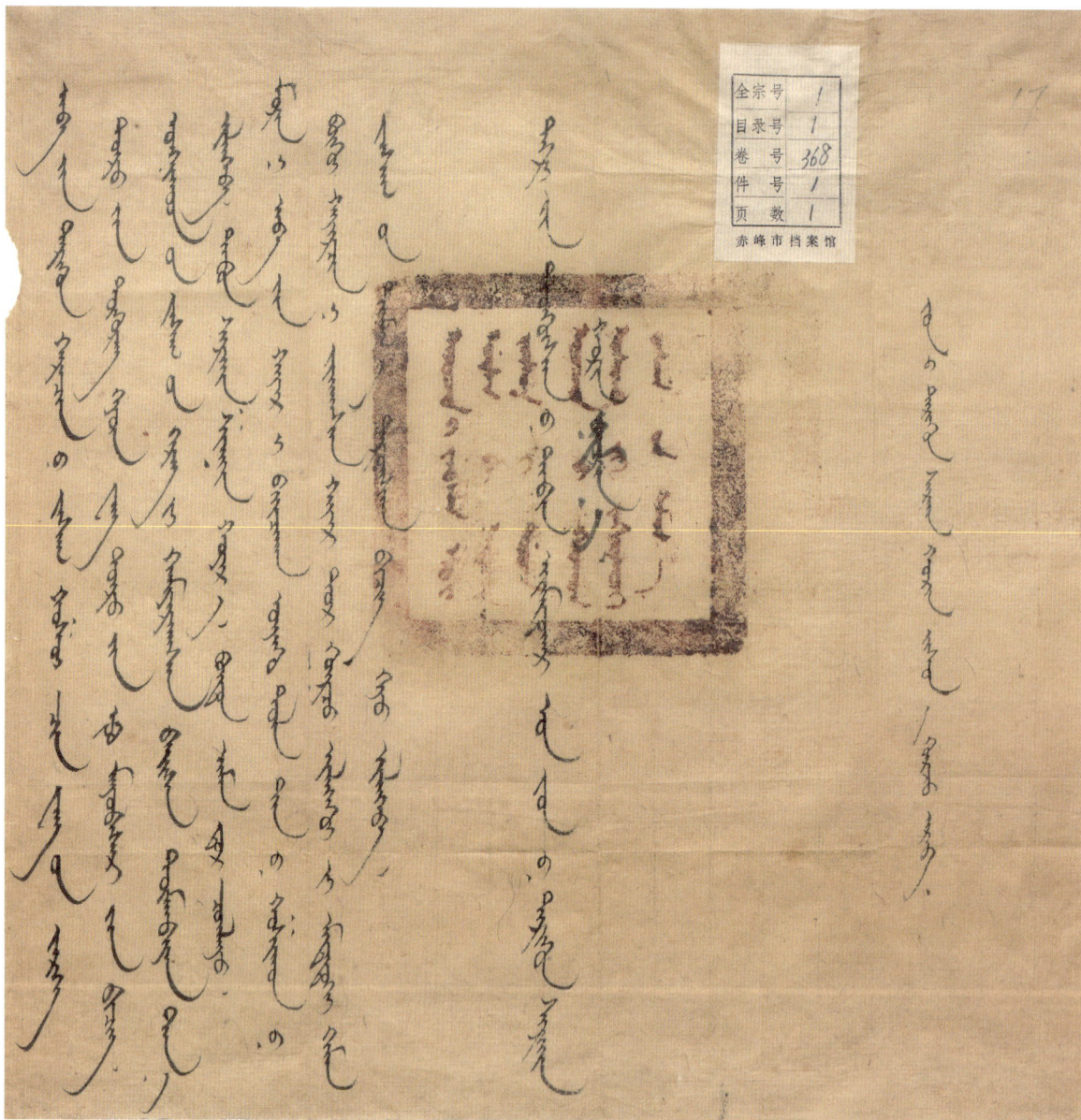

围班首喀喇沁札萨克和硕亲王品级多罗杜棱郡王多罗额驸满珠巴咱尔为视察狩猎地事札翁牛特札萨克护理贝子图扪巴颜文

围班首喀喇沁札萨克和硕亲王品级多罗杜棱郡王多罗额驸满珠巴咱尔札翁牛特札萨克护理贝子图扪巴颜文。五月初二日在布敦口集合查看木兰围场，因此，贵旗向导必须到指定地点。

为知悉事，备具札萨克印文，札行。

乾隆五十八年四月二十八日

四月二十九日送来。

盟长敖汉旗贝子加三级记录六次和硕额驸为会盟比丁事札翁牛特札萨克多罗杜棱郡王加二级
赞巴勒诺尔布旗印务护理协理二等台吉加一级阿拉坦仓、协理二等台吉加一级乌尔衮宝文
光绪元年八月二十二日

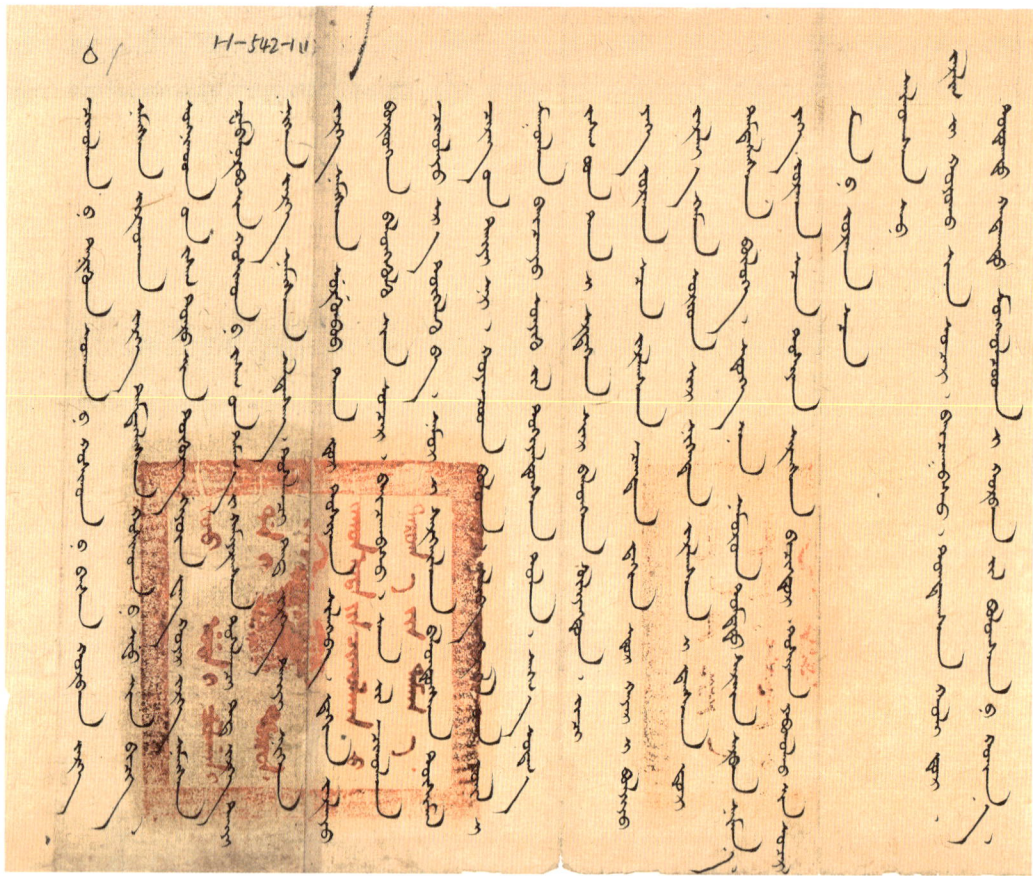

137

盟长敖汉旗贝子加三级记录六次和硕额驸为会盟比丁事札翁牛特札萨克多罗杜棱郡王加二级
赞巴勒诺尔布旗印务护理协理二等台吉加一级阿拉坦仓、协理二等台吉加一级乌尔衮宝文
光绪元年八月二十二日

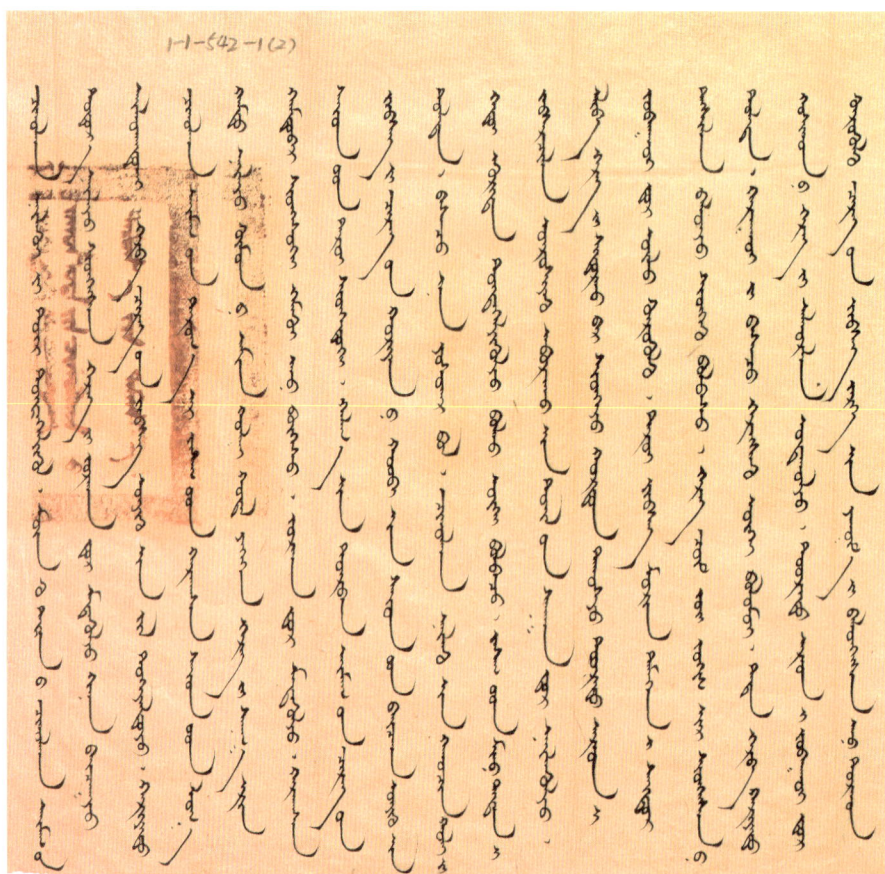

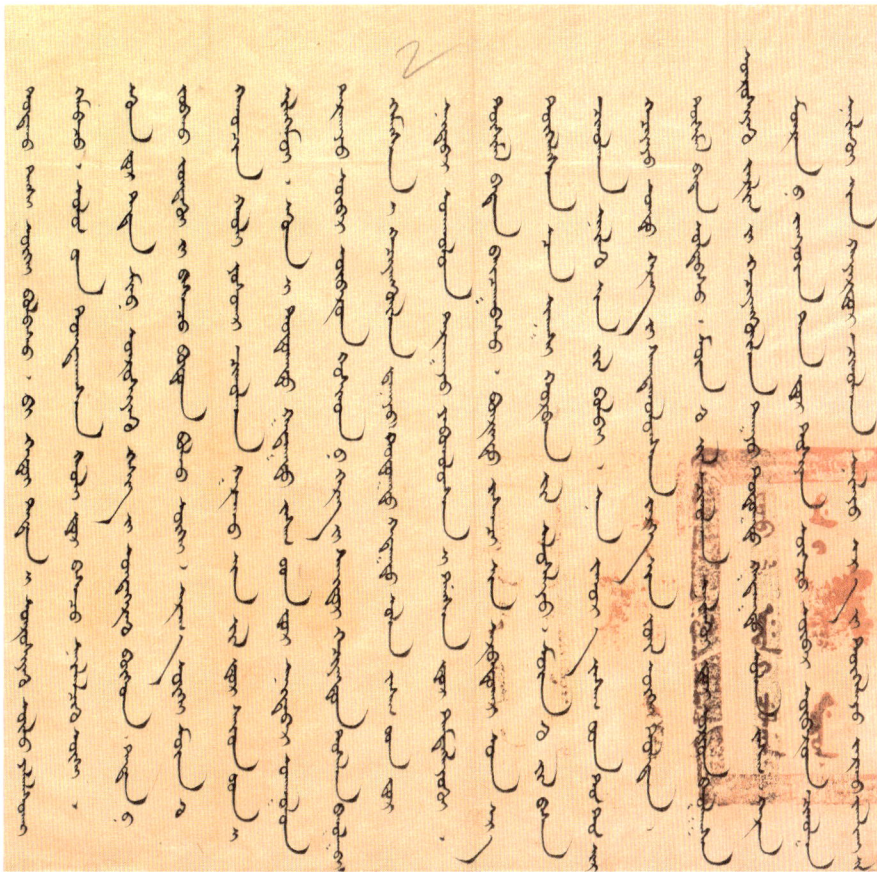

盟长敖汉旗贝子加三级记录六次和硕额驸为会盟比丁事札翁牛特札萨克多罗杜棱郡王加二级
赞巴勒诺尔布旗印务护理协理二等台吉加一级阿拉坦仓、协理二等台吉加一级乌尔衮宝文
光绪元年八月二十二日

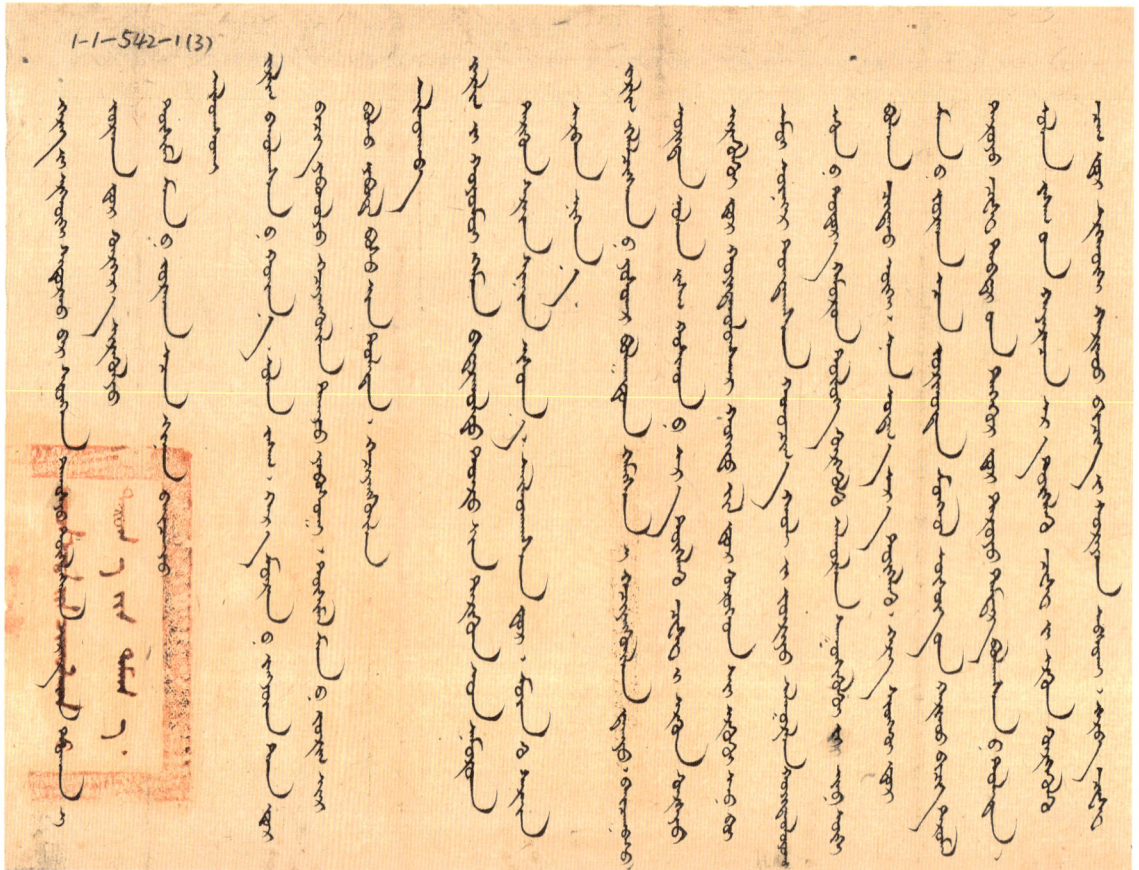

141

盟长敖汉旗贝子加三级记录六次和硕额驸为会盟比丁事札翁牛特札萨克多罗杜棱郡王加二级
赞巴勒诺尔布旗印务护理协理二等台吉加一级阿拉坦仓、协理二等台吉加一级乌尔衮宝文

光绪元年八月二十二日

盟长敖汉旗贝子加三级记录六次和硕额驸为会盟比丁事札翁牛特札萨克多罗杜棱郡王加二级赞巴勒诺尔布旗印务护理协理二等台吉加一级阿拉坦仓、协理二等台吉加一级乌尔衮宝文

盟长敖汉旗贝子加三级记录六次和硕额驸札翁牛特札萨克多罗杜棱郡王加二级赞巴勒诺尔布旗印务护理协理二等台吉加一级阿拉坦仓、协理二等台吉加一级乌尔衮宝文，再次札行统计事。案查，今年值会盟比丁，查看防秋兵台吉、披甲及一切用具之年，上次已饬札萨克早做些准备，等大部来饬后定具体时间、地点再次札饬等事宜，已录在案。

今八月十八日大部来饬，内开，为札付事。我院奏闻，请旨，案查，据已定则例，内外札萨克蒙古每三年一次会盟，派大臣比丁清理刑事。康熙五十五年以来，因军务奏请停止会盟，饬各札萨克，于该盟内会盟、比丁造册，将所办事件报院核查。

乾隆十六年无军务事，照旧例派往大臣事，奏闻，请旨后，谕旨："每三年派大臣与札萨克会盟会同办理，清理刑事，一直执行老则例。如今天下太平，本应按理藩院奏请，会盟才合适。只是已有几年未会盟，札萨克也少数执行，派大臣去，则乘骑、廪饩事给蒙古百姓添加困难，为此，朕心里为了怜悯他们，明年停止派大臣会盟，仍由该盟各部落会集理清刑事，将所办事件报院核查。如果值查看兵器之年，各盟盟长、札萨克与派往大臣一同审理命案、偷盗等大案，呈报理藩院，派往大臣立刻审理。兵部参赞大臣查看喀尔喀四部兵器也照此例进行。会盟旧例虽不能停止，但为了体现朕对他们的怜悯之心，一切事务如实办理，迅速结束，避免百姓苦难才是。若要兵器、马匹、骆驼等备齐审理，因符合规矩，不用监督。如果他们延误所辖旗事务，为难百姓，配备兵器不足、不齐等，朕虽不想惩处，但国法难容，不但罔顾朕宽恕

之恩，也给他们带来苦难，只能照旧例，会盟之年派大臣。为此，转饬内外札萨克，认真审理各旗内案件。"遵旨，奉饬，札饬内外札萨克事宜已录在案。

臣等案查，自同治十年比丁以来已过三年，今年又到了比丁之年，这期间各札萨克未耽误事情，所以臣等今年会盟时遵旨，札付内外札萨克、黑龙江将军，在各自会盟处进行会盟比丁、清理刑名，编审丁籍呈报理藩院，本院查核奏闻，恩准后札付众札萨克、黑龙江将军奉行。臣等不能做主，奏请，请旨。光绪元年七月初九日奏闻后，本月十一日谕旨："依旨奉行。"等因。

案查，原各札萨克比丁册子送达拖延，有时第二年才到达，这确实违反限定时间的规矩。但有时无法做到限定时间内送达。这次比丁审理案件时，我院专门印蒙古文答复文盖在册子上做标记。各札萨克处呈送比丁册子时必须领取答复文，如果不符合册子上答复文，不能轻易呈送。为防止推迟送达，我院除把册子札付给各札萨克外，

札各盟长，转札各札萨克，必须照例今年十月内送达，不能有延误，一同札付。为此，札付。为此，红格本子与印文一同已到，贵处造一份公文，交付给品级较高官员，在本年九月初一日，带包布、夹本等到盟长贝子我府上，领取大院交来红格本，绝不能有误。另，各盟首领今十月一日到原会盟旧址昭乌达以西二十里地达尔汉宝力格地方会集，查看全十一旗比丁及防秋兵丁。为此，各札萨克及非札萨克王、贝勒、贝子、公、协理、额驸、台吉以下十户长以上等照例会集，比丁、备兵及其他一切器械照先例札付备齐、统计。札萨克、协理等大小官员照指定地点、时间内到达，以备各盟首领查核。为此，具备盟长印文，特此，札付。

光绪元年八月二十二日
梅林萨尔都瓦阅。

八月二十七日，章京僧格佐领披甲塔彬泰送来，笔帖式色布格扎布接收。

144

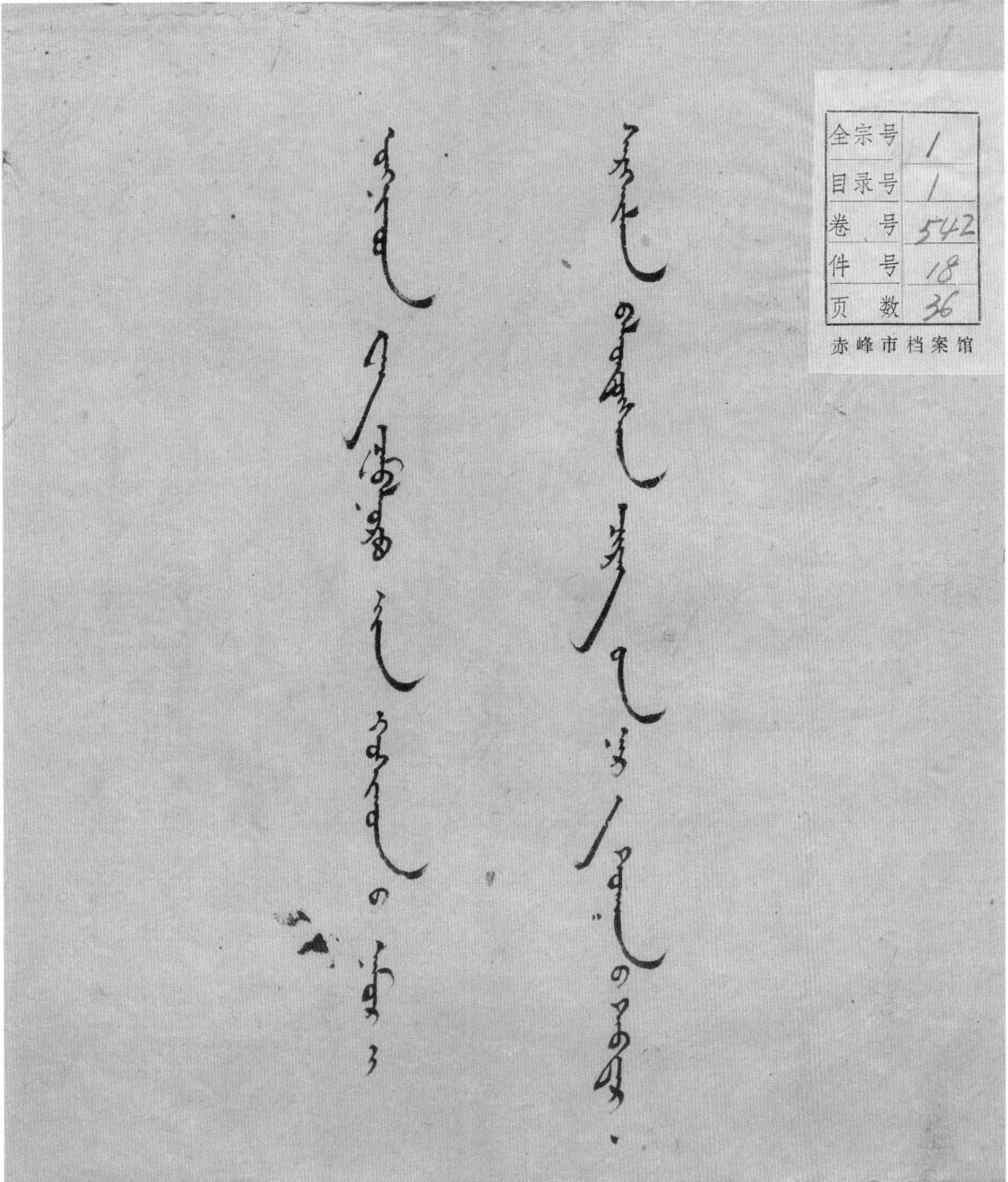

24

029

翁牛特札萨克多罗郡王加二级赞巴勒诺尔布旗防秋兵丁名册

光绪元年十月一日

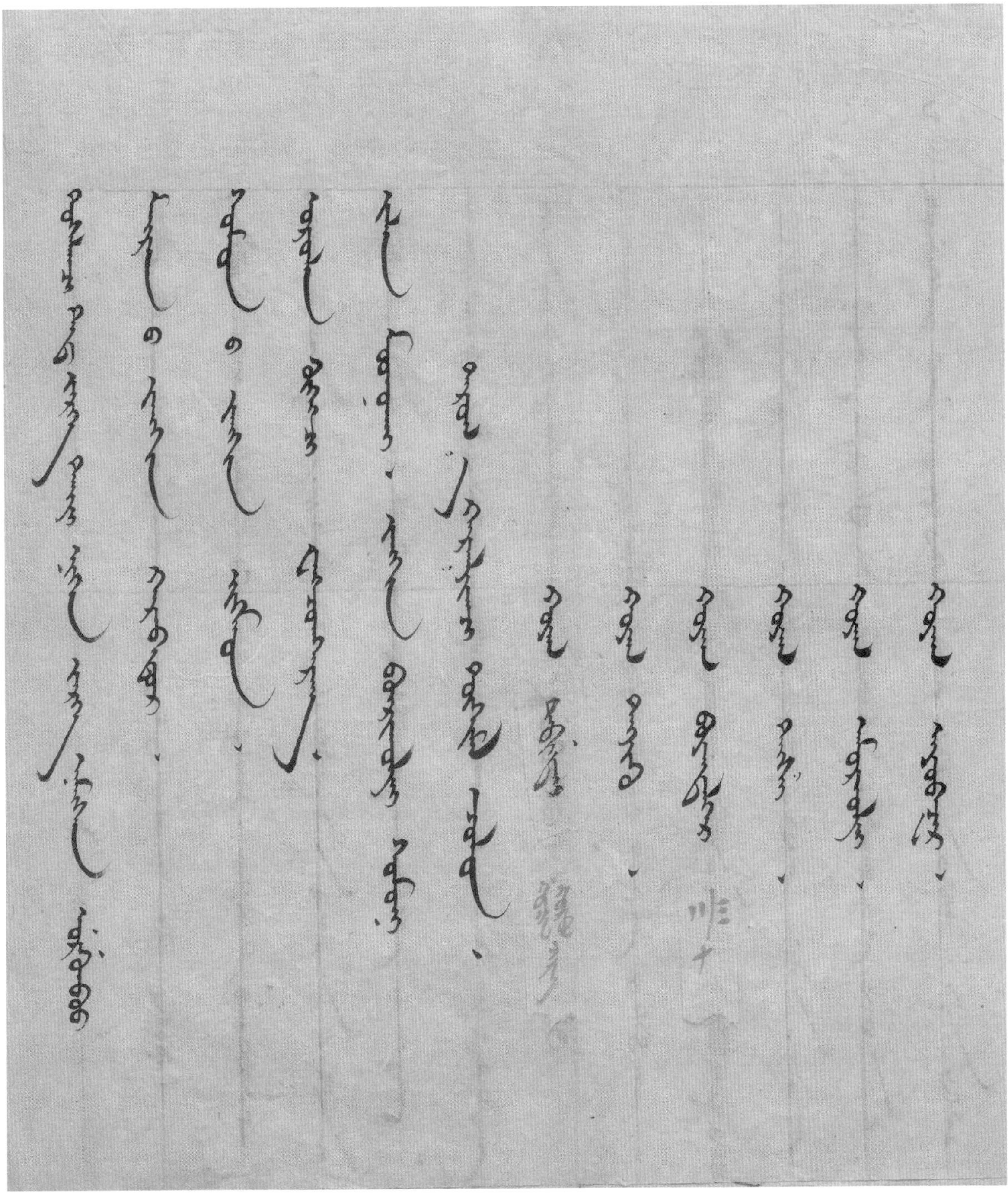

029

翁牛特札萨克多罗郡王加二级赞巴勒诺尔布旗防秋兵丁名册

光绪元年十月一日

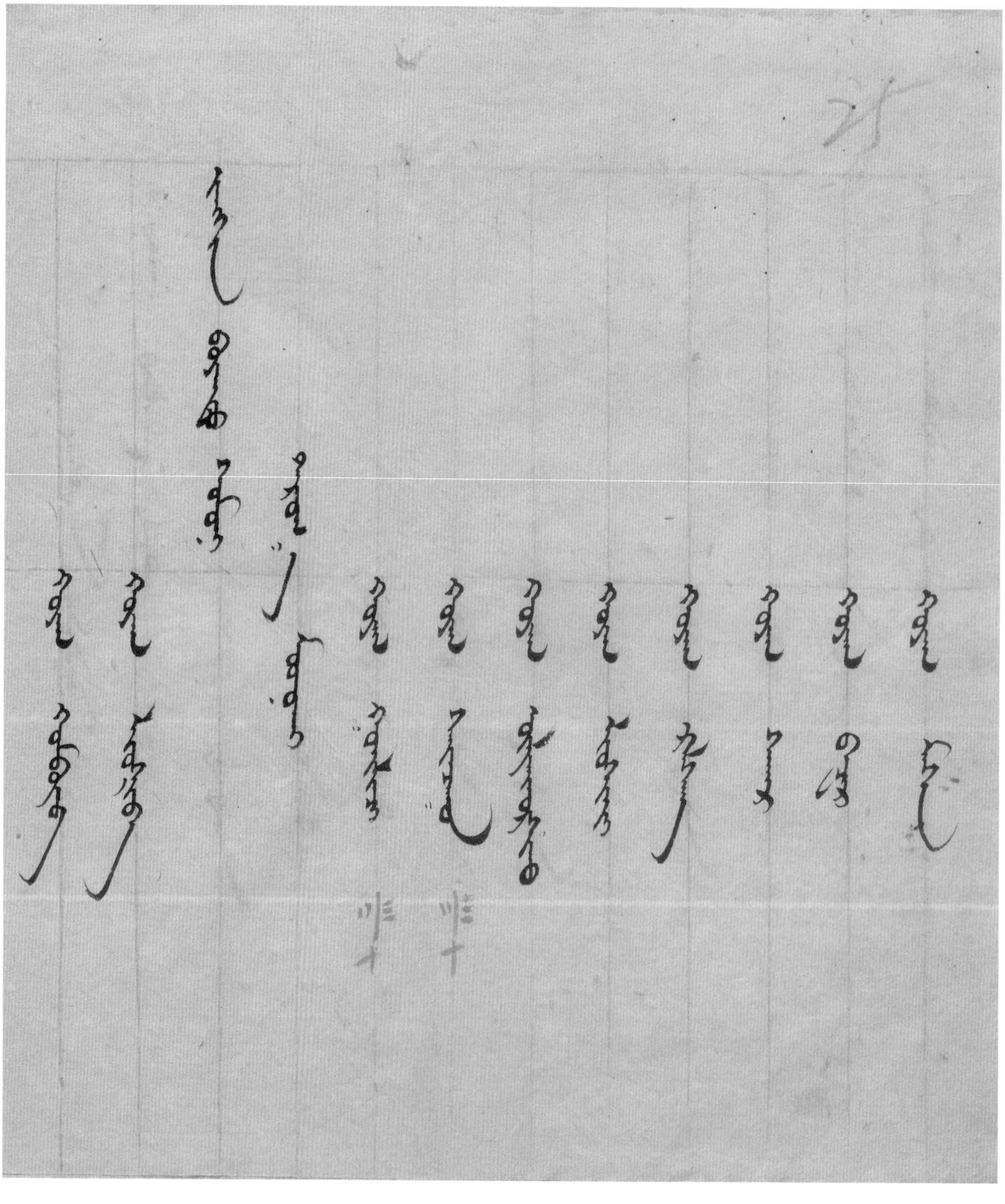

029

翁牛特札萨克多罗郡王加二级赞巴勒诺尔布旗防秋兵丁名册

光绪元年十月一日

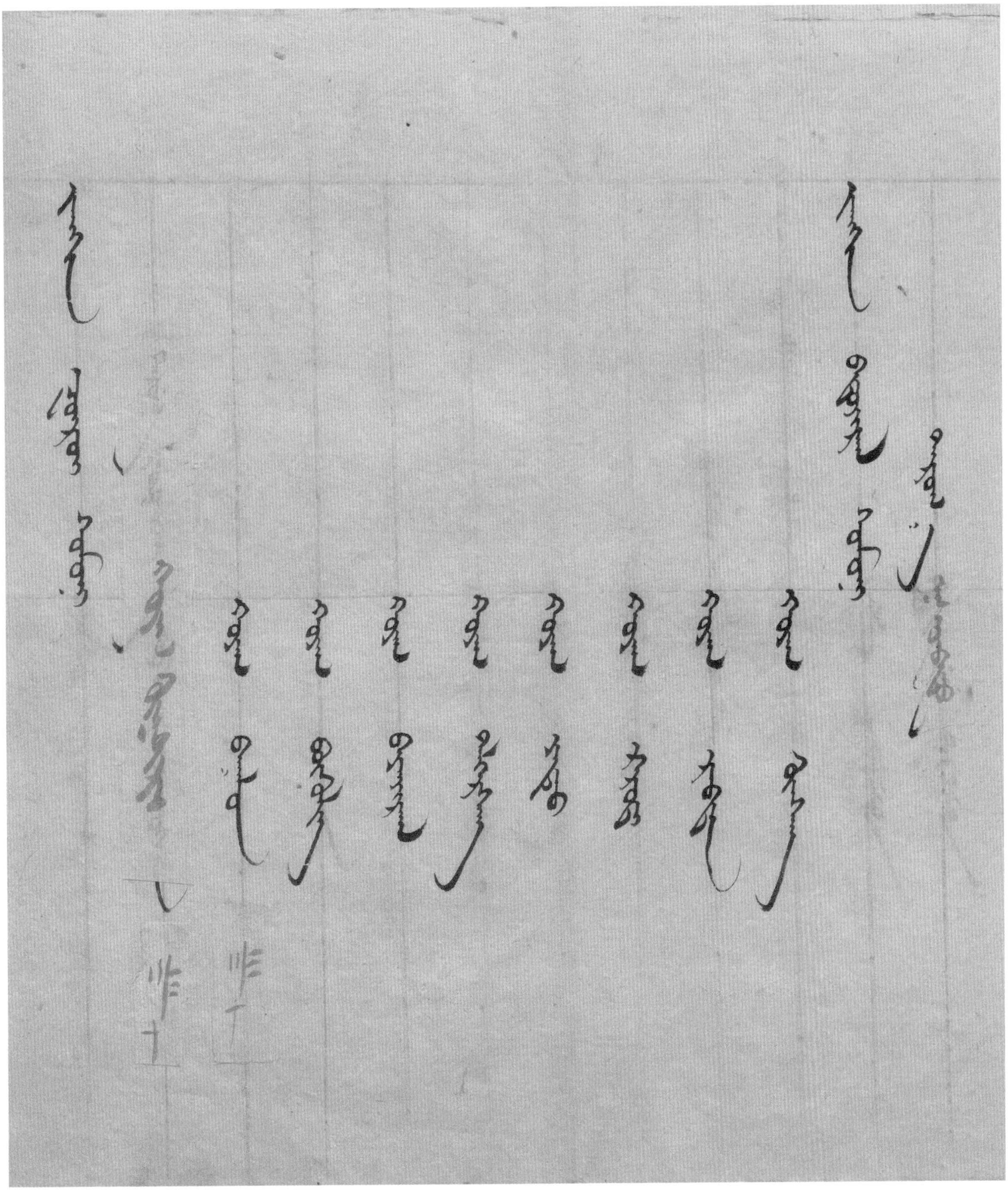

029 翁牛特札萨克多罗郡王加二级赞巴勒诺尔布旗防秋兵丁名册

光绪元年十月一日

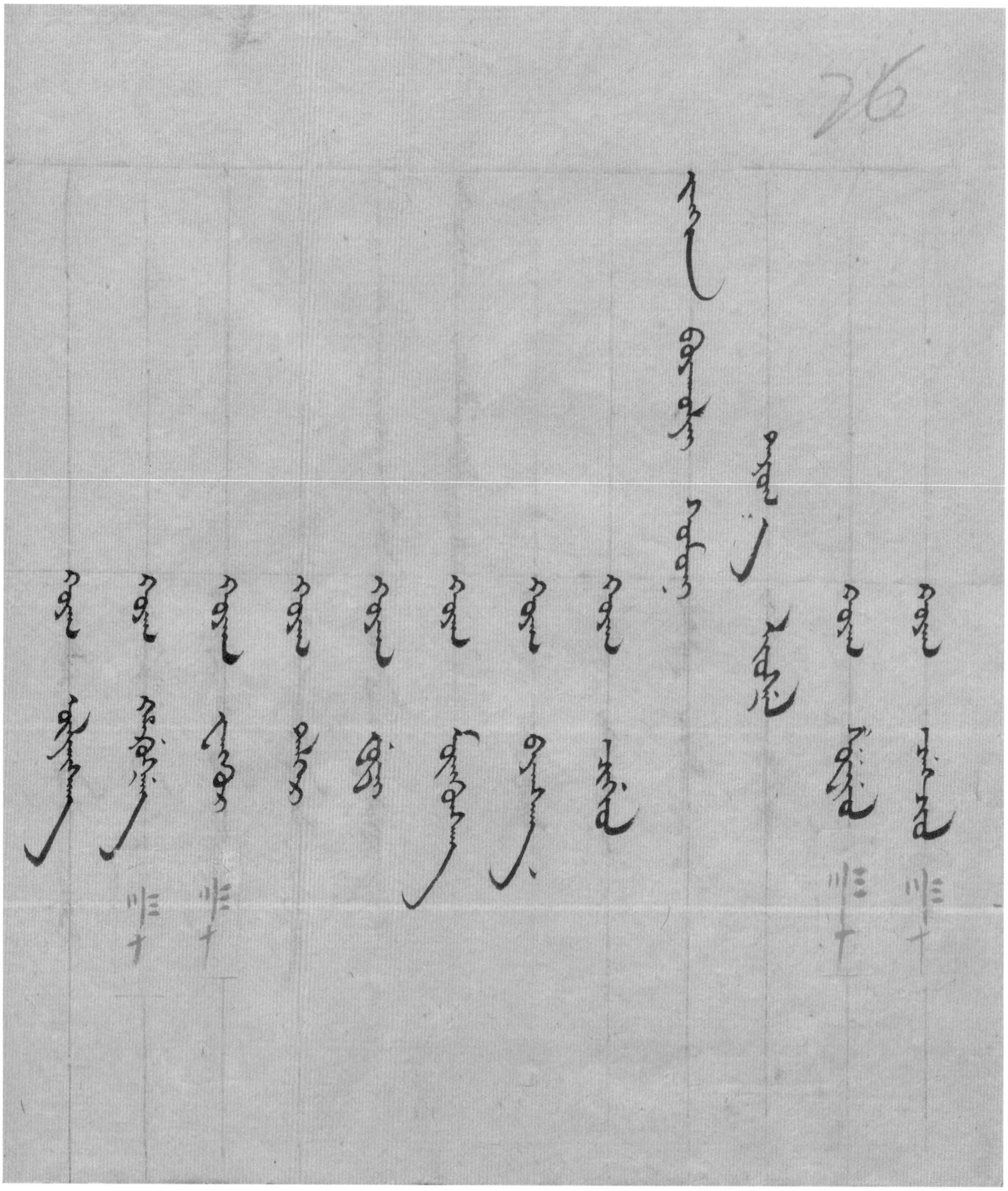

029 翁牛特札萨克多罗郡王加二级赞巴勒诺尔布旗防秋兵丁名册

光绪元年十月一日

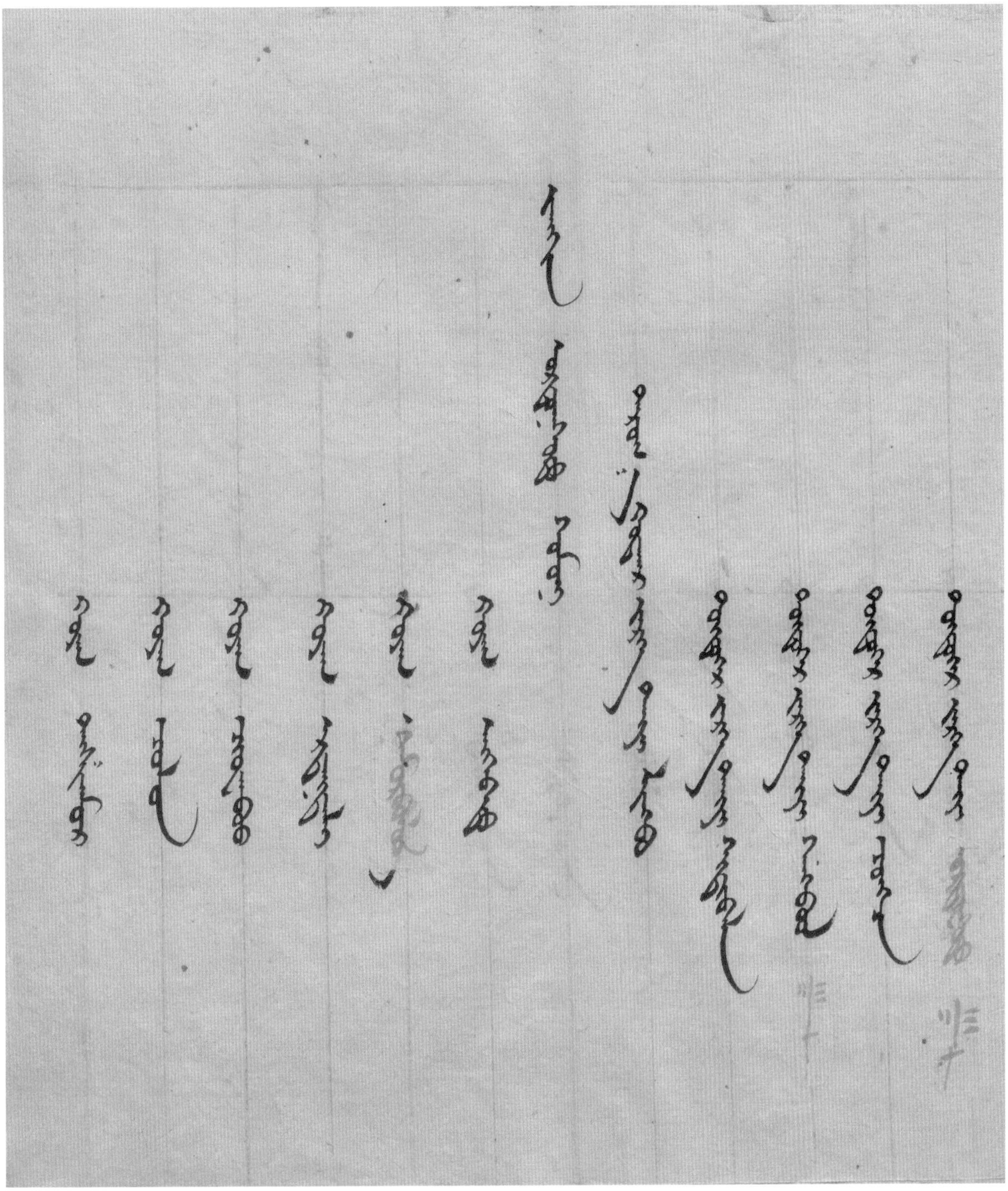

029 翁牛特札萨克多罗郡王加二级赞巴勒诺尔布旗防秋兵丁名册

光绪元年十月一日

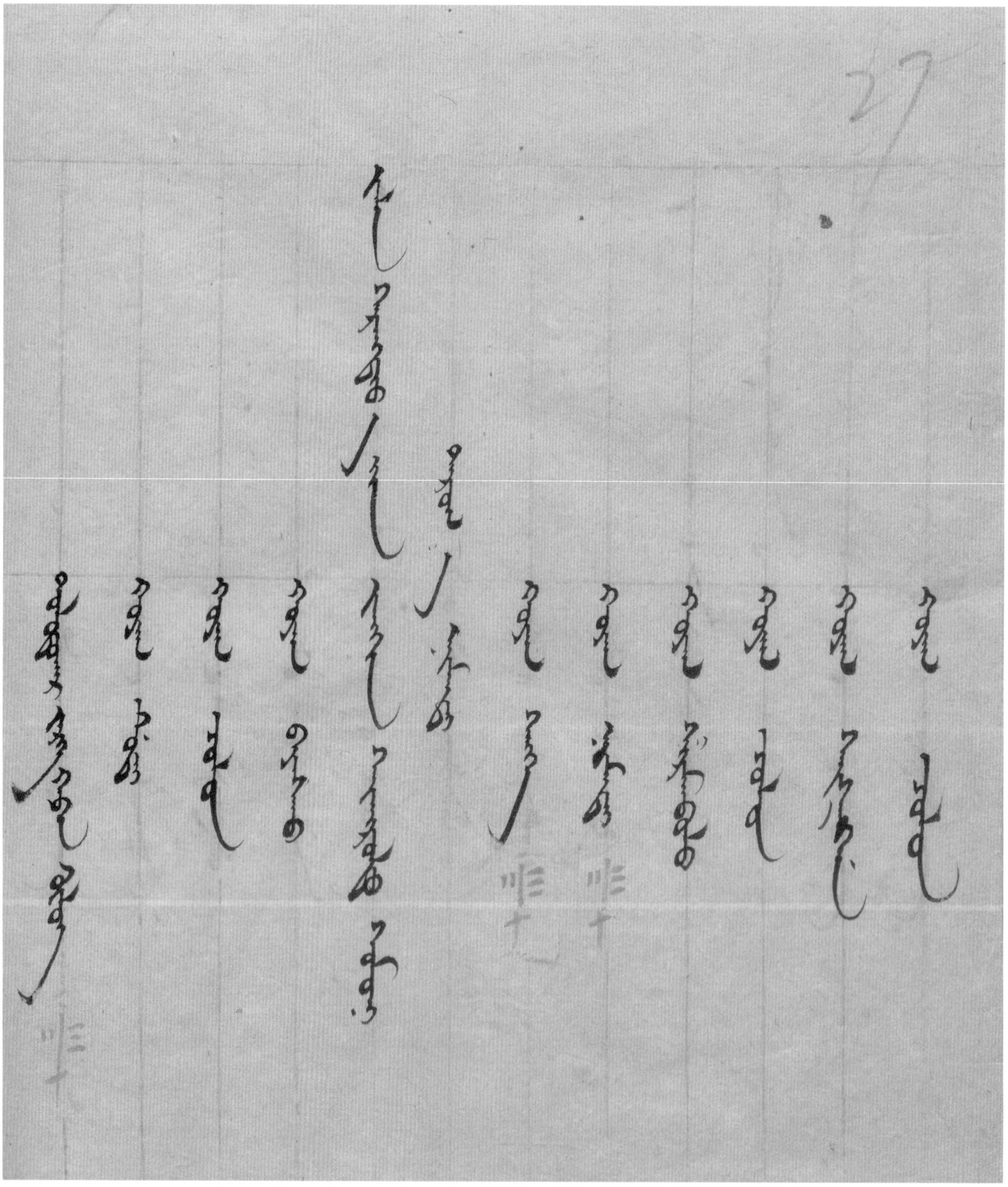

029

翁牛特札萨克多罗郡王加二级赞巴勒诺尔布旗防秋兵丁名册

光绪元年十月一日

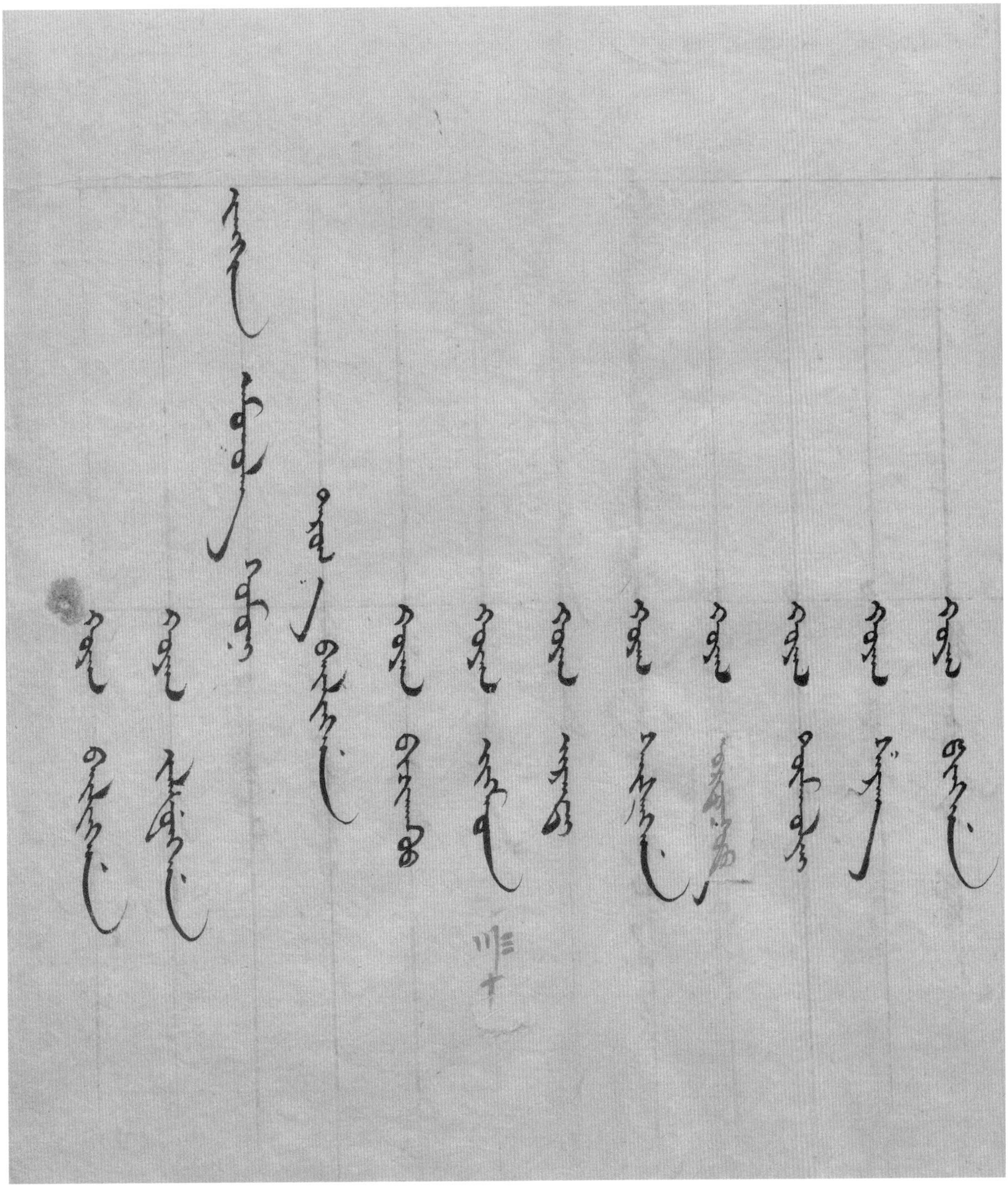

029

翁牛特札萨克多罗郡王加二级赞巴勒诺尔布旗防秋兵丁名册

光绪元年十月一日

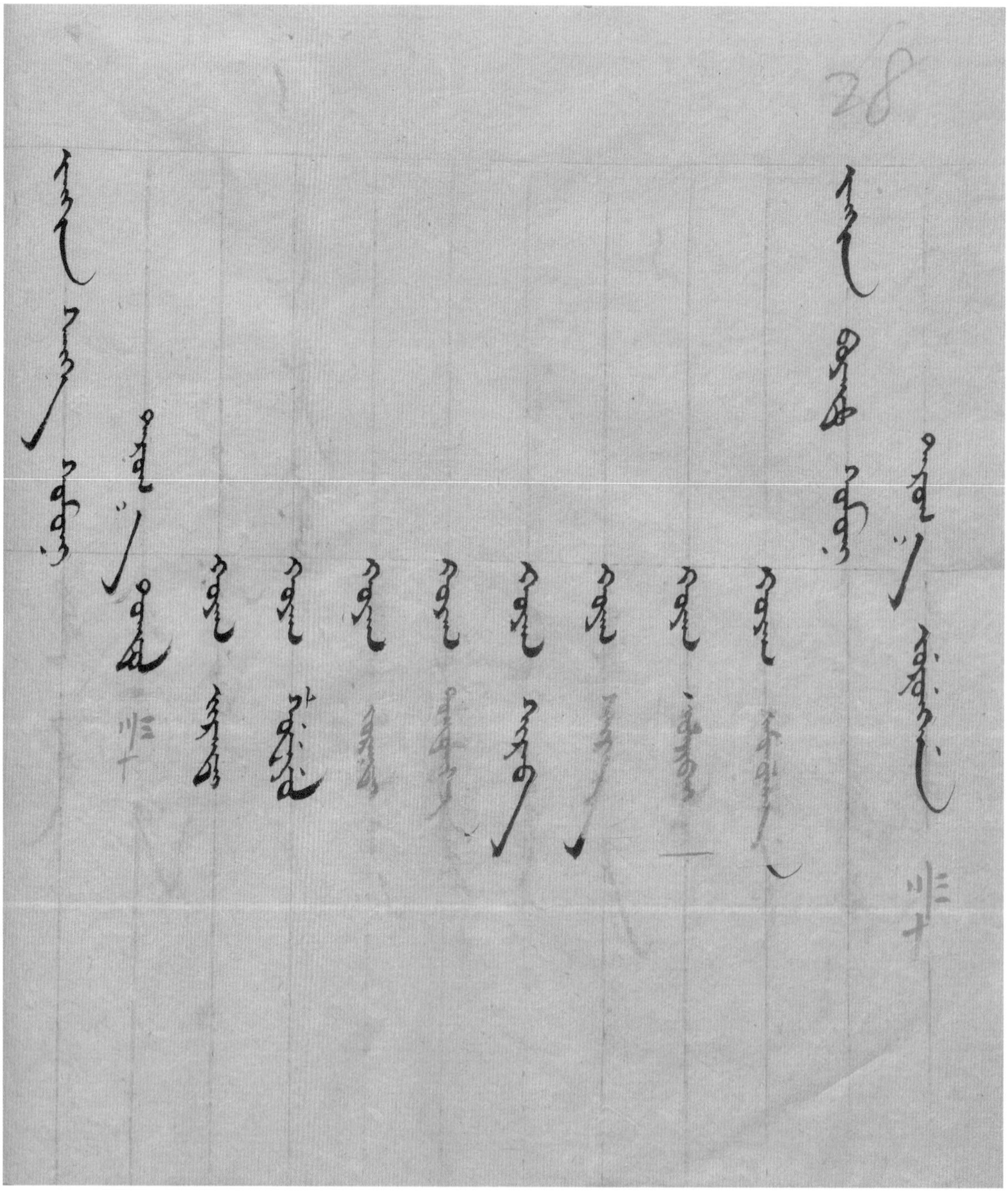

029 翁牛特札萨克多罗郡王加二级赞巴勒诺尔布旗防秋兵丁名册

光绪元年十月一日

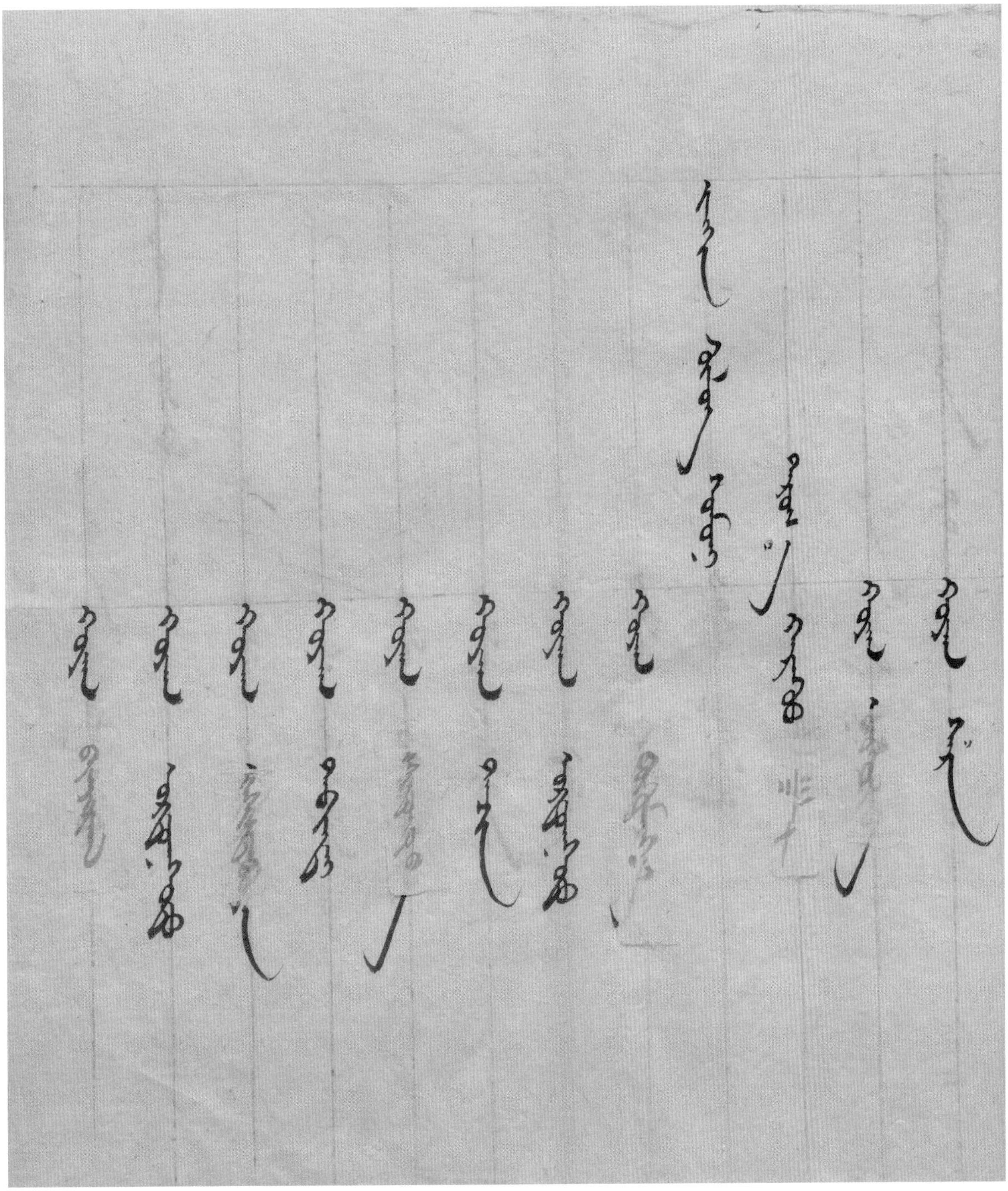

翁牛特札萨克多罗郡王加二级赞巴勒诺尔布旗防秋兵丁名册

光绪元年十月一日

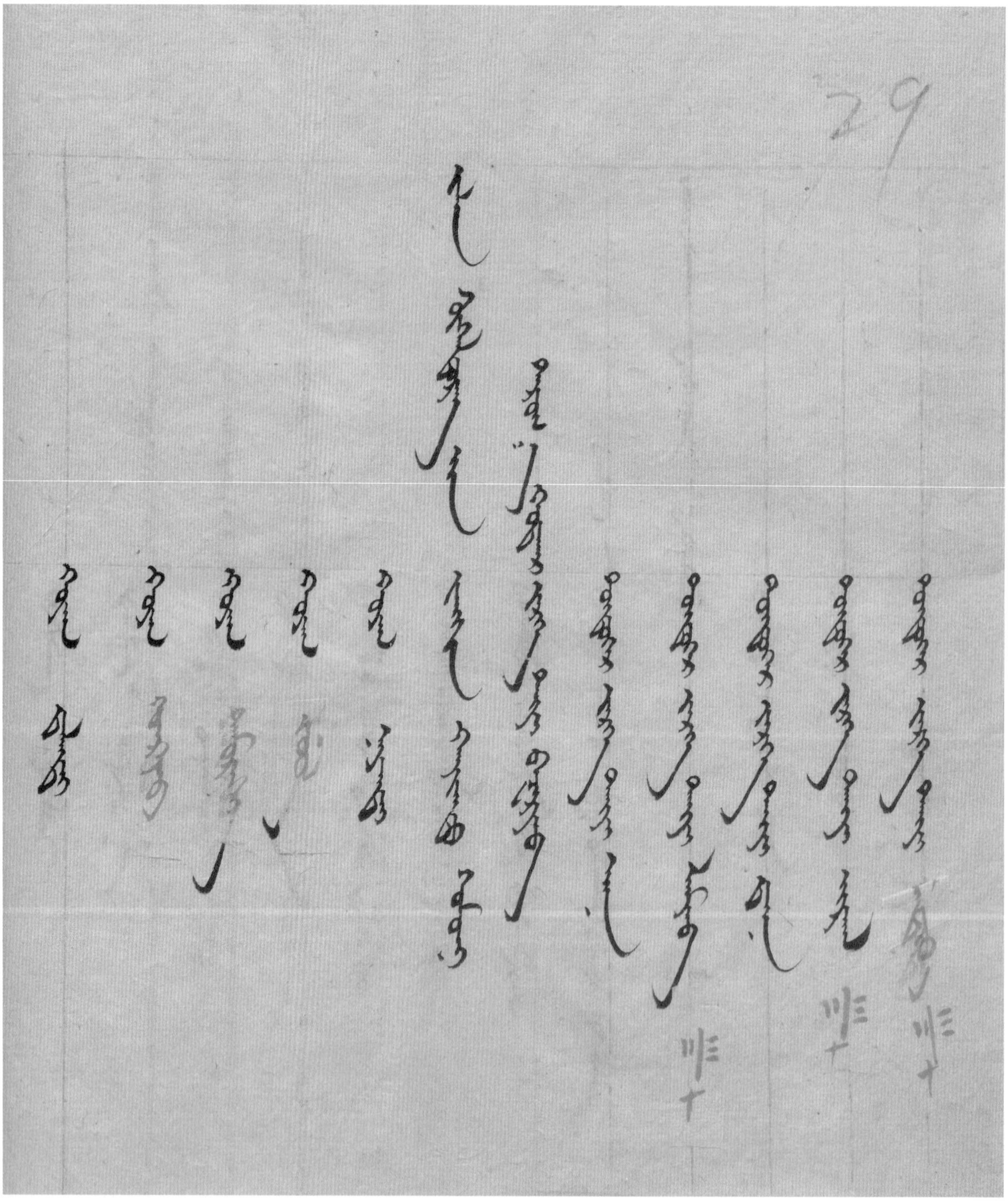

029

翁牛特札萨克多罗郡王加二级赞巴勒诺尔布旗防秋兵丁名册

光绪元年十月一日

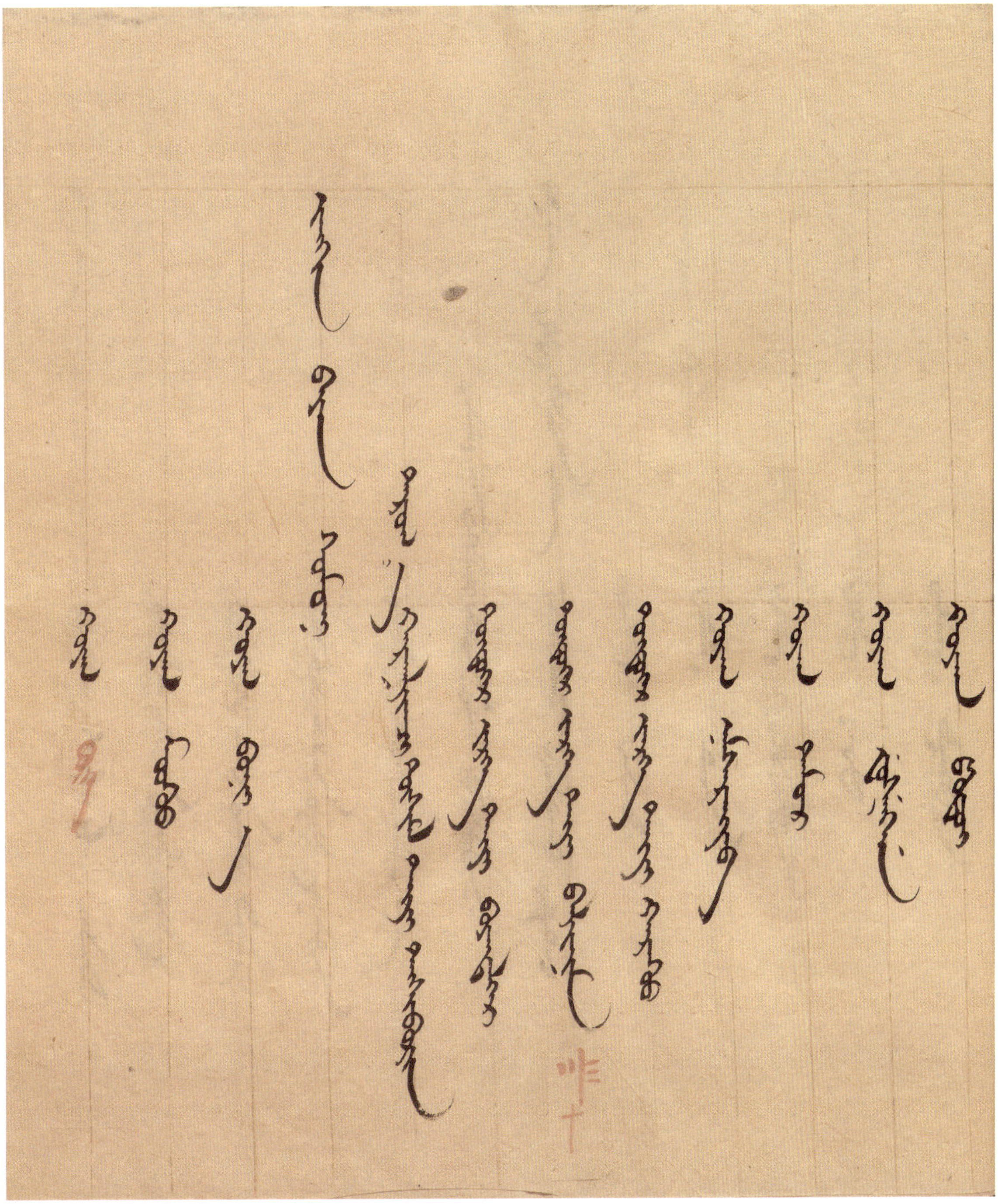

029

翁牛特札萨克多罗郡王加二级赞巴勒诺尔布旗防秋兵丁名册

光绪元年十月一日

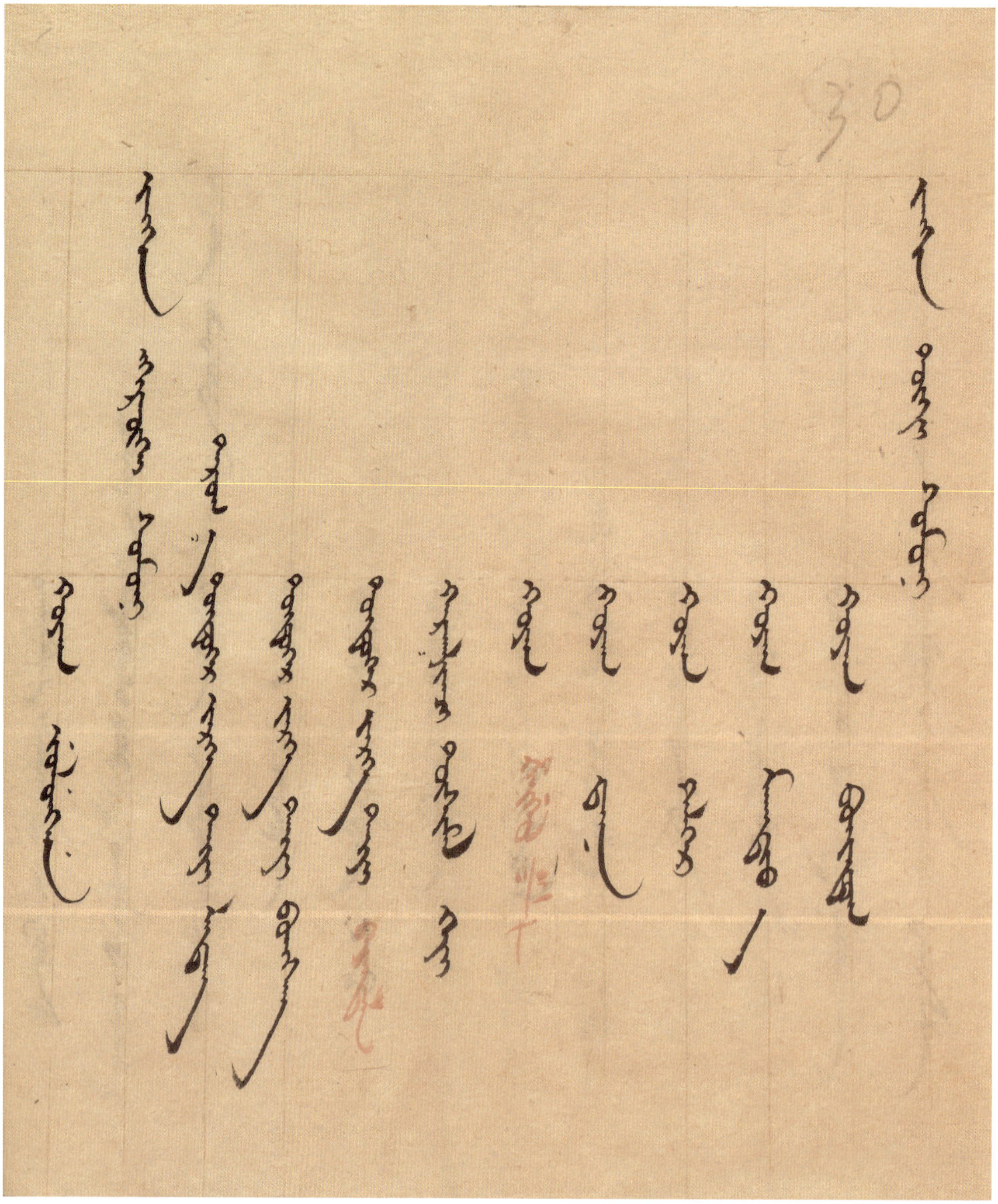

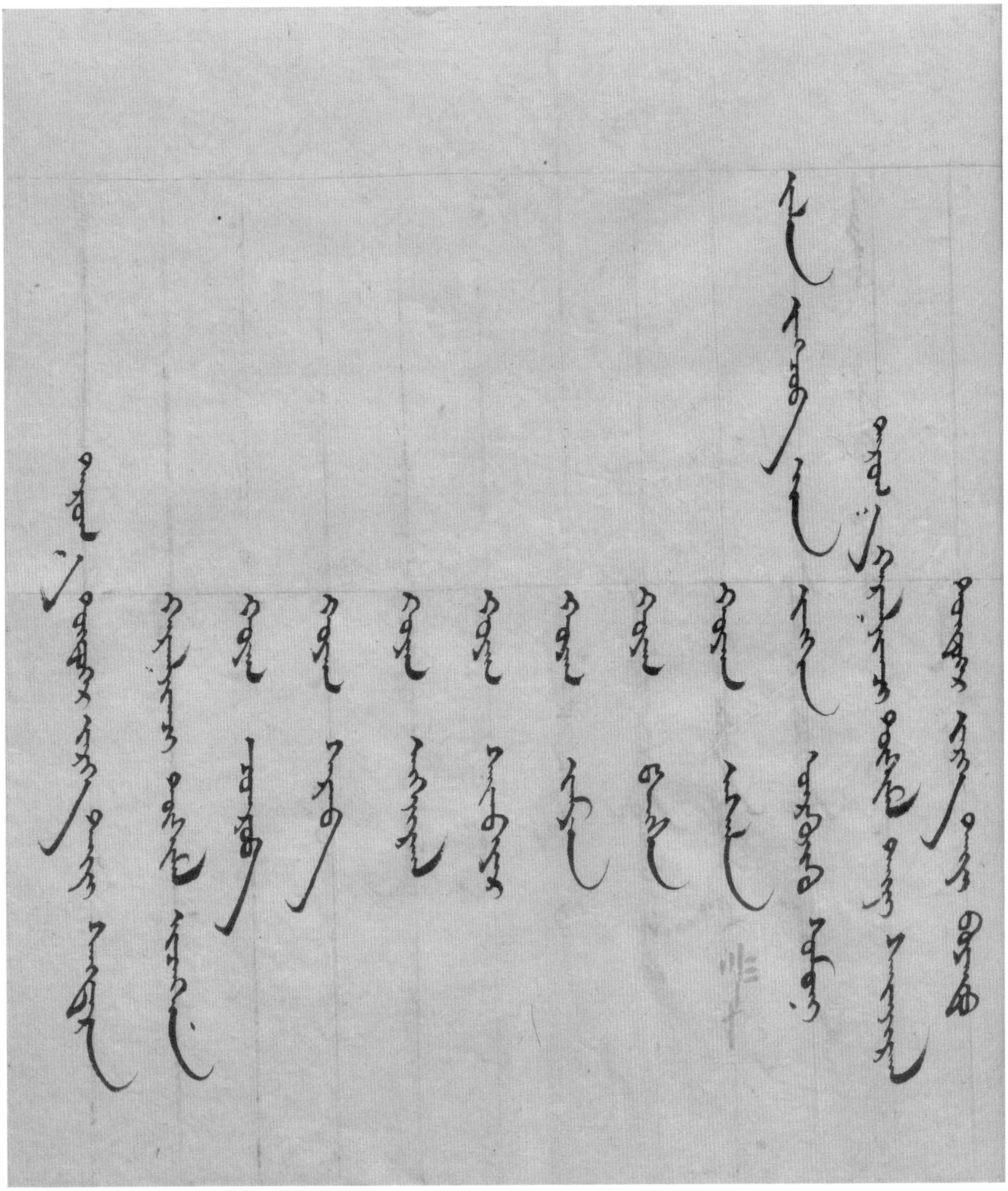

029

翁牛特札萨克多罗郡王加二级赞巴勒诺尔布旗防秋兵丁名册

光绪元年十月一日

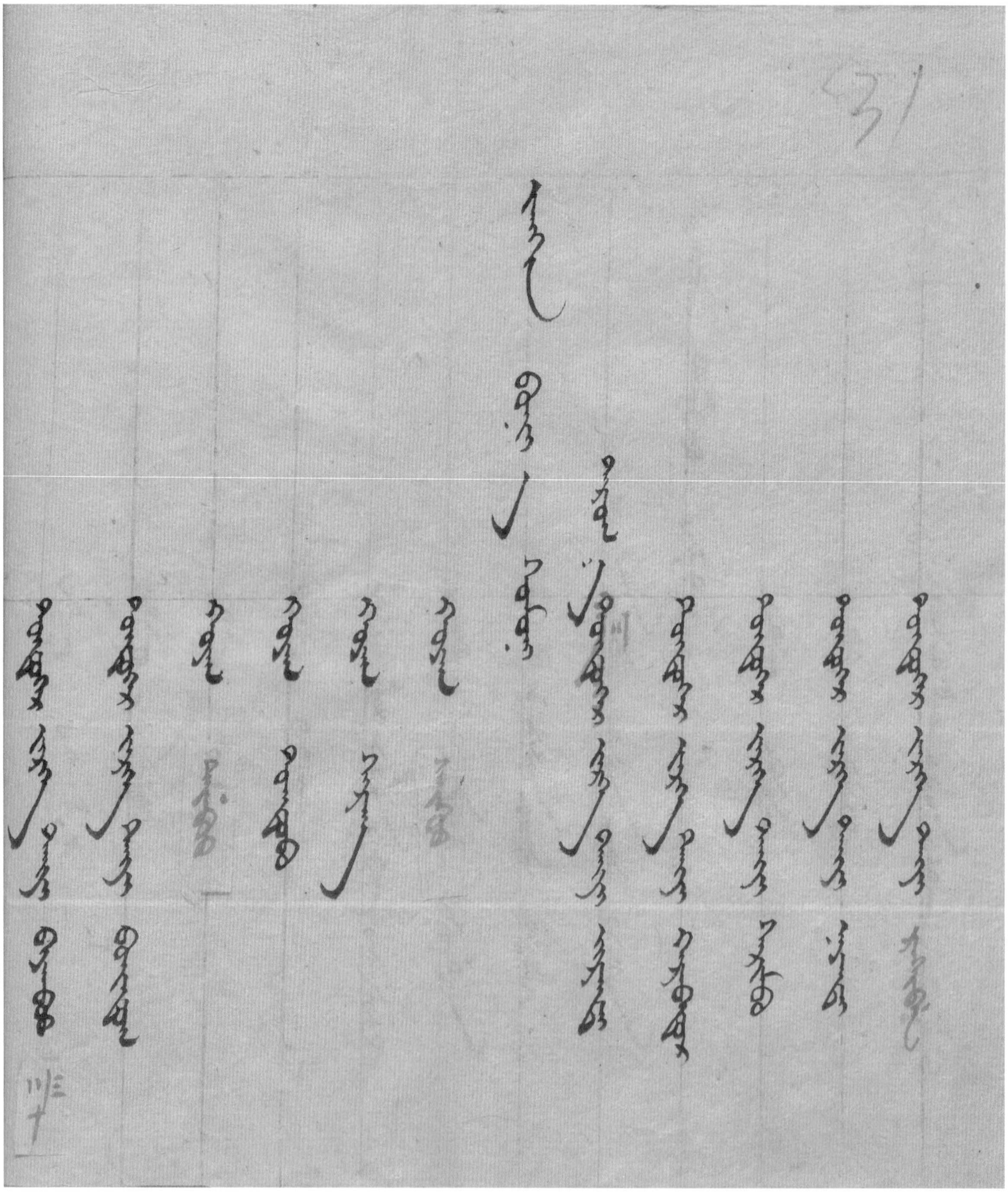

029

翁牛特札萨克多罗郡王加二级赞巴勒诺尔布旗防秋兵丁名册

光绪元年十月一日

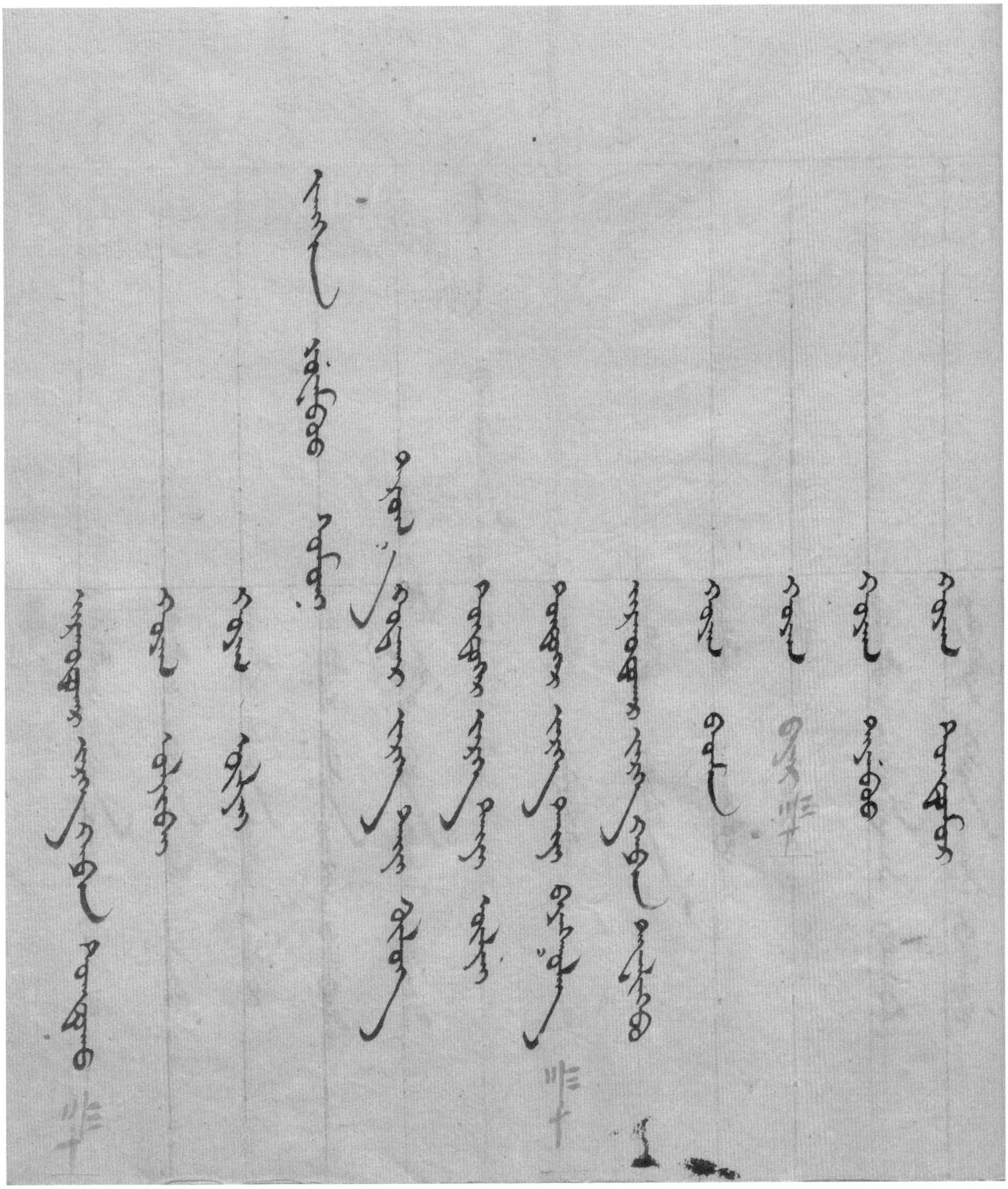

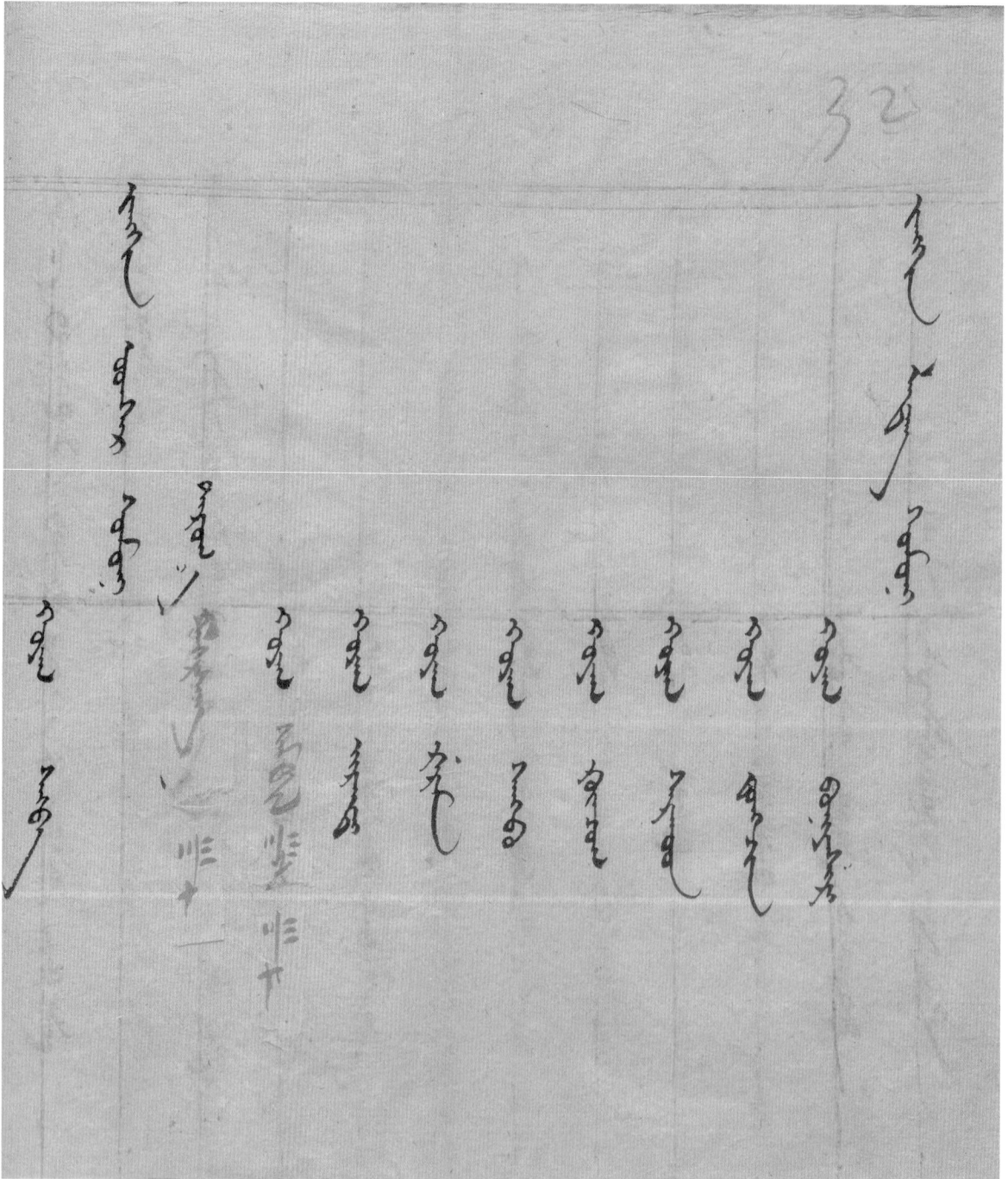

029

翁牛特札萨克多罗郡王加二级赞巴勒诺尔布旗防秋兵丁名册

光绪元年十月一日

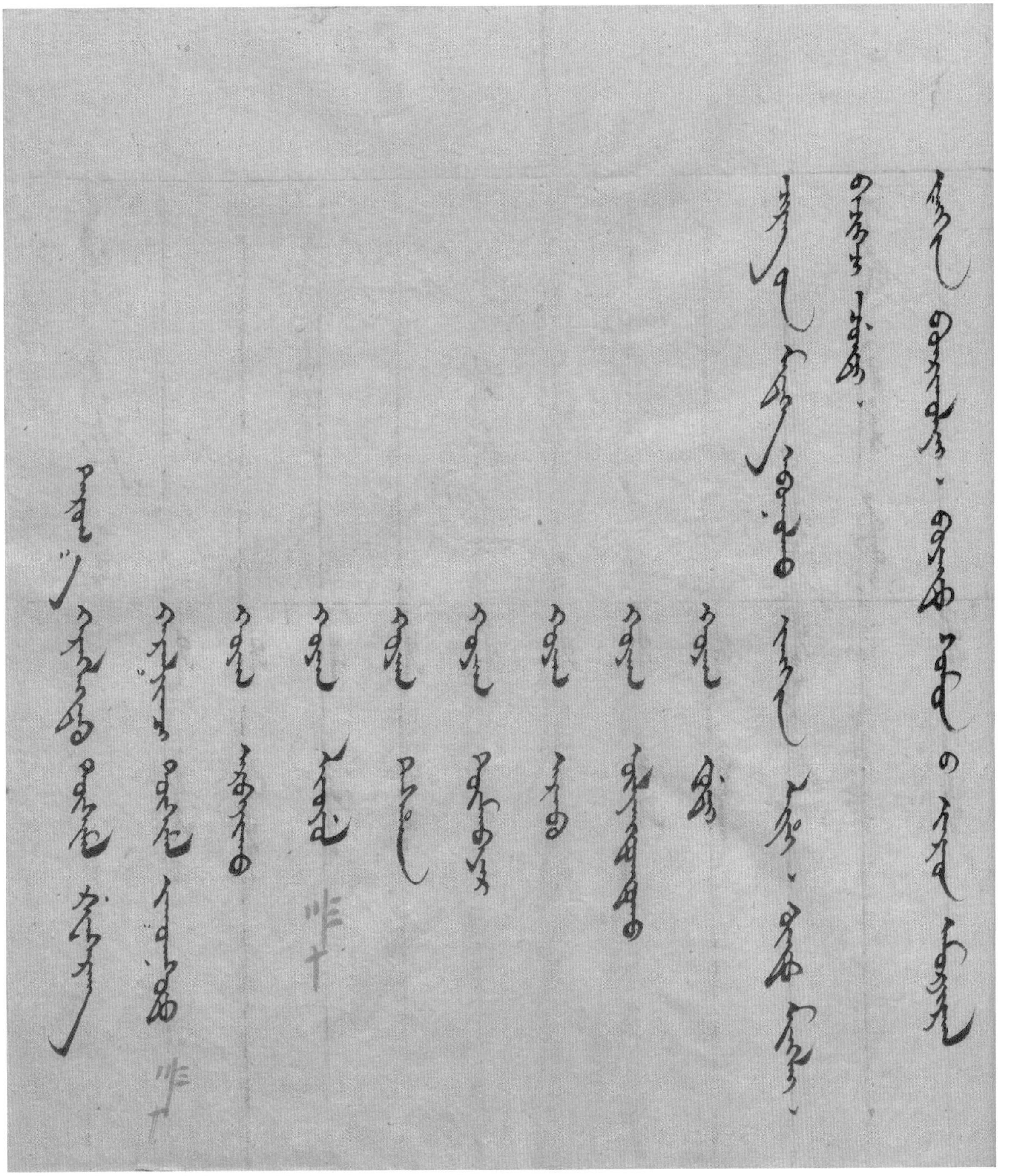

029

翁牛特札萨克多罗郡王加二级赞巴勒诺尔布旗防秋兵丁名册

光绪元年十月一日

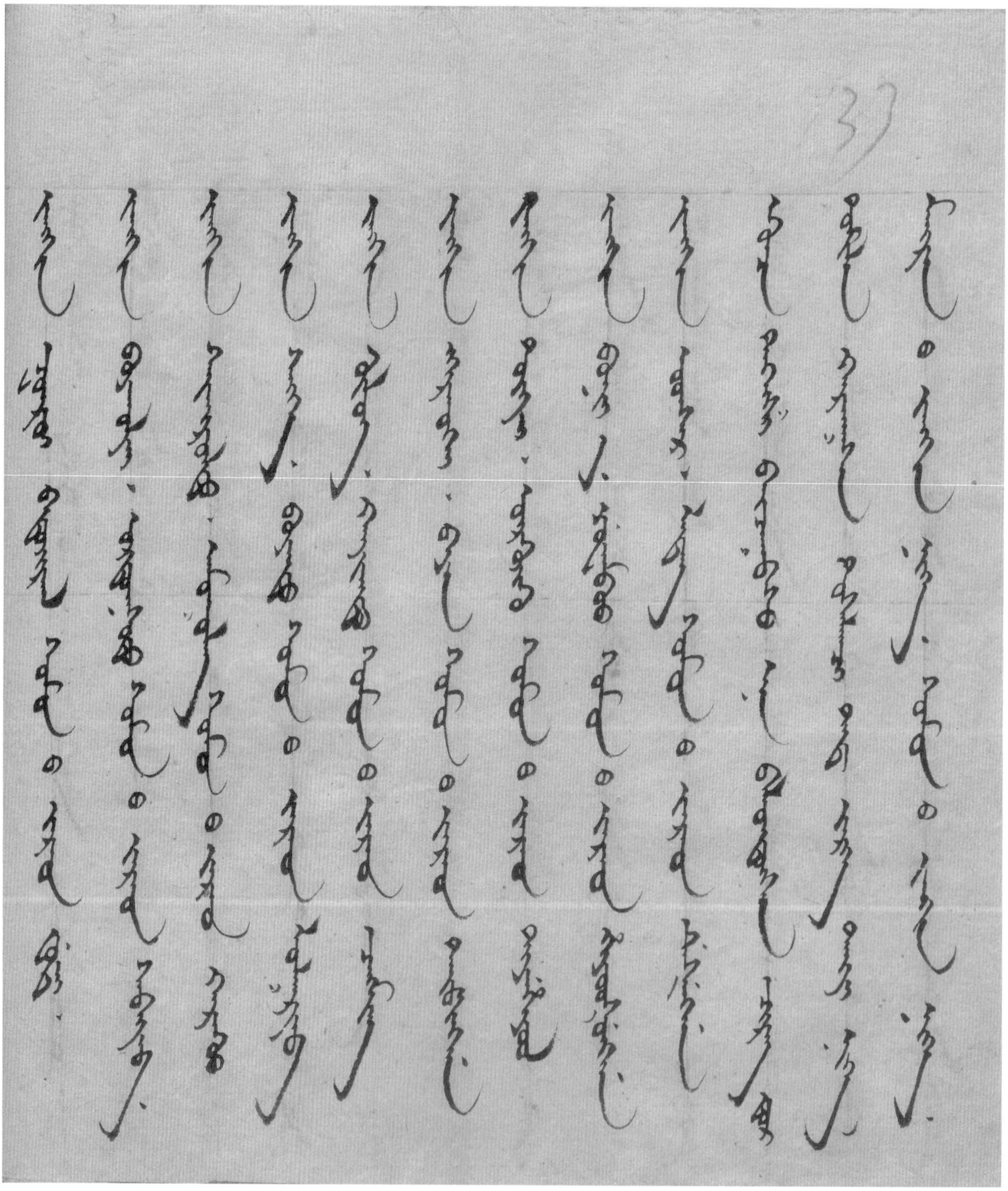

029 翁牛特札萨克多罗郡王加二级赞巴勒诺尔布旗防秋兵丁名册

光绪元年十月一日

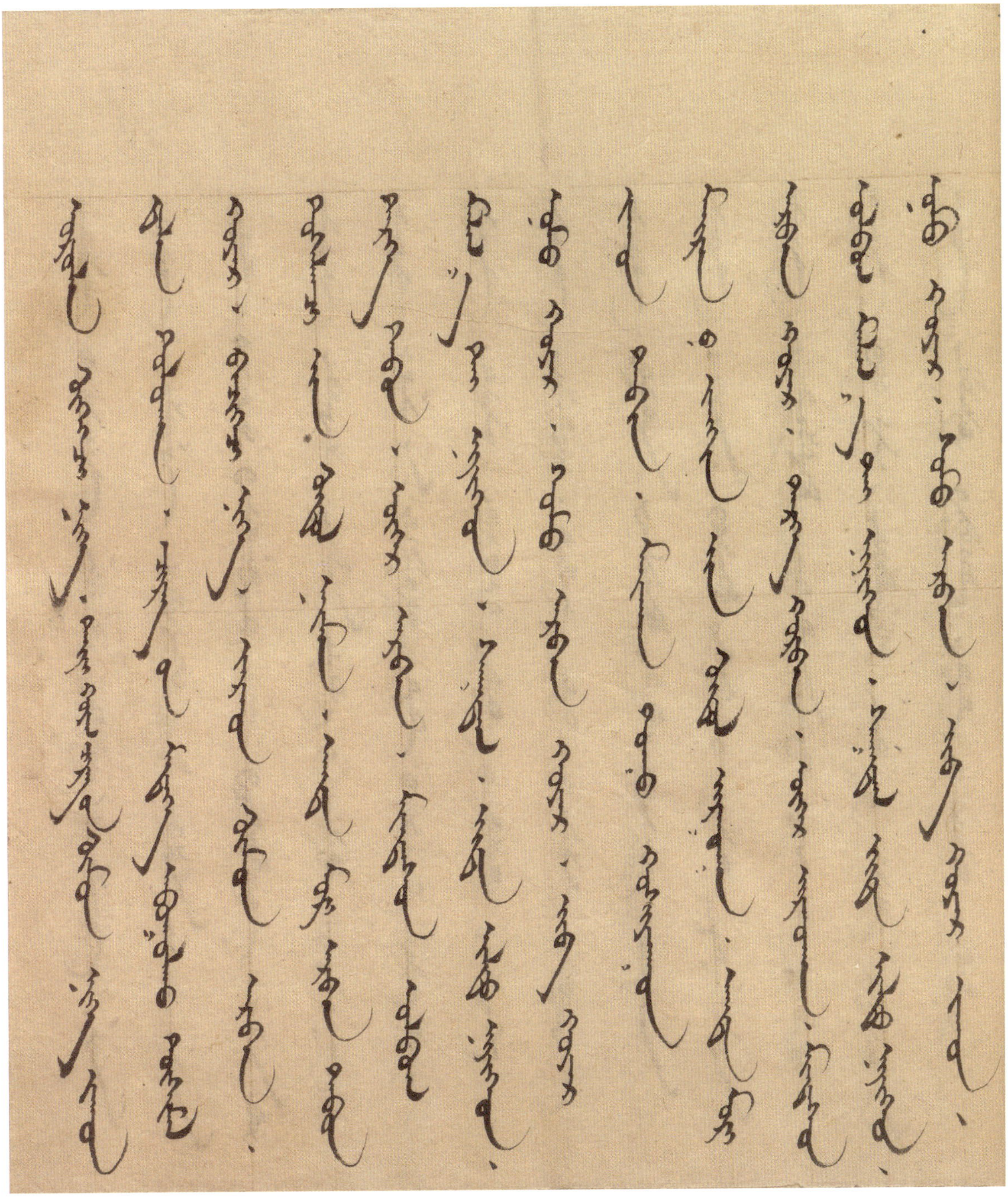

34

ᠮᠣᠩᠭᠣᠯ ᠪᠢᠴᠢᠭ

029

翁牛特札萨克多罗郡王加二级赞巴勒诺尔布旗防秋兵丁名册

光绪元年十月一日

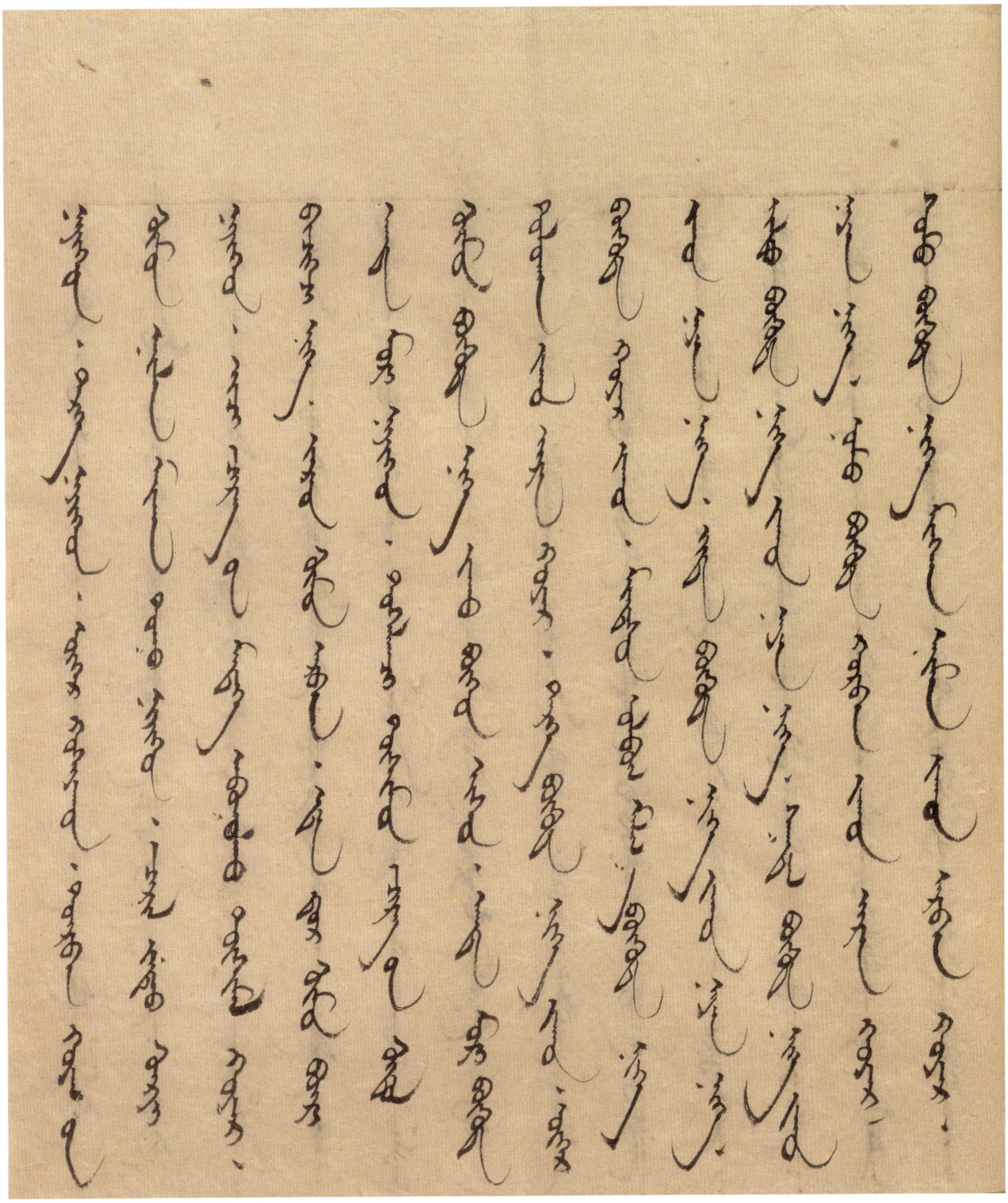

029

翁牛特札萨克多罗郡王加二级赞巴勒诺尔布旗防秋兵丁名册

光绪元年十月一日

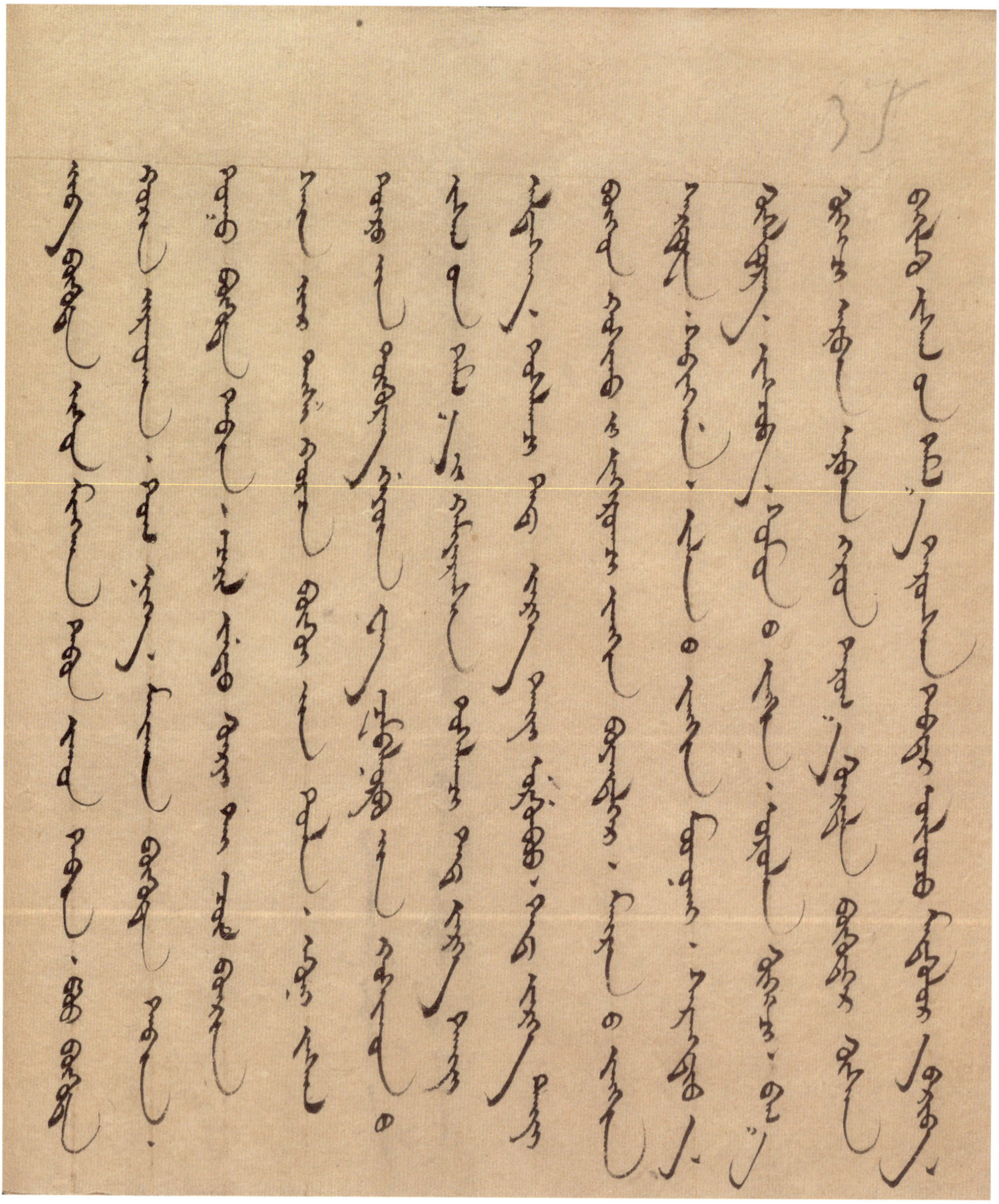

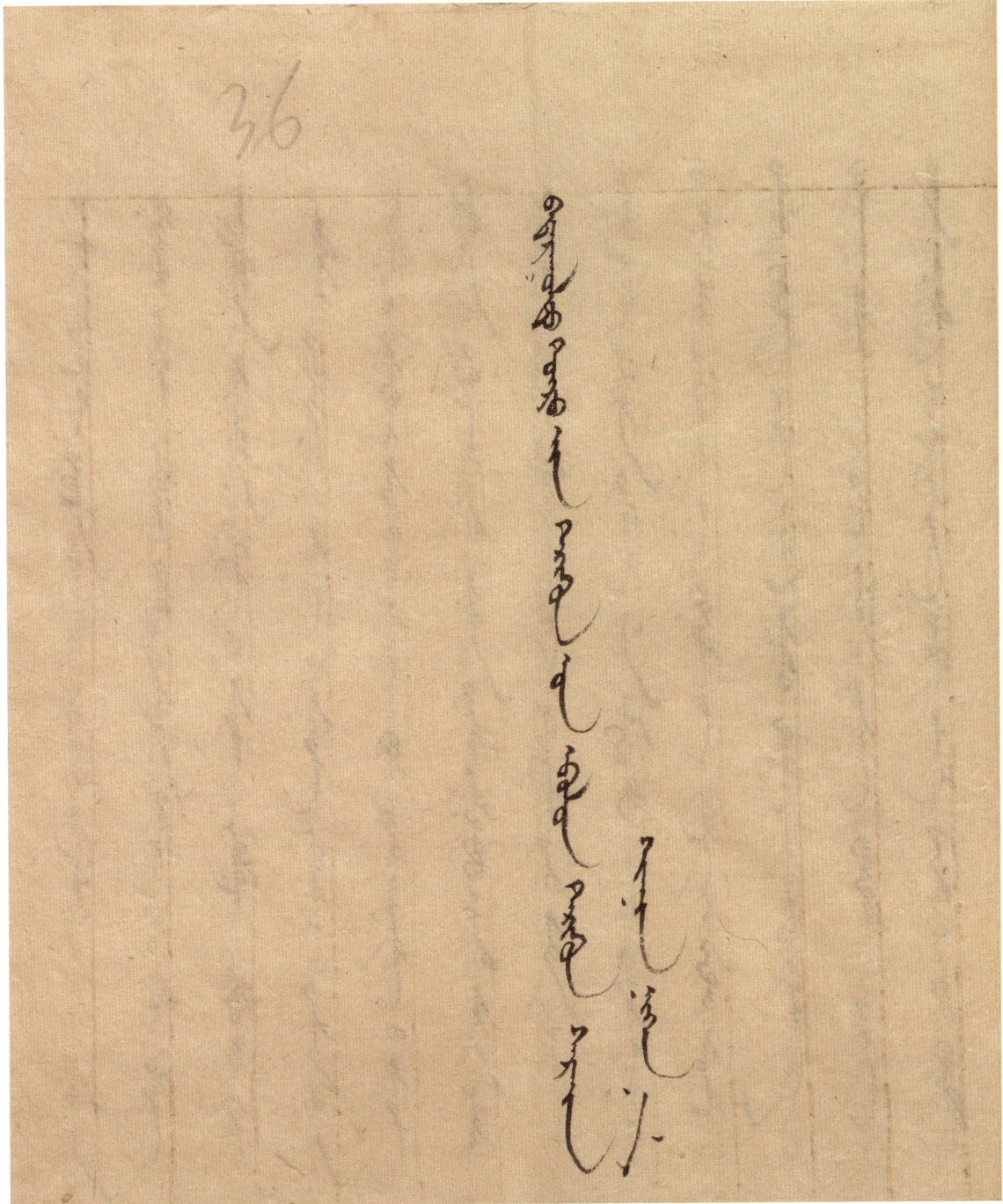

翁牛特札萨克多罗郡王加二级赞巴勒诺尔布旗防秋兵丁名册

翁牛特札萨克多罗郡王加二级赞巴勒诺尔布旗印务护理协理二等台吉加一级阿拉坦桑、协理二等台吉加一级乌尔衮宝文呈盟长敖汉旗贝子加三级记录六次和硕额驸副盟长原盟备兵札萨克敖汉札萨克加一级多罗郡王文，为呈报事。案查，本旗派充防秋兵丁名单如下：

协理二等台吉加一级乌尔衮宝，梅林章京哈拉巴特尔，佐领章京吉格木德，骁骑校旺楚格色棱；

札兰毛脑海章京布仁乌立吉佐领云骑尉朝伦，披甲塔彬太、披甲德格吉夫、披甲宝音得力格尔、披甲特格西、披甲阿穆尔乌力吉、披甲阿玉巴咋尔、披甲衮布扎布、披甲六十八；

章京宝音巴图佐领长毛脑海，披甲高伊立其、披甲赛音查衮、披甲乌力吉敖日西夫、披甲六十、披甲嘎拉桑、披甲萨哈尔、披甲巴咋尔、披甲马沙；

章京聪睿佐领披甲古纳什里，披甲巴嘎伦、披甲布胡里格、披甲巴音吉日嘎拉、披甲德力格尔桑、披甲亚图、披甲嘎如迪、披甲喇布坦、披甲衮桑；

章京巴图吉日嘎拉佐领长那孙巴图，披甲

乌力吉桑、披甲哈坤胜、披甲翁郭尔、披甲德力格尔、披甲福迪、披甲孟衮桑、披甲白音桑、披甲其吉尔；

章京宝音乌力吉佐领长六十二，披甲锁住、披甲长春、披甲特格西那木尔、披甲朝伦、披甲全宝、披甲额尔德尼达赖、披甲特木尔宝鲁德、披甲恩和巴图；

章京乌日图那苏图佐领长三等台吉领宝、四等台吉西迪巴拉、四等台吉胜宝儿、四等台吉崇查、四等台吉乌日图那苏图、七等侍卫呼鲁格、披甲图带、披甲朝伦、披甲巴雅斯胡；

札兰萨浪达瓦章京赛音玉日勒图佐领长奈曼太，披甲僧格、披甲奈马太、披甲锡日门波罗、披甲朝伦、披甲赛尚阿、披甲朝伦、披甲白灵阿、披甲扎拉丰阿；

章京阿木古郎佐领长百灵阿，披甲比其罕夫、披甲吉格木德、披甲吉兰太、披甲赛尚阿、披甲乌日图那苏图、披甲图扣乌力吉、披甲色棱、披甲平阿；

章京僧格佐领长陶格陶勒，披甲吉兰太、披甲锁住、披甲吉日嘎太、披甲陶克陶桑、披甲锡鲁布、披甲僧格、披甲乌拉吉拜、披甲阿穆古郎；

　　章京宝音图佐领长朱荣嘎，披甲白音吉日嘎拉、披甲乌日图那苏图、披甲贺西格太、披甲塔彬太、披甲贺西格陶克陶、披甲达沁、披甲乌日图那苏图、披甲布和莽奈；

　　章京呼鲁格佐领长哈日夫，披甲朝伦、披甲沙日、披甲达兰太、披甲洪克扎布、披甲特木扎西、披甲朱勒、披甲奈音太；

　　札兰呼色勒杜棱章京罕吉格图佐领长三等台吉巴泽尔扎布，四等台吉阿纳、四等台吉喇嘛扎布、四等台吉达纳、四等台吉吉日嘎拉、四等台吉沙迪瓦、披甲布和、披甲毛呼、披甲布尼亚；

　　章京白音佐领长骁骑校台吉特格西布仁，四等台吉宝音德里格尔、四等台吉巴拉吉尼玛、四等台吉哈拉夫、披甲纳木萨赖扎布、披甲铁木尔、披甲福尚阿、披甲宝迪、披甲朱隆阿；

　　章京黑儿乌贵佐领长四等台拉唐，四等台吉彭苏克、四等台吉白音塔拉、云骑尉隔一、披甲黑狗、披甲达纳、披甲德力格尔、披甲马哈迪瓦、披甲宝音图嘎；

　　章京图格吉佐领长四等台吉桑达拉，骁骑校伊常嘎、披甲朝格如布、披甲萨仁巴、披甲赛音巴雅尔、披甲扎木颜、披甲胖子、披甲阿斯拉；

　　札兰章楚布章京乌日古吉胡佐领长骁骑校台吉赛音吉日嘎拉，四等台吉宝音图、四等台吉白音宝、四等台吉宝音图格、披甲岱宝、披甲陶格陶布、披甲色棱、披甲赛音夫；

　　章京宝尼雅佐领长四等台吉吉兰太，四等台吉哈拉巴特尔、四等台吉萨林布、四等台吉奈颜太、四等台吉扎西巴喇、六等侍卫陶克陶、披甲乌拉吉白、披甲乌力吉；

　　章京元宝佐领长三等台吉呼鲁格，四等台吉乌力吉、四等台吉巴雅斯古郎、六等侍卫达瓦宁布、披甲巴德玛、披甲白伊拉、披甲田宝、披甲陶格特木尔、披甲萨格巴；

　　章京敖泽尔佐领长德力格尔桑，披甲森丕勒、披甲吉兰太、披甲卡尔玛、披甲桑布、披甲坤楚克、披甲萨尔胡德、披甲冬沁、披甲布尼亚什里；

　　章京拉当佐领长骑都尉嘎瓦色棱，骁骑校昭那斯图、披甲阿尔毕吉呼、披甲留住、披甲达斯哈、披甲图扣巴雅尔、披甲阿拉宝、披甲乌力吉陶克陶、披甲福地；

　　通信章京李冶，领催明来，笔帖式春都；

　　章京布仁乌力吉、宝音图佐领护军阿穆尔吉日嘎拉；

　　章京聪睿、巴图吉日嘎拉佐领护军福地；

　　章京宝音乌力吉、乌日图那苏图佐领护军

色布格扎布；

　　章京赛音玉日勒图、阿木古郎佐领护军哈日夫；

　　章京僧格、宝音图佐领护军罗勒格日扎布；

　　章京呼鲁格、罕吉格图佐领护军长明；

　　章京黑儿乌贵、白音佐领护军太平嘎；

　　章京图格吉、五日呼吉夫佐领护军田小；

　　章京布尼亚、元宝佐领护军甲孝顺嘎；

　　章京敖泽尔、拉当佐领护军德胜嘎。

　　案查，以上已备兵丁有协理二等台吉一名，梅林章京一名，佐领章京一名，骁骑校一名，台吉、披甲兵丁一百七十七名，通信兵两名，笔帖式一名，护军十名。

　　协理跟役八名，马十五匹，车五辆，牛十头，绵子坐垫、帽子每人一个，箭筒、枪、刀每人一个，弓两个，箭十二支，箭头二百五十个，帐篷、锅各两；**梅林章京跟役六名**，马十二匹，车三辆，牛六头，绵子坐垫、帽子每人一个，箭筒、刀、枪每人一个，弓两个，箭十二支，箭头二百个，帐篷、锅各两个；**佐领章京跟役四名**，马八匹，车两辆，牛四头，绵子坐垫、帽子各一顶，箭筒、枪、刀各一个，弓两个，箭十支，箭头一百五十个，帐篷、锅各一个；**骁骑校跟役三名**，马六匹，车两辆，牛四头，绵

子坐垫、帽子各一个，箭筒、枪、刀各一个，弓两个，箭十支，箭头一百个，帐篷、锅各一个；**兵丁一百七十七名**，其每人马四匹，绵子坐垫、帽子各一个，弓两个，箭十支，箭头五十个，每两名披甲配跟役一人、车一辆、牛两头，披甲每四人帐篷、锅各一个，钎子、镢头、铁锹等各一个；**通信兵两名，笔帖式一名，护军十名**，每人马一匹。

　　协理员、兵丁跟役共一百零九名，马共七百六十二匹，车一百辆，牛二百头，绵子坐垫、帽子共一百八十一个，枪共一百八十一把，刀共一百八十一把，箭筒共一百八十一个，弓三百六十二个，箭共一千八百一十二支，箭头九千五百五十个，火枪共二十六把，旗一面，帐篷五十个，锅五十口，钎子、镢头、铁锹等都齐全、锐利。

　　为此，札萨克多罗杜棱郡王赞巴勒诺尔布，旗管札萨克印协理台吉阿拉坦桑，协理二等台吉乌尔衮宝，二等台吉管旗章京宝音德力格尔，梅林章京萨日道瓦、萨柄嘎，札兰章京毛脑海、萨浪迪瓦、呼色勒杜棱、章楚巴，佐领章京、骁骑校、领催、十户长等，备具盟长印文，特此，呈报。

光绪元年十月一日

030

翁牛特札萨克多罗杜棱郡王加二级赞巴勒诺尔布旗印务护理协理二等台吉加一级阿拉坦仓、协理二等台吉加一级乌尔衮宝为呈报记录本旗王、公、一二三四等台吉、侍卫、披甲、随丁事呈理藩院文

光绪元年十月二十九日

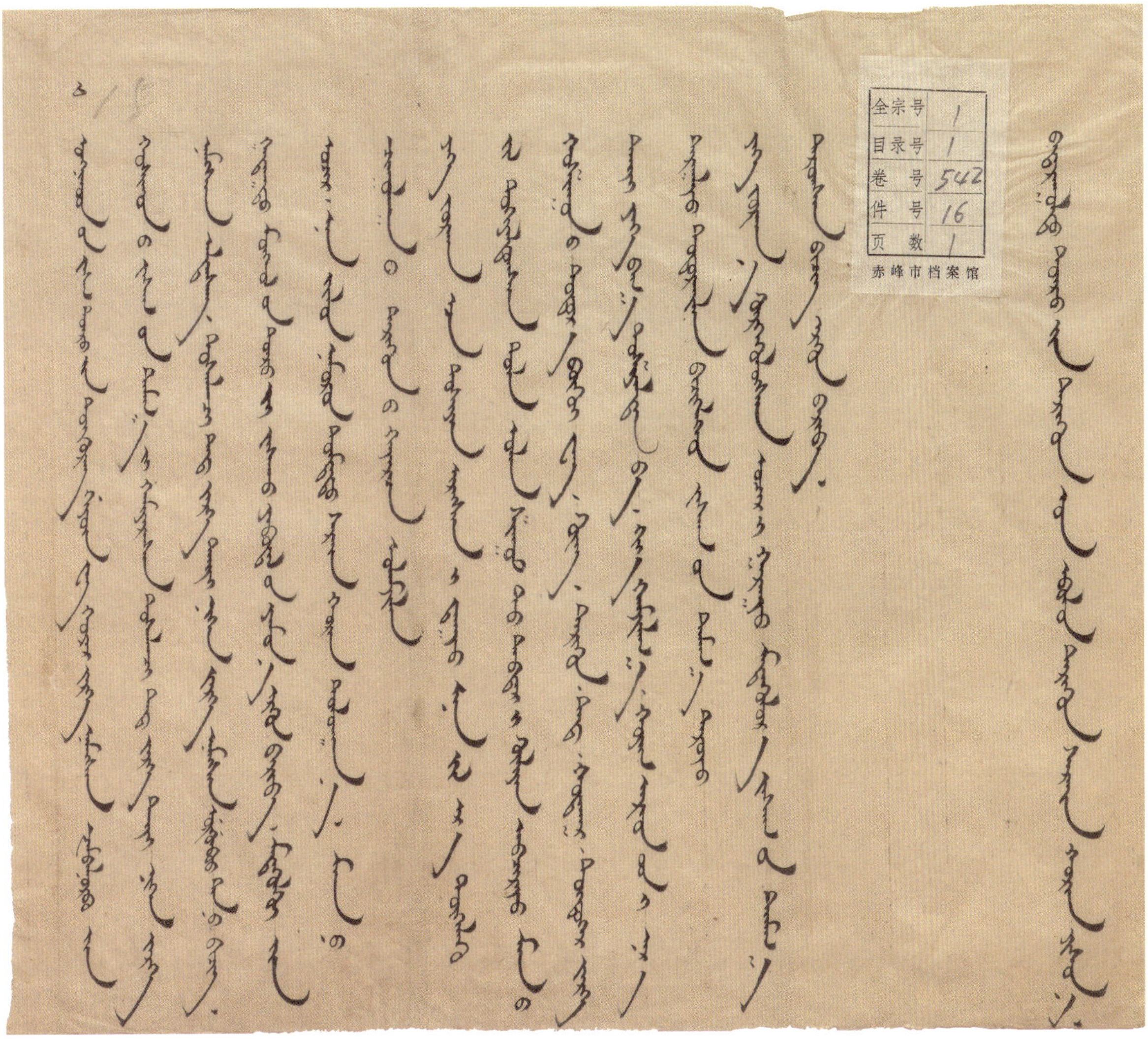

030

翁牛特札萨克多罗杜棱郡王加二级赞巴勒诺尔布旗印务护理协理二等台吉加一级阿拉坦仓、协理二等台吉加一级乌尔衮宝为呈报记录本旗王、公、一二三四等台吉、侍卫、披甲、随丁事呈理藩院文

翁牛特札萨克多罗杜棱郡王加二级赞巴勒诺尔布旗印务护理协理二等台吉加一级阿拉坦仓、协理二等台吉加一级乌尔衮宝呈理藩院文，为呈报事。今年秋中月二十七日，盟长处转理藩院饬，今年为比丁之年，领取红格本子，本旗内所有王、公、一二三四等台吉等大小官员及侍卫、随丁、披甲等按称呼顺序记录后，备具札萨克印文已呈送到理藩院一事，备具札萨克印文，特此，呈报。

光绪元年十月二十九日

盟务帮办扎鲁特札萨克多罗郡王品级加六级多罗达尔汉岱青贝勒，协理二等台吉加三级衮布
扎布、色棱、阿木尔萨那等为上授予火枪、标枪、弓箭等分给旗内所操练五十二名巡警分配
武器事呈盟务帮办原盟备兵札萨克兼翁牛特札萨克亲王品级多罗杜棱郡王文

光绪十九年九月初七日

175

盟务帮办扎鲁特札萨克多罗郡王品级加六级多罗达尔汉岱青贝勒，协理二等台吉加三级衮布
扎布、色棱、阿木尔萨那等为上授予火枪、标枪、弓箭等分给旗内所操练五十二名巡警分配
武器事呈盟务帮办原盟备兵札萨克兼翁牛特札萨克亲王品级多罗杜棱郡王文

光绪十九年九月初七日

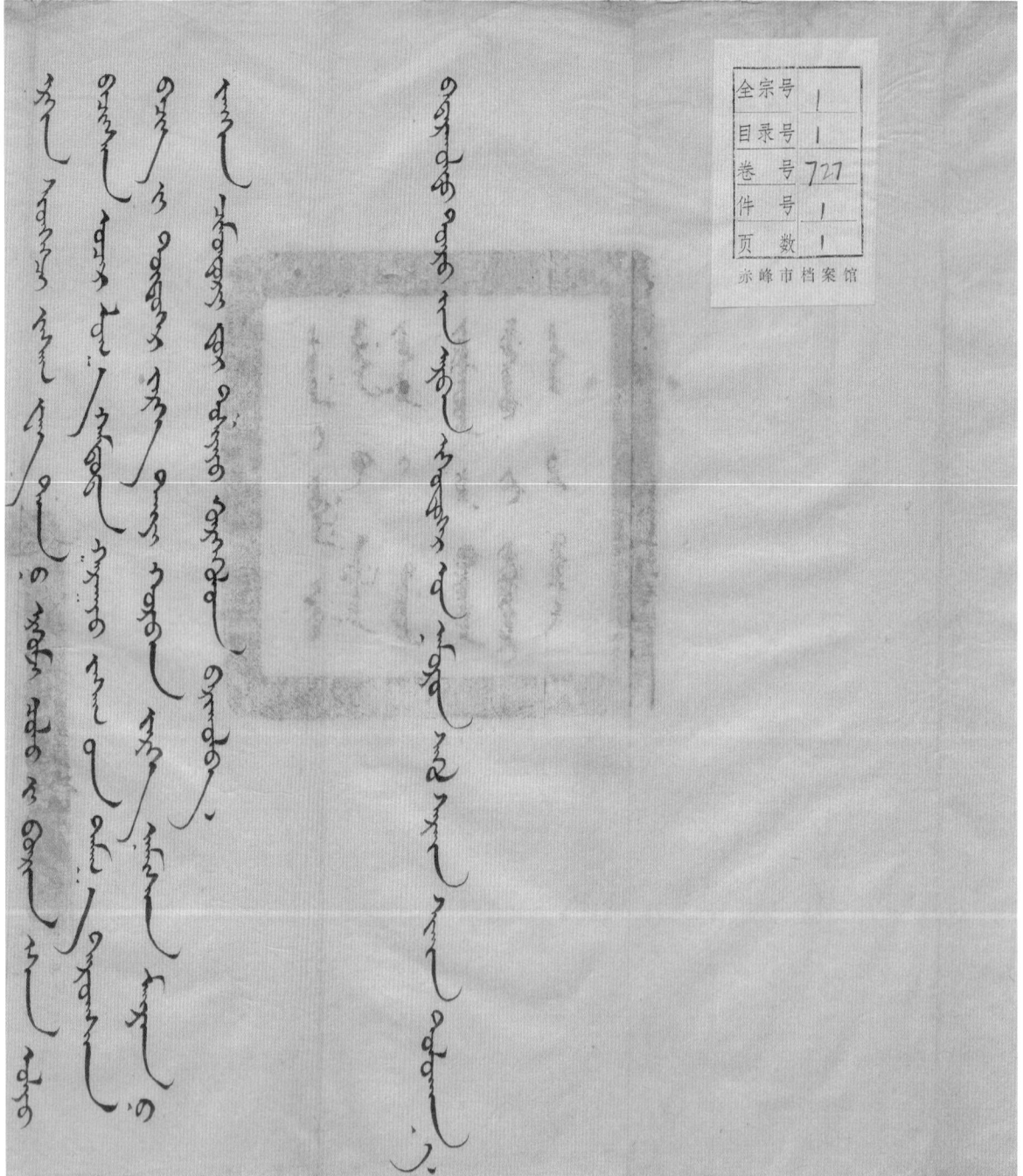

盟务帮办扎鲁特札萨克多罗郡王品级加六级多罗达尔汉
岱青贝勒，协理二等台吉加三级衮布扎布、色棱、阿木
尔萨那等为上授予火枪、标枪、弓箭等分给旗内所操练
五十二名巡警分配武器事呈盟务帮办原盟备兵札萨克兼
翁牛特札萨克亲王品级多罗杜棱郡王文

　　盟务帮办扎鲁特札萨克多罗郡王品级加六级多罗达尔汉岱青贝勒，协理二等台吉加三级衮布扎布、色棱、阿木尔萨那等呈盟务帮办原盟备兵札萨克兼翁牛特札萨克和硕亲王品级多罗杜棱郡王文，为呈报事。今年八月九日奉盟长印文，案查，上赏给本旗火枪三十六套、标枪十三把、弓三个、箭三百。目前这些器械分给旗内所操练的五十二名军警用于巡察该旗，呈报札萨克王爷。近期我们两旗未能互通公文，贵札萨克王爷官衔称呼未能全部一一写清。为此，派四等台吉加三级梅林章京齐木德多尔济呈送。

光绪十九年九月初七日

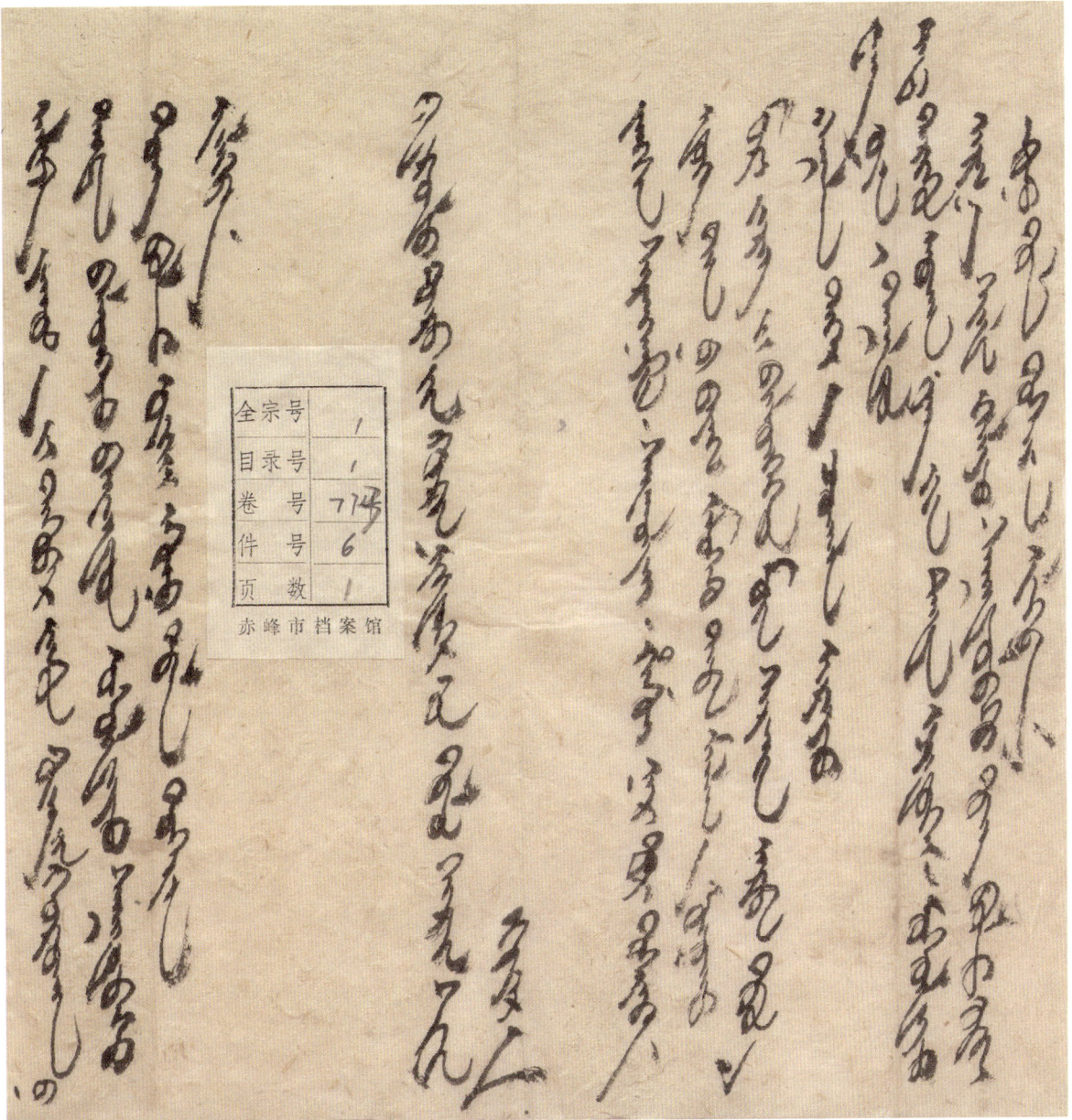

印务处为及时准备兵丁训练所需物资事札四札兰、章京、骁骑校文

印务处札四札兰、章京、骁骑校文。今札萨克王自北京回来后立刻率军警与副盟长敖汉王一同去操练盟兵。为此，札文一到，每佐领备三套车一辆，席子一张，锅一口，赶车人一名，乘骑随丁一名，乘骑台吉、员弁两名以及货袋等，按札付备好。右两个札兰佐领台吉、员弁车马等本月十五日集合，把器械、帐篷、粮食等一同运走。左两个札兰佐领台吉、员弁车辆、马匹等在左公院里备用，不能有误。为此，札付。

光绪二十一年七月初二日

札章京色棱那木吉勒、赛音乌力吉、何贵等，今你们备齐穿戴的衣帽、乘骑用的马匹等，本月十五日到府来，随王爷去副盟长敖汉王府去，不能延误。为此，札付。

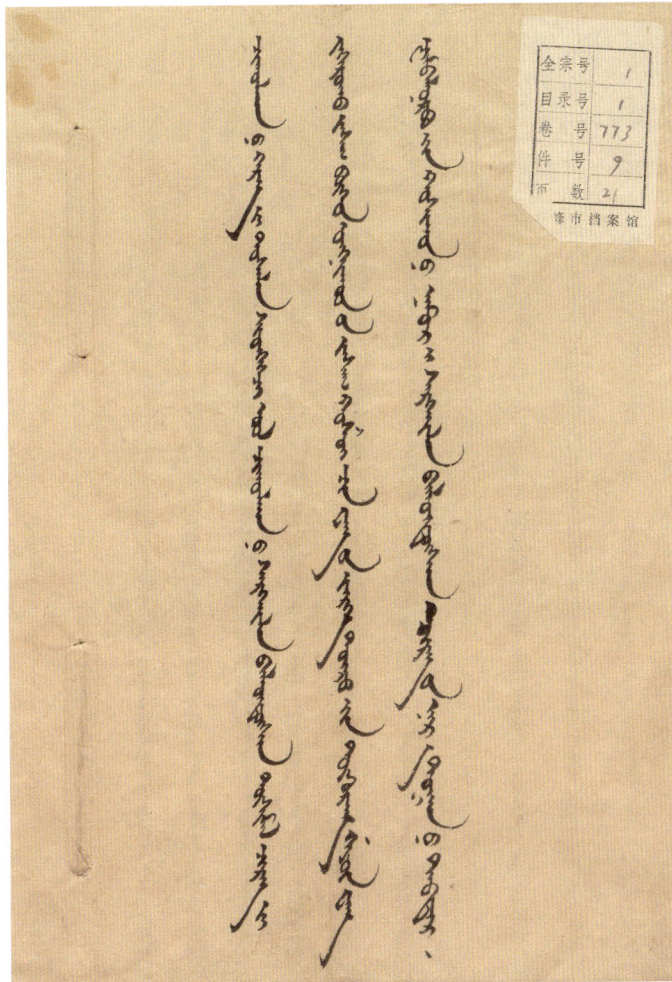

033

盟务帮办原盟备兵札萨克兼翁牛特札萨克和硕亲王品级加六级军功加二级多罗杜棱郡王赞巴勒诺尔布旗防秋兵丁名册

光绪二十一年九月三十日

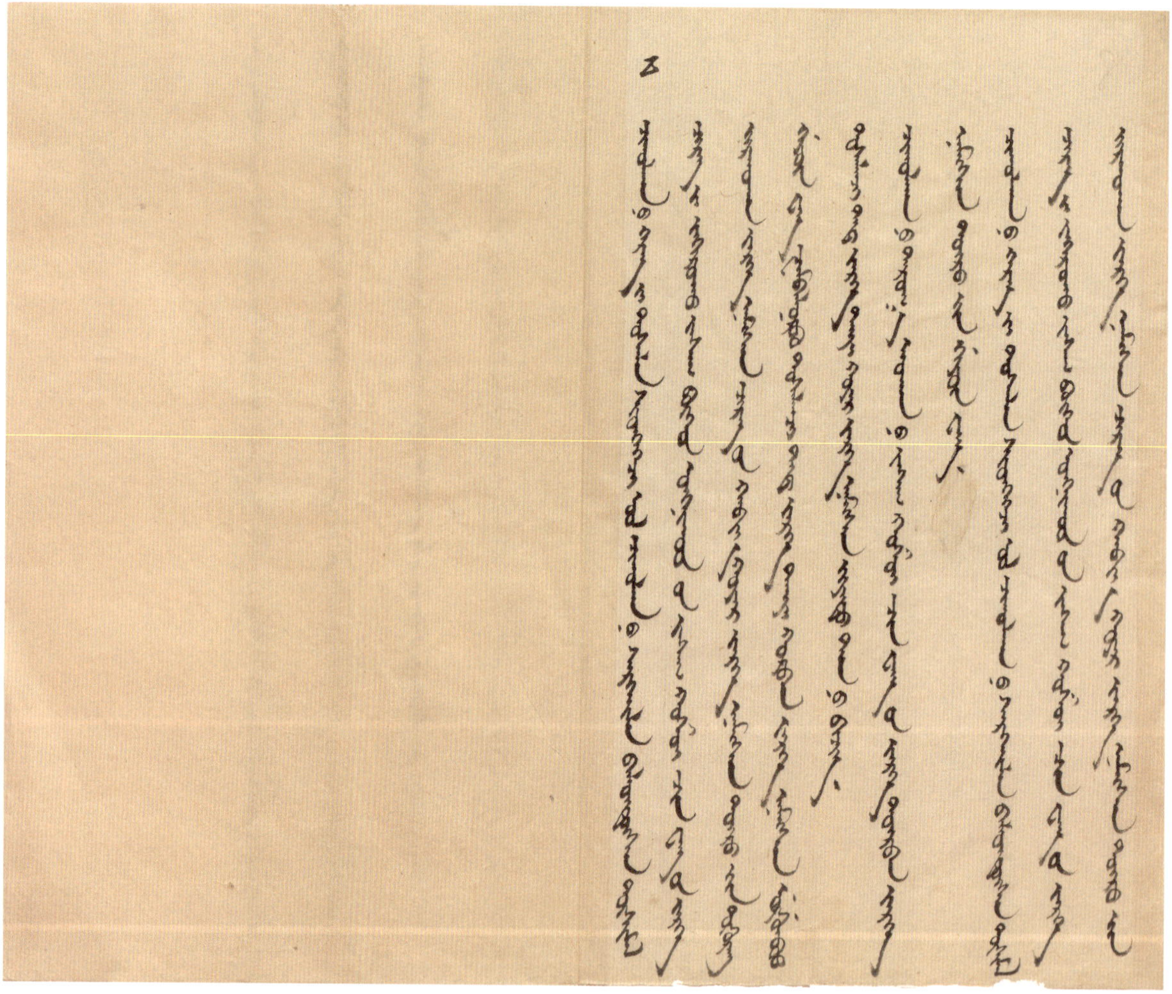

033

盟务帮办原盟备兵札萨克兼翁牛特札萨克和硕亲王品级加六级军功加二级多罗杜棱郡王赞巴勒诺尔布旗防秋兵丁名册

光绪二十一年九月三十日

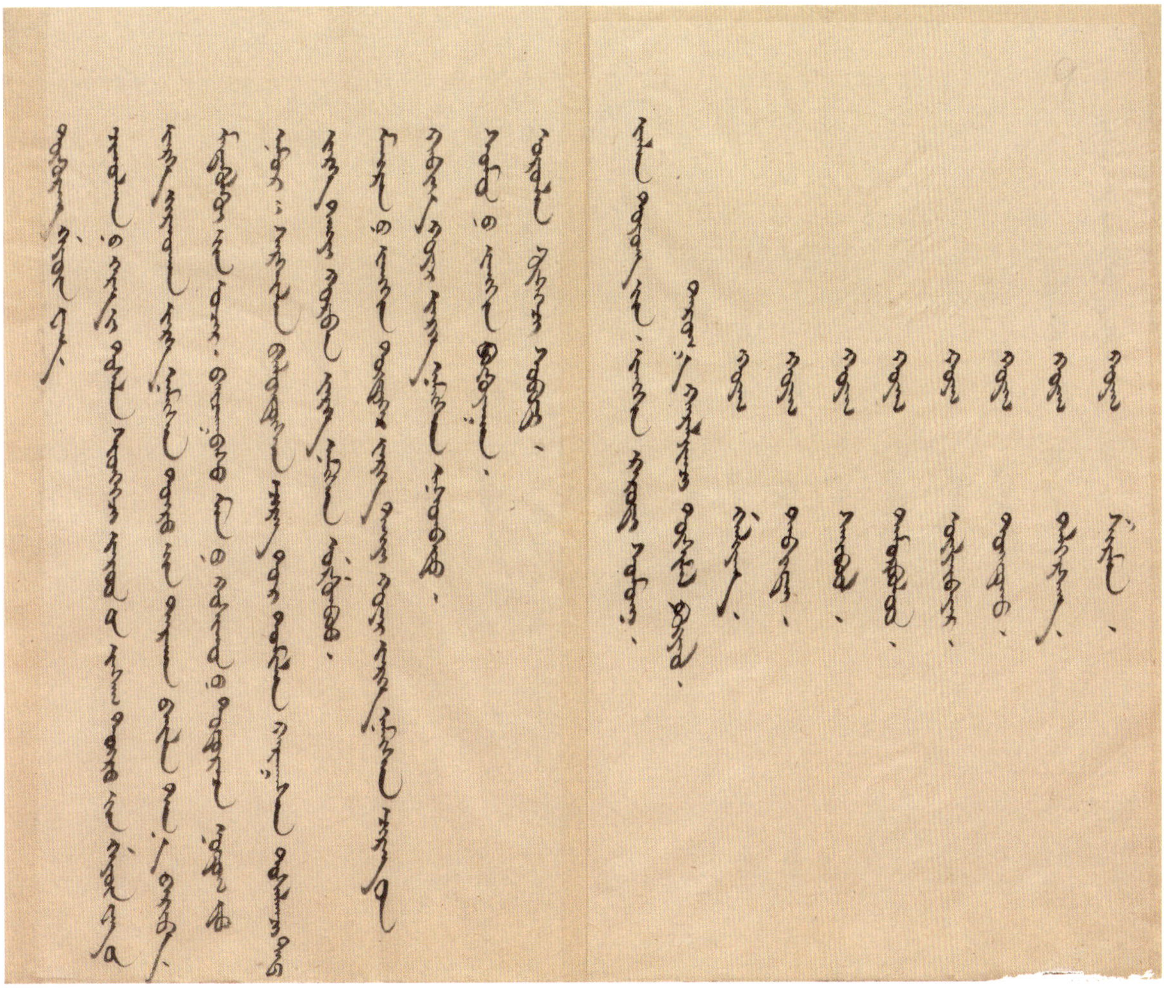

盟务帮办原盟备兵札萨克兼翁牛特札萨克和硕亲王品级加六级军功加二级多罗杜棱郡王赞巴
勒诺尔布旗防秋兵丁名册

光绪二十一年九月三十日

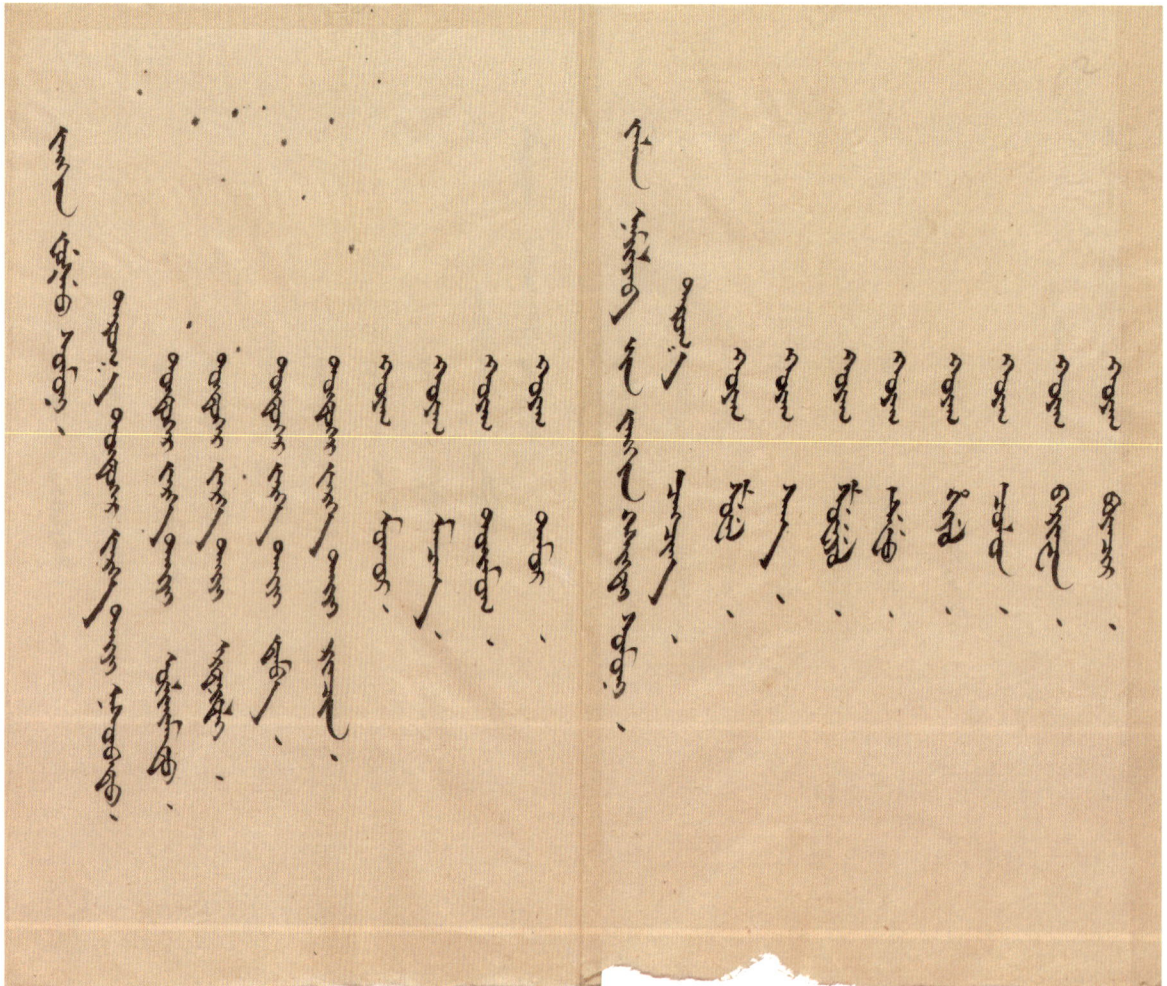

盟务帮办原盟备兵札萨克兼翁牛特札萨克和硕亲王品级加六级军功加二级多罗杜棱郡王赞巴勒诺尔布旗防秋兵丁名册

光绪二十一年九月三十日

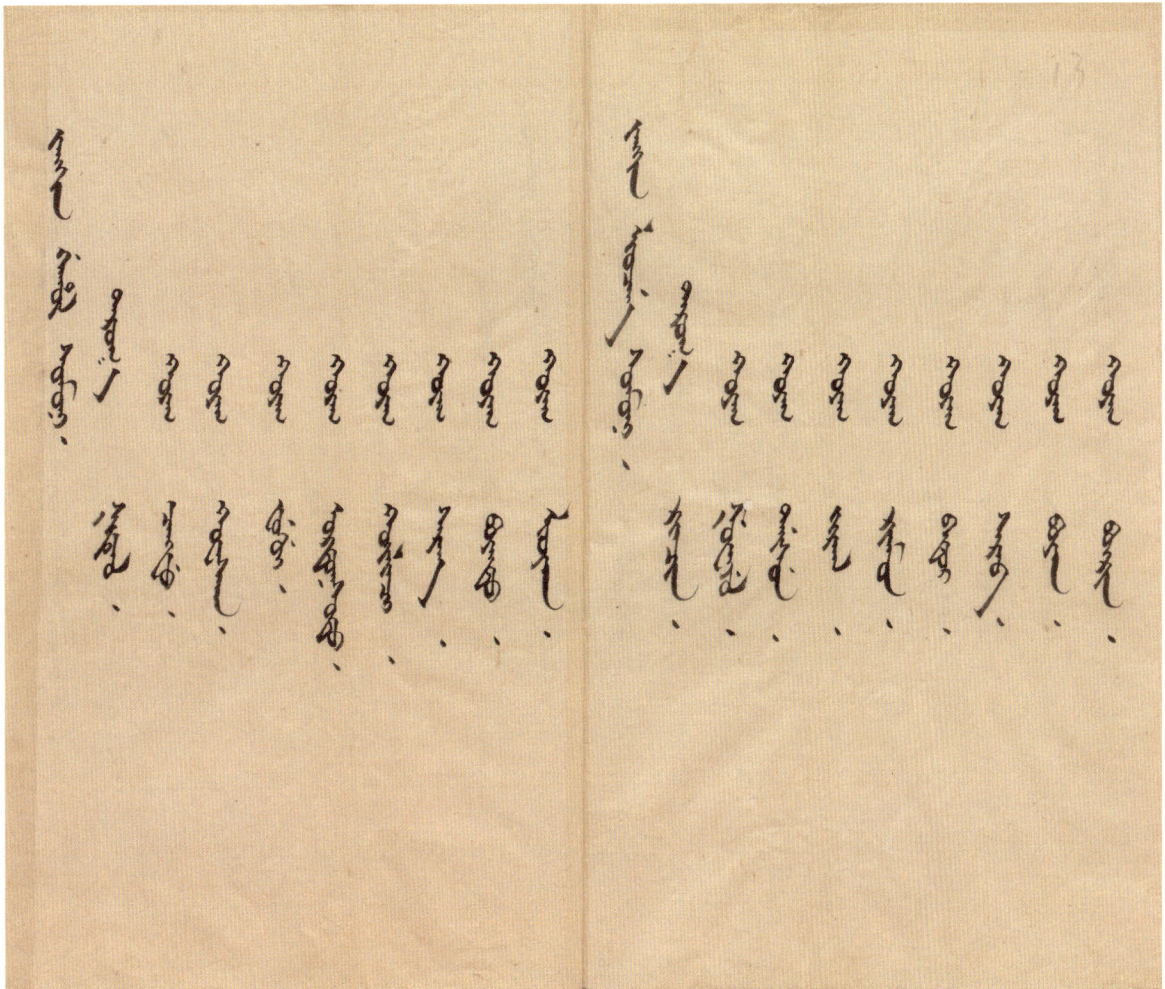

187

033

盟务帮办原盟备兵札萨克兼翁牛特札萨克和硕亲王品级加六级军功加二级多罗杜棱郡王赞巴勒诺尔布旗防秋兵丁名册

光绪二十一年九月三十日

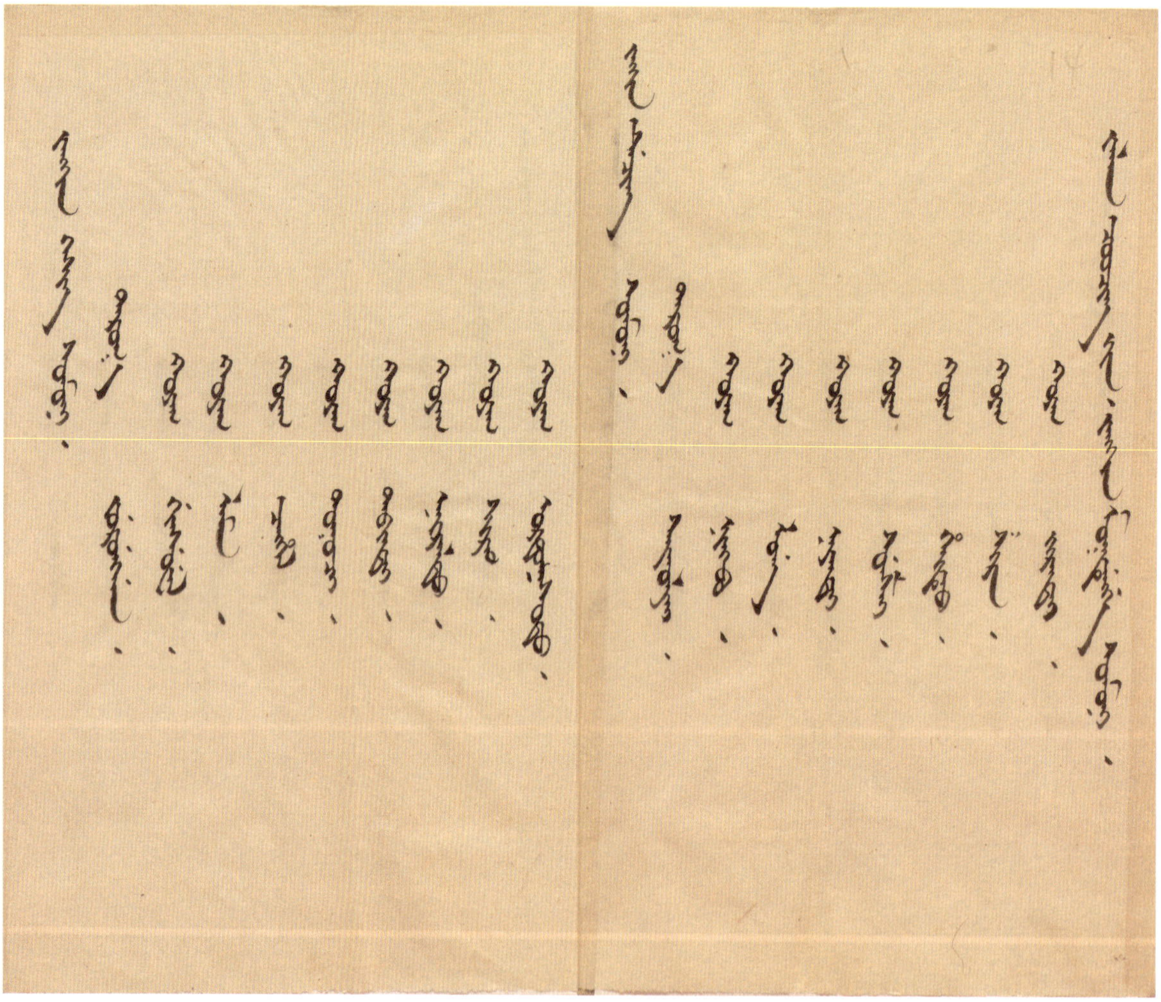

033

盟务帮办原盟备兵札萨克兼翁牛特札萨克和硕亲王品级加六级军功加二级多罗杜棱郡王赞巴勒诺尔布旗防秋兵丁名册

光绪二十一年九月三十日

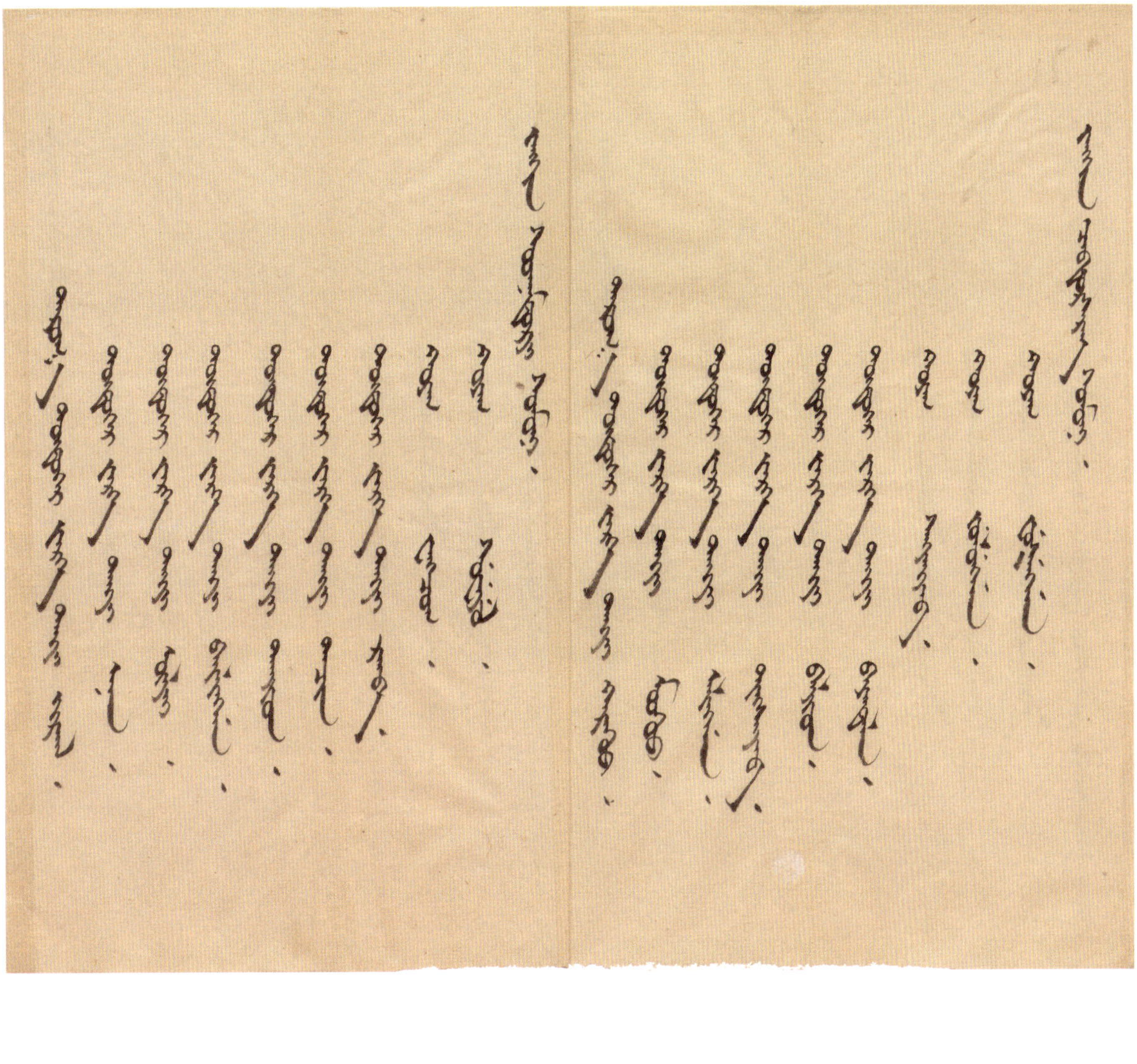

033

盟务帮办原盟备兵札萨克兼翁牛特札萨克和硕亲王品级加六级军功加二级多罗杜棱郡王赞巴勒诺尔布旗防秋兵丁名册

光绪二十一年九月三十日

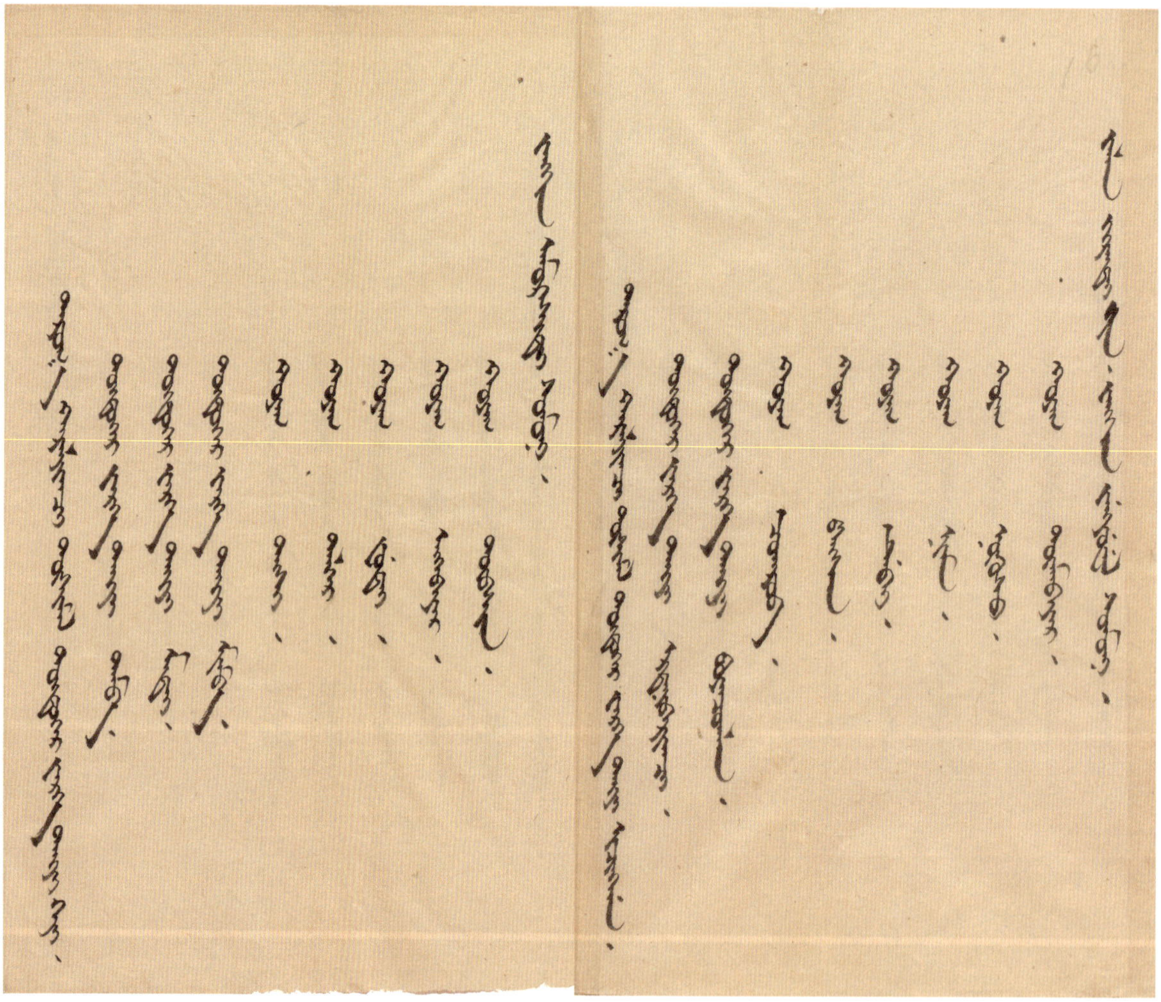

191

盟务帮办原盟备兵札萨克兼翁牛特札萨克和硕亲王品级加六级军功加二级多罗杜棱郡王赞巴勒诺尔布旗防秋兵丁名册

033

盟务帮办原盟备兵札萨克兼翁牛特札萨克和硕亲王品级加六级军功加二级多罗杜棱郡王赞巴勒诺尔布旗防秋兵丁名册

光绪二十一年九月三十日

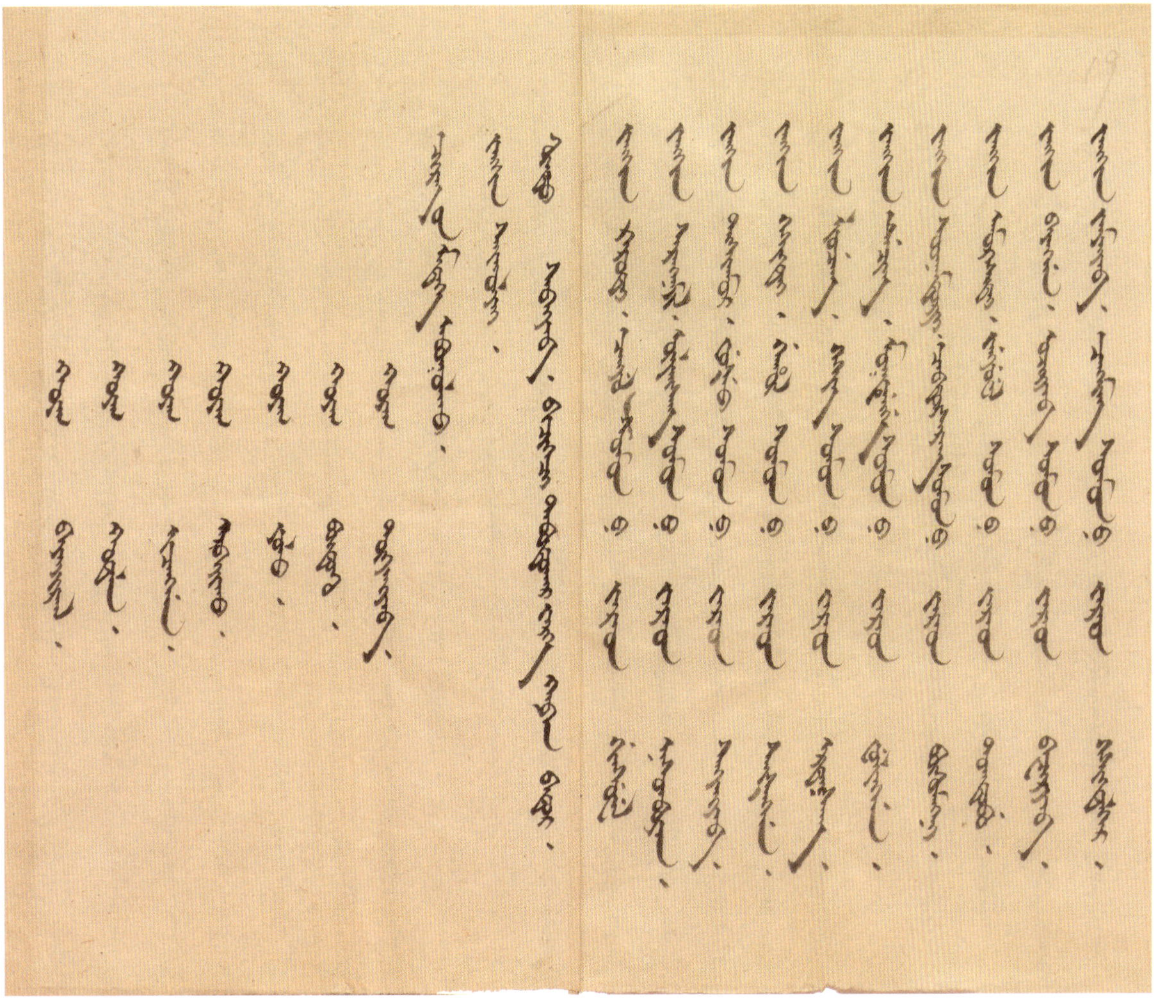

033 盟务帮办原盟备兵札萨克兼翁牛特札萨克和硕亲王品级加六级军功加二级多罗杜棱郡王赞巴勒诺尔布旗防秋兵丁名册

光绪二十一年九月三十日

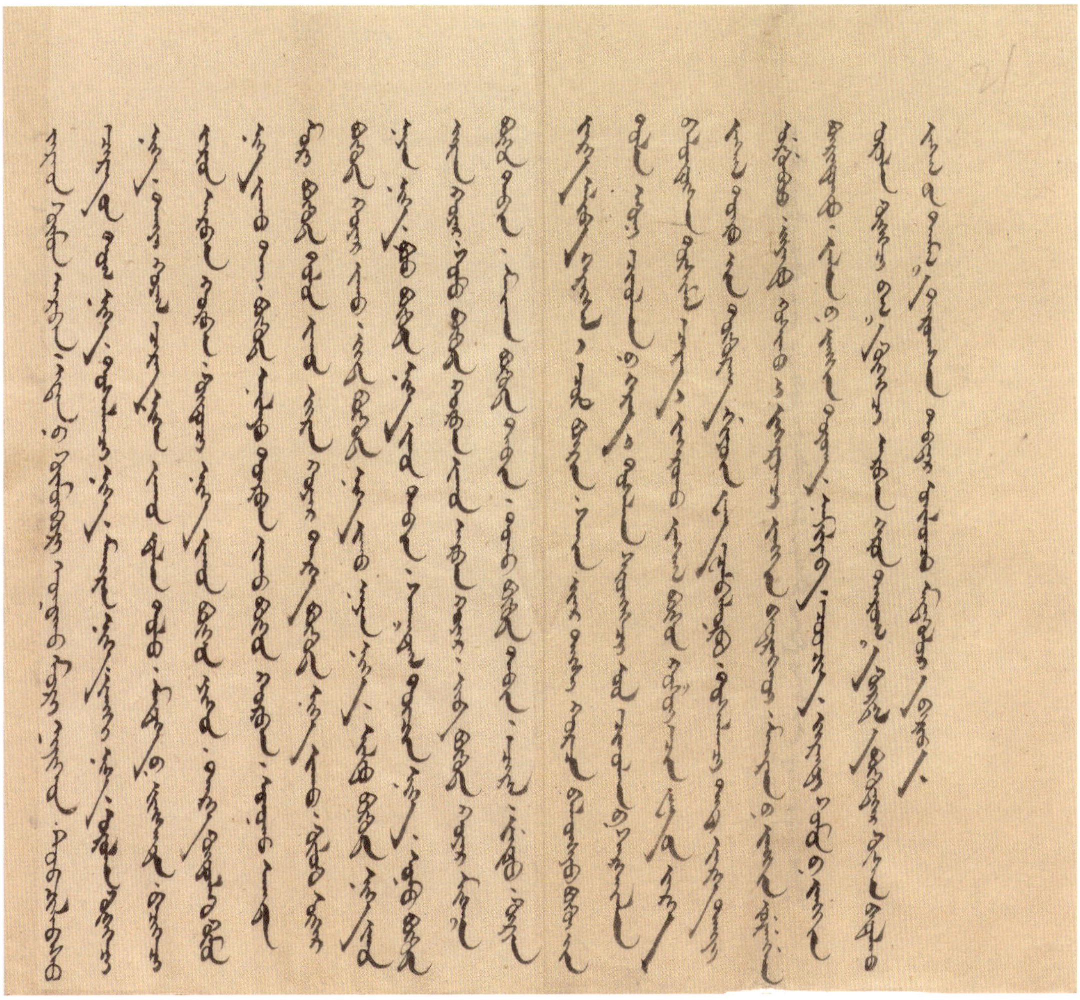

盟务帮办原盟备兵札萨克兼翁牛特札萨克和硕亲王品级加六级军功加二级多罗杜棱郡王赞巴勒诺尔布旗防秋兵丁名册

光绪二十一年九月三十日

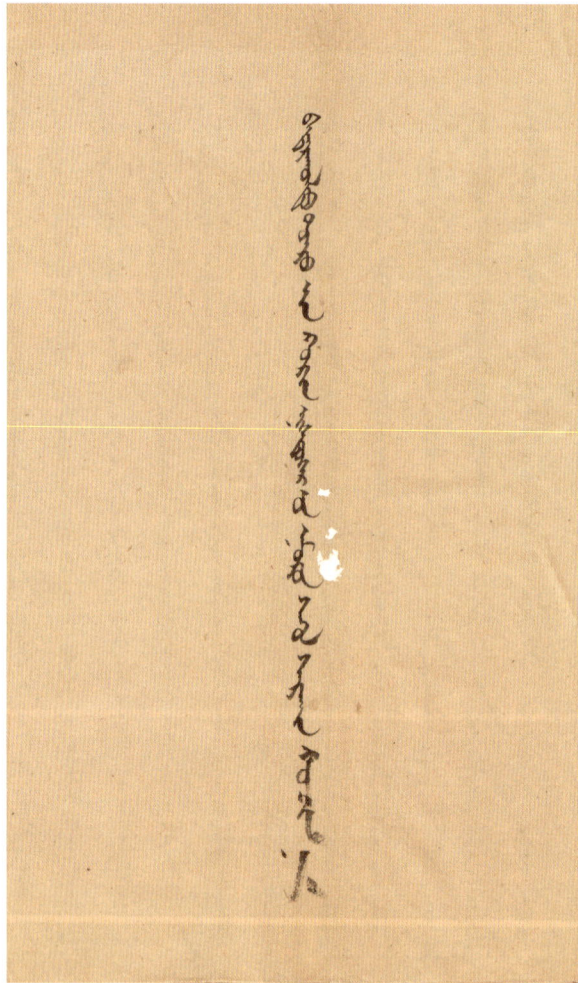

盟务帮办原盟备兵札萨克兼翁牛特札萨克和硕亲王品级加六级军功加二级多罗杜棱郡王赞巴勒诺尔布旗防秋兵丁名册

盟务帮办原盟备兵札萨克兼翁牛特札萨克和硕亲王品级加六级军功加二级多罗杜棱郡王赞巴勒诺尔布、协理二等台吉加三级乌尔衮宝、协理二等台吉加二级济雅图呈副盟长敖汉札萨克和硕亲王品级加四级多罗郡王、盟务帮办备兵札萨克兼翁牛特札萨克和硕亲王品级加六级军功加二级多罗杜棱郡王赞巴勒诺尔布、盟务帮办扎鲁特札萨克多罗杜棱郡王品级加六级多罗达尔汉贝勒文，为呈报事。案查，本旗已派出防秋兵丁名单如下：

协理二等台吉加三级乌尔衮宝，梅林章京四等台吉加二级军功加二级那森巴图，佐领章京布呼扎雅，骁骑校苏布迪；

札兰都荣章京嘎如迪佐领长云骑尉福珠，披甲葛亮、披甲塔彬太、披甲赛宝、披甲特木热宝勒德、乌力吉巴雅尔、披甲陶克陶呼、披甲德力格尔桑；

章京长运佐领长胖子，披甲吞特格尔、披甲双喜、披甲花萨、披甲马萨、披甲嘎拉冰嘎、披甲赛音查珲、披甲富盛、披甲扎木彦；

章京色棱那木吉勒佐领长德力格尔桑，披甲根弟、披甲八虎、披甲朝格都巴雅尔、披甲长顺、披甲金永、披甲双喜、披甲长寿、披甲额乐布格；

章京乌力桑佐领长六十一，披甲石头、披甲金象、披甲韩鼓声、披甲白彦桑、披甲留锁、披甲德力格尔桑、披甲旺古尔、披甲那森巴图；

章京特格喜特木热佐领长锁住，披甲吉玲噶、披甲额尔德尼达赖、披甲张运、披甲李迪、披甲德群、披甲乌日图那顺、披甲成群、披甲都尔布太；

章京福寿佐领长四等台吉那森巴图，四等台吉乌力吉门都、四等台吉额尔德尼达赖、四等台吉丹巴、四等台吉仁钦、披甲毛胡尔、披甲满桑、披甲陶伊木格、披甲特木热；

札兰那木吉勒扎布章京贺喜格太佐领长常青，披甲顺儿、披甲仓、披甲锁住、披甲德福、披甲喜运、披甲朝伦、披甲巴日泽、披甲宝颜其尔；

章京根虎佐领长石头，披甲常福、披甲花萨、披甲富贵、披甲乌日图那素图、披甲浩林其、披甲色棱、披甲宝彦图、披甲老严；

盟务帮办原盟备兵札萨克兼翁牛特札萨克和硕亲王品级加六级军功加二级多罗杜棱郡王赞巴勒诺尔布旗防秋兵丁名册

光绪二十一年九月三十日

章京刘成佐领长仁钦，披甲拴住、披甲带孙、披甲吉尔格勒、披甲日木德、披甲巴特尔、披甲希日布、披甲宝彦、披甲布仁；

章京贺喜格佐领长芙蓉嘎，披甲金锁、披甲喇嘛、披甲青格乐、披甲陶古其、披甲塔彬太、披甲乃日拉图、披甲昔日木、披甲乌日图那素图；

章京德庆佐领长赛音乌力吉，披甲宁布、披甲隆、披甲乃音台、披甲苏财、披甲黑土、披甲昔拉、披甲吉兰太；

札兰朝庆章京穆格邓格佐领长四等台吉吉日格勒，四等台吉阿那、四等台吉乌力吉、四等台吉百宁嘎、四等台吉达格吉德、四等台吉达沁、四等台吉拉格巴、披甲旺舒格、披甲锁住；

章京曹道巴特尔佐领长四等台吉哈日夫，四等台吉毛夫、四等台吉阿灵嘎、四等台吉丁三扎布、四等台吉巴拉吉德、四等台吉巴音塔拉、披甲桑杰扎布、披甲福灵嘎、披甲福尚阿；

章京查布都尔色棱佐领长云骑尉四等台吉格吉，四等台吉丹巴、四等台吉玛迪、四等台吉敏巴、披甲特格喜、披甲德力格尔、披甲富迪、披甲恩和巴雅尔、披甲图布新；

章京阿木尔喀西迪佐领长云骑尉四等台吉伊庆嘎，四等台吉额尔德尼巴日其、四等台吉宝音楚古拉干、披甲却如布、披甲胖子、披甲德毕、披甲尼玛、披甲奴呼苏、披甲图扣巴雅尔；

札兰吉兰太章京正月佐领长云骑尉四等台吉赛音吉日嘎拉，四等台吉努尔木丕勒、四等台吉大日榜、四等台吉白音杜棱、披甲宝迪、披甲耀乐、披甲衮楚克、披甲根银；

章京白彦嘎佐领长四等台吉昔日拉太，四等台吉吉兰太、四等台吉青巴图、四等台吉毕力格图、披甲里格苏、披甲特格喜特木尔、披甲苏苏格图、披甲德力格尔；

章京鄂齐尔扎布佐领长四等台吉恩和巴雅尔，四等台吉香宝、四等台吉色丙格、披甲陶伦、披甲达里扎布、披甲金灿、披甲富顺、披甲阿萨尔、披甲巴图尔扎布；

章京扎木彦扎布佐领长色棱，披甲锁住、披甲藏布、披甲宝音朝克图、披甲留运、披甲色布格扎布、披甲连运、披甲扎西毕力格、披甲阿木尔；

章京常命佐领长云骑尉昭那苏图，披甲金钟、披甲白音吉日嘎拉、披甲浩特勒、披甲伊庆嘎、披甲阿尔毕吉夫、披甲耀乐、披甲布都夫、披甲都固尔扎布；

通信兵章京赛音乌力吉，骁骑校色布格扎布，笔帖式五等哈藩巴特尔；

章京嘎如迪、长运佐领护军金锁；

章京色棱那木吉勒、乌力桑佐领护军那顺森宝音；

章京特格喜那木尔、福寿佐领护军桑杰扎布

章京贺喜格太、根虎佐领护军赛尚阿；

章京刘成、贺喜格佐领护军额尔尼桑；

章京德庆、穆格邓格佐领护军福灵嘎；

章京曹道木多尔济、齐巴道尔色棱佐领护军布呼芒乃；

章京阿木尔西迪、正月佐领护军陶克陶宝；

章京白杨嘎、鄂齐尔扎布佐领护军巴泽尔扎布；

章京扎木彦扎布、常命佐领护军贺喜格德力格尔。

以上防秋兵丁备军旗一面；管兵协理一名，其跟役八名，军马十五匹，车五辆，牛十头，赶车人五名，箭筒、枪、刀每人一个，弓两个，箭十二支，箭头二百五十个，帐篷、锅各两个；**梅林章京一名，**其跟役六名，马十二匹，车三辆，牛六头，赶车人三名，箭筒、刀、枪每人一个，弓两个，箭十支，箭头二百个，帐篷、锅各两个；**佐领章京一名，**其跟役四名，马八匹，车两辆，牛四头，赶车人两名，箭筒、枪、刀各一个，弓两个，箭十支，箭头一百五十个，帐篷、锅各一个；**骁骑校一名，**其跟役三名，马六匹，车两辆，牛四头，赶车人两名，箭筒、枪、刀各一个，弓两个，箭十支，箭头一百个，帐篷、锅各一个；**台吉、披甲兵丁一百七十七名，**其每人马四匹，枪、刀每人一个，火枪一百五十支，箭筒二十七个，弓五十四个，箭二百七十支，箭头一千三百五十个，每两名披甲配一名跟役、车一辆、牛两头、赶车人一名，披甲每四人帐篷、锅各一个。联络员弁两名，笔帖式一名，护军十名，每人马一匹。

总之，军旗一面；协理一名，梅林一名，章京一名，骁骑校一名，台吉、披甲一百七十七名，联络员弁、笔帖式、护军十三名，跟役一百零九名，赶车人一百名，合计四百零三名；乘骑马共七百六十二匹，车一百辆，牛二百头，枪共一百八十一个，刀共一百八十一把，火枪一百五十把，箭筒四十一个，弓六十二个，箭三百一十二支，箭头两千零五十个，帐篷共五十个，锅五十口，钎子、镢头、铁锹等，都已备齐全。

为此，盟协理原盟备兵札萨克级和硕亲王品级札萨克多罗杜棱郡王赞巴勒诺尔布，协理二等台吉乌尔衮宝、济雅图，管旗章京巴达仍贵，梅林章京朱荣嘎、布仁陶格图，札兰章京都荣、那木济勒扎布、朝庆、吉兰太等，骁骑校、领催、十户长等，自愿作担保等事，呈官文。为此，呈报。

光绪二十一年九月三十日

盟长敖汉札萨克和硕亲王品级加四级多罗郡王为不能延误送比丁册子事饬盟务帮办原盟备兵
札萨克兼翁牛特札萨克和硕亲王品级加六级军功加二级多罗杜棱郡王赞巴勒诺尔布、协理二
等台吉加三级乌尔衮宝、协理二等台吉加二级济雅图文

盟长敖汉札萨克和硕亲王品级加四级多罗郡王为不能延误送比丁册子事饬盟务帮办原盟备兵
札萨克兼翁牛特札萨克和硕亲王品级加六级军功加二级多罗杜棱郡王赞巴勒诺尔布、协理二
等台吉加三级乌尔衮宝、协理二等台吉加二级济雅图文

光绪二十二年一月二十九日

盟长敖汉札萨克和硕亲王品级加四级多罗郡王为不能延误送比丁册子事饬盟务帮办原盟备兵
札萨克兼翁牛特札萨克和硕亲王品级加六级军功加二级多罗杜棱郡王赞巴勒诺尔布、协理二
等台吉加三级乌尔衮宝、协理二等台吉加二级济雅图文

光绪二十二年一月二十九日

盟长敖汉札萨克和硕亲王品级加四级多罗郡王为不能延误送比丁册子事饬盟务帮办原盟备兵
札萨克兼翁牛特札萨克和硕亲王品级加六级军功加二级多罗杜棱郡王赞巴勒诺尔布、协理二
等台吉加三级乌尔衮宝、协理二等台吉加二级济雅图文

光绪二十二年一月二十九日

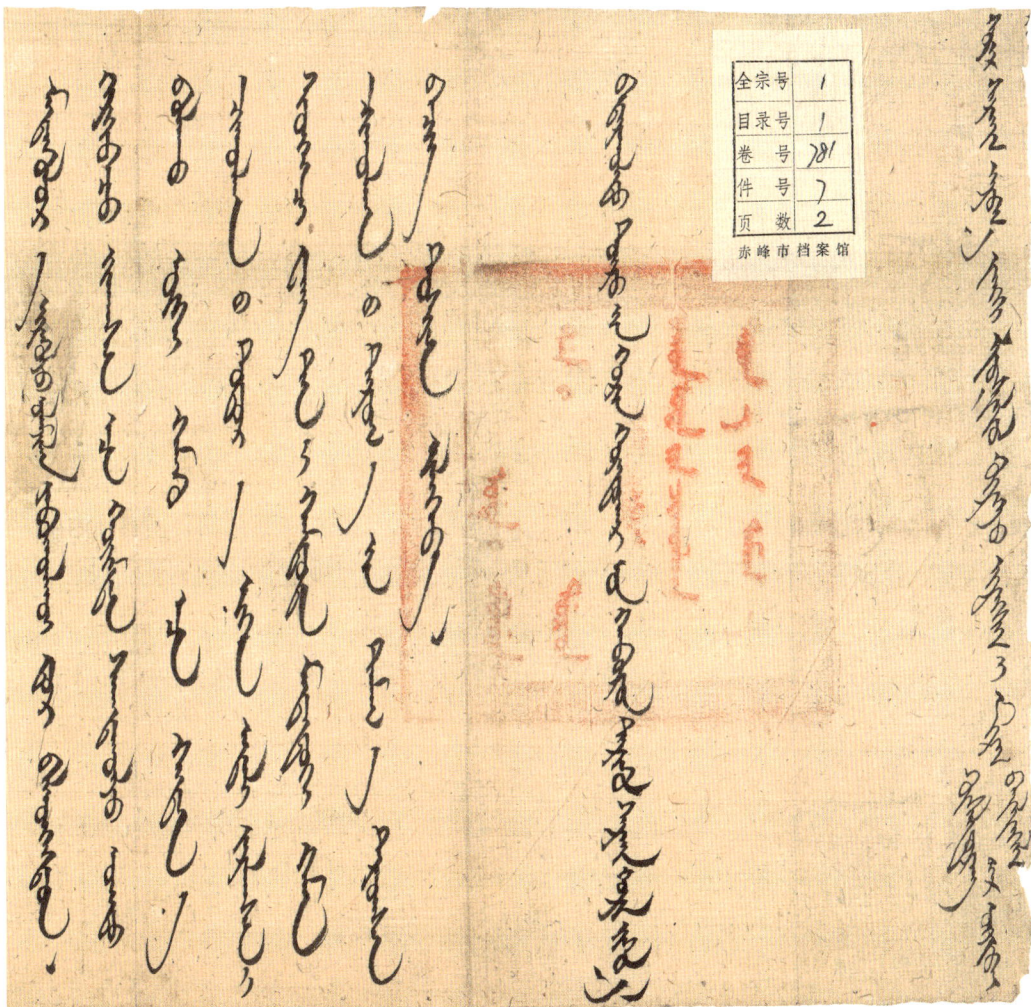

盟长敖汉札萨克和硕亲王品级加四级多罗郡王为不能延误送比丁册子事饬盟务帮办原盟备兵札萨克兼翁牛特札萨克和硕亲王品级加六级军功加二级多罗杜棱郡王赞巴勒诺尔布、协理二等台吉加三级乌尔衮宝、协理二等台吉加二级济雅图文

盟长敖汉札萨克和硕亲王品级加四级多罗郡王饬盟务帮办原盟备兵札萨克兼翁牛特札萨克和硕亲王品级加六级军功加二级多罗杜棱郡王赞巴勒诺尔布、协理二等台吉加三级乌尔衮宝、协理二等台吉加二级济雅图文，速查报来事。今年一月二十三日理藩院来饬，速查事由。今年比丁审理之年，先前我院照例奏闻后，今年五月二十八日谕旨："依议奉行。"奉旨，理清法定时间，速饬哲里木等六盟一同执行一事，已录在案。今已过法定时间一月，只有科尔沁札萨克土谢图亲王色旺诺尔布桑布等九旗已造该旗比丁册，并按时送达。其余多个属旗未能定期造比丁册送达，实属随心所欲、违规延误事情，

因此札饬哲里木盟六个盟长，转饬各札萨克旗，收到本饬后限十日内照例派员送达今年比丁册子。这事涉比丁大法，如果还和以前一样耽搁迟到，则由我院问责定罪。为此，札付。照抄饬文，接到饬令后，札萨克王、协理等细阅领会饬文内容，梳理属旗是否送达比丁册一事，二月初十日呈送，以备转奏，无论如何不能延误指定时间，盟内一同札行一事，札萨克王知悉事由，备具盟长印文，特此，札行。

光绪二十二年一月二十九日

二月十日，章京刘旭柳送来。

梅林呼斯乐杜棱、百宁嘎阅。

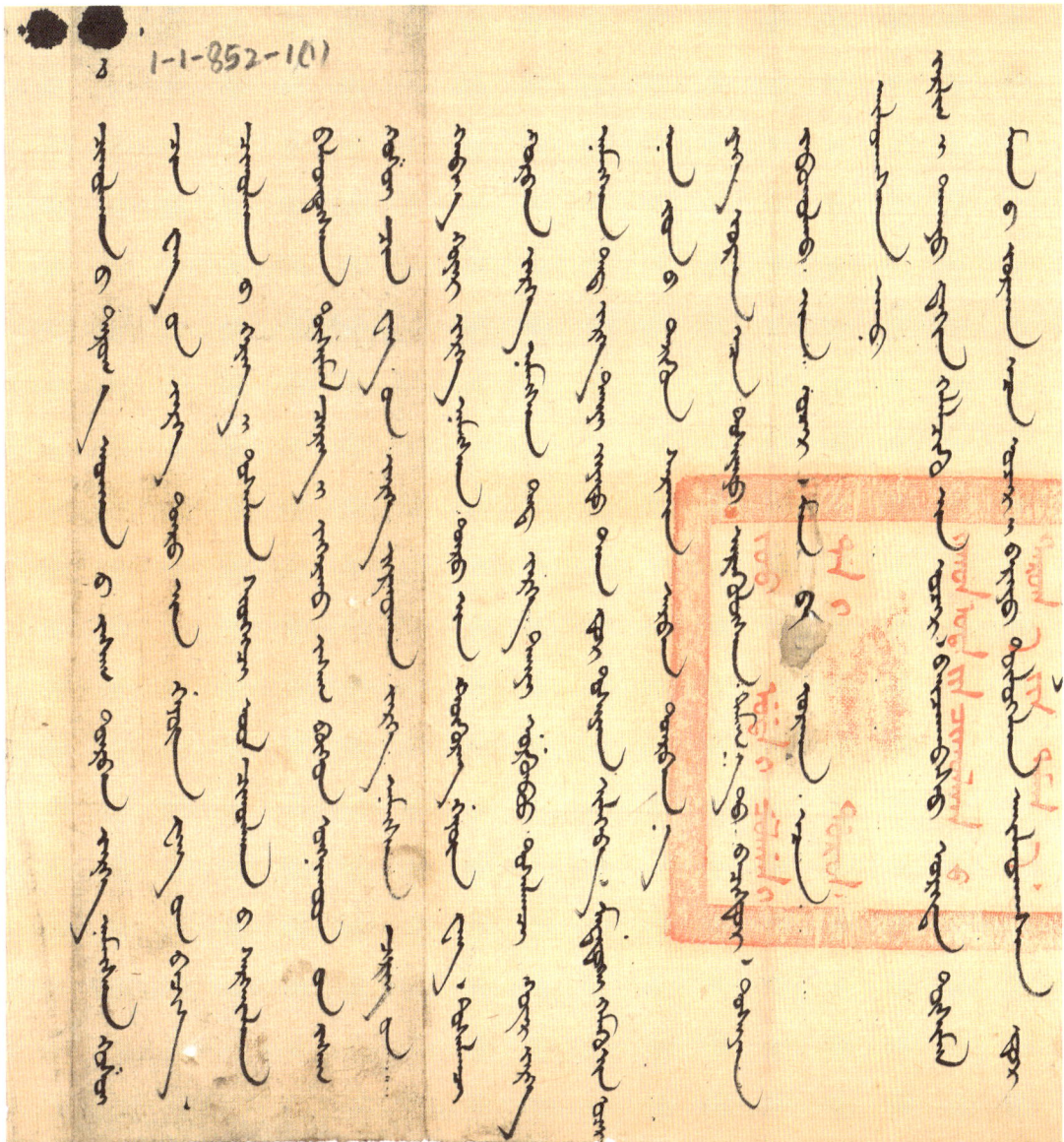

盟长敖汉札萨克加四级和硕亲王品级多罗郡王为官仓存粮使用事札盟务帮办原盟备兵札萨克兼翁牛特札萨克和硕亲王品级加六级军功加二级多罗郡王、协理二等台吉加三级乌尔衮宝、协理二等台吉济雅图文

光绪二十二年四月二十九日

207

1-1-852-1(2)

035

盟长敖汉札萨克加四级和硕亲王品级多罗郡王为官仓存粮使用事札盟务帮办原盟备兵札萨克兼翁牛特札萨克和硕亲王品级加六级军功加二级多罗郡王、协理二等台吉加三级乌尔衮宝、协理二等台吉济雅图文

光绪二十二年四月二十九日

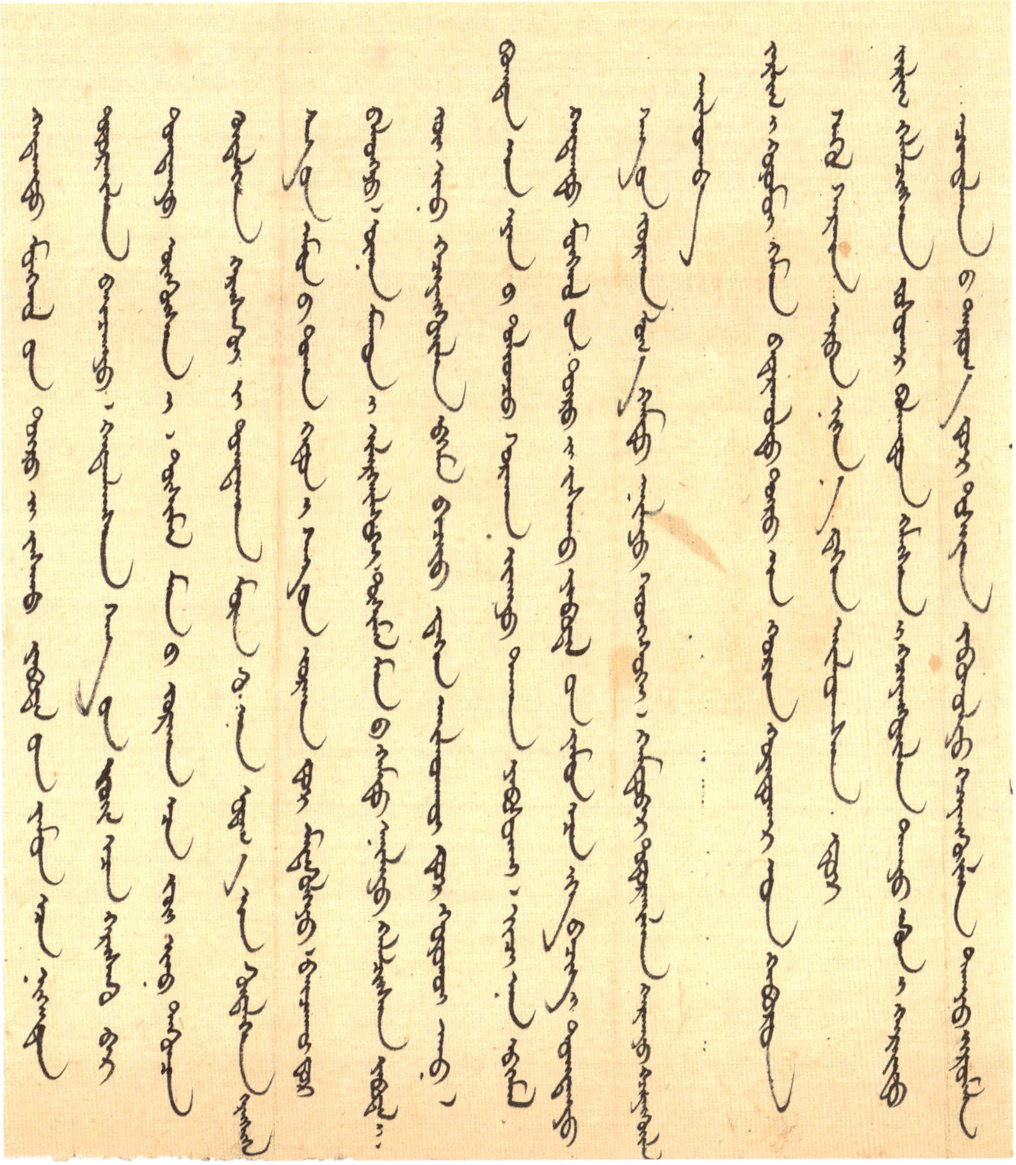

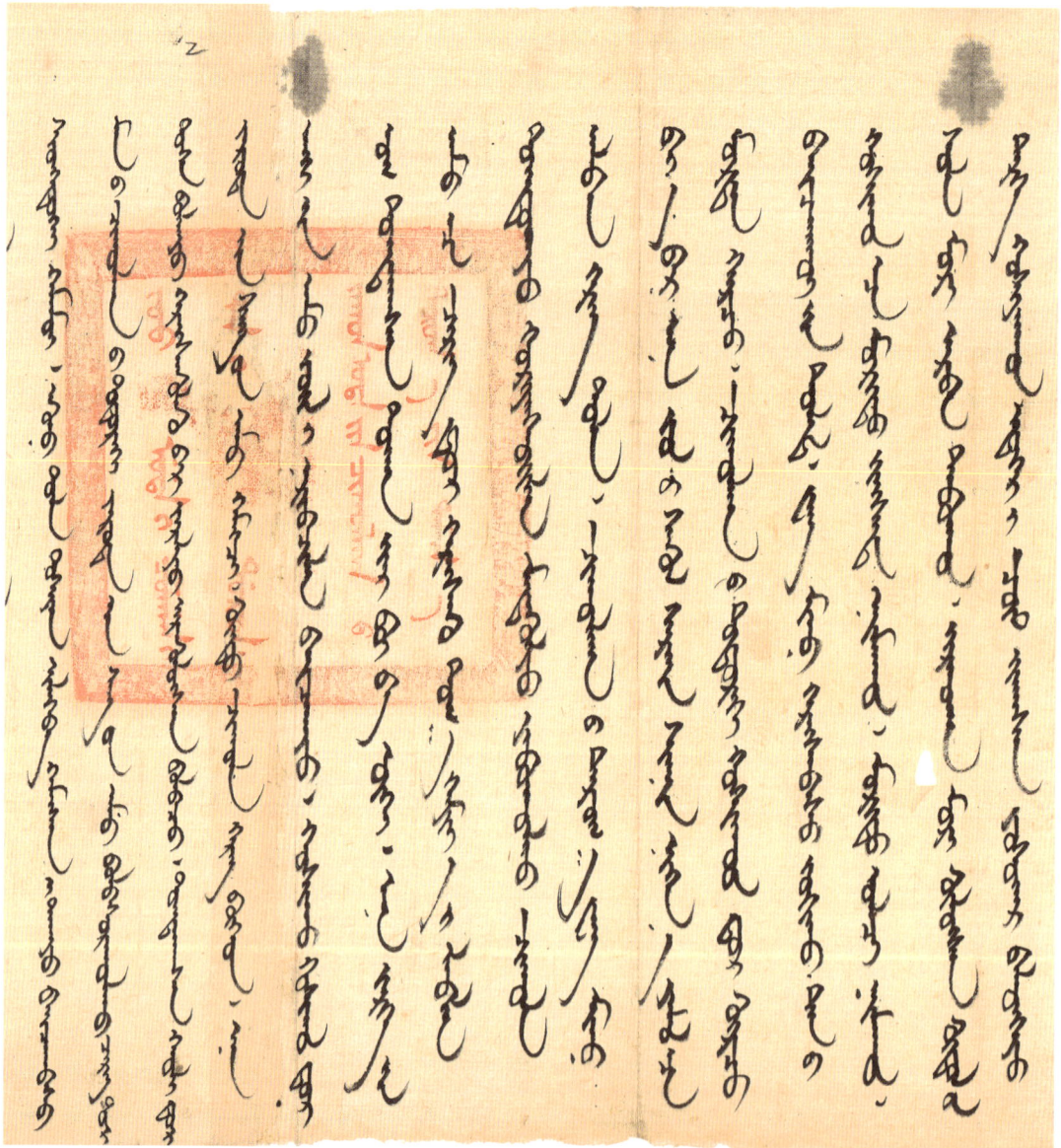

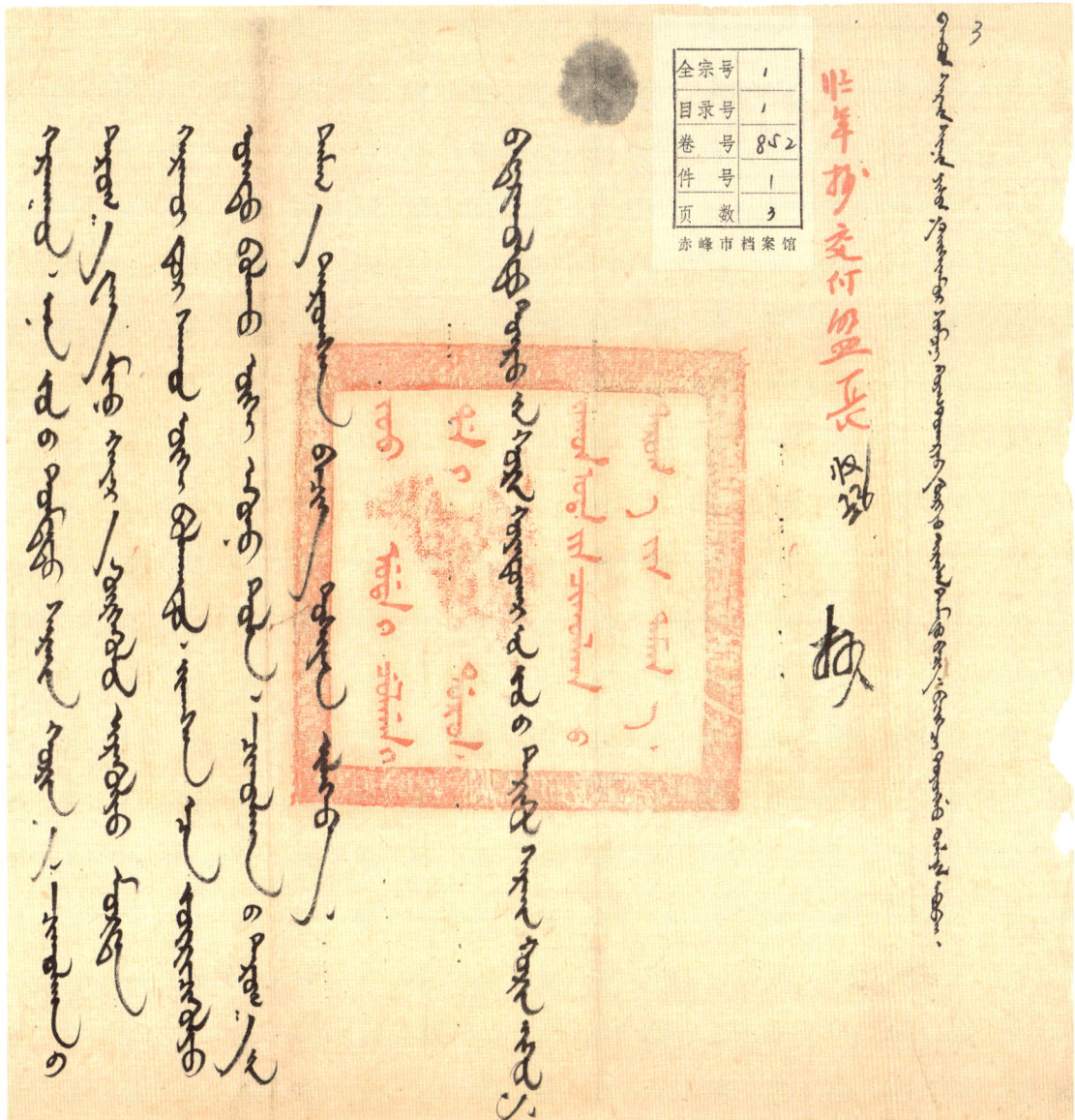

盟长敖汉札萨克加四级和硕亲王品级多罗郡王为官仓存粮使用事札盟务帮办原盟备兵札萨克兼翁牛特札萨克和硕亲王品级加六级军功加二级多罗郡王、协理二等台吉加三级乌尔衮宝、协理二等台吉济雅图文

盟长敖汉札萨克加四级和硕亲王品级多罗郡王札盟务帮办原盟备兵札萨克兼翁牛特札萨克和硕亲王品级加六级军功加二级多罗郡王、协理二等台吉加三级乌尔衮宝、协理二等台吉济雅图文，为知悉事。今年四月十四日理藩院饬文，内开，为札行事。本部奏，为奉旨再依议事。案查，先前，臣代表本部奏称，昭乌达盟盟长敖汉札萨克亲王品级多罗郡王达木林达尔达克呈称，动用该盟十一旗库存粮食用于练蒙古兵一事，光绪二十二年二月十日奏，当日兵部大臣当面接受，奉旨，所属衙门商定上奏等事，札付到本部。臣等查蒙古各旗普遍建有粮仓，历来各旗自己储存粮食，有法定数目，以备灾害年救济蒙古人用，臣等院有制定则例。为此，蒙

古平时粮仓历来自行计算储备，与内地储存截然不同。遇天灾苦难时，按规矩呈报理藩院询问获准后借出，丰收后按数目补齐。每次本部按法规执行。今该盟盟长达木林达尔达克集合全盟蒙古兵训练，确无法备齐粮食。细查、弄清该盟十一旗今年自备粮食目前是否有亏损，请求暂时征用用于练兵，等有支撑点后，各旗仓粮食按数目补齐。臣等细查，该盟训练各旗蒙古兵时征用各旗常备粮食来临时当练兵口粮，属实是为了防守边疆、练好兵。

为此，臣等一同商定，同意盟长敖汉郡王达木林达尔达克动用该盟十一旗常备粮食，助力练兵。每年用多少，呈报我院。该盟盟长传各旗按时准备，注重补齐仓储。户部查该盟盟长敖

盟长敕汉札萨克加四级和硕亲王品级多罗郡王为官仓存粮使用事札盟务帮办原盟备兵札萨克
兼翁牛特札萨克和硕亲王品级加六级军功加二级多罗郡王、协理二等台吉加三级乌尔衮宝、
协理二等台吉济雅图文

光绪二十二年四月二十九日

汉郡王呈请动用该盟十一旗仓储粮食用于练兵
一事，理藩院已经清查，决定用仓储粮食，臣
院同意动用。这次动用仓储粮有几处几所呈报户
部，以备查验，以便弄清实情。本部臣一同商定
内容，造折子奏请皇上明断。本折子初稿理藩院
拟定，与户部一同审理，一同理清上奏。请旨，
光绪二十二年三月十一日上奏，谕旨："按商定
执行。"奉旨札该盟，奉旨执行。为此，札行。
等因。案查，札文内容虽动用我盟仓储粮食来练
兵，有则例依据，但仓储粮食事关重要，动用
粮必须细查，每旗粮食是否有额定数，查清用

于练兵的数目，归纳呈报非常重要，盟长王爷
我今年六月初一日亲自从衙门出发到盟内各旗
查看。本王爷所需员弁八名、乘骑随从八名、闲
骑约十五匹、套六匹马车两辆等，按指定数量
备好，今年五月二十日送到盟长本王爷府，不
能耽误出发，不能违背指令。因此，备具盟长印
文，特此，札行。

光绪二十二年四月二十九日

五月九日，特格细铁木尔佐领披甲杜嘎尔
扎布送来印文，笔帖式图余都接收。

036

盟务帮办原盟备兵札萨克兼翁牛特札萨克和硕亲王品级加六级军功加二级多罗杜棱郡王、协理加三级二等台吉乌尔衮宝、协理加二级济雅图为准备车马前往查看翁牛特王旗内开金矿事呈盟长敖汉札萨克加四级和硕亲王品级多罗郡王文

光绪二十三年二月

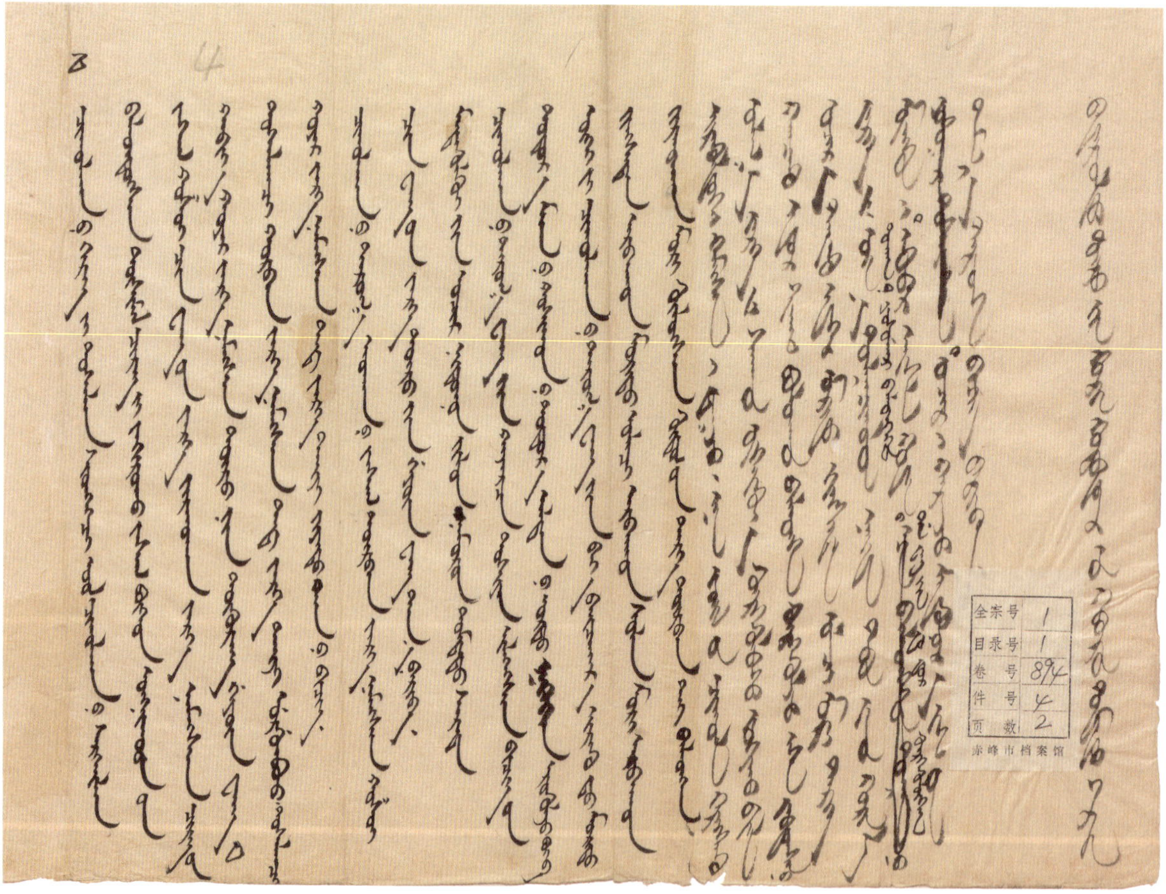

盟务帮办原盟备兵札萨克兼翁牛特札萨克和硕亲王品级加六级军功加二级多罗杜棱郡王、协理加三级二等台吉乌尔衮宝、协理加二级济雅图为准备车马前往查看翁牛特王旗内开金矿事呈盟长敖汉札萨克加四级和硕亲王品级多罗郡王文

盟务帮办原盟备兵札萨克兼翁牛特札萨克和硕亲王品级加六级军功加二级多罗杜棱郡王、协理加三级二等台吉乌尔衮宝、协理加二级济雅图呈盟长敖汉札萨克加四级和硕亲王品级多罗郡王文，为呈报事。去岁八月盟长王爷府来饬文，为查看我旗内是否开发金矿一事，盟长王爷亲自来时，需要乘骑员弁十多名，马十多匹、套六匹马带跟役车四辆等，备好后送来等。本应奉饬备齐这些车辆、马匹立刻送达，只是时间紧迫，未能备齐。为此，这些乘骑员弁所需马匹、车辆，折价估算共五百二十两银子，按数量备齐，送达京城大王府事，备具札萨克印文，特此，呈上。

光绪二十三年二月

037

盟长敖汉札萨克加四级和硕亲王品级多罗郡王为训练本盟备兵事札盟务帮办原盟备兵札萨克兼翁牛特札萨克和硕亲王品级加六级军功加二级多罗杜棱郡王赞巴勒诺尔布、协理加三级二等台吉乌尔衮宝、协理加二级二等台吉济雅图文

光绪二十三年三月十五日

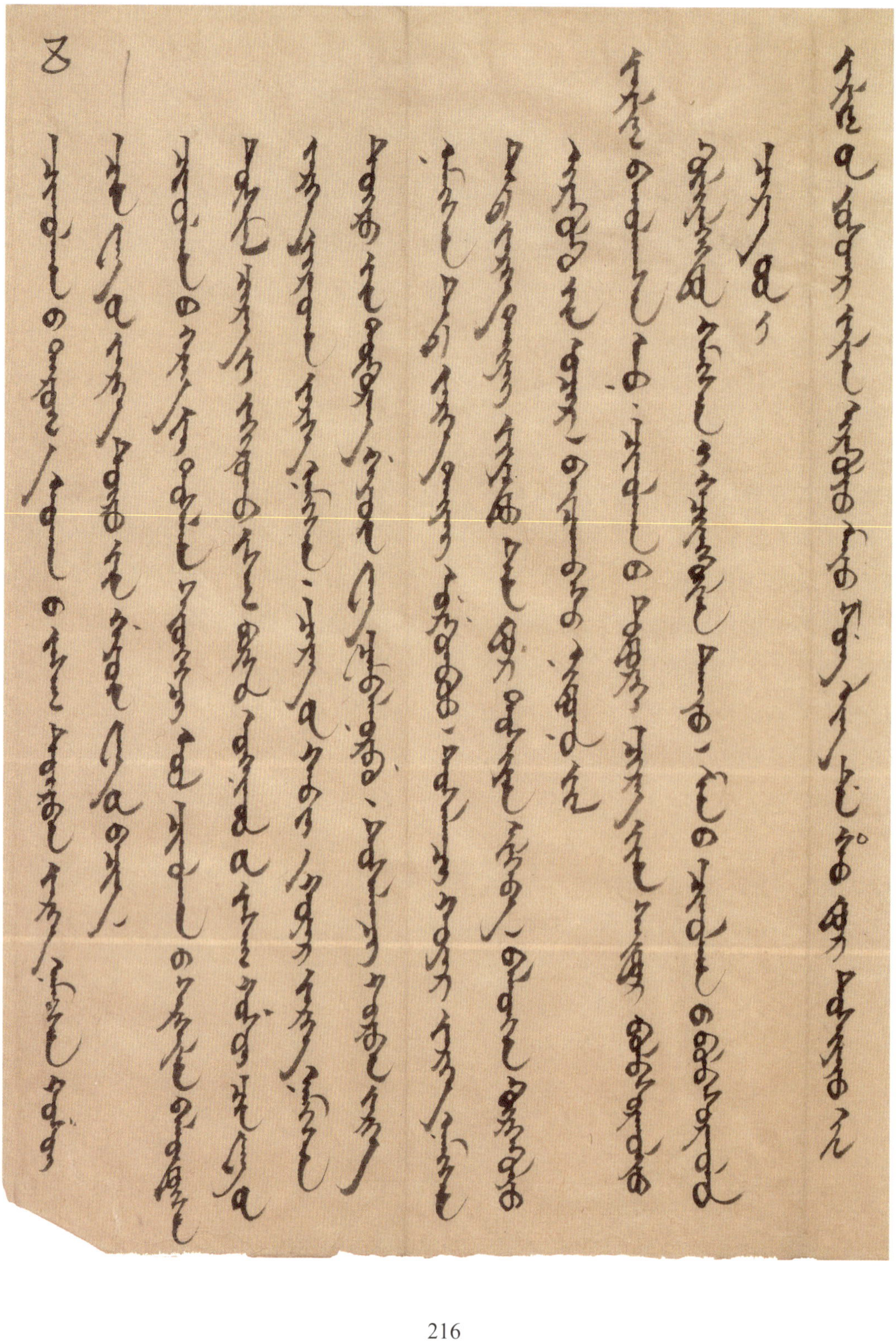

217

盟长敖汉札萨克加四级和硕亲王品级多罗郡王为训练本盟备兵事札盟务帮办原盟备兵札萨克
兼翁牛特札萨克和硕亲王品级加六级军功加二级多罗杜棱郡王赞巴勒诺尔布、协理加三级二
等台吉乌尔衮宝、协理加二级二等台吉济雅图文

盟长敖汉札萨克加四级和硕亲王品级多罗郡王为训练本盟备兵事札盟务帮办原盟备兵札萨克兼翁牛特札萨克和硕亲王品级加六级军功加二级多罗杜棱郡王赞巴勒诺尔布、协理加三级二等台吉乌尔衮宝、协理加二级二等台吉济雅图文

盟长敖汉札萨克加四级和硕亲王品级多罗郡王札盟务帮办原盟备兵札萨克兼翁牛特札萨克和硕亲王品级加六级军功加二级多罗杜棱郡王赞巴勒诺尔布、协理加三级二等台吉乌尔衮宝、协理加二级二等台吉济雅图文，为备好速送来事。案查，去岁下旨练好盟内兵丁，等候指令。奉旨，我盟按指令招来兵丁，交给钦差满洲总领德虎，近一年在兵校进行训练，遇天气变冷后，考虑兵丁困难，让其返回旗乡。今又到练兵时期，饬令盟长传来盟兵，满洲总领德虎还在等候音信。为此，札文。札文到达后，在府札萨克王、协理等细阅领会札文内容，按之前传来训练时一样，一切备齐，造册，在府札萨克王亲自带领，今年四月初十，到盟长札萨克王我处会合。盟内练兵丁不能和原先一样耽搁。这是钦定国家大事，不能像其他事那样违规。备具盟长印文，特此，札行。

光绪二十三年三月十五日

038 札萨克王为交付火枪银事督促印务处协理、章京、梅林宝喜文

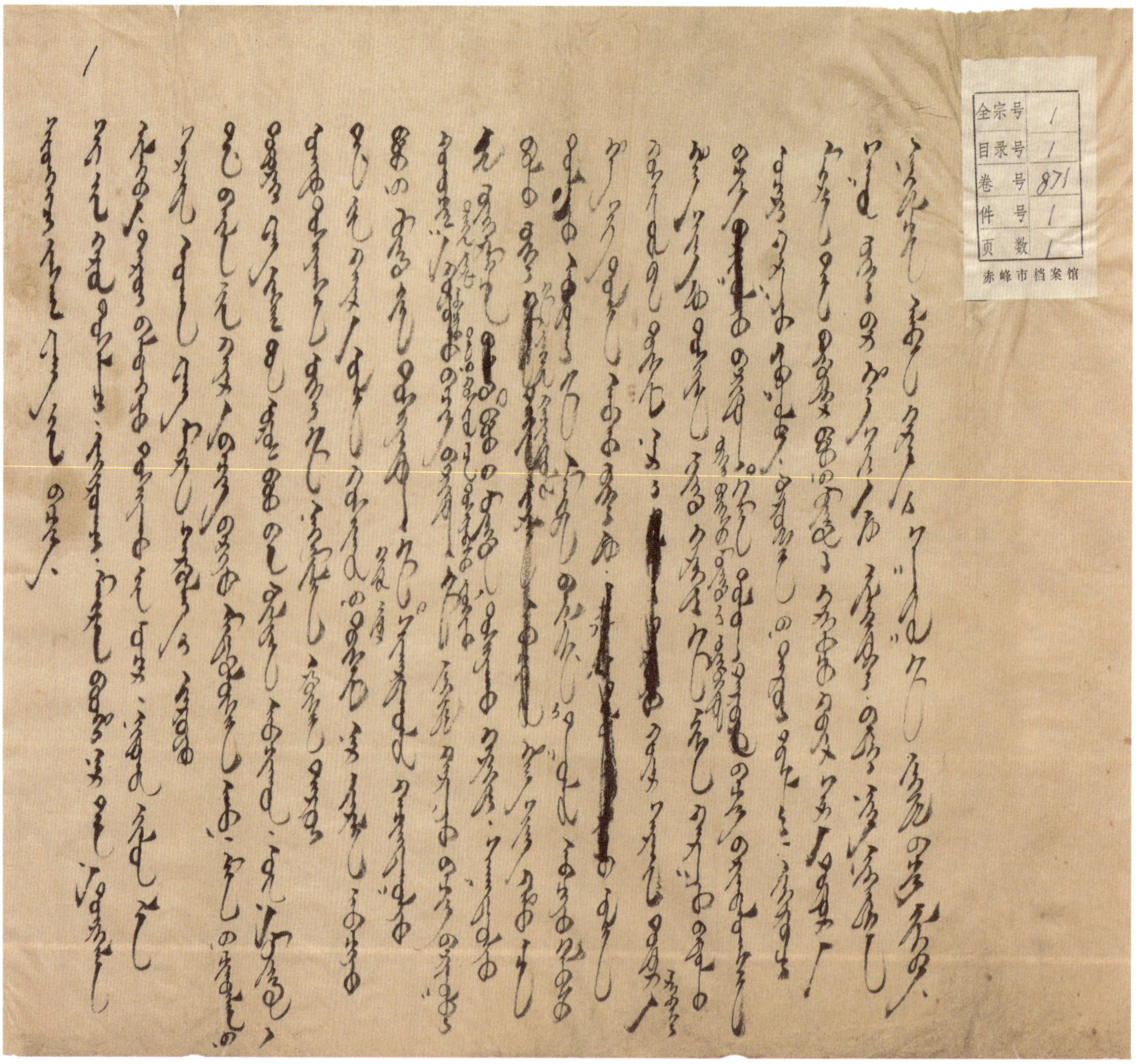

札萨克王为交付火枪银事督促印务处协理、章京、梅林宝喜文

札萨克王札印务处协理、章京、梅林宝喜文，为速备事。去岁腊月，敖汉王派梅林斯日古楞带盟长贝勒处来信，催问本盟内各札萨克领取俄罗斯火枪后未交付款项，又，传各旗旗员到盟长处交付火枪银事，逼迫几天，写限期，交付保证书。过年后又传几次，催促不能耽搁交款事等。逼迫无奈，为从恒兴号借款事，由梅林百宁嘎去说，恒兴推辞不受理。催促各旗派员弁写保证书，两月内务必交给恒兴或者还款等。为此，到文后，协理、章京、梅林等在两月内将火枪银寄往恒兴号。已经公布之事不能耽搁，为此，札付。

039 札萨克王为交付火枪银事札印务处协理、章京、梅林宝喜等文

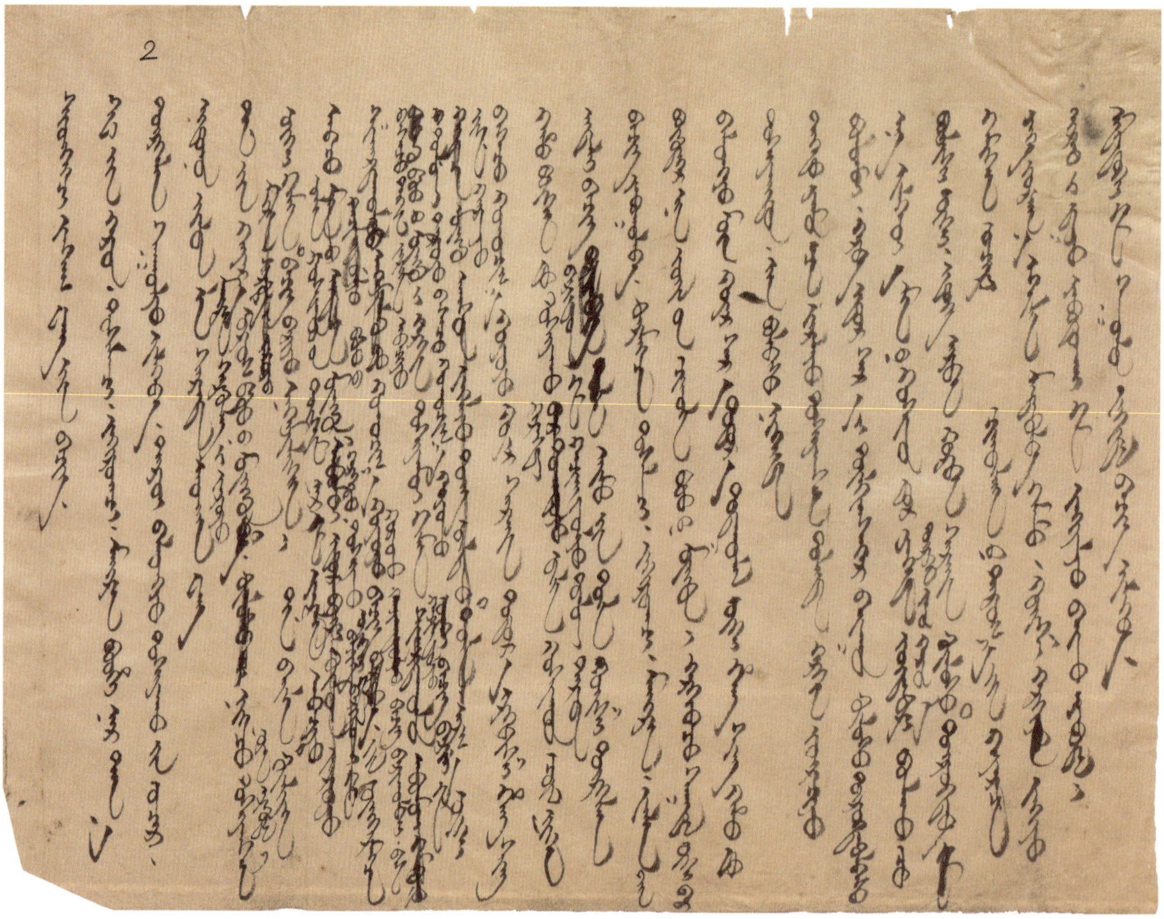

札萨克王为交付火枪银事札印务处协理、章京、梅林宝喜等文

　　札萨克王札印务处协理、章京、梅林宝喜等文，为速备事。去岁腊月，敖汉王因未交火枪银事派梅林斯日古楞带印文来催促，接到盟长文后传各旗旗员到府上，过年后又传几次，催促不能耽搁交款事等。逼迫无奈，从恒兴号借款事，由梅林百宁嘎去说，恒兴推辞不受理。催促各旗派员弁写保证书，两月内务必交给恒兴或者还款等。为此，到文后，协理、章京、梅林等在两月内将火枪银寄往恒兴号。这事是衙门札付事，不能违背。如果日期拖长涨利息，给我旗带来负担。现在已经涨十三月利息一事，盟长处已经呈报理藩院，以后怎么札饬，奉饬执行。为知悉事，为此，札付。

224

盟长印务暂护副盟长阿鲁科尔沁札萨克加六级多罗贝勒为派兵清除乱贼事札盟务帮办原盟备兵札萨克兼翁牛特札萨克和硕亲王品级加六级军功加二级多罗杜棱郡王赞巴勒诺尔布、协理二等台吉济雅图文

光绪二十四年七月初五日

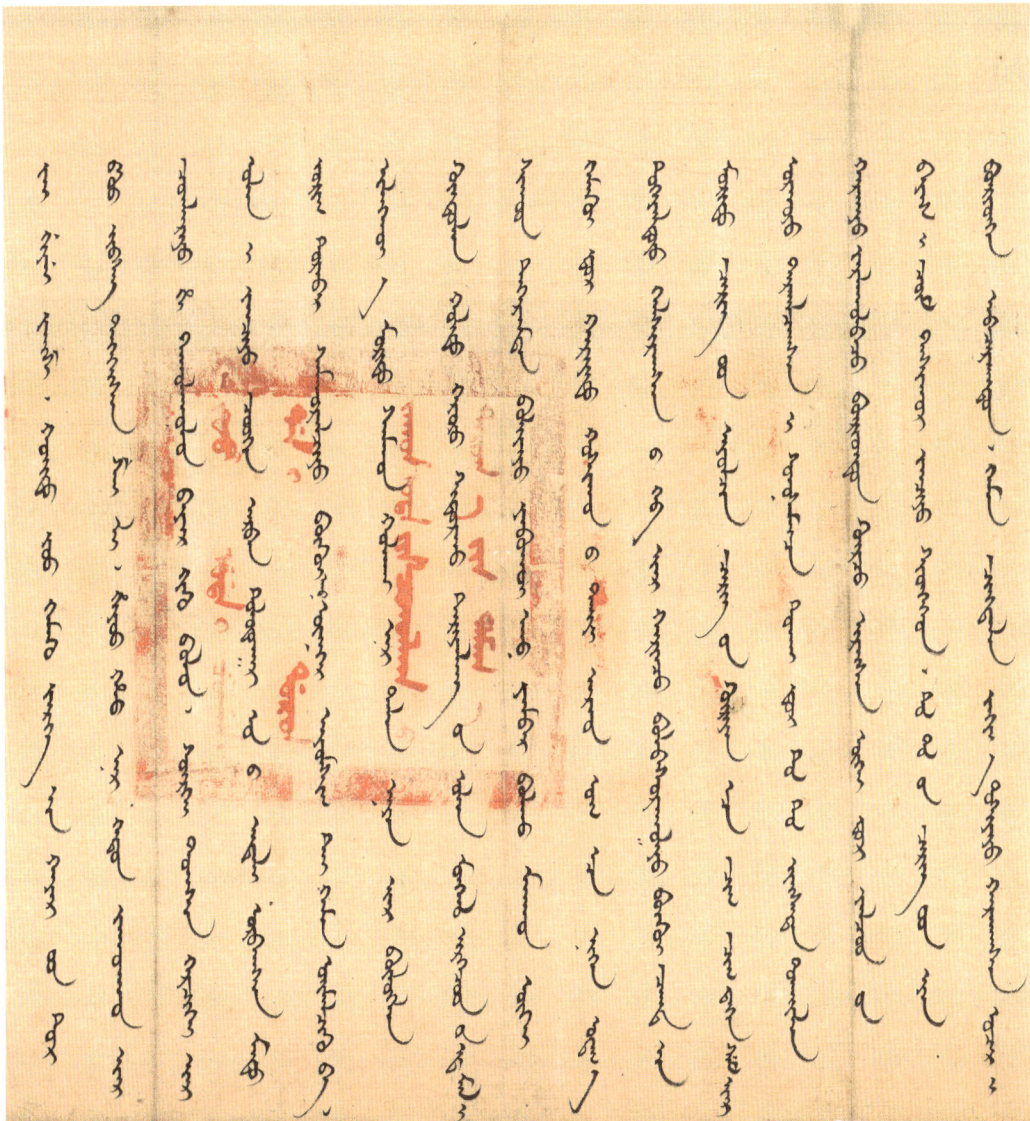

盟长印务暂护副盟长阿鲁科尔沁札萨克加六级多罗贝勒为派兵清除乱贼事札盟务帮办原盟备
兵札萨克兼翁牛特札萨克和硕亲王品级加六级军功加二级多罗杜棱郡王赞巴勒诺尔布、协理
二等台吉济雅图文

光绪二十四年七月初五日

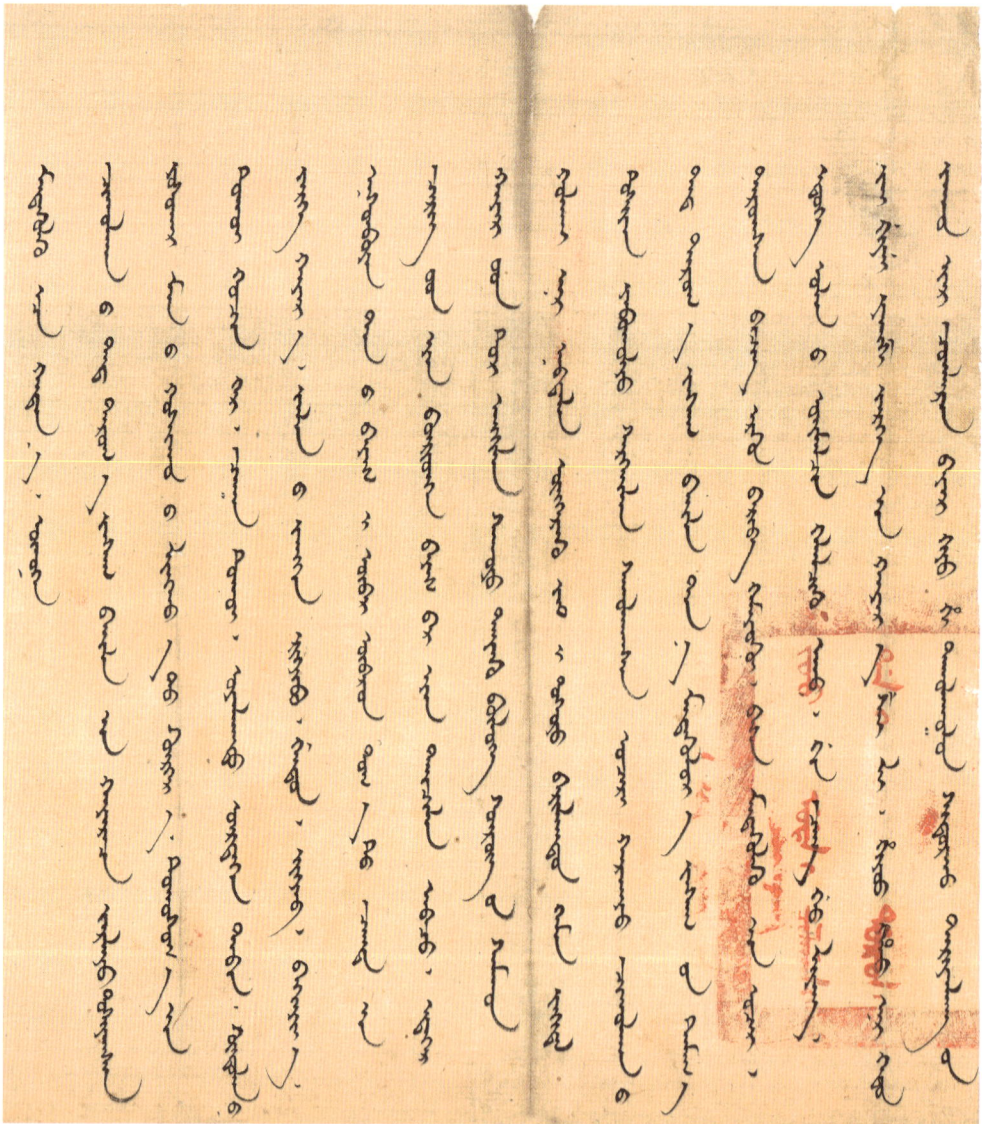

040

盟长印务暂护副盟长阿鲁科尔沁札萨克加六级多罗贝勒为派兵清除乱贼事札盟务帮办原盟备兵札萨克兼翁牛特札萨克和硕亲王品级加六级军功加二级多罗杜棱郡王赞巴勒诺尔布、协理二等台吉济雅图文

光绪二十四年七月初五日

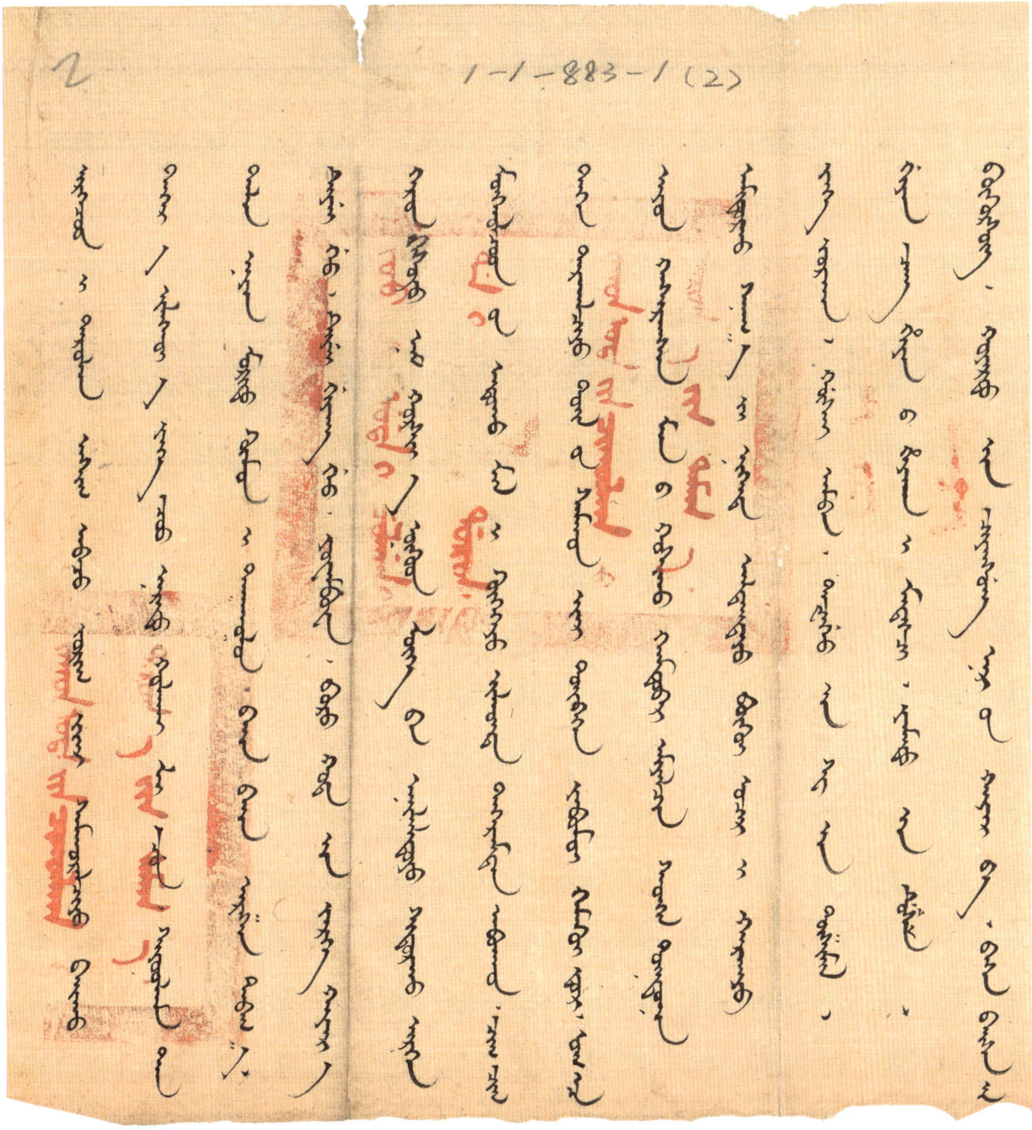

040

盟长印务暂护副盟长阿鲁科尔沁札萨克加六级多罗贝勒为派兵清除乱贼事札盟务帮办原盟备兵札萨克兼翁牛特札萨克和硕亲王品级加六级军功加二级多罗杜棱郡王赞巴勒诺尔布、协理二等台吉济雅图文

光绪二十四年七月初五日

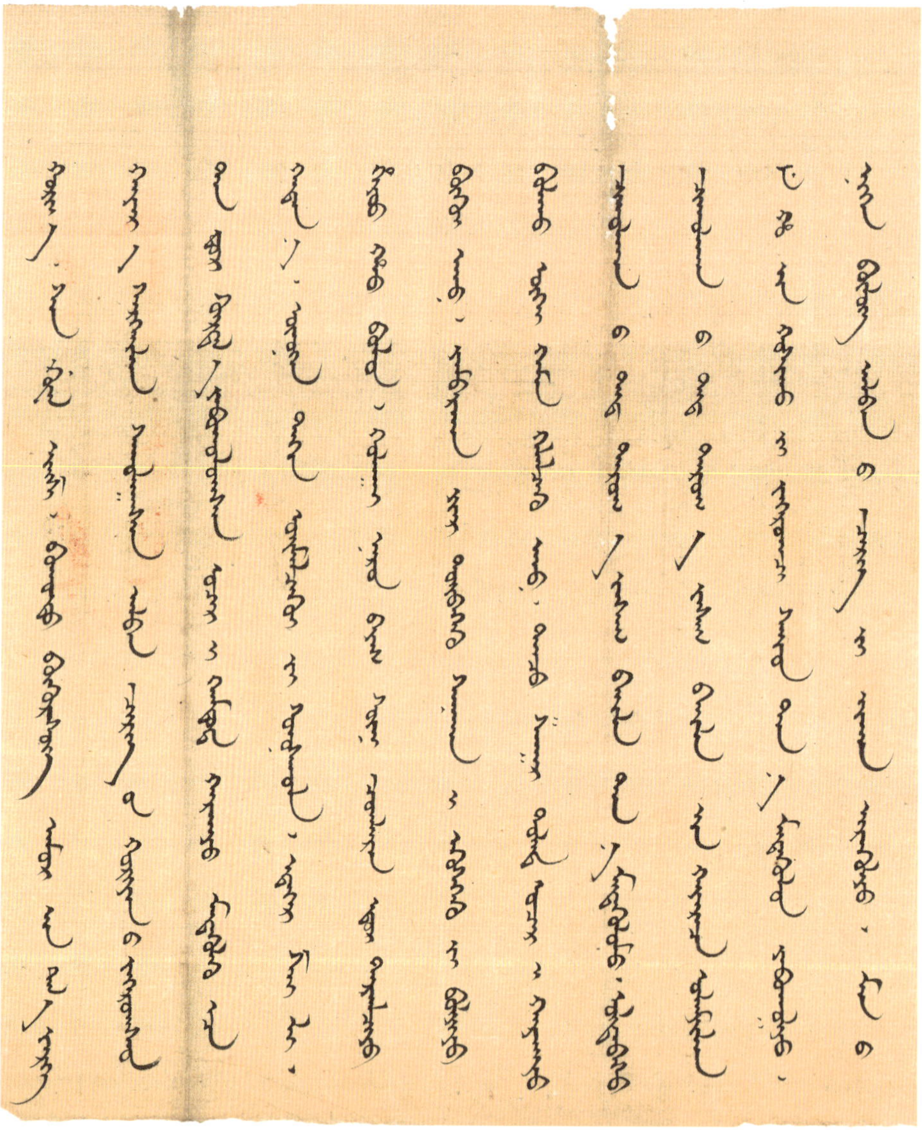

盟长印务暂护副盟长阿鲁科尔沁札萨克加六级多罗贝勒为派兵清除乱贼事札盟务帮办原盟备
兵札萨克兼翁牛特札萨克和硕亲王品级加六级军功加二级多罗杜棱郡王赞巴勒诺尔布、协理
二等台吉济雅图文

光绪二十四年七月初五日

盟长印务暂护副盟长阿鲁科尔沁札萨克加六级多罗贝勒为派兵清除乱贼事札盟务帮办原盟备兵札萨克兼翁牛特札萨克和硕亲王品级加六级军功加二级多罗杜棱郡王赞巴勒诺尔布、协理二等台吉济雅图文

光绪二十四年七月初五日

1-1-883-1(3)

盟长印务暂护副盟长阿鲁科尔沁札萨克加六级多罗贝勒为派兵清除乱贼事札盟务帮办原盟备兵札萨克兼翁牛特札萨克和硕亲王品级加六级军功加二级多罗杜棱郡王赞巴勒诺尔布、协理二等台吉济雅图文

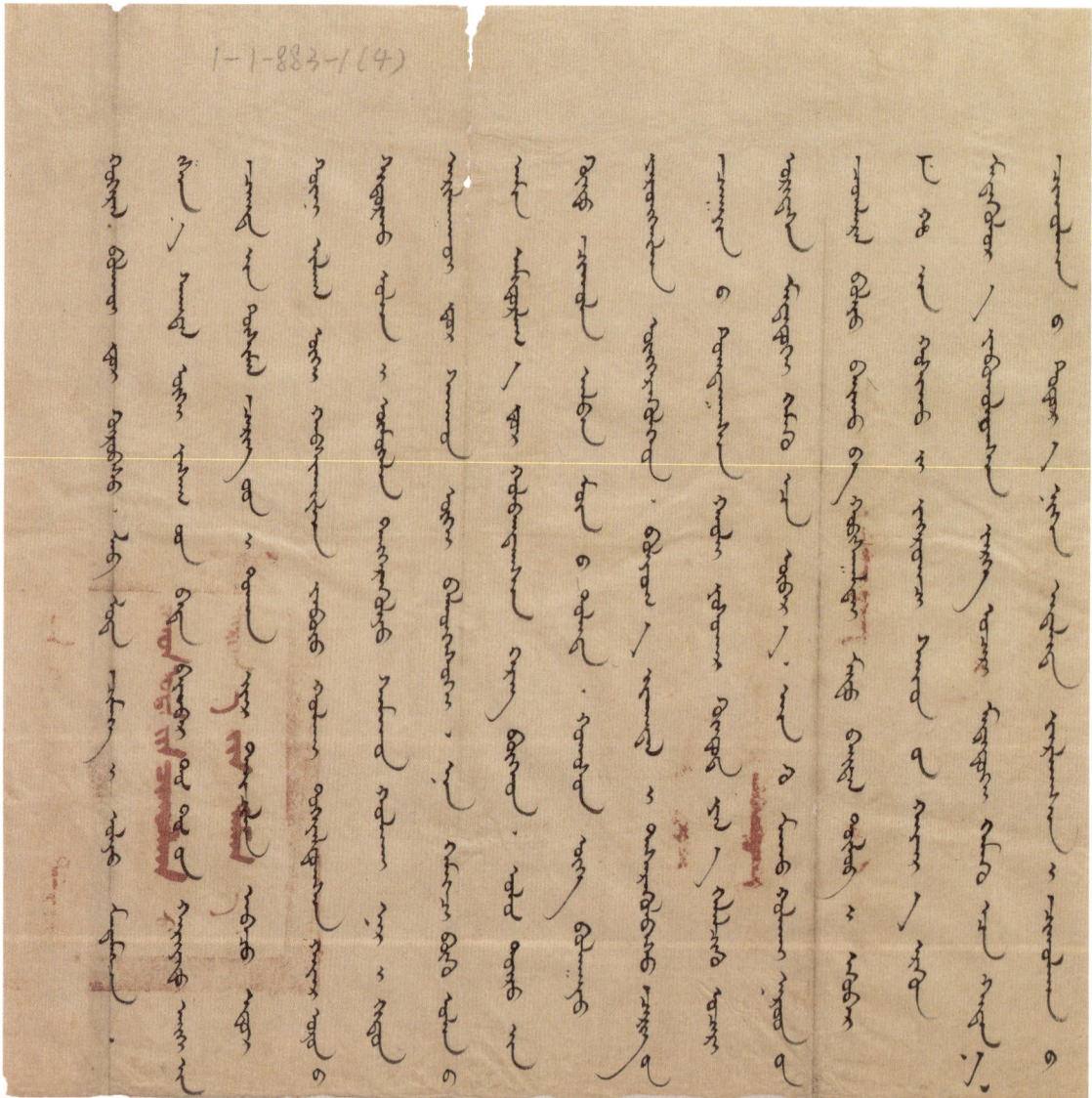

1-1-883-1(4)

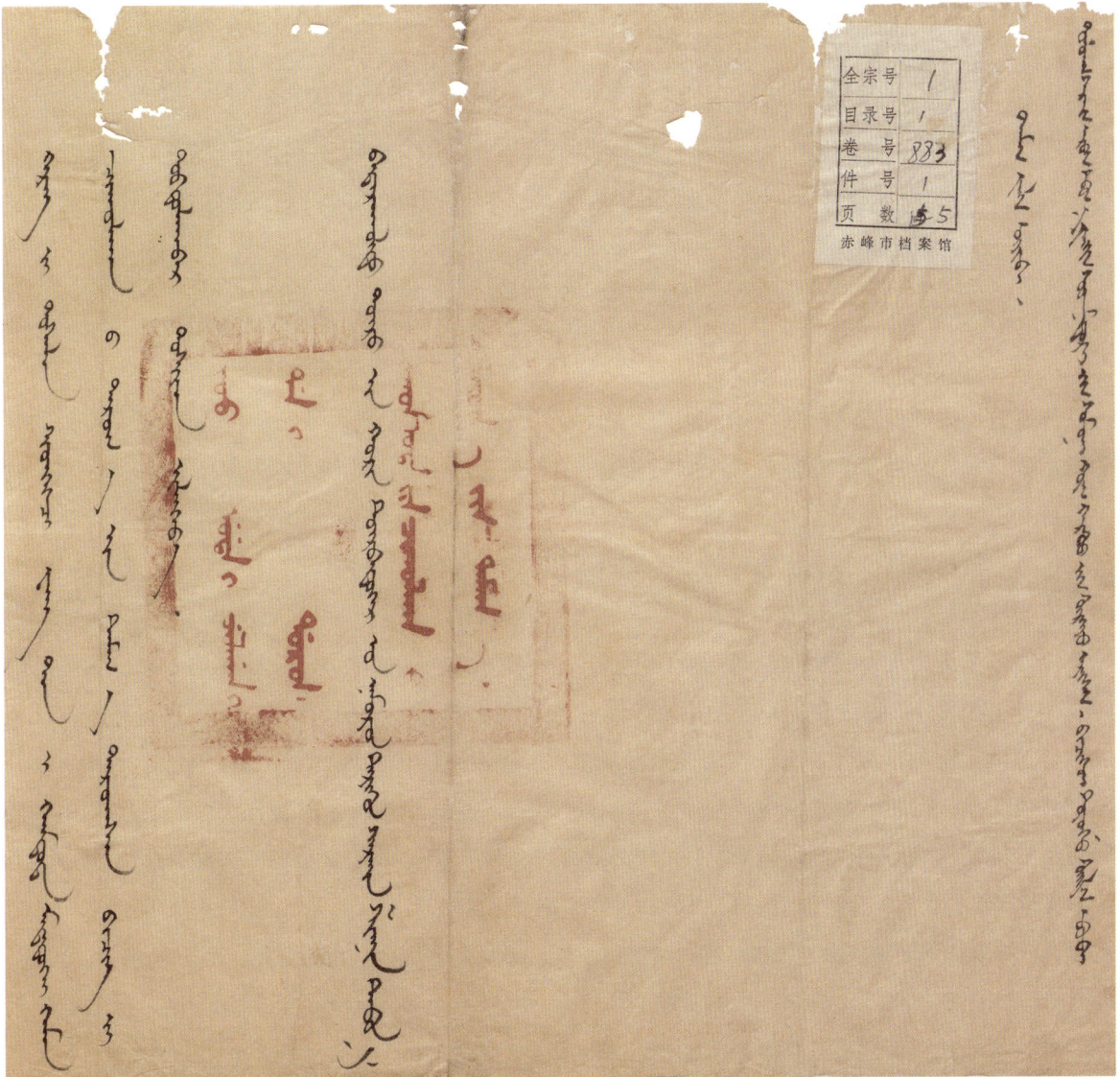

全宗号 1
目录号 1
卷 号 883
件 号 1
页 数 5

赤峰市档案馆

盟长印务暂护副盟长阿鲁科尔沁札萨克加六级多罗贝勒为派兵清除乱贼事札盟务帮办原盟备兵札萨克兼翁牛特札萨克和硕亲王品级加六级军功加二级多罗杜棱郡王赞巴勒诺尔布、协理二等台吉济雅图文

署理盟长印务副盟长阿鲁科尔沁札萨克加六级多罗贝勒札盟务帮办原盟备兵札萨克兼翁牛特札萨克和硕亲王品级加六级军功加二级多罗杜棱郡王赞巴勒诺尔布、协理二等台吉济雅图文，为知悉事。今年六月二十五日，敖汉旗札萨克印务暂护协理台吉根敦扎布等处呈两件印文称，今年四月我旗建昌高粱地、窄街扬子、后坡地等地运枪械，财力、小号等几百人聚集唱戏、搞庆典，行为野蛮，殴打民众，像十七年叛乱一样慌乱、恐怖，尤其马匪七八十人结伙，横行霸道，抢掠本分种地蒙古人、民人[①]牲畜财产，结果如何很难预测。该旗台吉、百姓已经有过一次劫难，而且该旗训练的军警骑兵因恐惧各自偷着从兵营逃出，虽派旗员传来，但未能前来报到。于是鞭惩各札兰，严饬找回各自兵丁一事，呈报。另，今奉副盟长札萨克贝勒处饬令，在莲花瀑布、砖头湾三十房、察干陶海、拴马驿站五十家、昆都仑等地札兰章京日格济布、根敦、济格扎布、孛黑济雅、那森宝彦等各自把自己所领军警召唤来，本人亲自带领，分别驻防这些地方，在路过地方截住这些乱贼并抓捕一事，呈报副盟长札萨克贝勒，备具札萨克印文已呈报。又呈报事，今众人议论，建昌高粱地、窄街扬子等地财力、小号等几百人集合搞庆典唱戏，欺负老实种地民人，获取不当利益，制造慌乱。尤其是李春、晓兰等七八十个马匪有时到阿日善岭、铁沟、铁匠沟、元宝洼、波罗河屯等地流窜，与同党勾结，抢老实牧民牲畜后四处散去，引起骚乱。已经厌烦动乱之本旗民众更是失去生活信心。为此，向大部，都统，塔子沟司员，建昌县知县，衙门官员，布

① 民人：此处主要指当地的汉人。

盟长印务暂护副盟长阿鲁科尔沁札萨克加六级多罗贝勒为派兵清除乱贼事札盟务帮办原盟备兵札萨克兼翁牛特札萨克和硕亲王品级加六级军功加二级多罗杜棱郡王赞巴勒诺尔布、协理二等台吉济雅图文

光绪二十四年七月初五日

呼日松、浩雅日图千总等处及贝子府、三沟营子、宝坤图、布呼日松、阿木尔塔拉驻防军营官员等一同呈报。另，最近又议论财力、小号等贼匪夜里集合，白天散去，不知商议何时起乱，很难猜测。呈报副盟长札萨克贝勒，请副盟长札萨克贝勒处转呈热河都统，派来一些官兵驻防我旗老哈河以北地区，巡视抓获地方盗贼，安顿蒙古百姓事，备具札萨克印文呈上。案查，今年五月十六日和三十日，翁牛特札萨克达尔汉岱青贝勒花莲处屡次呈来札萨克印文，称今年闰三月以来，我旗境内几次十多个马匪带俄罗斯火枪闯进忠厚台吉、百姓房屋，明抢众多牲畜，糟践人命，影响百姓安定生活，望札文边界相连的札萨克旗防御这类贼匪突然袭击一事，每呈报后，副盟长札萨克贝勒从我处把这些呈报文抄写，与翁牛特毗邻敖汉、奈曼、巴林等各札萨克旗用盟长印文传饬，各旗在边界有疑点处派去各自军警练兵进行驻防，追寻这类乱贼出没行迹，巡查抓捕事宜，已录在案。今协理

台吉根敦扎布等处用印文呈报一事，案查，他们旗建昌高粱地、窄街扬子等地不良游民和马匪串联一事不能当作谣言轻松对待，提前防范，谨慎为好。为此，到札文后，札萨克、协理等细阅领会札文内容，马上把旗内军警练兵驻防到边界地方进行防范盗贼，将这一队兵丁所用武器、马匹、口粮等备齐。不论何时何地，匪贼在我盟内作乱时，得到消息后立刻带领该旗官兵日夜兼程去庇护遇贼地方百姓，不得耽误清除乱贼。这涉及百姓生存大事、国家要差，不能当空话来应付，到达指定时间、地点，若有贻误，按军法处置一事，提前告知。另，这些乱贼集合叛乱等事宜，已呈报热河都统。盟内已札付事，盟务帮办王爷为知悉事，备具盟长印文，特此，札行。

光绪二十四年七月初五日印务札兰阅。

七月十五日，章京索南多杰索伦披甲哈日夫送来，笔帖式图云古接收。

235

041

盟长印务暂护副盟长阿鲁科尔沁札萨克加六级多罗贝勒为派兵铲除乱贼事札盟务帮办原盟备兵札萨克兼翁牛特札萨克和硕亲王品级加六级军功加二级多罗杜棱郡王赞巴勒诺尔布、协理二等台吉加二级济雅图文

光绪二十四年七月三十日

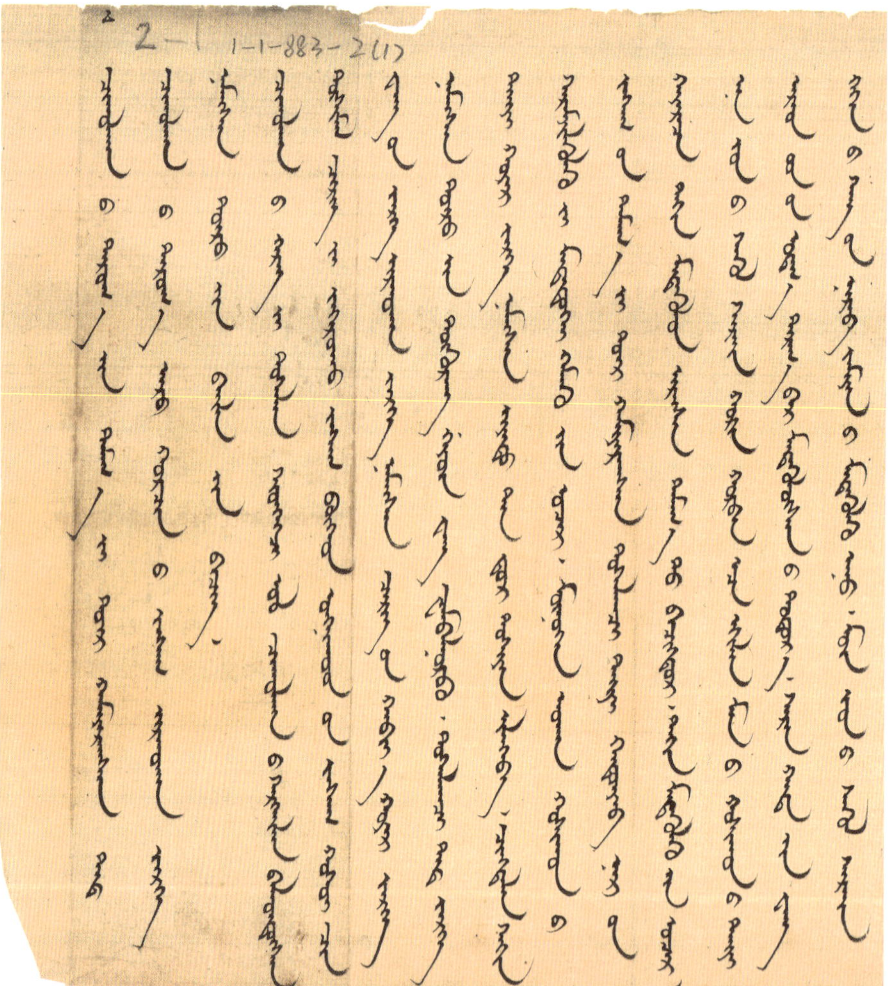

盟长印务暂护副盟长阿鲁科尔沁札萨克加六级多罗贝勒为派兵铲除乱贼事札盟务帮办原盟备
兵札萨克兼翁牛特札萨克和硕亲王品级加六级军功加二级多罗杜棱郡王赞巴勒诺尔布、协理
二等台吉加二级济雅图文

041

239

041

盟长印务暂护副盟长阿鲁科尔沁札萨克加六级多罗贝勒为派兵铲除乱贼事札盟务帮办原盟备兵札萨克兼翁牛特札萨克和硕亲王品级加六级军功加二级多罗杜棱郡王赞巴勒诺尔布、协理二等台吉加二级济雅图文

光绪二十四年七月三十日

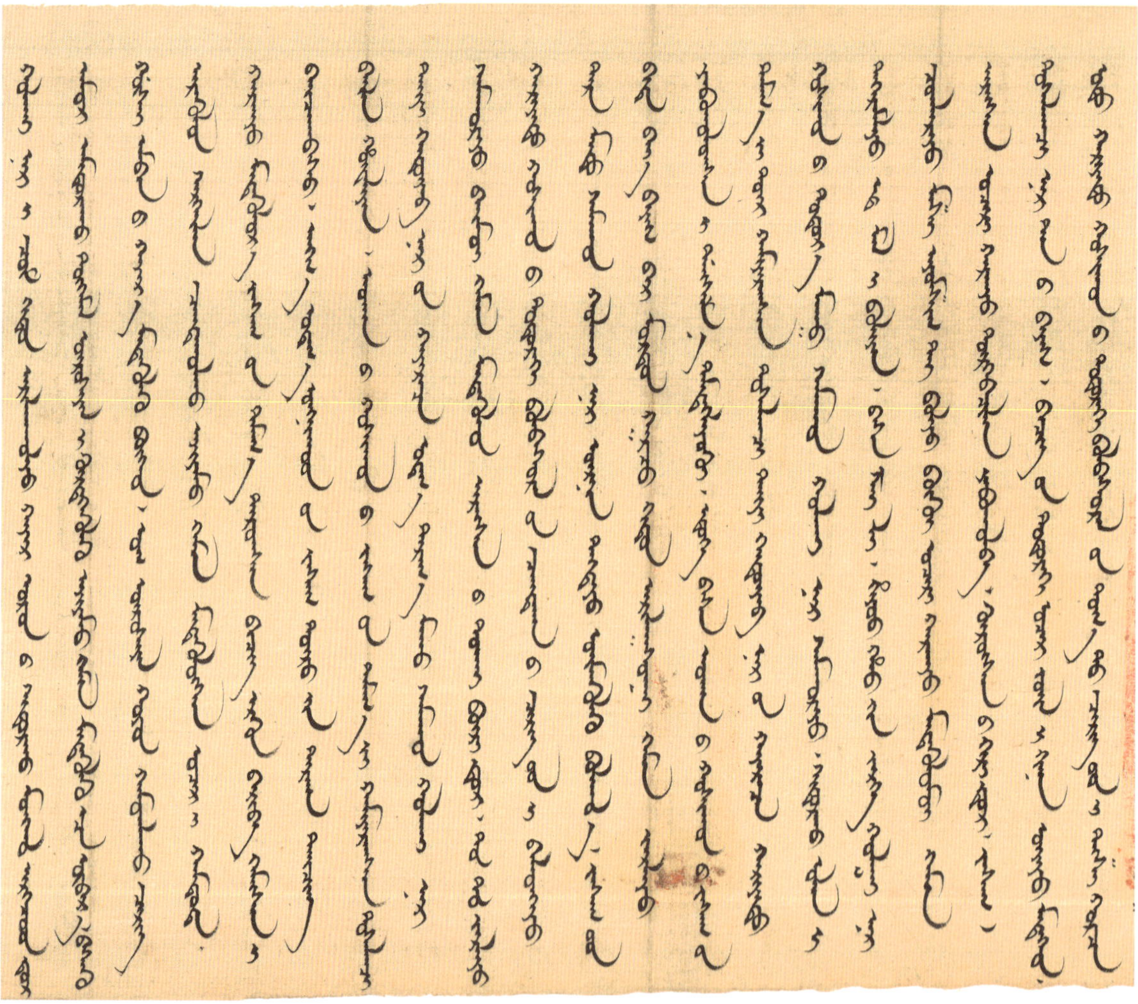

041

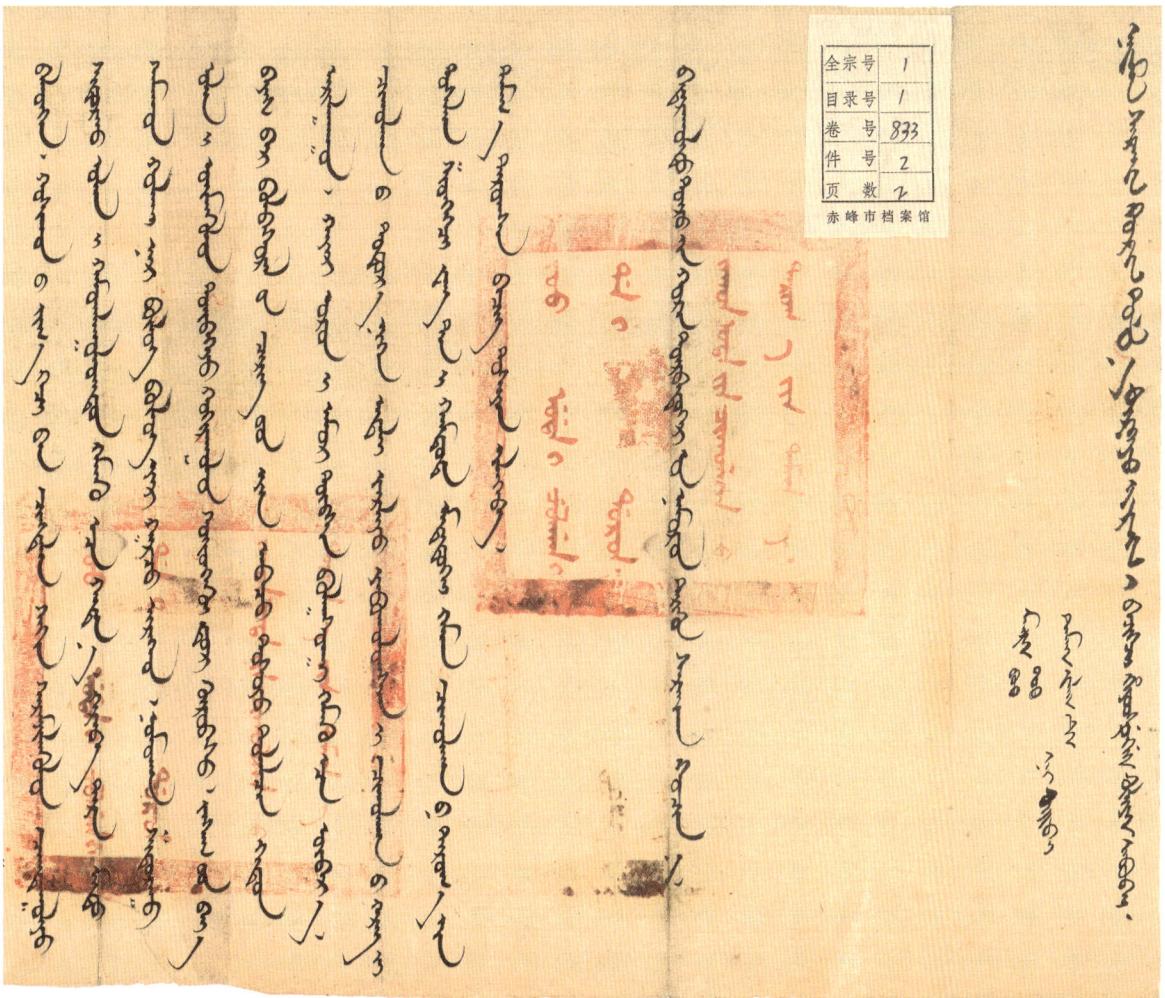

241

盟长印务暂护副盟长阿鲁科尔沁札萨克加六级多罗贝勒为派兵铲除乱贼事札盟务帮办原盟备兵札萨克兼翁牛特札萨克和硕亲王品级加六级军功加二级多罗杜棱郡王赞巴勒诺尔布、协理二等台吉加二级济雅图文

盟长印务暂护副盟长阿鲁科尔沁札萨克加六级多罗贝勒札盟务帮办原盟备兵札萨克兼翁牛特札萨克和硕亲王品级加六级军功加二级多罗杜棱郡王赞巴勒诺尔布、协理二等台吉加二级济雅图文，为知悉严防事。今敖汉旗札萨克印务暂护协理台吉根敦扎布等处呈印文称，再呈报事。今年六月二十三日以来，我旗台吉民众屡次来呈报事：萨仁哈达王爷格根仓管尼尔巴扎木彦呈称，今六月十六日夜晚，持枪械的六名马匪闯入院内，抢去长枪四支、带鞍辔马六匹，还进屋抢去衣物、银款，到底抢去多少银款，官仓德木其自外地回来后详细列出清单呈报；又呈报，二十日，仓粮营子梅林希都尔古宝音、台吉宝汉岱家里闯进四名持枪匪头，抢去衣物、女人首饰等；二十五日，达拉齐营村长呈报，大喇嘛宁布、哈藩金扎拉胡带马绊子牧放的两匹马，被六名马匪直接牵走，这些马匪向东去进入披甲僧格家，毁坏马鞍及卧柜，抢去妇女儿童衣物、银簪子，连炕上毡子都抢去；二十六日，带火枪的六名马匪，进奥瑞庙西村章京额勒都家抢去衣物、女人银首饰及鞍辔四套，把牧放在草场上的十八匹马向南赶走；等等。各自前来报案事，已录在案。尤其财力、小号等匪贼设立据点聚集不断，加上匪贼成群结队在建昌高粱地、阿日善岭、元宝洼等地聚集，现在扩展到我旗北部地区，光天化日进行抢掠。今老哈河林子、柏尔合沙子里聚集一百多名贼匪，不知他们今后去向如何。又，阿鲁恩格胡村长来称，孤山子、平房、石门子、双庙寺等地民人村外牧放毛驴、牛等，又是被这帮乱贼抢劫赶走。白天难以赶路，只能夜间行走来禀报事宜。这与光绪十七年叛乱一样发展到七八千人团

伙，本分蒙古人、民人到了无法生活、灾难到了极点地步等，纷纷前来报告。等因。

指派该旗四札兰军警协理多罗郡王察格多尔扎布等去巡查乱贼一事已呈报，小号及乱贼几百人聚集已到了无法无天的地步一事，前已经向理藩院、都统、塔子沟司员、建昌县知县、驻我旗贝子府都司及驻浩雅尔图、布呼日松等处千总，以及巡访驻布呼日松、贝子府、三沟营子、小河沿等地驻防官兵等呈报后，因至今未能抓获，这帮乱贼更加猖獗、自豪。如今对老实蒙古人、民人生活及当差财产进行掠夺，成群结队，随心所欲，可能酿成影响政治安定的大事，再次提及呈报。请副盟长处转呈理藩院、热河都统，派来一些官兵清除这些作乱财力、小号等匪贼，抚恤地方老实蒙古百姓，另，呈请热河都统处，与原先请求派来官兵驻防一事一同出具札萨克印文呈请。案查，最初翁牛特札萨克多罗达尔汉岱青贝勒花莲、敖汉札萨克印

务护理协理根敦扎布等处，每次呈报乱贼猖獗时，分别传各旗以备属旗内军警练兵，如果这等乱贼猖獗作乱，我们札萨克亲自出马消灭一事，已录在案。今敖汉札萨克印务护理根敦扎布等地呈旗内乱贼猖獗，劫掠本分老实民众，抢夺牲畜，还有财力、小号等匪贼常聚集，到了非常危险境地事，呈报后立刻札文，收到文后，札萨克、协理等细阅领会文内内容，备齐该旗已练精锐兵丁，严防巡查旗边界，保护本分老实民众之外，如果那些乱贼成群结队出来扰乱、损害老实民众生活与利益，札萨克亲自带领练兵，消灭匪贼，恢复境内安定。另，为盟内一样札付一事，盟务帮办王等为一同知悉事，备具盟长印文，特此，札行。

光绪二十四年七月三十日

梅林鲍、陶，印务札兰等阅。

八月二十七日送达，笔帖式孝顺嘎接收。

盟务帮办原盟备兵札萨克兼翁牛特札萨克和硕亲王品级加六级军功加二级多罗杜棱郡王赞巴勒诺尔布、协理二等台吉加二级济雅图为旗内盗匪猖獗之故不能立刻到盟长处倾诉委屈事呈盟长印务护理副盟长阿鲁科尔沁札萨克加六级多罗贝勒文

光绪二十四年九月二十五日

盟务帮办原盟备兵札萨克兼翁牛特札萨克和硕亲王品级加六级军功加二级多罗杜棱郡王赞巴勒诺尔布、协理二等台吉加二级济雅图为旗内盗匪猖獗之故不能立刻到盟长处倾诉委屈事呈盟长印务护理副盟长阿鲁科尔沁札萨克加六级多罗贝勒文

光绪二十四年九月二十五日

盟务帮办原盟备兵札萨克兼翁牛特札萨克和硕亲王品级加六级军功加二级多罗杜棱郡王赞巴
勒诺尔布、协理二等台吉加二级济雅图为旗内盗匪猖獗之故不能立刻到盟长处倾诉委屈事呈
盟长印务护理副盟长阿鲁科尔沁札萨克加六级多罗贝勒文

光绪二十四年九月二十五日

全宗号	1
目录号	1
卷　号	949
件　号	2
页　数	1

赤峰市档案馆

盟务帮办原盟备兵札萨克兼翁牛特札萨克和硕亲王品级加六级军功加二级多罗杜棱郡王赞巴勒诺尔布、协理二等台吉加二级济雅图为旗内盗匪猖獗之故不能立刻到盟长处倾诉委屈事呈盟长印务护理副盟长阿鲁科尔沁札萨克加六级多罗贝勒文

盟务帮办原盟备兵札萨克兼翁牛特札萨克和硕亲王品级加六级军功加二级多罗杜棱郡王赞巴勒诺尔布、协理二等台吉加二级济雅图呈盟长印务暂护副盟长阿鲁科尔沁札萨克加六级多罗贝勒文，为回复事。本年九月十九日，盟长印务暂护副盟长贝勒处来文，内开，为速札行事。今九月初二日，我处接到盟长印文，为札行事，如何谨遵理藩院札文内容等。案查，文里所传协理福明、梅林色喜这两人，我旗没有符合姓名者。梅林朱荣嘎即王振海，已请假到大库伦朝拜，尚未回来。名色布兴格者，虽有这么一个人，但无职位，因年景不好，外出谋生。喇嘛巴雅尔带着上衙府信件交付到旗后，腰腿有病，去泡塔子沟用热水养病，还未回来。王赞巴勒诺尔布我本应立刻前去副盟长处领取信件进京才是，只是本旗东边敖汉、左翁牛特交接处贼匪猖獗，劫掠扰乱蒙古人民。热河都统已经多次饬令进行巡查。今刚奉饬集合本旗练兵官兵，继而分派他们带上口粮去巡逻边界，为此，先暂时请假，过后备齐乘骑、随从，今冬十月初出发到副盟长处倾诉委屈，为此，先等信回复。派梅林百宁嘎呈上。

光绪二十四年九月二十五日

043 右翁牛特王赞巴勒诺尔布为领枪事呈盟长贝勒文

光绪二十四年十二月二十二日

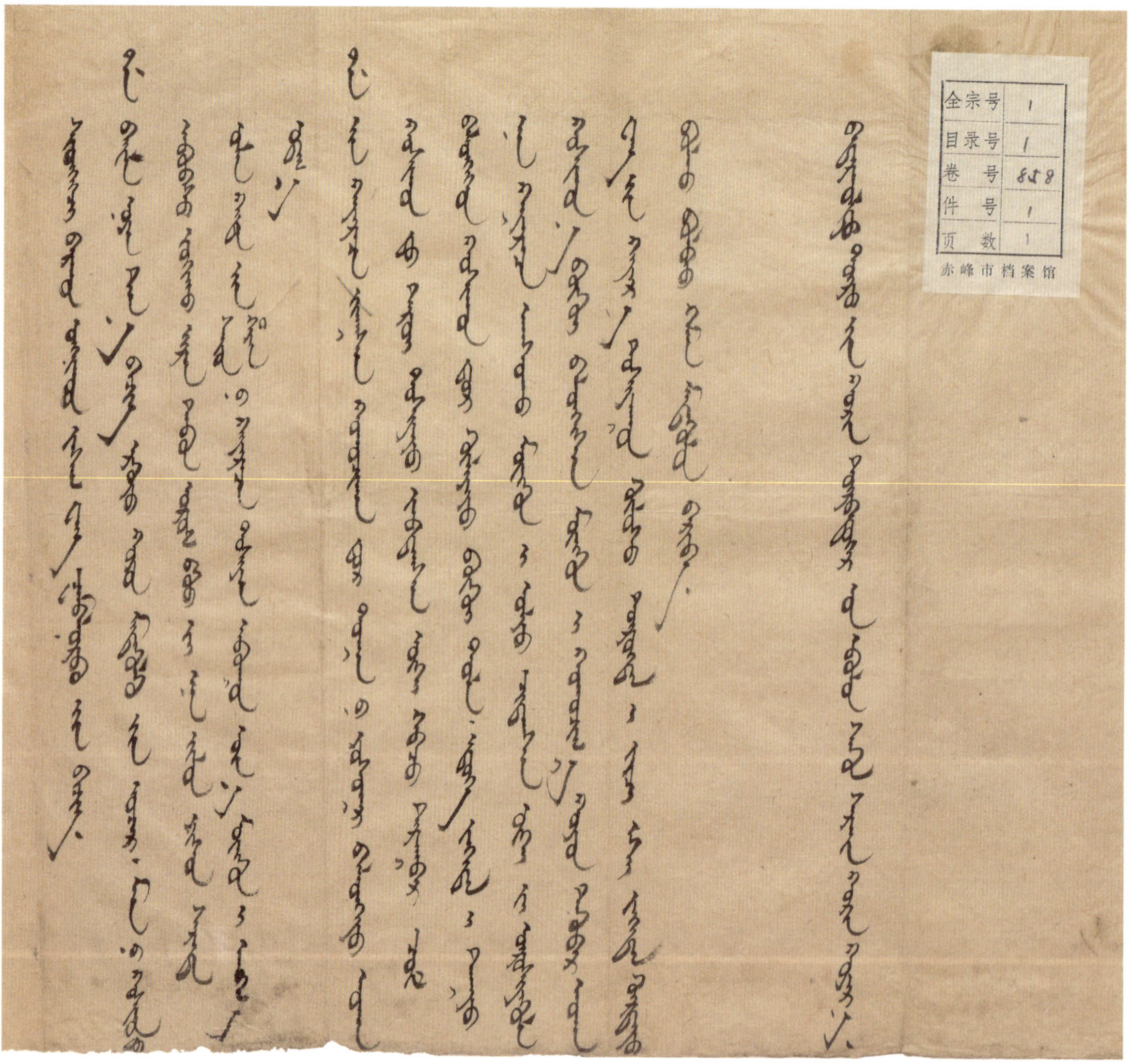

右翁牛特王赞巴勒诺尔布为领枪事呈盟长贝勒文

右翁牛特王赞巴勒诺尔布呈盟长贝勒文，为呈报事。本旗应领取六十五把俄罗斯火枪，今年九月自乌兰哈达县衙府领取，钱款未及在盟长处指定期限内交给敖汉旗。等下次全部备齐后送达。今用信件请求宽恕，备齐后限期内送达敖汉王府。希望另定交付时间、利息等内容后复文。为此，呈请。

光绪二十四年十二月二十二日

044 印务处为巡防地方事札旗员、四札兰、印务章京、骁骑校等文

光绪二十五年四月初一日

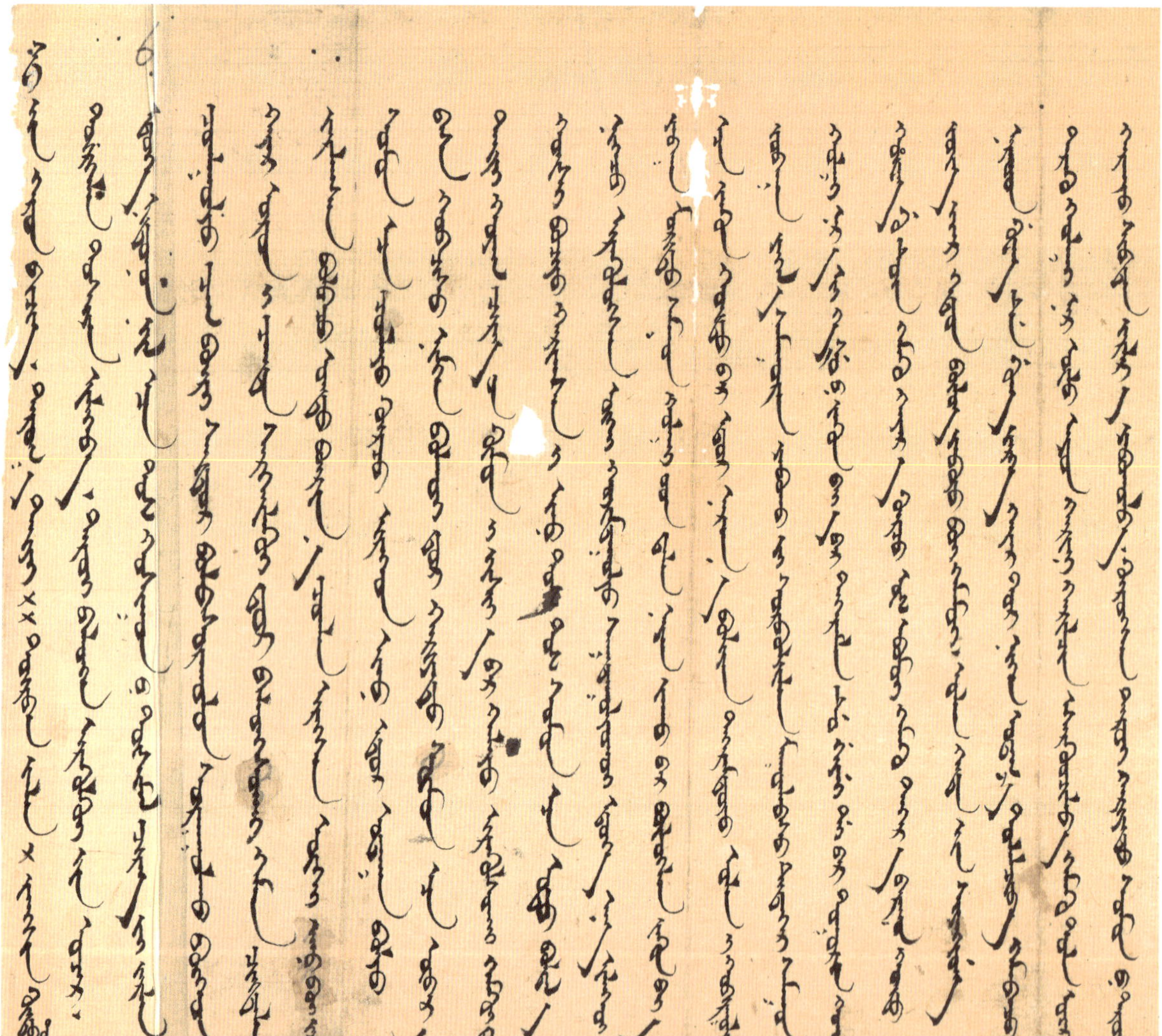

044

印务处为巡防地方事札旗员、四札兰、印务章京、骁骑校等文

光绪二十五年四月初一日

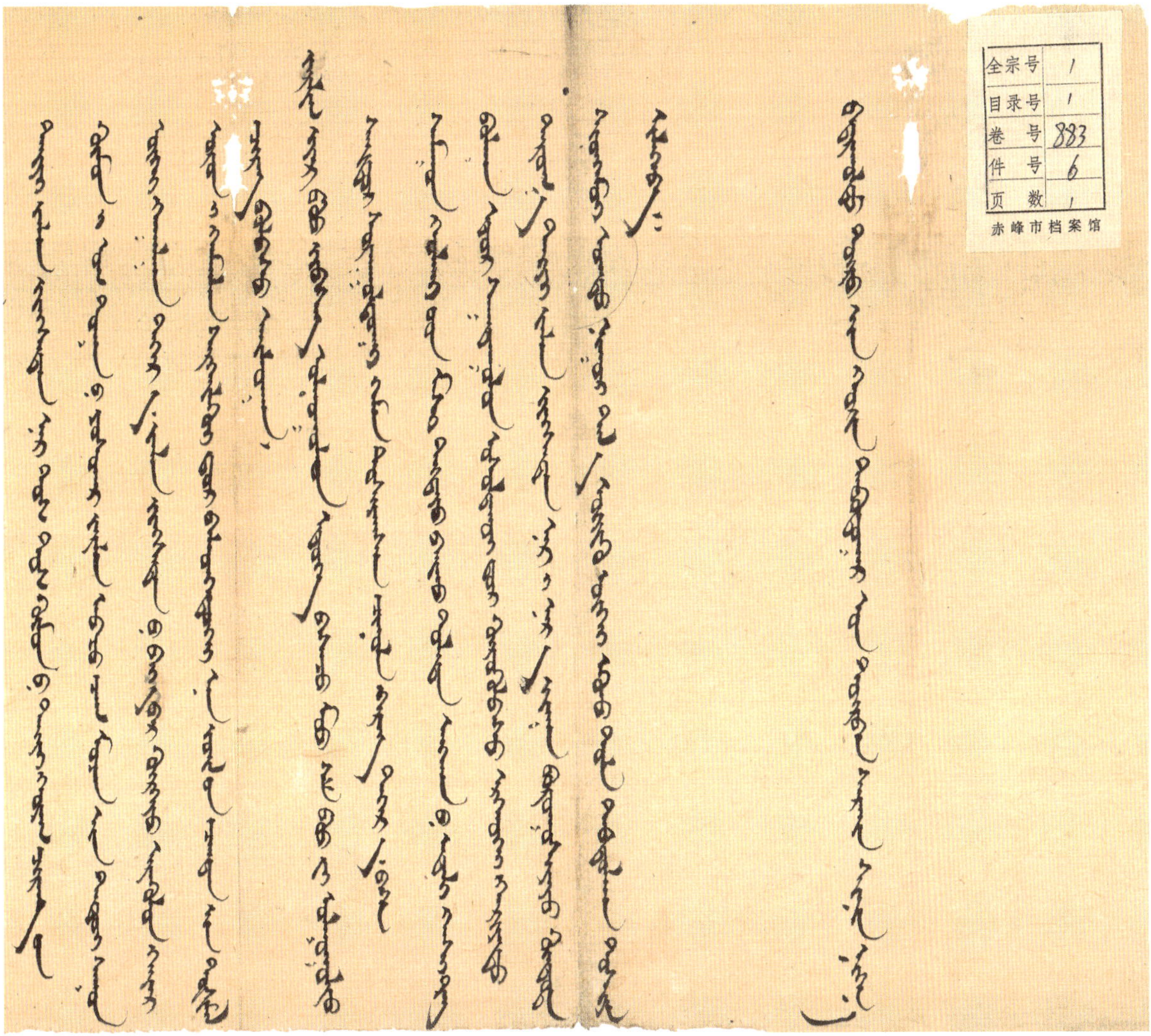

印务处为巡防地方事札旗员、四札兰、印务章京、骁骑校等文

　　印务处札旗员、四札兰、印务章京、骁骑校等文，为速备送来事。自去岁起严传各旗集合本旗官兵时刻加强训练，以备于巡防地方，有的未能全部到齐，有的从佐领处来集合后，因时间长、衣着薄而不适，回去后，请所属佐领派台吉、披甲人员来代替，但该佐领至今迟迟尚未派来。如今骑步贼人已经七八十百人队伍，东边及东北一带光天化日下抢劫掠夺，为难百姓，制造混乱。据探听，这些乱贼在伊和昭东边抢掠，绕杜集岱，到皇姑屯进行报复，加上在西北方向也有几个帮伙在行走。乌兰哈达乡勇等在广德公地方与其交战一次，但那些帮匪并无惧怕，针锋相对，进行抵抗。为此，催促札饬。接到饬令后，所属佐领旗员台吉、札兰、员弁等带领其披甲到府门来，势不容缓，札兰、员弁亲自到达以备保卫、巡防地方。奏闻后，上准授予这类军警官员枪械，今又授予毛瑟枪，嘱咐其必须练好。今乱贼非常猖獗，不能像以前一样贻误时间，如果有过错，必须对旗员、札兰、员弁等指名批评，严惩，不能给面子。为此，疾速札行。

光绪二十五年四月初一日

045 印务处为王、贝子等各回旗防守地方等事札族长等文

光绪二十五年四月二十日

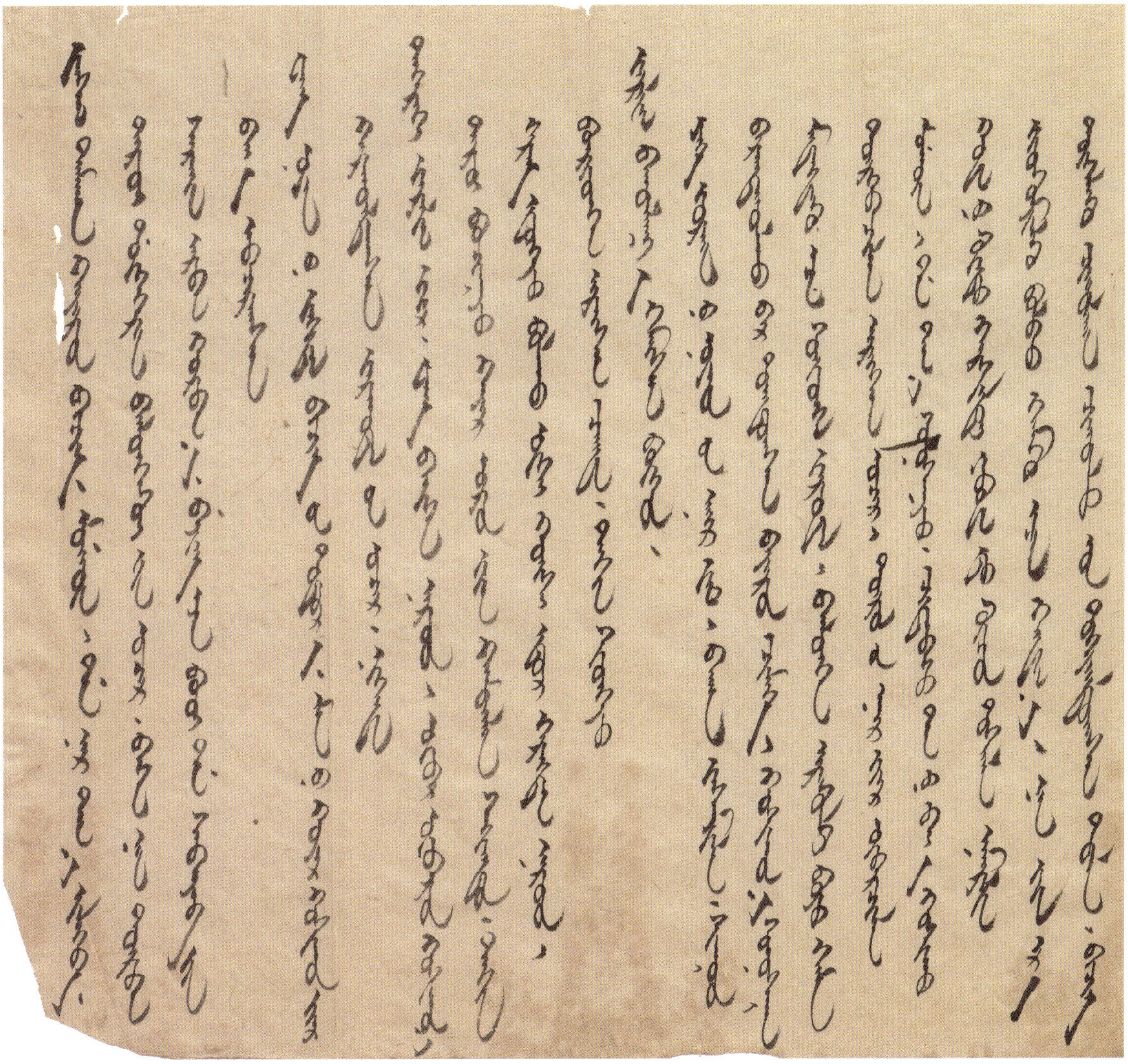

印务处为王、贝子等各回旗防守地方等事札族长等文

光绪二十五年四月二十日

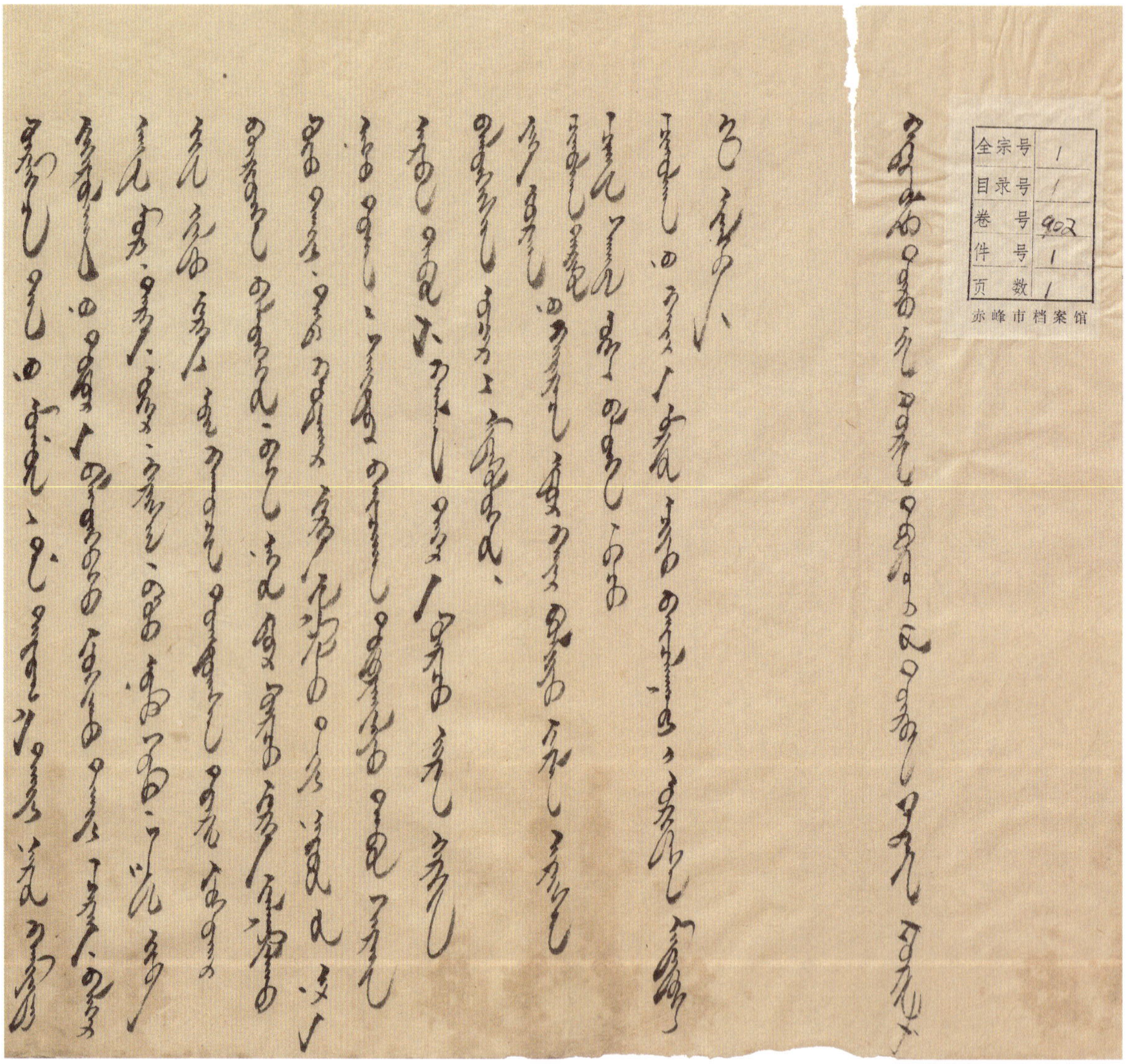

印务处为王、贝子等各回旗防守地方等事札族长等文

　　印务处札族长等文，为速备齐事。今四月十三日自北京包衣达色布格扎布带来王爷音信，内开。我们两个旗所遇案子，奉圣旨，王、贝子等各自返回自己旗保护地方，再不能挑起事端，等日后嫌疑人到案再审理时下旨。等因。理藩院官员减去了过多情面，将已定直接朝觐喜讯告知于旗，备齐差旅款等事，希望您在本旗家园遇困难时助一把力。此外，今年值比丁会盟之年，到文后，族长、台吉管辖内台吉兵、军马、车辆、牛、用品、火枪、弓箭、箭筒、箭头、刀、枪等应备齐照例备齐；另，及岁袭职台吉名称、年龄，袭职二等、三等台吉名称、年龄等，查明后，五月十五日前到府上呈报如何备齐等事。等理藩院、盟长处来饬定日期、地点时，无误送到会盟地受验等事，提前知悉事由，札行。

光绪二十五年四月二十日

046 印务处为按旧例备齐马匹、武器等事札旗员台吉文

光绪二十五年四月二十日

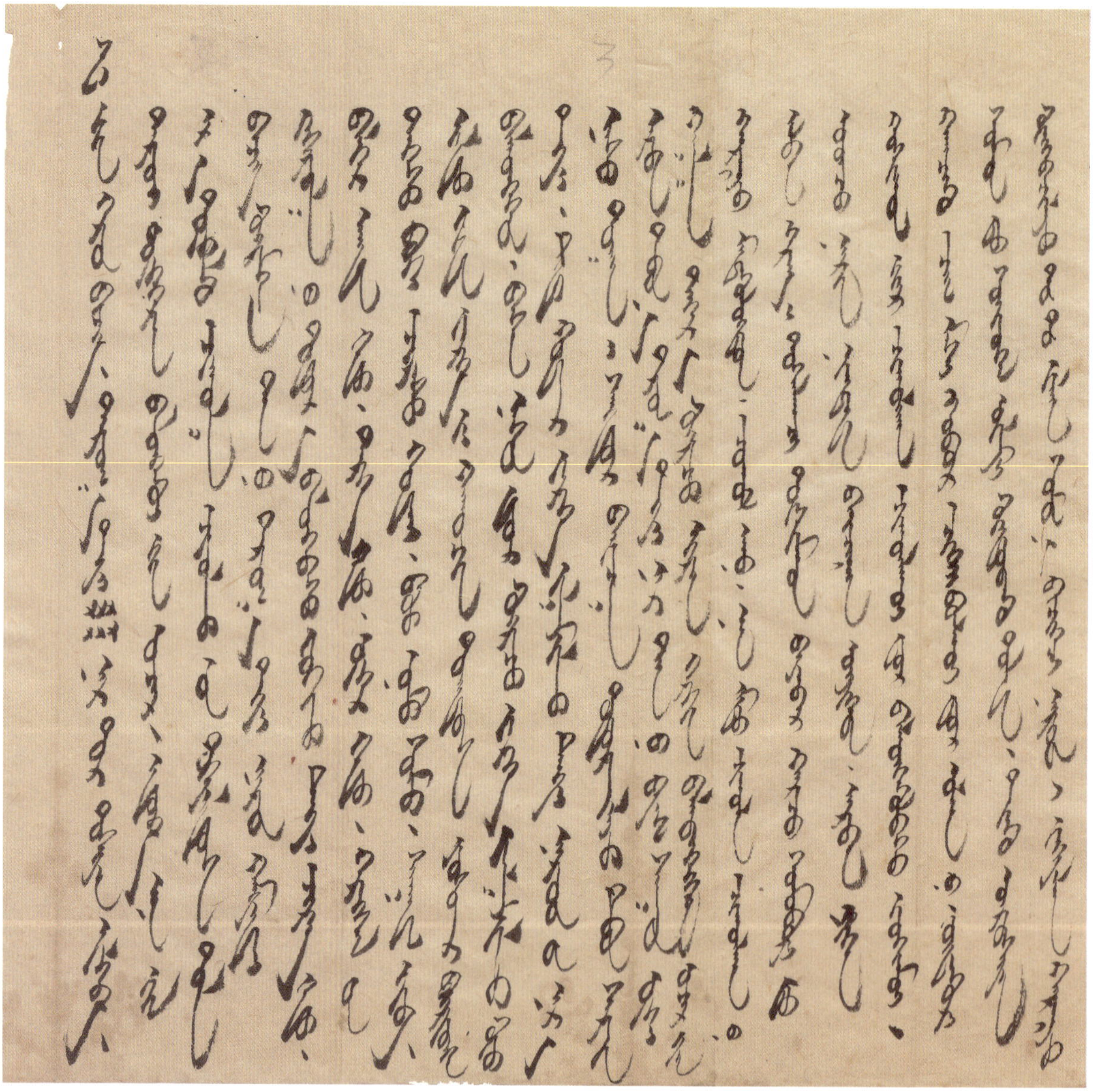

046 印务处为按旧例备齐马匹、武器等事札旗员台吉文

光绪二十五年四月二十日

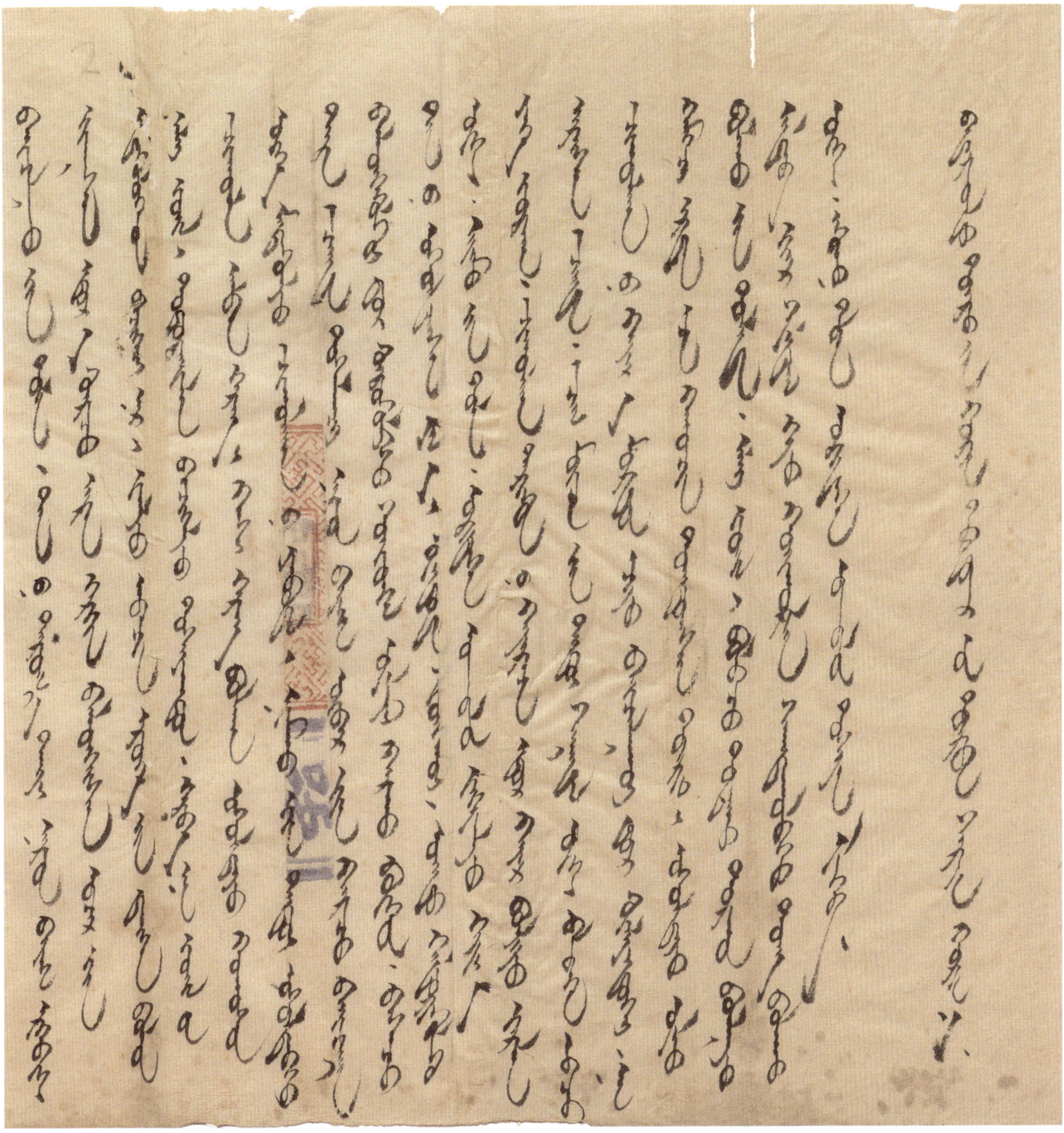

印务处为按旧例备齐马匹、武器等事札旗员台吉文

印务处札旗员台吉文，为速备齐事。今年值比丁会盟年，到文后，涉及贵旗员管辖应备台吉兵有几名，军马有几匹，车有几辆、牛几头，所用绳子、席子、货袋、火枪、弓箭、箭筒、刀、枪等等，按旧例统计并备齐。另，及岁袭职台吉名称、年龄，袭职二等、三等台吉名称、年龄，查明后，五月十五日旗员亲自到府上来呈报准备情况。其实，这等会盟差事本应协理员亲自出发到每佐领查看后，十一旗备会盟才是。只是时间紧迫，会给佐领带来负担，因此，开恩减轻，可派笔帖式去各札兰查看。为此，旗员必须于指定时期内到达，报准备情况，请派去的笔帖式造户册及各项事写清后交付。如果这等差事不认真对待，报虚假情况，贻误会盟，协理等亲自出发查看后重新做准备，不但费用增加，还严惩你们，不会宽恕。为此，提前传饬，等那天理藩院、盟长处定日期的札文来时，分秒不误，带去盟地等验收。这等事早有则例，不能违规，哪一样也不能缺少，不能借各种理由耽搁。为此，提前札行。

光绪二十五年四月二十日

盟长阿鲁科尔沁札萨克加六级多罗贝勒为热河诸要地添加兵丁并设总督事札盟务帮办原盟备
兵札萨克兼翁牛特札萨克和硕亲王品级加六级军功加二级多罗杜棱郡王赞巴勒诺尔布、协理
二等台吉加二级济雅图文

047

盟长阿鲁科尔沁札萨克加六级多罗贝勒为热河诸要地添加兵丁并设总督事札盟务帮办原盟备兵札萨克兼翁牛特札萨克和硕亲王品级加六级军功加二级多罗杜棱郡王赞巴勒诺尔布、协理二等台吉加二级济雅图文

光绪二十五年五月三十日

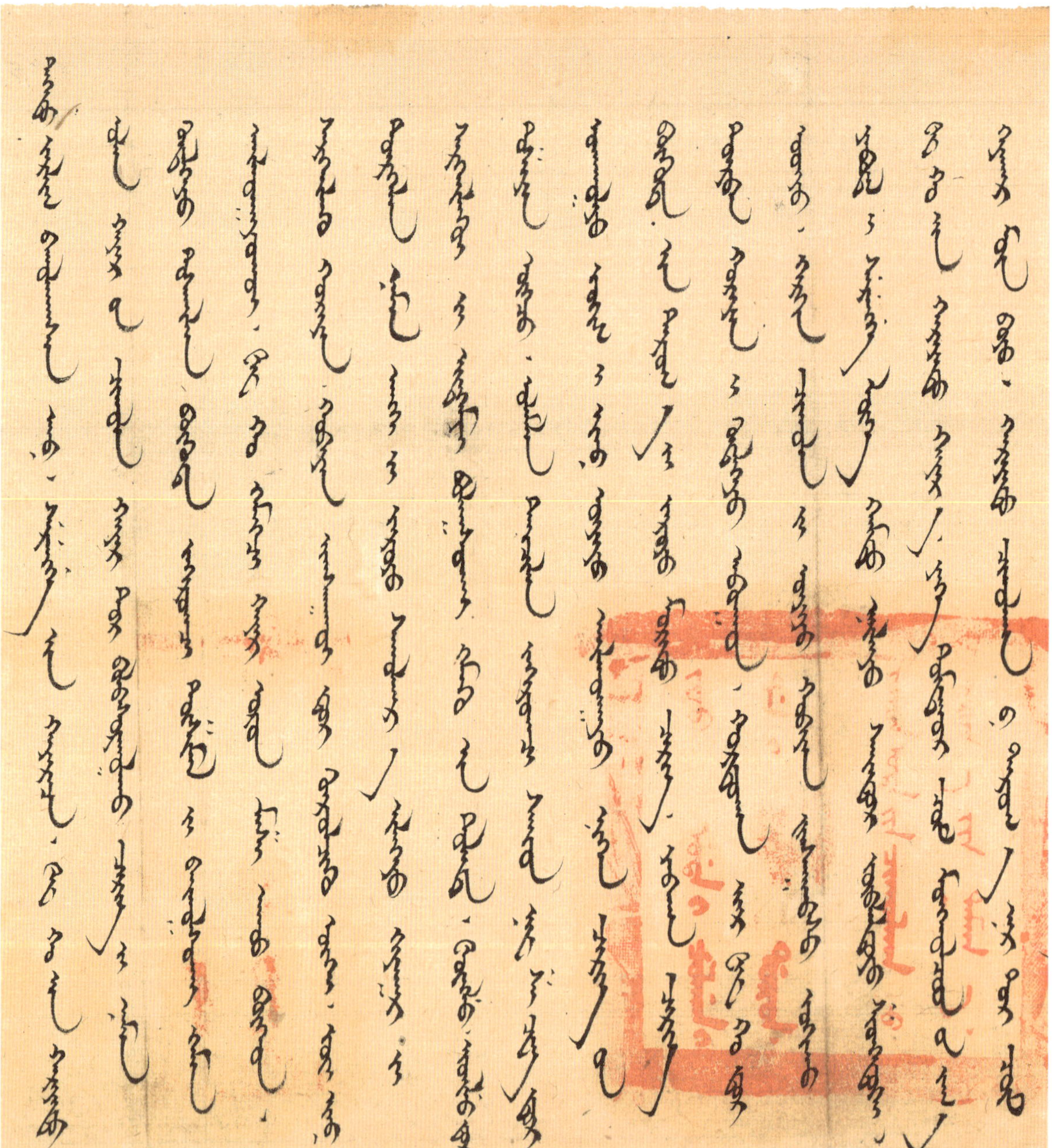

盟长阿鲁科尔沁札萨克加六级多罗贝勒为热河诸要地添加兵丁并设总督事札盟务帮办原盟备
兵札萨克兼翁牛特札萨克和硕亲王品级加六级军功加二级多罗杜棱郡王赞巴勒诺尔布、协理
二等台吉加二级济雅图文

盟长阿鲁科尔沁札萨克加六级多罗贝勒为热河诸要地添加兵丁并设总督事札盟务帮办原盟备
兵札萨克兼翁牛特札萨克和硕亲王品级加六级军功加二级多罗杜棱郡王赞巴勒诺尔布、协理
二等台吉加二级济雅图文

盟长阿鲁科尔沁札萨克加六级多罗贝勒为热河诸要地添加兵丁并设总督事札盟务帮办原盟备
兵札萨克兼翁牛特札萨克和硕亲王品级加六级军功加二级多罗杜棱郡王赞巴勒诺尔布、协理
二等台吉加二级济雅图文

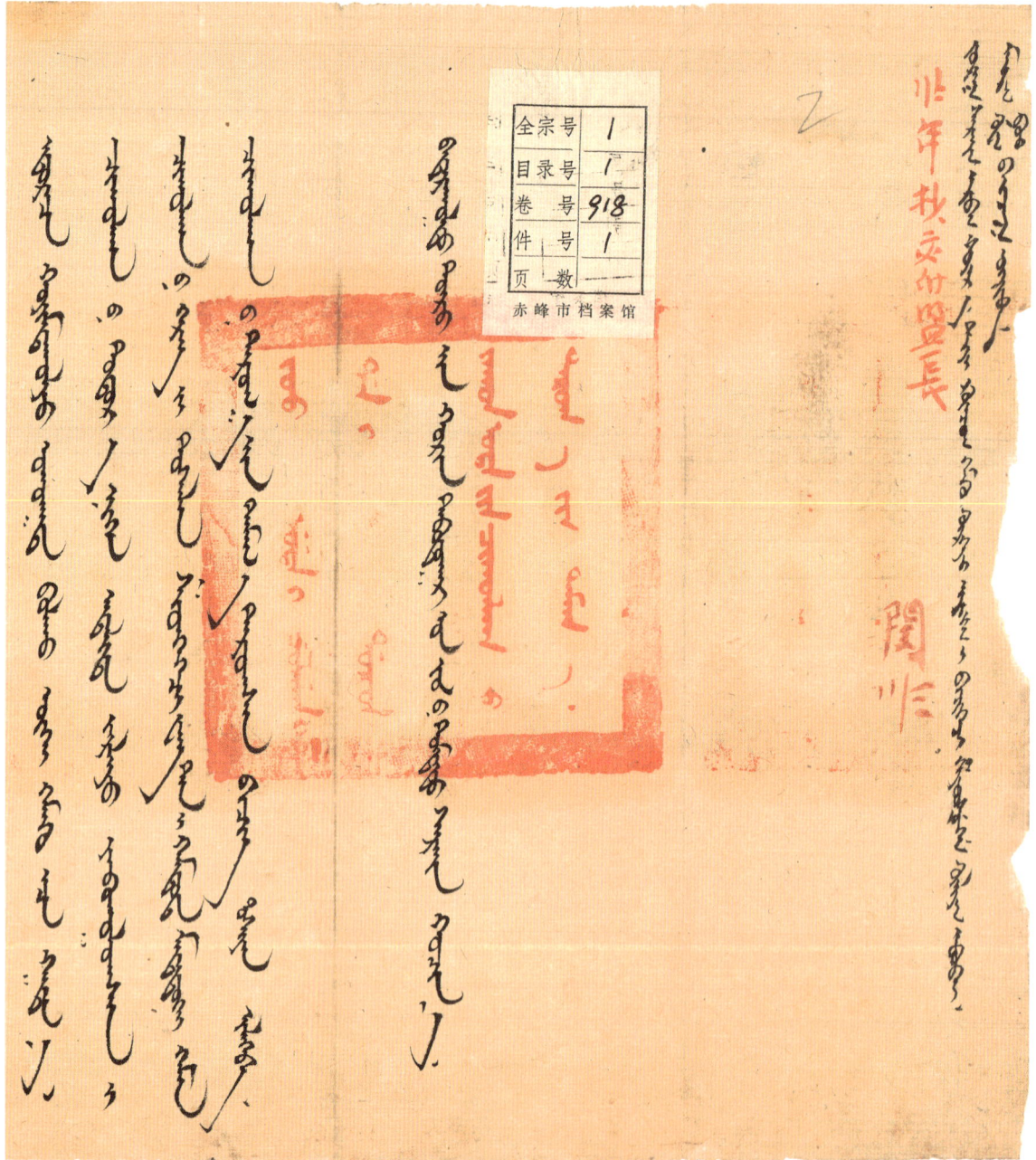

盟长阿鲁科尔沁札萨克加六级多罗贝勒为热河诸要地添加兵丁并设总督事札盟务帮办原盟备兵札萨克兼翁牛特札萨克和硕亲王品级加六级军功加二级多罗杜棱郡王赞巴勒诺尔布、协理二等台吉加二级济雅图文

盟长阿鲁科尔沁札萨克加六级多罗贝勒札盟务帮办原盟备兵札萨克兼翁牛特札萨克和硕亲王品级加六级军功加二级多罗杜棱郡王赞巴勒诺尔布、协理二等台吉加二级济雅图文，为速查并再次呈报事。今夏五月二十日我处接到理藩院文，内开，为札付事。兵部大臣咨文，光绪二十五年四月十六日谕旨："色棱格处奏，热河属地要地增添兵丁，设立都统等。热河地域广阔，守备兵营难分驻防，合理增添队伍，派往驻防，稳定边疆，成为依靠。等因。交给荣禄、玉禄，传提督聂士成适当时奏闻，派一名总管带领骑兵、步兵四营立刻前往热河，如何安排合理一事与色棱格一同商定办理。热河属地大半个是蒙古边界，所属盟长都有保护属地职责，把自己属地保护好就有利于防御边疆。"为此，札饬理藩院，转饬昭乌达、卓索图二盟，传至各旗，每旗当前有多少练兵等事，呈报管旗大臣，并查核。另附一纸奏文称，遵照饬令拨给驻防旗营练兵补助钱粮一事，请求直隶省练兵总管钱粮处每年拨一万两千两银子，按请求准行，等因。照抄原奏文，给荣禄、玉禄，理藩院阅示，并各自转饬通报，奉旨执行。为此，谨抄饬令，札昭乌达盟盟长，速传饬令各旗把练兵实况呈报热河都统，呈报我院等查核。为此，札行。

奉饬，案查，盟长札萨克贝勒我处每次转饬所属各札萨克，各旗备好骑兵，官兵时刻坚持操练，巡防盗贼，保持出兵状态一事，已录在案。如今照抄札文，札行，到达后，札萨克、协理等亲自细阅内容，领会后，该旗为训练军警派遣官员、员弁、兵丁、披甲及武器、军马等一切用品按原来数目如实查看、登记，不能缺少，并如何进行训练等事，造札萨克印文后一并呈报。派管旗章京或梅林章京等一位官员，在今年六月初五呈报到盟长札萨克贝勒我处来，不能耽搁，汇总后呈热河都统，不能错过指定日期。盟内一同札行外，为盟务帮办札萨克王知悉事由，备具盟长印文，特此，札行。

光绪二十五年五月三十日

六月十二日，由台吉衮楚克送来，笔帖式孝顺嘎接收。

048

盟务帮办原盟备兵札萨克兼翁牛特札萨克和硕亲王品级加六级军功加二级多罗杜棱郡王赞巴勒诺尔布、旗暂护札萨克印务协理二等台吉加二级济雅图为热河诸要地增派兵丁并专设总督事呈盟长阿鲁科尔沁旗札萨克郡王品级加六级多罗贝勒文

光绪二十五年八月十二日

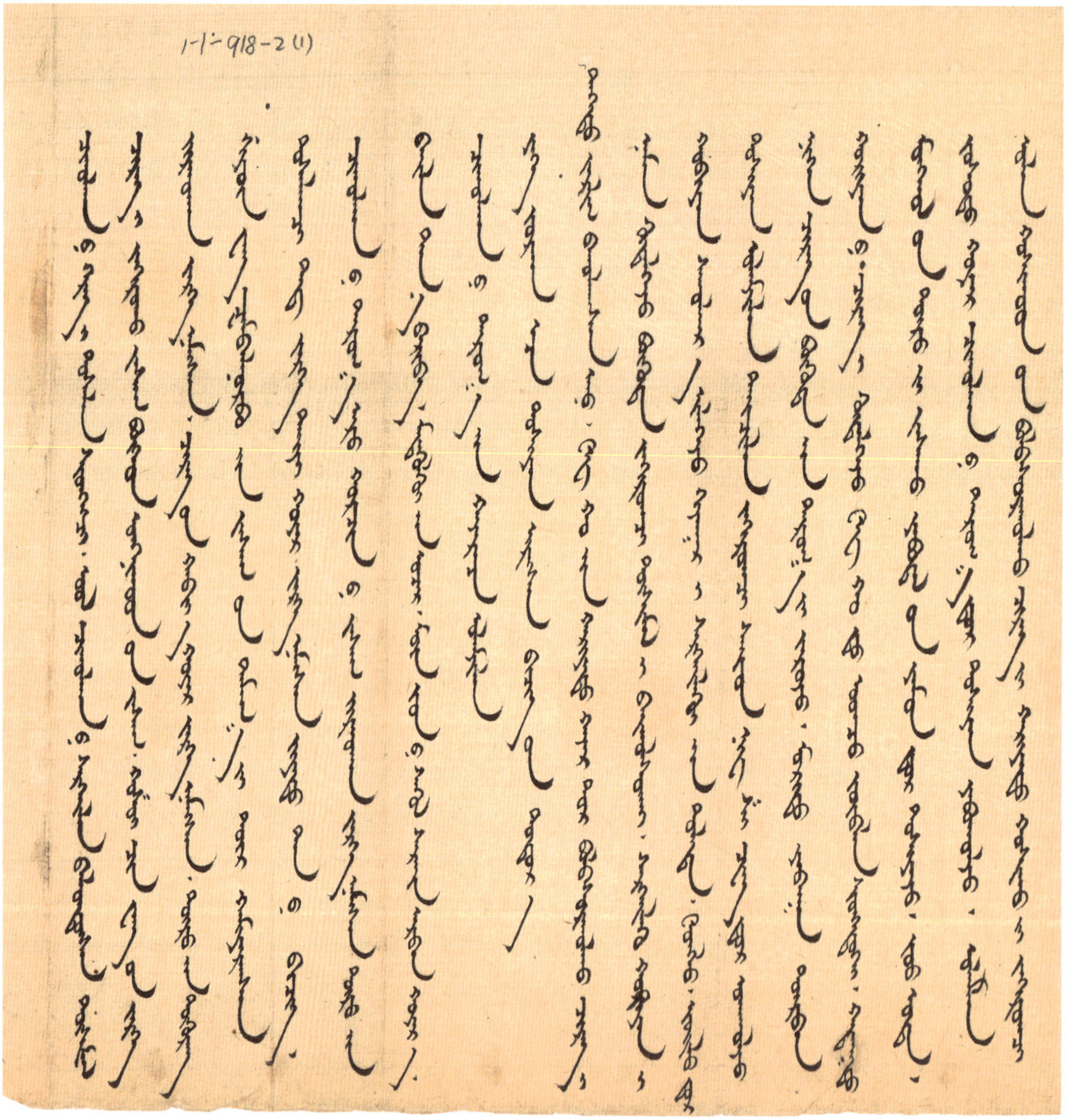

盟务帮办原盟备兵札萨克兼翁牛特札萨克和硕亲王品级加六级军功加二级多罗杜棱郡王赞巴勒诺尔布、旗暂护札萨克印务协理二等台吉加二级济雅图为热河诸要地增派兵丁并专设总督事呈盟长阿鲁科尔沁旗札萨克郡王品级加六级多罗贝勒文

光绪二十五年八月十二日

盟务帮办原盟备兵札萨克兼翁牛特札萨克和硕亲王品级加六级军功加二级多罗杜棱郡王赞巴勒诺尔布、旗暂护札萨克印务协理二等台吉加二级济雅图为热河诸要地增派兵丁并专设总督事呈盟长阿鲁科尔沁旗札萨克郡王品级加六级多罗贝勒文

光绪二十五年八月十二日

盟务帮办原盟备兵札萨克兼翁牛特札萨克和硕亲王品级加六级军功加二级多罗杜棱郡王赞巴勒诺尔布、旗暂护札萨克印务协理二等台吉加二级济雅图为热河诸要地增派兵丁并专设总督事呈盟长阿鲁科尔沁旗札萨克郡王品级加六级多罗贝勒文

光绪二十五年八月十二日

1-1-918-2(2)

盟务帮办原盟备兵札萨克兼翁牛特札萨克和硕亲王品级加六级军功加二级多罗杜棱郡王赞巴勒诺尔布、旗暂护札萨克印务协理二等台吉加二级济雅图为热河诸要地增派兵丁并专设总督事呈盟长阿鲁科尔沁旗札萨克郡王品级加六级多罗贝勒文

光绪二十五年八月十二日

盟务帮办原盟备兵札萨克兼翁牛特札萨克和硕亲王品级加六级军功加二级多罗杜棱郡王赞巴勒诺尔布、旗暂护札萨克印务协理二等台吉加二级济雅图为热河诸要地增派兵丁并专设总督事呈盟长阿鲁科尔沁旗札萨克郡王品级加六级多罗贝勒文

光绪二十五年八月十二日

048

全宗号 1
目录号 1
卷　号 818
件　号 2
页　数

赤峰市档案馆

048

盟务帮办原盟备兵札萨克兼翁牛特札萨克和硕亲王品级加六级军功加二级多罗杜棱郡王赞巴勒诺尔布、旗暂护札萨克印务协理二等台吉加二级济雅图为热河诸要地增派兵丁并专设总督事呈盟长阿鲁科尔沁旗札萨克郡王品级加六级多罗贝勒文

盟务帮办原盟备兵札萨克兼翁牛特札萨克和硕亲王品级加六级军功加二级多罗杜棱郡王赞巴勒诺尔布、旗暂护札萨克印务协理二等台吉加二级济雅图呈盟长阿鲁科尔沁旗札萨克郡王品级加六级多罗贝勒文，为呈报事。今夏六月十二日，盟长处转饬理藩院文，内开，圣旨："为热河等属地增派兵丁，设总督，派守备营分防边界事，札荣禄、玉禄，传提督聂士成派一名总管，调动骑兵、步兵四营去热河商定办理。"札付理藩院，札行昭乌达、卓索图两个盟盟长，传各旗练兵呈报管旗大臣，并查核，奏请直隶省练兵总管钱粮处每年拨一万两千两银子一事，札付昭乌达盟长。等因。奉旨，各旗练兵事立刻呈报热河都统，呈报本理藩院，各旗为训练军警派遣官员、员弁、兵丁、披甲及武器、军马等一切用品，按原数目登记，与如何进行训练等事宜一并呈报，以备转呈热河都统。奉饬，本旗派出练兵协理、梅林、章京、骁骑校、台吉、披甲等，器械、马匹等记清，另造

册子，盖骑缝章呈报。此外，这些兵丁在旗内经常训练，分路去巡查，防范盗贼等事宜一并呈报事，造札萨克印文呈上。

光绪二十五年八月十二日呈报事。案查，我旗派遣军警：

协理二等台吉加二级济雅图四十一岁、梅林章京四等台吉加三级宝音德力格尔五十六岁、佐领章京骑都尉罗卜藏四十三岁、骁骑校根儿五十岁；

札兰都荣章京嘎尔迪佐领兵云骑尉福珠三十七岁、兵根良五十岁、兵塔彬太四十八岁、兵赛音伯乐四十九岁；

章京马萨佐领兵胖子三十五岁、兵那森巴图四十九岁、兵双喜三十二岁、兵花萨三十八岁；

章京布仁乌力吉佐领兵扒虎三十七岁、兵根弟三十二岁、兵德勒格尔桑四十七岁；

章京丰山佐领兵丫头二十八岁、兵六十一四十七岁、兵金象二十五岁；

章京特格西那慕尔佐领兵锁住五十岁、兵

273

盟务帮办原盟备兵札萨克兼翁牛特札萨克和硕亲王品级加六级军功加二级多罗杜棱郡王赞巴勒诺尔布、旗暂护札萨克印务协理二等台吉加二级济雅图为热河诸要地增派兵丁并专设总督事呈盟长阿鲁科尔沁旗札萨克郡王品级加六级多罗贝勒文

光绪二十五年八月十二日

吉玲噶五十一岁、兵额尔敦达赖四十八岁、兵常运三十二岁；

章京福寿佐领兵四等台吉那森巴图四十四岁，兵四等台吉乌力吉门都三十九岁、兵四等台吉丹巴三十一岁、兵四等台吉额尔敦达赖二十四岁、兵四等台吉仁钦五十二岁、兵毛胡尔五十岁；

札兰那木吉勒扎布章京巴日扎佐领兵长青三十七岁，兵璀儿四十二岁、兵仓十三岁、兵锁住三十七岁；

章京乌日图那苏图佐领兵八十四十二岁，兵昌都三十八岁、兵邵云四十一岁；

章京刘成佐领兵常德二十三岁，兵锁住二十四岁、兵代孙三十八岁；

章京贺喜格佐领兵巴泽尔三十五岁，兵金锁二十四岁、兵喇嘛三十四岁；

章京德庆佐领兵宁布三十一岁，兵赛音乌力吉五十岁；

札兰金宝章京莫克邓格佐领兵四等台吉满迪瓦五十三岁，兵四等台吉阿纳五十三岁、兵四等台吉乌力吉三十三岁、兵四等台吉桑尤三十岁、兵锁住三十岁；

章京曹都纳木道尔吉佐领兵四等台吉哈拉夫五十二岁，兵四等台吉毛夫三十五岁、兵桑杰扎布三十九岁；

章京齐布都尔色仍佐领兵骁骑校四等台吉克伊四十五岁，兵四等台吉丹巴四十四岁；

章京阿木尔喜迪佐领兵云骑尉兵四等台吉伊庆嘎四十五岁，兵四等台吉额尔德尼巴日格其二十二岁、兵萨嘎拉二十九岁；

札兰吉兰泰章京正月佐领兵四等台吉淖日木丕勒四十八岁，兵乌力吉二十四岁；

章京胖子佐领兵四等台吉喜日拉泰五十三岁，兵四等台吉毕力格图三十九岁；

章京奥奇尔扎布佐领兵四等台吉恩和巴雅尔五十三岁，兵达里扎布五十一岁、兵玉玺宝四十七岁、兵五十古三十五岁；

章京布和佐领兵色日木宝五十一岁，连珠三十六岁；

章京长命佐领兵淖门珠拉五十三岁，兵金庸三十九岁、兵方队二十八岁。

以上这些军警里管兵协理、梅林二人配给火枪、刀两把，马两匹；佐领章京、骁骑校二人配给火枪、刀两把，马两匹；台吉、披甲六十五人骑马上赐给火枪，上发给火枪四十五把，竹把枪十七，箭筒、弓四副，箭头四百枚；另配大刀六十五把，用于练兵外马每人一匹。总计，旗一面，管兵协理一名，梅林一名，章京一名，骁骑校一名，台吉、披甲六十五名，火枪四十八把，竹把枪十七，箭筒、弓四副，箭头四百枚，大刀六十九把，马六十九匹。特造札萨克印文，盖骑缝章呈上。

光绪二十五年八月十二日

盟务帮办原盟备兵札萨克兼翁牛特札萨克和硕亲王品级加六级军功加二级多罗杜棱郡王赞巴勒诺尔布，协理二等台吉加二级济雅图、哈青嘎为各旗军警分驻要地巡防事呈盟长阿鲁科尔沁札萨克多罗郡王品级加六级多罗贝勒文

276

盟务帮办原盟备兵札萨克兼翁牛特札萨克和硕亲王品级加六级军功加二级多罗杜棱郡王赞巴勒诺尔布，协理二等台吉加二级济雅图、哈青嘎为各旗军警分驻要地巡防事呈盟长阿鲁科尔沁札萨克多罗郡王品级加六级多罗贝勒文

光绪二十六年六月初一日

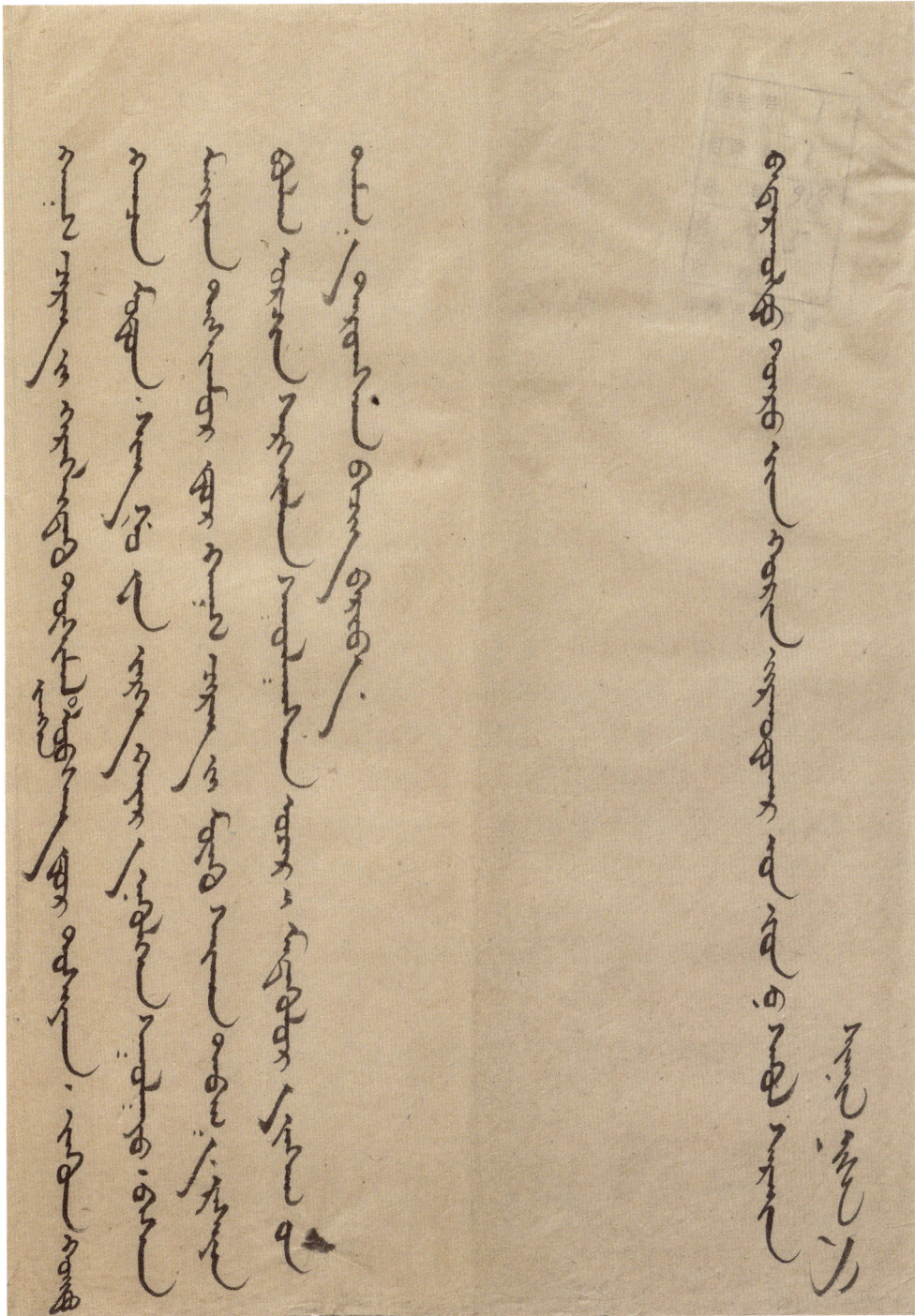

盟务帮办原盟备兵札萨克兼翁牛特札萨克和硕亲王品级加六级军功加二级多罗杜棱郡王赞巴勒诺尔布，协理二等台吉加二级济雅图、哈青嘎为各旗军警分驻要地巡防事呈盟长阿鲁科尔沁札萨克多罗郡王品级加六级多罗贝勒文

盟务帮办原盟备兵札萨克兼翁牛特札萨克和硕亲王品级加六级军功加二级多罗杜棱郡王赞巴勒诺尔布，协理二等台吉加二级济雅图、哈青嘎呈盟长阿鲁科尔沁札萨克多罗郡王品级加六级多罗贝勒文，为呈报事。今五月十七日，盟长札文，军警骑兵是否派遣到各旗偏僻地方驻防一事，派出梅林赛尚嘎与管兵协理一同查明呈报。奉饬，将驻我旗围场界塞罕坝、阿日善宝力高、纳沁锡力等驻防兵丁传来，与本旗协理员、派遣来梅林官和札萨克王我府在内，将兵丁原额数六十五名官兵所乘马匹、毛瑟枪、武器、子弹等全部查看。此外，案查，去岁驻防我旗东北界内地官兵，今移驻敖汉小河沿、哈拉套口，原驻纳沁锡力兵一半交给骑都尉罗卜藏，往东北甘察木都、杏树洼等地移驻，另一半交给梅林特格喜那木尔驻塞罕坝、阿日善宝力高等地。为此，特造札萨克印文呈上。

光绪二十六年六月初一日

278

050

巡防西围场界塞罕坝、阿日善宝力高、纳沁锡力等地官兵名册

光绪二十六年六月初一日

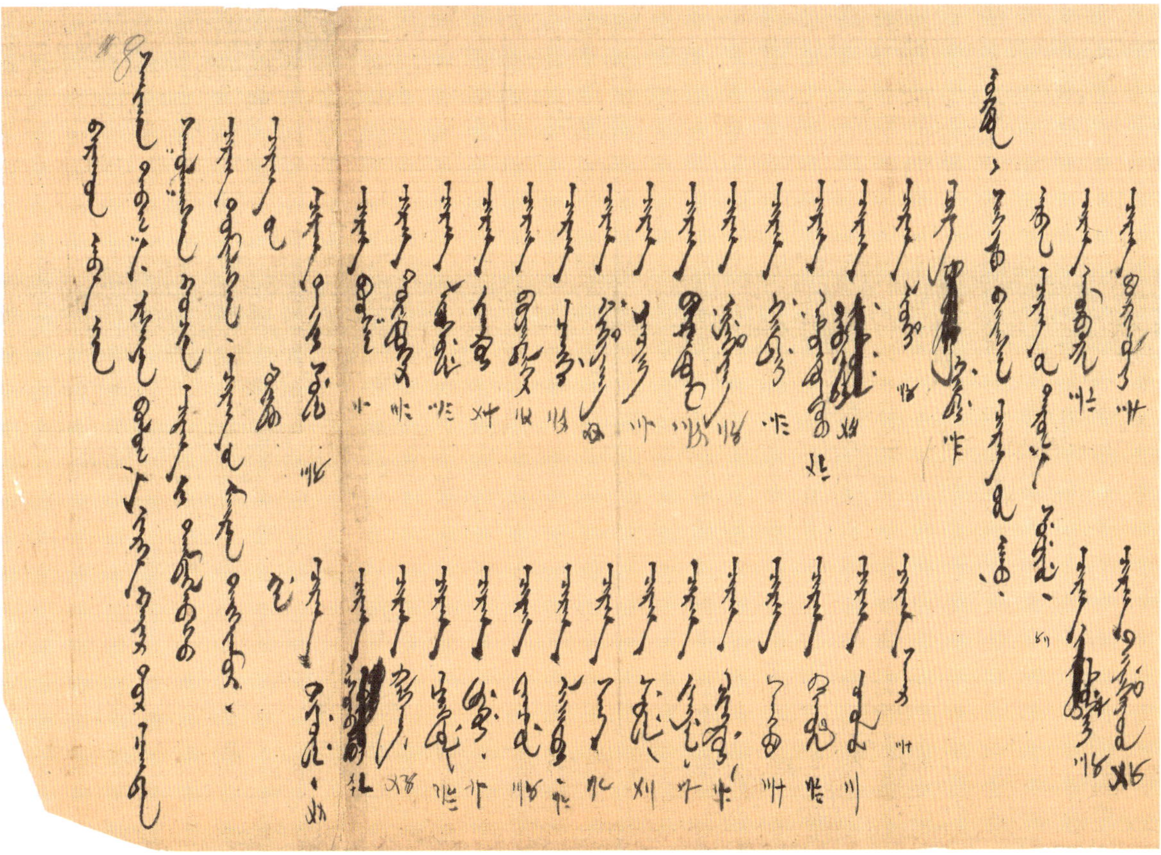

050

巡防西围场界塞罕坝、阿日善宝力高、纳沁锡力等地官兵名册

光绪二十六年六月初一日

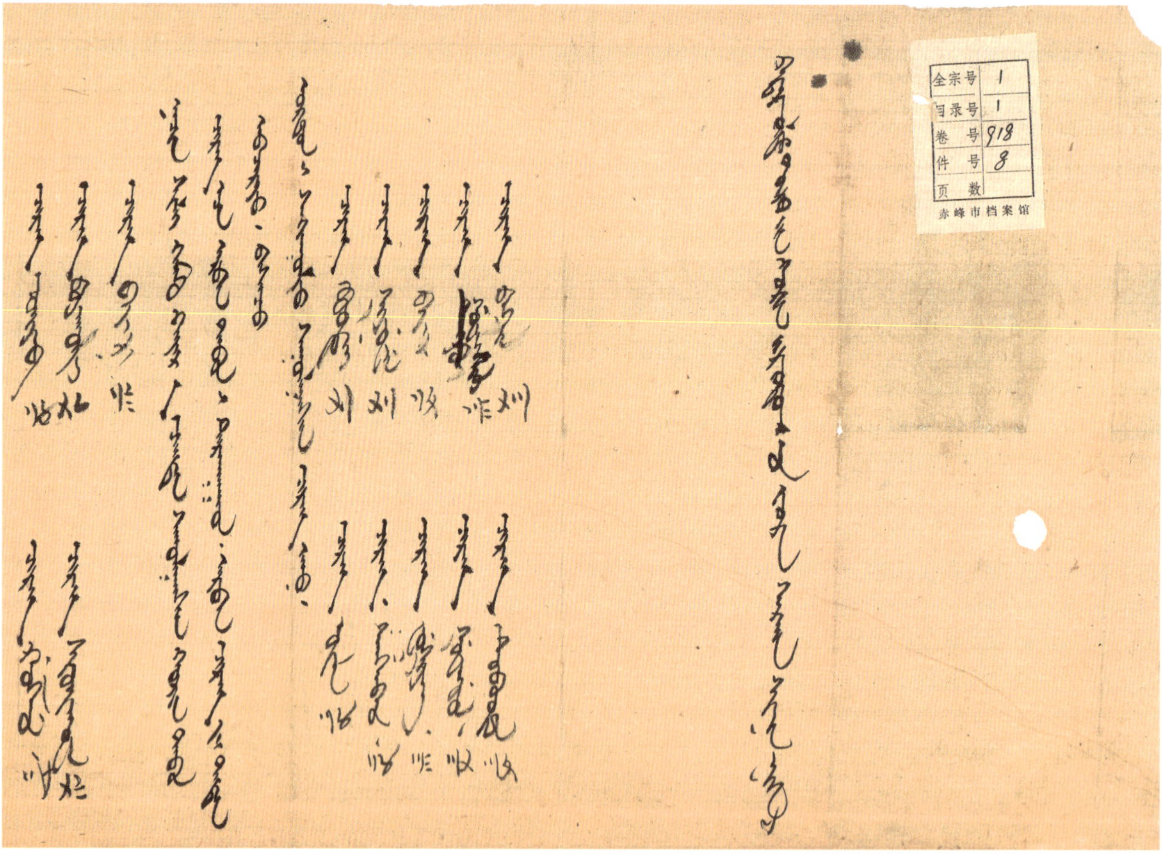

巡防西围场界塞罕坝、阿日善宝力高、纳沁锡力等地官兵名册

巡防西围场界塞罕坝、阿日善宝力高、纳沁锡力等地官兵名册：

管兵梅林特格喜阿木尔、骁骑校根儿，兵台吉索文三十五岁、兵巴尤丹四十四岁、兵宝山二十一岁、兵纳逊巴图四十六岁、兵顿图格尔三十二岁、兵嘎啦桑四十五岁、兵刘顺三十三岁、兵常富二十八岁、兵战盉四十岁、兵富贵四十岁、兵宝颜德力格尔二十四岁、兵万春三十五岁、兵昌吉二十九岁、兵蓝玉三十七岁、兵吉祥四十四岁、兵桑三十六岁、兵延庆三十一岁、兵索文四十二岁、兵巴拉道木勒三十九岁、兵正业三十一岁、兵聂祥三十九岁、兵庆瑞二十二岁、兵根弟三十三岁、兵桑包三十岁、兵那森陶格陶夫四十七岁、兵扒虎二十八岁、兵塔彬太四十九岁、兵查胡伦二十一岁、兵刘希三十五岁、兵萨嘎拉三十岁；

看护衙府兵有十户长锁住，兵阿木尔布仁三十七岁、兵独赐三十五岁、兵布仁乌力吉三十岁、兵天晓四十五岁、兵垂扎布二十五岁、兵高顺三十岁、兵宝音乌力吉四十六岁、兵薛坤四十七岁、兵巴雅尔二十八岁；

驻纳沁锡力地方巡防二十五名兵中十五名迁回，十五名兵看护衙府。兵宝迪四十一岁、兵乌拉三十五岁、兵孝文四十二岁、兵尚沙巴德二十五岁、兵巴雅尔二十九岁、兵富商三十三岁、兵双喜三十三岁、兵双钧三十四岁、兵八十四十三岁、兵陶布敦三十九岁。

光绪二十六年六月初一日

盟长阿鲁科尔沁札萨克多罗郡王品级加六级多罗贝勒为各旗军警分驻要地巡防事札盟务帮办
原盟备兵札萨克兼翁牛特札萨克和硕亲王品级加六级军功加二级多罗杜棱郡王赞巴勒诺尔
布，协理二等台吉加二级济雅图、哈青嘎文

1-1-918-5(1)

盟长阿鲁科尔沁札萨克多罗郡王品级加六级多罗贝勒为各旗军警分驻要地巡防事札盟务帮办原盟备兵札萨克兼翁牛特札萨克和硕亲王品级加六级军功加二级多罗杜棱郡王赞巴勒诺尔布，协理二等台吉加二级济雅图、哈青嘎文

光绪二十六年六月十六日

盟长阿鲁科尔沁札萨克多罗郡王品级加六级多罗贝勒为各旗军警分驻要地巡防事札盟务帮办原盟备兵札萨克兼翁牛特札萨克和硕亲王品级加六级军功加二级多罗杜棱郡王赞巴勒诺尔布，协理二等台吉加二级济雅图、哈青嘎文

光绪二十六年六月十六日

盟长阿鲁科尔沁札萨克多罗郡王品级加六级多罗贝勒为各旗军警分驻要地巡防事札盟务帮办原盟备兵札萨克兼翁牛特札萨克和硕亲王品级加六级军功加二级多罗杜棱郡王赞巴勒诺尔布，协理二等台吉加二级济雅图、哈青嘎文

盟长阿鲁科尔沁札萨克多罗郡王品级加六级多罗贝勒札盟务帮办原盟备兵札萨克兼翁牛特札萨克和硕亲王品级加六级军功加二级多罗杜棱郡王赞巴勒诺尔布，协理二等台吉加二级济雅图、哈青嘎文，为札付事。去岁冬季，我盟内骑兵官员，被派往各旗边界、偏僻地方分警务班驻防，以防乱贼。因此，勘测驻防区域，清查官兵名称、年龄等，已呈报热河都统。为了避免时间推移防护松懈而使惯犯、乱贼突袭，给本分台吉百姓带来不必要损失，今年四月，派遣官员赛尚嘎查看该旗巡防军警，返回呈称，按派遣要求去查看札萨克王旗军警，都按原定数额巡查各驻防地区，并称札萨克王处另造册呈报情况等。后札萨克王未能做官兵册呈报情况。此外，今送达册书里也未记录官兵名称、年龄等，不符合规矩。今札文提出的存在问题，到文后，札萨克、协理等查看文内内容，按原规定把该旗驻防军警骑兵名称、年龄等写清后，附呈文，今夏六月二十五日送到盟长王爷我处，以备细究后转呈都统处，不得有误。为此，备具盟长印文，特此，札行。

光绪二十六年六月十六日

七月十四日，札兰吉宝送来，笔帖式色棱尼玛接收。

286

052 西协理为到红山东纳沁锡力地方巡查盗贼事呈札萨克王爷文

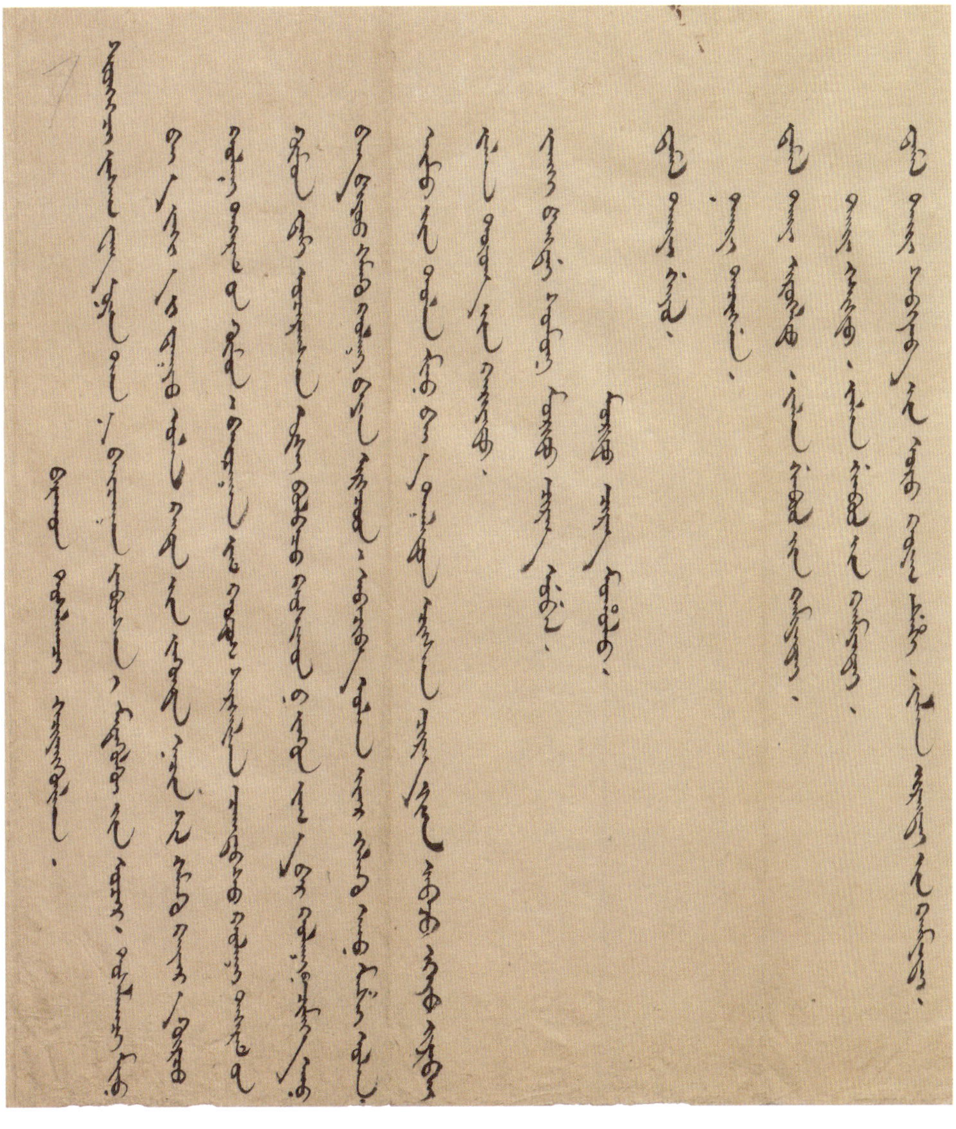

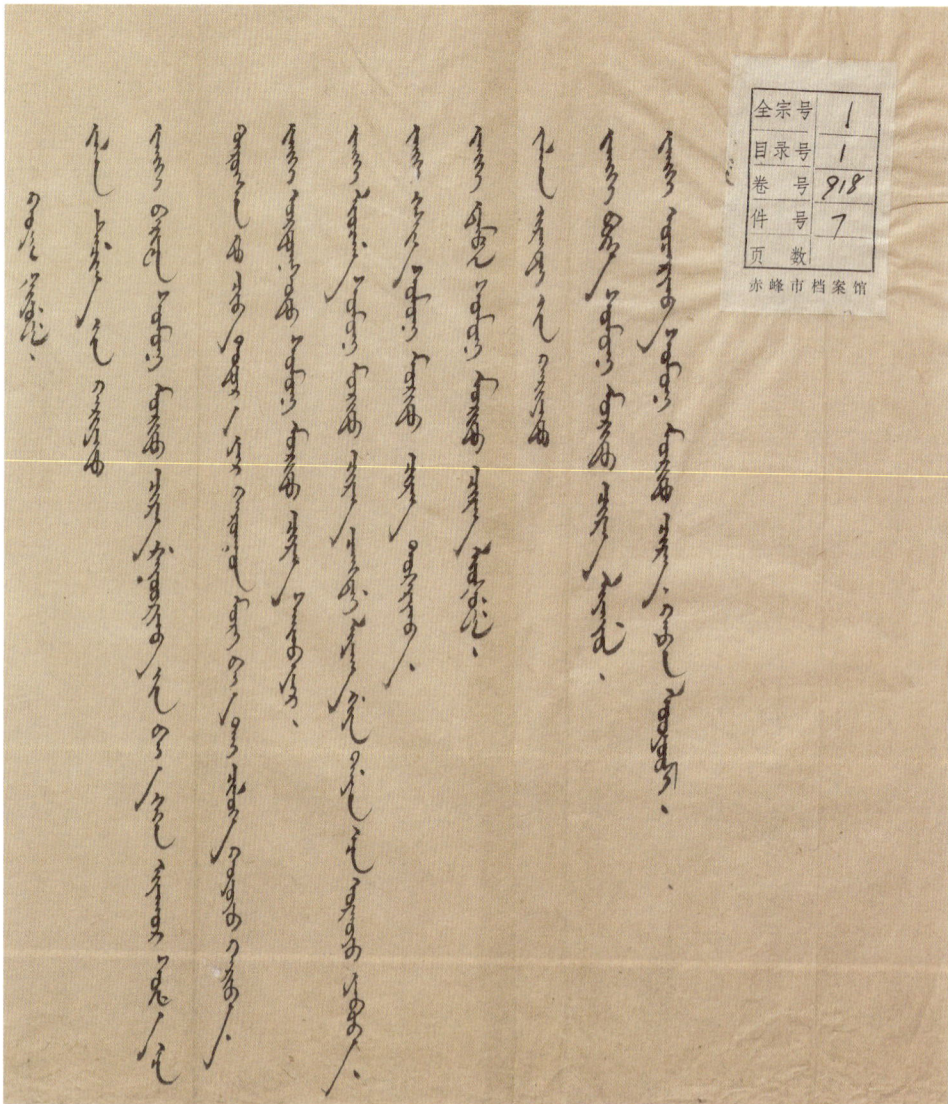

西协理为到红山东纳沁锡力地方巡查盗贼事呈札萨克王爷文

西协理呈札萨克王爷文，为巡查事。协理我等奉命到红山东纳沁锡力等地巡查，虽未遇见盗贼，但众人说在旗东边有绑票之贼带走了很多富民。为此，我带回来了随同去的兵丁：

札兰都荣属章京胖弟佐领骑兵兀本、骑兵茂浩鲁；

值班台吉根柱、台吉塔青嘎；

值班台吉伊如乐图、札兰金宝近族台吉贺喜图；

札兰金宝近族当班台吉色布扎布代披甲德喜；

札兰吉兰太近族披甲十月；

札兰德庆属章京巴日扎佐领骑兵甘珠尔扎布因去葛根伊珠尔仓后，大腿内长疮，请假回家；

章京乌尔图那苏图佐领骑兵赛音巴雅尔；

章京刘成佐领骑兵长迪自梁家店逃走；

章京贺喜格佐领兵杜嘎尔扎布；

章京丹丕勒佐领兵刘顺；

札兰吉兰太属章京布和佐领骑兵连运、章京鄂齐尔扎布佐领骑兵哈藩老耀才。

053

翁牛特旗为旗内军功世代承袭人、获达尔汉号人名、最早授职衔人名及当今袭职人名登记造册呈报事呈盟长文

光绪二十七年五月

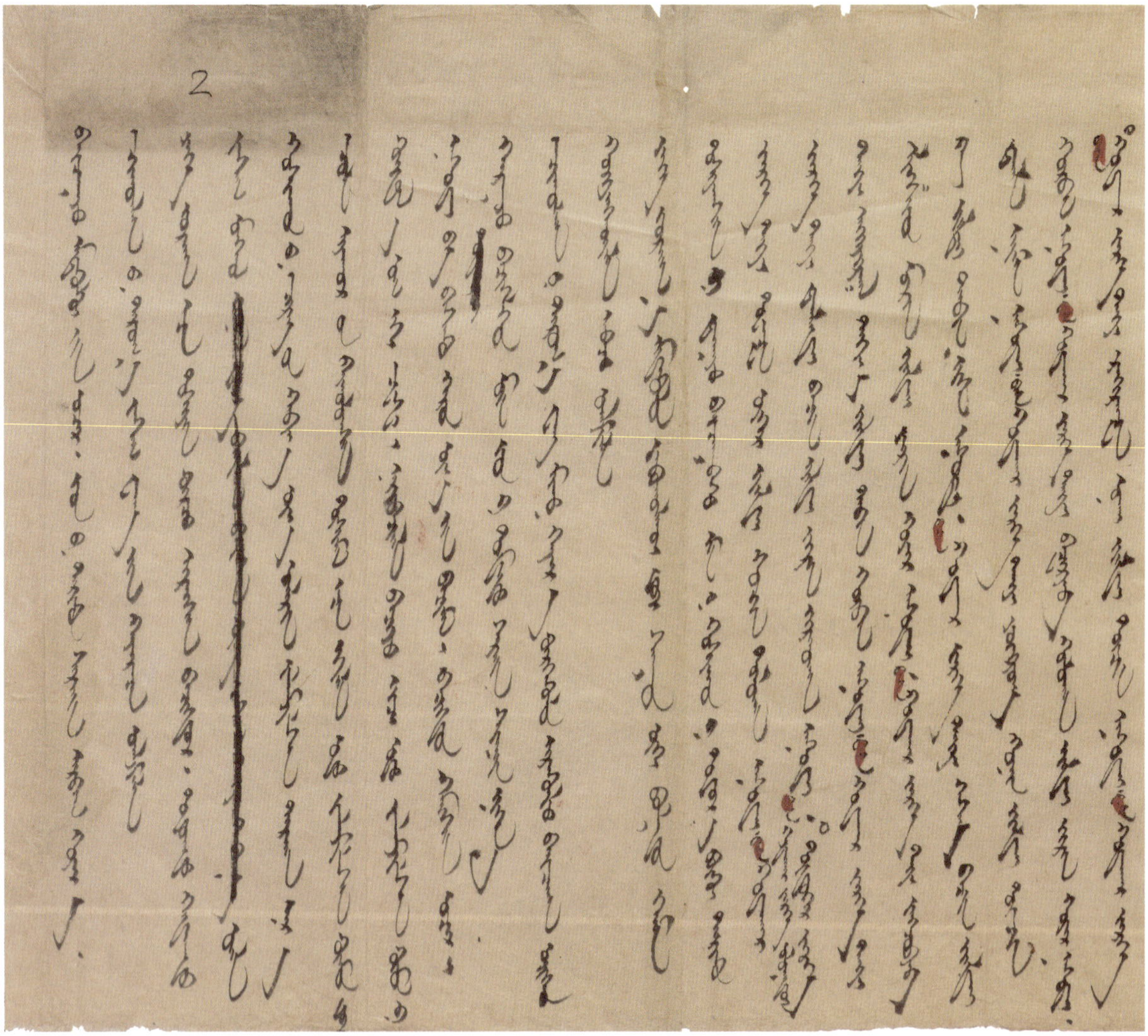

053

翁牛特旗为旗内军功世代承袭人、获达尔汉号人名、最早授职衔人名及当今袭职人名登记造册呈报事呈盟长文

光绪二十七年五月

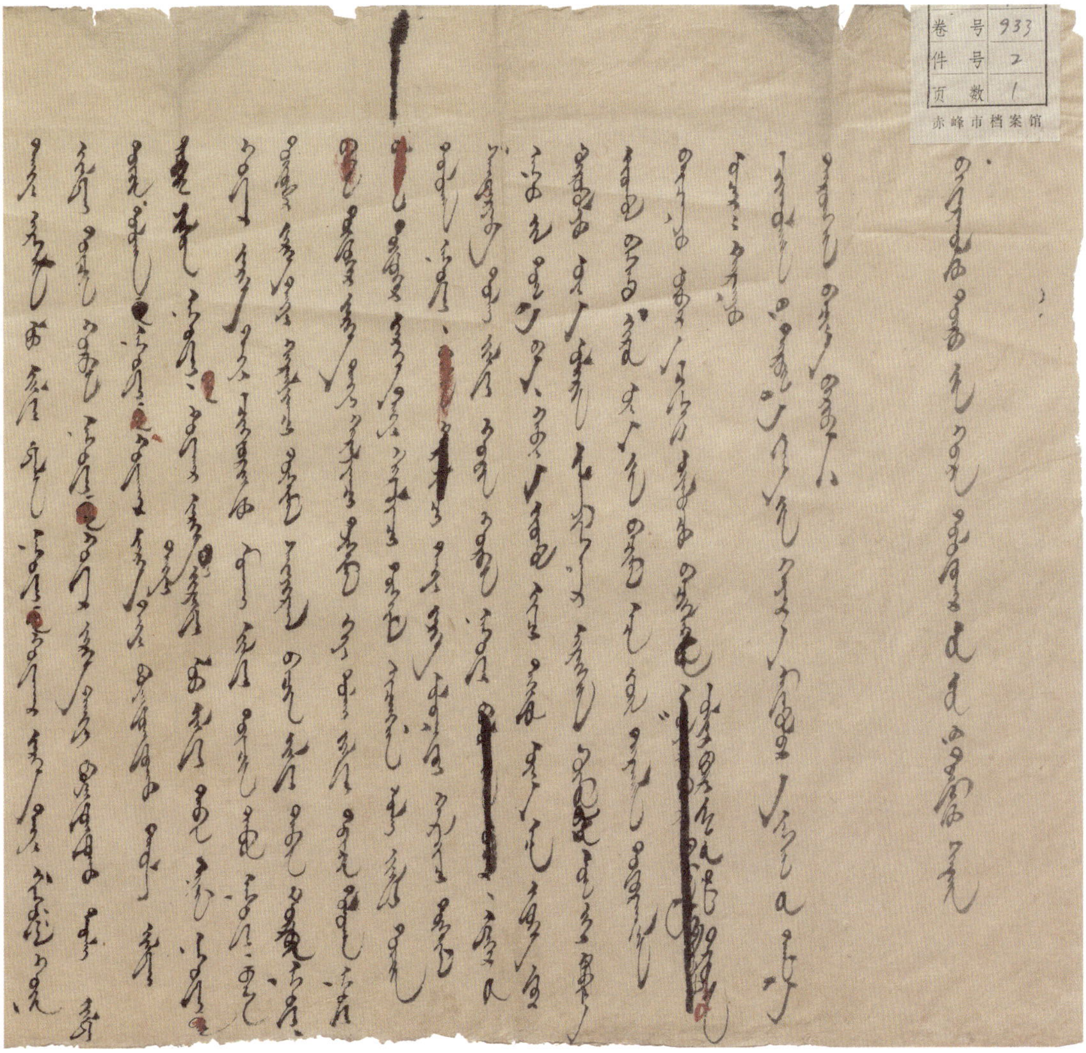

翁牛特旗为旗内军功世代承袭人、获达尔汉号人名、最早授职衔人名及当今袭职人名登记造册呈报事呈盟长文

为呈报事。今四月十二日，盟长札萨克王处转理藩院饬，内外札萨克各旗，军功世代承袭者、达尔汉号衔、最早授职衔人名及当今袭职人名等详造源流册子，并写出如今承袭者长辈及家谱后，于今五月初一送达盟长王爷我处，查核汇总后转呈理藩院，不能耽搁。等因。奉命查我旗内一等台吉涛瓦扎属牛三十七岁，三等台吉达兰台属猴六十六岁，尚未获三等台吉爵位四等台吉恩和吉日嘎拉属鸡五十三岁，三等台吉利格史德属马六十二岁，三等台吉章楚扎布属猪五十一岁，三等台吉贺喜格属猴七十八岁，又，三等台吉永如布属羊四十三岁，三等台吉巴泽尔扎布属鼠六十二岁，三等台吉拉给

兰扎属狗四十岁，三等台吉阿尔斯兰属龙七十岁，三等台吉西栓属羊四十三岁，三等台吉宝音陶格陶夫属兔五十九岁，三等台吉吉兰太属龙五十八岁，三等台吉青照日格图属蛇四十五岁，又，四等台吉云骑尉赛音吉日嘎拉属猴五十四岁，四等台吉云骑尉格亦属兔四十七岁，四等台吉云骑尉伊庆嘎属兔四十七岁，未获台吉职位云骑尉沙格都尔扎布属兔二十三岁。这些人岁数、功劳，其祖先到今时世代承袭源流家谱等，每项事写清楚，并另造册子，在对接处钤札萨克印，备具札萨克印文，为此，呈报。

光绪二十七年五月

盟长阿鲁科尔沁札萨克郡王品级加六级军功加四级多罗贝勒为备齐会盟比丁及防秋兵丁所需武器、马匹事札盟务帮办原盟备兵札萨克兼翁牛特札萨克和硕亲王品级加六级军功加六级多罗杜棱郡王赞巴勒诺尔布，协理二等台吉军功加三级济雅图、哈青嘎文

光绪二十九年三月二十九日

1-1-946-16(1)

盟长阿鲁科尔沁札萨克郡王品级加六级军功加四级多罗贝勒为备齐会盟比丁及防秋兵丁所需武器、马匹事札盟务帮办原盟备兵札萨克兼翁牛特札萨克和硕亲王品级加六级军功加六级多罗杜棱郡王赞巴勒诺尔布，协理二等台吉军功加三级济雅图、哈青嘎文

光绪二十九年三月二十九日

盟长阿鲁科尔沁札萨克郡王品级加六级军功加四级多罗贝勒为备齐会盟比丁及防秋兵丁所需武器、马匹事札盟务帮办原盟备兵札萨克兼翁牛特札萨克和硕亲王品级加六级军功加六级多罗杜棱郡王赞巴勒诺尔布，协理二等台吉军功加三级济雅图、哈青嘎文

光绪二十九年三月二十九日

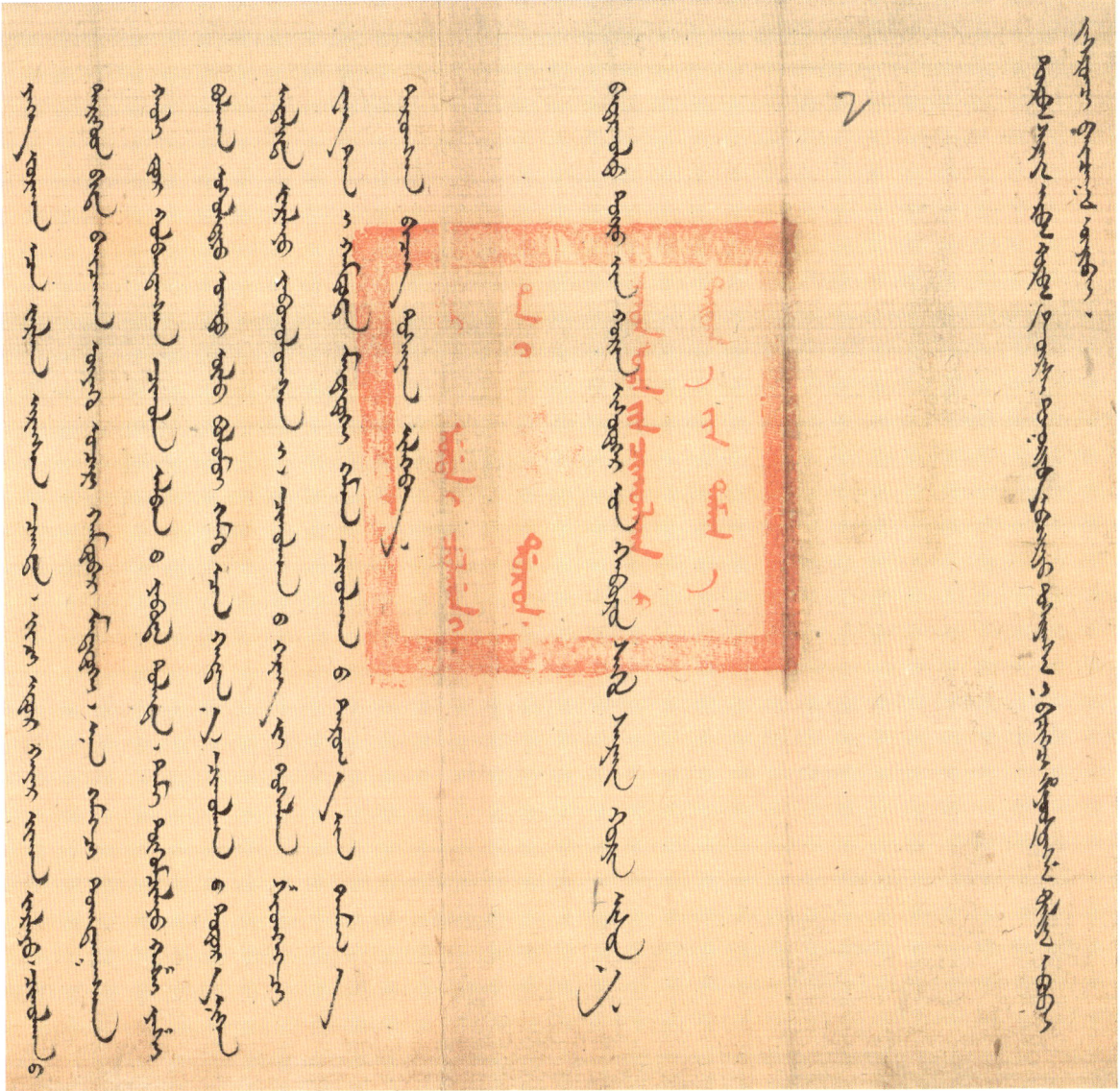

盟长阿鲁科尔沁札萨克郡王品级加六级军功加四级多罗
贝勒为备齐会盟比丁及防秋兵丁所需武器、马匹事札盟
务帮办原盟备兵札萨克兼翁牛特札萨克和硕亲王品级加
六级军功加六级多罗杜棱郡王赞巴勒诺尔布，协理二等
台吉军功加三级济雅图、哈青嘎文

盟长阿鲁科尔沁札萨克郡王品级加六级军功加四级多罗贝勒札盟务帮办原盟备兵札萨克兼翁牛特札萨克和硕亲王品级加六级军功加六级多罗杜棱郡王赞巴勒诺尔布，协理二等台吉军功加三级济雅图、哈青嘎文，为札备齐事。案查，今年为比丁会盟及查核防秋兵丁、台吉、披甲、一切用具之年。为此，札文。到文后，札萨克、协理等亲自看文内内容，把该旗内王、贝勒、贝子、公、协理台吉、额驸有多少，一等、二等、三等、四等台吉多少，他们随丁多少、披甲多少，以及到十八岁该承袭台吉袭职人谁家第几子、几岁、属什么、什么名字、军功职衔、顶戴者几个等一一分类，细致查明、查核，所备披甲数额不能少于原数目，每个佐领原设台吉官兵、笔帖式、通信兵、跟役、护军、木匠、铁匠、医师及以军马、帽子、绵子坐垫、箭筒、弓、箭、箭头、刀、枪、火枪、火药、药桶、护裙、箭套、镐把、铁锹、帐篷、

锅、火撑子、衣服、车辆、牛、口粮等一切物品，照例好好备齐。案查，一直以来，本盟十一旗内防秋兵丁设有三名协理、两名章京、台吉、梅林、札兰、骁骑校等，并坚持呈报至今。今照例把该旗所派出协理台吉、旗员等按旧数额统计，其称呼、职务等分别记录，军用一切物品选好、备齐，不能漏缺。另，上赐给增设军警骑兵用的武器、俄罗斯火枪应一同被查看。为此，为这类兵丁派出每旗协理，务必与兵丁一同登记备齐，等理藩院来饬时，定日期、地点，诸盟首领我等一同查核。为此，札行。这事关系到法定差事，不能简化、敷衍。盟内一同札行一事，盟务帮办王您知悉事由，造盟长印文札行。

光绪二十九年三月二十九日

四月十三日，仆役杜古尔扎布送来，笔帖式孝顺嘎接收，章京查阅。

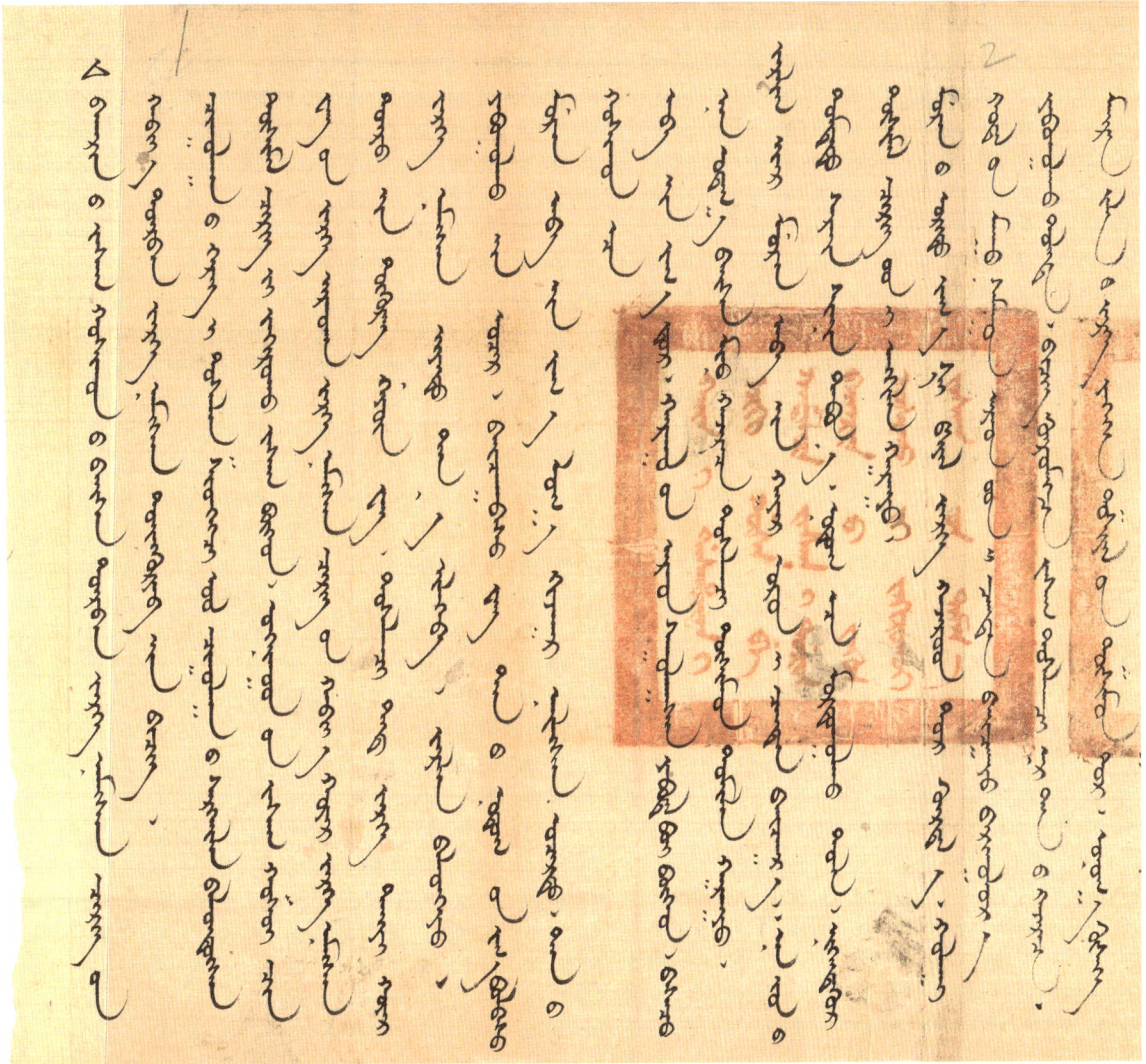

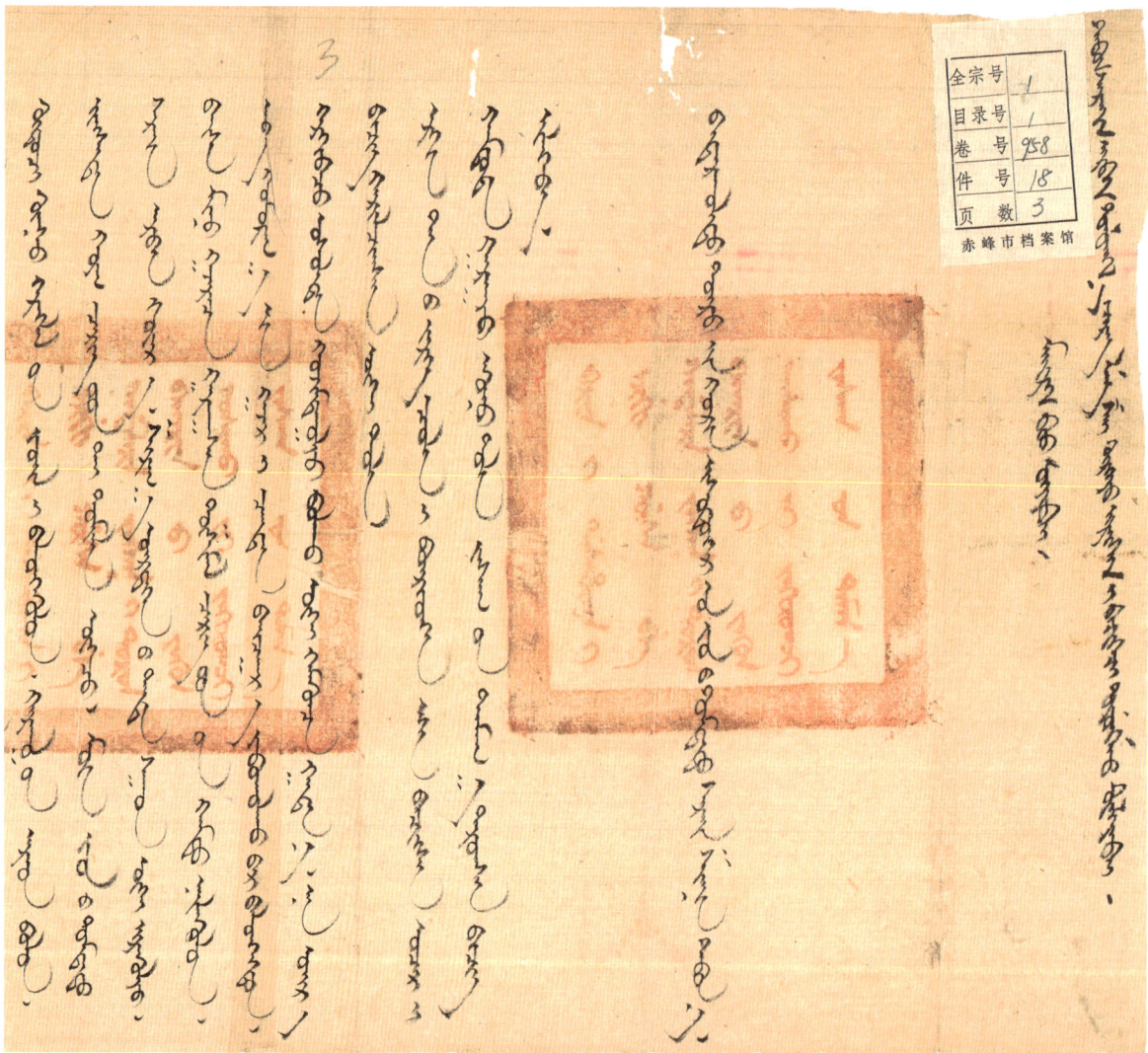

巴林札萨克和硕贝子加四级军功加四级董胡尔扎布为派官兵一同巡查围场事札盟务帮办原盟备兵札萨克兼翁牛特札萨克和硕亲王品级加六级军功加二级多罗杜棱郡王赞巴勒诺尔布、协理二等台吉加二级济雅图文

巴林札萨克和硕贝子加四级军功加四级董胡尔扎布札盟务帮办原盟备兵札萨克兼翁牛特札萨克和硕亲王品级加六级军功加二级多罗杜棱郡王赞巴勒诺尔布、协理二等台吉加二级济雅图文，为札行事。案查，贵王旗地界与木兰围场地界相邻，故有派卡伦丁驻围场界事。这次贝子我处派协理员奉旨巡查围场，由今五月初五日出发，同时分派官兵查看木兰围场南石牌子等地，巡查抓捕乱民、盗贼。为此，到文后，贵

旗札萨克、协理派梅林、札兰等大点职务旗员，配给马匹车辆、跟役、口粮等，与卡伦丁、披甲等今夏五月十二日务必到达西尔嘎驿站，与自贝子我处派遣官兵汇合，以备一同巡查围场地，不能耽搁、迟到。另，近期未能书信来往，未能完全写清您职务官衔。为此，札行。

光绪二十九年五月初五日

五月十七日，兵楞才送达，笔帖式图永高接收。

梅林鲍阅。

056

札萨克王印务处为备齐会盟比丁及防秋兵丁所需武器、马匹事札四札兰、章京、骁骑校等文

光绪二十九年五月二十二日

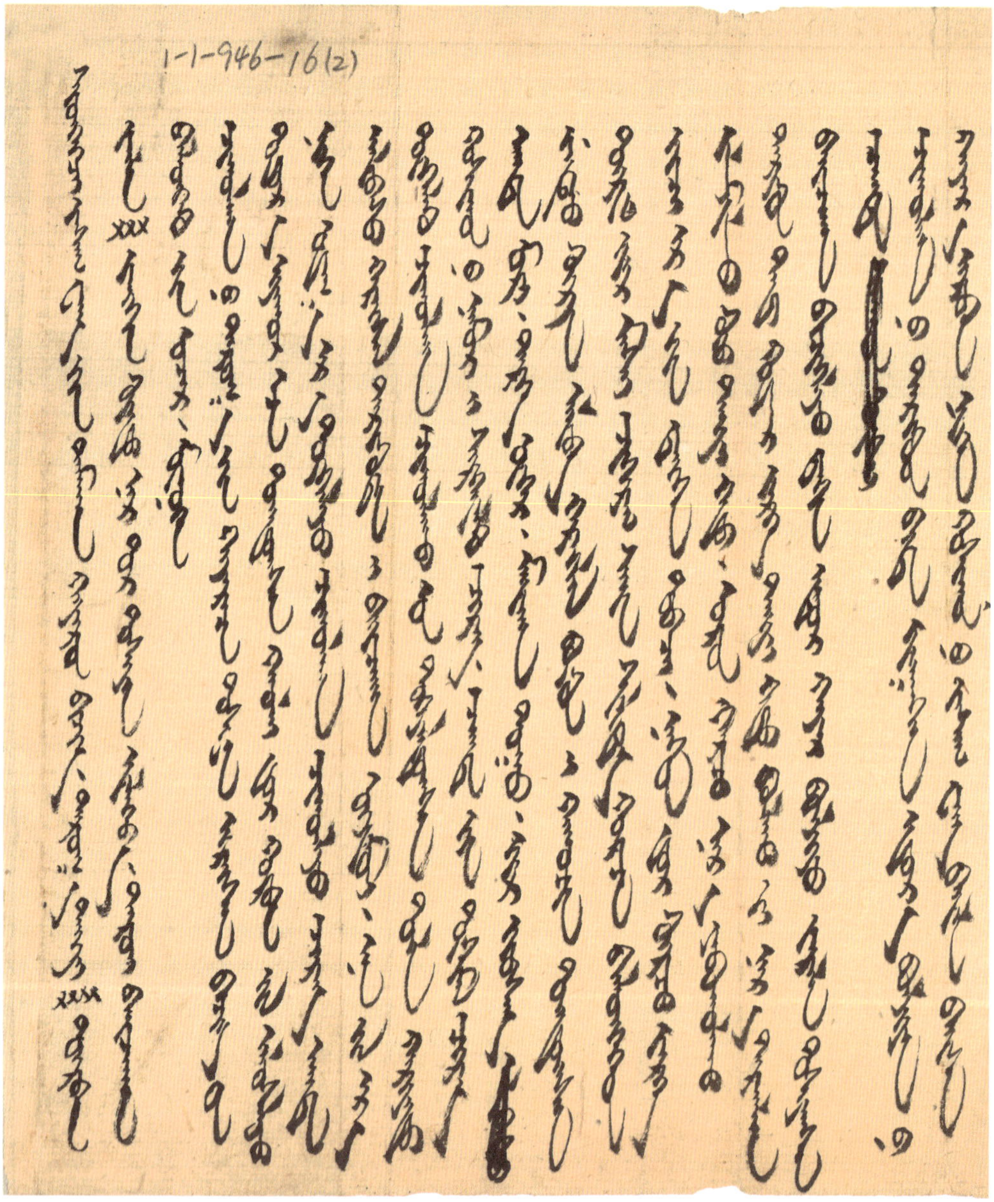
1-1-946-16(2)

札萨克王印务处为备齐会盟比丁及防秋兵丁所需武器、马匹事札四札兰、章京、骁骑校等文

光绪二十九年五月二十二日

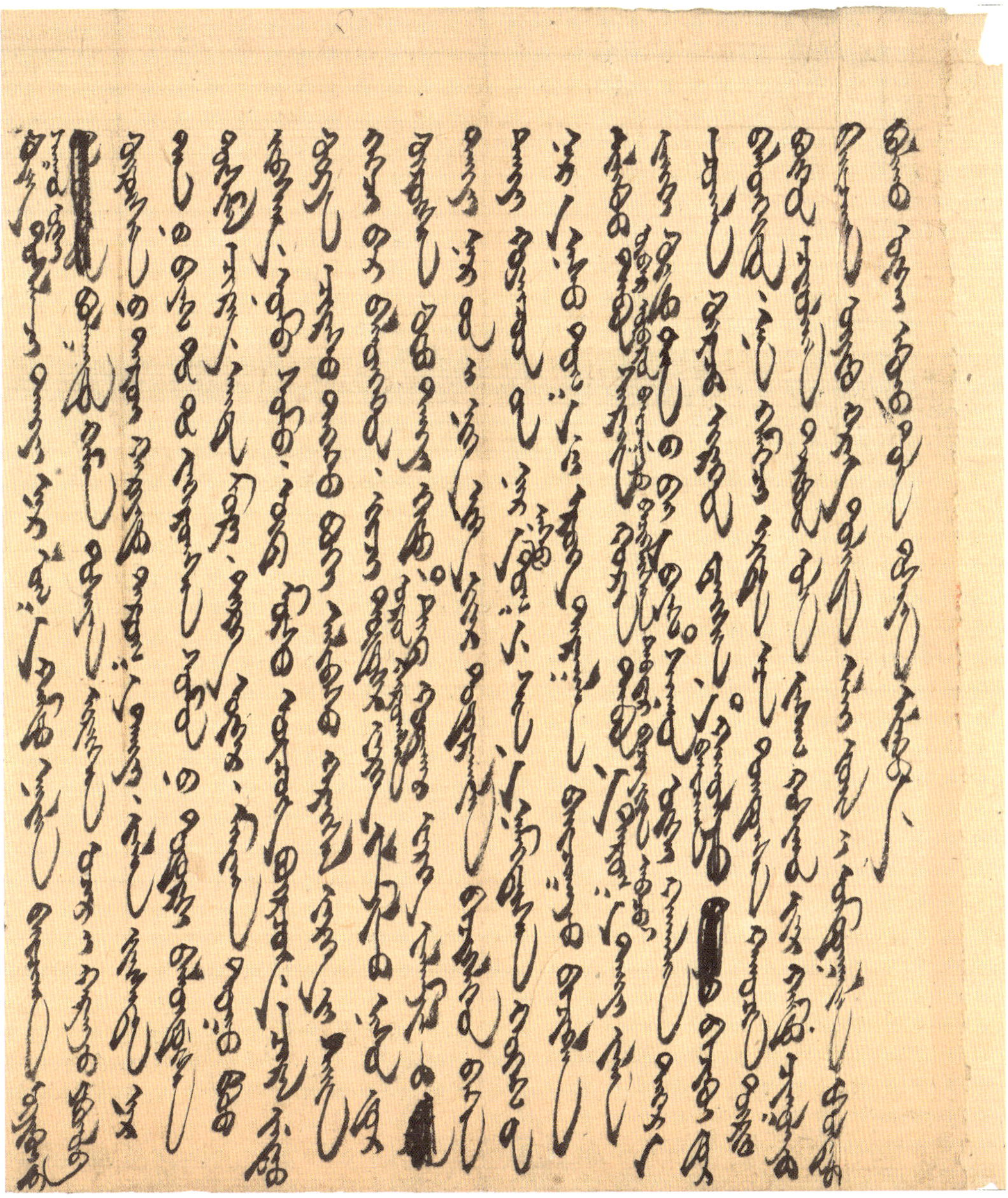

056

札萨克王印务处为备齐会盟比丁及防秋兵丁所需武器、马匹事札四札兰、章京、骁骑校等文

光绪二十九年五月二十二日

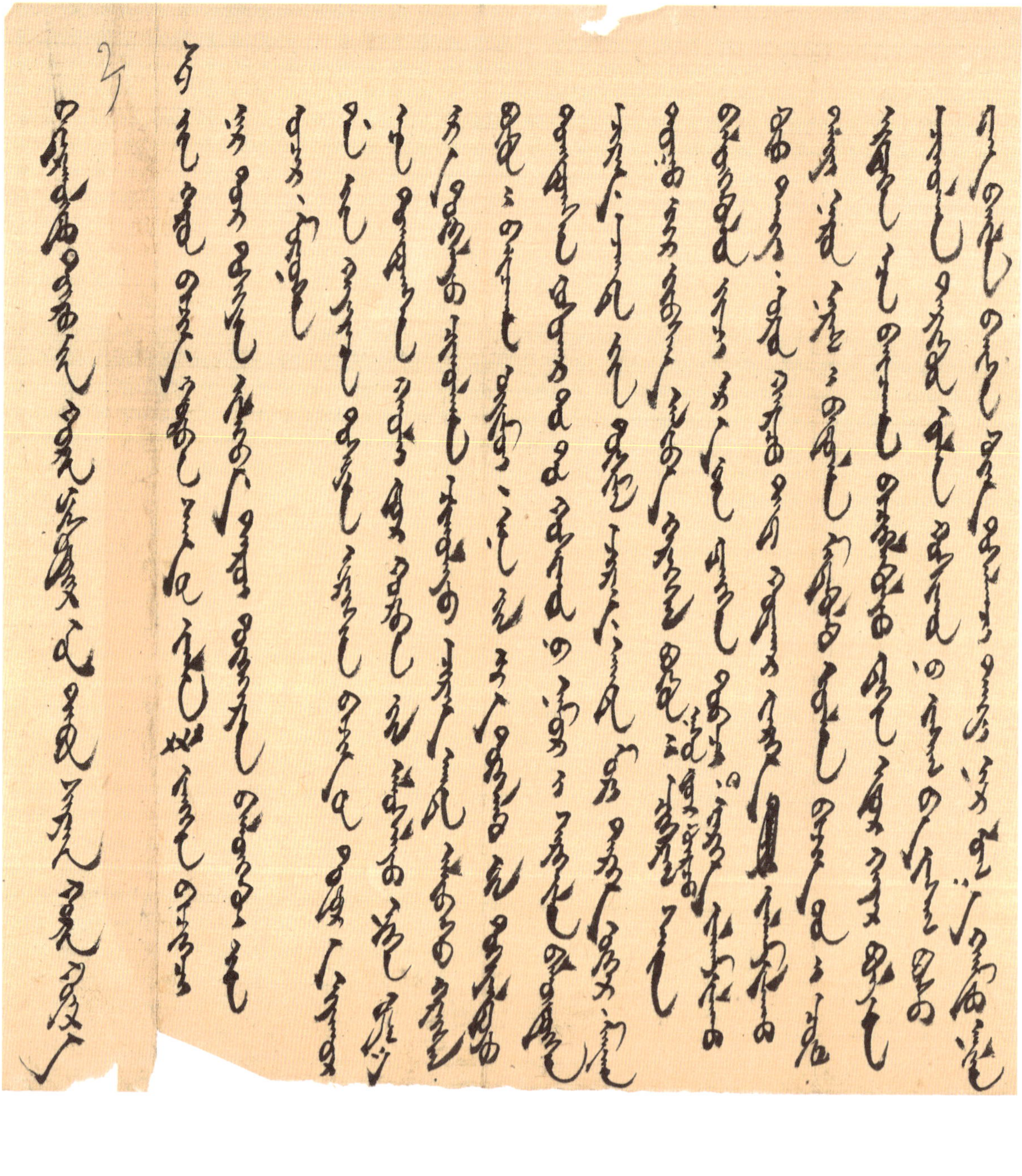

056

札萨克王印务处为备齐会盟比丁及防秋兵丁所需武器、马匹事札四札兰、章京、骁骑校等文

光绪二十九年五月二十二日

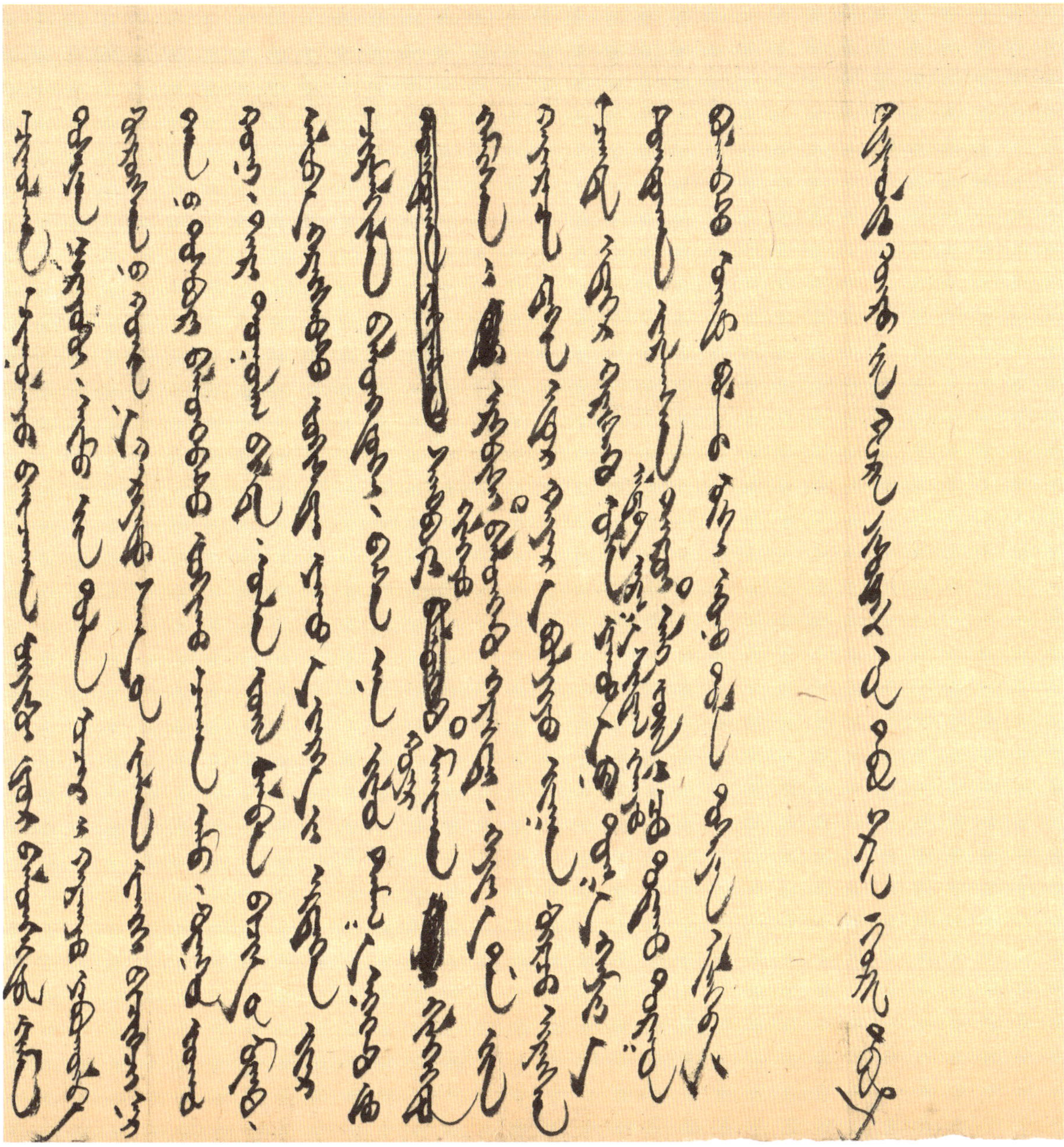

札萨克王印务处为备齐会盟比丁及防秋兵丁所需武器、马匹事札四札兰、章京、骁骑校等文

札萨克王印务处札四札兰、章京、骁骑校等文，为速备齐事。今盟长处来札文，照旧例每隔三年进行一次会盟比丁，查核军马及一些用品。今年值比丁会盟之年，属旗防秋兵丁、军警及军马、车辆、帐篷、锅、武器、镐把、铁锹等一切物品按原先要求选优备齐。以及比丁造册时及岁袭职男子台吉有多少，空出位的需要注册一等、二等、三等台吉有多少等循序记录，等确定时间、地点后，下达通知时，为盟长等在指定时间、地点与十一旗札萨克王、贝勒、贝子、协理等一同查核，做好准备。为此，札饬。接到饬令后，属旗员、札兰等员弁饬所属佐领备齐官兵、军马、车辆、帐篷、锅、武器、弓箭、箭杆儿、箭头、箭套、凿子、镐把、铁锹、席子、绳子等一切物品。另，袭职四等台吉位及岁男子有多少，缺出承袭二等、三等台吉位多少等，一一写清。又，台吉、披甲的名称、年龄，新增孩子名称、年龄，等挨户登记后，于闰五月二十五日旗员、札兰、章京、骁骑校等带上各自核查登记本子亲自到府上来，以备录入档册。这是从古所定旧例，而且是盟长与众札萨克旗会盟一同查验事，所以哪一项都不能马虎怠慢。为此，札行。

　　　　　　　　　光绪二十九年五月二十二日

印务处札三仓札兰、章京、笔帖式文，为速备事。盟长处来札文，按已定则例每隔三年进行一次比丁会盟，查看全部军马及一切物品等。今年是比丁会盟之年，照例各自旗防秋兵丁、军警、军马、车辆、帐篷、锅、武器等一切物品按规定选优备齐。造丁册时记清及岁承袭台吉，空出位的二等、三等台吉名称，与其他呈报文书一同提早准备，以便为盟长及各旗札萨克及非札萨克王、贝勒、贝子、公、协理台吉等一同按确定时间、地点查核，做好准备。为此，札文。到文后，该仓札兰、章京、笔帖式等将各自应备粮食、口粮钱、羊、火药、导线、各类公文款、一切费用趁早备齐。另，今年每仓必须做开印用帐篷两顶。等盟长定时间、地点，下令时，不得因各种理由缺少任一用品，为此，札行。

　　　　　　　　　光绪二十九年五月二十五日

盟长阿鲁科尔沁札萨克多罗郡王品级加六级军功加四级多罗贝勒为会盟清理刑名、编审丁籍
事札盟务帮办原盟备兵札萨克兼翁牛特札萨克和硕亲王品级加六级军功加六级多罗杜棱郡王
赞巴勒诺尔布，协理二等台吉加二级军功加三级济雅图、哈青嘎文

光绪二十九年中秋初十日

盟长阿鲁科尔沁札萨克多罗郡王品级加六级军功加四级多罗贝勒为会盟清理刑名、编审丁籍事札盟务帮办原盟备兵札萨克兼翁牛特札萨克和硕亲王品级加六级军功加六级多罗杜棱郡王赞巴勒诺尔布，协理二等台吉加二级军功加三级济雅图、哈青嘎文

光绪二十九年中秋初十日

盟长阿鲁科尔沁札萨克多罗郡王品级加六级军功加四级多罗贝勒为会盟清理刑名、编审丁籍
事札盟务帮办原盟备兵札萨克兼翁牛特札萨克和硕亲王品级加六级军功加六级多罗杜棱郡王
赞巴勒诺尔布，协理二等台吉加二级军功加三级济雅图、哈青嘎文

光绪二十九年中秋初十日

307

盟长阿鲁科尔沁札萨克多罗郡王品级加六级军功加四级多罗贝勒为会盟清理刑名、编审丁籍事札盟务帮办原盟备兵札萨克兼翁牛特札萨克和硕亲王品级加六级军功加六级多罗杜棱郡王赞巴勒诺尔布，协理二等台吉加二级军功加三级济雅图、哈青嘎文

光绪二十九年中秋初十日

308

057

盟长阿鲁科尔沁札萨克多罗郡王品级加六级军功加四级多罗贝勒为会盟清理刑名、编审丁籍事札盟务帮办原盟备兵札萨克兼翁牛特札萨克和硕亲王品级加六级军功加六级多罗杜棱郡王赞巴勒诺尔布，协理二等台吉加二级军功加三级济雅图、哈青嘎文

光绪二十九年中秋初十日

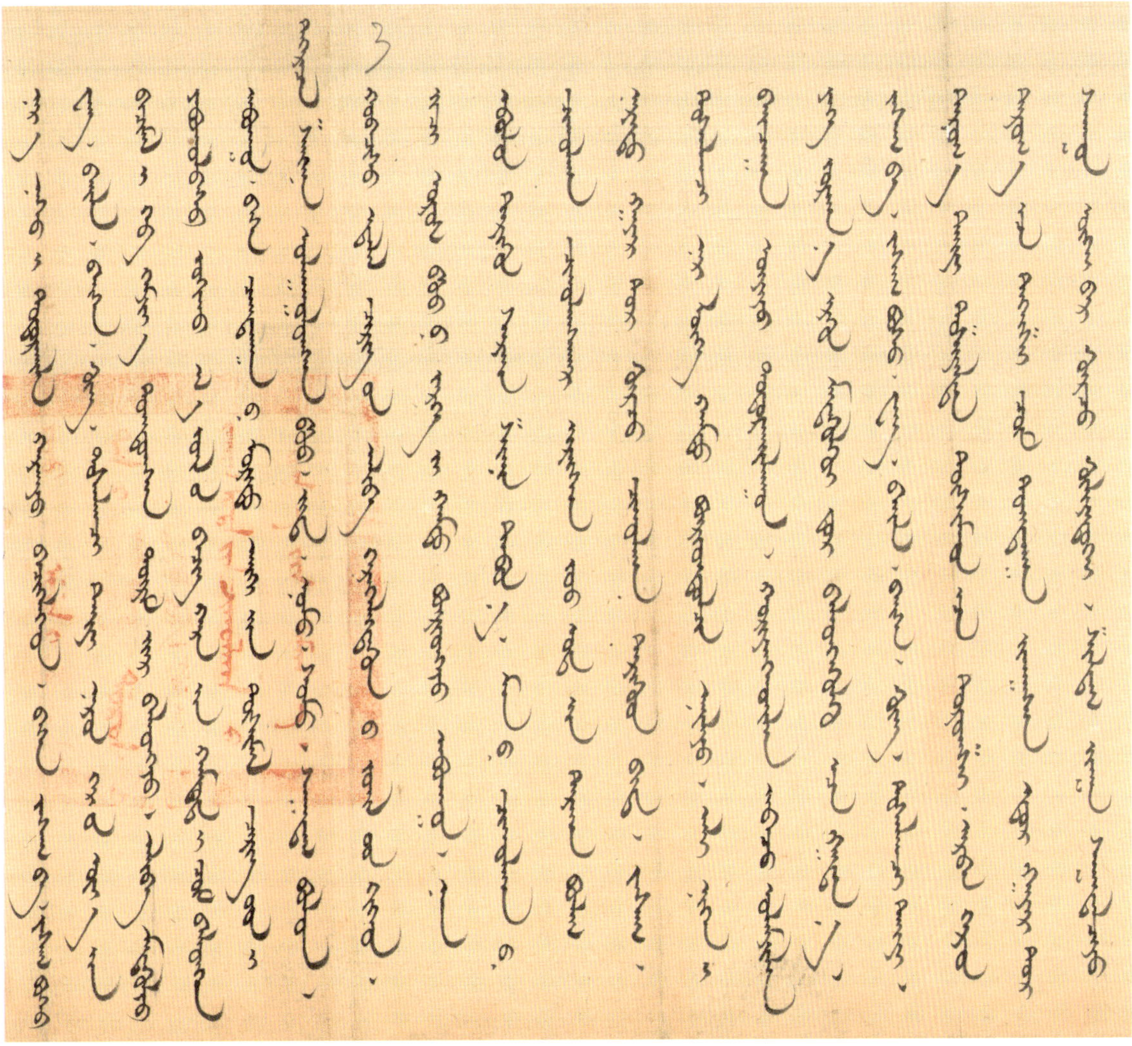

盟长阿鲁科尔沁札萨克多罗郡王品级加六级军功加四级多罗贝勒为会盟清理刑名、编审丁籍事札盟务帮办原盟备兵札萨克兼翁牛特札萨克和硕亲王品级加六级军功加六级多罗杜棱郡王赞巴勒诺尔布，协理二等台吉加二级军功加三级济雅图、哈青嘎文

光绪二十九年中秋初十日

盟长阿鲁科尔沁札萨克多罗郡王品级加六级军功加四级多罗贝勒为会盟清理刑名、编审丁籍事札盟务帮办原盟备兵札萨克兼翁牛特札萨克和硕亲王品级加六级军功加六级多罗杜棱郡王赞巴勒诺尔布，协理二等台吉加二级军功加三级济雅图、哈青嘎文

盟长阿鲁科尔沁札萨克多罗郡王品级加六级军功加四级多罗贝勒札盟务帮办原盟备兵札萨克兼翁牛特札萨克和硕亲王品级加六级军功加六级多罗杜棱郡王赞巴勒诺尔布，协理二等台吉军功加三级济雅图、哈青嘎文，再次札饬，为查看事。案查，今年为会盟比丁及查看防秋兵丁、台吉、披甲、一切器械之年。上次札饬各札萨克，按原先数目备齐等候，等大部来饬时，定日期、地点，再札付进行会盟一事，已录在案。

今夏六月二十六日大部来文，内开，为札付事。本部奏，将奏文改成奏折，请旨。案查，内札萨克六盟、外喀尔喀四部诸盟每三年会盟一次，带领属下民众会集一起，清查刑名、比丁造册。另，内外札萨克三年比丁一次，届时理藩院上奏，恩准后，马上飞递行文各旗，每旗各给钤印空白册档一本，令札萨克王、公、台吉以下，十户长以上，均按佐领逐一查核，分户比丁，造具丁数印册，令协理旗务台吉会同管旗章京，冬十月内送至本部。臣等案查，光绪二十五年比丁以来已三年，今年到会盟时间，臣等请旨，恩准后，飞递行文敕黑龙江将军及内外札萨克各札萨克在各自会盟地会盟比丁，清理刑名，编审丁籍。比丁册等赍送本部，以备复核。

恩准后，我院奉旨马上飞递行文敕黑龙江将军、内外诸札萨克奉旨谨慎行事，照例查核比丁，将奏文改成奏折具题上闻，请皇太后、圣主明鉴。为此，谨奏，请旨，光绪二十九年五月四日奏请。奉旨："依议，钦此。"

奉旨，盟长等转饬各旗立即造册，于有效时间内送本部，等待审理。为此，札行。照抄

311

盟长阿鲁科尔沁札萨克多罗郡王品级加六级军功加四级多罗贝勒为会盟清理刑名、编审丁籍事札盟务帮办原盟备兵札萨克兼翁牛特札萨克和硕亲王品级加六级军功加六级多罗杜棱郡王赞巴勒诺尔布，协理二等台吉加二级军功加三级济雅图、哈青嘎文

光绪二十九年中秋初十日

原文，札行，到达后札萨克、协理等亲自看文领会其内容，查看属旗内防秋兵丁，比丁，登记及岁承袭爵位台吉名字等。照旧例把军马、武器、火药、铅、服装、帐篷、锅、火撑子、镐把、铁锹等军用物品按数目备齐。比丁册子、男丁简历及已登记应承袭一二三四等爵位名称、年龄，札萨克及非札萨克王、贝勒、贝子、公、协理台吉等家谱，照例备齐，将一切能呈报文书一同备齐。另，上赐给军警骑兵火枪、枪、弓箭、散袋、服饰等军用品及俄罗斯枪等一同登记，今冬十月初五日，送到我盟会盟地昭乌达之达尔汉宝力格地方，等盟务官员、札萨克、协理一同验看、归纳后呈报理藩院。札萨克及非札萨克王、贝勒、贝子、公、协理台吉、旗员级官员以下，十户长以上人员一起务必到指定地点。不能借各种理由耽搁，若有延误，按法规查办。另，理藩院给红格本子已到，备齐夹板子、包布一起，派一名官员秋九月初一带印文报上来领取。盟务帮办札萨克王为知悉盟内一同札行事，造札萨克印文札行。

光绪二十九年中秋初十日

八月二十一日正春，佐领仆役送来，笔帖式图永高接收。

11-946-16(3)

058 兄长为今年灾荒、盗匪纷乱暂不会盟事咨贝子妹夫文

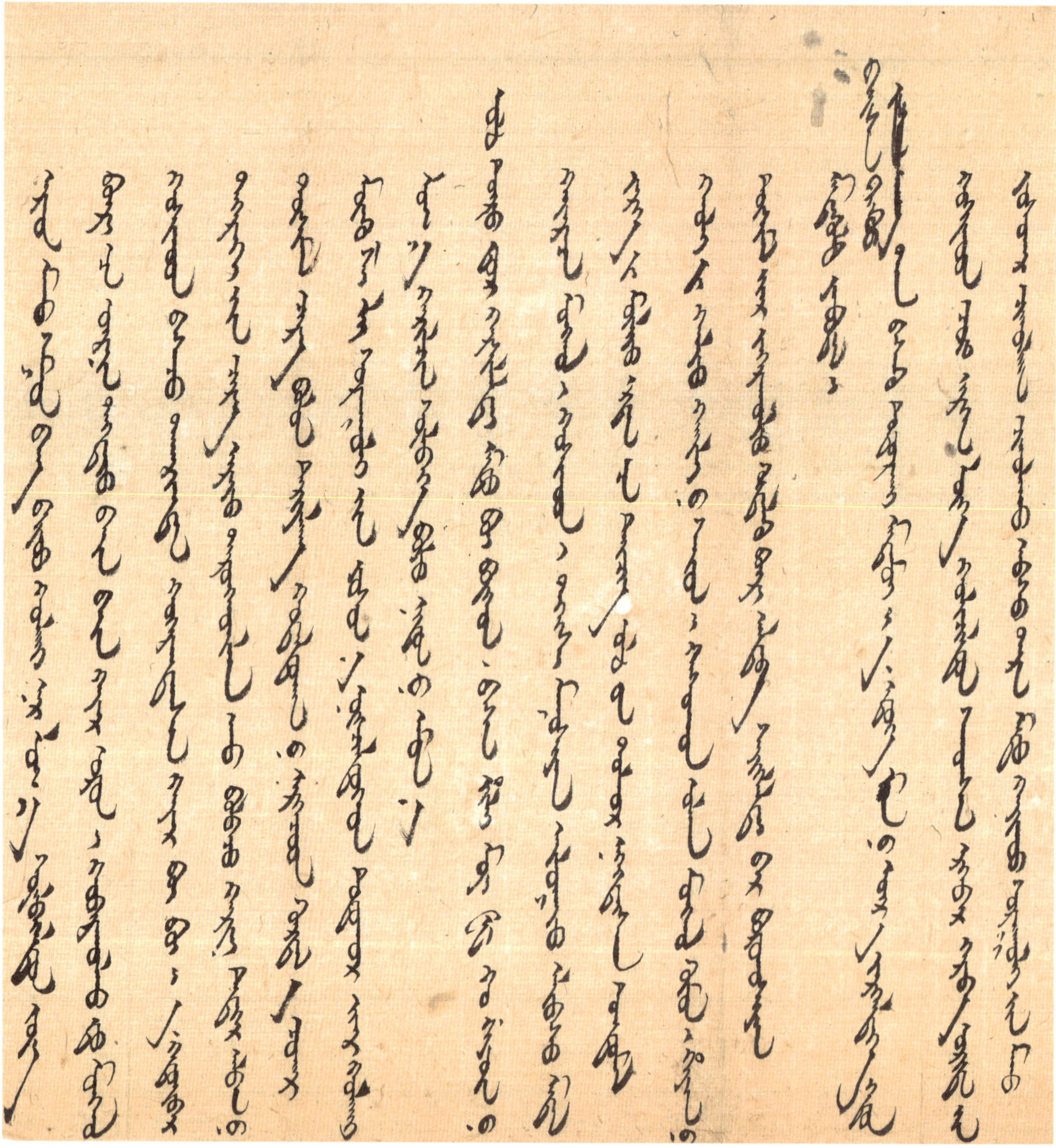

058 兄长为今年灾荒、盗匪纷乱暂不会盟事咨贝子妹夫文

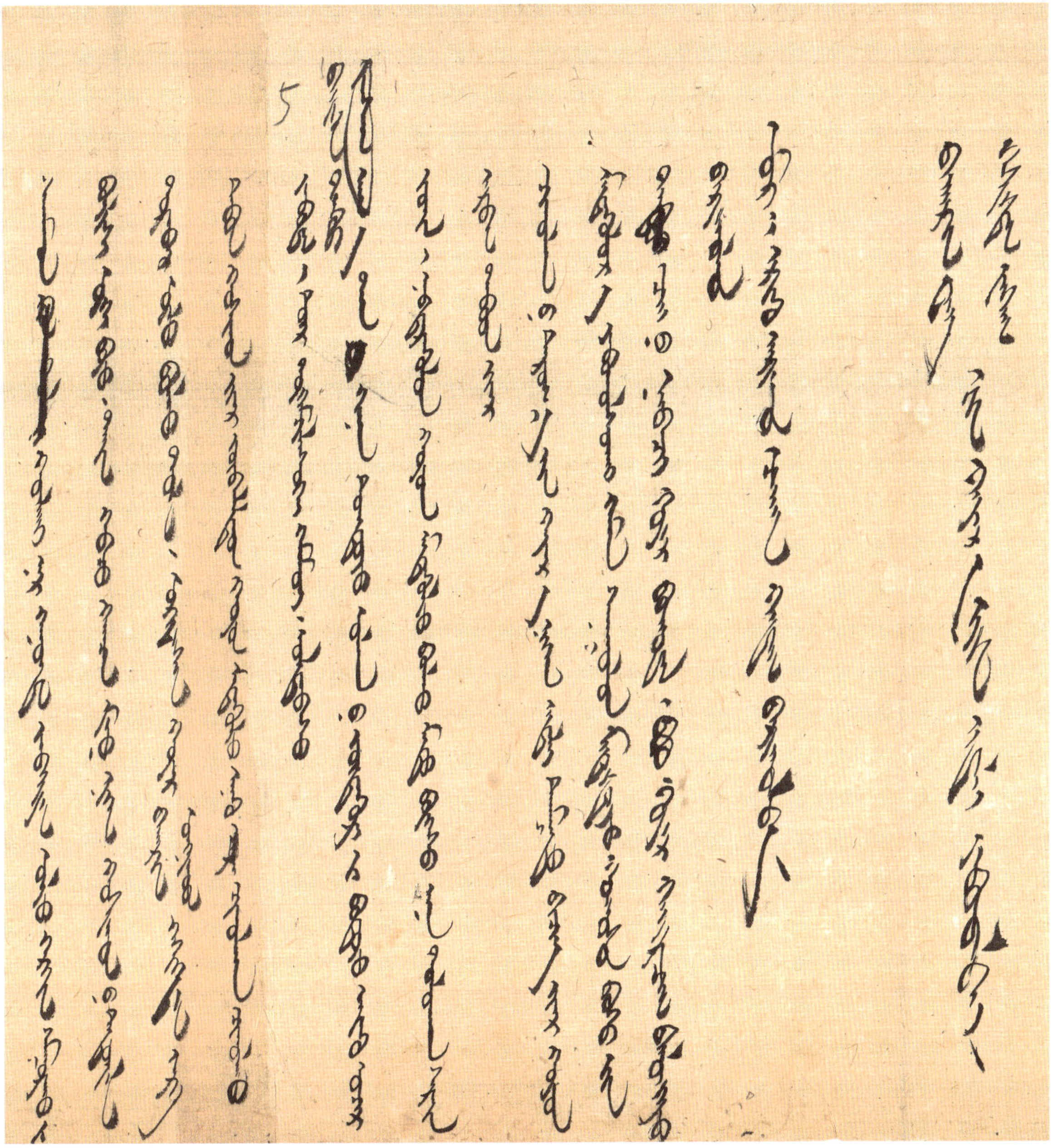

兄长为今年灾荒、盗匪纷乱暂不会盟事咨贝子妹夫文

兄长向贝子妹夫、妹妹问安。如今炎热季节，贝子妹夫、妹妹身体安否，这边府上老少全部安康。为呈报事。今年为会盟年，盟长处来文札军马等一切物品选优备齐，到约定地点，在指定时间内，接受盟长与众旗会集查看等。案查，我旗去岁七月十八日起屡遭霜降，不但庄稼没有收成，乱贼与绑票贼合伙掠夺众蒙古人，不敢养牛马者逐渐增多。尤其今年雨水少，干旱加剧，庄稼稀少，导致备齐军马、牛等一切用品有困难。财力之邪教教徒与绑票贼勾结，各处作乱，时常威胁地方，蒙古旗也有受损地方。虽然上边派兵来镇压过，可是官兵及农商与财力团伙交往，暗地里互动，眼看对国家有害。再者，直隶省热河都统上报诬告蒙古旗，剥离了蒙古旗一切权利，改了原先大清国开国时设定的则例，撤掉收税官，派来县官管理众蒙古人，变动容易让人起疑心，歪曲呈报等事，贝子老弟应该知道。如今与我毗邻若干旗都与民人杂居，若按原来规定进行会盟，则这些邪教乱贼有机会制造叛乱，可是这事由不得我一旗之意，原先由两个巴林、翁牛特和克什克腾等五个旗协商呈请推迟会盟事，希望贝子老弟明鉴，考虑大众困难，请通融。今七月十五日用一样印文呈请盟长，为此，薄礼茶叶两包、糕点两盒呈上，献白色哈达问安。

巴林王、克什克腾王同样咨文。

316

059

兄长为今年灾荒、盗匪纷乱暂不会盟事咨盟长弟文

光绪二十九年八月二十一日

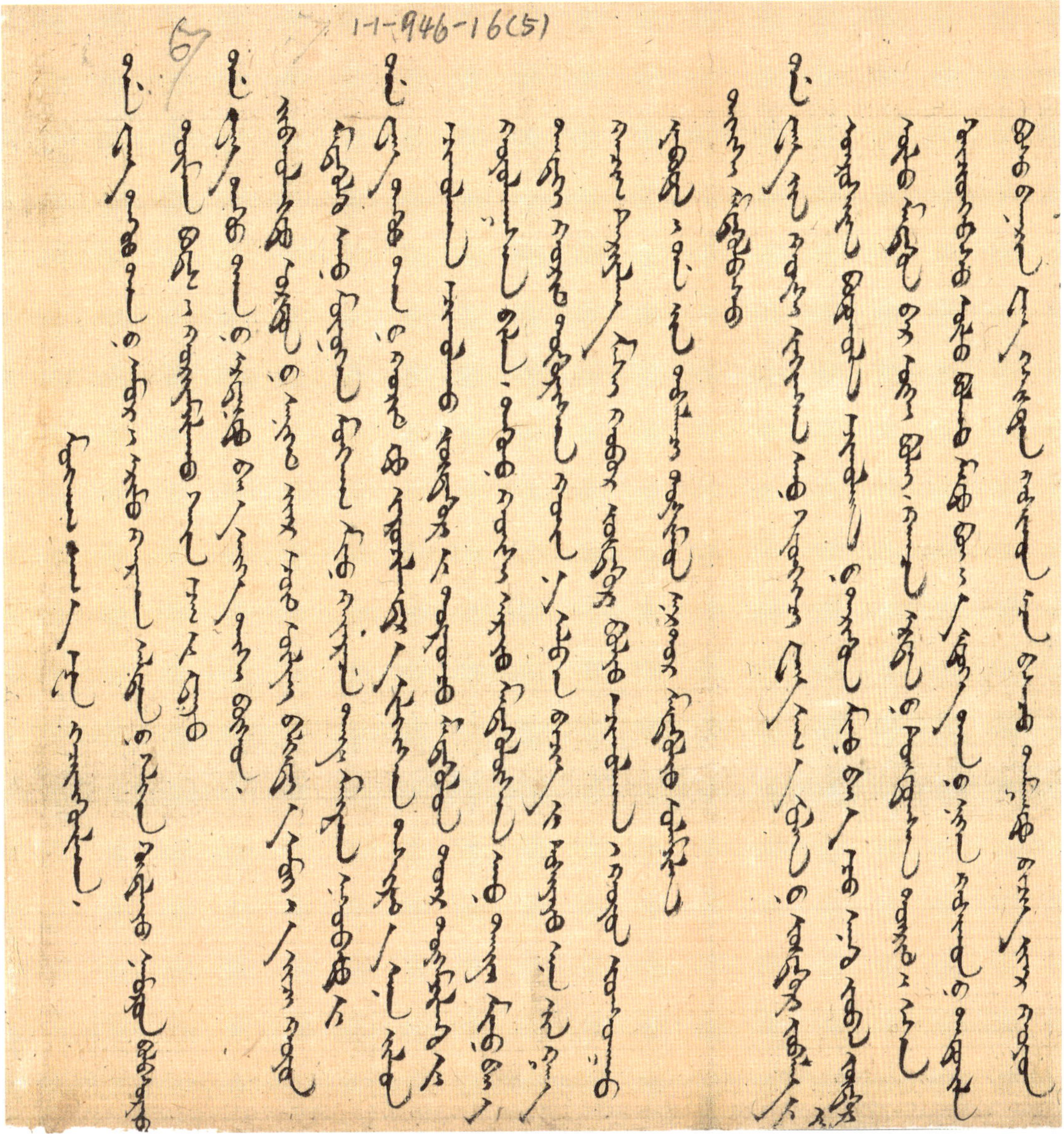

059

兄长为今年灾荒、盗匪纷乱暂不会盟事咨盟长弟文

光绪二十九年八月二十一日

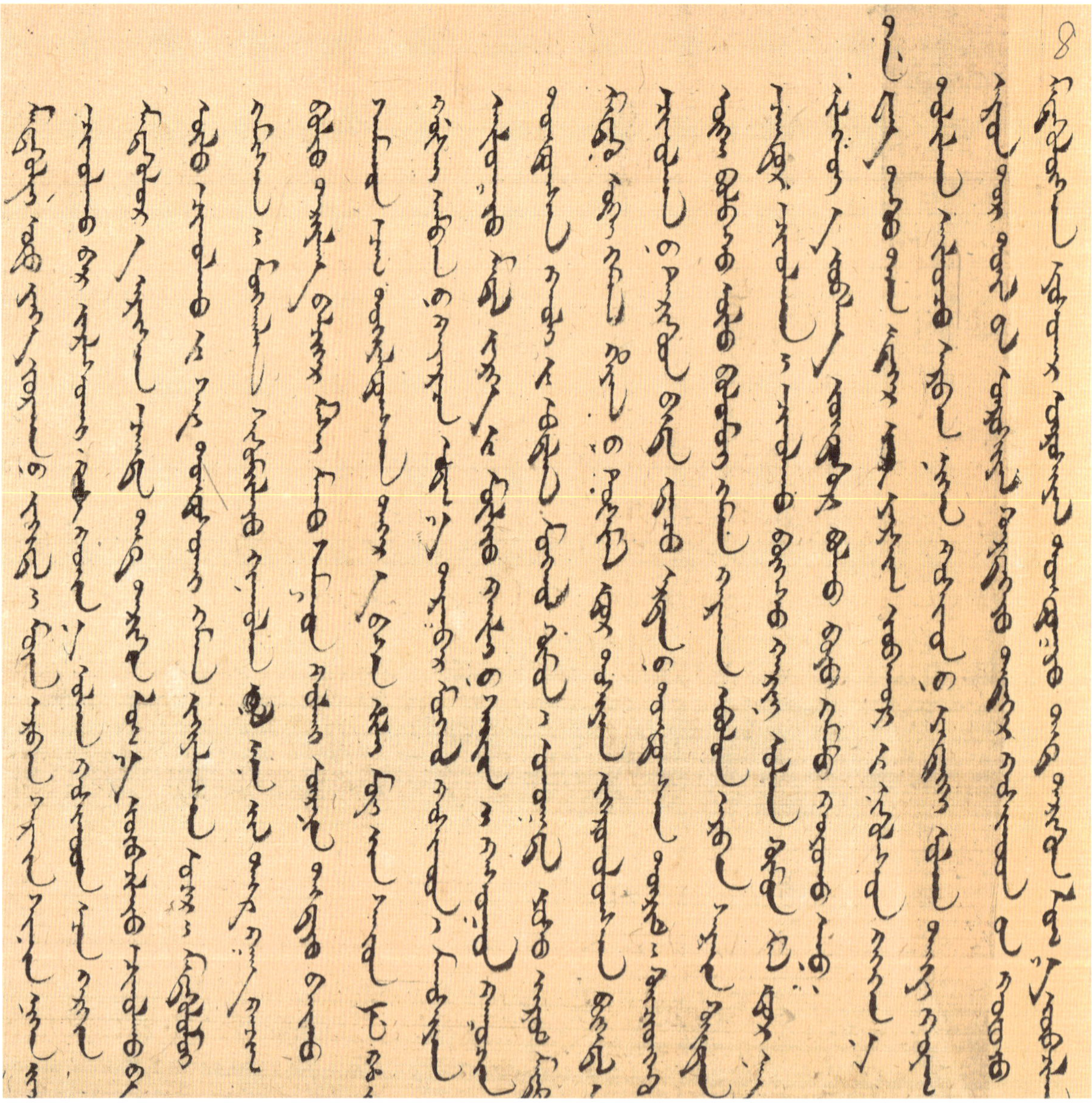

059

兄长为今年灾荒、盗匪纷乱暂不会盟事咨盟长弟文

光绪二十九年八月二十一日

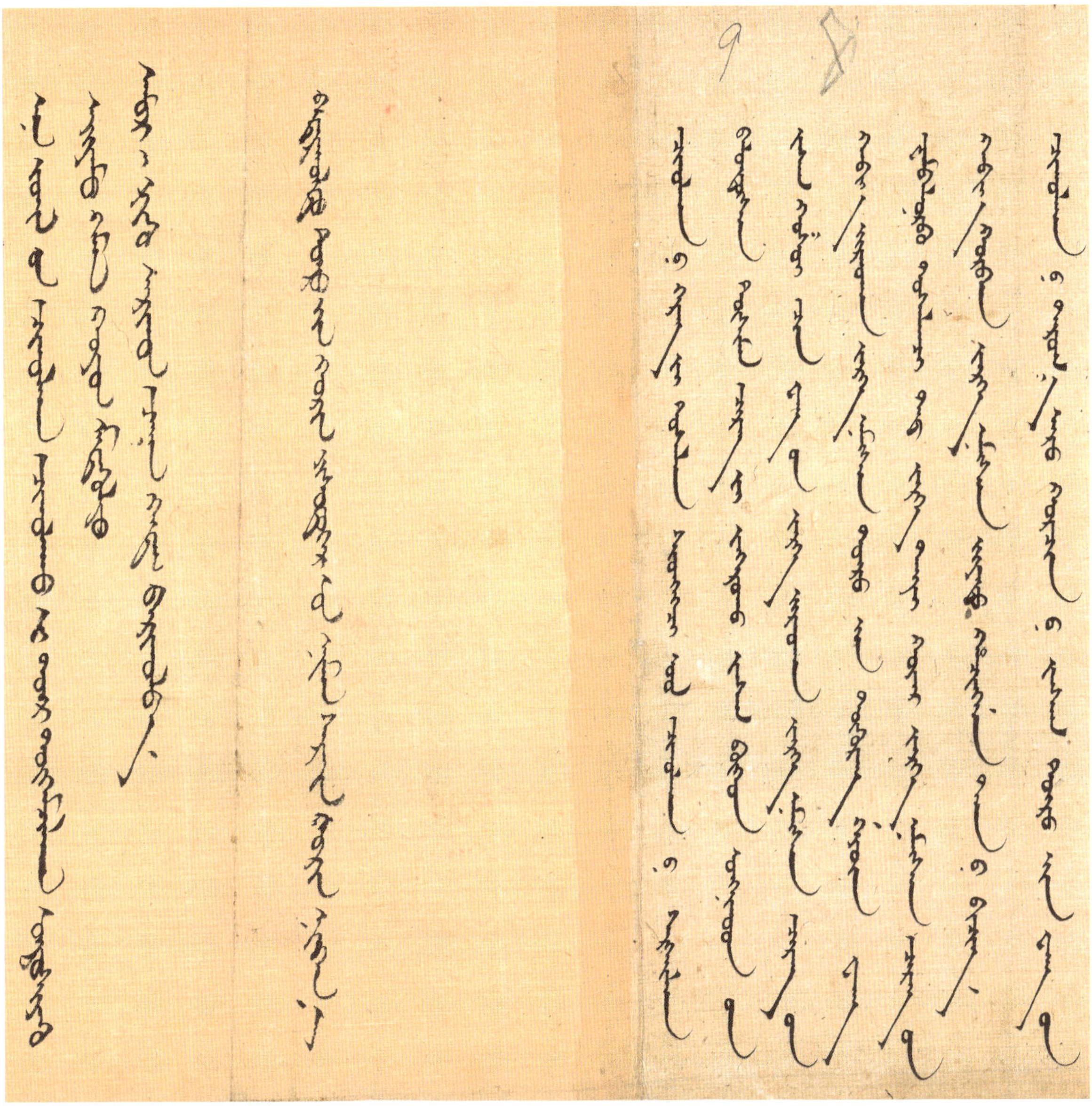

059

兄长为今年灾荒、盗匪纷乱暂不会盟事咨盟长弟文

光绪二十九年八月二十一日

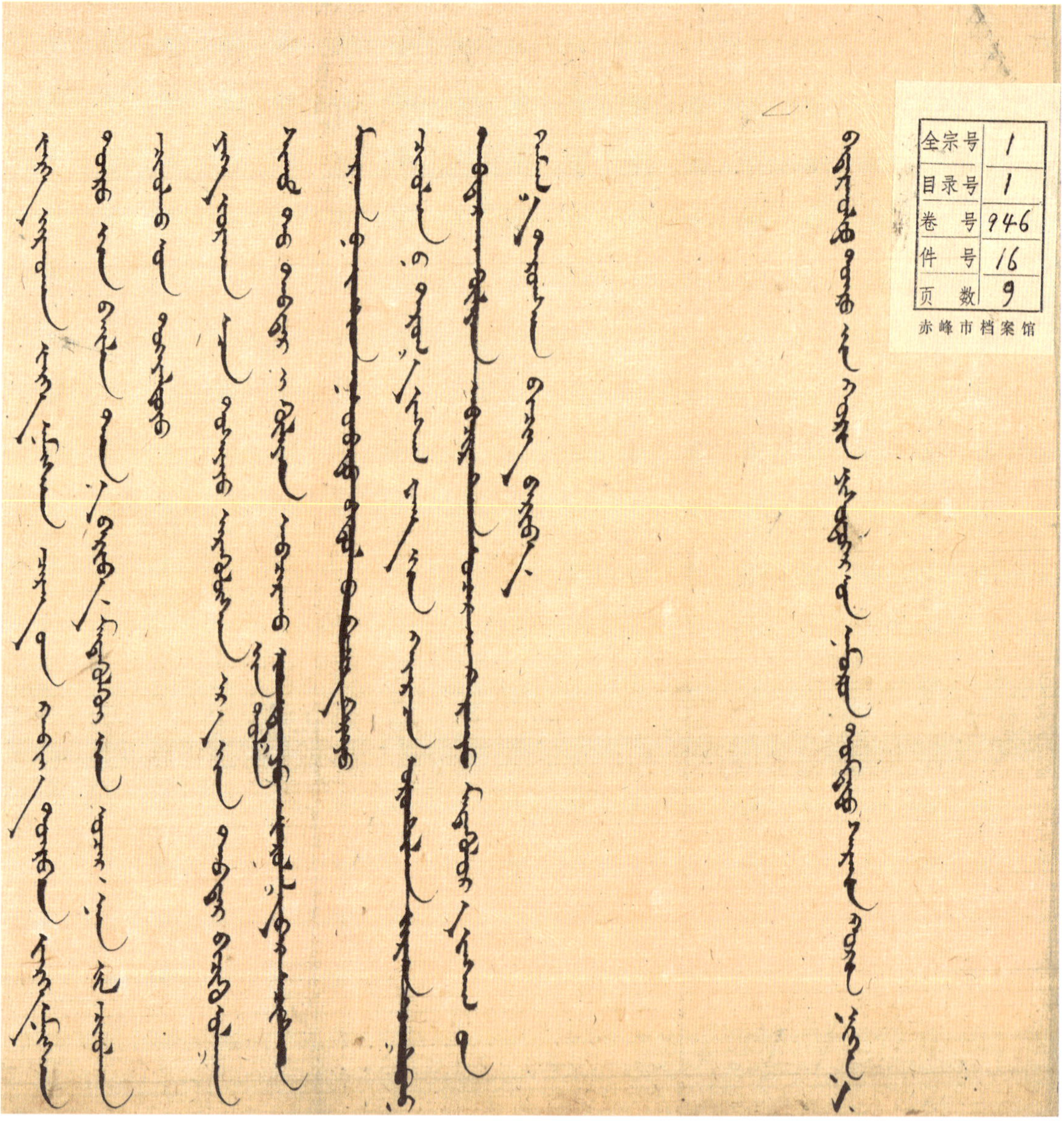

兄长为今年灾荒、盗匪纷乱暂不会盟事咨盟长弟文

兄长为盟长老弟问安。如今金秋风吹拂，万物成熟季节里盟长老弟身体安泰，贵府大家都吉祥如意。为呈报事，今我处派台吉梅林纳逊巴图前往参加盟长老弟宴会之际，因今年困难，请求暂时推迟会盟。他返回禀报称，台吉我等宴会结束后交付公文，将今年干旱，庄稼歉收，民众生活有困难，停止今年会盟一事，呈报盟长协理，请转呈盟长。盟长答复，札萨克王兄为大众困难考虑，盟长我也不是不知道这困难。只是昔日所定规矩，不执行似乎不合适。当今不只是你一个旗，巴林、克什克腾旗也来官文请求过。现在理藩院来文饬十月初一日会盟，待各旗来呈文后盟长与副盟长商量会盟还是不会盟事最后才决定。等因。案查，今年天旱，庄稼、草场极差，乱贼猖獗，加上直隶省大臣热河都统处屡次奏报诬告蒙古旗，剥夺了蒙古旗一切权利，撤掉了收税官，破坏了原定则例，称蒙古人没有规矩，交给县官来管理。如果我们盟长等只是为了顺从昔日所定规矩而十月寒冬进行会盟，则更加重众人、牲畜负担。为此，请求盟长老弟您为了免去民众困难，明鉴，为十一旗贫瘠众台吉、披甲等开恩，据各旗呈请理由与副盟长商定，暂缓这类会盟事。为此，呈请。献白色哈达问安。

光绪二十九年八月二十一日

盟务帮办原盟备兵札萨克兼翁牛特札萨克和硕亲王品级加六级军功加六级多罗杜棱郡王赞巴勒诺尔布、协理二等台吉加二级军功加三级济雅图、哈青嘎呈盟长阿鲁科尔沁札萨克郡王品级加六级军功加四级多罗贝勒文，为呈报事。今年逢会盟之年，为领来大院札付造丁册红格本事向盟长札萨克王处呈札萨克印本。

光绪二十九年八月二十一日

321

060

印务处为准备会盟所需物资事札旗员台吉、四札兰、章京、骁骑校等文

光绪二十九年八月二十二日

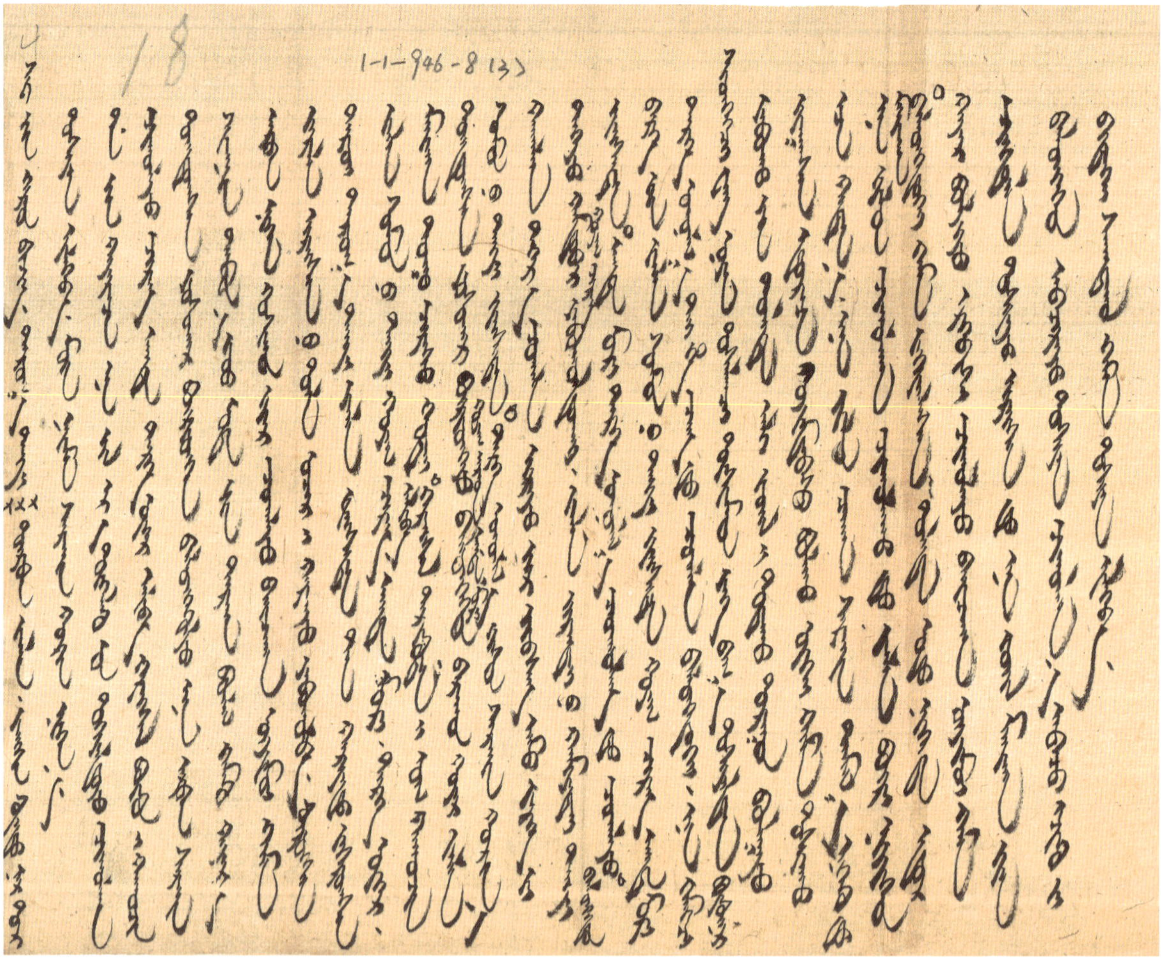

060 印务处为准备会盟所需物资事札旗员台吉、四札兰、章京、骁骑校等文

光绪二十九年八月二十二日

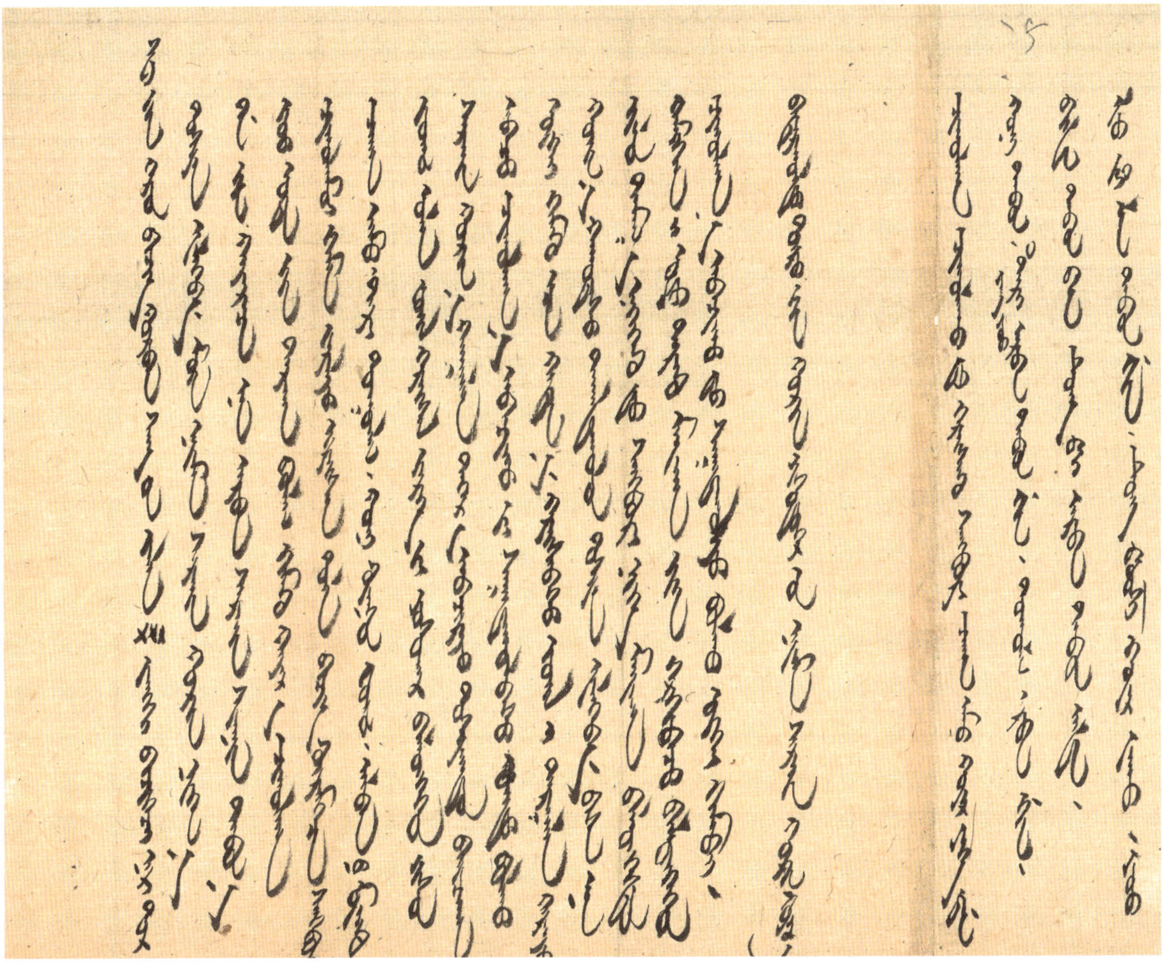

060 印务处为准备会盟所需物资事札旗员台吉、四札兰、章京、骁骑校等文

光绪二十九年八月二十二日

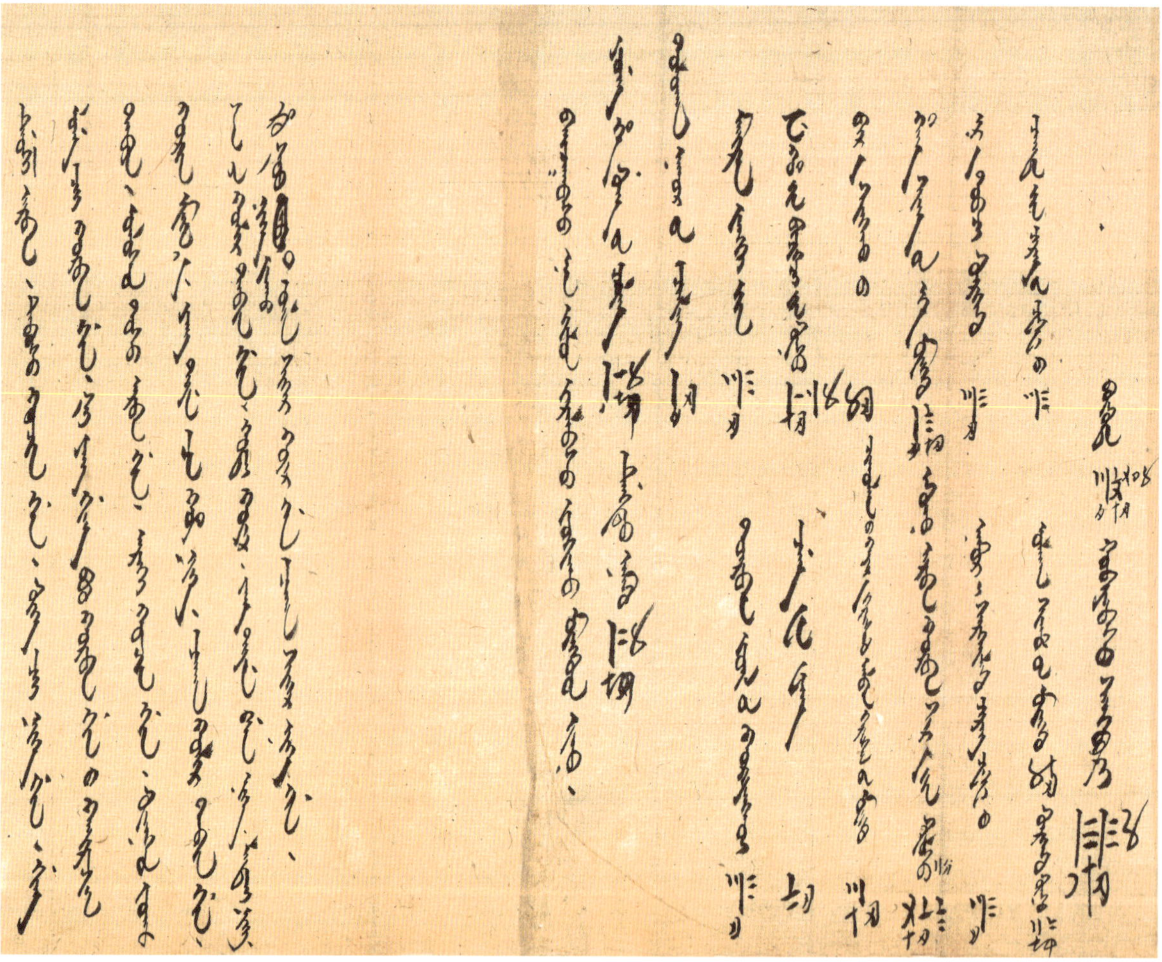

印务处为准备会盟所需物资事札旗员台吉、四札兰、章京、骁骑校等文

印务处札旗员台吉、四札兰、章京、骁骑校等文

今八月二十一日，盟长处来札文，今年逢比丁之年，会盟照原数目备齐兵丁、军马、车辆、牛等一切物品，于今十月五日在昭乌达达尔汉宝力格地方十一旗会盟查看。为此，到文后，旗员、札兰等管辖札兰佐领内台吉、披甲、军马、车牛、帐篷、锅、席子、货袋等一切用品，照旧例所定数目统计并备齐。西两个札兰佐领台吉、员弁带上披甲、军马、车辆等九月二十日到衙门集合，载运兵器、粮食等物品一同送走；札兰吉兰太管辖台吉、员弁带上披甲、军马、车辆等到查得呼朗集合准备；博尔赫札兰佐领台吉、员弁等带上披甲、军马、车辆等到泰和常集合准备。这事札萨克王、协理等大小官员都前往，哪一项都不能缺少，已定日期，不能迟到。此外，今年新年开印时饬今年会盟每札兰备一顶帐篷，现在那些帐篷必须备好带到会

盟地去，不得有误。为此，札付。

印务处札三仓札兰、章京、笔帖式等文

今八月二十一日，盟长处来文，定今年十月五日在昭乌达达尔汉宝力格地方会盟。到文后，每仓备粮食、火药、铅、廪饩羊钱及公差银两等诸物品，照例备齐后，九月二十日送到府上来，不能耽搁，查验后带回盟地。另，所需用品名录附在后页。今年开印时饬每仓备一顶帐篷，现在必须把那些帐篷备好带到会盟地去。

光绪二十九年八月二十二日

会盟所用每仓粮食两石，羊五只，火药洋药十五斤，铅十斤，引线五板，铜皮十五丈，油脂腊五斤，铳炮子二百，摇斗子十个，盐三十斤，砖茶一斤，景龙茶三斤，实洋京糕点三斤盒五个，麻油十斤，酒三十斤，口粮银二十千，洋铁茶壶一个，白面五十斤，荞面五十斤，货袋两个，洋铁盘一个，蜡台一个，

火烧一百，红糖二斤、白糖一斤。

案查，今年应付给银两：

雍和宫钱粮一百一十五两，给佛灯献十二两五；

多伦诺尔钱粮一百两；

梅林章京三两三，四样归纳三两三；

热河笔帖式口粮一十一两二五，程发放七两；

笔墨五两，会盟地用差费三十两；

恒兴本金一百八十两，其十三月利息四十六两八；

送男丁册三两三，防秋兵丁册子三两三；

军警册子三两三，送红格本五两，口粮二十七千；

共三百九十四两零五，每仓平摊一百三十一两三五。

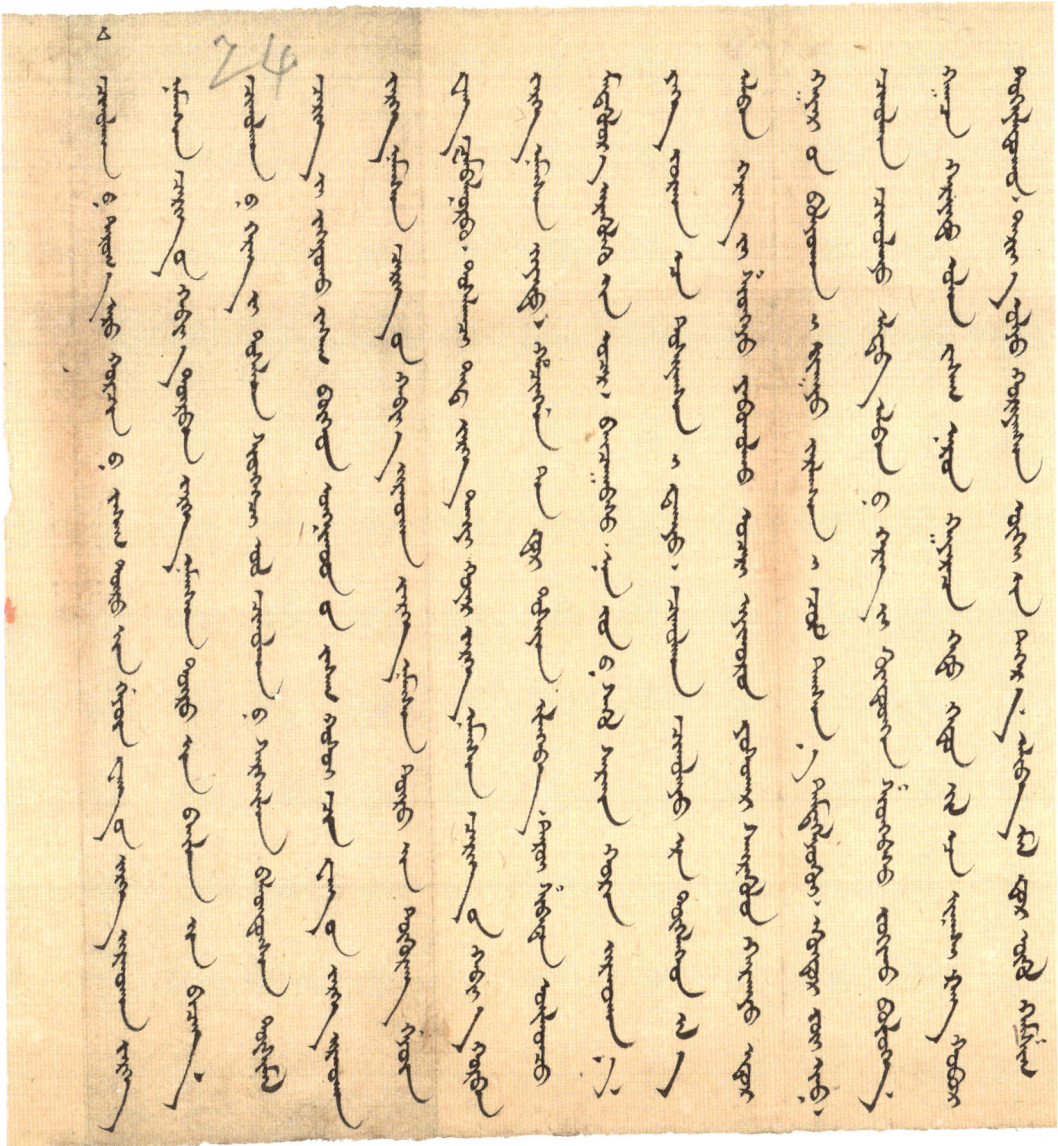

061

盟长阿鲁科尔沁札萨克郡王品级加六级军功加四级多罗贝勒为呈报各类文书、册子事札盟务帮办原盟备兵札萨克兼翁牛特和硕亲王品级加六级军功加六级多罗杜棱郡王赞巴勒诺尔布，协理二等台吉加二级军功加三级济雅图、哈青嘎文

光绪二十九年九月二十二日

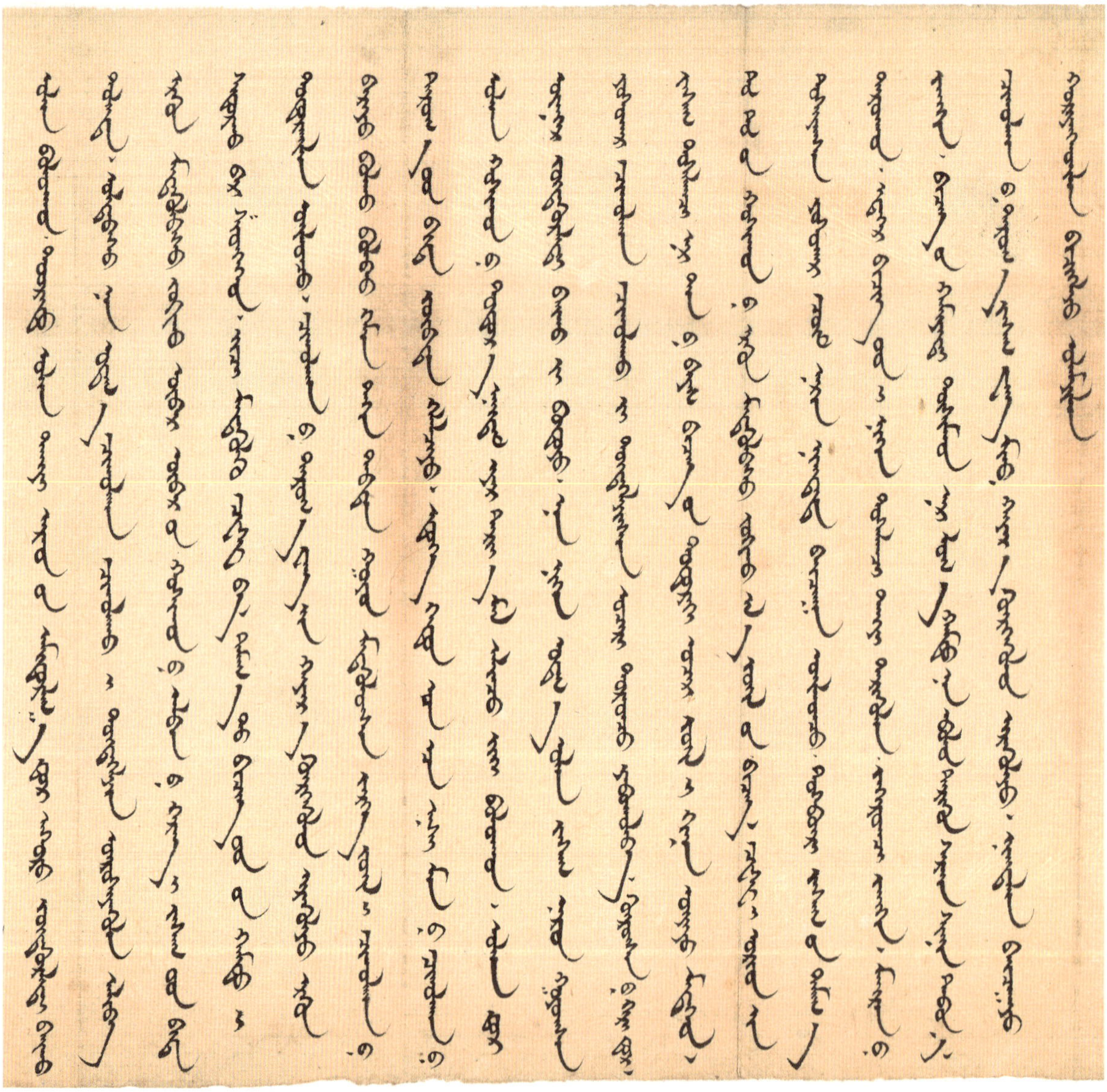

061

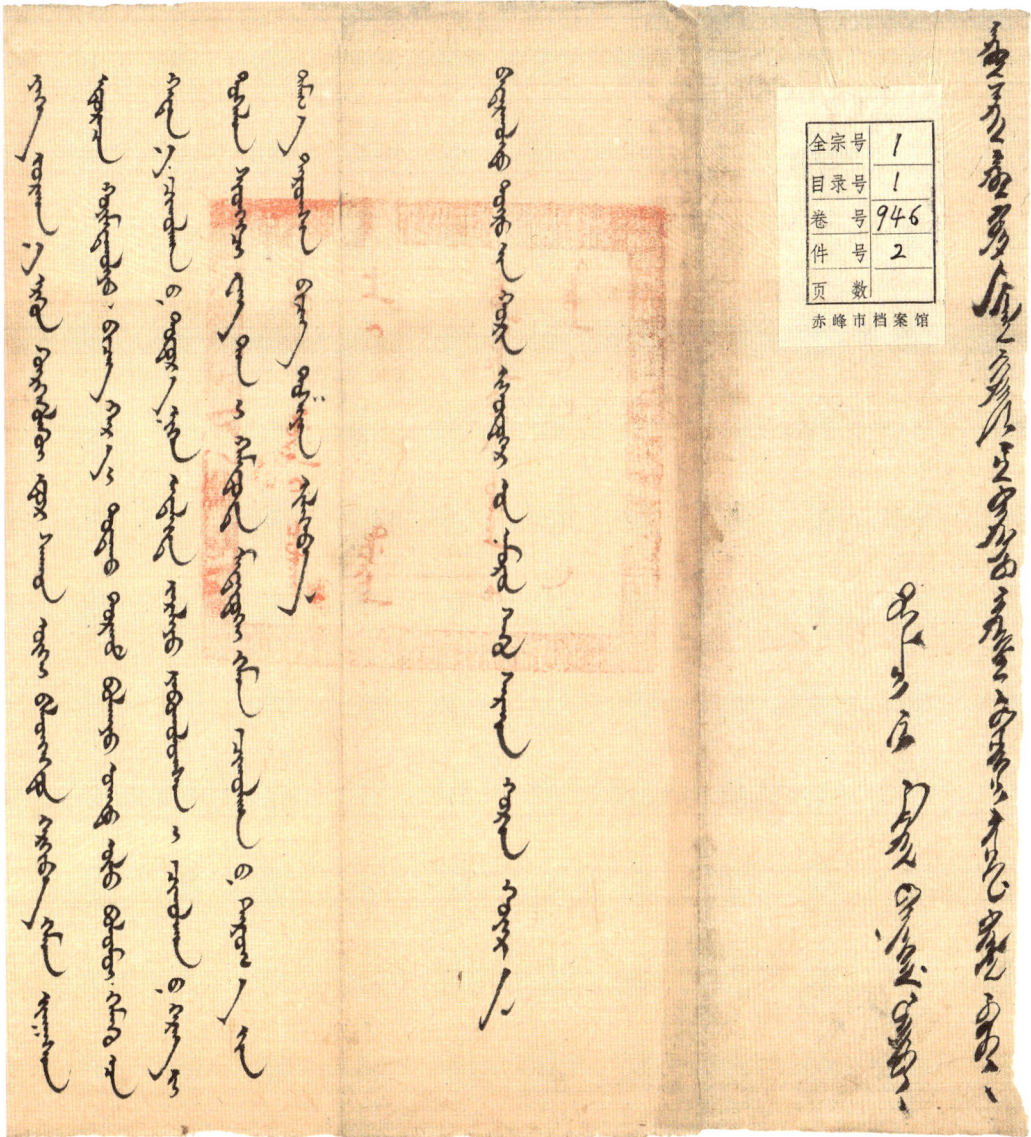

盟长阿鲁科尔沁札萨克郡王品级加六级军功加四级多罗贝勒为呈报各类文书、册子事札盟务帮办原盟备兵札萨克兼翁牛特和硕亲王品级加六级军功加六级多罗杜棱郡王赞巴勒诺尔布，协理二等台吉加二级军功加三级济雅图、哈青嘎文

光绪二十九年九月二十二日

盟长阿鲁科尔沁札萨克郡王品级加六级军功加四级多罗贝勒为呈报各类文书、册子事札盟务帮办原盟备兵札萨克兼翁牛特和硕亲王品级加六级军功加六级多罗杜棱郡王赞巴勒诺尔布，协理二等台吉加二级军功加三级济雅图、哈青嘎文

盟长阿鲁科尔沁札萨克多罗郡王品级加六级军功加四级多罗贝勒札盟务帮办原盟备兵札萨克兼翁牛特札萨克和硕亲王级加六级军功加六级多罗杜棱郡王赞巴勒诺尔布，协理二等台吉加二级军功加三级济雅图、哈青嘎文，为速报事。案查，今年六月二十六日奉理藩院饬，会盟比丁，审理各类公务事宜，照例抄出，约定地点、日期札饬一事，已录在案。

本应通过会盟审理各类案件才是，只是各旗近几年来干旱，庄稼无收成，牲畜死亡多，属民生活非常艰难，希望开恩推迟本次会盟。应报各该旗公务事，各札萨克认真审理后，造呈报册子及印文，一并送呈盟长一事，彼处屡次请求。

经盟长我等商定，近几年我盟各旗内普遍农牧歉收，考虑到大众生活有困难，按各旗请求暂缓会盟一事，已札付。到札后，札萨克、协理等亲自查看文内内容，各旗应呈报各类文书、册子等按原规矩细查制作，付札萨克印，并把这些文书派一名协理台吉带领管旗章京、梅林章京、文书有关官吏等一同，今冬一月初五日送达王府，查核归纳后转呈理藩院，指定时间，不能迟到，文书不能缺少。盟内一并札行事，盟务帮办知悉事由。特造盟长印文，札行。

光绪二十九年九月二十二日

协理济、梅林百宁嘎阅。

十二月十二日，札兰济仁泰送达，笔帖式伊青嘎接收。

330

062

印务处为备齐会盟比丁所需物品银两、马匹送至衙门事札旗员台吉、四札兰、章京、骁骑校等文

光绪二十九年九月二十四日

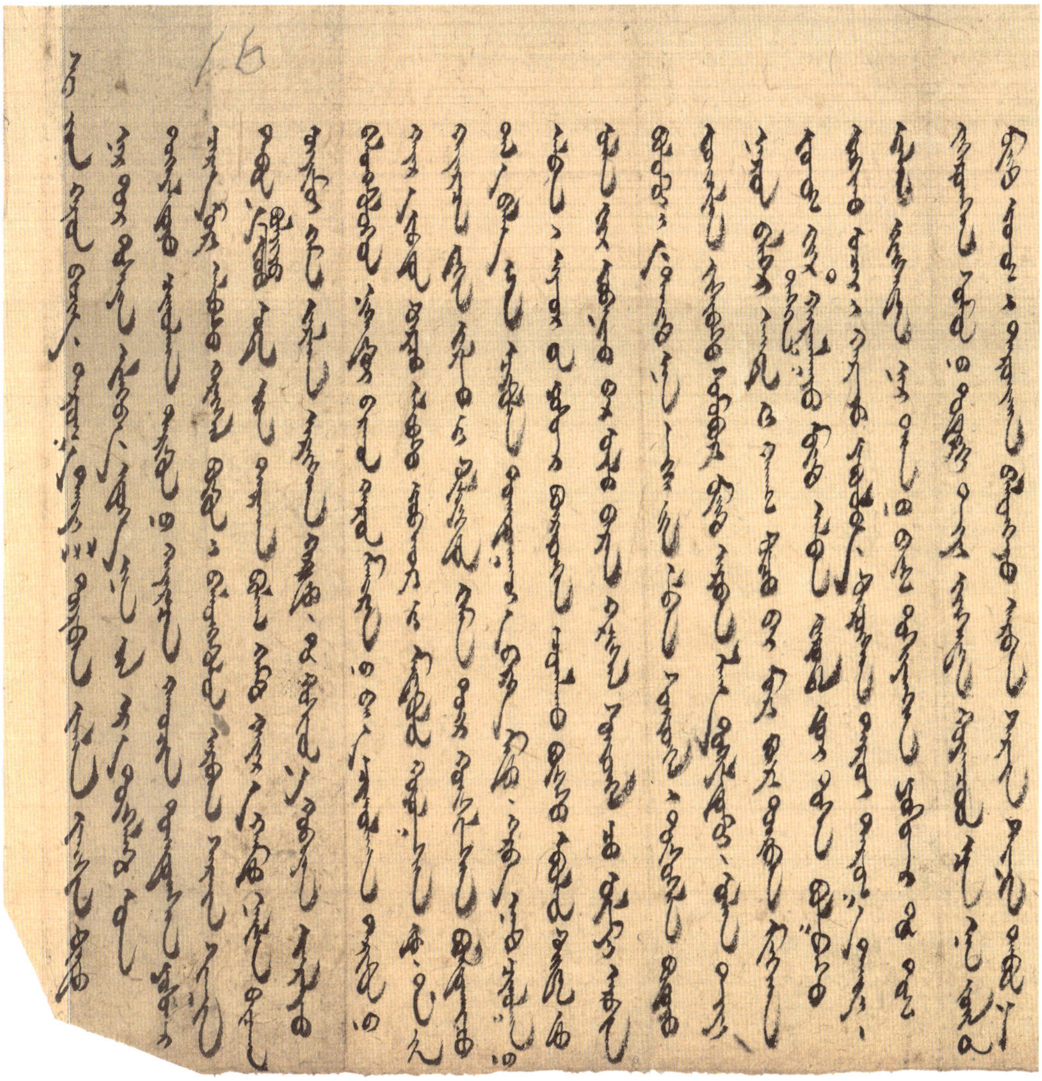

062

印务处为备齐会盟比丁所需物品银两、马匹送至衙门事札旗员台吉、四札兰、章京、骁骑校等文

光绪二十九年九月二十四日

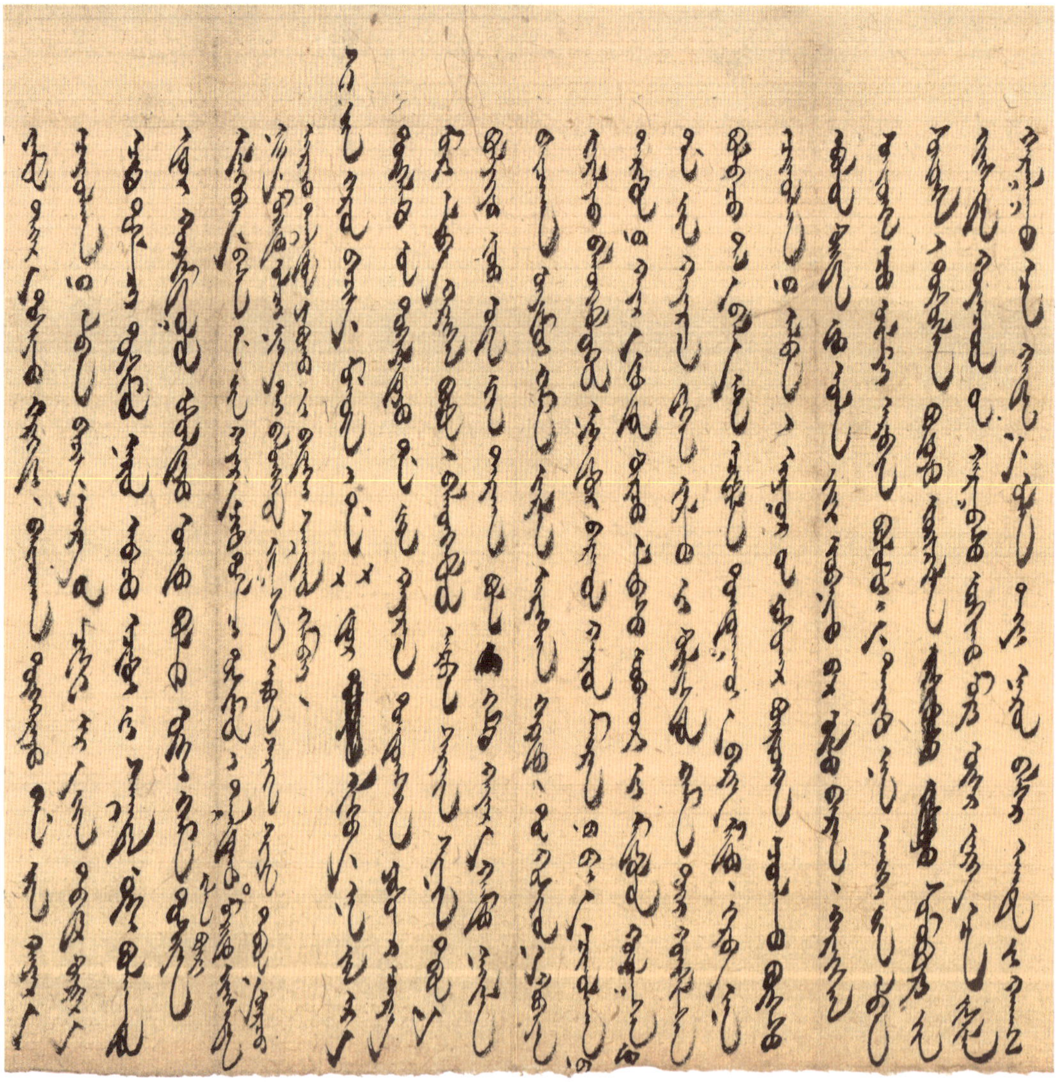

062

印务处为备齐会盟比丁所需物品银两、马匹送至衙门事札旗员台吉、四札兰、章京、骁骑校等文

光绪二十九年九月二十四日

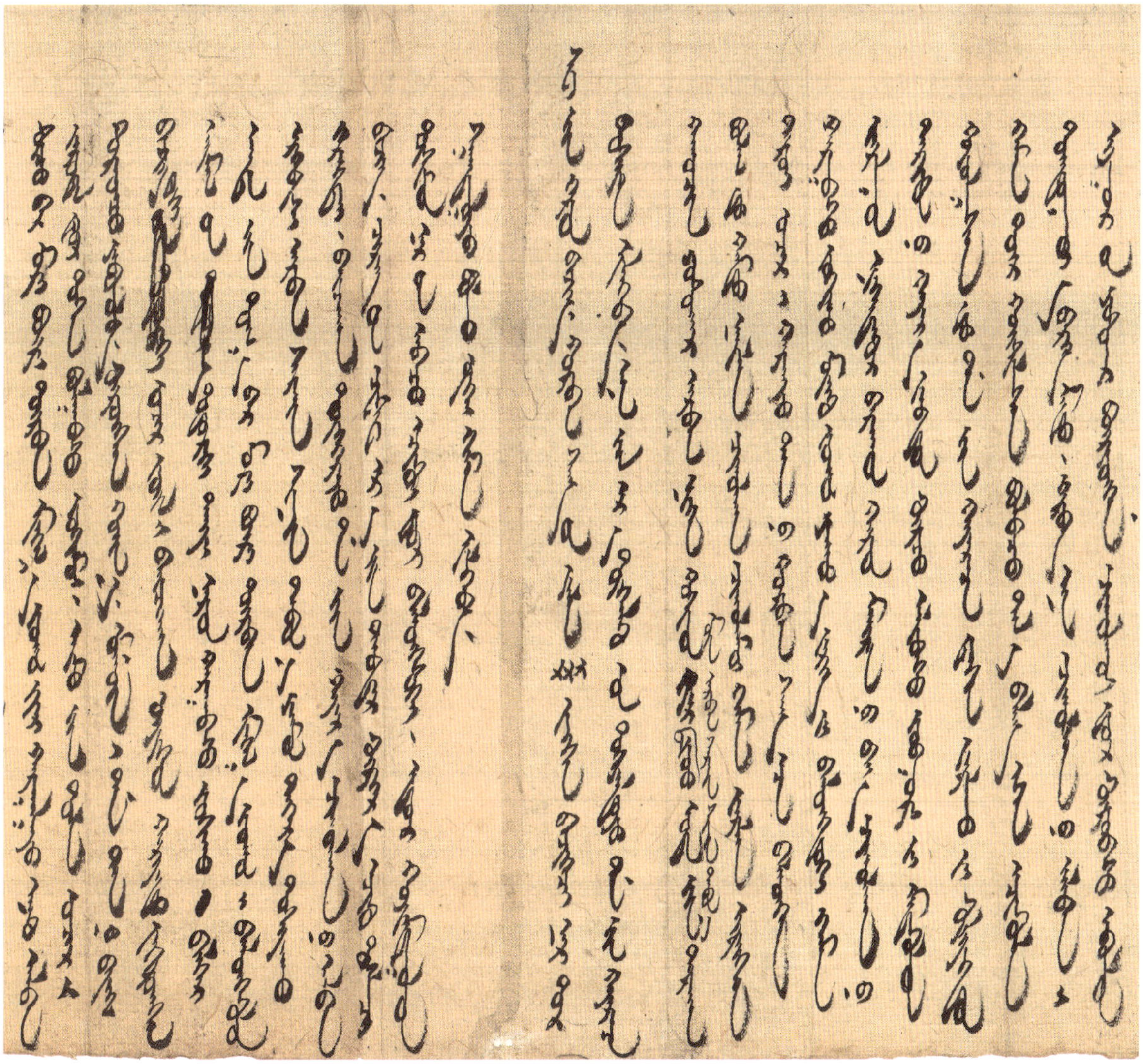

印务处为备齐会盟比丁所需物品银两、马匹送至衙门事札旗员台吉、四札兰、章京、骁骑校等文

光绪二十九年九月二十四日

印务处为备齐会盟比丁所需物品银两、马匹送至衙门事
札旗员台吉、四札兰、章京、骁骑校等文

印务处札旗员台吉、四札兰、章京、骁骑校等文

今年逢比丁之年，盟长处来饬，照旧例备齐兵马等一切物品，于十月初五日到昭乌达达尔汉宝力格地会盟查验。为此，本旗已饬进行备齐，同时，另派右翼梅林赶去盟长处禀报所面临难处，盟长答复等待饬令，遂虽推迟会盟，但不送点礼物，似乎难以决定。如果照例会盟，则时值寒冬，不但为难众人，而且费用也会增加。于是，估算、分派这些费用，每佐领交十两银子，众台吉军马按半份折算，则每匹马征收四千钱，用于公差较为合适，为此，札饬。到文后，旗员台吉、札兰等亲自领会文内内容，饬令各自所辖佐领台吉、员弁、披甲等，备齐这类征收银钱，十月初五日交到衙府来，以备验收后协理等员与盟公文、兵丁册子本一并带到盟长处。不能延误、耽

搁。为此，札付。又，跟随协理去盟长处，每札兰派乘骑员弁一名、乘骑随丁一名，备齐后于所指定的十月五日到来，不得延误。

印务处札族长文

今年逢比丁之年，盟长处来饬，照旧例备齐兵马等一切物品，将于十月初五日到昭乌达之达尔汉宝力格地会盟查看。为此，本旗分别札饬进行备齐，同时，另派右翼梅林赶去盟长处禀报所面临难处，盟长答复等待再饬令。虽然盟长临时推迟会盟，可是不送点礼物，似乎很难决定。如果照例准备会盟，则时值寒冬，不但为难众人，而且费用也会增加。所以估算这班费用，则每佐领员弁、披甲应交付马、牛等外，众台吉军马按半份折算，每匹马出四千钱，用于此等公差较为合适。为此，札付。到文后，族

长等亲自领会文内内容，饬令所辖族内台吉等根据应交军马数量，每匹按四千钱备齐，于十月初五日务必交到衙府来，以备验收后协理等人与盟公文、兵丁册子本一并带到盟长处，不能延误。为此，札付。

印务处札三仓札兰、笔帖式文

今年逢比丁之年，盟长处札饬照例十一旗于十月五日会盟昭乌达达尔汉宝力格地方。为此，奉饬札三仓应备银两、物品等进行备齐。另派右翼梅林赶去盟长处禀报所面临难处，盟长答复等待再饬令。虽然盟长临时推迟会盟，可是不送点礼物，似乎难以决定。如果照例会盟备齐，则时值寒冬，不但为难众人，而且费用也会增加。所以估算这班费用，各自佐领台吉、员弁、披甲应分摊额度外，剩余由三仓每仓添加十两银子备齐交付，用于公差较为合适。为此，札付。到文后，贵仓备齐原先札付交一百三十一两三钱五分钱中，提前备二十五两，并将这次十两银共三十五两银子，于十月初五内交到衙府来。协理员已等候带去盟长处，不能延误。为此，札付。

光绪二十九年九月二十四日

盟务帮办原盟备兵札萨克兼翁牛特札萨克和硕亲王品级加六级军功加六级多罗杜棱郡王赞巴勒诺尔布、协理二等台吉加二级军功加三级济雅图、哈青嘎为本旗军警兵器配给及练兵事呈盟长阿鲁科尔沁札萨克多罗郡王品级加六级军功加四级多罗贝勒等文

光绪二十九年十月

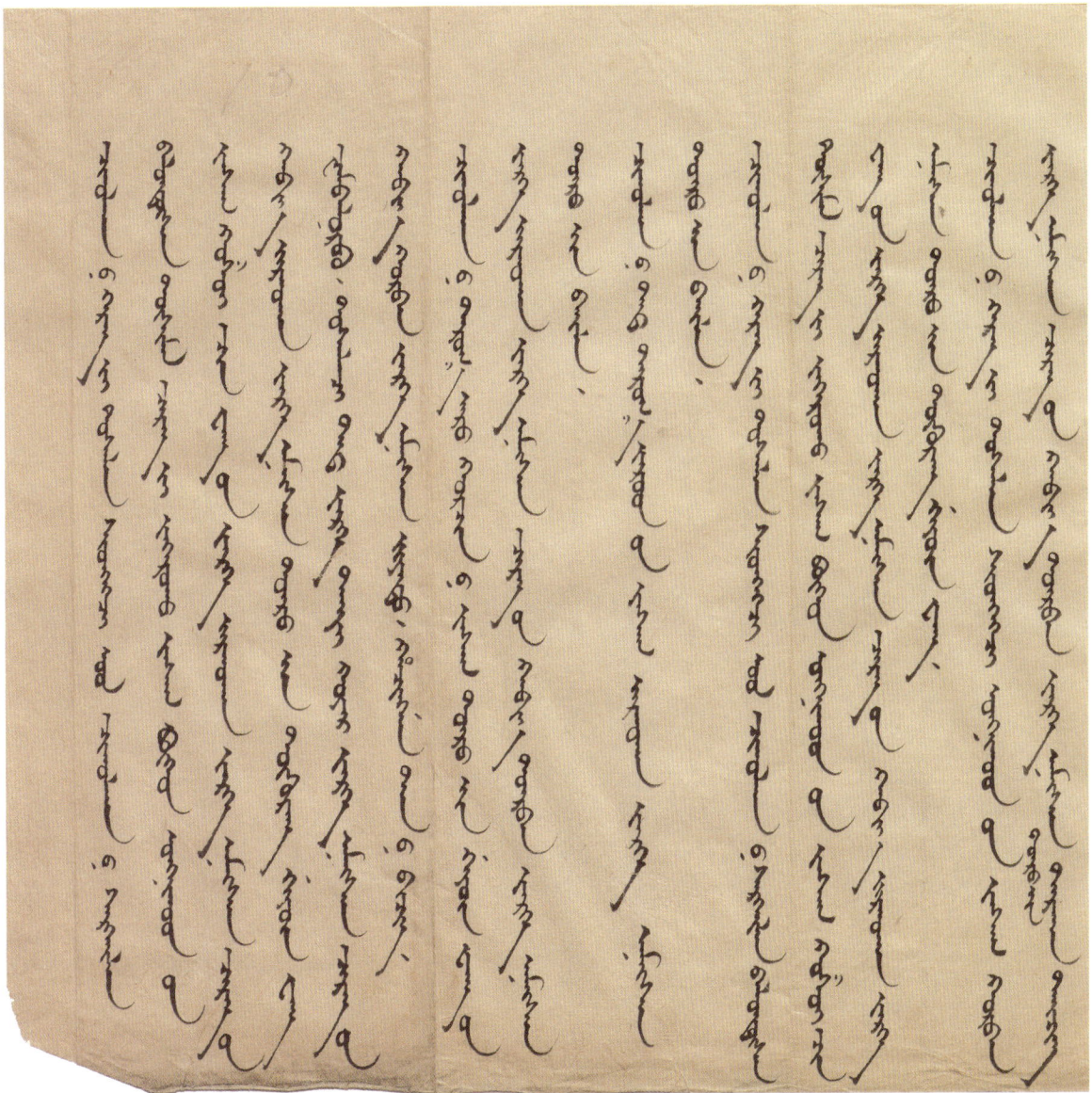

盟务帮办原盟备兵札萨克兼翁牛特札萨克和硕亲王品级加六级军功加六级多罗杜棱郡王赞巴
勒诺尔布，协理二等台吉加二级军功加三级济雅图、哈青嘎为本旗军警兵器配给及练兵事呈
盟长阿鲁科尔沁札萨克多罗郡王品级加六级军功加四级多罗贝勒等文

光绪二十九年十月

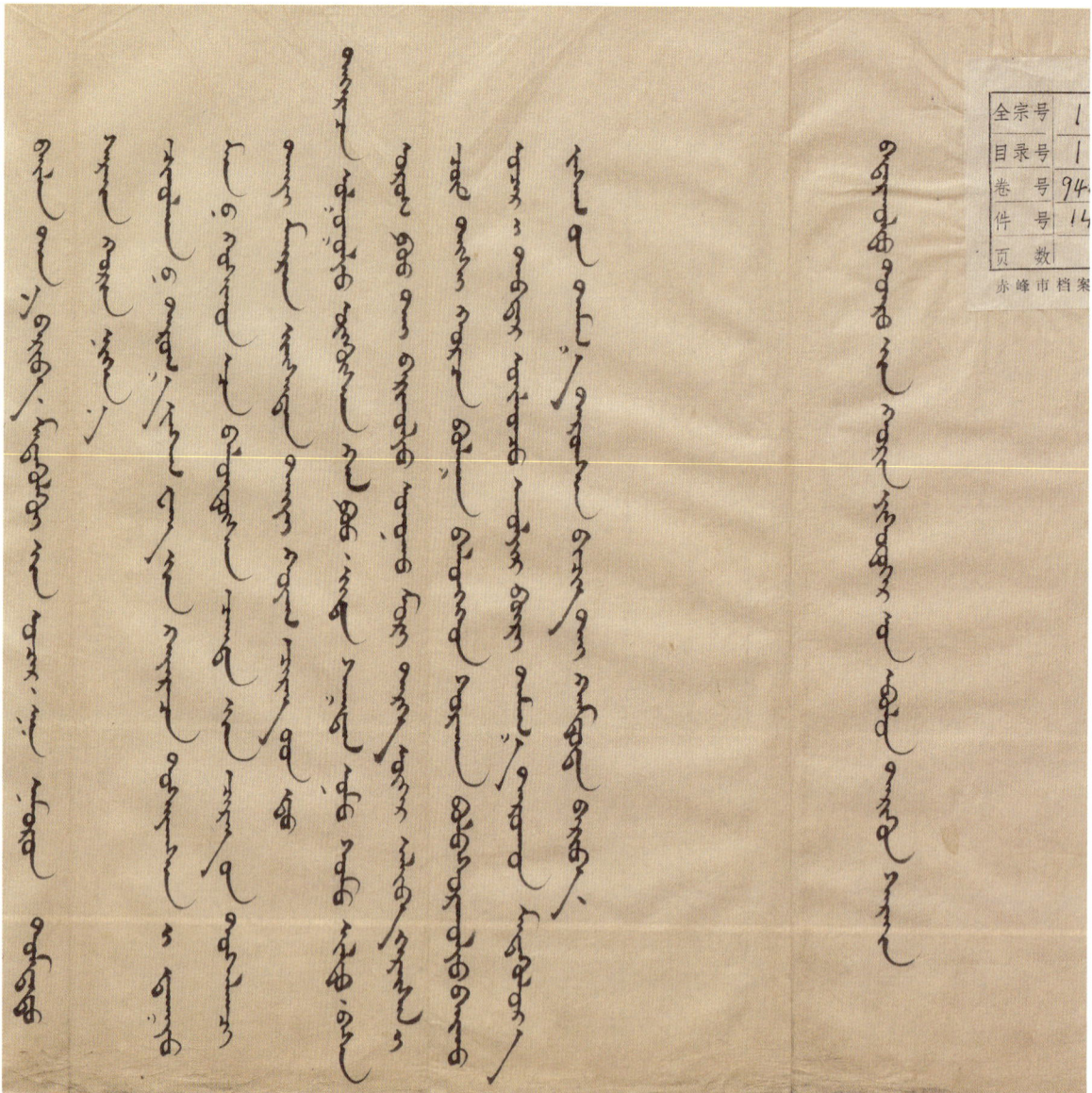

盟务帮办原盟备兵札萨克兼翁牛特札萨克和硕亲王品级加六级军功加六级多罗杜棱郡王赞巴勒诺尔布，协理二等台吉加二级军功加三级济雅图、哈青嘎为本旗军警兵器配给及练兵事呈盟长阿鲁科尔沁札萨克多罗郡王品级加六级军功加四级多罗贝勒等文

盟务帮办原盟备兵札萨克兼翁牛特札萨克和硕亲王品级加六级军功加六级多罗杜棱郡王赞巴勒诺尔布，协理二等台吉加二级军功加三级济雅图、哈青嘎等呈盟长阿鲁科尔沁札萨克多罗郡王品级加六级军功加四级多罗贝勒、副盟长扎鲁特札萨克加六级多罗贝勒、盟务帮办原盟备兵札萨克兼翁牛特札萨克和硕亲王品级加六级军功加六级多罗杜棱郡王、盟务帮办翁牛特札萨克加三级军功加四级多罗达尔汉岱青贝勒等文，为呈报事。今八月二十一日，奉盟长札萨克王处饬令，本旗已备军警协理台吉、梅林、员弁、披甲等，皇帝配给火枪、枪、箭筒、弓箭、刀与俄罗斯枪、乘骑马匹、牛车等，一切物品备齐后进行训练事宜，造册盖骑缝章，造札萨克印文一并呈上。

光绪二十九年十月

339

064

盟务帮办原盟备兵札萨克兼翁牛特札萨克和硕亲王品级加六级军功加六级多罗杜棱郡王赞巴勒诺尔布，协理二等台吉加二级军功加三级济雅图、哈青嘎为入丁册男丁数目事呈盟长阿鲁科尔沁旗札萨克多罗郡王品级加六级军功加四级多罗贝勒等文

光绪二十九年十月

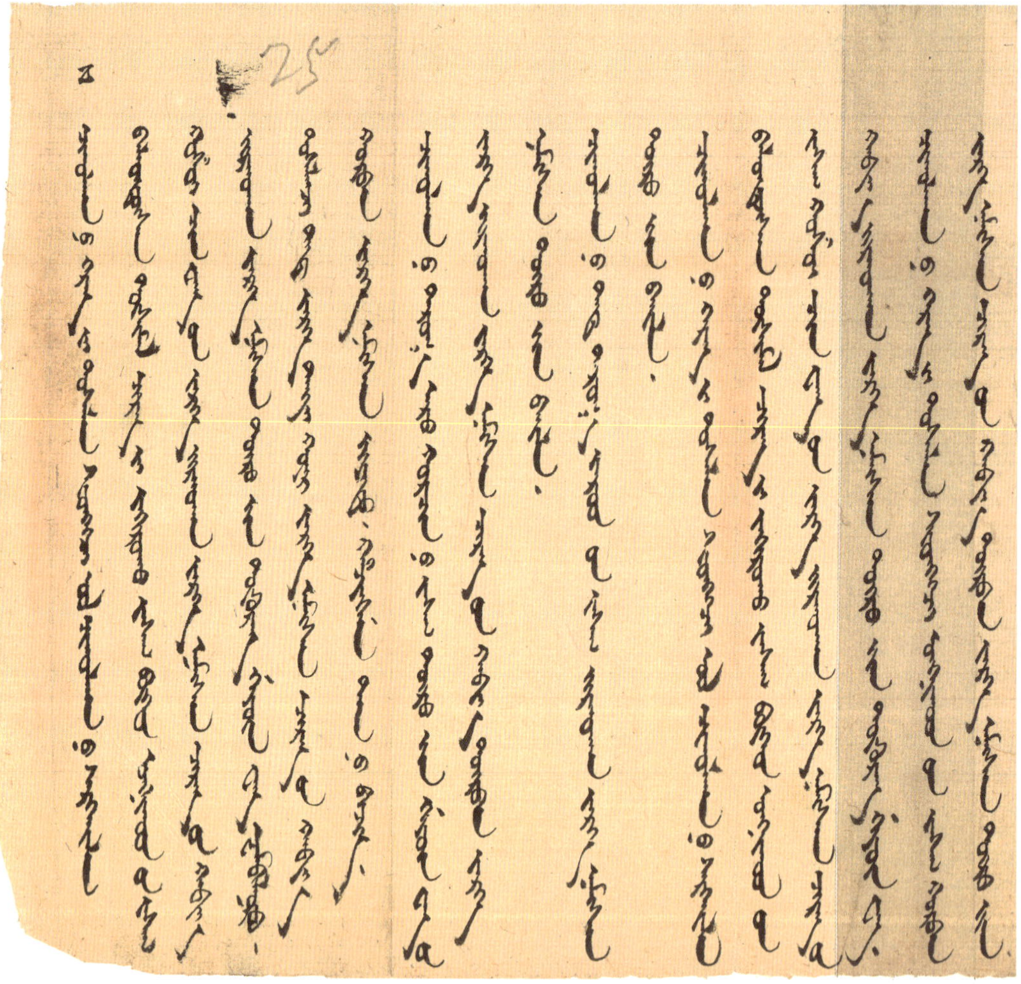

盟务帮办原盟备兵札萨克兼翁牛特札萨克和硕亲王品级加六级军功加六级多罗杜棱郡王赞巴勒诺尔布，协理二等台吉加二级军功加三级济雅图、哈青嘎为入丁册男丁数目事呈盟长阿鲁科尔沁旗札萨克多罗郡王品级加六级军功加四级多罗贝勒等文

光绪二十九年十月

盟务帮办原盟备兵札萨克兼翁牛特札萨克和硕亲王品级加六级军功加六级多罗杜棱郡王赞巴勒诺尔布，协理二等台吉加二级军功加三级济雅图、哈青嘎为入丁册男丁数目事呈盟长阿鲁科尔沁旗札萨克多罗郡王品级加六级军功加四级多罗贝勒等文

光绪二十九年十月

盟务帮办原盟备兵札萨克兼翁牛特札萨克和硕亲王品级加六级军功加六级多罗杜棱郡王赞巴勒诺尔布，协理二等台吉加二级军功加三级济雅图、哈青嘎为入丁册男丁数目事呈盟长阿鲁科尔沁旗札萨克多罗郡王品级加六级军功加四级多罗贝勒等文

光绪二十九年十月

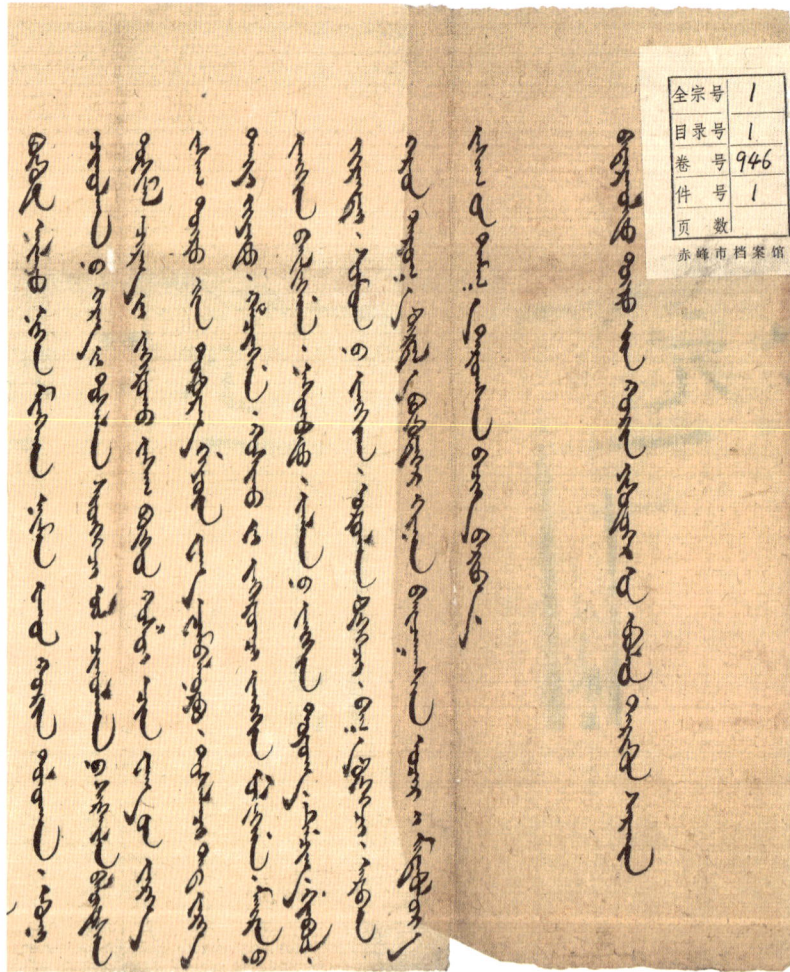

344

盟务帮办原盟备兵札萨克兼翁牛特札萨克和硕亲王品级加六级军功加六级多罗杜棱郡王赞巴勒诺尔布，协理二等台吉加二级军功加三级济雅图、哈青嘎为入丁册男丁数目事呈盟长阿鲁科尔沁旗札萨克多罗郡王品级加六级军功加四级多罗贝勒等文

盟务帮办原盟备兵札萨克兼翁牛特札萨克和硕亲王品级加六级军功加六级多罗杜棱郡王赞巴勒诺尔布，协理二等台吉加二级军功加三级济雅图、哈青嘎呈盟长阿鲁科尔沁旗札萨克多罗郡王品级加六级军功加四级多罗贝勒、副盟长扎鲁特札萨克加六级多罗贝勒、盟务帮办原盟备兵札萨克兼翁牛特札萨克和硕亲王品级加六级军功加六级多罗杜棱郡王、盟务帮办翁牛特札萨克加三级军功加四级多罗达尔汉贝勒等文，为呈报事。奉盟长札萨克王命，按已定则例，本年照例查及岁台吉，编审丁册，造册上报之由。我札萨克、协理等经细查清点人口数目如下：

御前行走盟务帮办原盟备兵札萨克兼翁牛特札萨克和硕亲王品级加六级军功加六级带花翎多罗杜棱郡王一人；

乾清门行走加六级带花翎辅国公一人；

加二级一等台吉一名、加二级军功加三级原四等台吉协理二等台吉两人、加三级二等台吉三人、加二级二等台吉一人、闲散二等台吉二人、加三级记录二次三等台吉一人、加三级三等台吉十四人、加二级三等台吉六人、闲散三等台吉三人、拟陪协理四等台吉一人、加三级军功加二级四等台吉一人、加二级军功加二级四等台吉及梅林章京一人、加三级云骑尉四等台吉一人、加二级云骑尉四等台吉二人、云骑尉四等台吉一人、加三级四等台吉八十八人、加二级四等台吉一百二十三人、闲散四等台吉九十五人，自一等台吉到四等台吉共计三百四十六人；

佐领共二十人，其中大章京一人、带花翎管旗章京一人、梅林章京一人、军功记录二次委任梅林一人、札兰章京四人；

佐领章京二十人、骁骑校二十人、骑都尉一人、云骑尉二人、旗里任职哈藩五十一人，男丁共一千一百零三人；

盟务帮办原盟备兵札萨克和硕亲王品级多罗郡王赏军功三级典仪长一人、一等侍卫六人、二等侍卫五人、三等侍卫四人、五等哈藩一人、六等哈藩一人，辅国公三等侍卫四人、五等哈藩一人；

王、公、一二三四等台吉应入册男丁二百十三人；

随公主、格格来管满洲农户章京三人，满洲男丁及农户一百五十七人；

以上一二三四等台吉、大章京、管旗章京、梅林章京、札兰章京、佐领、骁骑校、骑都尉、云骑尉、领催、十户长、兵丁、随丁、满洲男丁、农户，共计一千八百二十七人。

为此，自盟务帮办原盟备兵札萨克兼翁牛特札萨克和硕亲王品级多罗郡王赞巴勒诺尔布，协理二等台吉济雅图、哈青嘎，管旗章京穆凌嘎，梅林章京百宁嘎、那逊巴图，札兰章京都荣、德庆、金宝、吉兰太，到佐领、骁骑校、骑都尉、云骑尉、领催、十户长等已细查核事由，备具札萨克印文呈报。

光绪二十九年十月

065 盟务帮办原盟备兵札萨克兼翁牛特札萨克和硕亲王品级加六级军功加六级多罗杜棱郡王赞巴勒诺尔布旗军警名册

光绪二十九年十月

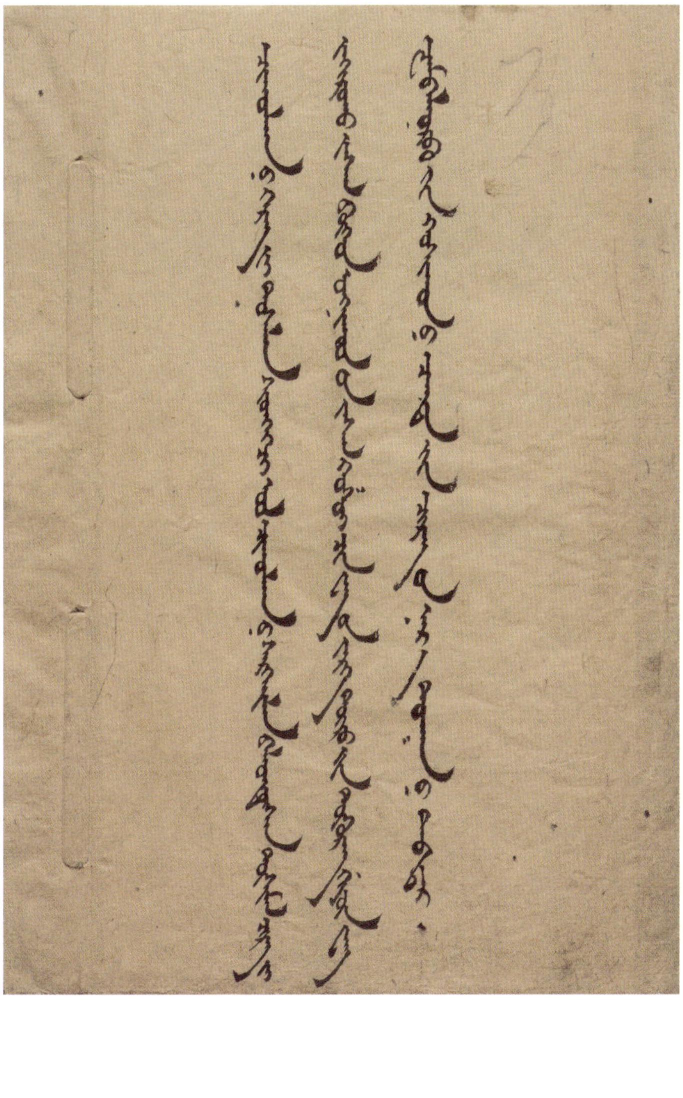

065 盟务帮办原盟备兵札萨克兼翁牛特札萨克和硕亲王品级加六级军功加六级多罗杜棱郡王赞巴勒诺尔布旗军警名册

光绪二十九年十月

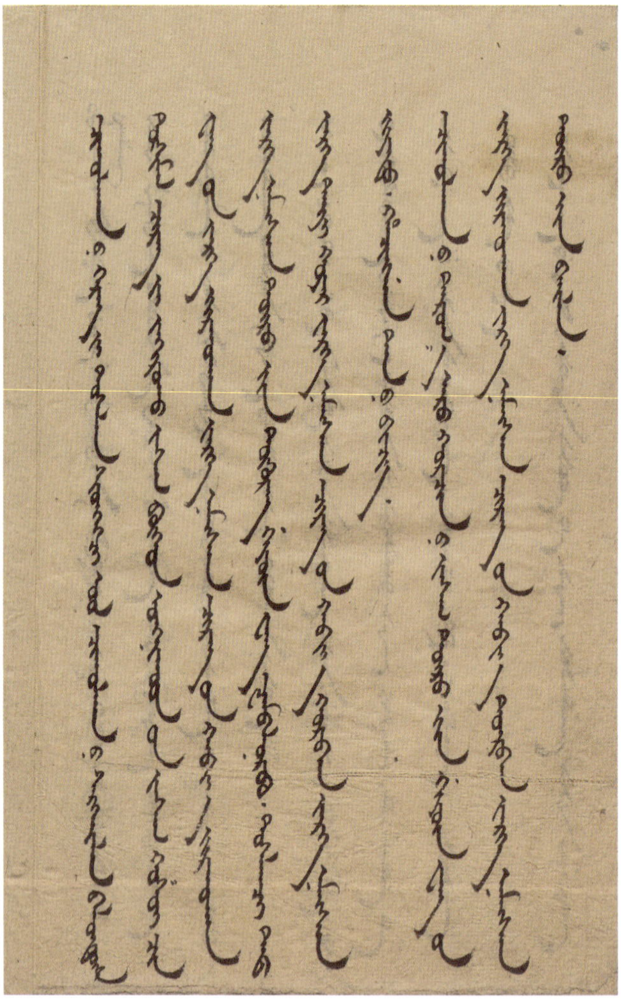

ᠮᠣᠩᠭᠣᠯ ᠪᠢᠴᠢᠭ

065

盟务帮办原盟备兵札萨克兼翁牛特札萨克和硕亲王品级加六级军功加六级多罗杜棱郡王赞巴勒诺尔布旗军警名册

光绪二十九年十月

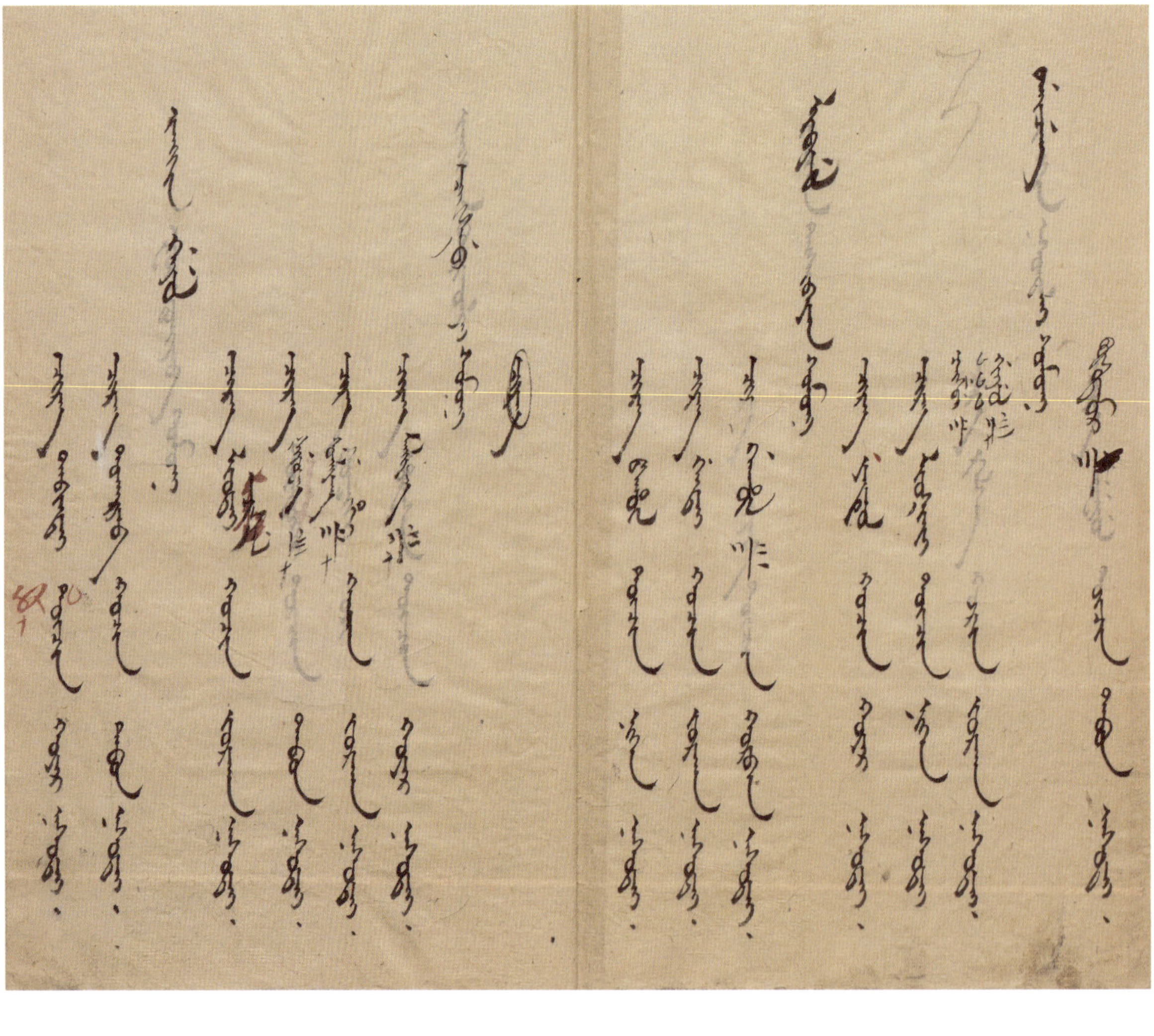

065

盟务帮办原盟备兵札萨克兼翁牛特札萨克和硕亲王品级加六级军功加六级多罗杜棱郡王赞巴勒诺尔布旗军警名册

光绪二十九年十月

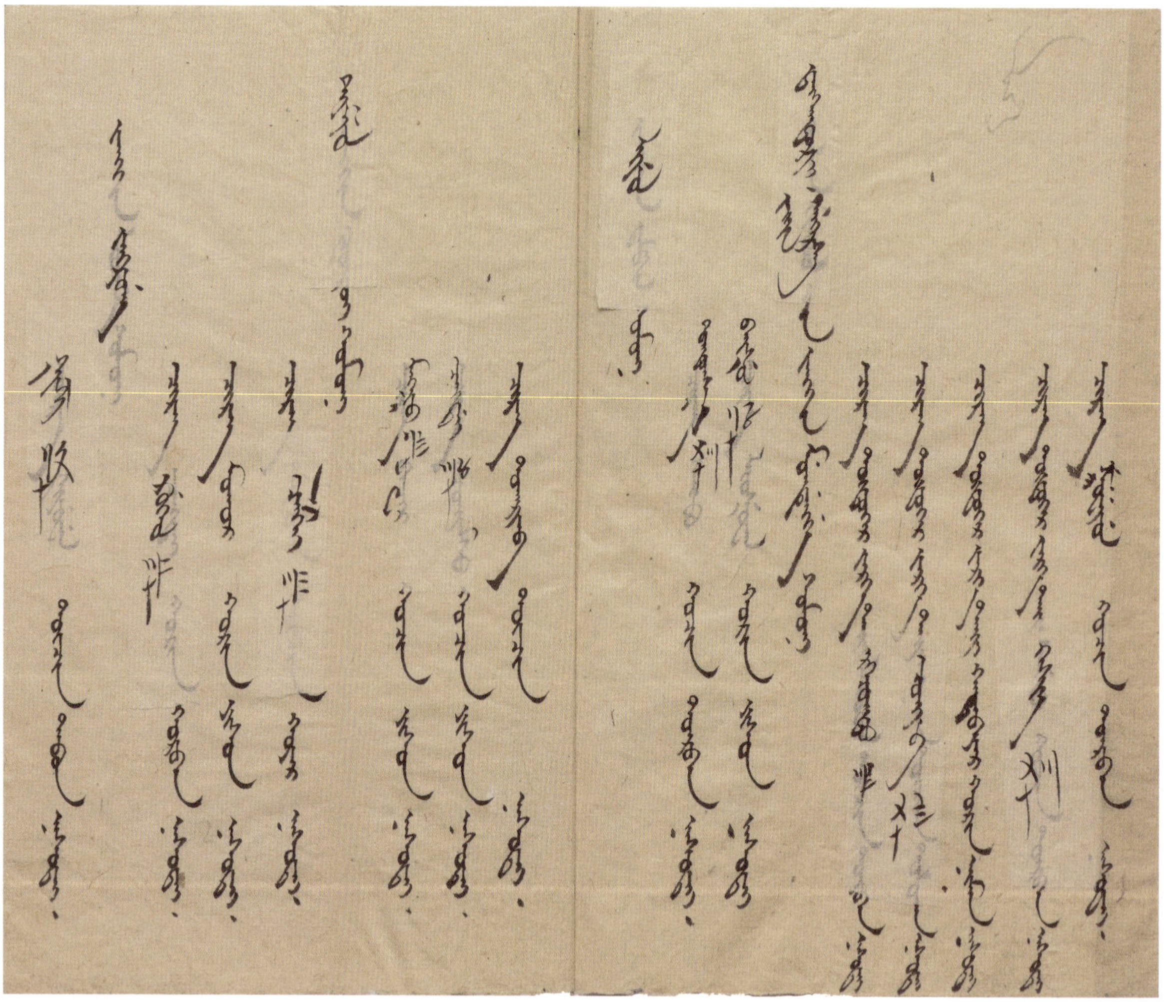

065

盟务帮办原盟备兵札萨克兼翁牛特札萨克和硕亲王品级加六级军功加六级多罗杜棱郡王赞巴勒诺尔布旗军警名册

光绪二十九年十月

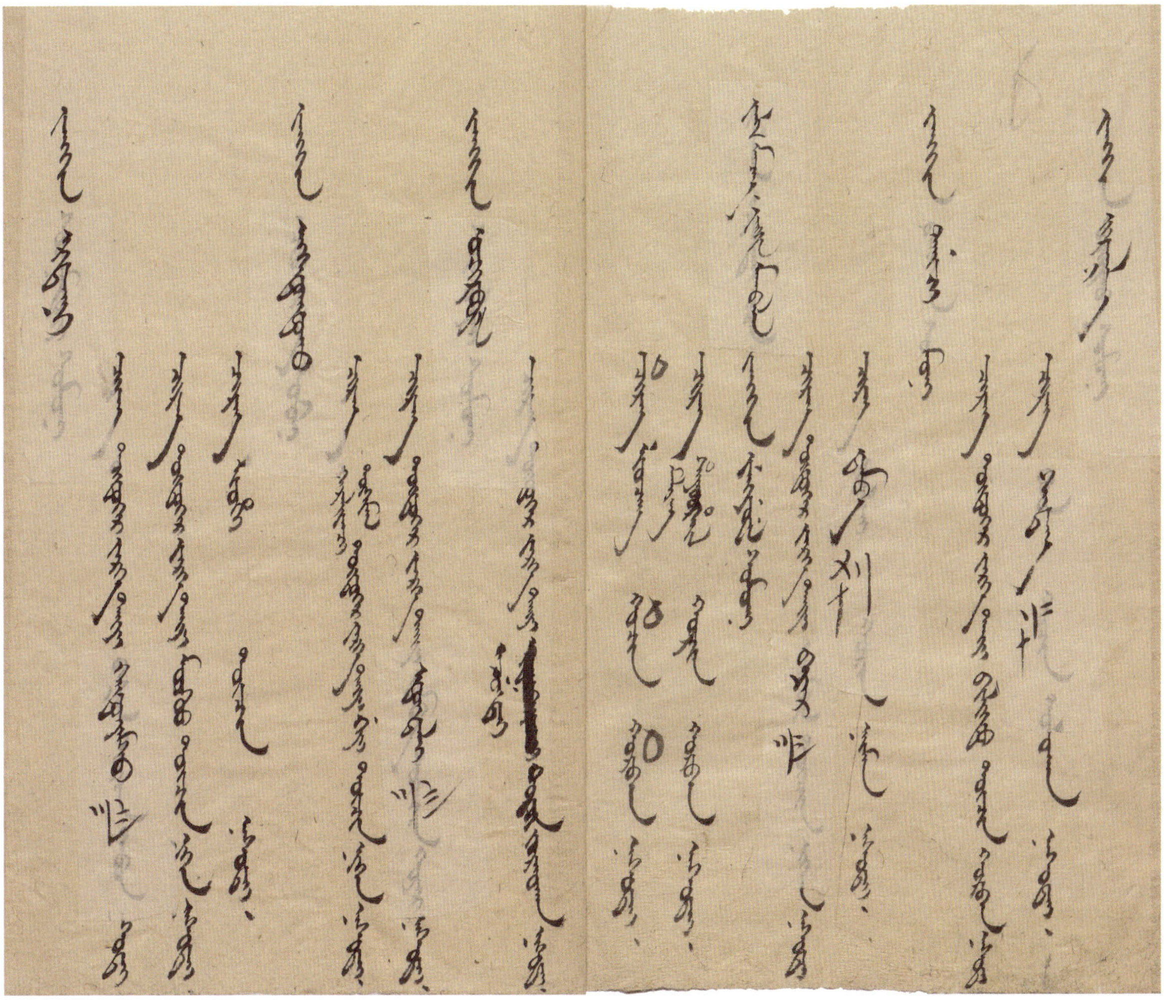

065

盟务帮办原盟备兵札萨克兼翁牛特札萨克和硕亲王品级加六级军功加六级多罗杜棱郡王赞巴勒诺尔布旗军警名册

光绪二十九年十月

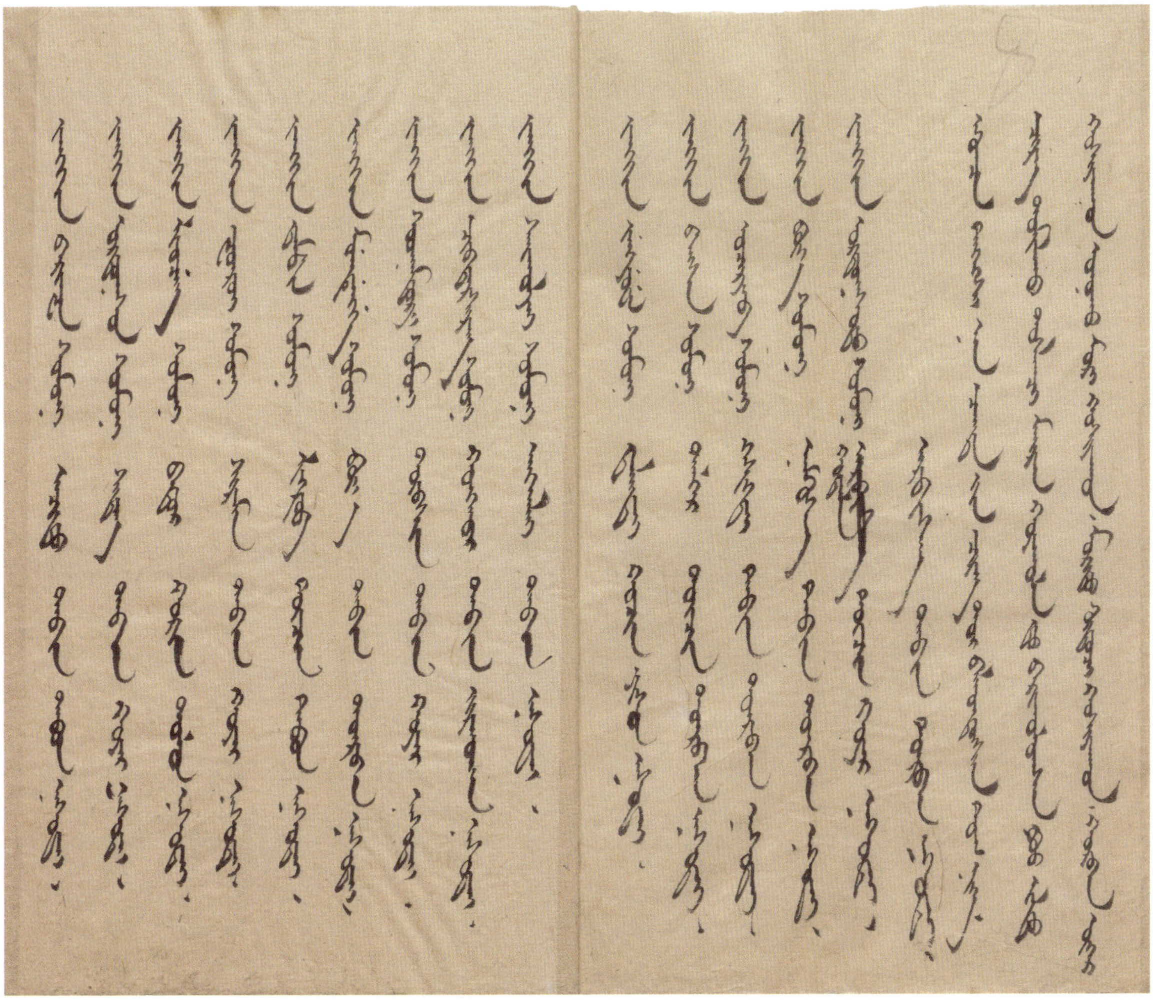

065 盟务帮办原盟备兵札萨克兼翁牛特札萨克和硕亲王品级加六级军功加六级多罗杜棱郡王赞巴勒诺尔布旗军警名册

光绪二十九年十月

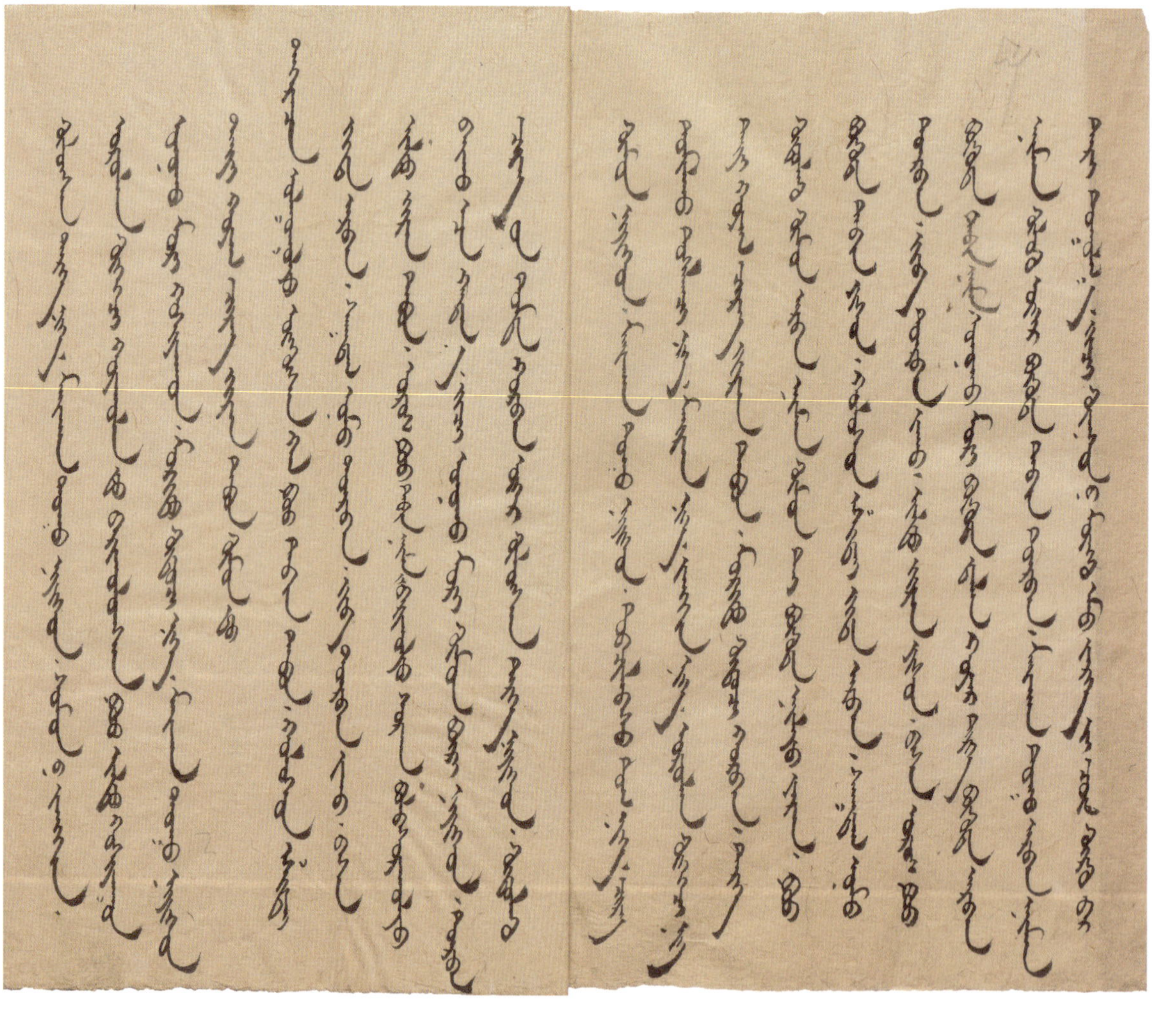

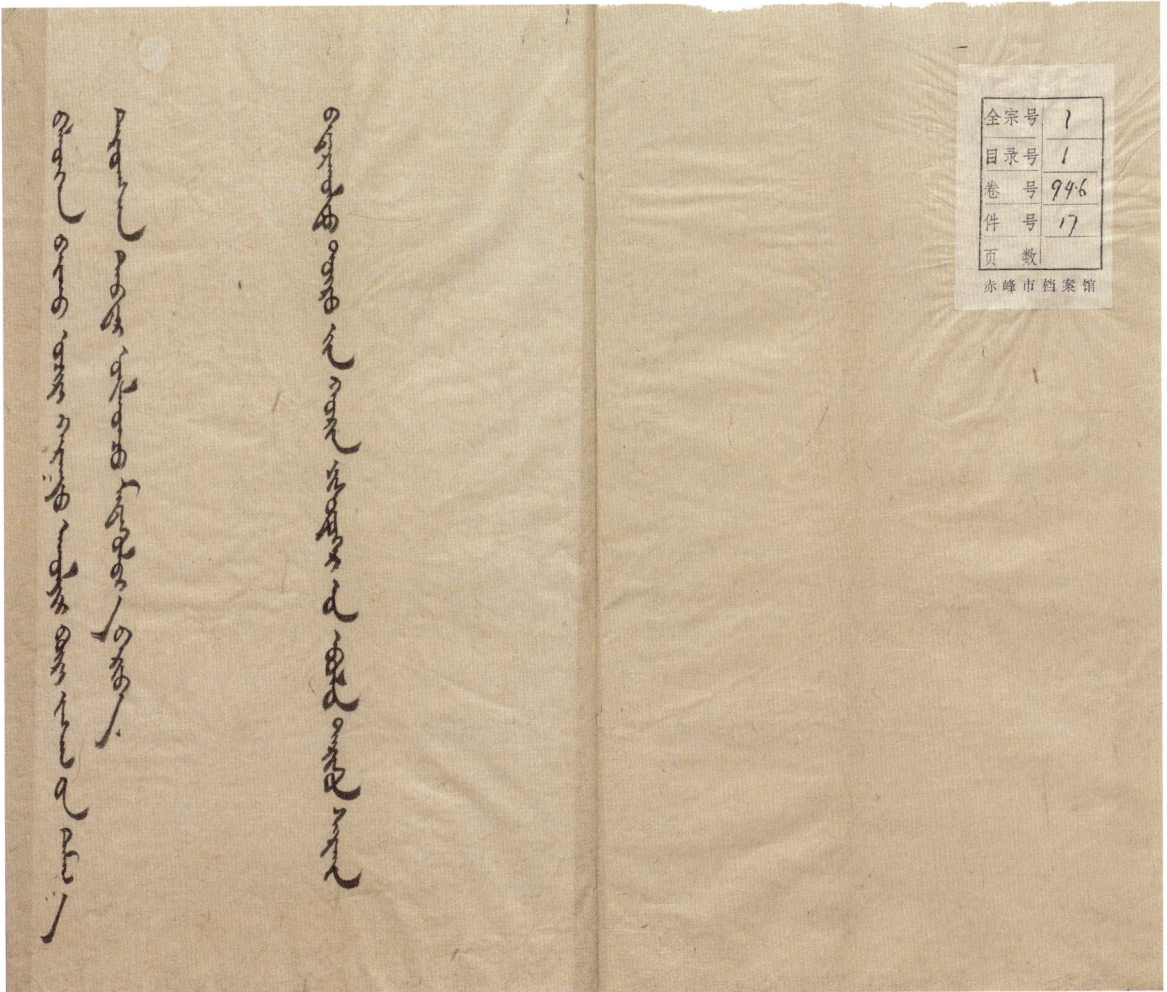

盟务帮办原盟备兵札萨克兼翁牛特札萨克和硕亲王品级加六级军功加六级多罗杜棱郡王赞巴勒诺尔布旗军警名册

盟务帮办原盟备兵札萨克兼翁牛特札萨克和硕亲王品级加六级军功加六级多罗杜棱郡王赞巴勒诺尔布，协理二等台吉加二级军功加三级济雅图、哈青嘎呈盟长阿鲁科尔沁札萨克多罗郡王品级加六级军功加四级多罗贝勒、副盟长扎鲁特札萨克加六级多罗贝勒、盟务帮办原盟备兵札萨克兼翁牛特札萨克和硕亲王品级加六级军功加六级多罗杜棱郡王、盟务帮办翁牛特札萨克加三级军功加四级多罗达尔汉岱青贝勒文，为呈报之事。案查，本旗已派出军警名单如下：

协理二等台吉加军功加三级济雅图四十五岁，梅林章京特格喜特木尔四十八岁，佐领章京骑都尉罗卜桑四十七岁，骁骑校根儿五十四岁；

札兰杜棱章京布敦夫佐领兵云骑尉福柱四十一岁、兵嘎梁三十一岁、兵塔斌太四十二岁、兵塔彬太四十二岁、兵都嘎尔扎布三十五岁；

章京根柱佐领兵留弟三十六岁、兵□□岁、兵素良三十六岁、兵满良四十二岁；

长寿佐领兵扒虎四十一岁、兵根弟三十六岁、兵跟虎四十三岁；

留运特格西巴颜佐领兵丫头三十二岁、兵六十一四十一岁、长寿、跟住二十六岁；

岱青佐领布胡特木尔四十五岁、青格勒二十六岁、宝音贺西格二十三岁、兵跟弟三十六岁；

章京银邓格佐领兵四等台吉纳逊巴图四十岁、兵四等台吉乌力吉门都四十三岁、兵四等台吉巴图桑三十五岁、兵四等台吉那逊朝克图二十八岁、兵四等台吉图扣乌力吉四十六岁、兵留弟四十五岁；

札兰常顺章京陶格图尔佐领兵拉延胡三十三岁、兵□四十六岁、兵拉延秋三十一岁、兵都嘎尔扎布甘珠尔扎布四十六岁；

章京古其逊佐领兵呼日勒四十六岁、兵白雅尔二十二岁、兵狮子四十五岁；

章京张荣兵蝈蝈二十三岁、兵毛浩尔二十九岁、兵长海四十二岁；

天珠佐领兵牤牛三十九岁、兵长代三十九岁、兵都嘎尔扎布四十岁；

李运佐领兵陶格塔桑三十四岁、兵百顺二十九岁；

达喜达力章京、德力格尔桑章京所属穆格邓格佐领兵四等台吉额尔和朝克图三十四岁、兵四等台吉却扎布四十七岁、兵四等台吉哈达巴雅尔二十八岁、兵四等台吉贺喜格三十四岁、兵锁住三十四岁；

章京额尔德尼佐领兵四等台吉根敦札木苏□岁、兵四等台吉毛夫四十一岁、兵刘喜四十岁；

章京恩和陶格涛佐领兵云骑尉四等台吉隔一四十一岁、兵四等台吉额都达赖□二岁；

章京敖其宝音佐领兵四等台吉阿春代四十六岁、兵流畅三十三岁、兵马亮二十三岁；

札兰满仓章京马哈巴拉章京正月佐领兵四等台吉巴雅尔四十一岁、兵丹巴二十八岁；

章京岱齐佐领兵四等台吉毕力格图四十三岁、兵色邓三十七岁；

章京吉尔哈郎佐领兵四等台吉阿木尔布仁四十岁、兵四等台吉金象二十九岁、兵纳逊巴雅尔二十七岁、兵孟和陶格套四十六岁；

章京布赫佐领兵色仁布四十二岁、兵拉延运四十岁；

章京乌日图那斯图佐领兵诺门珠拉四十七岁、兵刘运四十五岁、兵方堆三十三岁。

赶车人与跟役：

章京布敦夫佐领六十五十一岁；

章京松堆扎布佐领巴图巴雅尔四十四岁；

章京布仁乌力吉佐领乌力吉四十七岁；

章京特格喜巴颜佐领刘栓四十二岁；

章京纳逊达赖佐领满仓五十三岁；

章京银邓佐领铁木尔五十三岁；

章京巴林扎佐领阿齐图五十五岁；

章京乌日图那森佐领色邓五十二岁；

章京刘成佐领巴图尔二十七岁；

章京聪瑞佐领锡日门五十二岁；

章京丹皮勒佐领李格如布四十五岁；

章京穆格邓格佐领布雅五十四岁；

章京索南多杰佐领图布新五十二岁；

章京其布达日色棱佐领洪郭尔五十六岁；

章京赛音乌力吉佐领昂哈力五十岁；

章京正月佐领达兰太三十九岁；

章京胖子佐领德力格尔四十四岁；

章京乌其日扎布佐领贺喜格太五十四岁；

章京布和佐领讷默呼桑五十四岁；

章京乌日图那素图佐领浩特勒四十二岁、阿尔彬桑五十四岁。

以上各巡警**备旗一面**；指挥兵**协理、梅林**所用火枪两把，刀各一把，马两匹，跟役两名，三牛套车一辆，帐篷、锅各一；**佐领章京、骁骑校**配给火枪、刀两把，马两匹，跟役一名，帐篷、锅各一；**台吉兵丁**六十五名，上发给火枪五十五把，竹把枪十把，箭筒、弓四副，箭头四百枚，另配大刀六十五把，俄罗斯火枪五十八把进行训练所用外，马匹各一，每四名兵配三牛套车一辆，赶车人一名，帐篷、锅各一。

总计，旗一面；协理一名、梅林一名、章京一名、骁骑校一名、台吉兵丁六十五名、跟役三名、赶车人十八名，共九十名；火枪五十九把，竹把枪十把，箭筒、弓四副，箭头四百枚，大刀六十九把，俄罗斯火枪五十八把，乘马共七十二匹，车共十八辆，拉车牛五十四头，帐篷、锅十八个，火药、铅，所用钱粮等，已足量备好。故特造札萨克印文呈报。

光绪二十九年十月

066

盟务帮办原盟备兵札萨克兼翁牛特札萨克和硕亲王品级加六级军功加六级多罗杜棱郡王赞巴勒诺尔布旗防秋兵丁名册

光绪二十九年十月

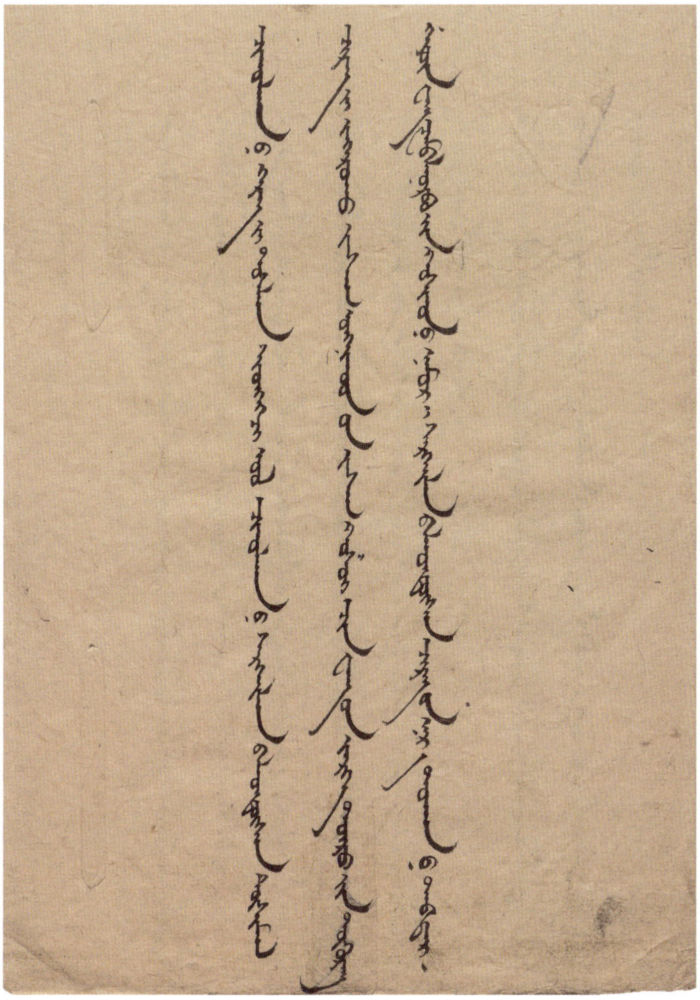

066

盟务帮办原盟备兵札萨克兼翁牛特札萨克和硕亲王品级加六级军功加六级多罗杜棱郡王赞巴勒诺尔布旗防秋兵丁名册

光绪二十九年十月

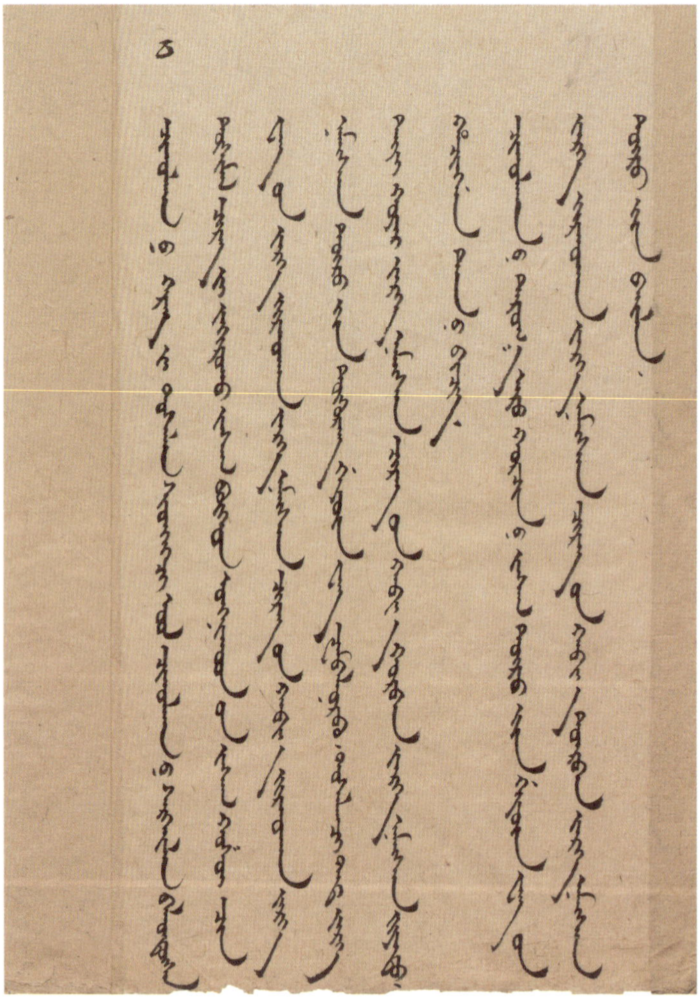

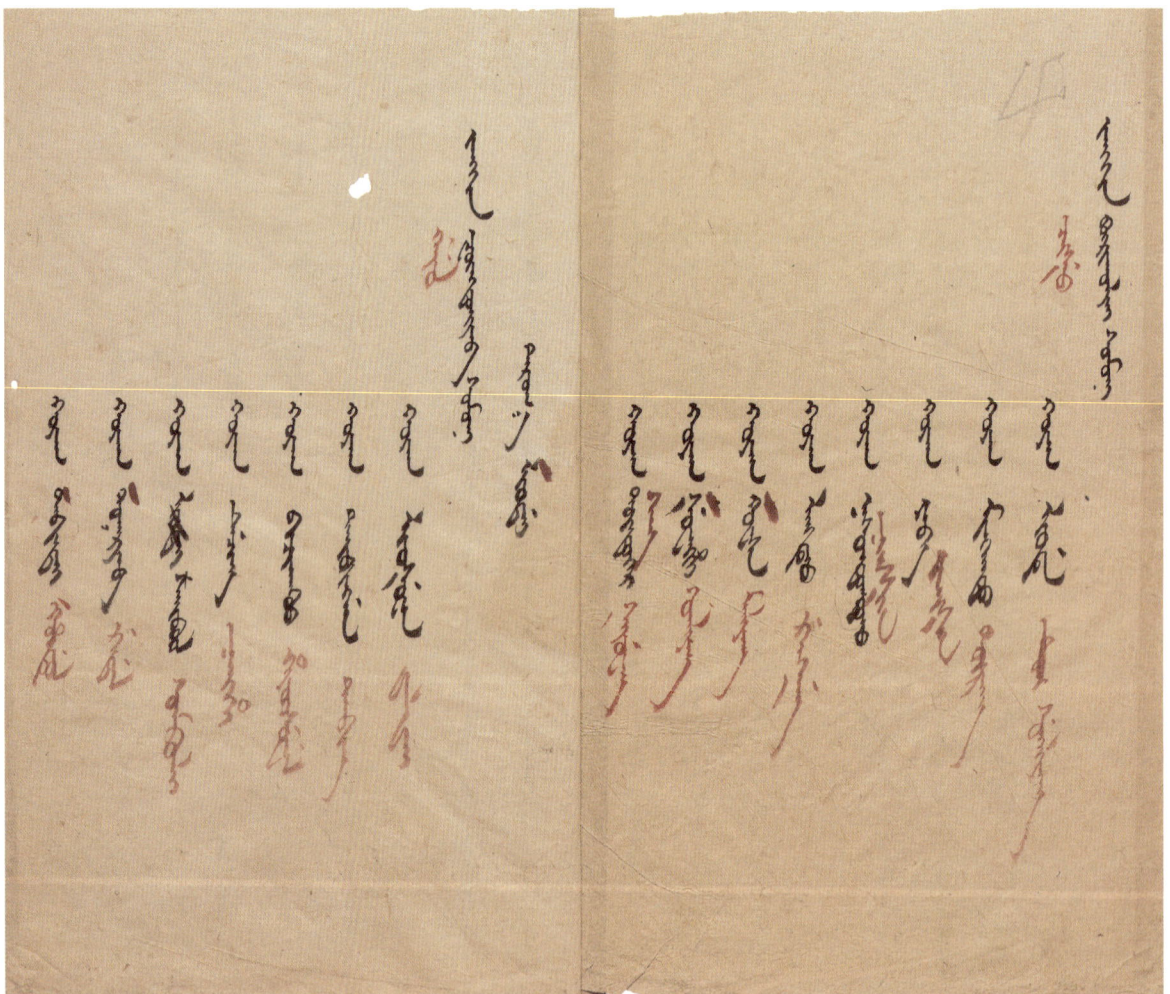

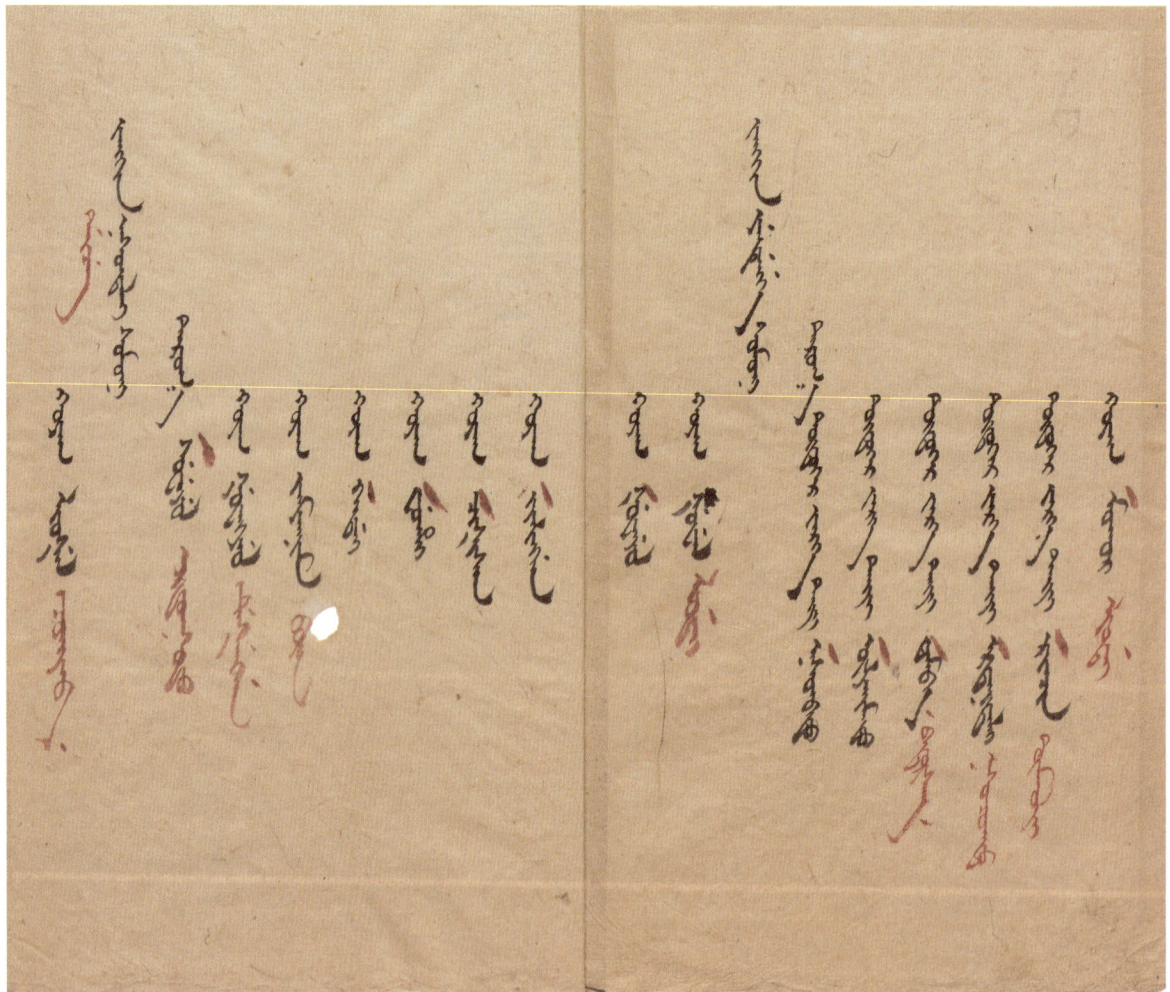

066

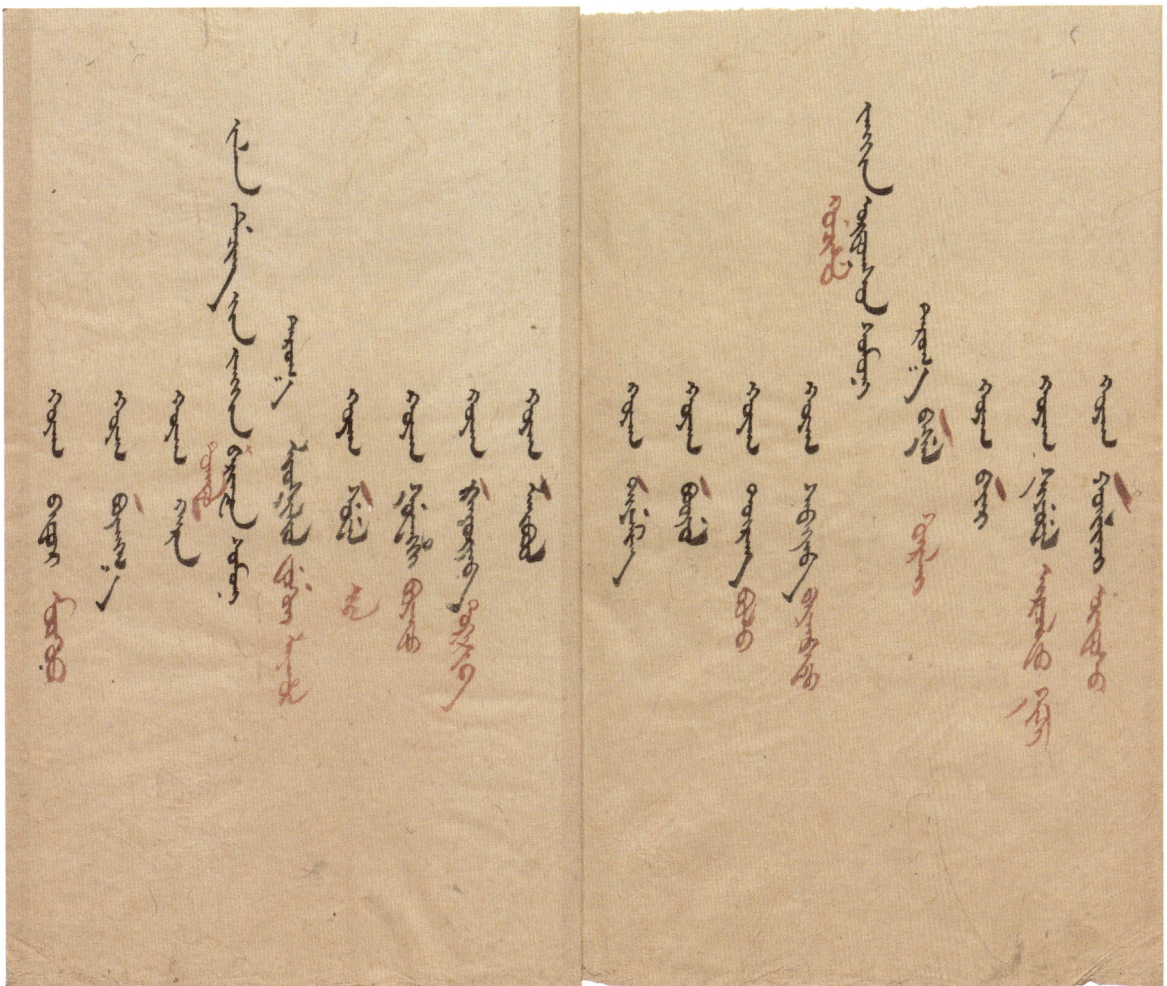

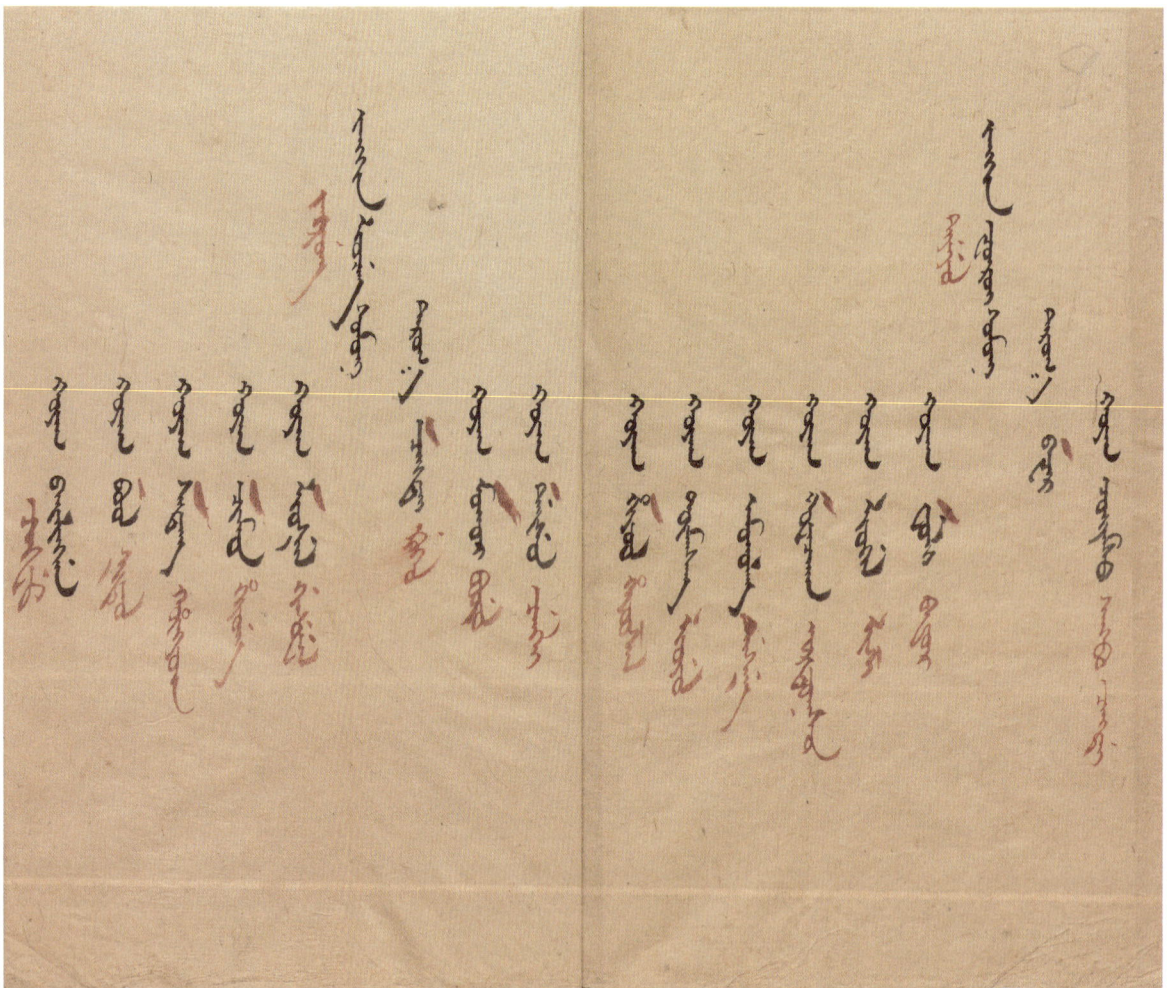

盟务帮办原盟备兵札萨克兼翁牛特札萨克和硕亲王品级加六级军功加六级多罗杜棱郡王赞巴勒诺尔布旗防秋兵丁名册

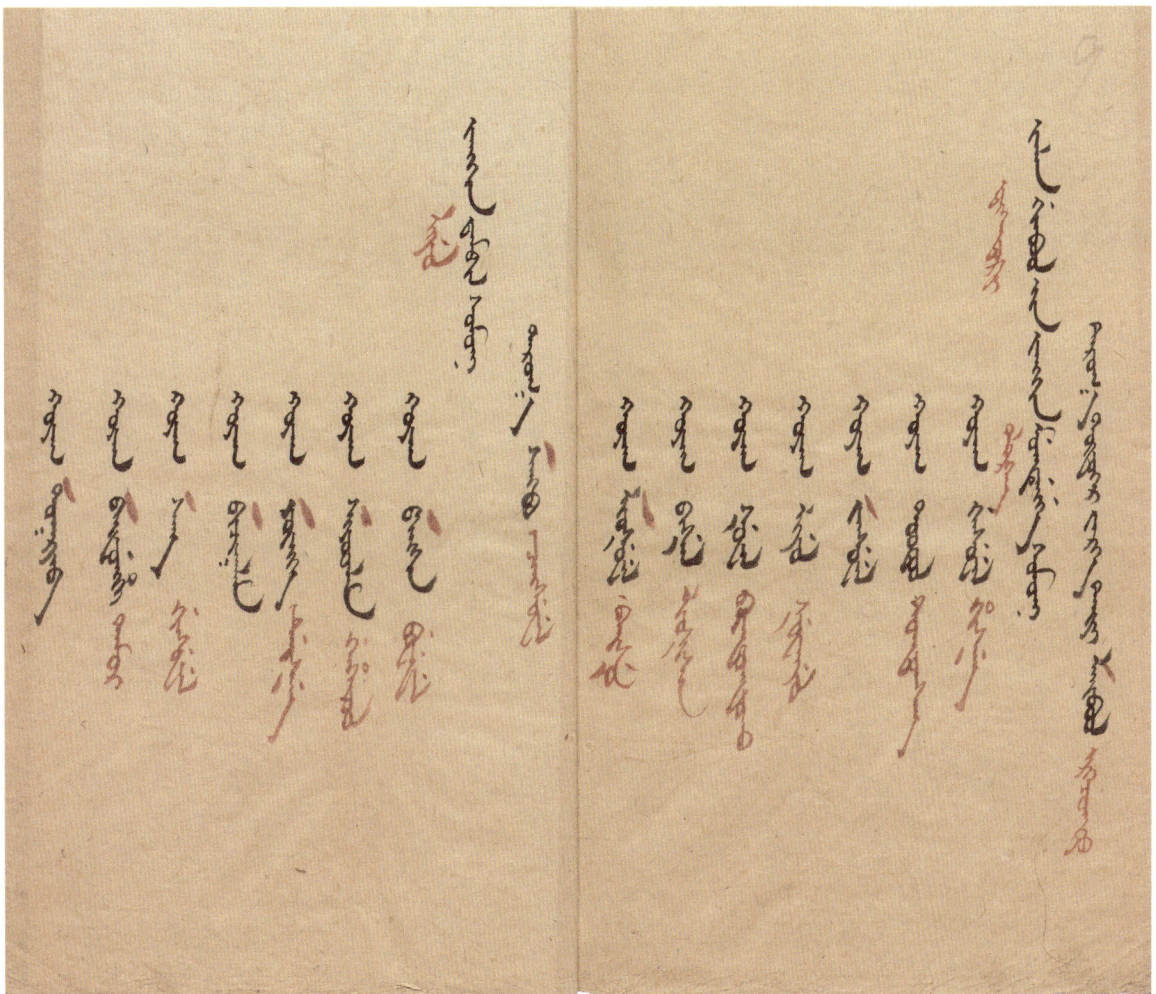

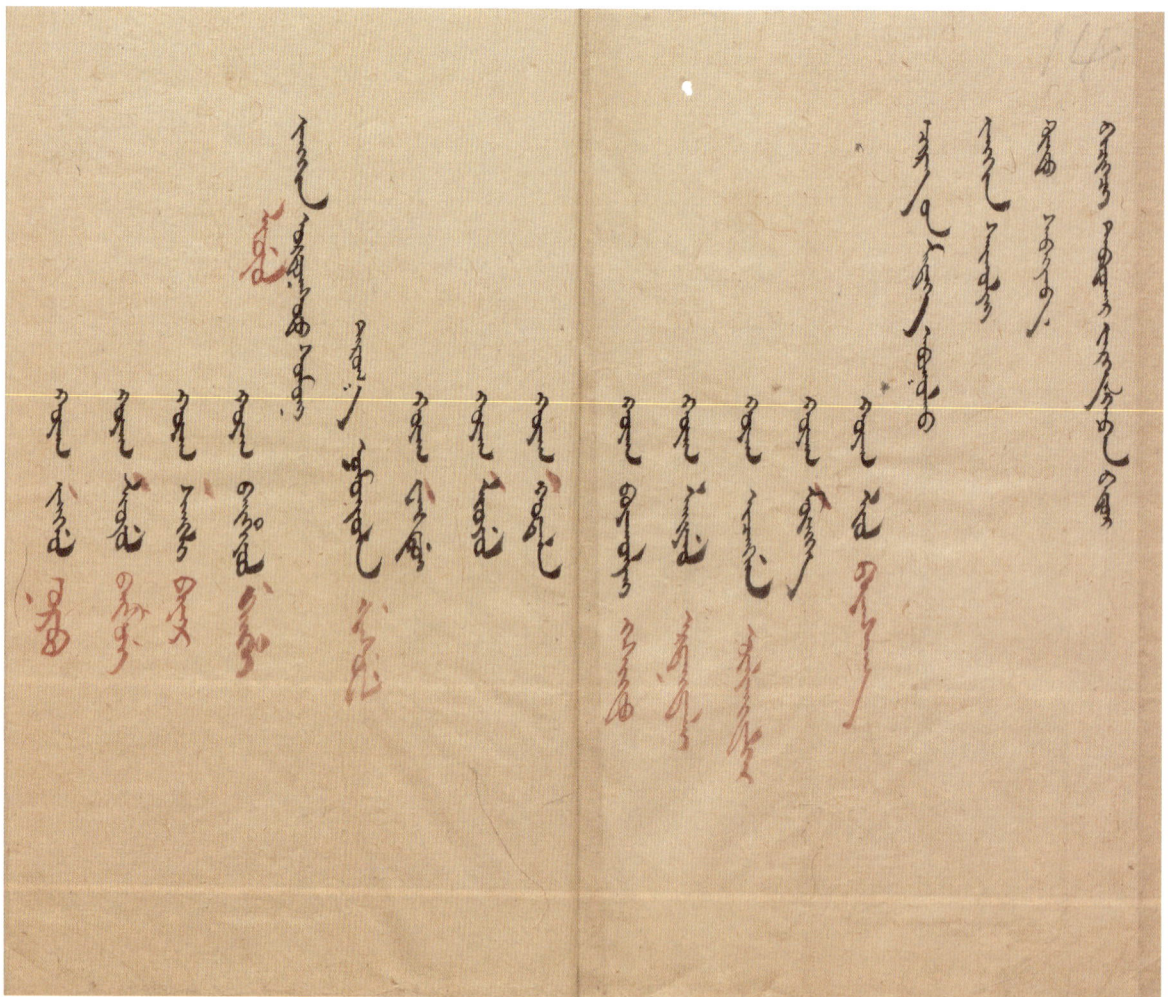

盟务帮办原盟备兵扎萨克兼翁牛特扎萨克和硕亲王品级加六级军功加六级多罗杜棱郡王赞巴勒诺尔布旗防秋兵丁名册

066

盟务帮办原盟备兵札萨克兼翁牛特札萨克和硕亲王品级加六级军功加六级多罗杜棱郡王赞巴勒诺尔布旗防秋兵丁名册

光绪二十九年十月

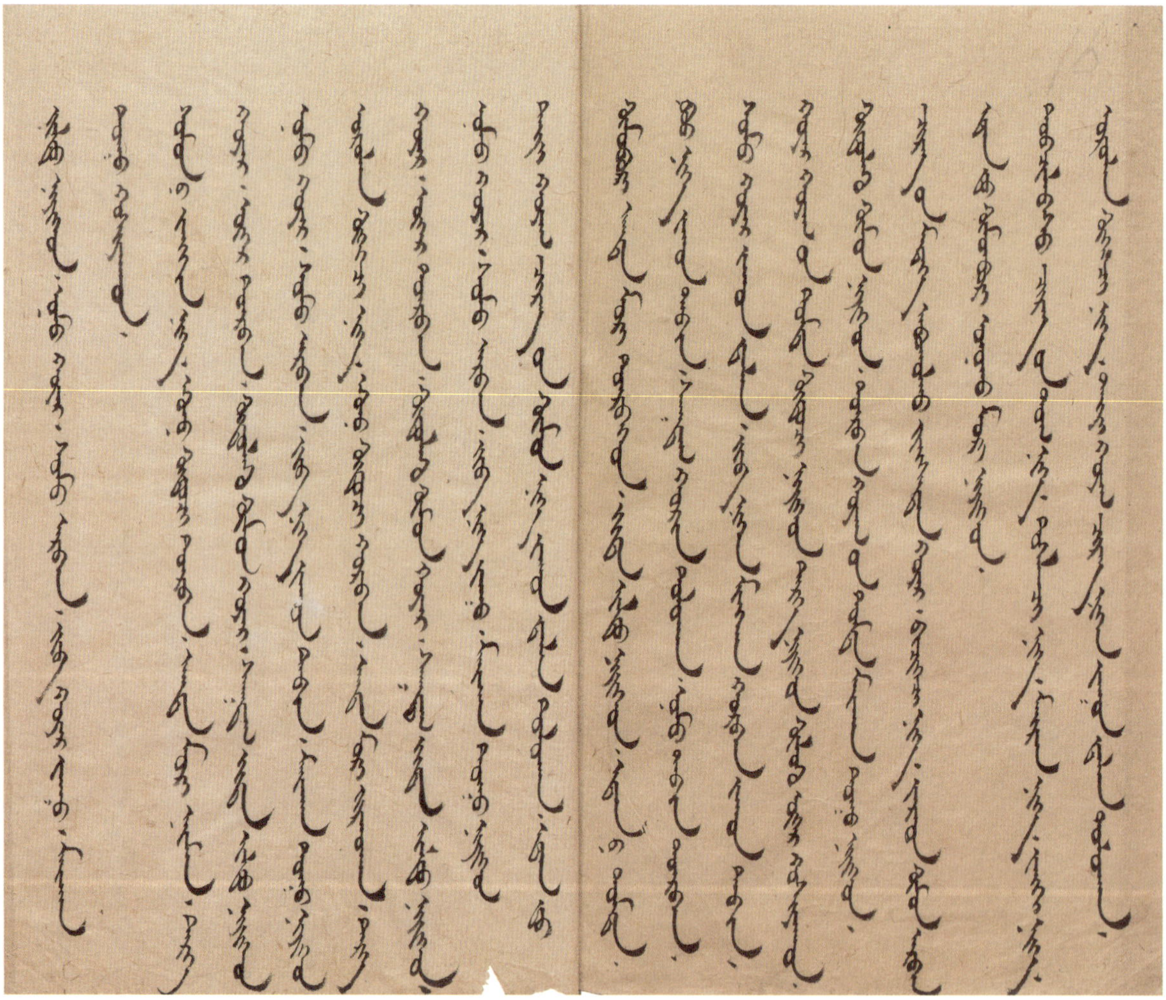

066

盟务帮办原盟备兵札萨克兼翁牛特札萨克和硕亲王品级加六级军功加六级多罗杜棱郡王赞巴勒诺尔布旗防秋兵丁名册

光绪二十九年十月

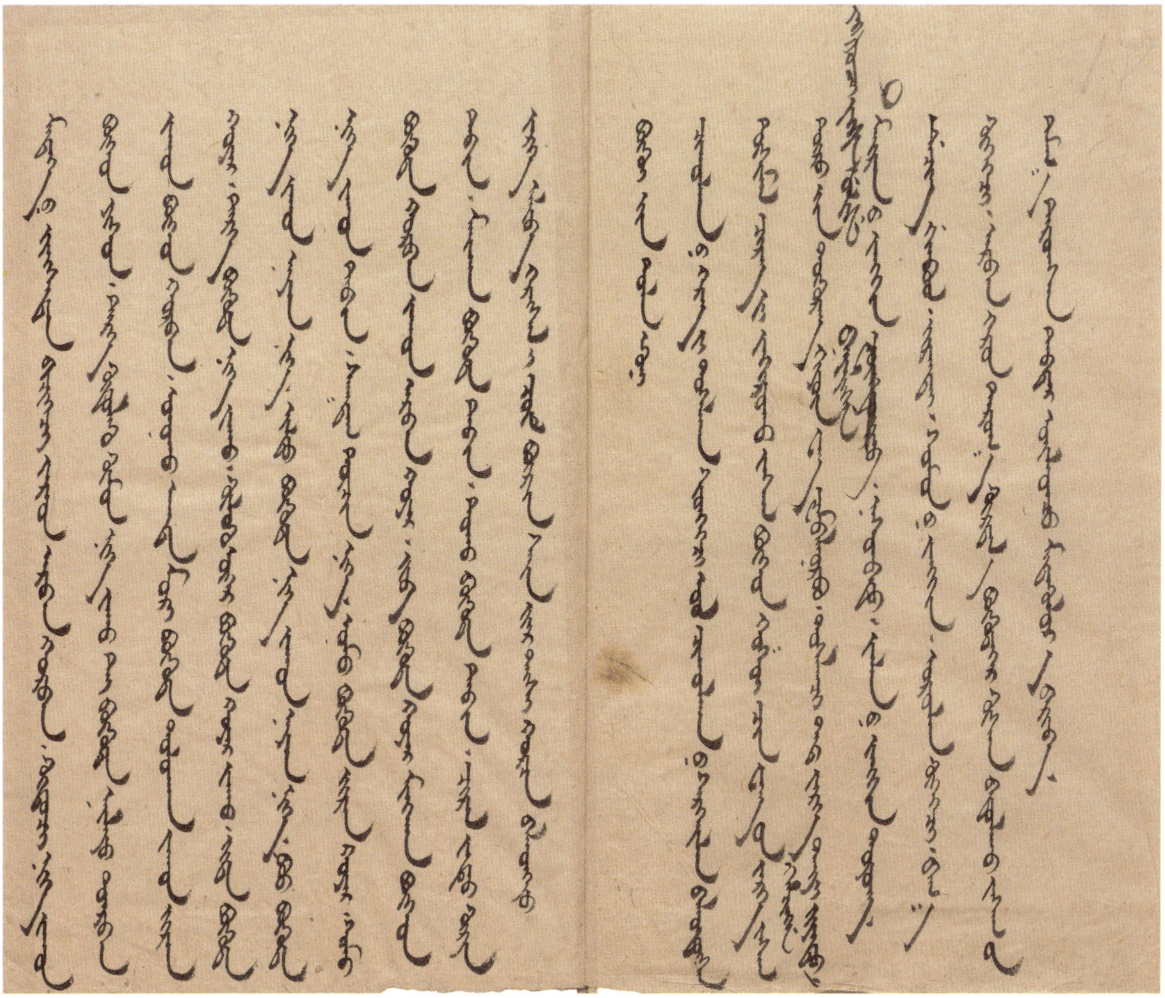

盟务帮办原盟备兵札萨克兼翁牛特札萨克和硕亲王品级加六级军功加六级多罗杜棱郡王赞巴勒诺尔布旗防秋兵丁名册

光绪二十九年十月

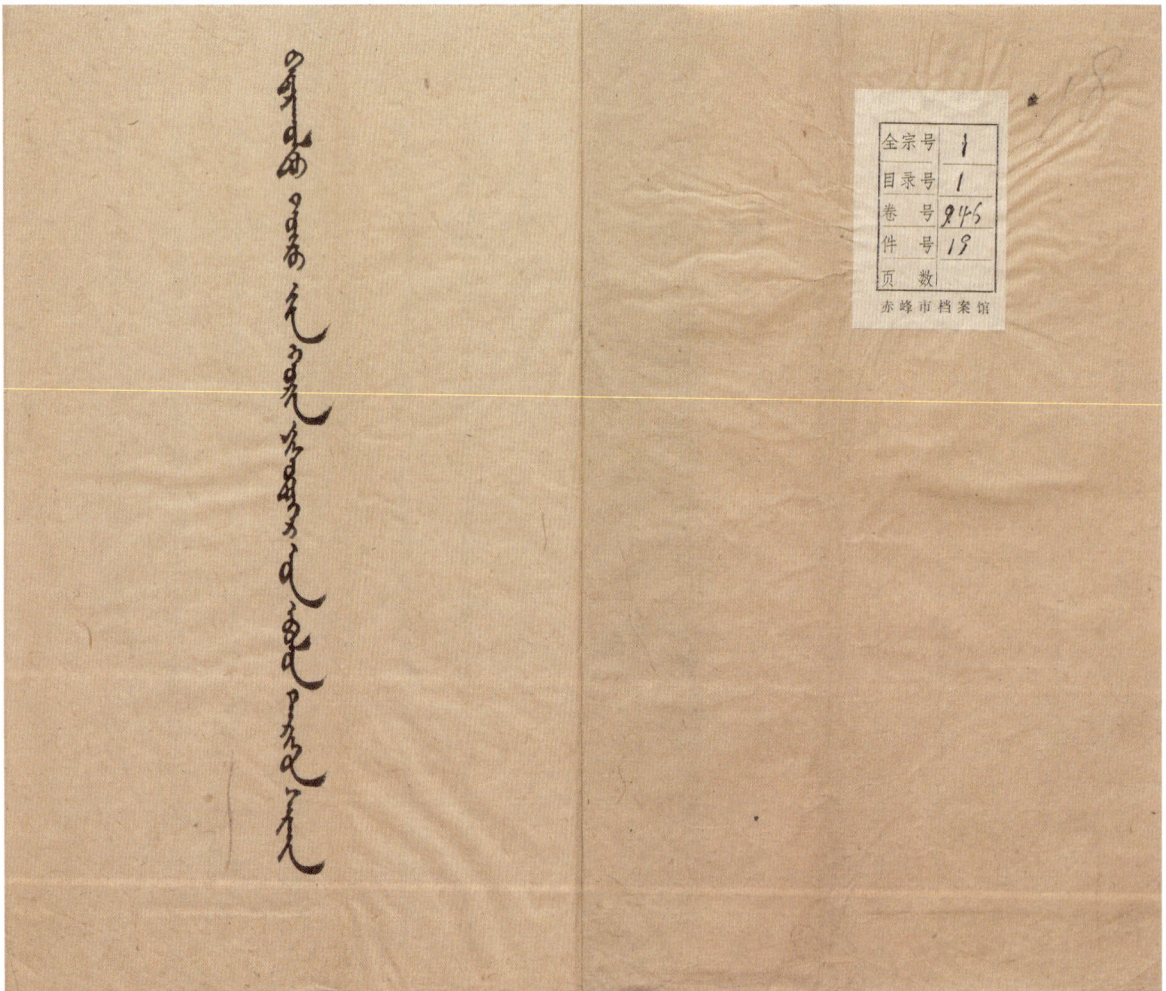

全宗号 1
目录号 1
卷 号 846
件 号 19
页 数 1
赤峰市档案馆

盟务帮办原盟备兵札萨克兼翁牛特札萨克和硕亲王品级加六级军功加六级多罗杜棱郡王赞巴勒诺尔布旗防秋兵丁名册

盟务帮办原盟备兵札萨克兼翁牛特札萨克和硕亲王品级加六级军功加六级多罗杜棱郡王赞巴勒诺尔布旗防秋兵丁名册

盟务帮办原盟备兵札萨克兼翁牛特札萨克和硕亲王品级加六级军功加六级多罗杜棱郡王赞巴勒诺尔布，协理二等台吉加二级军功加三级济雅图、哈青嘎呈盟长阿鲁科尔沁札萨克多罗郡王品级加六级军功加四级多罗贝勒、副盟长扎鲁特札萨克加六级多罗贝勒、盟务帮办原盟备兵札萨克兼翁牛特札萨克和硕亲王品级加六级军功加六级多罗郡王、盟务帮办翁牛特札萨克加三级军功加四级多罗达尔汉岱青贝勒文，为呈报事。案查，我旗派出防秋兵丁名单如下：

协理二等台吉加二级军功加三级济雅图，梅林章京四等台吉加三级金宝，佐领章京布珲，骁骑校苏布迪；

札兰杜棱章京布敦夫佐领兵云骑尉福柱，披甲嘎梁、披甲塔彬太、披甲杜嘎尔扎布、披甲赛布、披甲德庆、披甲毕其罕夫、披甲太平嘎、披甲刘栓；

章京宗堆扎布佐领长留弟，披甲顿特格尔、披甲双喜、披甲夸色、披甲榔头、披甲那顺陶格陶夫、披甲哑巴、披甲明安图、披甲留德；

章京布仁乌力吉佐领长扒虎，披甲根弟、披甲色棱扎布、披甲运二、披甲胖小、披甲达布凯、披甲嘎如迪、披甲朝克图巴雅尔、披甲长岁；

章京特格喜巴颜佐领长雅图，披甲六十一、披甲嘎啦桑、披甲德盛、披甲隋环、披甲福地、皮王嘎啦桑、披甲石头、披甲刘沙；

章京那顺达来佐领长拴住，披甲双运、披甲扎木彦尼玛、披甲根弟、披甲福海、披甲七十三、披甲吉玲嘎、披甲拴住、披甲栓儿；

章京尹登阁佐领长四等台吉那孙巴图，四等台吉乌力吉门都、四等台吉丹巴、四等台吉额尔尼达赖、四等台吉仁钦，披甲毛胡尔、披甲巴图尔、披甲布阳噶、披甲哈日；

札兰德庆章京巴日泽佐领长六十六，披甲顺儿、披甲双喜、披甲甘珠尔扎布、披甲来报、披甲天命、披甲宝珠、披甲都仍、披甲色布格扎布；

章京乌日图那顺佐领长八十，披甲巴雅尔、披甲十月、披甲高伊林其、披甲乌日百宁嘎、披甲宝儿、披甲色登、披甲齐木德、披甲六十；

章京刘成佐领长常迪，披甲毛胡尔、披甲带孙、披甲小儿、披甲土门桑、披甲阿木古郎、披甲华查干、披甲留金、披甲福利；

章京聪睿佐领长巴泽尔，披甲却扎木苏、披甲杜嘎尔扎布、披甲白凤喜、披甲仓、披甲比其罕喇嘛、披甲勇哥、披甲小喇嘛、披甲胖子；

章京丹丕勒佐领长桑宝，披甲刘栓、披甲八十、披甲栓儿、披甲留运、披甲占锁、披甲道道、披甲根锁；

札兰金宝章京穆格邓格佐领长四等台吉来宝，四等台吉阿娜、四等台吉哈达巴雅儿、四等台吉三九、四等台吉恩格喜尔、四等台吉却吉浩日罗、四等台吉王楚格、四等台吉拴住，披甲布尼亚；

章京曹道纳木道尔济佐领长四等台吉八十，四等台吉毛夫、四等台吉胖小儿、四等台吉丁长命、四等台吉额敦贺喜格、四等台吉陶高，披甲留喜、披甲来宝、披甲萨嘎拉；

章京齐布道尔色棱佐领长骁骑校四等台吉格义，四等台吉丹巴、四等台吉土门巴雅尔、四等台吉敏巴，披甲贺兴格、披甲正月、披甲巴图巴雅尔、披甲根柱、披甲阿尤尔匝那；

章京赛音乌力吉佐领长四等台吉额尔德尼巴日格其，四等台吉桑达日、四等台吉伊庆嘎，披甲刘成、披甲萨嘎尔、披甲拉希德力格、披甲乌力吉陶格陶夫、披甲努呼格苏、披甲阿荣；

札兰吉兰太章京正月佐领四等台吉努尔木丕勒，四等台吉格尔勒图、四等台吉吉兰太、四等台吉海拉图，披甲乌力吉、披甲恩格布仁、披甲宝地、披甲白音吉日嘎；

章京胖子佐领长四等台吉毕力格图，四等台吉巴拉吉尼玛、四等台吉钦达木尼、四等台吉那颜太，披甲宝儿、披甲巴尔迪、披甲额尔德尼扎布、披甲劳勒格尔扎布；

章京鄂齐尔扎布佐领长四等台吉阿木尔布仁，四等台吉金象、四等台吉恩克巴雅尔，披甲那顺巴雅尔、披甲恩和图如、披甲德喜、披甲金路儿、披甲巴雅斯呼楞、披甲孟克陶格陶夫；

章京布和佐领长色棱宝，披甲留运、披甲宝音朝克图、披甲巴雅尔、披甲巴图尔、披甲粘钩、披甲留运、披甲桑力、披甲白晓；

章京乌日图那斯图佐领长淖门珠拉，披甲丰堆、披甲留运、披甲浩特勒、披甲宝音乌力吉、披甲来运、披甲伊庆嘎、披甲盂和、披甲留儿；

通信兵章京赛音乌力吉，骁骑校色布格扎布，笔帖式五等哈藩巴图尔；

章京布敦夫、宗堆扎布佐领护军金锁；

章京布仁乌力吉、特格喜巴颜佐领护军那顺宝音；

章京那顺达来、尹邓格佐领护军桑杰扎布；

章京巴日泽、乌日图那顺佐领护军赛赏嘎；

章京刘成、聪睿佐领护军额尔德尼桑；

章京丹丕勒、穆格邓格佐领护军福灵嘎；

章京曹道那木多尔济、齐巴达尔色棱佐领护军布呼芒奈；

章京赛音乌力吉、正月佐领护军陶格道布；

章京胖子、鄂齐尔扎布佐领护军巴泽尔扎布；

章京布和、乌日图纳斯图佐领护军贺喜格德力格尔。

以上防秋兵丁备旗一面；指挥兵协理一名，其跟役八名，军马十五匹，车五辆，牛十头，赶车人五名，箭筒、刀、枪各一，弓两个、箭十二支、箭头二百五十枚，帐篷、锅各两个；**梅林章京一名**，跟役六名，马十二匹，车三辆，牛六头，赶车人三名，箭筒、刀、枪每人一把，弓两个、箭十支、箭头二百枚，帐篷、锅各两个；**佐领章京一名**，其跟役四名，马八匹，车两辆，牛四头，赶车人两名，箭筒、枪、刀各一把，弓两个、箭十支、箭头一百五十枚，帐篷、锅各一个；**骁骑校一名**，其跟役三名，马六匹，车两辆，牛四头，赶车人两名，箭筒、枪、刀每一，弓两个、箭十支、箭头一百枚，帐篷、锅各一个；**台吉、披甲一百七十七名**，其每人马四匹，刀、枪每人一把，火枪一百五十把，箭筒二十七，弓五十四个、箭二百七十支、箭头一千三百五十枚，每两名披甲配跟役一名，车

辆一匹，牛两头，赶车人各一名，披甲每四人帐篷、锅各一个；**通信兵两名，笔帖式一名，护军十名**，每人马一匹。

总之，军旗一面；协理一名，梅林一名，章京一名，骁骑校一名，台吉、披甲一百七十七名，通信兵、笔帖式、护军十三名，兵丁、跟役共一百零九名，赶车人一百名，合计四百零三名；军马共七百六十二匹，车一百辆，牛二百头，枪共一百八十一杆，刀共一百八十一把，火枪共一百五十把，箭筒共四十一，弓六十二个，箭共三百一十二支，箭头共两千零五十枚，帐篷共五十个，锅五十口，凿子、镐头等都备齐全。

为此，盟务帮办原盟备兵札萨克兼翁牛特札萨克和硕亲王品级多罗杜棱郡王赞巴勒诺尔布，协理二等台吉军功加三级济雅图、哈青嘎，管理章京维乐斯，梅林章京百宁嘎、纳逊巴图，札兰章京都棱、德庆、金宝、吉兰太，佐领章京、骁骑校、领催、十户长等，全员呈甘结文，特造札萨克印文书呈上。

光绪二十九年十月

盟长阿鲁科尔沁札萨克郡王品级加六级军功加四级多罗贝勒为说明比丁所需纸张数目事札盟务帮办原盟备兵札萨克兼翁牛特札萨克和硕亲王品级加六级军功加六级多罗杜棱郡王赞巴勒诺尔布，协理二等台吉加二级军功加三级济雅图、哈青嘎文

光绪三十年三月初一日

盟长阿鲁科尔沁札萨克郡王品级加六级军功加四级多罗贝勒为说明比丁所需纸张数目事札盟
务帮办原盟备兵札萨克兼翁牛特札萨克和硕亲王品级加六级军功加六级多罗杜棱郡王赞巴勒
诺尔布，协理二等台吉加二级军功加三级济雅图、哈青嘎文盟长阿鲁科尔沁札萨克郡王品级加六级军功加四级多罗贝勒为说明比丁所需纸张数目事札盟务帮办原盟备兵札萨克兼翁牛特札萨克和硕亲王品级加六级军功加六级多罗杜棱郡王赞巴勒诺尔布，协理二等台吉加二级军功加三级济雅图、哈青嘎文

光绪三十年三月初一日

盟长阿鲁科尔沁札萨克郡王品级加六级军功加四级多罗
贝勒为说明比丁所需纸张数目事札盟务帮办原盟备兵札
萨克兼翁牛特札萨克和硕亲王品级加六级军功加六级多
罗杜棱郡王赞巴勒诺尔布，协理二等台吉加二级军功加
三级济雅图、哈青嘎文

盟长阿鲁科尔沁札萨克郡王品级加六级军功加四级多罗贝勒札盟务帮办原盟备兵札萨克兼翁牛特札萨克和硕亲王品级加六级军功加六级多罗杜棱郡王赞巴勒诺尔布，协理二等台吉加二级军功加三级济雅图、哈青嘎文，为札付事。盟长札萨克王我处接到理藩院饬，内开，为札付事。喀喇沁札萨克贝勒锡凌嘎旗印务护理协理塔布囊丰盛格处呈文，所领到比丁造册纸张有缺十三张纸，请补给。锡林郭勒盟阿巴嘎札萨克郡王央桑处来呈文，所领到比丁造册纸张剩余甚多等，各有呈报。案查，光绪二十六年动乱中，我院档册、原文等丢失。这次发给比丁印册纸数目大概计算后分发，多或少无法平分。这一事宜转饬哲里木盟等六盟长，札各旗查我院原先发给比丁造册印纸，若有剩余纸张，在册子后面写清剩余几张。如果纸张不够用，可以用

盖着该旗印的纸张，并在册子后写明所补纸张数目，与我院交给带印纸张一同按期呈报给院，以备呈报查核。此事已札饬昭乌达盟盟长，转饬奉行，为此，抄写原文札行。到达后，你们各札萨克、协理亲自细阅领会文内内容，理藩院给贵旗比丁造册纸张应多少张，又，去岁所到比丁造册纸张与原数目是否符合等，写清多寡数目，造札萨克印文立刻呈送到盟长札萨克王处来，不能耽搁，汇总后转呈理藩院。盟内一同札行事，盟务帮办札萨克王请知悉，备具盟长印文，特此，札行。

光绪三十年三月初一日
三月十六日，崇堆扎布佐领色棱送来。
章京乌、梅林昌等阅。

盟务帮办原盟备兵札萨克兼翁牛特札萨克和硕亲王品级加六级军功加六级多罗杜棱郡王赞巴勒诺尔布，协理二等台吉加二级军功加三级济雅图、哈青嘎为说明比丁所需纸张数目事呈盟长阿鲁科尔沁札萨克郡王品级加六级军功加四级多罗贝勒文

光绪三十年四月初六日

盟务帮办原盟备兵札萨克兼翁牛特札萨克和硕亲王品级加六级军功加六级多罗杜棱郡王赞巴勒诺尔布，协理二等台吉加二级军功加三级济雅图、哈青嘎为说明比丁所需纸张数目事呈盟长阿鲁科尔沁札萨克郡王品级加六级军功加四级多罗贝勒文

光绪三十年四月初六日

盟务帮办原盟备兵札萨克兼翁牛特札萨克和硕亲王品级加六级军功加六级多罗杜棱郡王赞巴勒诺尔布，协理二等台吉加二级军功加三级济雅图、哈青嘎为说明比丁所需纸张数目事呈盟长阿鲁科尔沁札萨克郡王品级加六级军功加四级多罗贝勒文

盟务帮办原盟备兵札萨克兼翁牛特札萨克和硕亲王品级加六级军功加六级多罗杜棱郡王赞巴勒诺尔布，协理二等台吉加二级军功加三级济雅图、哈青嘎呈盟长阿鲁科尔沁札萨克郡王品级加六级军功加四级多罗贝勒文，为呈报事。本年三月十六日，盟长处转饬理藩院文，内开，查明比丁造册所用纸张有剩余则写清数目，如果不足则属旗另补纸张，原来到贵旗纸张多少，以及与去岁来纸张数目是否符合等情况，查清呈报来，以备汇总后呈报，不得耽误。等因。奉旨查，每值比丁年时，我旗领取红格册子包括封面、封底原数目为四十张，这次共给六十张，循序登记了本旗王、公、协理等大小官员名称，剩下纸张作说明后已返回。去岁冬十一月呈请理藩院按旗佐领数目再次发给等因，这次再次造札萨克印文呈请。

光绪三十年四月初六日

388

069

族长色登扎西为摊派会盟用每匹马费用时其属下不肯交付事呈札萨克文

光绪三十一年正月二十日

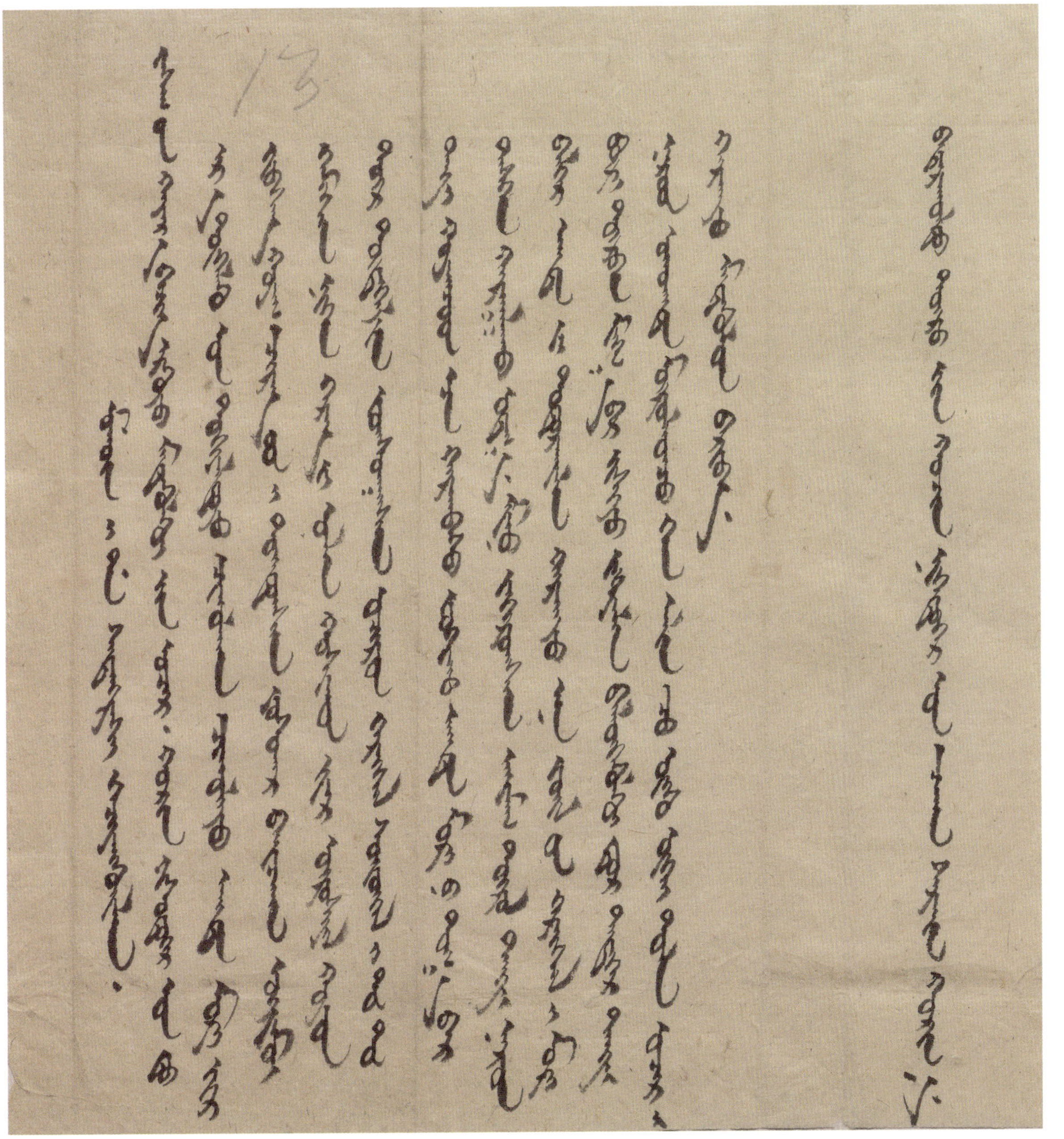

族长色登扎西为摊派会盟用每匹马费用时其属下不肯交付事呈札萨克文

族长色登扎西呈札萨克文，为呈报事。二十九年为比丁之年，按例会盟，查核军马、武器、兵丁等事宜，据各旗请求现已暂缓，把费用以各台吉、披甲应出马匹数量折算分摊。为此，本人管辖部族台吉应出这类马匹费用折算估价为每匹马四千，而这些台吉都找理由，谁也不肯交，为此，呈报。

光绪三十一年正月二十日

070 族长额尔登桑为摊派会盟用每匹马费用时其属下不肯交付事呈札萨克文

光绪三十一年正月二十日

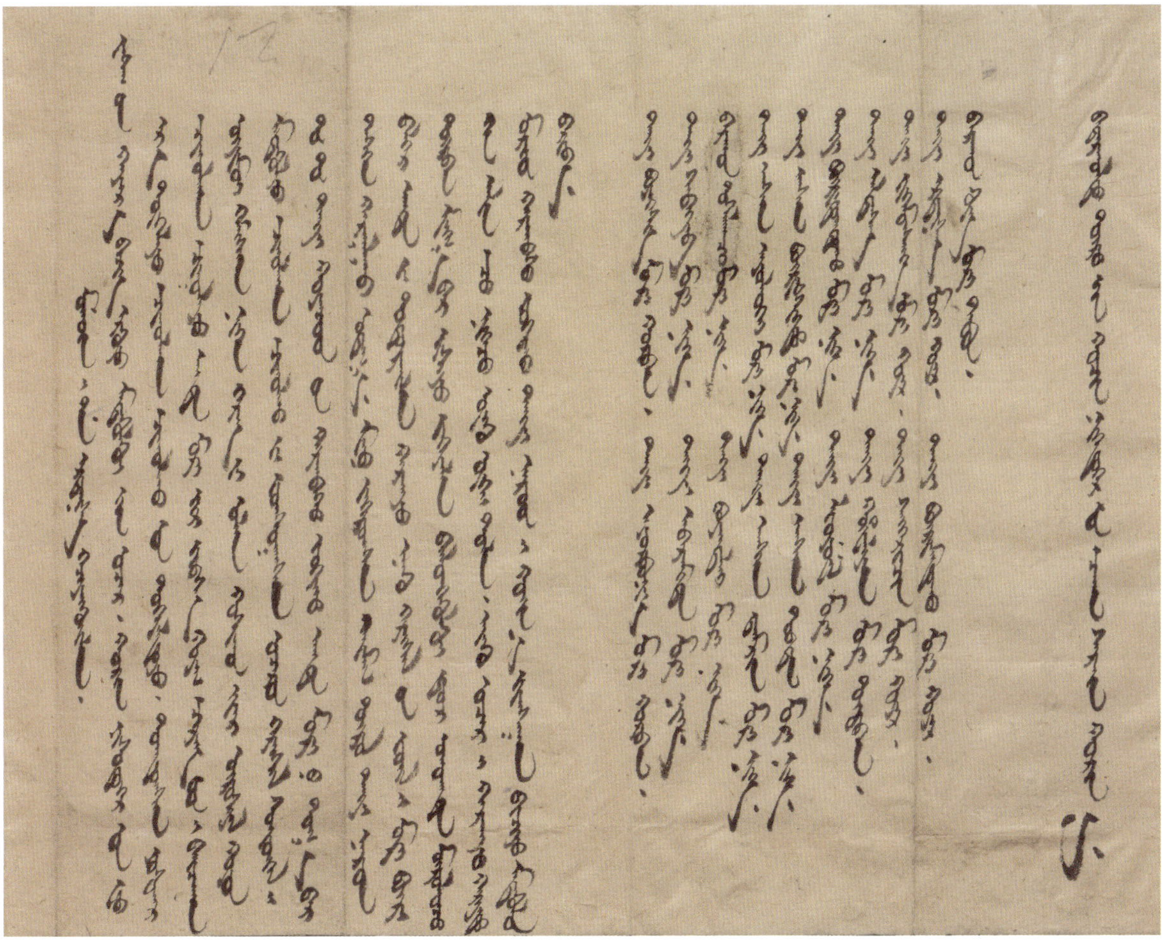

族长额尔登桑为摊派会盟用每匹马费用时其属下不肯交付事呈札萨克文

族长额尔登桑呈札萨克文，为呈报事。二十九年为比丁之年，按例会盟，查核军马、武器、兵丁等事宜，据各旗请求现已暂缓，费用以各台吉、披甲应出马匹费用折算分摊。本人管辖部族台吉应备这类马匹费用折算估价为每匹马四千，而这些台吉都找理由，谁也不肯交，为此，呈报。

后附应备马匹各台吉名单，为此，呈报。

台吉宝音贺喜格马三匹、台吉阿尤尔马三匹、台吉色布扎布马一匹、台吉阿巴尔米达马一匹、西协理马一匹、台吉宝音达赖马一匹、台吉阿尤勒乌贵马一匹、台吉达木林马一匹、台吉布仁贺西格图马一匹、台吉道布丹马一匹、台吉布仁陶格陶夫马一匹、台吉六月马一匹、台吉阿拉坦桑马一匹、台吉花莲马四匹、台吉吉格木德僧格马两匹、台吉僧格仁钦马两匹、台吉额尔敦桑马两匹、台吉布仁满都夫马两匹、西公马五匹。

光绪三十一年正月二十日

071 旗员台吉根柱等为摊派会盟用每匹马费用事呈札萨克文

光绪三十一年正月二十日

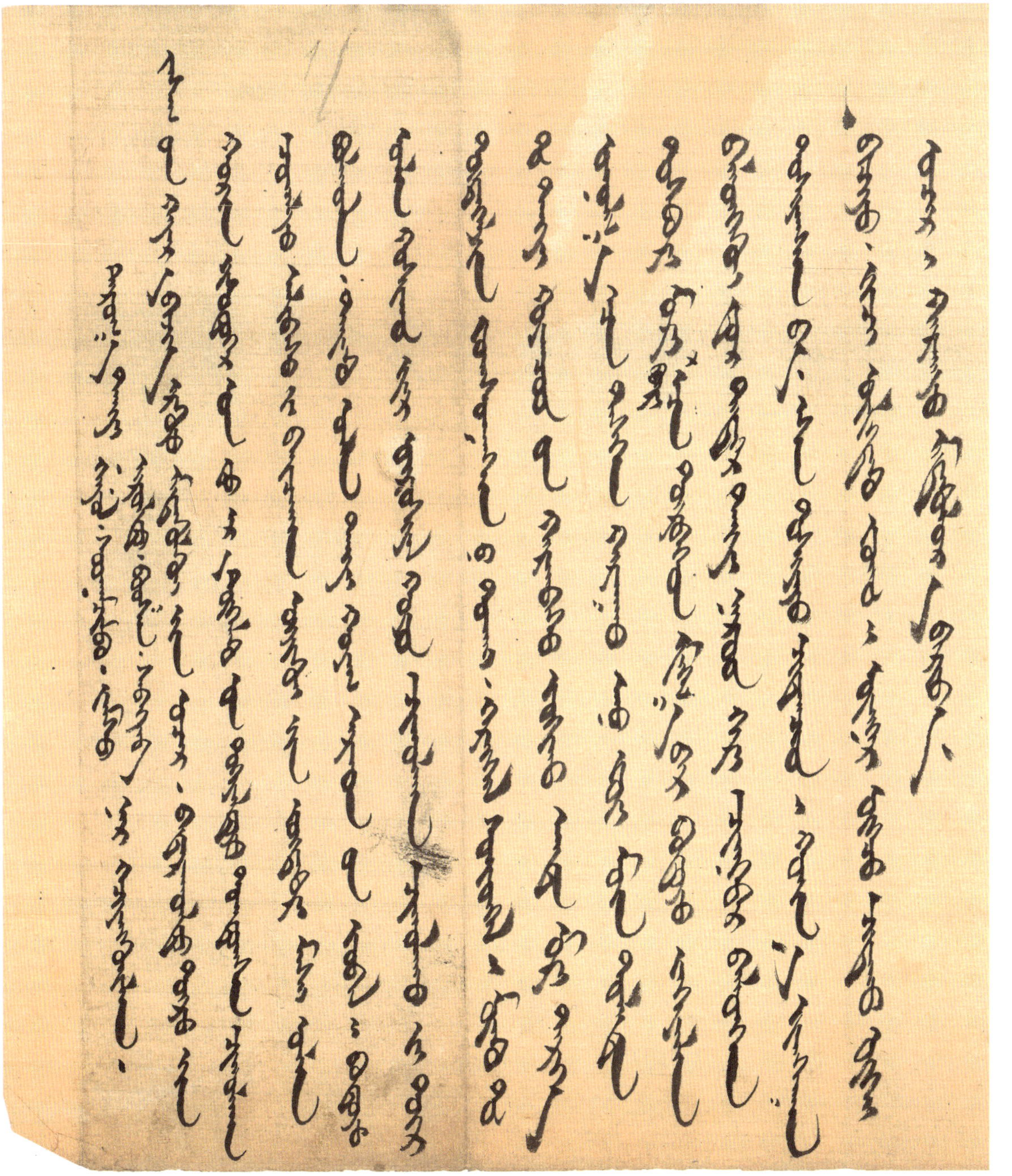

071 旗员台吉根柱等为摊派会盟用每匹马费用事呈札萨克文

光绪三十一年正月二十日

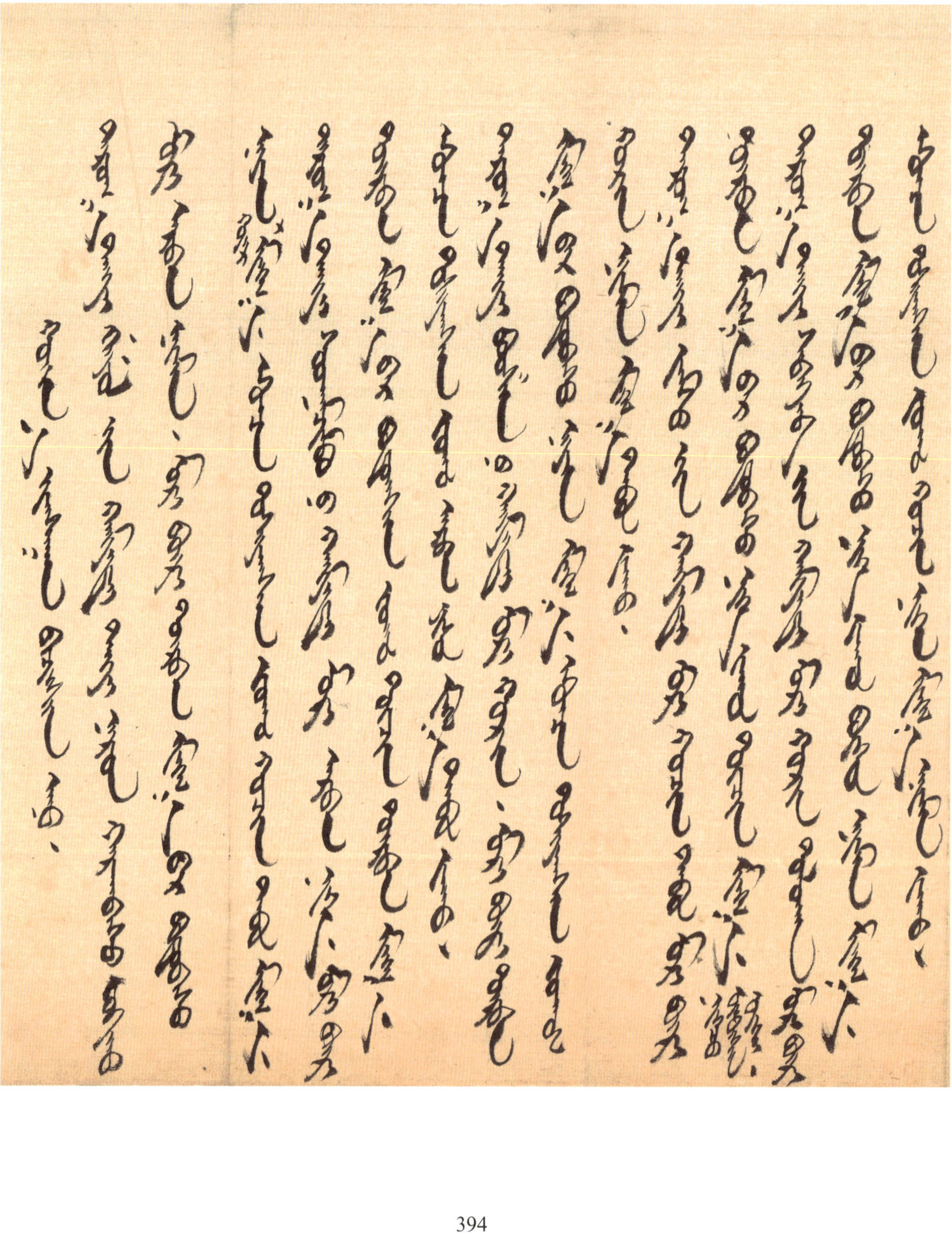

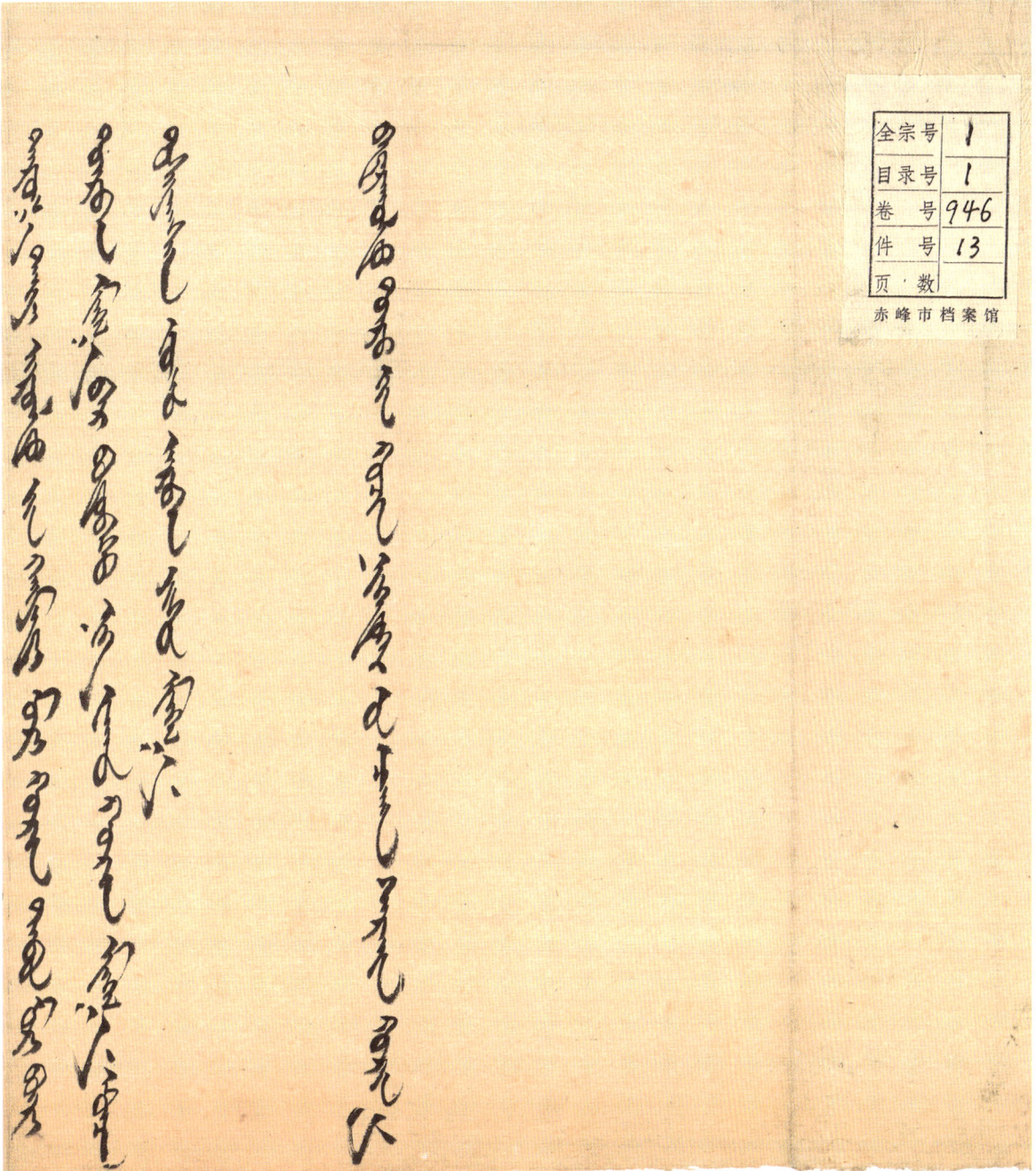

旗员台吉根柱等为摊派会盟用每匹马费用事呈札萨克文

旗员台吉根柱、索道纳木钦布、扎木苏、伊如勒图、宝山、色布格扎布等呈札萨克文，为呈报事。光绪二十九年为比丁年，按规定会盟，查核相关事，困难较多，因此考虑众台吉、披甲有难，各旗请求暂缓，所用银钱由各台吉应出马匹、车辆等按银两折算分摊，每一匹马按四千折算。传饬预备时，这些台吉中有尽力能预备交付者，也有无能力交付者，已在后附，为此，呈报。

后排列写：

旗员台吉根柱管辖台吉等应出马十八匹，每匹马四千折算，共七十二千，已付钱三十五千；

旗员台吉索道纳木钦布管辖台吉应出马十一匹，每匹马四千折算，钱四十四千，已付十九千五百；

旗员台吉宝山管辖马二十匹，每匹马四千算，八十千，付二十八千五百；

旗员台吉扎木苏管辖马三十五匹，每匹马四千算，一百四十千，未付；

旗员台吉色布格扎布管辖马二十七匹，每匹马四千算，一百零八千，已付二十一千八百；

旗员台吉伊如勒图管辖马二十五匹，每匹马四千算，共一百二十千，已付钱十九千。

光绪三十一年正月二十日

072

巴林札萨克加五级记录一次多罗郡王扎噶尔为奉旨巡查围场边界请派官兵会同办理事呈盟务帮办原盟备兵札萨克兼翁牛特札萨克和硕亲王品级加六级军功加六级多罗杜棱郡王

光绪三十一年四月初六日

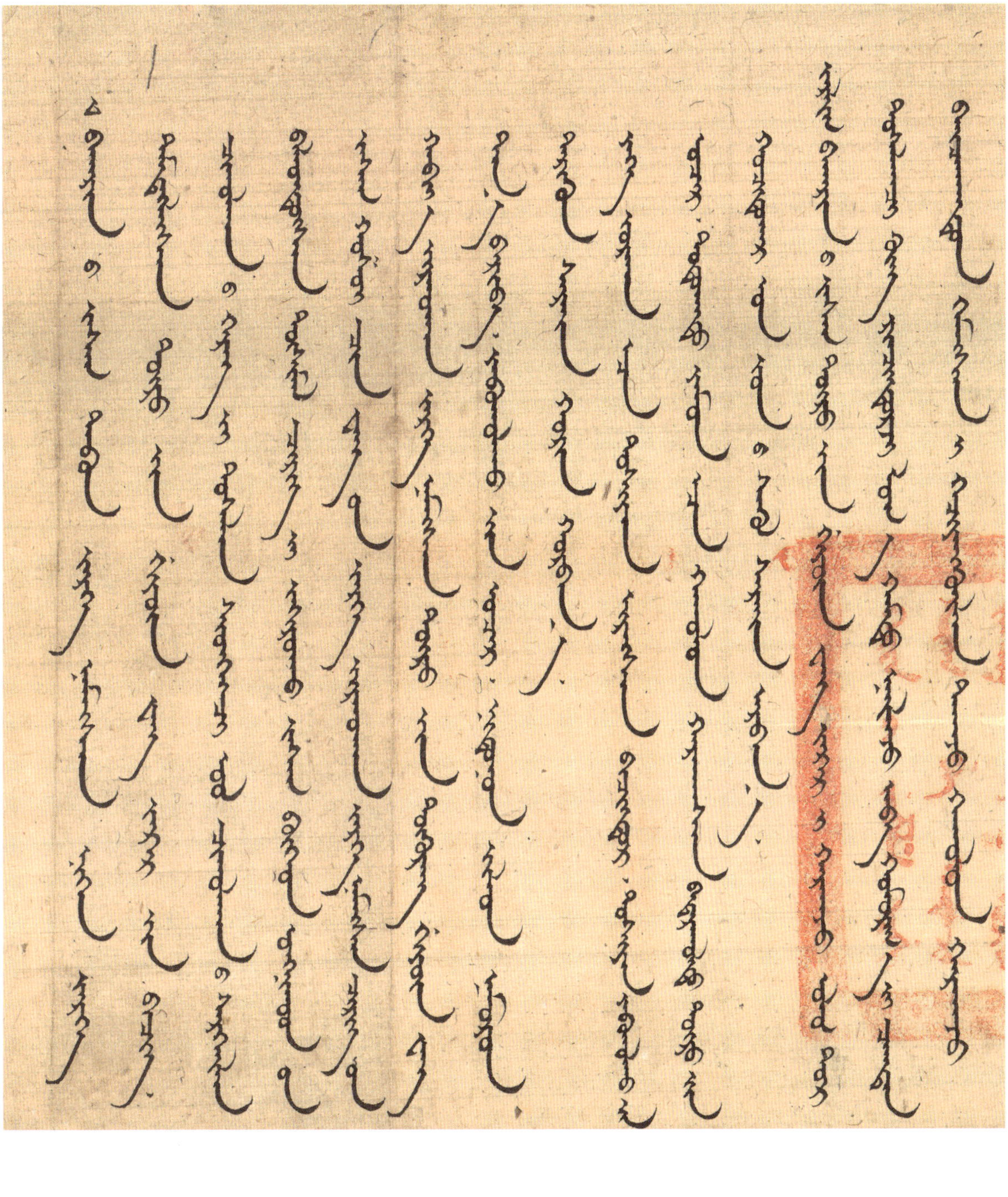

072

巴林札萨克加五级记录一次多罗郡王扎噶尔为奉旨巡查围场边界请派官兵会同办理事呈盟务帮办原盟备兵札萨克兼翁牛特札萨克和硕亲王品级加六级军功加六级多罗杜棱郡王

光绪三十一年四月初六日

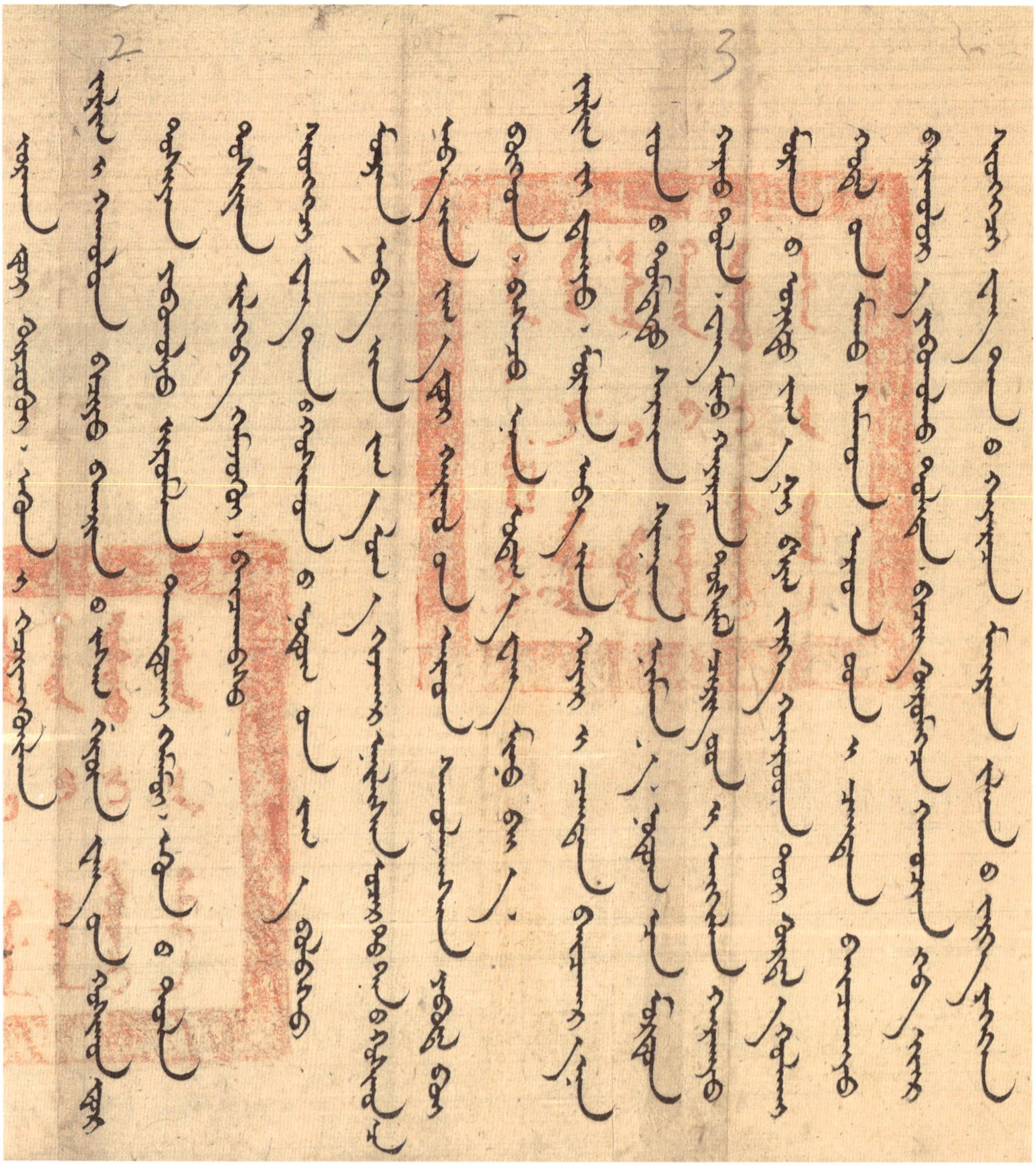

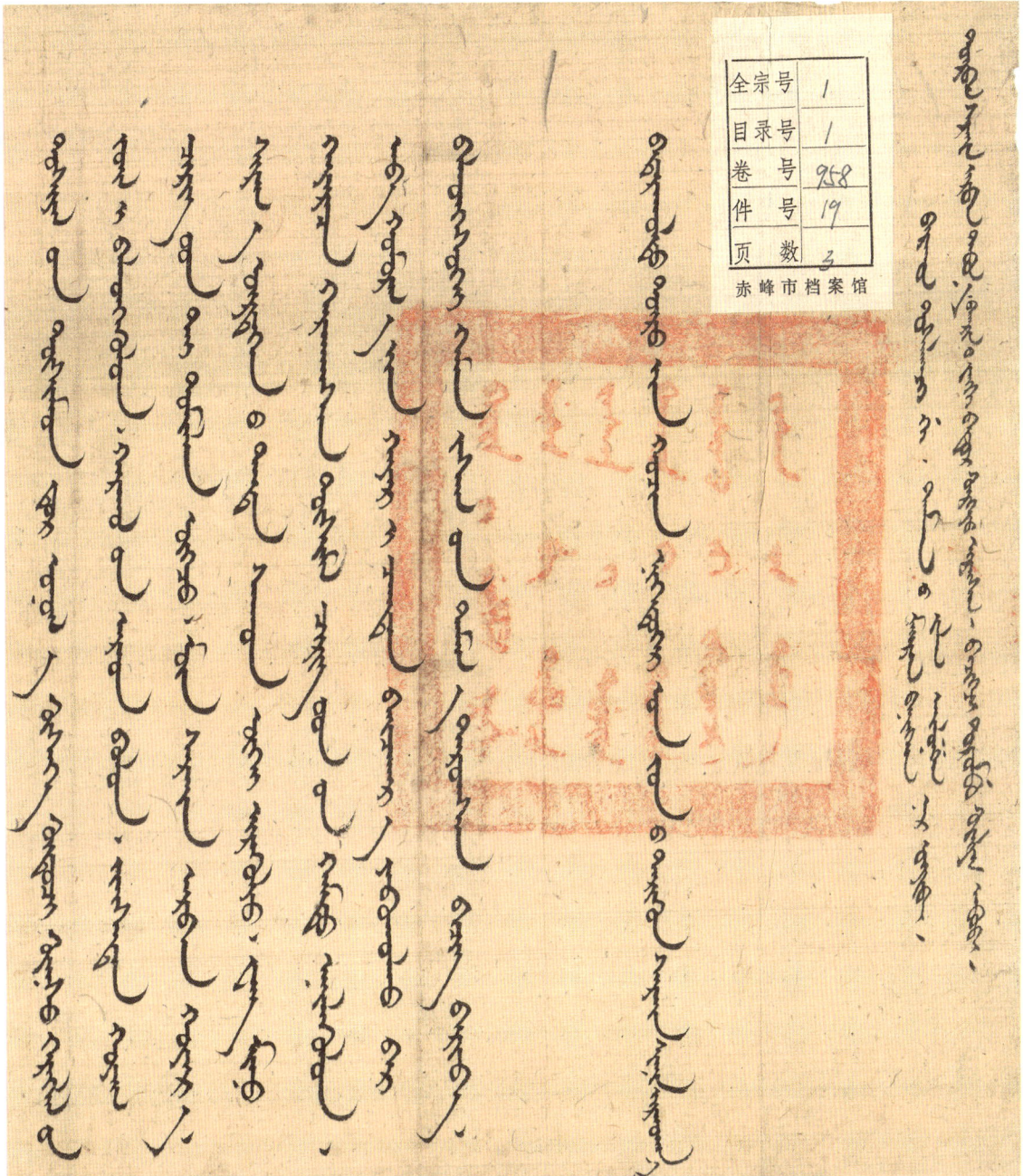

巴林札萨克加五级记录一次多罗郡王扎噶尔为奉旨巡查围场边界请派官兵会同办理事呈盟务帮办原盟备兵札萨克兼翁牛特札萨克和硕亲王品级加六级军功加六级多罗杜棱郡王

巴林札萨克加五级记录一次多罗郡王扎噶尔文，呈帮盟务办原盟备兵札萨克兼翁牛特札萨克和硕亲王品级加六级军功加六级多罗杜棱郡王，为札行事。去岁七月二十三日接奉大部札，饬开，为札行事。光绪三十年六月十日，内阁奉旨："围场巡查事宜，着派巴林札萨克多罗郡王扎噶尔会同辅国公仁钦多尔济负责办理。钦此。"等因。由内阁抄交到院。奉此，相应抄录谕旨，札付巴林札萨克郡王遵照办理。此札。等因。案查，贵王旗与木兰围场交界，因此，旗曾派驻兵丁负责巡查。此次本王奉旨亲自前往木兰围场巡查，拟于本年五月初八日由本旗出发，并分派官兵至木兰围场南边石牌子等处巡查抓捕盗贼乱民等。文到，请贵王处委派梅林、札兰等品级较高官员，配齐马匹、车辆、跟役、口粮、物资等，与巡查官兵及披甲等一同，于本月十二日抵达西尔嘎驿站，与本王所派官兵会合，以便一同巡查围场边界。为此，备具札萨克印文，呈鉴核。

光绪三十一年四月初六日

四月十五日，巴林章京巴图尔送达，笔帖式道如木布接收。

西协理济、印务梅林百宁嘎、札兰艾隆噶阅。

盟长阿鲁科尔沁札萨克多罗郡王品级加八级军功加四级多罗贝勒为转热河都统令蒙旗依法购
买洋枪事札盟务帮办原盟备兵札萨克兼翁牛特札萨克和硕亲王品级加六级军功加六级多罗杜
棱郡王赞巴勒诺尔布、协理二等台吉加二级军功加三级哈青嘎文

光绪三十三年十月二十九日

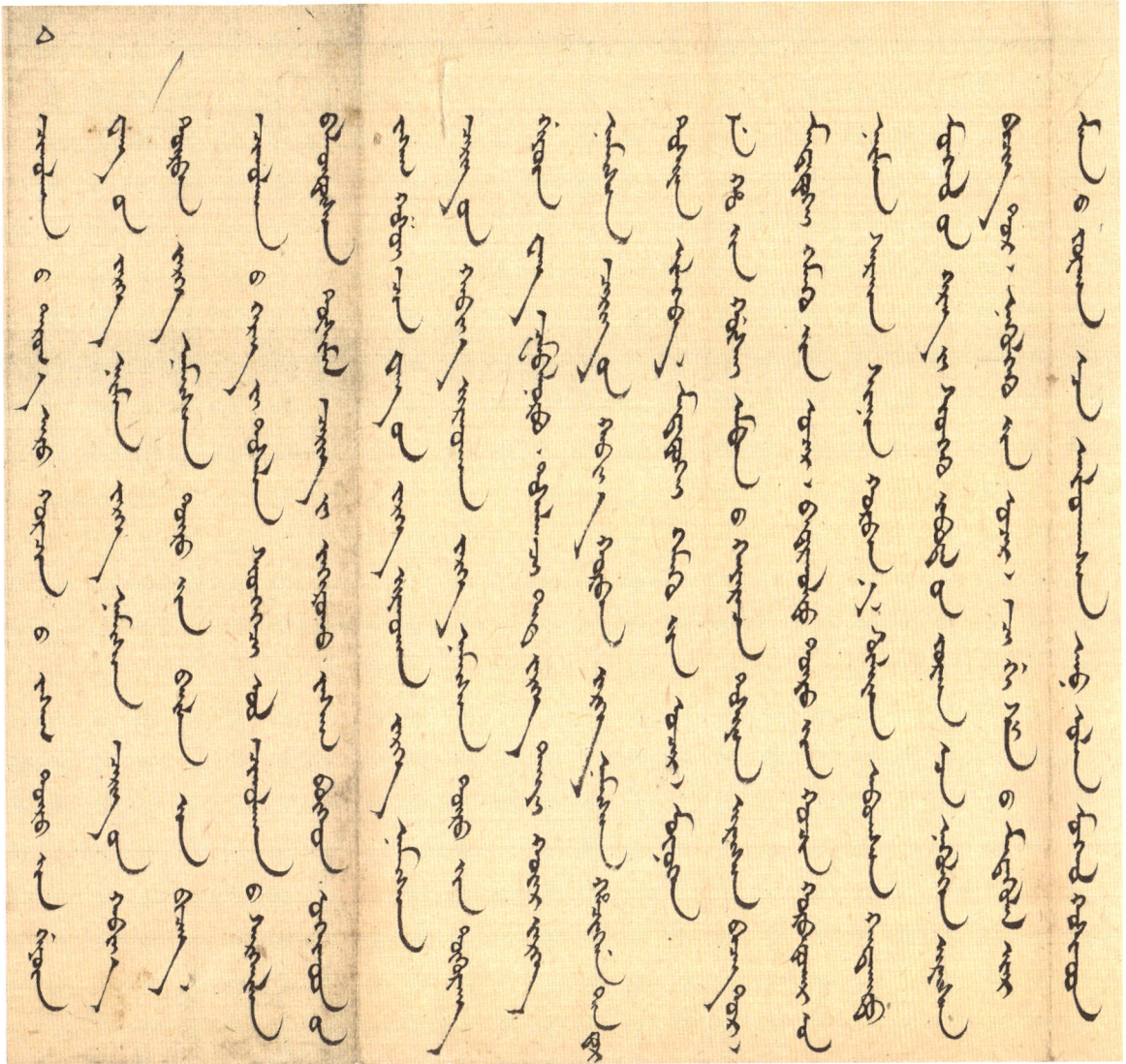

401

盟长阿鲁科尔沁札萨克多罗郡王品级加八级军功加四级多罗贝勒为转热河都统令蒙旗依法购
买洋枪事札盟务帮办原盟备兵札萨克兼翁牛特札萨克和硕亲王品级加六级军功加六级多罗杜
棱郡王赞巴勒诺尔布、协理二等台吉加二级军功加三级哈青嘎文

光绪三十三年十月二十九日

盟长阿鲁科尔沁札萨克多罗郡王品级加八级军功加四级多罗贝勒为转热河都统令蒙旗依法购买洋枪事札盟务帮办原盟备兵札萨克兼翁牛特札萨克和硕亲王品级加六级军功加六级多罗杜棱郡王赞巴勒诺尔布、协理二等台吉加二级军功加三级哈青嘎文

光绪三十三年十月二十九日

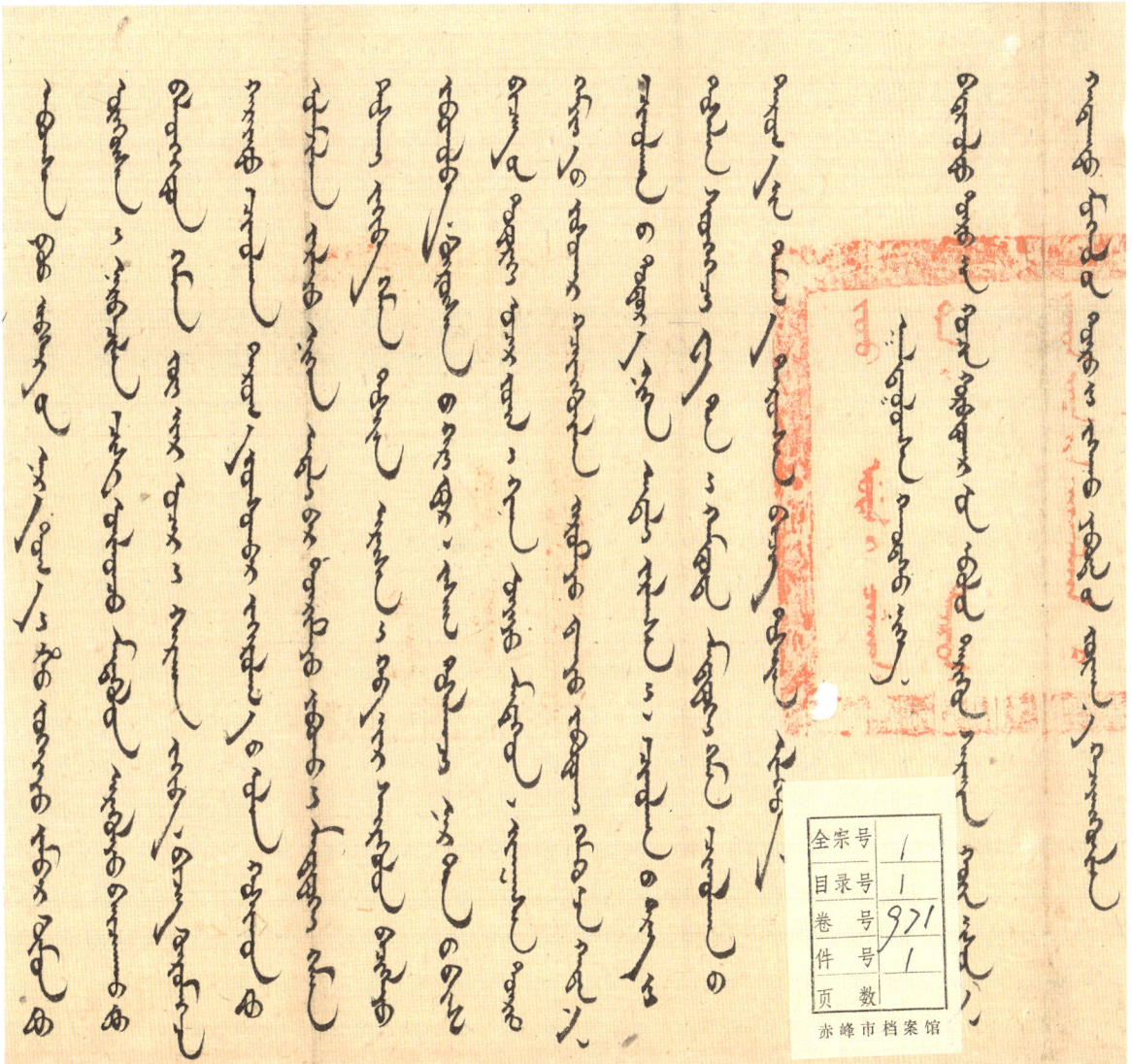

盟长阿鲁科尔沁札萨克多罗郡王品级加八级军功加四级多罗贝勒为转热河都统令蒙旗依法购买洋枪事札盟务帮办原盟备兵札萨克兼翁牛特札萨克和硕亲王品级加六级军功加六级多罗杜棱郡王赞巴勒诺尔布、协理二等台吉加二级军功加三级哈青嘎文

光绪三十三年十月二十九日

盟长阿鲁科尔沁札萨克多罗郡王品级加八级军功加四级多罗贝勒为转热河都统令蒙旗依法购
买洋枪事札盟务帮办原盟备兵札萨克兼翁牛特札萨克和硕亲王品级加六级军功加六级多罗杜
棱郡王赞巴勒诺尔布、协理二等台吉加二级军功加三级哈青嘎文

光绪三十三年十月二十九日

盟长阿鲁科尔沁札萨克多罗郡王品级加八级军功加四级多罗贝勒为转热河都统令蒙旗依法购
买洋枪事札盟务帮办原盟备兵札萨克兼翁牛特札萨克和硕亲王品级加六级军功加六级多罗杜
棱郡王赞巴勒诺尔布、协理二等台吉加二级军功加三级哈青嘎文

光绪三十三年十月二十九日

406

盟长阿鲁科尔沁札萨克多罗郡王品级加八级军功加四级多罗贝勒为转热河都统令蒙旗依法购
买洋枪事札盟务帮办原盟备兵札萨克兼翁牛特札萨克和硕亲王品级加六级军功加六级多罗杜
棱郡王赞巴勒诺尔布、协理二等台吉加二级军功加三级哈青嘎文

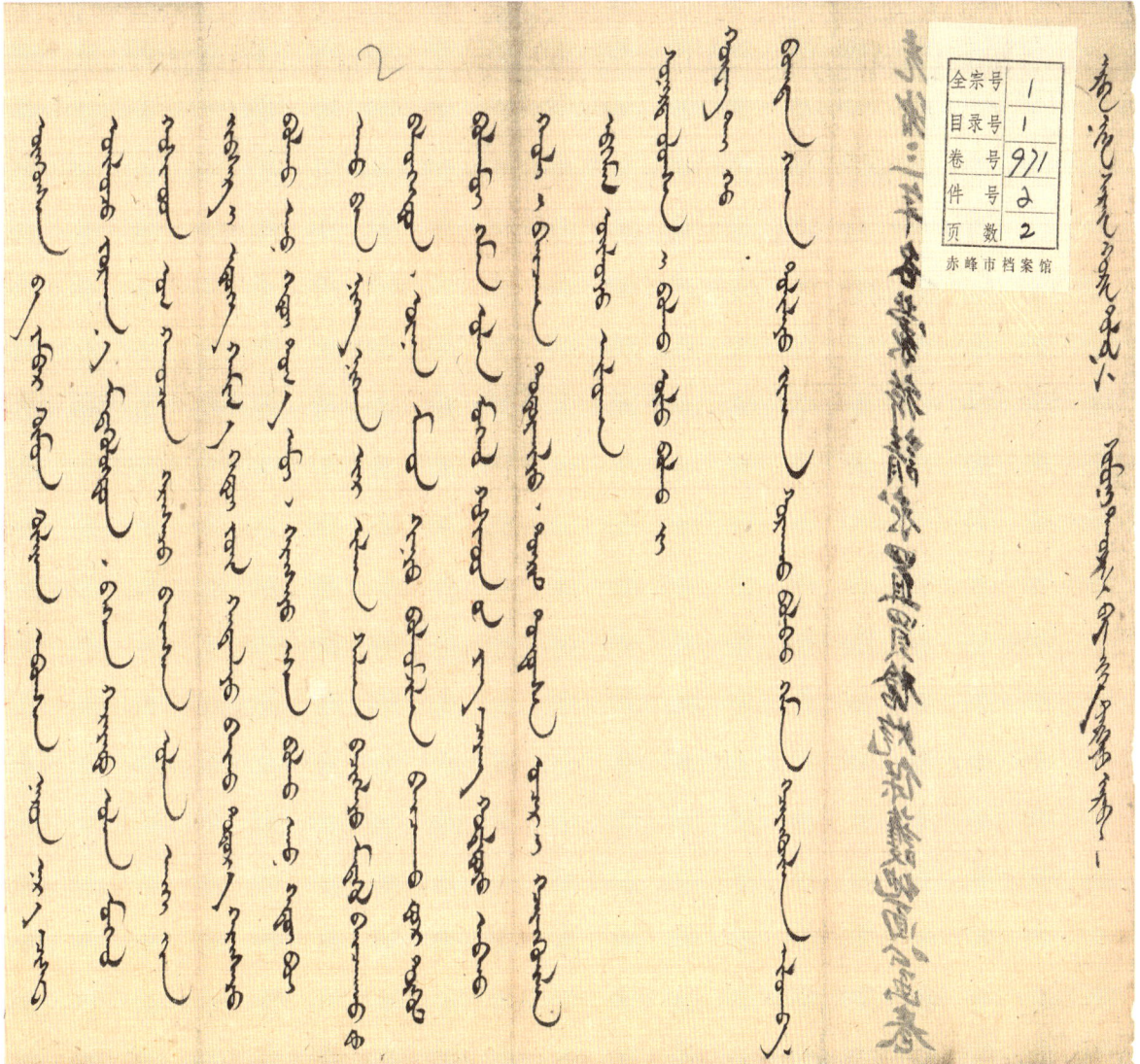

全宗号 1
目录号 1
卷　号 911
件　号 2
页　数 2

赤峰市档案馆

073

盟长阿鲁科尔沁札萨克多罗郡王品级加八级军功加四级多罗贝勒为转热河都统令蒙旗依法购买洋枪事札盟务帮办原盟备兵札萨克兼翁牛特札萨克和硕亲王品级加六级军功加六级多罗杜棱郡王赞巴勒诺尔布、协理二等台吉加二级军功加三级哈青嘎文

盟长阿鲁科尔沁札萨克多罗郡王品级加八级军功加四级多罗贝勒札盟务帮办原盟备兵札萨克兼翁牛特札萨克和硕亲王品级加六级军功加六级多罗杜棱郡王赞巴勒诺尔布、协理二等台吉加二级军功加三级哈青嘎文，为知悉事。今接奉热河都统札饬，内开，为知悉事。光绪三十三年八月三日接理藩部移文，为移行事。据启开司呈报，本部奏请，若有蒙古各旗购买洋枪，照已有则例，定规矩，奏请。等因。光绪三十三年七月十四日上奏，当日下旨："按商定颁行。"等因。照抄原折子，移贵都统大人，请查验知悉。另，原奏文后附。等因。立即札卓索图盟转饬各旗，一同执行。此外，所属各蒙古旗购买洋枪时，一面呈报理藩部，一面照规定呈报本都统衙门，钦定后方可购买。洋枪到达后，就其型号、数量、领取人等造详细册子，报院

备查。接到饬令后，盟长转饬管辖各旗执行。为知悉事，抄文札行。接到饬令后，札萨克、协理等详阅领会内容，照所定法规奉行，另，为盟内一同札付之事，盟务帮办札萨克王知悉事由，特造盟长印文札付。附件一张。

光绪三十三年十月二十九日

理藩部为蒙古各旗购买洋枪所定则例、规定事奏请圣主，明鉴。案查本部已定则例，对内外各札萨克内孳生人丁编设佐领，部分军器破损本可修补，该札萨克等出具保呈，将购置军器数目详细报院，移交陆军部给票注明知晓后，方准出售。若成套成副者，奏明请旨后，方准置买。倘若军器超出票内数目，被查出比原先数目多者，将罚没所辖王、贝勒、贝子、公、札萨克台吉、塔布囊六个月俸禄；闲散台吉、管

盟长阿鲁科尔沁札萨克多罗郡王品级加八级军功加四级多罗贝勒为转热河都统令蒙旗依法购买洋枪事札盟务帮办原盟备兵札萨克兼翁牛特札萨克和硕亲王品级加六级军功加六级多罗杜棱郡王赞巴勒诺尔布、协理二等台吉加二级军功加三级哈青嘎文

光绪三十三年十月二十九日

旗章京以下，骁骑校以上，罚一九牲畜；平民鞭八十；没收额外所带军器。内札萨克六盟长将所辖各旗军装器械会集一处详细点验，如有破损残缺，将罚札萨克一年俸禄，无俸之台吉、塔布囊、管旗章京等则罚二九牲畜。其盔尾甲背不钉号条，军器等物绊带无记号、马不烙印、不系号牌、梅针大箭、兔叉箭、骲头箭上无名字者，所属札萨克罚俸六个月，无俸之台吉、塔布囊、管旗章京等罚一九牲畜。等因。

臣等案查已定则例，初定时非常严厉，随时间推移逐渐疏忽、怠慢、出差错。为此，望大部再次明确则例，饬令遵照奉行。

今所属各蒙古旗以保护地方为名，陆续申报购买洋枪。今加强诸海关之时，涉运送军器事，应更加谨慎。因此，今后各蒙古旗若真练兵需洋枪，呈报盟长，让其核查真实情况。今将各旗原练蒙古兵有多少名、原用过什么武器、如今怎么选出、怎样练习等细查，所属盟长呈报本部，本部查核后照旧例奏请。钦定允许后方可购买，各旗不能边购买边呈报。运到各旗后务必编号，烙印，将交给什么人、什么人领取等登记造册呈大院。另，各蒙古旗原先使用各队武器如今在什么地方、保管多少种、其中能用者有多少、不能用者多少等一一分拣，做清单，以备呈报查验用。为弄清真伪，便于查验，查明各蒙古旗购买洋枪则例，规定事宜，谨造折子奏闻皇太后、圣主，行与否开恩明鉴。为此，奏请。

十一月二十七日，佐领跟役巴颜格送来。

074

热河都统为审理射杀盗贼万福明案事札翁牛特王文

光绪三十四年五月十四日

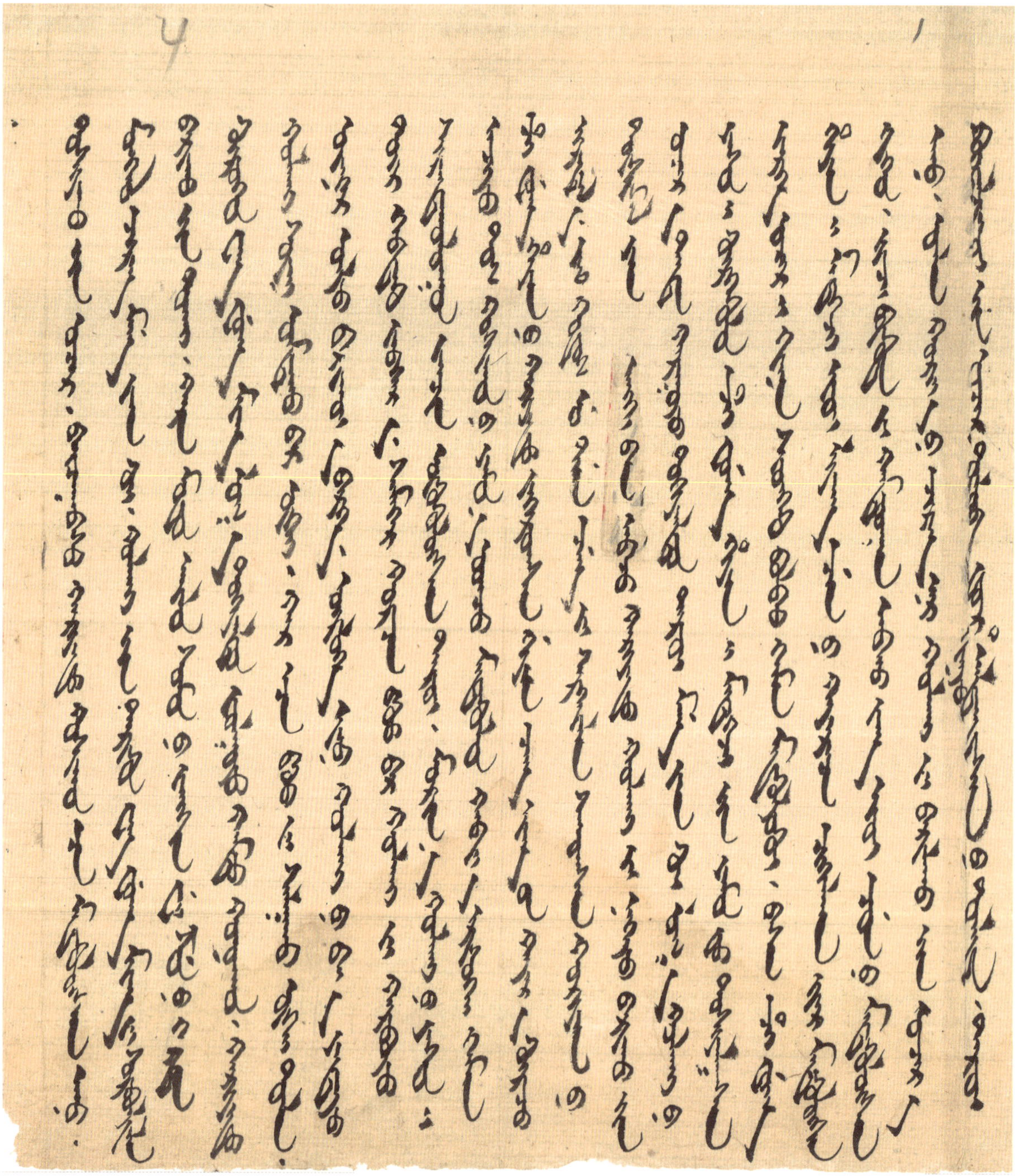

074

热河都统为审理射杀盗贼万福明案事札翁牛特王文

光绪三十四年五月十四日

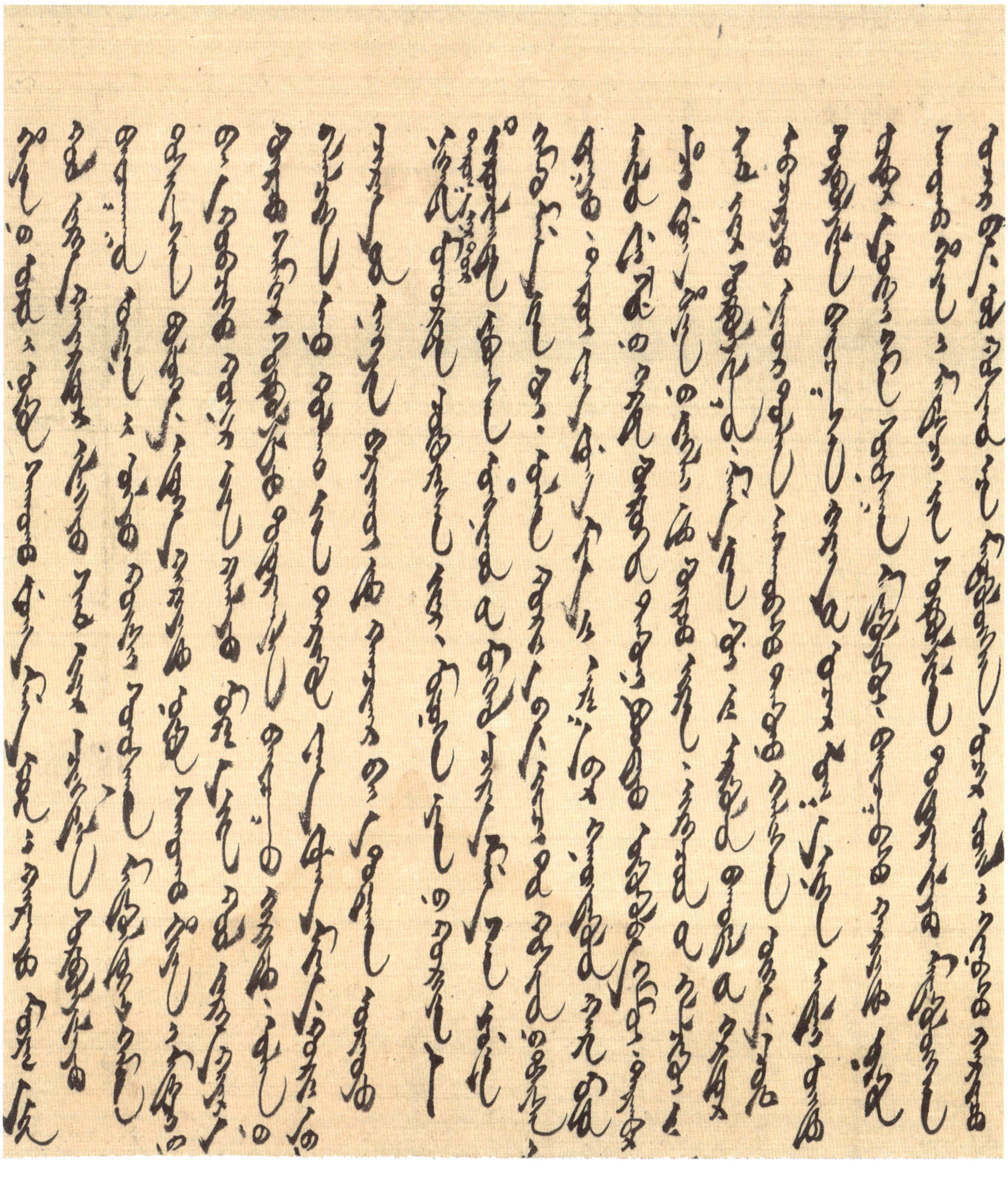

074

热河都统为审理射杀盗贼万福明案事札翁牛特王文

光绪三十四年五月十四日

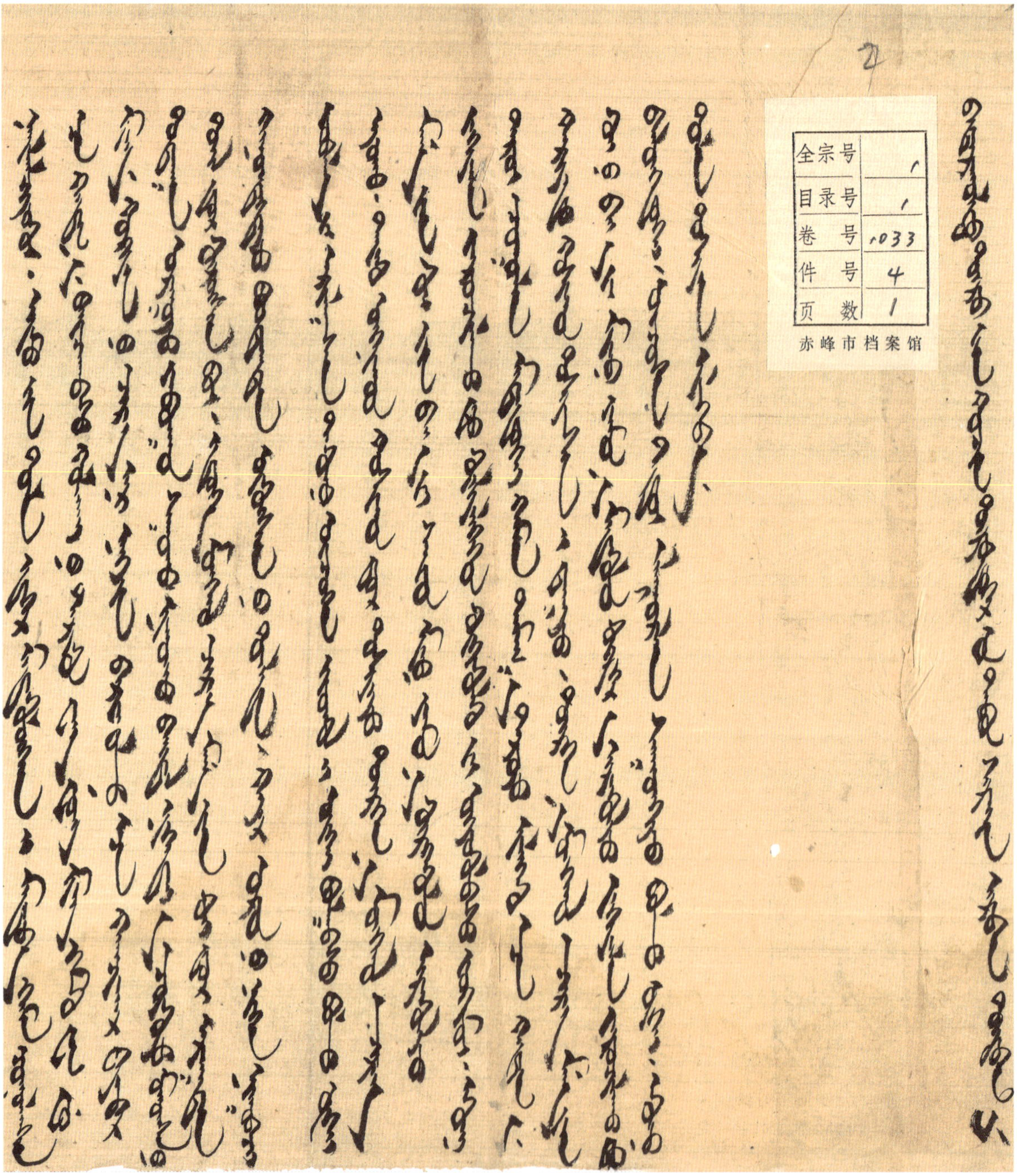

热河都统为审理射杀盗贼万福明案事札翁牛特王文

为札付事。案查，属旗呈报，蒙古兵孟占奎为巡捕贼首万福明，在哈拉木敦村章京魏尊家住宿时偶遇，可该贼夜晚不睡，枪不离手，很难抓捕。清晨该贼困乏打盹时，悄悄用快枪射击贼，使其受伤，并打死。于是，为此报本旗衙门请赏，把盗贼尸体驮在马上，到达赤峰县管辖建昌营时，路遇驻防乌丹城闫团长正在带队巡捕贼犯，他们随即把孟占魁及贼犯尸体一同交到赤峰县衙门，申请审理。又据赤峰县知县从玉良城呈来电文及统领张玉春等呈报，各营兵丁抓捕贼犯及枪击事件时，未能监督，于是派候补知县冯梦云前往莫尔喀河等地暗地走访，获取确切过程后回报。等因。今候补知县换穿便衣前往莫尔喀河等地暗地走访，获取真实情况。众人所言：团兵进行搜捕时，贼首万福明只身逃脱，正走投无路时，闫团长手下翁牛特蒙古兵称孟三元的孟占奎遵兵营和本旗指示，巧妙袭击万福明，在哈拉木敦村章京魏尊家住宿时将其击毙。后到赤峰县衙里暗访，听民人说法，又叫来孟占奎所住店里人当面询问，所说话语与暗查事无差异。案查，候补知县所暗访呈报事宜及原旗里呈报事宜，互相吻合。为此，这些呈报事宜，已知，批示。案查，贼首万福明被团兵搜查时只身逃脱，无处藏身，走投无路。今蒙古兵孟占奎巧妙袭击，枪击使其身亡，为地方清理了一个隐患，不能没有功劳。为此，饬翁牛特旗速将蒙古兵孟占奎送到本衙门，等候另使，给予嘉奖。为此，札饬盟长立刻知悉外，属旗奉饬立刻把蒙古兵孟占奎送到本衙门来，以备等候饬令，不能延误。为此，札付。

光绪三十四年五月十四日

盟长阿鲁科尔沁札萨克多罗郡王品级加八级军功加四级多罗贝勒为王、贝勒、贝子、塔布囊爵位名衔造册送达事札盟务帮办原盟备兵札萨克兼翁牛特札萨克和硕亲王品级加六级军功加六级多罗杜棱郡王赞巴勒诺尔布、协理二等台吉加二级加军功三级哈青嘎、协理二等台吉朝克图格日勒文

光绪三十四年五月三十日

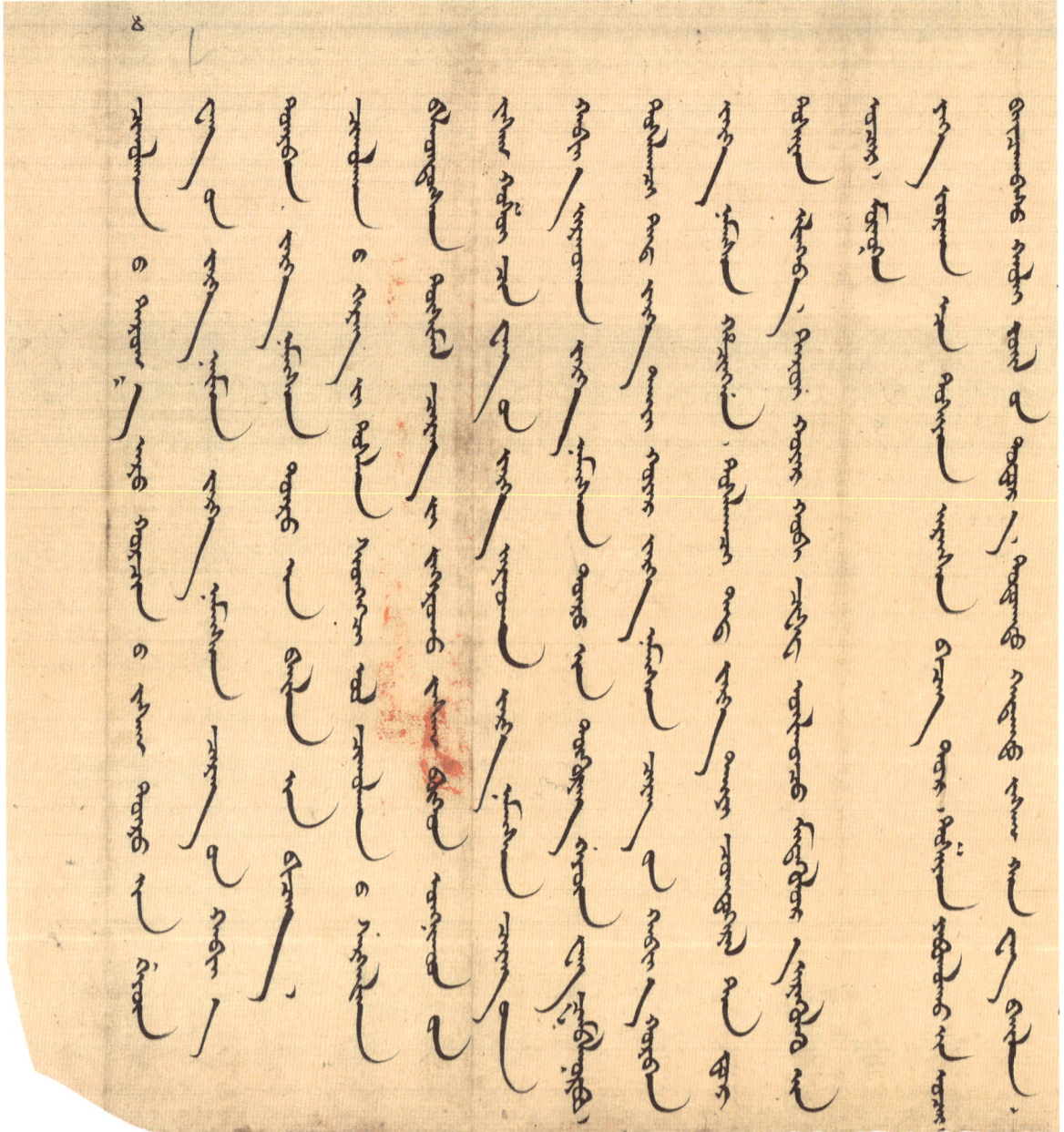

盟长阿鲁科尔沁札萨克多罗郡王品级加八级军功加四级多罗贝勒为王、贝勒、贝子、塔布囊
爵位名衔造册送达事札盟务帮办原盟备兵札萨克兼翁牛特札萨克和硕亲王品级加六级军功加
六级多罗杜棱郡王赞巴勒诺尔布、协理二等台吉加二级加军功三级哈青嘎、协理二等台吉朝
克图格日勒文

光绪三十四年五月三十日

盟长阿鲁科尔沁札萨克多罗郡王品级加八级军功加四级多罗贝勒为王、贝勒、贝子、塔布囊爵位名衔造册送达事札盟务帮办原盟备兵札萨克兼翁牛特札萨克和硕亲王品级加六级军功加六级多罗杜棱郡王赞巴勒诺尔布、协理二等台吉加二级加军功三级哈青嘎、协理二等台吉朝克图格日勒文

光绪三十四年五月三十日

416

盟长阿鲁科尔沁札萨克多罗郡王品级加八级军功加四级多罗贝勒为王、贝勒、贝子、塔布囊爵位名衔造册送达事札盟务帮办原盟备兵札萨克兼翁牛特札萨克和硕亲王品级加六级军功加六级多罗杜棱郡王赞巴勒诺尔布、协理二等台吉加二级加军功三级哈青嘎、协理二等台吉朝克图格日勒文

光绪三十四年五月三十日

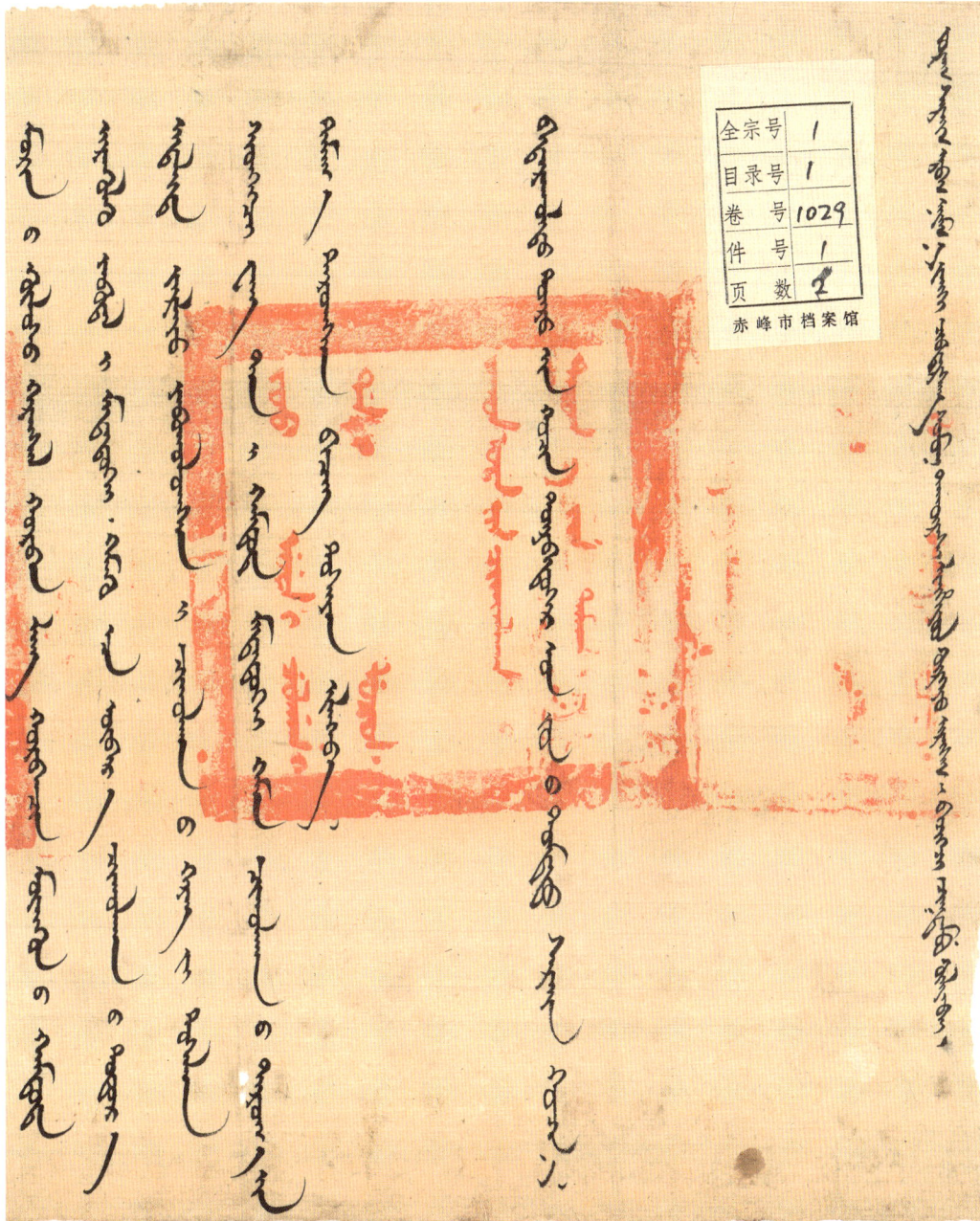

075

盟长阿鲁科尔沁札萨克多罗郡王品级加八级军功加四级多罗贝勒为王、贝勒、贝子、塔布囊爵位名衔造册送达事札盟务帮办原盟备兵札萨克兼翁牛特札萨克和硕亲王品级加六级军功加六级多罗杜棱郡王赞巴勒诺尔布、协理二等台吉加二级加军功三级哈青嘎、协理二等台吉朝克图格日勒文

光绪三十四年五月三十日

盟长阿鲁科尔沁札萨克多罗郡王品级加八级军功加四级多罗贝勒为王、贝勒、贝子、塔布囊爵位名衔造册送达事札盟务帮办原盟备兵札萨克兼翁牛特札萨克和硕亲王品级加六级军功加六级多罗杜棱郡王赞巴勒诺尔布、协理二等台吉加二级加军功三级哈青嘎、协理二等台吉朝克图格日勒文

盟长阿鲁科尔沁札萨克多罗郡王品级加八级军功加四级多罗贝勒札盟务帮办原盟备兵札萨克兼翁牛特札萨克和硕亲王品级加六级军功加六级多罗郡王赞巴勒诺尔布、协理二等台吉加二级加军功三级哈青嘎、协理二等台吉朝克图格日勒文，速造两份册子送达事。今大院来饬，内开，为札行事。案查已定则例，内外札萨克汗王、贝勒、贝子、公、台吉、塔布囊及闲散王、贝勒、贝子、公等凡生男丁起名后，将所生年月、第几子、现何名于每年年终向所属札萨克报送，该札萨克汇总造册报院。案查，近几年来各盟旗蒙古王公生子起名后报院者极少。虽有已定则例，但当成空话来对待，确实不合规矩。为此，札各盟各旗传告所属地方，属地诸王公名下有几子、哪年出生、起了什么名、原先有无记录、现授什么职、是否认蒙古字、有

没有疾病、是否出家为喇嘛、是否抚养继子等事，自接到大院饬日起一月内详细查看后造册呈报本院。这次饬查后，各旗每年年末造册两份，一份呈大院，一份呈盟长入档保存，不得延误。为此，原文抄录札行。接到饬令后，札萨克、协理等详阅领会饬文内容，奉饬查明旗内札萨克及非札萨克王、贝勒、贝子、公、长子及诸子，奉大院饬令抄写两份册子付官印，与呈报文一并六月初五日送到盟长我处，以备转奏，不得延误。另，知悉、送达这类文书所需乘骑人员费用三两三钱一同寄送过来。为盟内同时札行事，盟务帮办札萨克王一同知悉事，特造札萨克印文札付。为此，札行。

光绪三十四年五月三十日

六月十八日，章京齐布德色棱佐领仆役领小送达，笔帖式齐格达木宝接收。

盟长阿鲁科尔沁札萨克多罗郡王品级加八级军功加四级多罗贝勒为王、贝勒、贝子、塔布囊
爵位名衔造册呈报事札盟务帮办原盟备兵札萨克兼翁牛特札萨克和硕亲王品级加六级军功加
六级多罗杜棱郡王赞巴勒诺尔布、协理二等台吉加二级军功加三级哈青嘎、协理二等台吉朝
克图格日勒文

光绪三十四年五月三十日

419

盟长阿鲁科尔沁札萨克多罗郡王品级加八级军功加四级多罗贝勒为王、贝勒、贝子、塔布囊
爵位名衔造册呈报事札盟务帮办原盟备兵札萨克兼翁牛特札萨克和硕亲王品级加六级军功加
六级多罗杜棱郡王赞巴勒诺尔布、协理二等台吉加二级军功加三级哈青嘎、协理二等台吉朝
克图格日勒文

光绪三十四年五月三十日

420

076

盟长阿鲁科尔沁札萨克多罗郡王品级加八级军功加四级多罗贝勒为王、贝勒、贝子、塔布囊
爵位名衔造册呈报事札盟务帮办原盟备兵札萨克兼翁牛特札萨克和硕亲王品级加六级军功加
六级多罗杜棱郡王赞巴勒诺尔布、协理二等台吉加二级军功加三级哈青嘎、协理二等台吉朝
克图格日勒文

光绪三十四年五月三十日

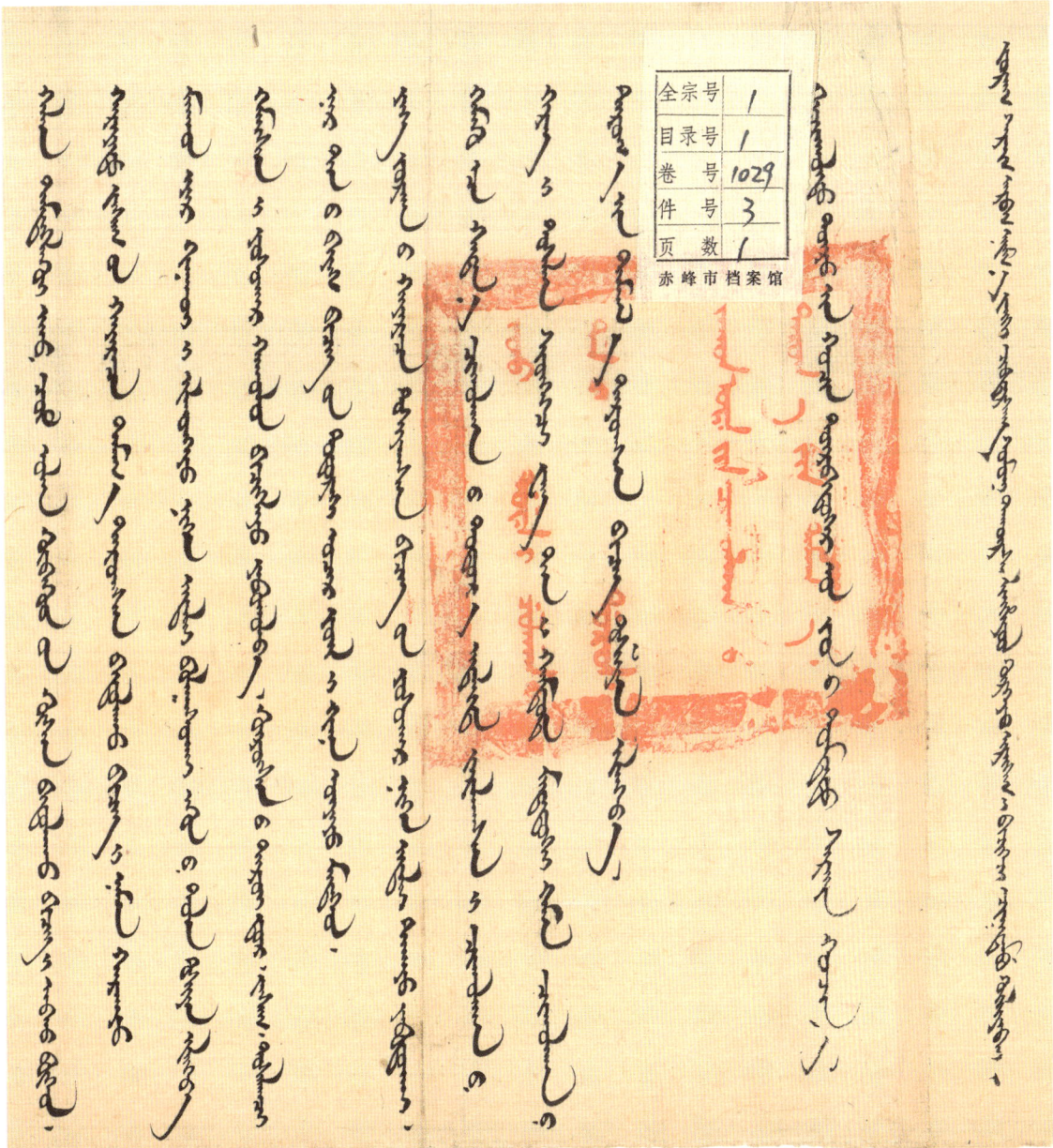

076 盟长阿鲁科尔沁札萨克多罗郡王品级加八级军功加四级多罗贝勒为王、贝勒、贝子、塔布囊爵位名衔造册呈报事札盟务帮办原盟备兵札萨克兼翁牛特札萨克和硕亲王品级加六级军功加六级多罗杜棱郡王赞巴勒诺尔布、协理二等台吉加二级军功加三级哈青嘎、协理二等台吉朝克图格日勒文

光绪三十四年五月三十日

盟长阿鲁科尔沁札萨克多罗郡王品级加八级军功加四级多罗贝勒为王、贝勒、贝子、塔布囊爵位名衔造册呈报事札盟务帮办原盟备兵札萨克兼翁牛特札萨克和硕亲王品级加六级军功加六级多罗杜棱郡王赞巴勒诺尔布、协理二等台吉加二级军功加三级哈青嘎、协理二等台吉朝克图格日勒文

盟长阿鲁科尔沁札萨克多罗郡王品级加八级军功加四级多罗贝勒札盟务帮办原盟备兵札萨克兼翁牛特札萨克和硕亲王品级加六级军功加六级多罗杜棱郡王赞巴勒诺尔布、协理二等台吉加二级军功加三级哈青嘎、协理二等台吉朝克图格日勒文，为知悉事。大院札饬，内开，为全部札行事。案查，内外札萨克及闲散王、贝勒、贝子、公等诸子提前报送，日后是否涉袭职事，已饬四部补充出钤札萨克印保文一事，已录在案。只是办理内外札萨克诸子预报注册事宜，照例有出保文者，也有未出保文者，很难统一办理。

今后内外札萨克办理预报注册时，札萨克王、公、台吉、塔布囊等按则例提前报送长子情况，如果没有其他事宜，札萨克立刻出具印文呈报盟长，转呈我院，查验审理，无需该札萨克旗再出保文；闲散王、公、台吉、塔布囊长子预报注册，则札萨克出钤印保文。札萨克王、公、台吉、塔布囊乃至闲散王、公将诸子情况提前报备，其子改注册时，需要诸子申请保文，札萨克补出钤印保文，以表示同等查验。为此，札行。等因。照抄咨行。文到后，各札萨克、协理等领会饬文内事宜，一同奉行大院饬令。另，盟内同步札行事，盟务帮办札萨克王一同知悉事由，造盟长印文，特此，札行。

光绪三十四年五月三十日

六月十八日，章京齐布德色棱佐领仆役领小送达，笔帖式齐格达木宝接收。

077 鲍喜为本旗兵丁数目等事呈管旗章京文

十一月十一日

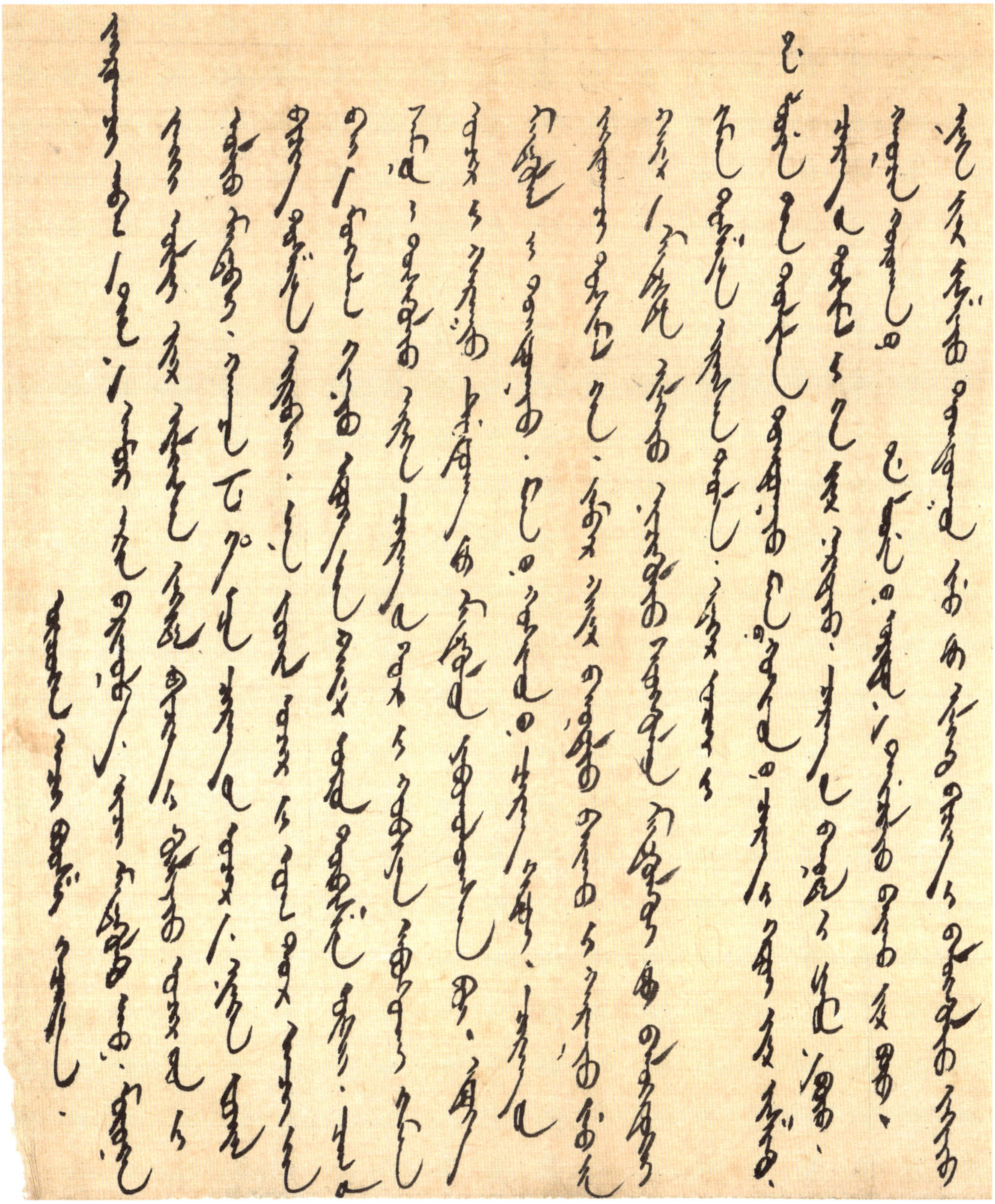

077

鲍喜为本旗兵丁数目等事呈管旗章京文

十一月十一日

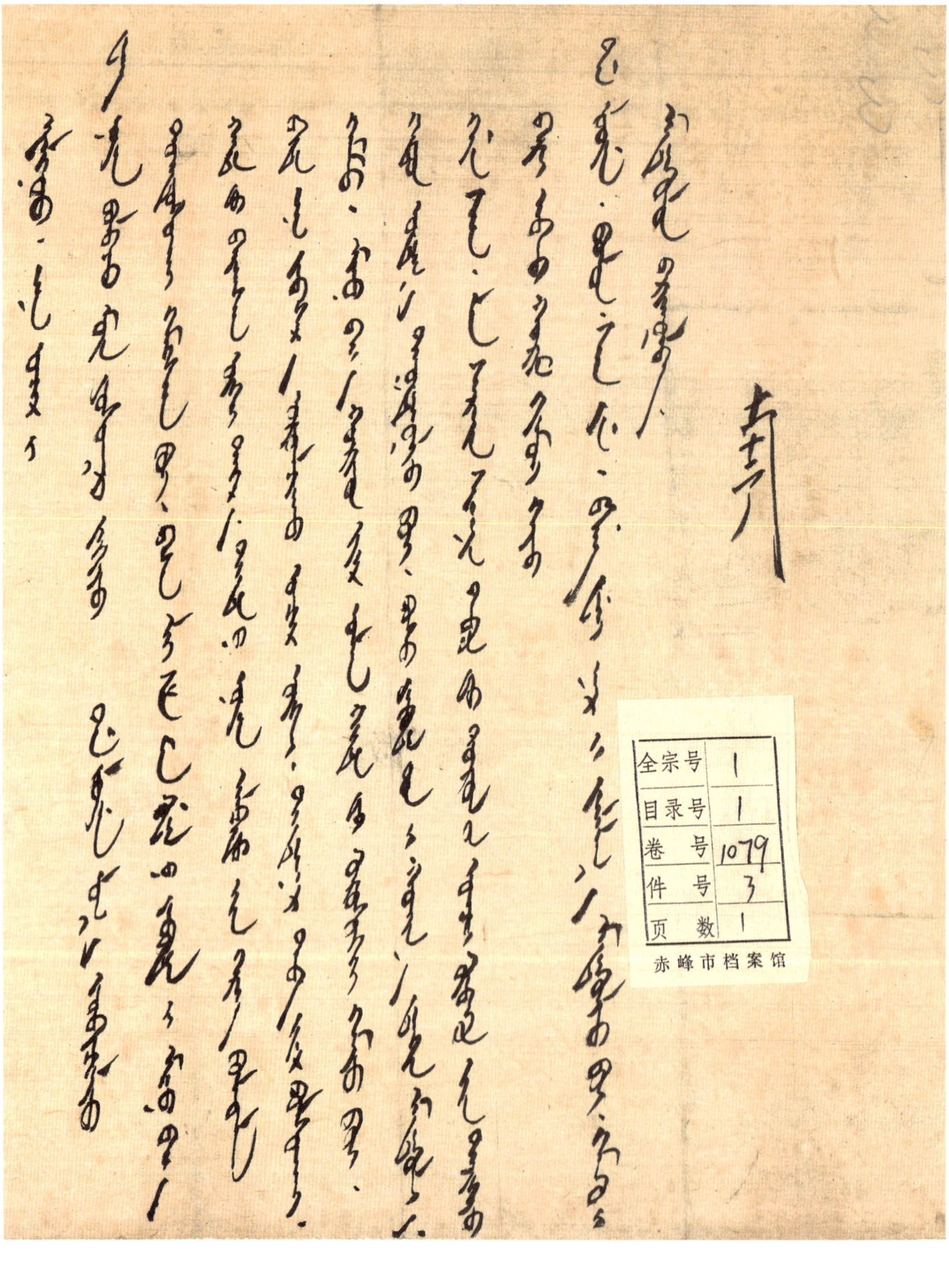

鲍喜为本旗兵丁数目等事呈管旗章京文

鄙侄鲍喜给管旗章京叔叔大人请安，为呈报事。今接到章京乌力吉咨文，已拜读领会其内容。另，为兵丁事，热河来饬。此等事，侄儿谨遵，今地方不太平，社会较乱，请汉军临时分片驻防事，已呈报都统。今来饬，令本旗兵丁有多少、管兵长官什么人、驻防什么地方等事宜呈报州府，以备一并呈报。等因。请大老爷明鉴。本旗兵丁以多少估算、谁合适带兵、兵营设在衙府还是大老爷府邸，一一确定后咨文州府。为

此，王爷嘱咐也是这个意思，希望与大老爷商量决定。又，李四马倌事，我没在哈达，并且他们官爷、仆人之间事我们不参与，随他们去吧。我二十九日到乌兰哈达，已经催我几次了。其他事日后再呈报。贾三在腊月初五给其亲戚家侄子办理婚礼，已邀请了大老爷与三爷、鹏飞。为此，呈报。

十一月十一日

078

鲍喜为禁烟、兵丁口粮等诸公务事呈管旗章京文

十二月初六日

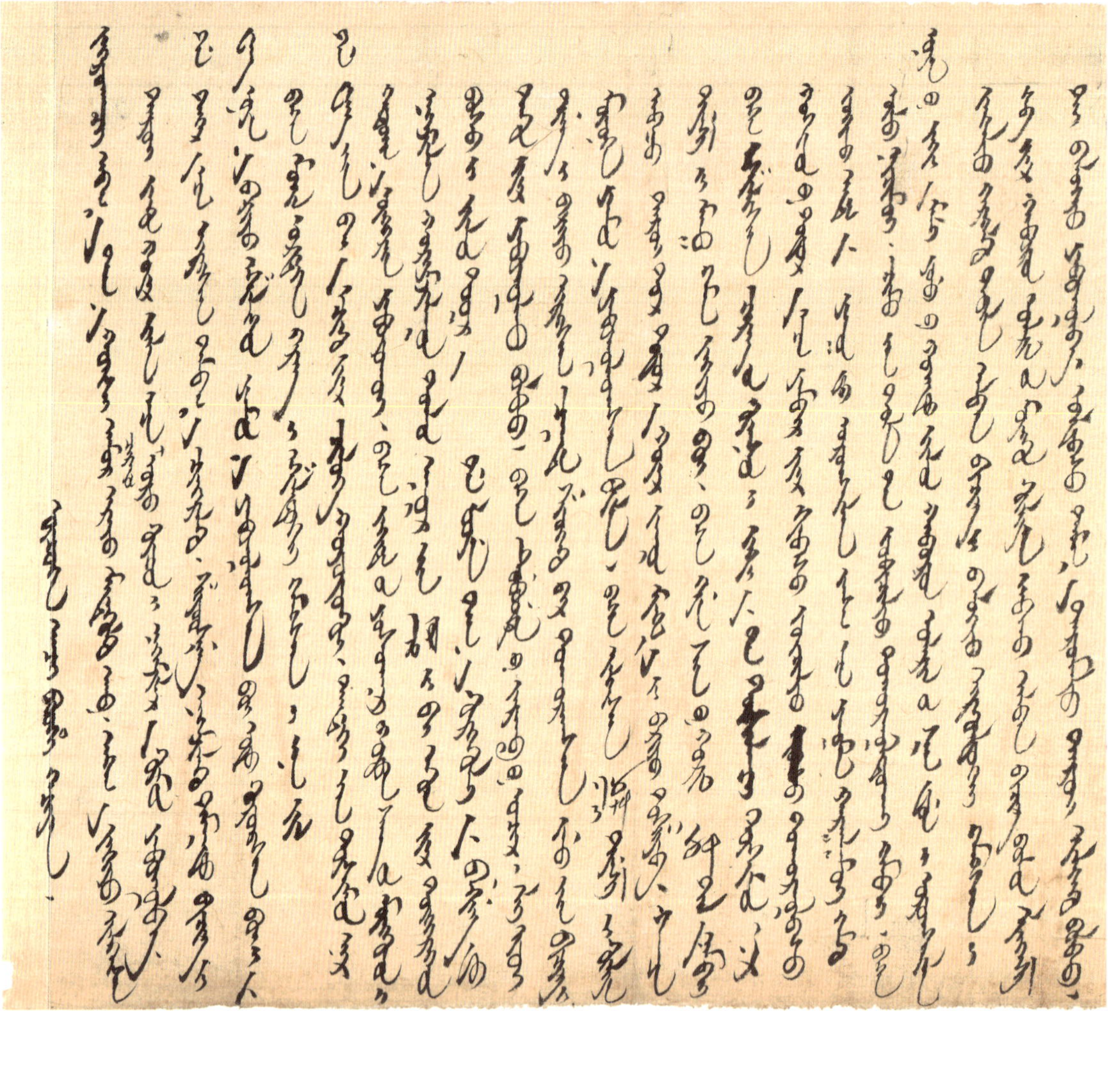

078

鲍喜为禁烟、兵丁口粮等诸公务事呈管旗章京文

十二月初六日

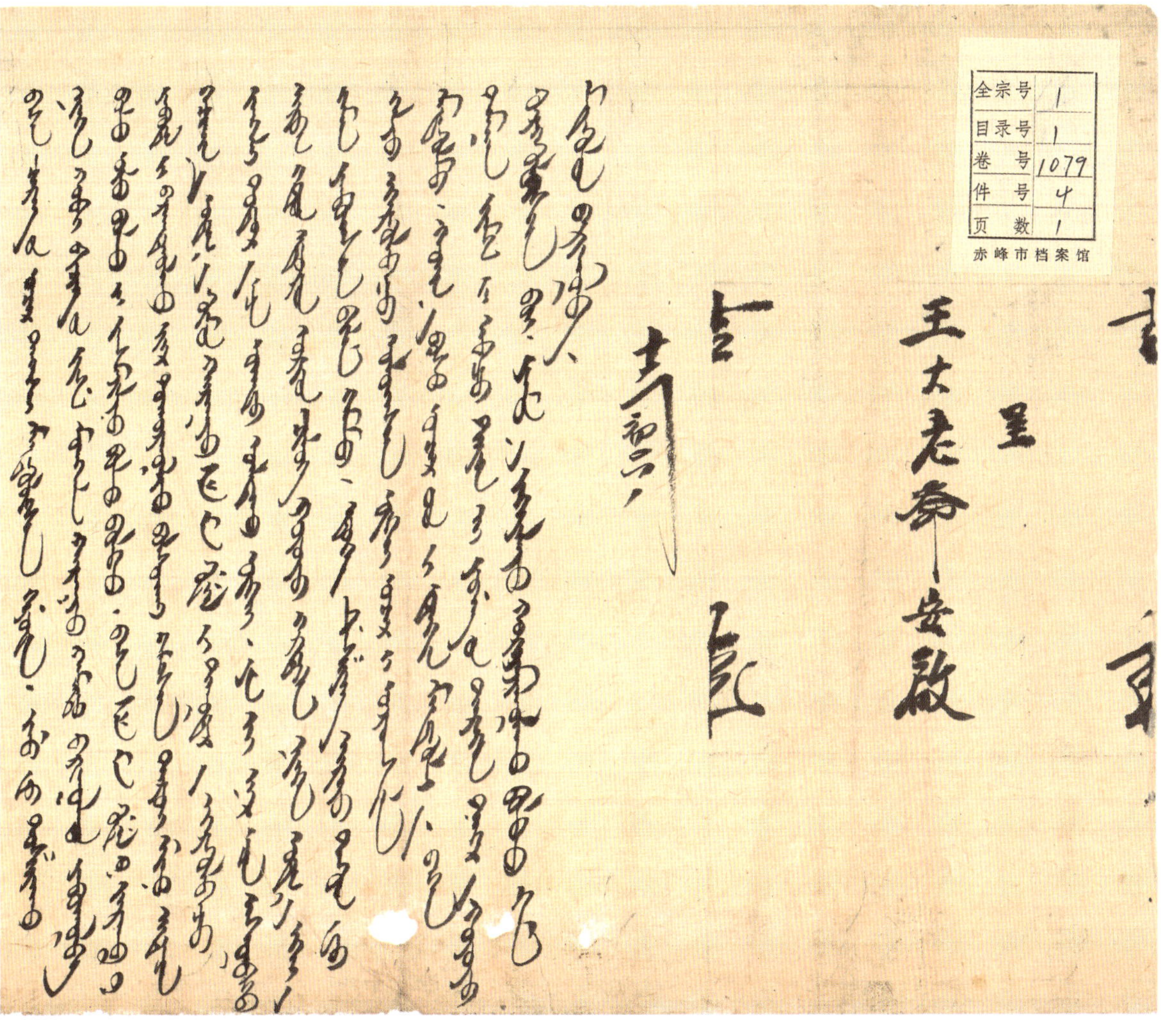

全宗号	1
目录号	1
卷号	1079
件号	4
页数	1

赤峰市档案馆

呈

王大老爷·安啟

鲍喜为禁烟、兵丁口粮等诸公务事呈管旗章京文

鄙侄鲍喜给管旗章京叔叔请安。为呈报事。上次嘱咐东边两个札兰兵丁空缺事，已派人追讨。盟长处来禁烟、追讨小生等事印文，呈请王爷诸颜（长官），寄往王府，如今应该已到达。

又，想请示美尔驿站案，可大王已经请假动身，那边官员已经过去。

又，按文书要求追收了三仓银两，拿这个还清多伦诺尔银一百两，其他在年底送到大老爷处，送去北京时让他送吧。

又，道布丹诉讼事，抓捕李玉亭后审理事，刚由州文送去衙门。

又，接到寄来二万五十千贴子[1]，用两百千交付，说是贴子不好。

又，贾三婚礼给五千彩礼。

又，所请示兵丁口粮之事，应由旗内协理员等协调怎么做才合适，而提前由札萨克付，不合情理。

又，诺颜下令，预支使用明年煤窑三份银，所以备一份公文，照春季领取银两，公文与领子[2]一起备好，已送达，望立刻造印文寄来。

又，呈报兵丁事折子一同寄去，不知行不行。

又，为结束司马官诉讼事，我这里几次派人找司马官，街里未找到他，问衙役后说，十多天前请假回赵家，今德尚来找他也未能找到。再有事下次禀报。

又，印章饰物在田义勇车上，捎过去，请嘱咐衙门人接收一下。为此，呈报。

　　　　　　十二月初六日　王大老爷安启

---

① 贴子：一种用于交换的凭证。

② 领子：一种领取凭证。

079 梅林鲍喜、札兰艾伦嘎等为李玉亭案等事呈印务处文

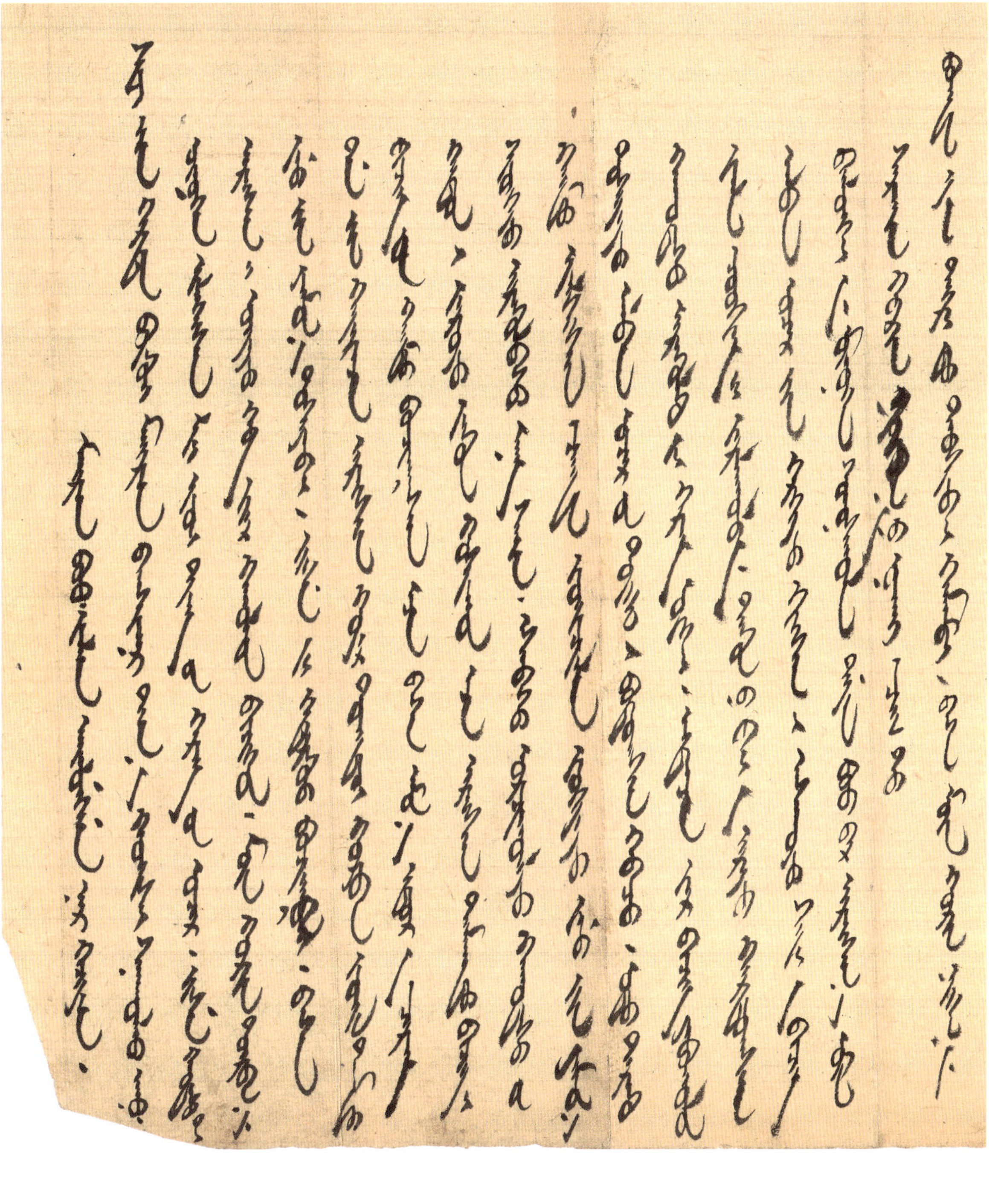

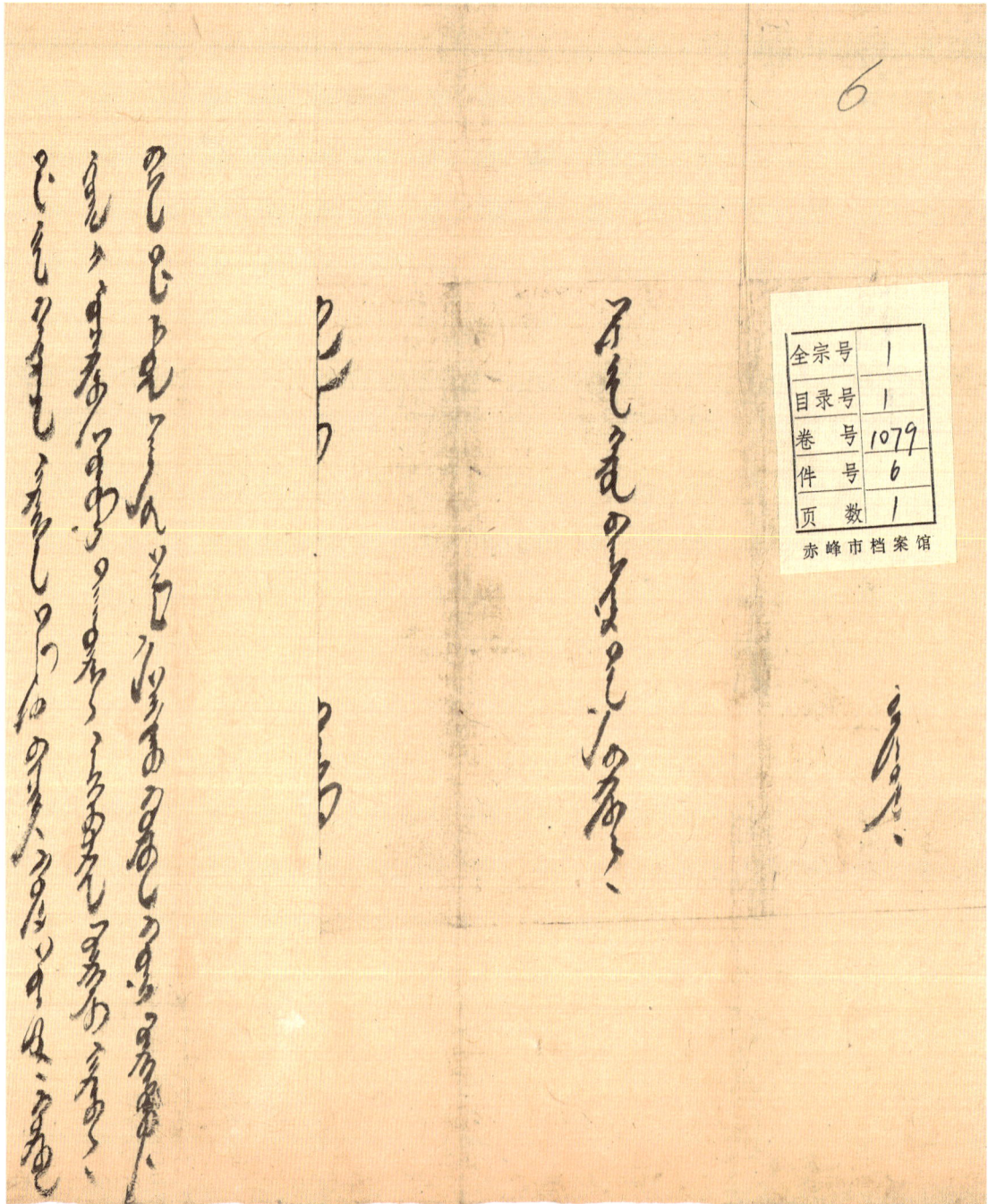

梅林鲍喜、札兰艾伦嘎等为李玉亭案等事呈印务处文

梅林鲍喜、札兰艾伦嘎等呈印务处先生文，为回复事。今收到李玉亭案咨文，照抄折子单子后二十四日已交付州衙门。折子已退回。

又，盟长处来两封三项事印文已退回。此外，前几天派兵根敦去左旗带来印文审理后，送来为好，或翻译单子一同寄来后造文呈州府。不过现在不用发来那个单子。从这发传文，传饬札兰朝京来后，询问他负责办理案件进展后备文。刚听说来电报，本月二十一日戌刻，圣主升天。

又，本月二十一日盟长处来印文两封三项，由鄂齐尔扎布佐领仆役恩和布仁送来。

又，大屯仓送来了祭印三只羊。为此，谨禀印务处先生。

呈印务先生

ᠵᡠᠸᠠᠨ ᠵᡠᠸᡝ ᠪᡳᠶᠠᡳ ᠵᡠᠸᠠᠨ ᠵᡠᠸᡝ ᡩᡝ ᡝ

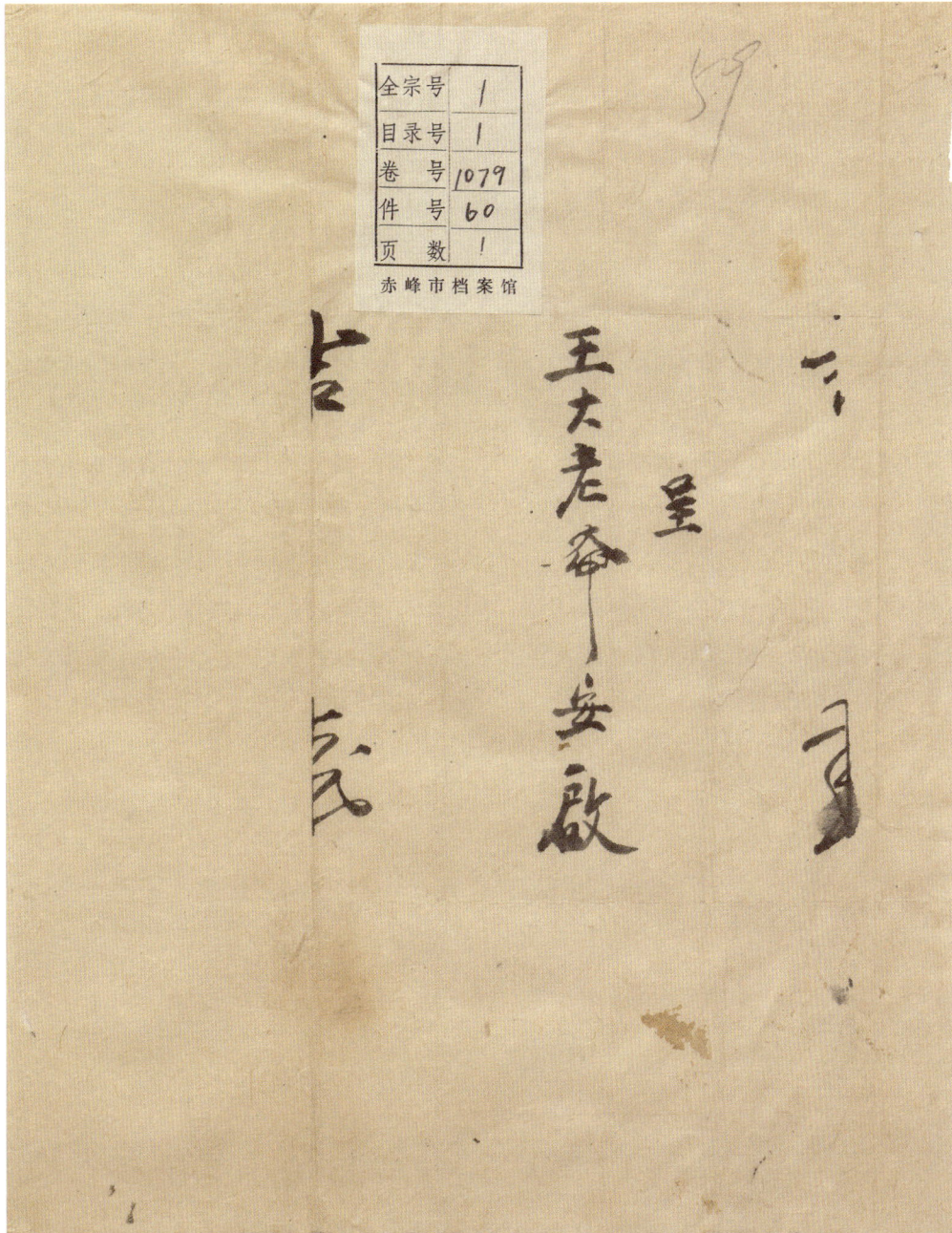

梅林鲍喜为收取各类费用银两事呈大老爷文

梅林鲍喜谨呈大老爷文，为呈报事。今自左三佐领追回兵马役银两，每佐领按十六千估算交付。可是这里有专贴四十千，按四扣合三十六千，平贴钱一十二千，合计四十八千，由张先生送过去。请查收。

又，左两个札兰、九个佐领交奶牛钱一十八千，由张先生处算清，交给大老爷，请一并转呈上。如果他不能交，就等开印时我亲自统计交付。

又，额驸衙门追缴大烟税事由公文一项，今由邮政局寄到局子来一份无名带签文，看其原委，应是美尔驿站用计谋带来签文，一同送过去，查看后明白其内容。为此，呈文。

十二月十二日早刻　呈王大老爷安启

081

王爷局子协理旗员为备送粮草物品等事呈印务处协理旗员文

三月十九日

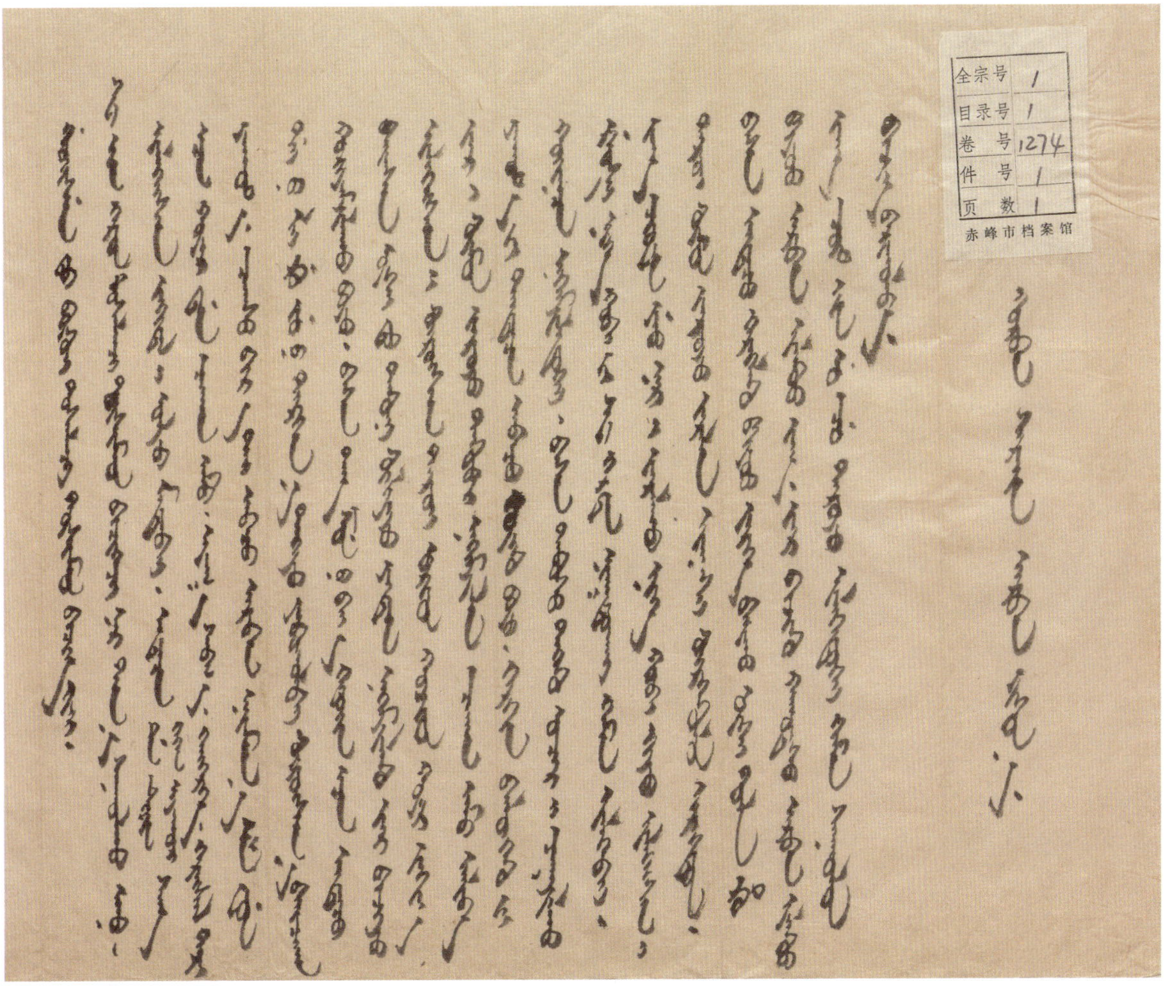

王爷局子①协理旗员为备送粮草物品等事呈印务处协理旗员文

王爷局子协理旗员谨呈印务处协理旗员笔帖式阁下，为呈报事。来文收到，自大屯、葛根原仓领取两担粮食、碗筷、鼓、火药、笔墨纸等，装在四分地李雇主车上运过去，到达后，请查收。

又，唐尊很久前就没在这边，无法等候，发去了追回通告。到达后，立刻照先后两个音信派人去讨回粮食等物品，或追问如何备齐等事宜。

又，禁止运盐一事，告示贴在印务处内。传张全有等一份札文，立刻派人送过来。

又，在这里用票等物品已没有了，货票十多张、写通告单子十多张，盖红印后送来。

三月十九日

---

① 王爷局子：本书中又称街局，指王爷的印务处在赤峰街里设置的办事机构。

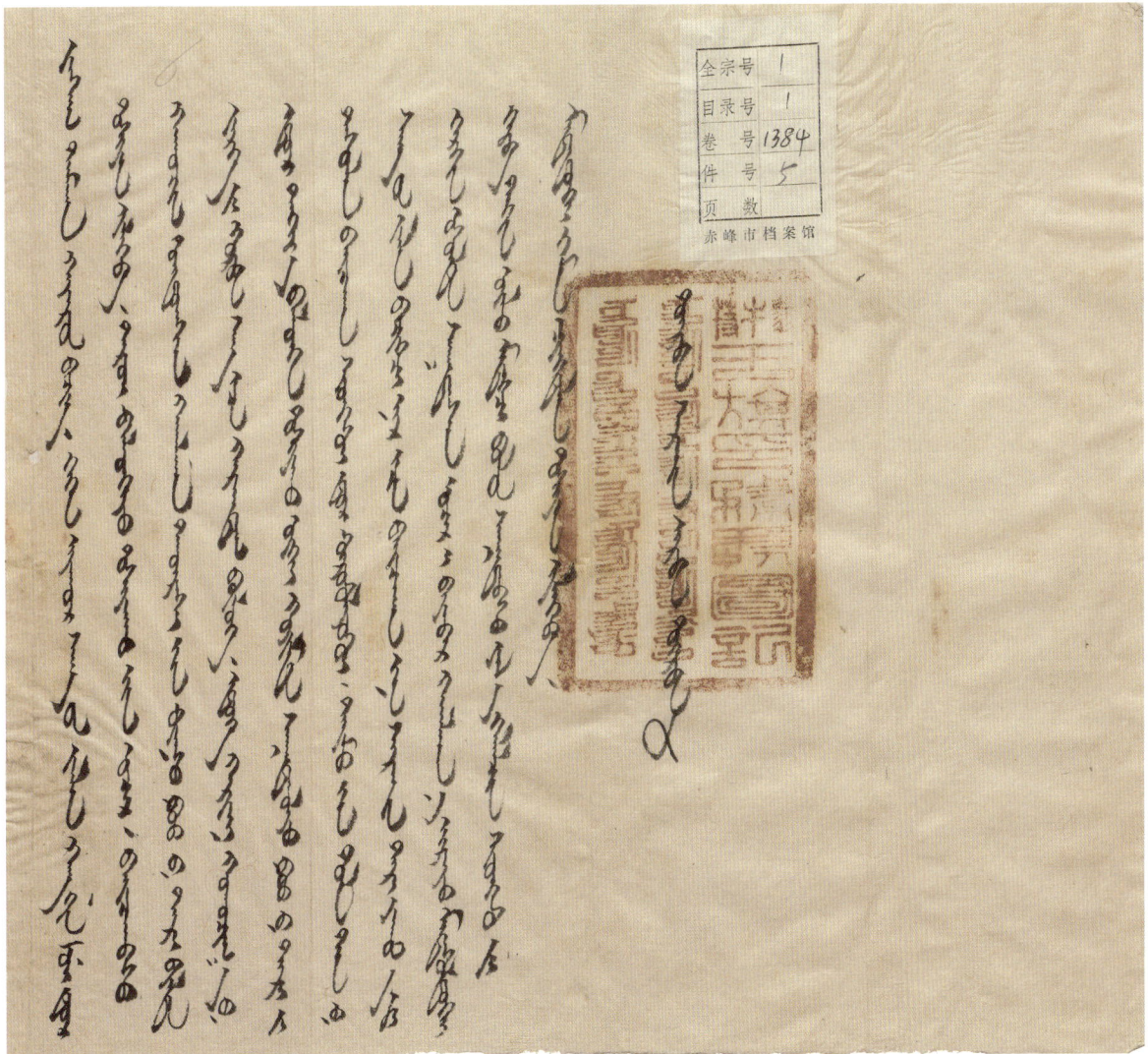

印务处为送来府门仆役所需物品事札葛根仓札兰杭金睿文

印务处札葛根仓札兰杭金睿文，为立刻备齐送达事。案查，照例府门仆役所需口粮、火药、引线等自三仓按时交付供应。如今因拖延或不按日期交付，火药等已经断供。为此，贵仓札兰、笔帖式等查看火药等物品断供原因，本月亲自到府门来呈报。如装作不知、拖延等，则问罪惩罚，为此，严厉札付。

四月十四日

083

札萨克王为筹备禁卫军事札印务处文

十月二十二日

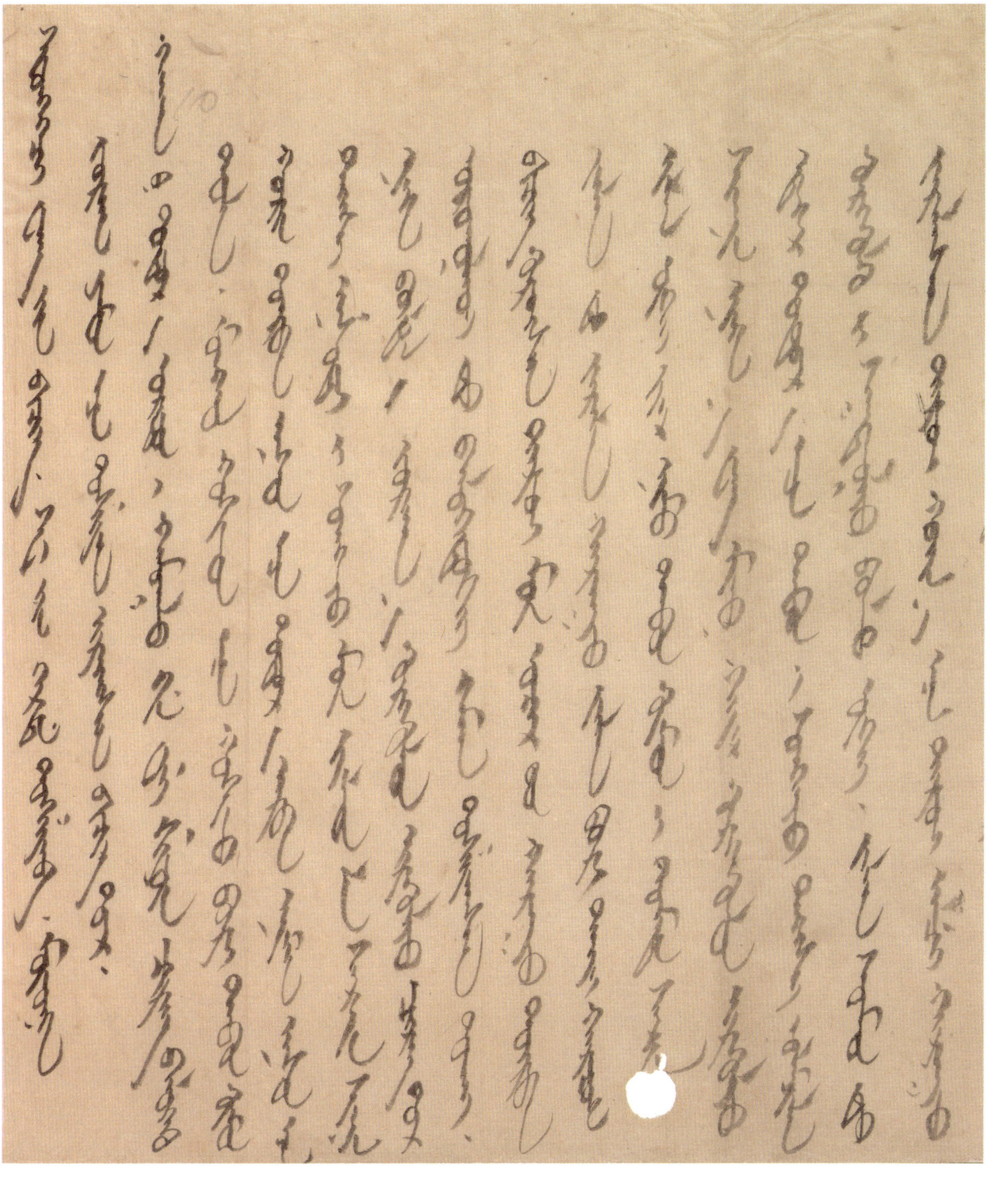

札萨克王为筹备禁卫军事札印务处文

札萨克王札印务处文，为札付事。今理藩院来饬，内开，为筹备皇宫内城禁卫军事，各蒙古旗每旗选派十八岁到二十四岁男丁五名，今年腊月初一前送到本院来，以备入伍。等因。文到，立刻奉饬札四札兰，每札兰不管台吉、平民，选出五人，中月①初一送到本王处，从中选出五名，以备转交，不得有误。转饬后派出使者催促，不能延误。为此，札付。

十月二十二日　札付印务处

---

① 中月：此处指代十一月。

084 乌兰哈达梅林等为选派兵丁等事呈印务处大老爷、梅林文

三十日

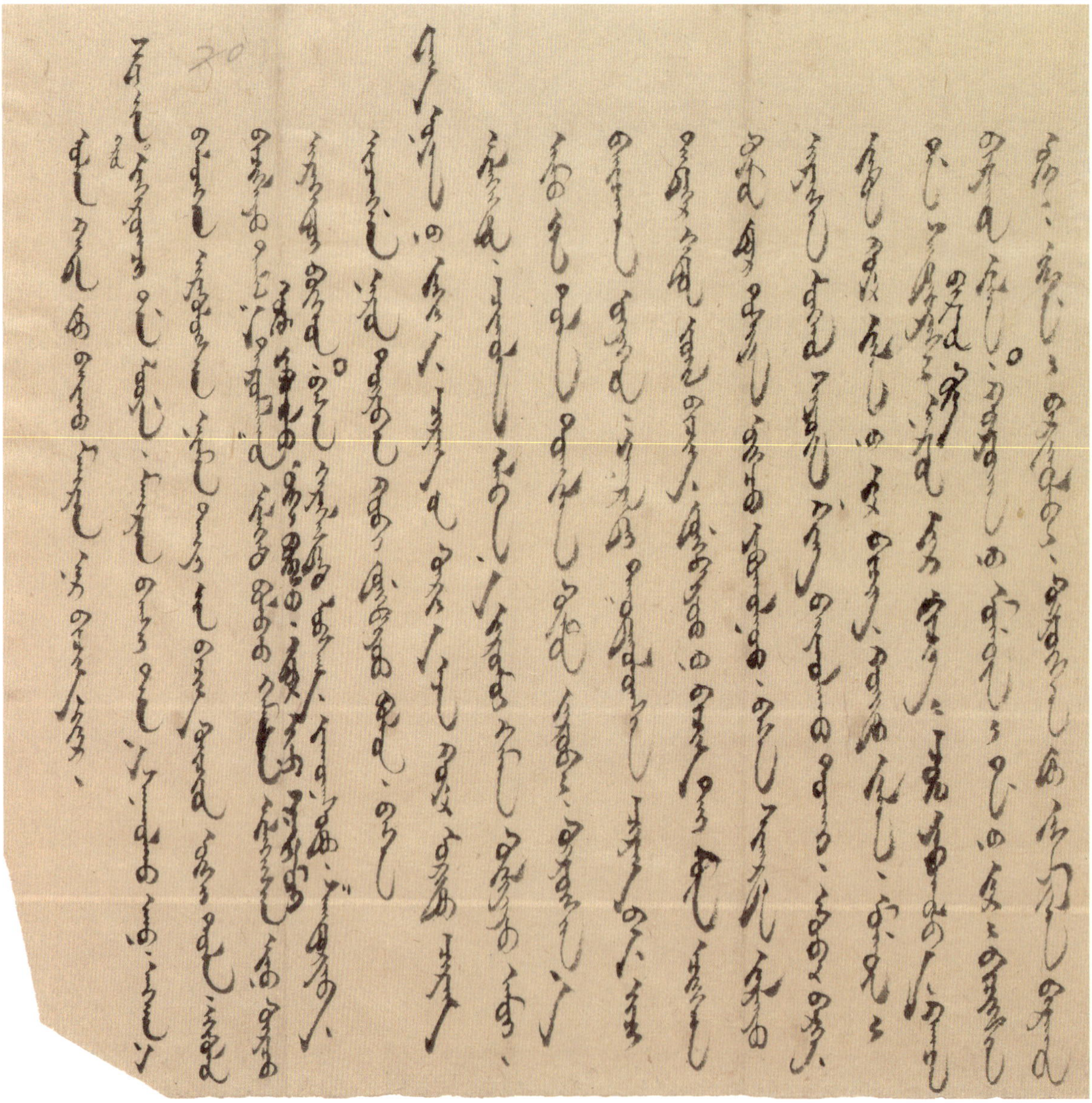

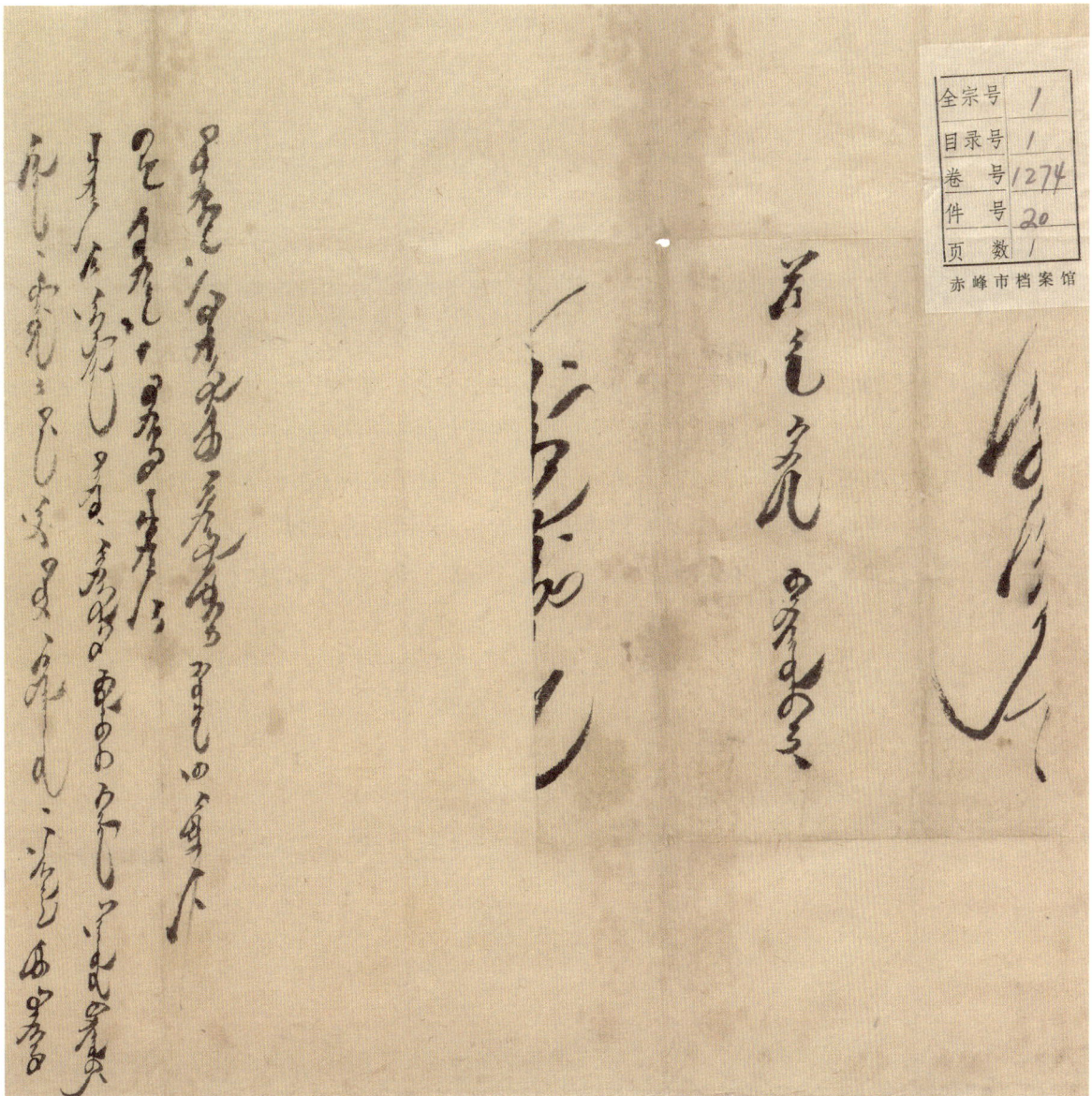

乌兰哈达梅林等为选派兵丁等事呈印务处大老爷、梅林文

乌兰哈达梅林等谨呈管印务处大老爷、梅林先生，为呈报事。先前备来八台吉文，因有不足之处已退回，要求重新撰写盖印后派来。可到如今还未派来，如果再不派来，要延误日期。

又，骁骑校罗卜藏、照那斯图、沙克多尔扎布、伊庆嘎等人俸票，及王爷所令兵营派两名兵丁来，等着会盟时使用。为此，专门派去人员，到达后核实，并与急唤兵丁、几件文书、俸票等交给派去人员带来。

又，来饬文，为设蒙古巡警事宜，为此，柏尔合、左两个札兰、后札兰、族长萨达日海等已发通告。只是西札兰、西公府族长等未给发通告，已呈送折子。到达后，修改札付西札兰、族长，追回送达京城兵丁。为此，呈报。

又，派大院兵丁，抓紧派过来。

三十日　呈印务处

085 乌兰哈达官为选派兵丁前往克什克腾旗等事禀印务处大老爷、梅林等文

二十四日

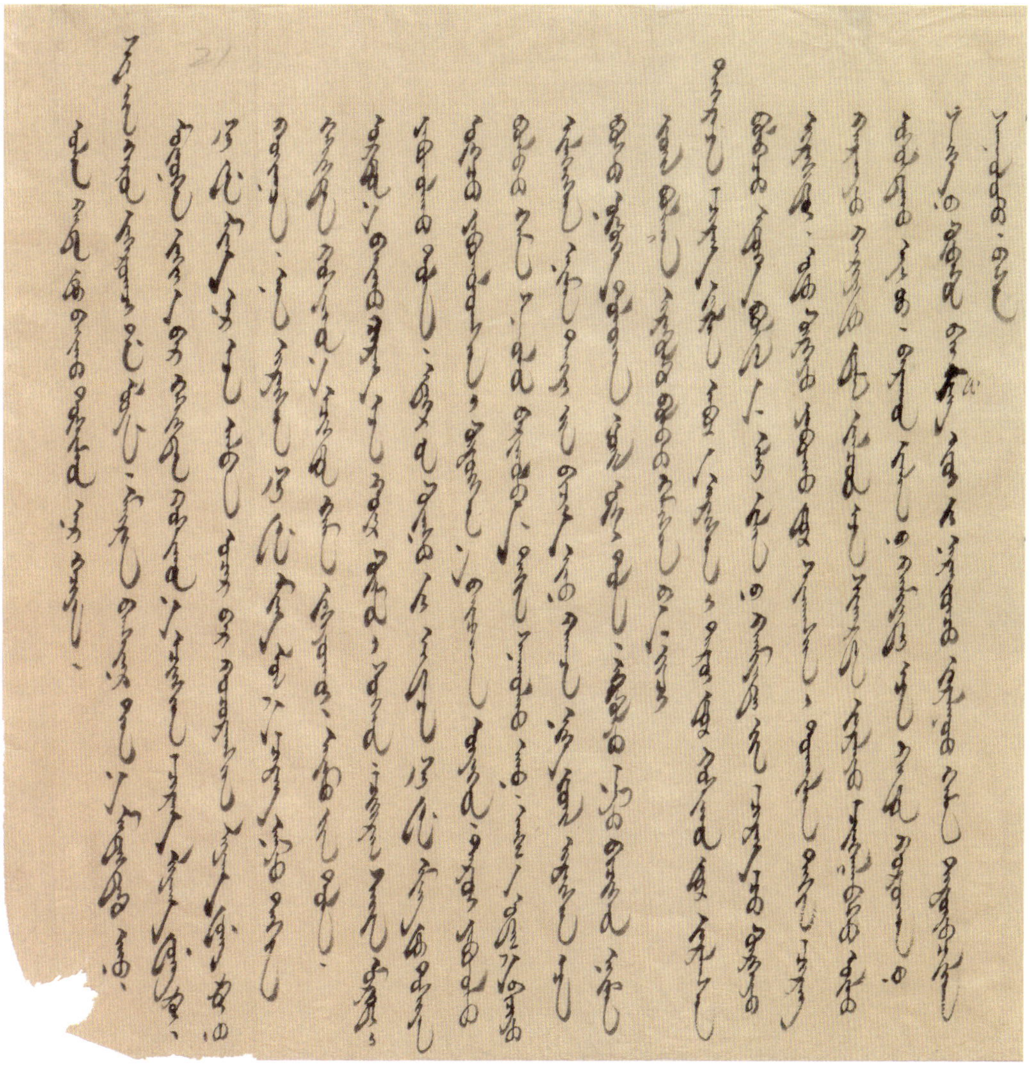

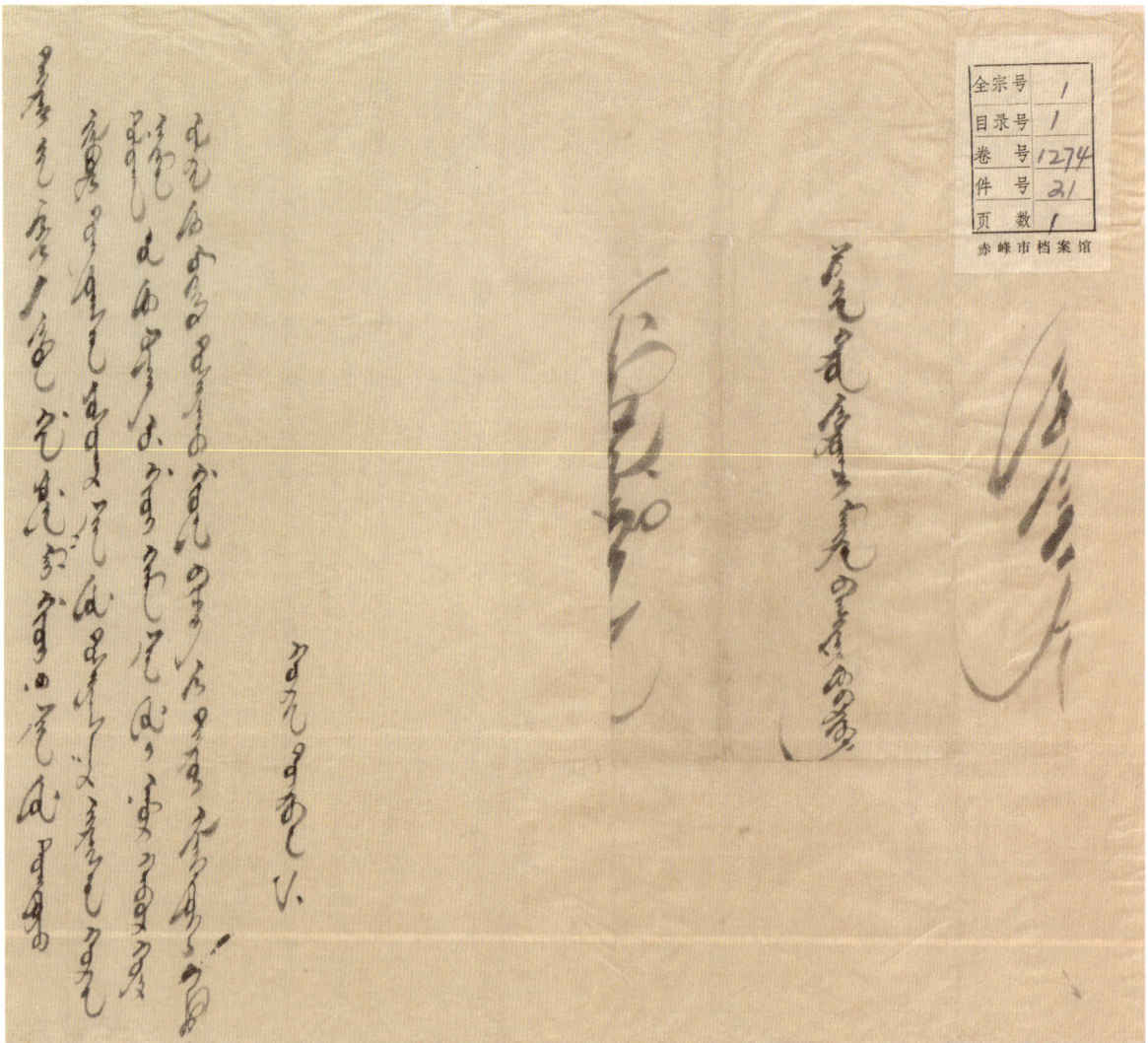

乌兰哈达官为选派兵丁前往克什克腾旗等事禀印务处大老爷、梅林等文

乌兰哈达官禀报管印务处大老爷、梅林先生等，为禀报事。今奉饬去克什克腾旗兵丁梁富贵、石文明中，梁富贵留下当差，后又下令增派兵丁与石文明一同返回克什克腾。为此，从府上兵丁中派两名兵，配给两匹好马，一起派去，他们所用口粮从这边交给了石文明，到达后查验，并立刻派遣。为此，呈请。

再督促事。上次应写来八台吉文，就来了一种，其他七种文没来，已退回，添写成八种后送来。另，上下旨征兵事，已札付旗内，可是到如今哪个札兰都未送来相关兵丁，今快到送走时间，为此，理应再次派兵催促该当班札兰，尤其应点名催促西札兰管辖福晋院僧格子白明玉。

又，上嘱咐原定东金源煤局三份银每年照定数目一直交付。二十七、二十八年改为矿务局，交付三份银时间为春秋两季，为此，立刻送来卷书。

二十四日　呈印务处

086 街局官员为备送兵丁粮银等事禀印务处大老爷、梅林等文

九月初三日

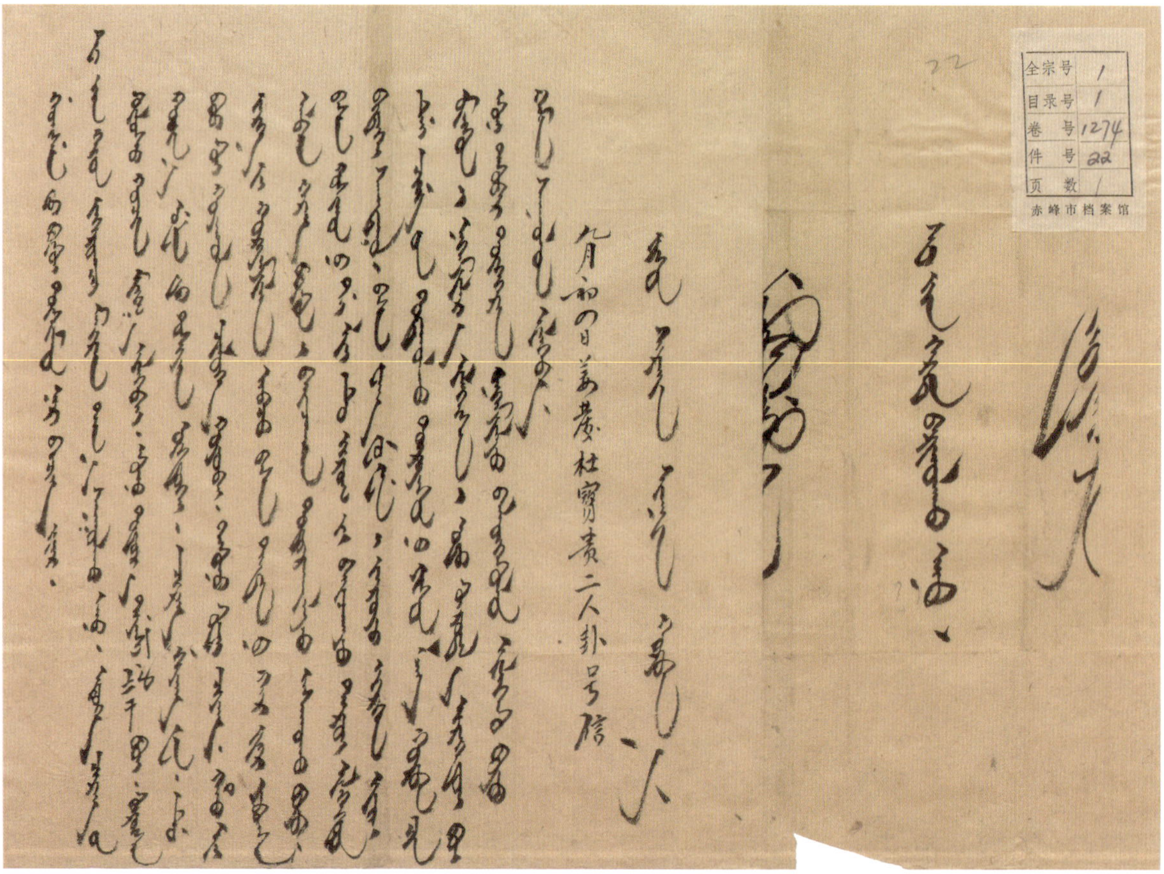

街局官员为备送兵丁粮银等事禀印务处大老爷、梅林等文

街局臣等禀报管印务处大老爷、梅林等阁下，为禀报事。今发给兵丁薪酬三十千钱，这里贴子有七千五，到达后交给乌发。兵姜发、杜宝贵已请假，收回其快枪、护衣等，查验、询问，接手其办理差事，查验旗地图后发来，不要耽搁。

又，派王福文去征收民人于德成所欠租九两三钱银，如今还未归来。让他追讨备齐后送达。为此，禀报。

九月初四日，姜发、杜实贵二人挂号信。

九月初三日　呈印务处

087 街局梅林等为送禁卫军等事呈印务处大老爷、梅林等文

腊月十日

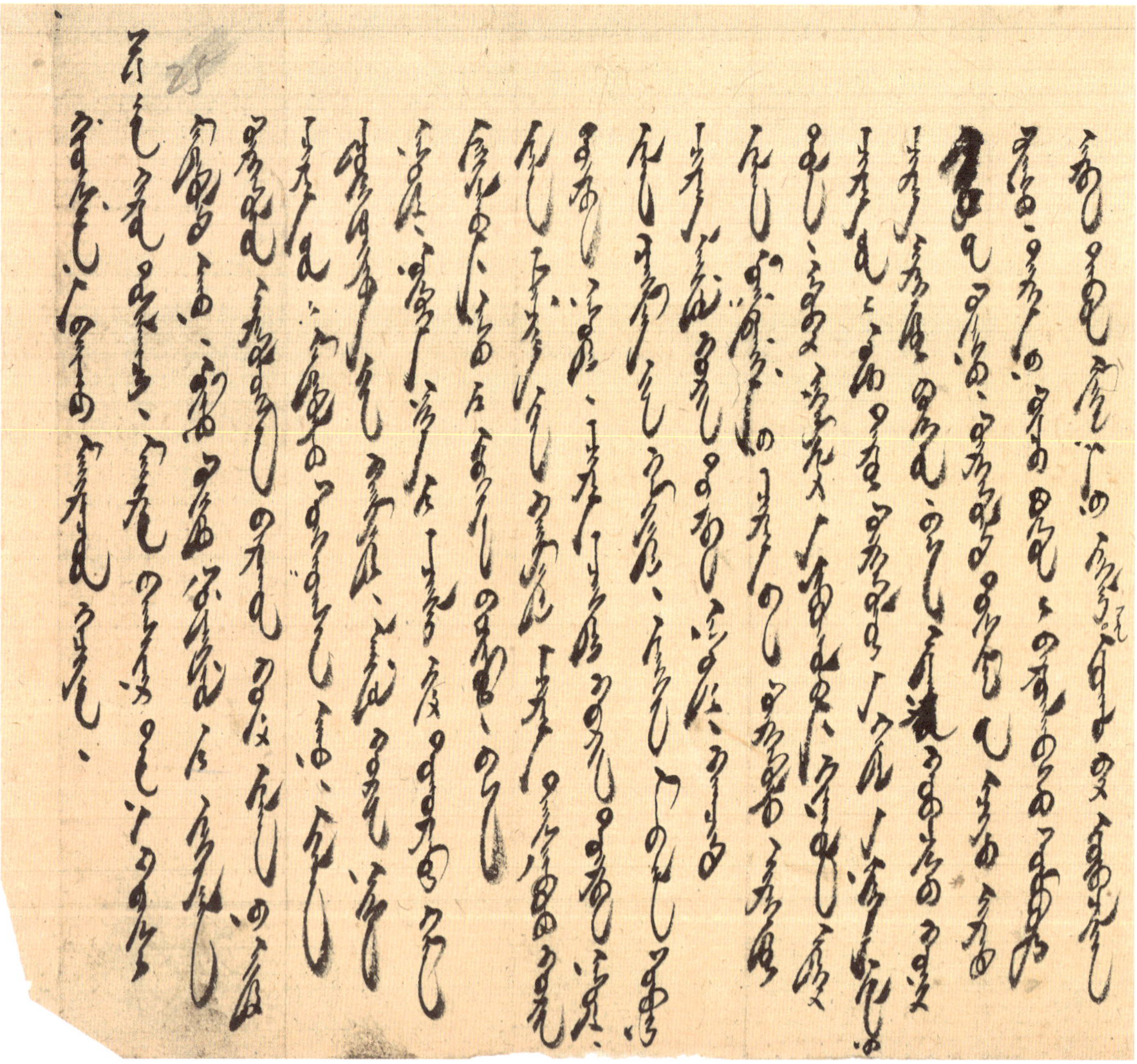

087 街局梅林等为送禁卫军等事呈印务处大老爷、梅林等文

腊月十日

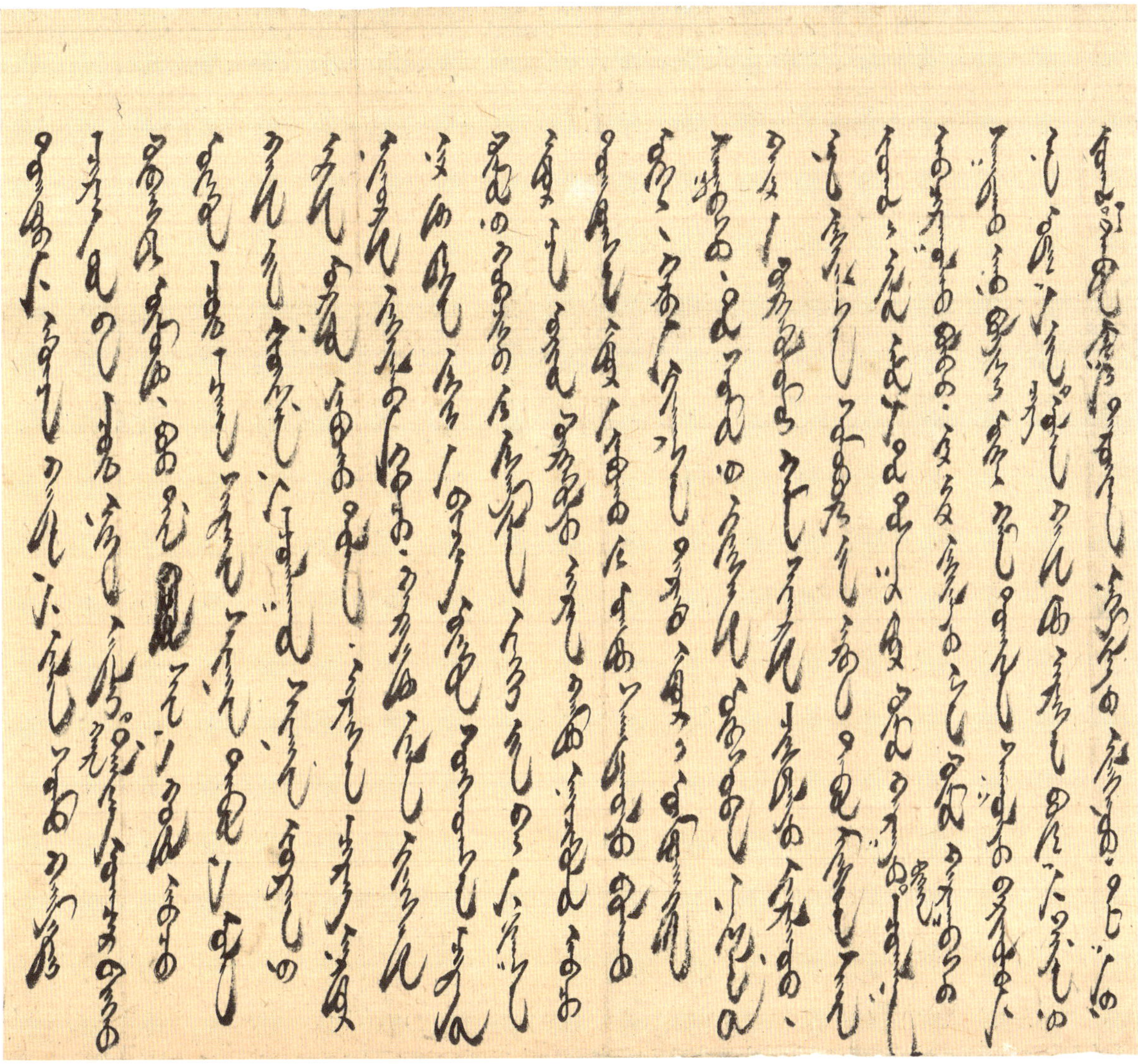

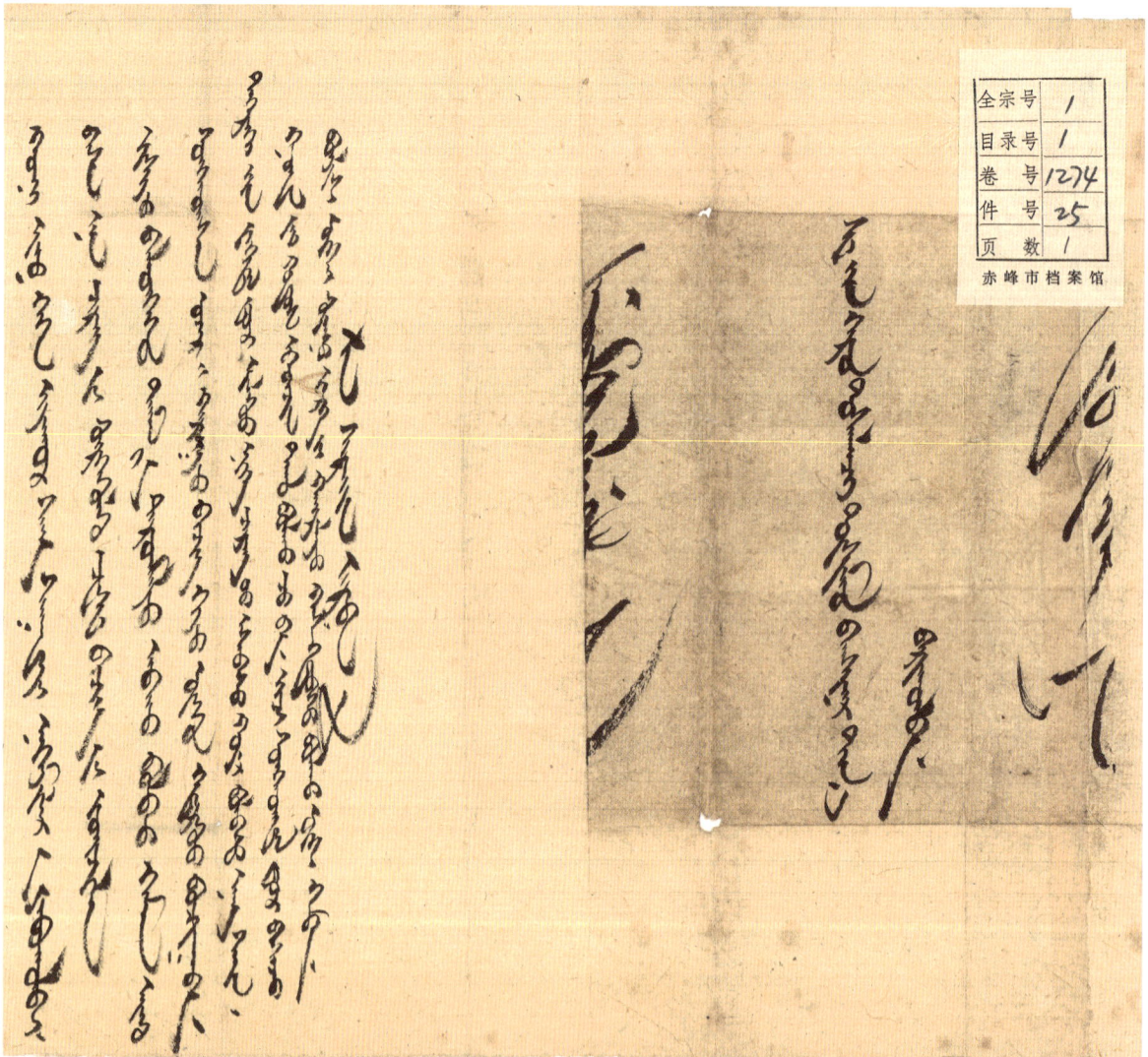

街局梅林等为送禁卫军等事呈印务处大老爷、梅林等文

　　街局梅林等禀报印务处大老爷、梅林等阁下，为呈报事。今收到领催双运所带来西两个札兰所选岁限兵丁情况文。札兰宗堆扎布管辖来福二十一岁，另一个由昌黎负责，登记年龄。又，札兰德庆管辖兵泰山宝二十四岁、兵常迪二十四岁，札兰长命管辖章京马哈巴喇佐领兵来福二十四岁，只有札兰穆格邓格未送到兵丁来，已经追要来。经查，这些兵现在可以立刻送去，可是，有一个札兰兵丁还未到。另，这些兵丁衣服、口粮，送达军官所需来回口粮、车费等估计每佐领应承担市价十五千钱。另，札兰佐领所辖兵丁统一买给黑色马甲、长棉衣、棉裤、薄底新靴子，于正月初五日到乌兰哈达局子集合后初六早出发。已经当面交代已来兵丁。再次，

饬令各札兰章京整理备齐兵丁衣物，章京必须指定日期前来，一同带过去，不能耽搁指定出发日期。如果延误指定日期，严饬该佐领自己送到京城去。本次预定每佐领十五千钱，年前各自派人送到盟长处，只靠通告不派人札饬，也许有延误。为此，特禀报。这次兵丁来乌兰哈达时所用粮食、住店费五千钱，立刻索要来。葛根原仓未按指定时间送来用于开印的羊，派人去追要。又，本次送来的兵丁册子拟写并盖印等事，复文返回。又，上来信中提到选派兵丁时多选一或两名为好，一旦路途患疾病或未能选中等原因时替补用等。赐予口粮，不得减少。

　　　　　　　　　　　腊月十日　呈印务处

088 街局梅林等为备齐派兵丁马匹事呈印务处大老爷、梅林等文

二月二十八日

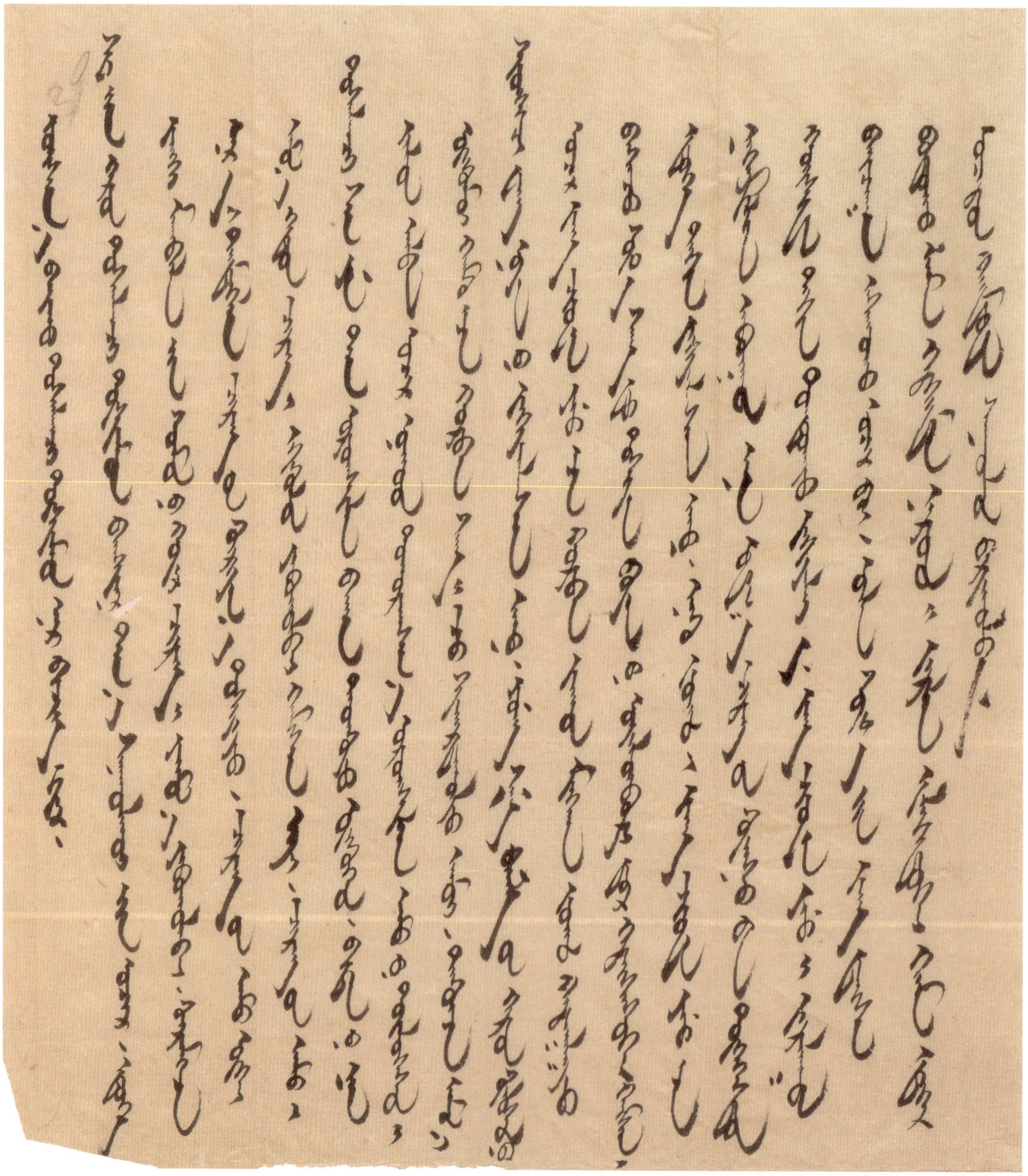

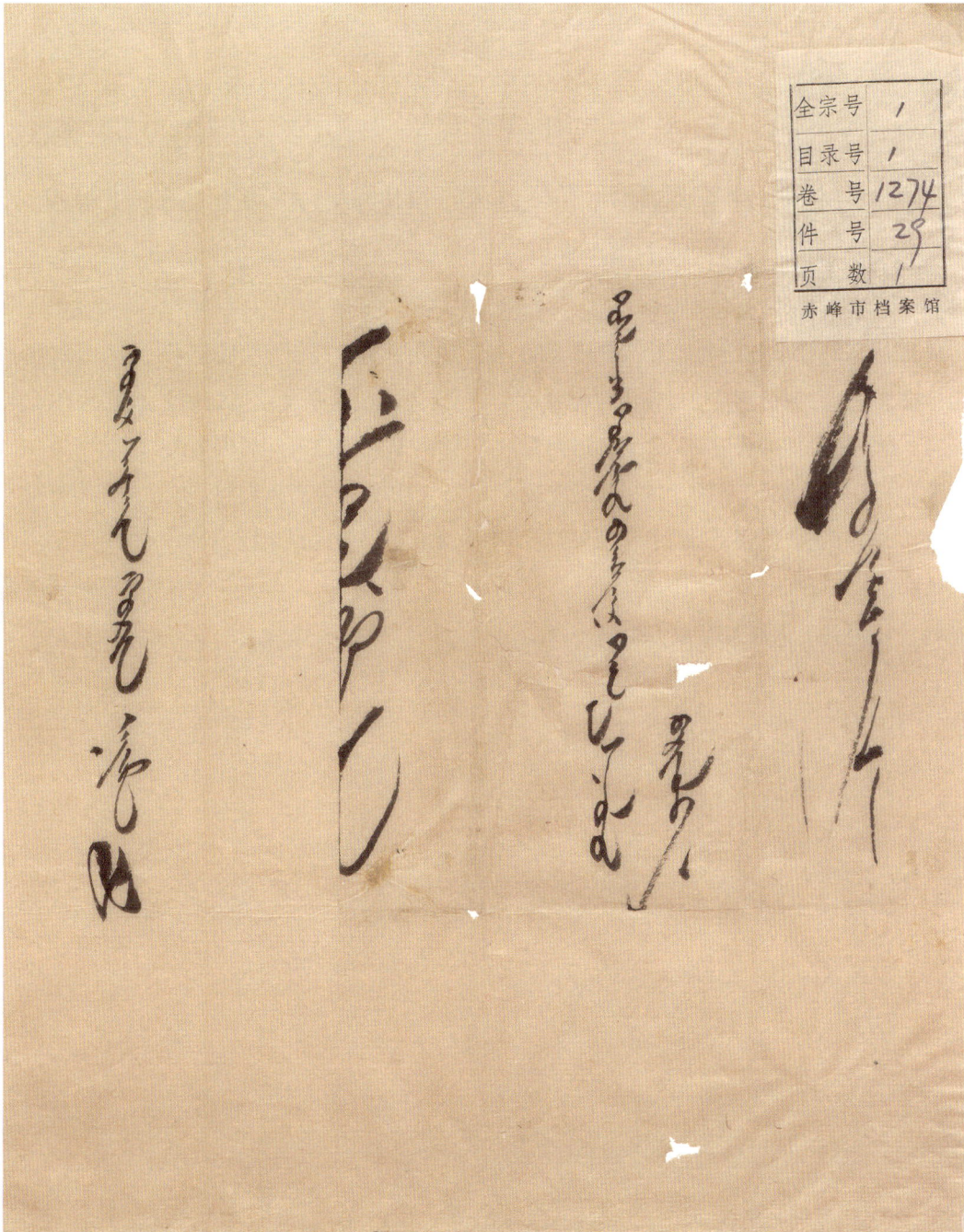

街局梅林等为备齐派兵丁马匹事呈印务处大老爷、梅林等文

街局梅林等呈管印务处大老爷、梅林等阁下，为呈报事。今已派章京马哈巴喇佐领两名兵丁到衙门。到达后，即可登记交给兵营，退回先前去而没有军粮的几名兵丁。协理三爷协助支援部分军粮。等今年公务捋顺完后，补还所欠粮食债事，也催促了三仓。

先前，札萨克王交代永生堂房租事，张全友出三百千钱，交给庙仓当行善功德钱用。今又交代这钱自张全友追讨后发给这次兵丁当口粮用。以后最终确定后再交代。

传张全友有事询问。传饬各庙喇嘛贵人理清账目事。为此，禀报。

二月二十八日　呈协理旗员阁下

089 乌兰哈达协理旗员等为备齐兵丁马匹事呈印务处协理旗员文

六月初七日

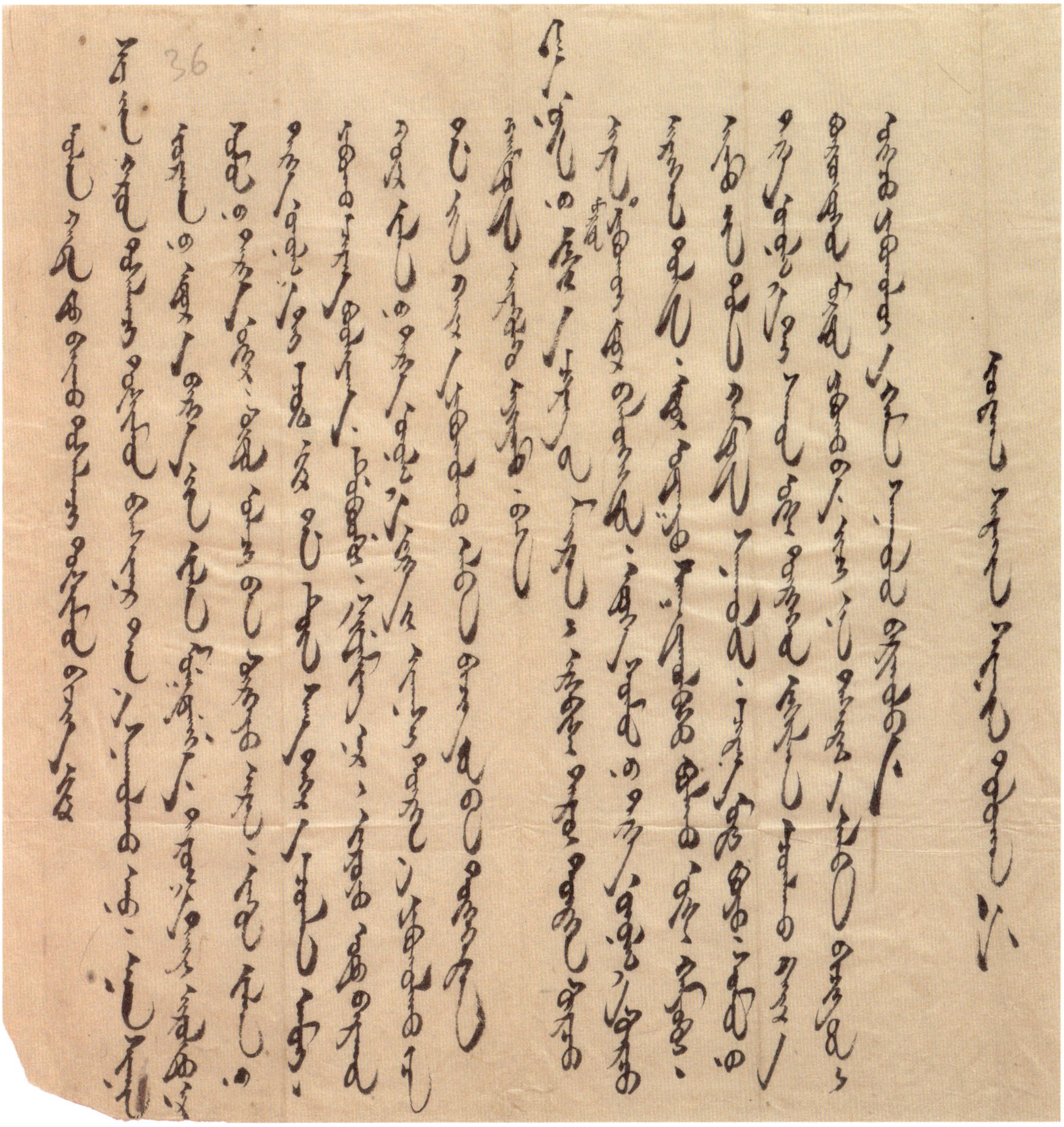

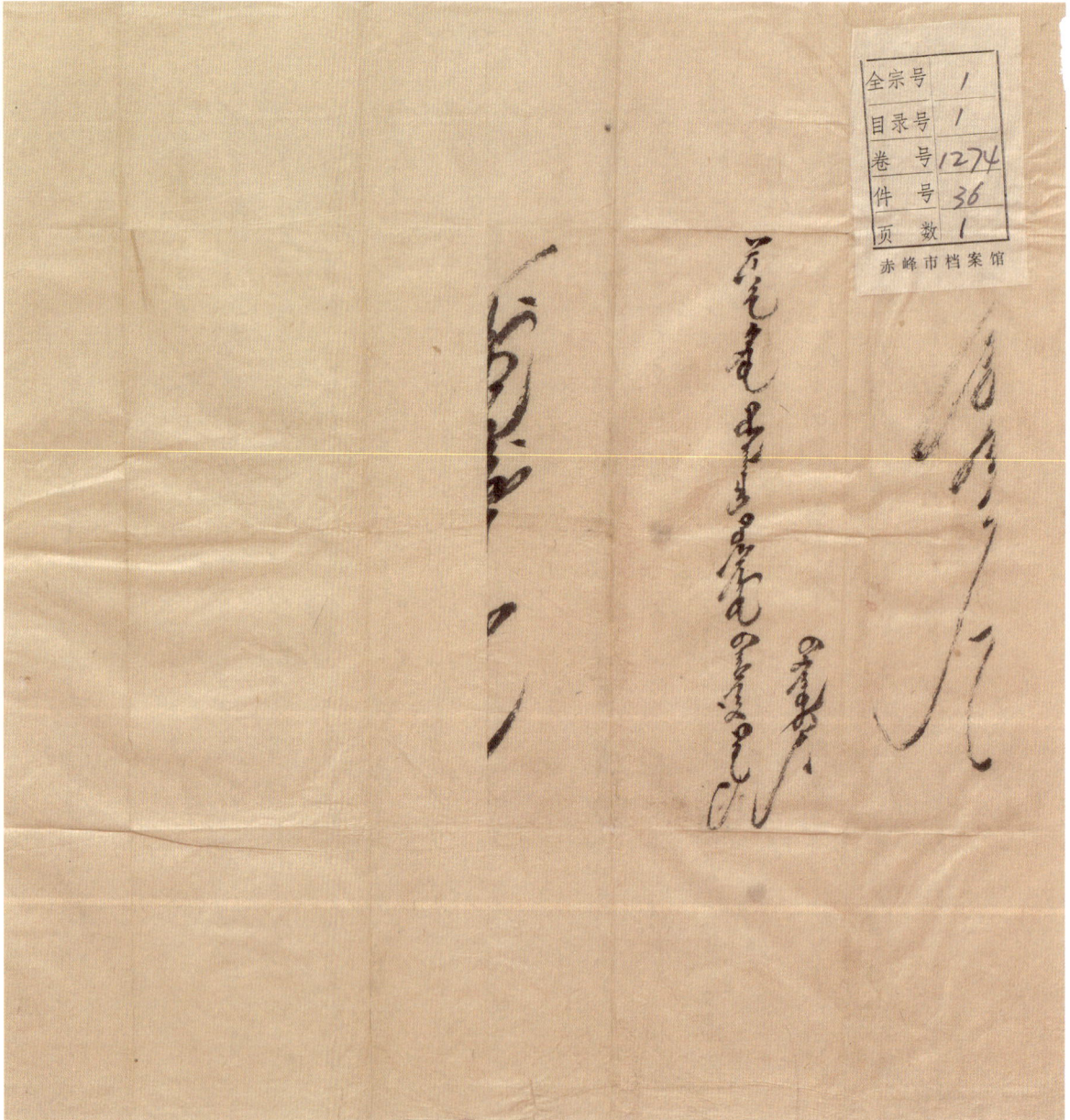

乌兰哈达协理旗员等为备齐兵丁马匹事呈印务处协理旗员文

乌兰哈达（街局）协理旗员等呈印务处协理旗员阁下，为呈报事。今初六日柏尔合札兰穆格邓格、旗员台吉伊如勒图等送来佐领牛车、跟役、乘骑人员等，与左札兰车辆等一同都集合在大屯仓。派兵丁鲍亮、杜宝贵、石文明等前去将右札兰处车辆等往这边赶来，送盟长处文书时一同运过来。

又，王爷令，兵丁梅林必须速到来，以备出发。今佐领车辆等已到达，不能再拖延日期。为此，一同提醒，兵马或佐领车辆等按时到集合地登记出发，趁机将公文等一同交过去。为此，谨呈。

六月初七日　呈印务处协理旗员阁下

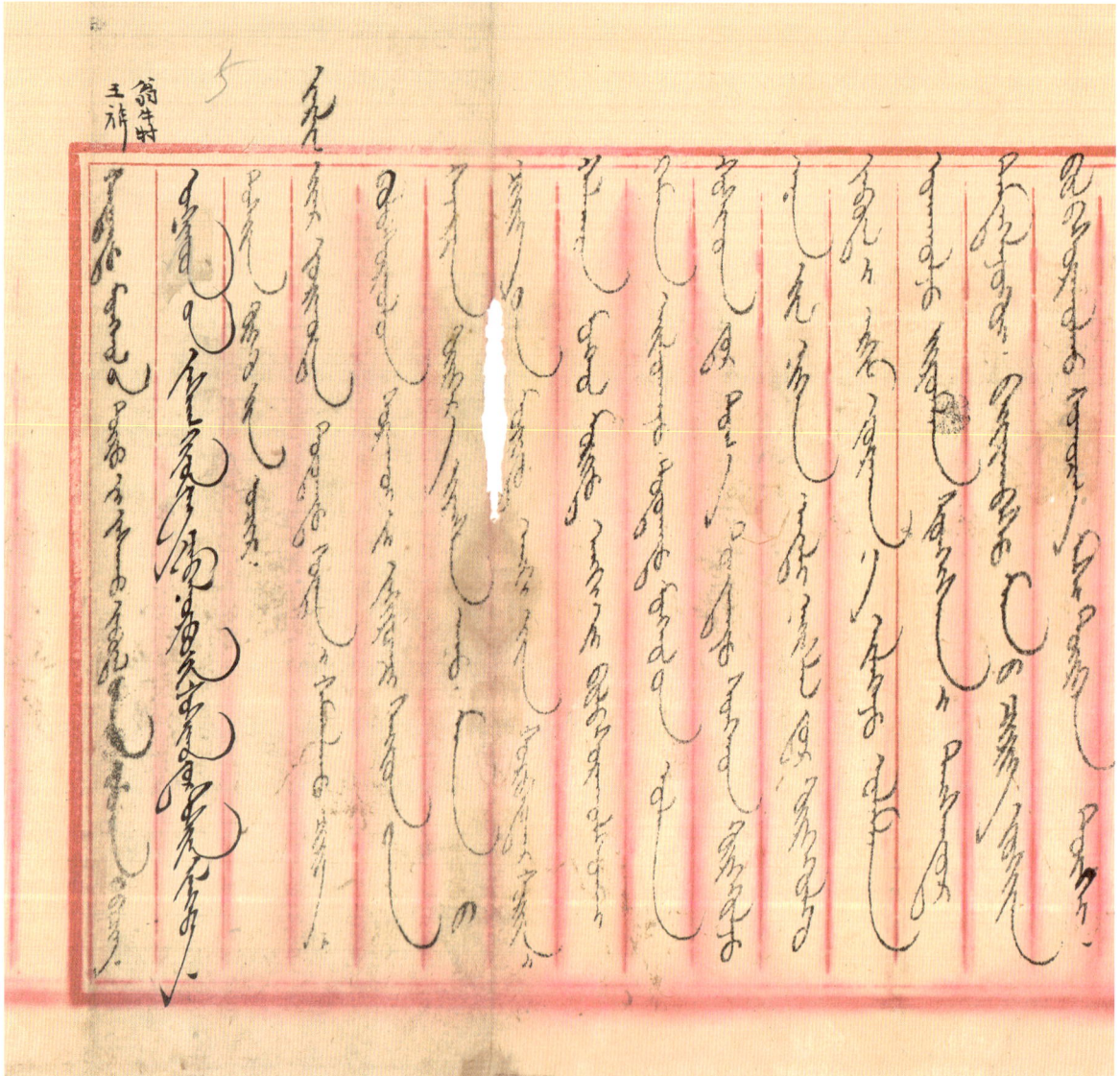

090

理藩部为选送禁卫军冬末月前到达京城事札翁牛特札萨克郡王赞巴勒诺尔布文

宣统二年冬十月二十五日

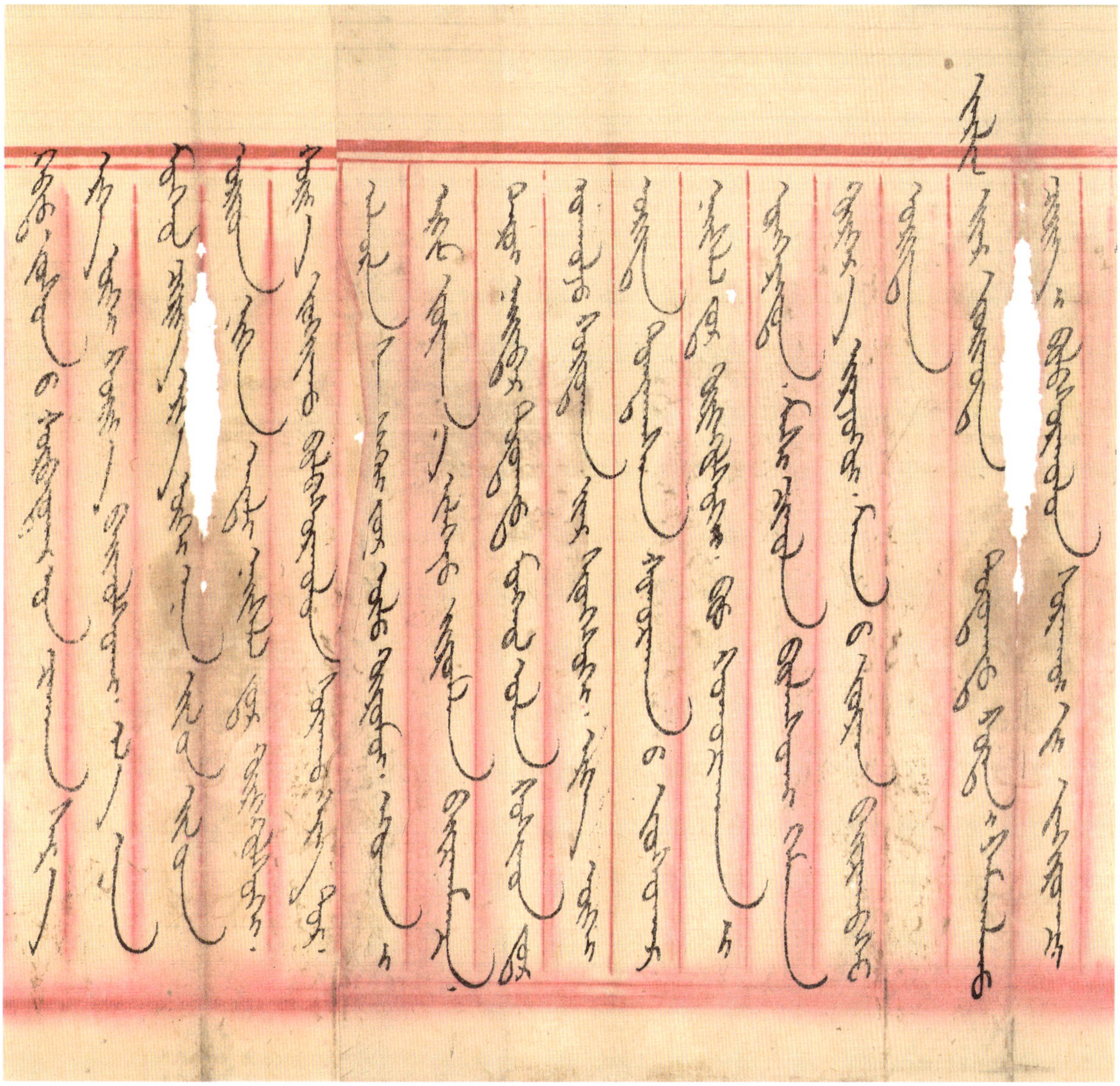

090

理藩部为选送禁卫军冬末月前到达京城事札翁牛特札萨克郡王赞巴勒诺尔布文

宣统二年冬十月二十五日

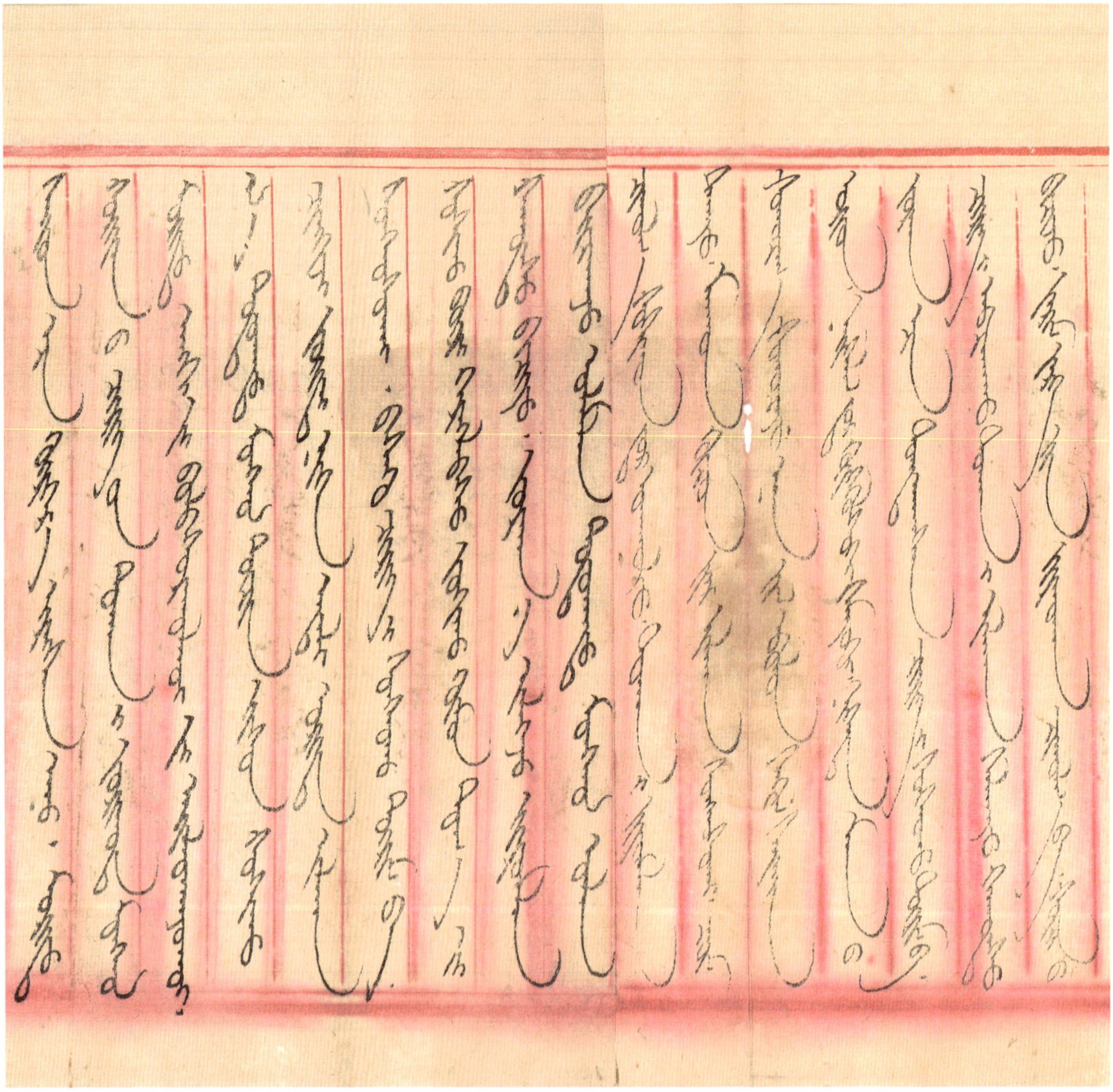

090

理藩部为选送禁卫军冬末月前到达京城事札翁牛特札萨克郡王赞巴勒诺尔布文

宣统二年冬十月二十五日

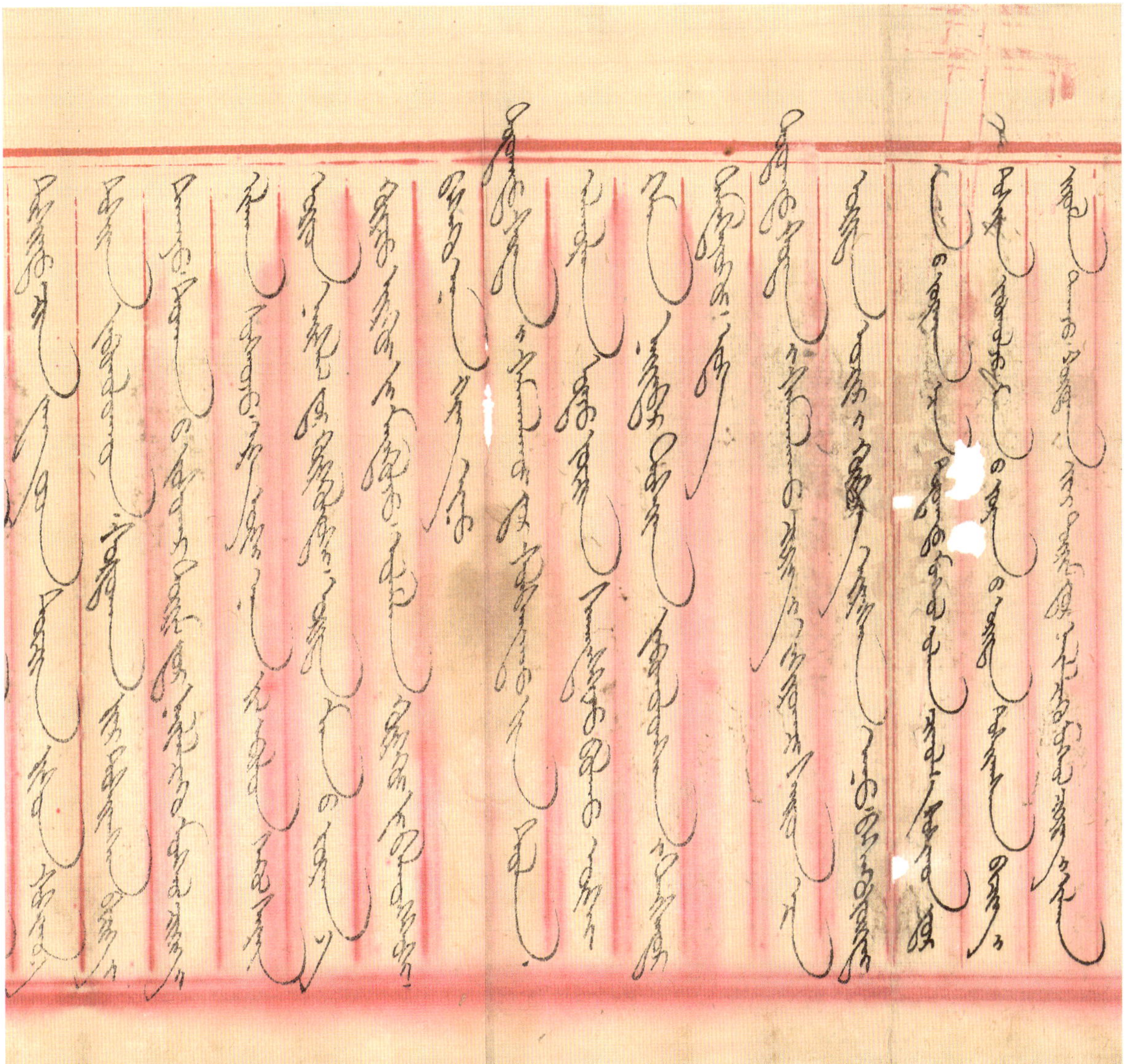

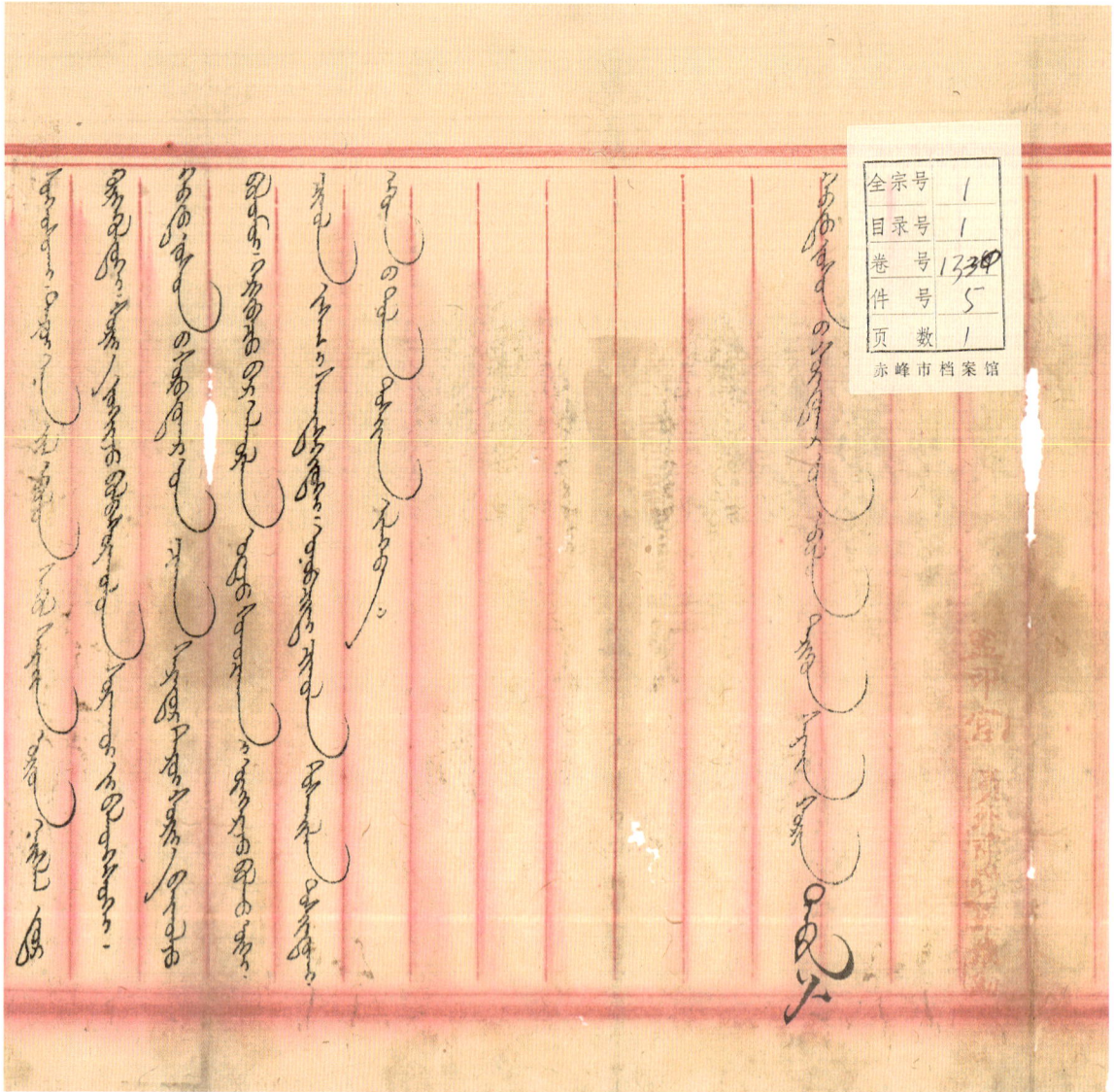

理藩部为选送禁卫军冬末月前到达京城事札翁牛特札萨克郡王赞巴勒诺尔布文

理藩部札翁牛特札萨克郡王赞巴勒诺尔布文，为札付事。钦命专司训练禁卫军大臣咨称，本军马队三营专练蒙古骑兵事奏闻后，内蒙古各旗遵札照数挑选，统限本年送京城一事，咨文贵院转饬事宜，已录在案。

案查，本军组建练兵的期限非常短，宣统三年正月必须建营。各蒙古兵必须今年年底前送京城，不能耽误建营练兵事。为此，咨文贵院，查验后速转饬内蒙古各旗立刻办理，必须照先定时间内送达京城，不能超时间，务必重视。等因，送来。我院案查，钦命专司训练禁卫军大臣咨称，本军马营拟专练蒙古骑兵，所有内蒙古四十九旗自应一律先行挑选，并将选兵规制与每旗应需人数开单咨部查照转饬，内蒙古各盟按照额数认真挑选，统限本年十二月以前送京城。本院定选兵规制与征兵额数分别开单子札行哲里木盟等六盟以及科尔沁土谢图亲王等四十九旗，迅即遵札照数挑选符合规制蒙古兵，务必于本年十二月以前送京，先行到我部报到以备转送事宜，已录在案。此事关涉禁卫军事，不得延误。等因。一同饬付事，记录在案。

今钦命专司训练禁卫军大臣为先前事咨称，本院札饬内蒙古各旗迅即遵札照数挑选符合规制蒙古兵，务必于本年十二月以前送京，以备建营练兵。宣统三年正月可以建兵营，勿得延迟违误，要正确对待，专门札付。为此，札付。

宣统二年冬十月二十五日

091 为选派禁卫军所用经费之清单

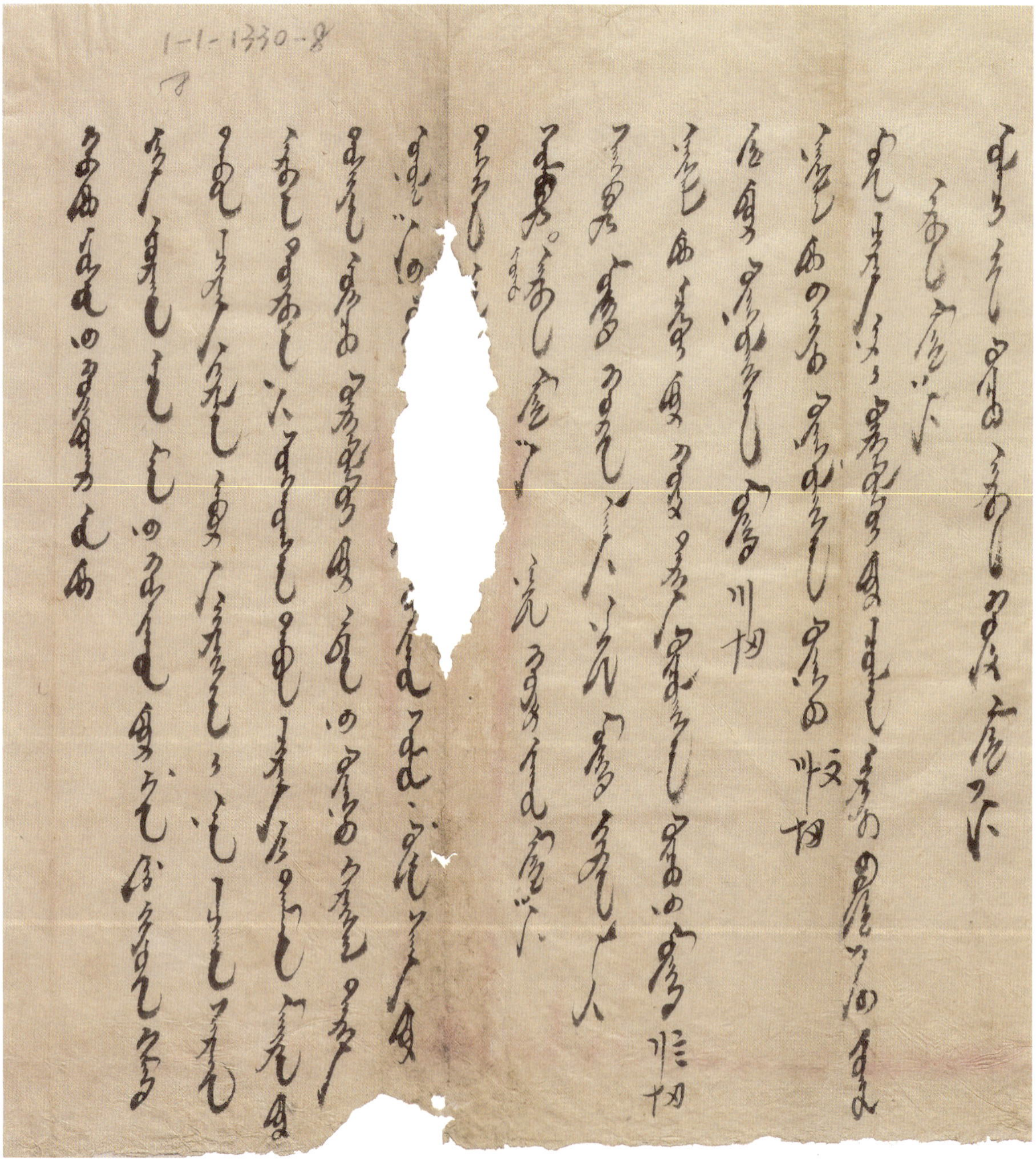
1-1-1330-8

为选派禁卫军所用经费之清单

宣统二年大院札饬征集本旗禁卫军五名，奉饬选出五名兵丁，本正月十五日交给印务处梅林送走，所需口粮、车辆、马匹等费用分摊佐领、官仓如下：

每佐领十千，共两百千；

每仓二十两，共六十两；

去京城租两辆车二十八两；

路途伙食费三十两；

在京城伙食费三十一两九；

送兵丁时集会吃饭钱十千；

乘骑人十二千；

共八十九两九钱。

除三个官仓所交六十两银外，其余二十九两九钱银，向佐领补要，每两三千九，共计一十一千五百五十一。共用钱一十三千八百五十一，结算完后，现有余钱六十一千五百九十，算本年开支里，录入公务账簿，已记录。

ト-ト-1330-1（1）

盟长阿鲁科尔沁札萨克多罗郡王品级加八级军功加四级多罗贝勒为选派禁卫军练兵事札盟务
帮办原盟备兵札萨克兼翁牛特札萨克和硕亲王品级加六级军功加六级多罗郡王赞巴勒诺尔
布、协理二等台吉加二级军功加三级哈青嘎、协理二等台吉朝克图格日勒文

宣统二年十一月七日

盟长阿鲁科尔沁札萨克多罗郡王品级加八级军功加四级多罗贝勒为选派禁卫军练兵事札盟务帮办原盟备兵札萨克兼翁牛特札萨克和硕亲王品级加六级军功加六级多罗郡王赞巴勒诺尔布、协理二等台吉加二级军功加三级哈青嘎、协理二等台吉朝克图格日勒文

宣统二年十一月七日

盟长阿鲁科尔沁札萨克多罗郡王品级加八级军功加四级多罗贝勒为选派禁卫军练兵事札盟务帮办原盟备兵札萨克兼翁牛特札萨克和硕亲王品级加六级军功加六级多罗郡王赞巴勒诺尔布、协理二等台吉加二级军功加三级哈青嘎、协理二等台吉朝克图格日勒文

宣统二年十一月七日

盟长阿鲁科尔沁札萨克多罗郡王品级加八级军功加四级多罗贝勒为选派禁卫军练兵事札盟务帮办原盟备兵札萨克兼翁牛特札萨克和硕亲王品级加六级军功加六级多罗郡王赞巴勒诺尔布、协理二等台吉加二级军功加三级哈青嘎、协理二等台吉朝克图格日勒文

宣统二年十一月七日

1-1-1330-1(2)

473

盟长阿鲁科尔沁札萨克多罗郡王品级加八级军功加四级多罗贝勒为选派禁卫军练兵事札盟务帮办原盟备兵札萨克兼翁牛特札萨克和硕亲王品级加六级军功加六级多罗郡王赞巴勒诺尔布、协理二等台吉加二级军功加三级哈青嘎、协理二等台吉朝克图格日勒文

宣统二年十一月七日

盟长阿鲁科尔沁札萨克多罗郡王品级加八级军功加四级多罗贝勒为选派禁卫军练兵事札盟务
帮办原盟备兵札萨克兼翁牛特札萨克和硕亲王品级加六级军功加六级多罗郡王赞巴勒诺尔
布、协理二等台吉加二级军功加三级哈青嘎、协理二等台吉朝克图格日勒文

宣统二年十一月七日

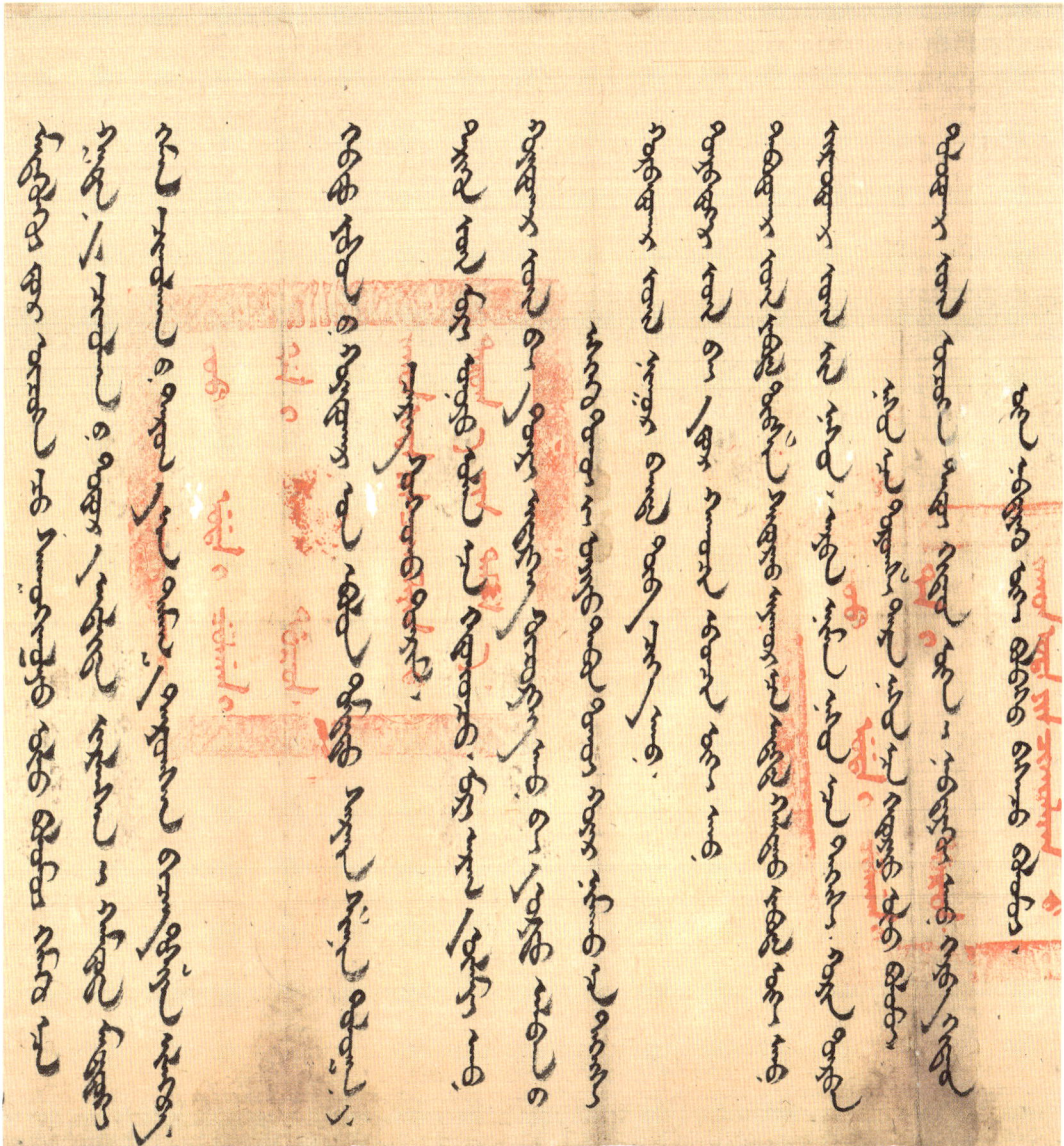

盟长阿鲁科尔沁札萨克多罗郡王品级加八级军功加四级多罗贝勒为选派禁卫军练兵事札盟务
帮办原盟备兵札萨克兼翁牛特札萨克和硕亲王品级加六级军功加六级多罗郡王赞巴勒诺尔
布、协理二等台吉加二级军功加三级哈青嘎、协理二等台吉朝克图格日勒文

宣统二年十一月七日

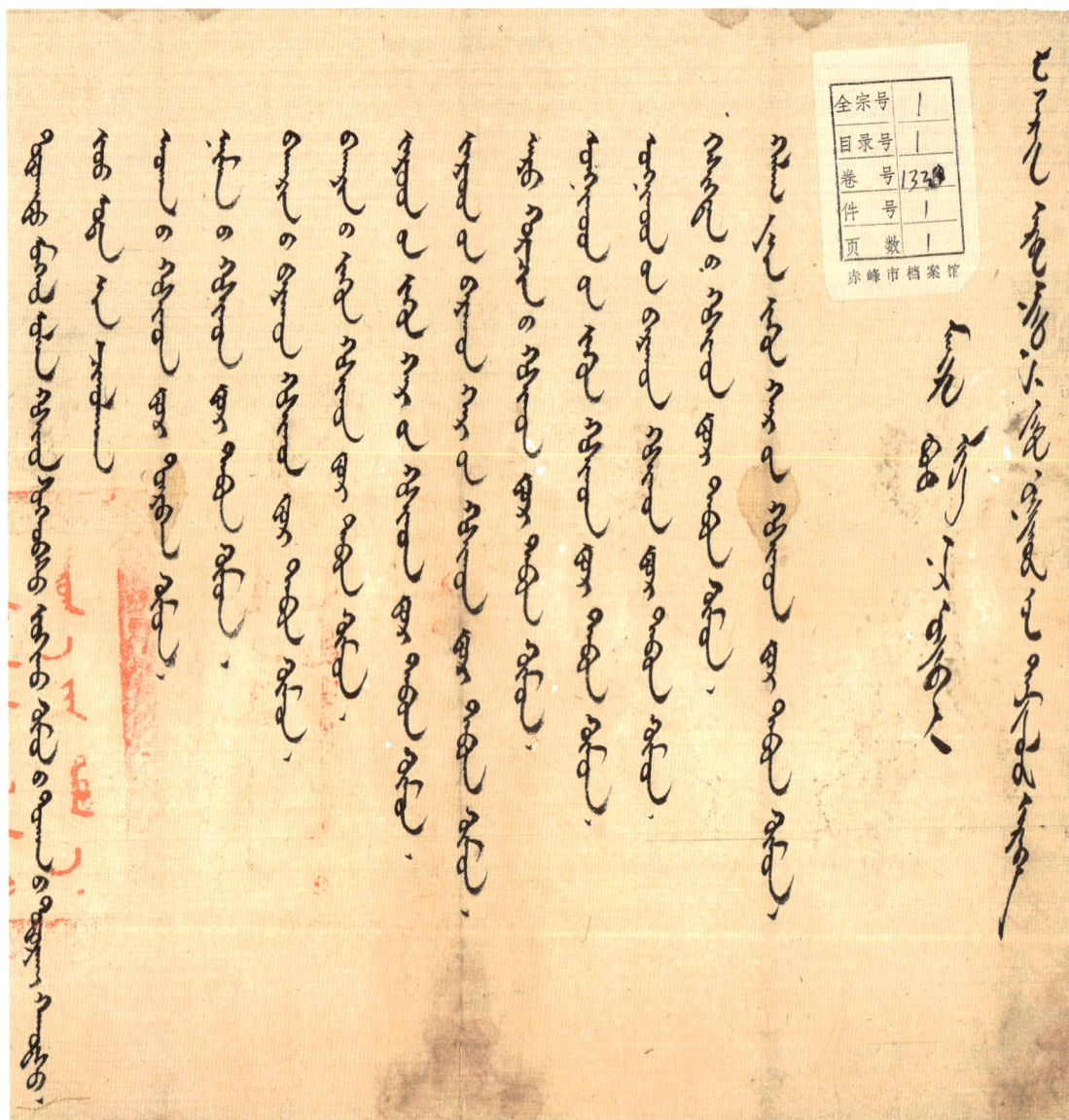

盟长阿鲁科尔沁札萨克多罗郡王品级加八级军功加四级多罗贝勒为选派禁卫军练兵事札盟务帮办原盟备兵札萨克兼翁牛特札萨克和硕亲王品级加六级军功加六级多罗郡王赞巴勒诺尔布、协理二等台吉加二级军功加三级哈青嘎、协理二等台吉朝克图格日勒文

盟长阿鲁科尔沁札萨克多罗郡王品级加八级军功加四级多罗贝勒札盟务帮办原盟备兵札萨克兼翁牛特札萨克和硕亲王品级加六级军功加六级多罗郡王赞巴勒诺尔布、协理二等台吉加二级军功加三级哈青嘎、协理二等台吉朝克图格日勒文,知悉速派送来事。本年十一月六日大院饬文,内开,为札行事。钦命专司训练禁卫军大臣咨称,宣统二年八月二十三日具奏,拟请变通禁卫军挑选步马队兵丁办法一折,本日准军机处交,军机大臣钦奉谕旨:"载涛等奏,拟请变通禁卫军挑选步马队兵丁办法一折,所有第四标拟挑选顺天、直隶、山东等处符合当地规制的步兵及挑选符蒙古规制的骑兵办法,尚属妥善,着依议行,钦此。"恭录谕旨,刷印原奏,咨行到部。查原奏内称蒙古人娴熟骑艺与生俱来,倘能编伍训练,其进步比较迅速。惟本军马队三营现已全数编成,拟酌量在马队一标内选择堪充炮队兵丁,拨出一营补充第四期炮兵,将马营兵额专练蒙古马队,仍定三年退伍,遣送回蒙古,陆续征选,渐及边远。其退伍各兵如有性质聪颖者,并可酌留送入学堂修习,学有成就即可择派官员等语。嗣准。

钦命专司训练禁卫军大臣咨称,本军马营专练蒙古马队系为陶镕蒙古众起见,所有内蒙古四十九旗自应一律先行挑选,并将选兵规制和每旗应需人数开单咨部查照转饬。内蒙古各盟按照额数认真挑选,统限本年十二月以前送京城。往来道途遥远,因此不能再行复选,以示体恤,惟接收时,一经查与所定规制不符,仍当即剔退回旗。希即转饬各蒙古旗,按照本军所拟订规制严加选择,勿得轻视怠慢。等因。前来送达。

为此,钦命专司训练禁卫军大臣所定选兵规制与征兵额数分别开单札行各旗,迅即遵札

盟长阿鲁科尔沁札萨克多罗郡王品级加八级军功加四级多罗贝勒为选派禁卫军练兵事札盟务帮办原盟备兵札萨克兼翁牛特札萨克和硕亲王品级加六级军功加六级多罗郡王赞巴勒诺尔布、协理二等台吉加二级军功加三级哈青嘎、协理二等台吉朝克图格日勒文

宣统二年十一月七日

照数挑选符合规制蒙古兵，于本年十二月以前送京，先行到我部报到，以便转送，此事关涉禁卫军，勿得延迟违误，务必重视。为此，札付。等因。照抄颁行，收到后札萨克、协理等详阅知晓，奉大院饬，选备十八岁以上二十四岁以内、品行忠厚、素无犯过、身高健硕、无宿病、骑艺出众、通汉语与否无碍、五官端正者五名，于本年十二月以前派一名较大官员，呈报印文一同送到大部以备转送钦命专司训练禁卫军大臣。等因。

此等非普通公务，事关钦命专司训练禁卫军，勿得延迟违误、犯事获刑。此外，该旗遵札照数挑选限岁兵年龄、名称，何月何日交给何名官员送大院一事，一一抄出，于本年十二月一日前造印文报到盟长我府以便汇总转送。勿得稍涉迁就。等因。另，盟内一同札饬事，知悉事由，造札萨克印文札付。

宣统二年十一月七日

选兵规制

第一，骑艺出众，马术卓越。

第二，体格雄健，身长限官裁尺五尺二寸以上。

第三，五官端正。

第四，身无宿病。

第五，品行忠厚，素无犯过。

第六，岁限十八岁以上二十四岁以内，不准逾限。

第七，可稍通汉语者，若不通汉语亦可。

内蒙古各旗应挑选人数清单

昭乌达盟

敖汉旗四人

奈曼旗五人

巴林右旗五人

巴林左旗五人

扎鲁特左翼旗五人

扎鲁特右翼旗五人

阿鲁科尔沁旗五人

翁牛特左旗五人

翁牛特右旗五人

克什克腾旗五人

喀尔喀左翼旗五人

腊月十一日，左翁牛特转来。

梅林鲍亮等阅。

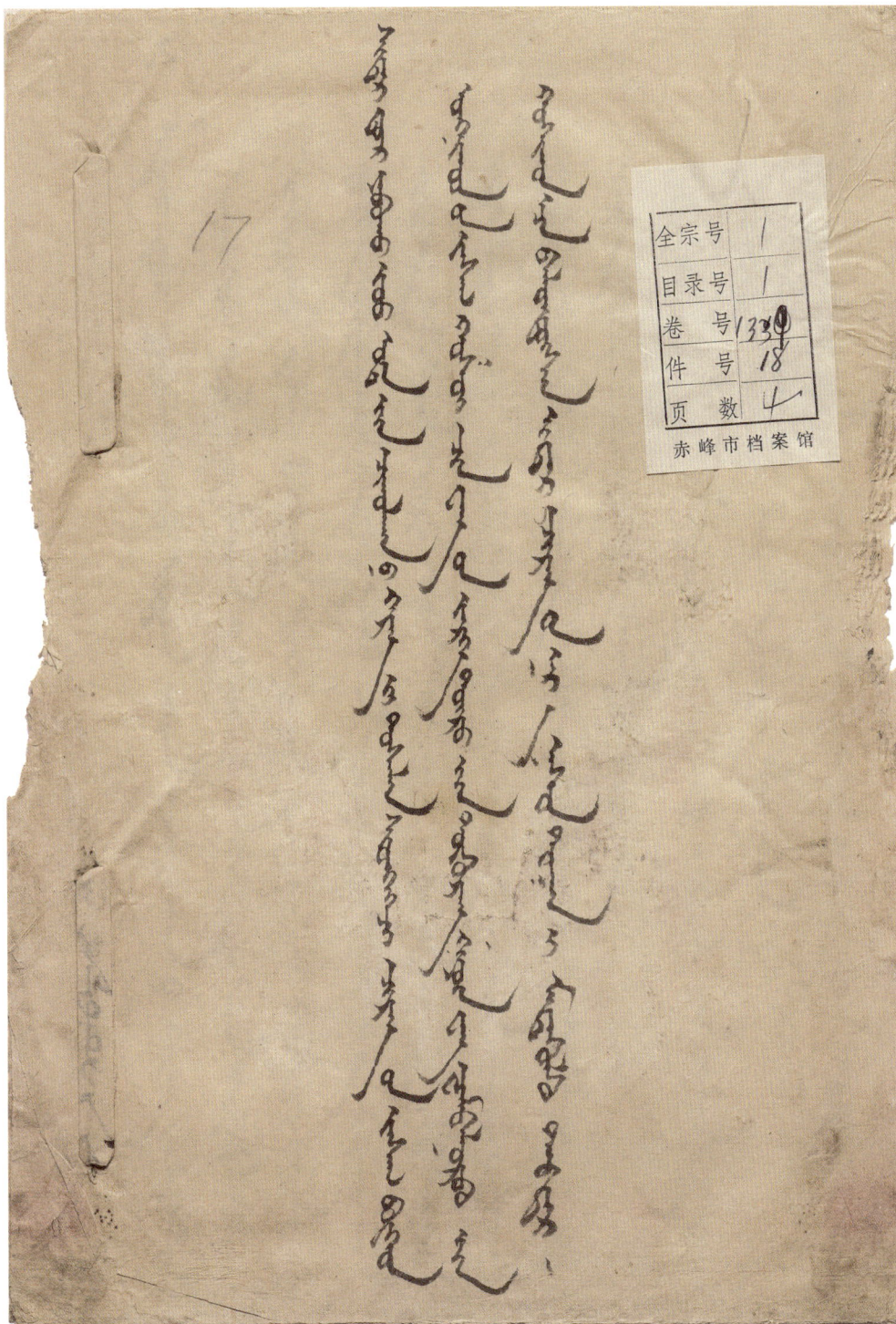

093

御前行走昭乌达盟务帮办原盟备兵札萨克兼翁牛特札萨克和硕亲王品级加六级军功加六级多罗杜棱郡王赞巴勒诺尔布旗已挑选兵丁姓名、年龄呈册

宣统二年冬十二月十九日

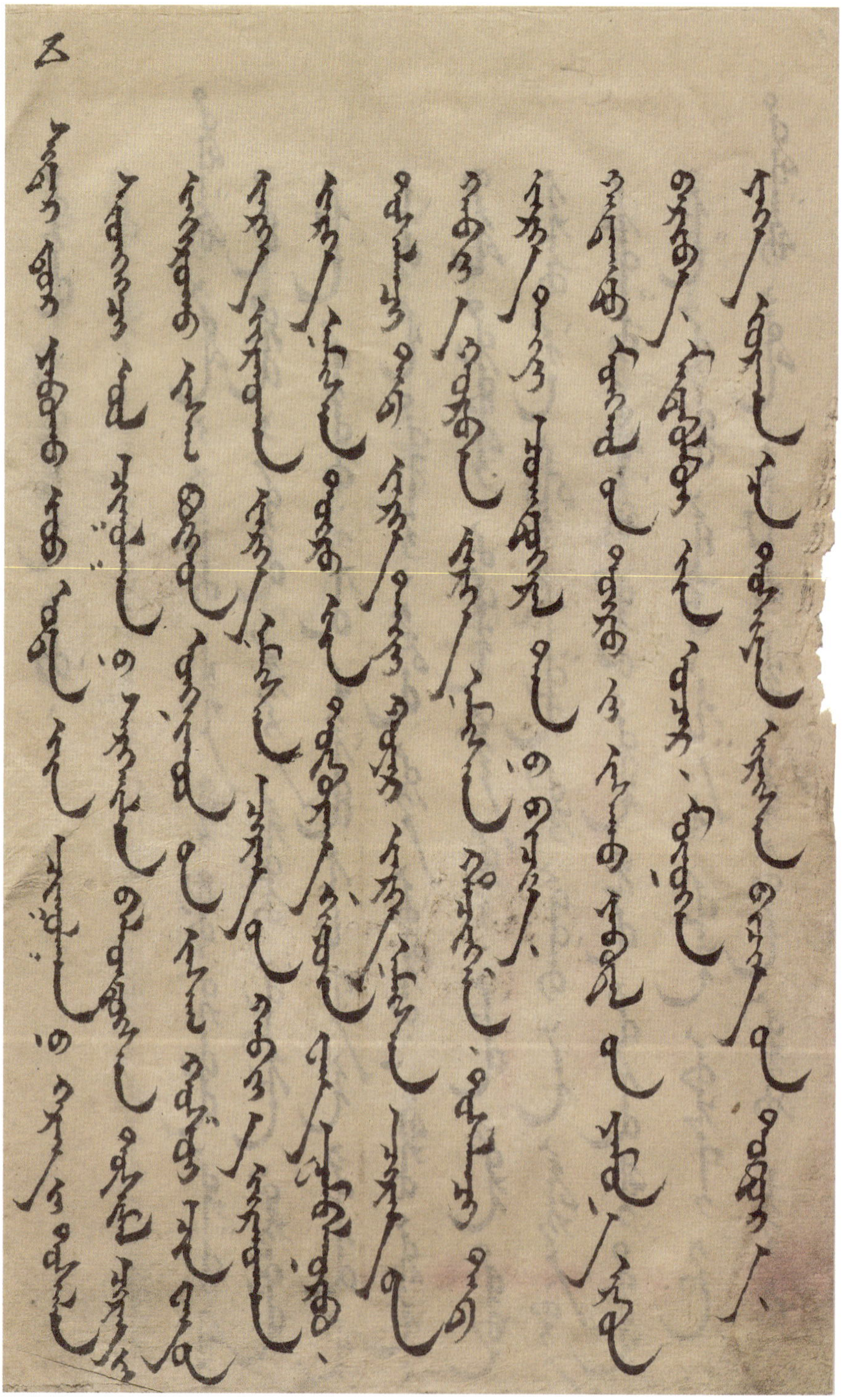

093

御前行走昭乌达盟务帮办原盟备兵札萨克兼翁牛特札萨克和硕亲王品级加六级军功加六级多罗杜棱郡王赞巴勒诺尔布旗已挑选兵丁姓名、年龄呈册

宣统二年冬十二月十九日

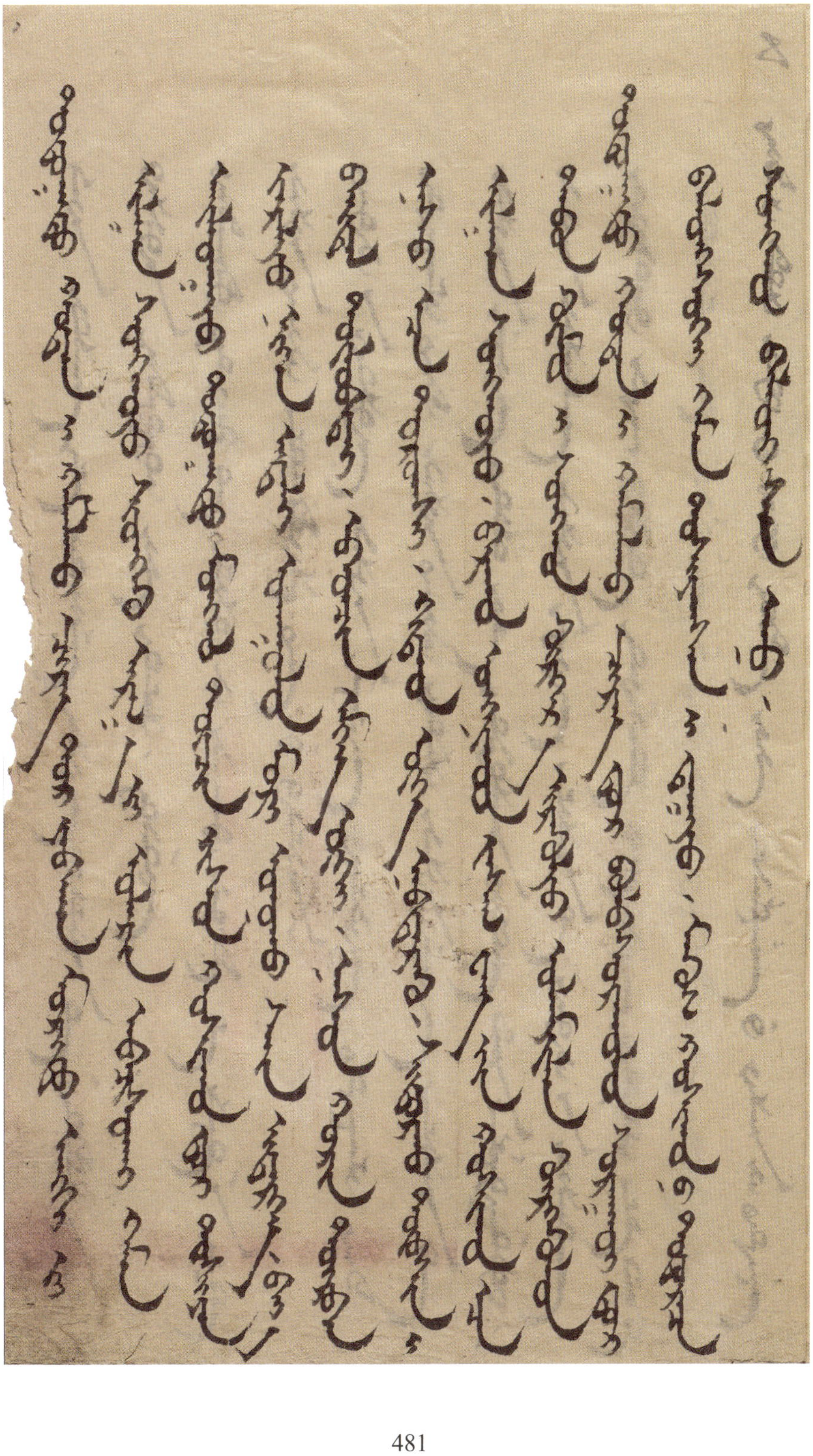

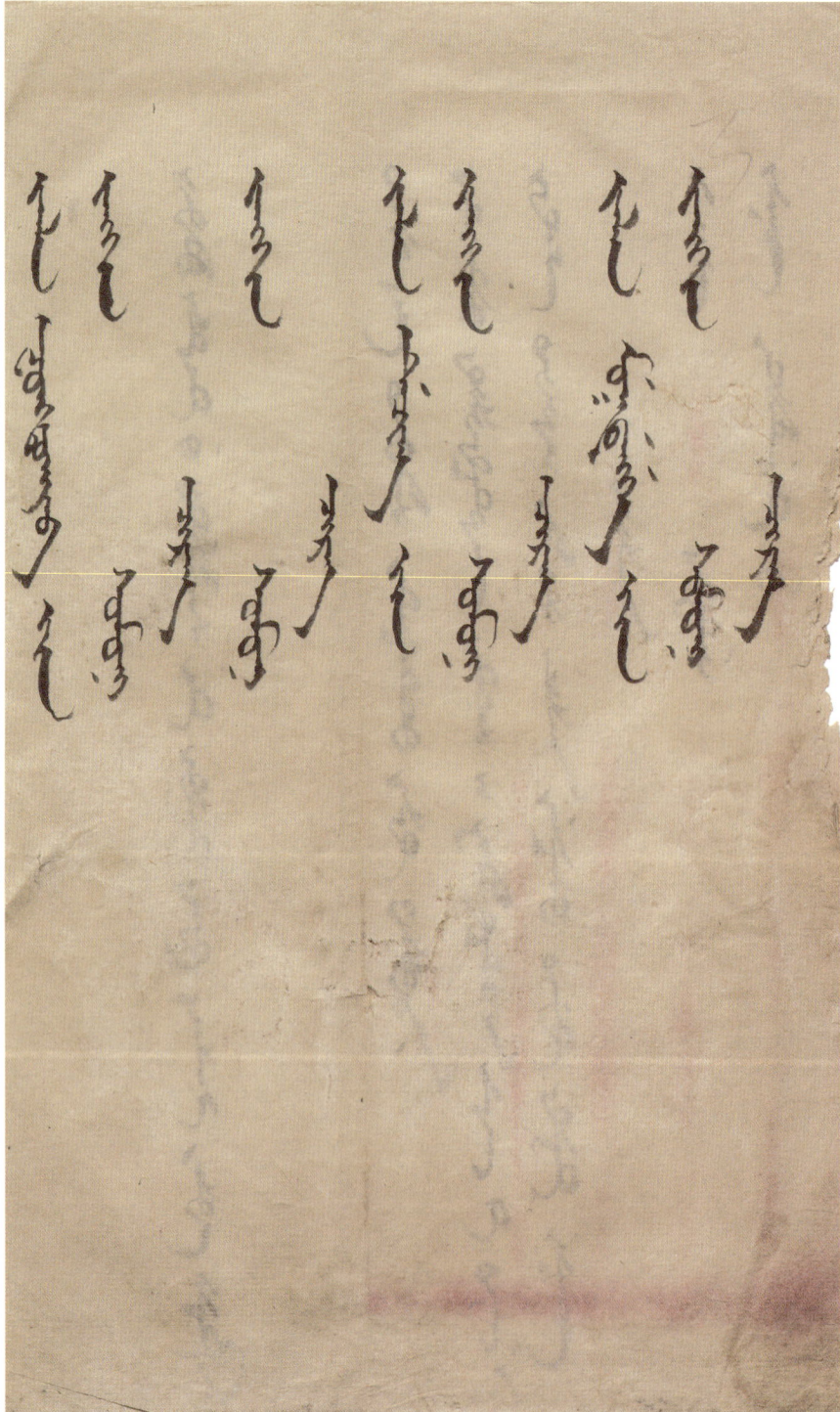

093

御前行走昭乌达盟务帮办原盟备兵札萨克兼翁牛特札萨克和硕亲王品级加六级军功加六级多罗杜棱郡王赞巴勒诺尔布旗已挑选兵丁姓名、年龄呈册

宣统二年冬十二月十九日

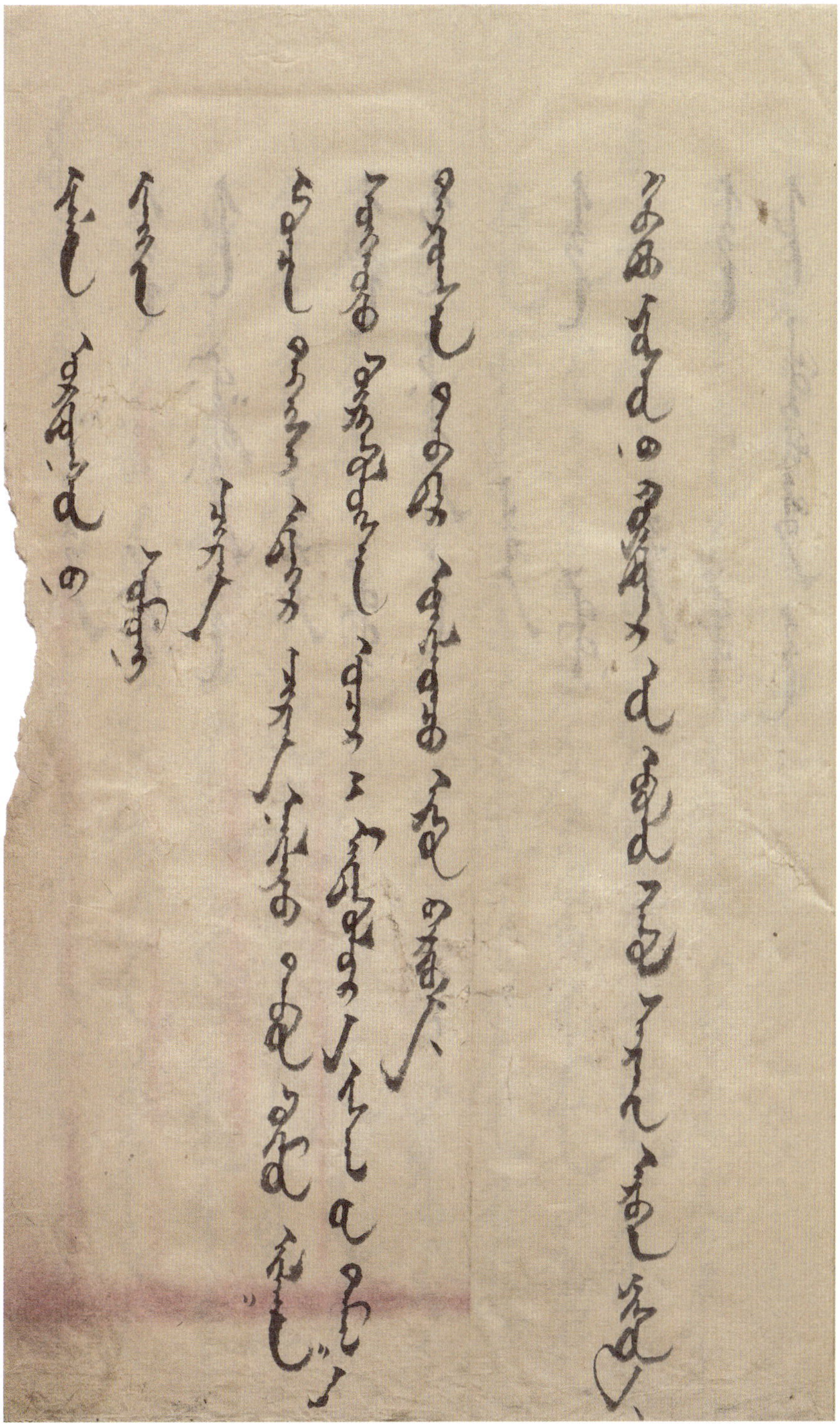

御前行走昭乌达盟务帮办原盟备兵札萨克兼翁牛特札萨克和硕亲王品级加六级军功加六级多罗杜棱郡王赞巴勒诺尔布旗已挑选兵丁姓名、年龄呈册

御前行走昭乌达盟务帮办原盟备兵札萨克兼翁牛特札萨克和硕亲王品级加六级军功加六级多罗杜棱郡王赞巴勒诺尔布、协理二等台吉加二级加军功加三级哈青嘎、协理二等台吉朝克图格日勒文，呈理藩部，为呈报事。今大院来饬，内开，变通禁卫军挑选步骑兵办法，一同札饬内蒙古四十九旗，挑选骑艺出众、体格雄健、五官端正、身无宿病、二十四岁以下、稍通汉语者、品行忠厚人员。翁牛特右旗挑选五名人员送到部，以备转送禁卫军。等因。

奉旨，我旗内挑选人员有：

札兰宗堆扎布章京　佐领　兵

□章京　佐领　兵

札兰德庆章京　佐领　兵

札兰穆格邓格章京　佐领　兵

札兰乌日图纳逊章京　佐领　兵

以上总共挑选五名人员呈报事，造札萨克印文呈上。

宣统二年冬十二月十九日

484

盟长阿鲁科尔沁札萨克郡王品级加八级军功加四级多罗贝勒为核查旗内王、贝勒、台吉兵丁人数并备齐军需物品事札盟务帮办原盟备兵札萨克兼翁牛特札萨克和硕亲王品级加六级军功加六级多罗杜棱郡王赞巴勒诺尔布、协理二等台吉加二级军功加三级哈青嘎、协理二等台吉朝克图格日勒文

宣统三年春三月三十日

盟长阿鲁科尔沁札萨克郡王品级加八级军功加四级多罗贝勒为核查旗内王、贝勒、台吉兵丁人数并备齐军需物品事札盟务帮办原盟备兵札萨克兼翁牛特札萨克和硕亲王品级加六级军功加六级多罗杜棱郡王赞巴勒诺尔布、协理二等台吉加二级军功加三级哈青嘎、协理二等台吉朝克图格日勒文

宣统三年春三月三十日

盟长阿鲁科尔沁札萨克郡王品级加八级军功加四级多罗贝勒为核查旗内王、贝勒、台吉兵丁人数并备齐军需物品事札盟务帮办原盟备兵札萨克兼翁牛特札萨克和硕亲王品级加六级军功加六级多罗杜棱郡王赞巴勒诺尔布、协理二等台吉加二级军功加三级哈青嘎、协理二等台吉朝克图格日勒文

宣统三年春三月三十日

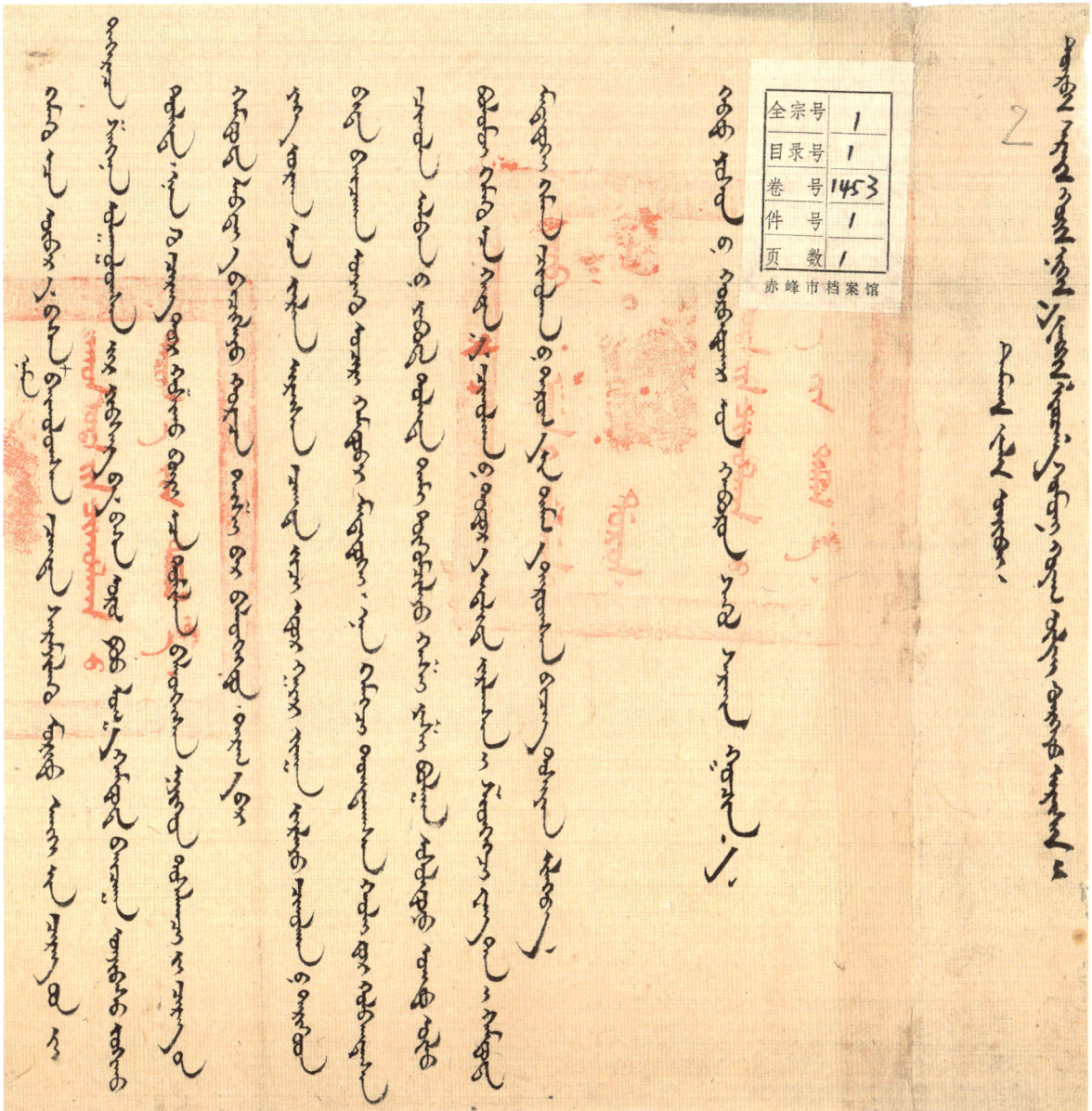

盟长阿鲁科尔沁札萨克郡王品级加八级军功加四级多罗贝勒为核查旗内王、贝勒、台吉兵丁
人数并备齐军需物品事札盟务帮办原盟备兵札萨克兼翁牛特札萨克和硕亲王品级加六级军功
加六级多罗杜棱郡王赞巴勒诺尔布、协理二等台吉加二级军功加三级哈青嘎、协理二等台吉
朝克图格日勒文

094

宣统三年春三月三十日

盟长阿鲁科尔沁札萨克郡王品级加八级军功加四级多罗
贝勒为核查旗内王、贝勒、台吉兵丁人数并备齐军需物
品事札盟务帮办原盟备兵札萨克兼翁牛特札萨克和硕亲
王品级加六级军功加六级多罗杜棱郡王赞巴勒诺尔布、
协理二等台吉加二级军功加三级哈青嘎、协理二等台吉
朝克图格日勒文

盟长阿鲁科尔沁札萨克郡王品级加八级军功加四级多罗贝勒札盟务帮办原盟备兵札萨克兼翁牛特札萨克和硕亲王品级加六级军功加六级多罗杜棱郡王赞巴勒诺尔布、协理二等台吉加二级军功加三级哈青嘎、协理二等台吉朝克图格日勒文，为备齐札行事。案查，今年为会盟比丁及查核防秋兵丁、台吉、披甲、军马、武器之年。为此，札付。接饬后，札萨克、协理等亲自领会饬文内容，对该旗内王、贝勒、贝子、公、协理台吉、额驸有多少，一等、二等、三等、四等台吉有多少，他们随丁多少、披甲多少，到十八岁袭台吉职人有谁、第几子、几岁、属什么、什么名，因军功获取职位、顶戴者有几个等，逐一查核。所备披甲数额不能少于原设数目。每个佐领照原设额足额备齐台吉官兵、笔帖式、通信兵、跟役、护军、木匠、铁匠、医师、骟马、帽子、绵子坐垫、箭筒、弓、

箭、箭头、刀、枪、火枪、火药、药桶、护裙、箭套、镐把、铁锹及帐篷、锅、火撑子、衣着、车辆、牛、口粮等一切物品。案查，一直以来，本盟十一旗内设置防秋兵丁三名协理，两名管带，台吉若干，梅林、札兰、章京、骁骑校等职员，统计上报。今照旧例统计该旗为备兵所派出协理台吉、旗员等数额，查清其称呼、职务等，选优备齐军用物品。另，新增设军警骑兵所用上赐给的武器、俄罗斯火枪等应一同查核。为此，所派出每旗协理与兵丁一同登记备齐，等理藩部札付时，定日期、地点，与诸位盟长一同查核。为此，札行。这事关系到法定差事，不能简化、敷衍。盟内一同札行一事，盟务帮办王为知悉事由，造盟长印文札付。

宣统三年春三月三十日

四月二十一日，章京刘成佐领披甲乌力吉送来。

印务札兰阅。

095

札萨克王印务处为备齐会盟比丁所需物品银两事札三仓札兰、章京、笔帖式文

八月十九日

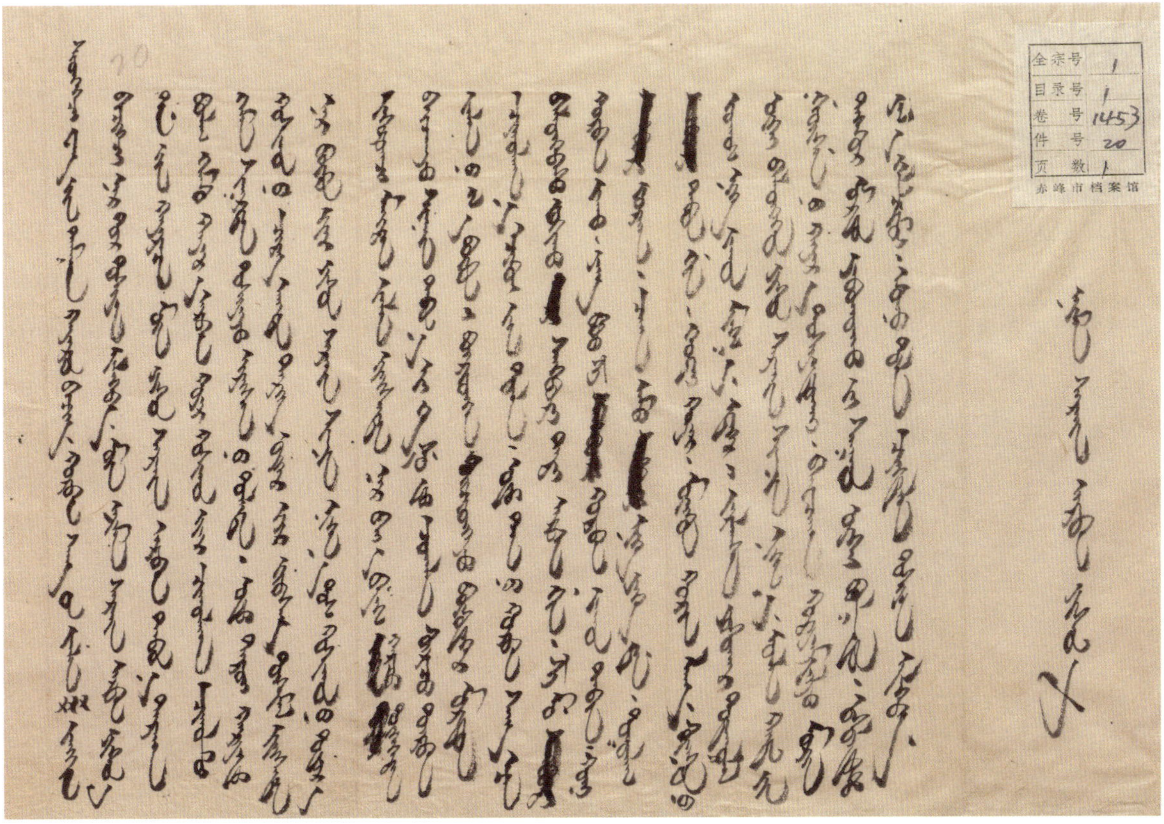

全宗号	1
目录号	1
卷　号	1453
件　号	20
页　数	1

赤峰市档案馆

札萨克王印务处为备齐会盟比丁所需物品银两事札三仓
札兰、章京、笔帖式文

札萨克王印务处札三仓札兰、章京、笔帖式文。八月十九日，盟长处来札文，定今九月十五日在达尔汉宝力格地方进行十一旗会盟。

今该旗军马、车辆、牛、器械、官员、员弁等，全部于九月一日由管旗梅林、札兰、员弁等亲自查看，初五日到伊和硕集合，经四札兰点交，一同前往会盟地。

为此，贵三仓应备物品：每仓火药十斤、子母炮三百、洋炮子三百五十、羊六只、粮食一石、铅五斤、货袋两个、银二十两、口粮钱一百千等。按札付数目备齐，于九月初一到乌兰哈达局子交付，不能耽搁，查收后马上通知执行，延误则问罪。为此，札付。

八月十九日

盟长阿鲁科尔沁札萨克郡王品级加八级军功加四级多罗贝勒为查看防秋兵丁事札盟务帮办原
盟备兵札萨克兼翁牛特札萨克和硕亲王品级加六级军功加六级多罗杜棱郡王赞巴勒诺尔布、
协理二等台吉加二级军功加三级哈青嘎、协理二等台吉朝克图格日勒文

宣统三年秋七月二十九日

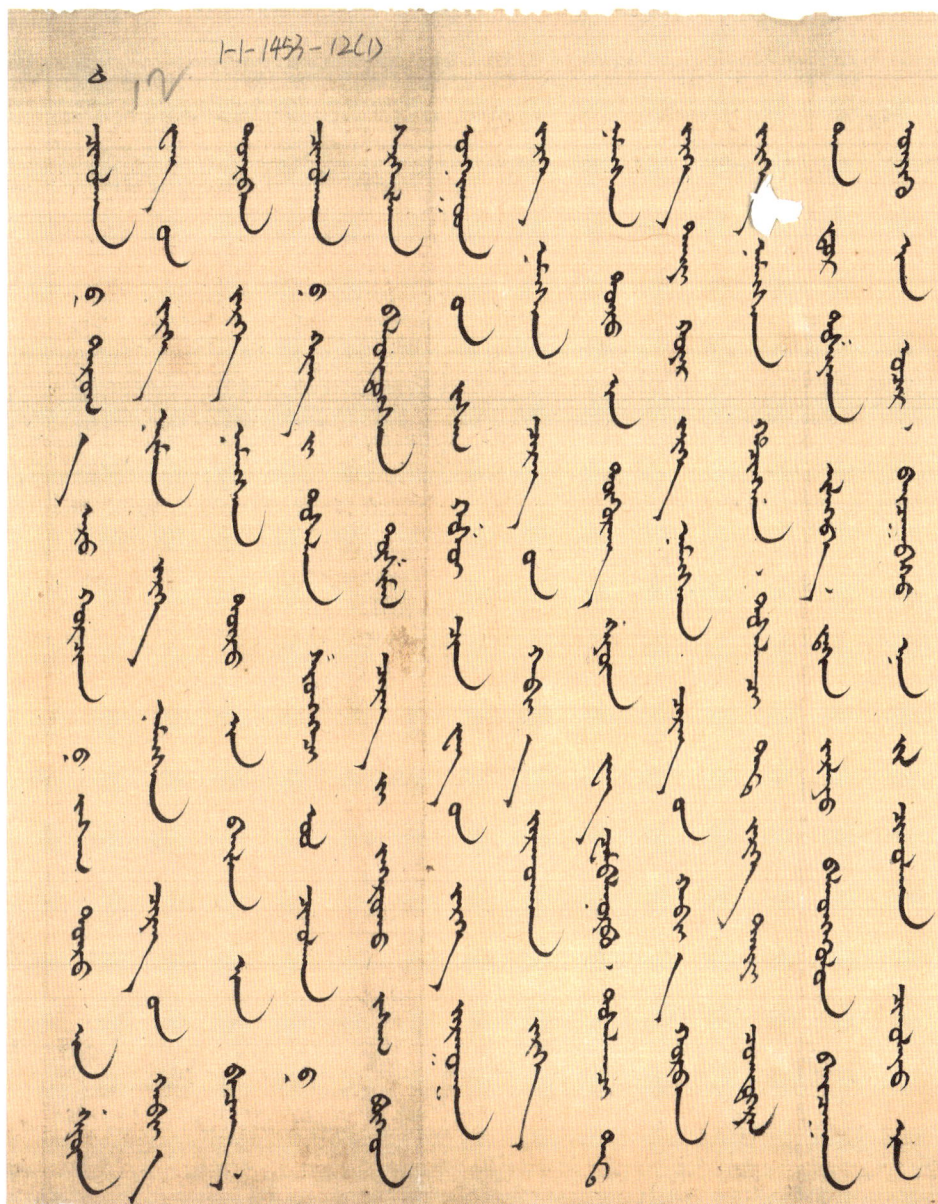

盟长阿鲁科尔沁札萨克郡王品级加八级军功加四级多罗贝勒为查看防秋兵丁事札盟务帮办原
盟备兵札萨克兼翁牛特札萨克和硕亲王品级加六级军功加六级多罗杜棱郡王赞巴勒诺尔布、
协理二等台吉加二级军功加三级哈青嘎、协理二等台吉朝克图格日勒文

宣统三年秋七月二十九日

盟长阿鲁科尔沁札萨克郡王品级加八级军功加四级多罗贝勒为查看防秋兵丁事札盟务帮办原
盟备兵札萨克兼翁牛特札萨克和硕亲王品级加六级军功加六级多罗杜棱郡王赞巴勒诺尔布、
协理二等台吉加二级军功加三级哈青嘎、协理二等台吉朝克图格日勒文

宣统三年秋七月二十九日

盟长阿鲁科尔沁札萨克郡王品级加八级军功加四级多罗贝勒为查看防秋兵丁事札盟务帮办原
盟备兵札萨克兼翁牛特札萨克和硕亲王品级加六级军功加六级多罗杜棱郡王赞巴勒诺尔布、
协理二等台吉加二级军功加三级哈青嘎、协理二等台吉朝克图格日勒文

宣统三年秋七月二十九日

494

盟长阿鲁科尔沁札萨克郡王品级加八级军功加四级多罗贝勒为查看防秋兵丁事札盟务帮办原
盟备兵札萨克兼翁牛特札萨克和硕亲王品级加六级军功加六级多罗杜棱郡王赞巴勒诺尔布、
协理二等台吉加二级军功加三级哈青嘎、协理二等台吉朝克图格日勒文

宣统三年秋七月二十九日

盟长阿鲁科尔沁札萨克郡王品级加八级军功加四级多罗贝勒为查看防秋兵丁事札盟务帮办原
盟备兵札萨克兼翁牛特札萨克和硕亲王品级加六级军功加六级多罗杜棱郡王赞巴勒诺尔布、
协理二等台吉加二级军功加三级哈青嘎、协理二等台吉朝克图格日勒文

宣统三年秋七月二十九日

盟长阿鲁科尔沁札萨克郡王品级加八级军功加四级多罗贝勒为查看防秋兵丁事札盟务帮办原
盟备兵札萨克兼翁牛特札萨克和硕亲王品级加六级军功加六级多罗杜棱郡王赞巴勒诺尔布、
协理二等台吉加二级军功加三级哈青嘎、协理二等台吉朝克图格日勒文

宣统三年秋七月二十九日

盟长阿鲁科尔沁札萨克郡王品级加八级军功加四级多罗贝勒为查看防秋兵丁事札盟务帮办原
盟备兵札萨克兼翁牛特札萨克和硕亲王品级加六级军功加六级多罗杜棱郡王赞巴勒诺尔布、
协理二等台吉加二级军功加三级哈青嘎、协理二等台吉朝克图格日勒文

宣统三年秋七月二十九日

盟长阿鲁科尔沁札萨克郡王品级加八级军功加四级多罗贝勒为查看防秋兵丁事札盟务帮办原
盟备兵札萨克兼翁牛特札萨克和硕亲王品级加六级军功加六级多罗杜棱郡王赞巴勒诺尔布、
协理二等台吉加二级军功加三级哈青嘎、协理二等台吉朝克图格日勒文

宣统三年秋七月二十九日

盟长阿鲁科尔沁札萨克郡王品级加八级军功加四级多罗贝勒为查看防秋兵丁事札盟务帮办原盟备兵札萨克兼翁牛特札萨克和硕亲王品级加六级军功加六级多罗杜棱郡王赞巴勒诺尔布、协理二等台吉加二级军功加三级哈青嘎、协理二等台吉朝克图格日勒文

盟长阿鲁科尔沁札萨克郡王品级加八级军功加四级多罗贝勒札盟务帮办原盟备兵札萨克兼翁牛特札萨克和硕亲品王级加六级军功加六级多罗杜棱郡王赞巴勒诺尔布、协理二等台吉加二级军功加三级哈青嘎、协理二等台吉朝克图格日勒文，再札备齐查核事。案查，今年逢会盟比丁及查看防秋兵丁、台吉、披甲、一切用品之年。前次札付各札萨克，按原定数目备齐，等大院来饬时定日期、地点再札饬一事，已录在案。今七月十六日理藩部札饬，内开，为札付事。本院奏，内外札萨克比丁数目查核印文改成奏折事，于宣统三年六月二十五日奏请。当日谕旨："准奏。"等因。奉行。札昭乌达盟奉行，为此，札付。等因。照抄札付。

到后，各札萨克、协理等亲自领会文内内容，查看该旗内防秋兵丁、披甲。因为比丁及报送及岁台吉名册并承袭之年，照旧例按原定数额备齐防秋兵丁、军马，另，武器、火药、铅、衣着、帐篷、锅、火撑子、镐把、铁锹等军用物资照样无缺备齐。又，将比丁册子及承袭一二三四等台吉姓名、年龄查明登记，一切该呈报文书等一并备齐。又，上赏给军警火枪、标枪、弓、箭、箭头、箭筒及衣着、兵器一切用品及俄罗斯火枪等一同统计，于今秋九月十五日到本盟一直的会盟地昭乌达达尔汉宝力格地方盟长我等与札萨克、协理等一同汇总，逐一查看，以备转呈大院。另，札萨克及非札萨克王、贝勒、贝子、公、协理台吉、旗员台吉以下，十户长以上官员等一起照指定日期、地点准时到达，找借口迟到或延误者依法律严惩等事，请知悉。此外，今大院札付红格本子已到，一同备齐夹子、包布，派品级高官员于本年秋八月十五日持印文报来，接收领取。为此，饬付盟长印文。

比丁档册十二本。

原奏文抄出，附上。

宣统三年秋七月二十九日

奏文，奉命照例比丁查核印文改成奏折，谨写折子奏请圣主。案查，内札萨克六盟外四部各盟每三年一次，各该旗带上众人会盟一次，清查刑名，编写丁籍。又，内外札萨克三年一次比丁，届期由院提请奉旨后，马上飞递行文，每旗各给预印空白册档一本，令管旗王、公、台吉以下，十户长以上，均按佐领查核分户比丁，造具丁数印册，令协理台吉会同管旗章京定期十月内送院一事，记录在案。臣等案查，光绪三十三年比丁以来至今已三年，又逢会盟之年，臣等照例奏请，奉旨后，臣院马上飞递行文给各路将军大臣外，札饬内外各札萨克谨遵奉行。以及敖汉多罗郡王色凌顿珠今授恩任札萨克，分一个旗令其管治，划定旗界、区分佐领一事，已奉旨交给热河都统与札萨克郡王衮布扎布一同谨慎审理。今逢会盟之年，各旗按理一样比丁。为此，该郡王所属民众应区别于郡王比丁造册送部，以备详查。只是该旗印章如今还未授予，临时用札萨克郡王衮布扎布印章，以表尊敬或慎重。照则例比丁，查核带印奏文改奏折事写折子奏请圣主，为此，谨奏。

八月十九日，齐布德色棱佐领仆役送来。

501

盟务帮办原盟备兵札萨克兼翁牛特札萨克和硕亲王品级加六级军功加六级多罗杜棱郡王赞巴勒诺尔布、协理二等台吉加二级军功加三级哈青嘎为旗内台吉兵丁人数及军需用品等造册呈报事呈盟长阿鲁科尔沁札萨克多罗郡王品级加八级军功加四级多罗贝勒等文

宣统三年九月

16

097

盟务帮办原盟备兵札萨克兼翁牛特札萨克和硕亲王品级加六级军功加六级多罗杜棱郡王赞巴勒诺尔布、协理二等台吉加二级军功加三级哈青嘎为旗内台吉兵丁人数及军需用品等造册呈报事呈盟长阿鲁科尔沁札萨克多罗郡王品级加八级军功加四级多罗贝勒等文

宣统三年九月

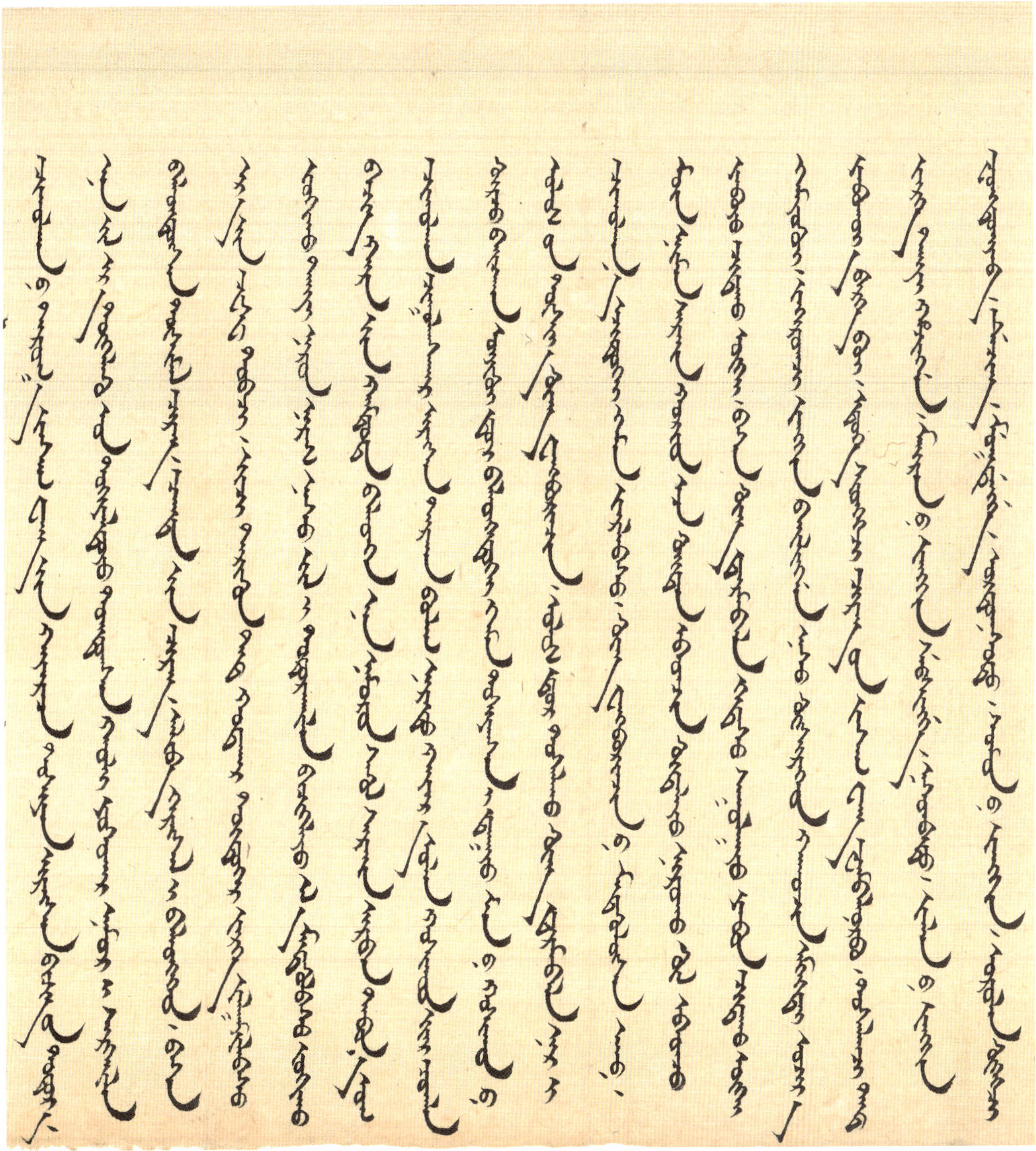

盟务帮办原盟备兵札萨克兼翁牛特札萨克和硕亲王品级加六级军功加六级多罗杜棱郡王赞巴勒诺尔布、协理二等台吉加二级军功加三级哈青嘎为旗内台吉兵丁人数及军需用品等造册呈报事呈盟长阿鲁科尔沁札萨克多罗郡王品级加八级军功加四级多罗贝勒等文

宣统三年九月

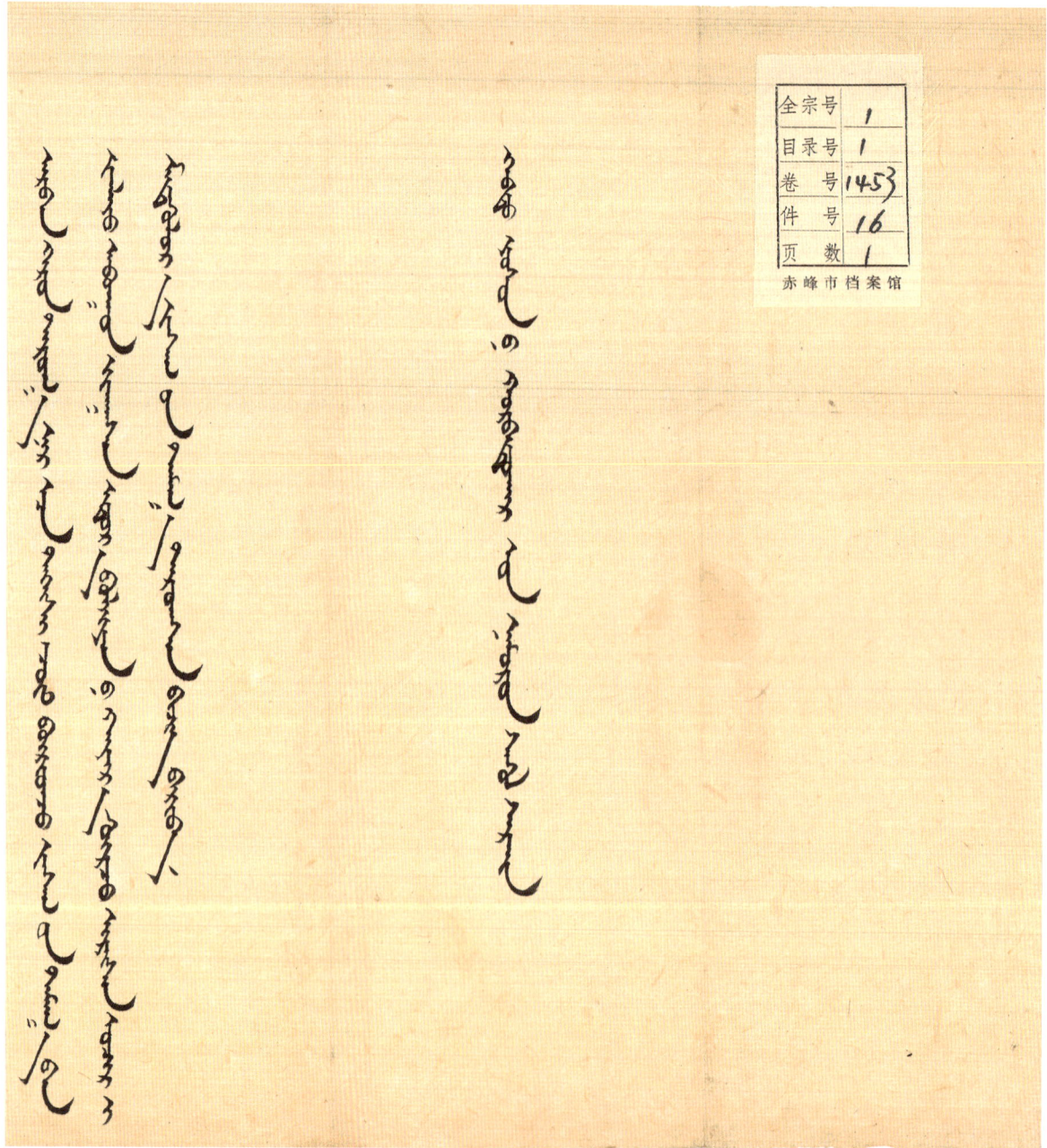

全宗号	1
目录号	1
卷　号	1453
件　号	16
页　数	1

赤峰市档案馆

盟务帮办原盟备兵札萨克兼翁牛特札萨克和硕亲王品级
加六级军功加六级多罗杜棱郡王赞巴勒诺尔布、协理二
等台吉加二级军功加三级哈青嘎为旗内台吉兵丁人数及
军需用品等造册呈报事呈盟长阿鲁科尔沁札萨克多罗郡
王品级加八级军功加四级多罗贝勒等文

盟务帮办原盟备兵札萨克兼翁牛特札萨克和硕亲王品级加六级军功加六级多罗杜棱郡王赞巴勒诺尔布、协理二等台吉加二级军功加三级哈青嘎呈盟长阿鲁科尔沁札萨克多罗郡王品级加八级军功加四级多罗贝勒、副盟长扎鲁特札萨克加六级多罗贝勒、盟务帮办原盟备兵札萨克兼翁牛特札萨克和硕亲王品级加六级军功加六级多罗杜棱郡王、盟务帮办巴林札萨克加五级记一级多罗郡王文，为呈报事。今九月十九日，盟长札萨克王处来饬文，内开，今逢比丁之年，照例备齐防秋兵丁、军警、一切用品。又将丁册及应承袭一二三四等台吉名称、年龄查明文书与应呈报文书，一同今九月十五日送到会盟一直的集合地达尔汉宝力格地方，以备各旗会集查看。

奉饬札饬我旗镇国公旺布仁钦、辅国公达尔玛八喇到会盟地来。公旺布仁钦呈，今八月二十几日起犯老寒病，腰腿疼痛难以行走。又，公达尔玛八喇称泻肚子难以行走。章京百宁嘎年老旧病加重难以行走。今备兵札萨克王赞巴勒诺尔布，协理二等台吉哈青嘎，梅林章京色布兴格、纳孙巴图，札兰章京宗堆扎布、德庆、穆格邓格、乌日图纳素图以及佐领章京、骁骑校、十户长以上全体携札萨克印，按指定日期、地点已到达。为此，具札萨克印文呈上。

宣统三年九月

505

098 札萨克王府印务处为应交会盟用每匹马费用事札族长色邓拉希文

九月初六日

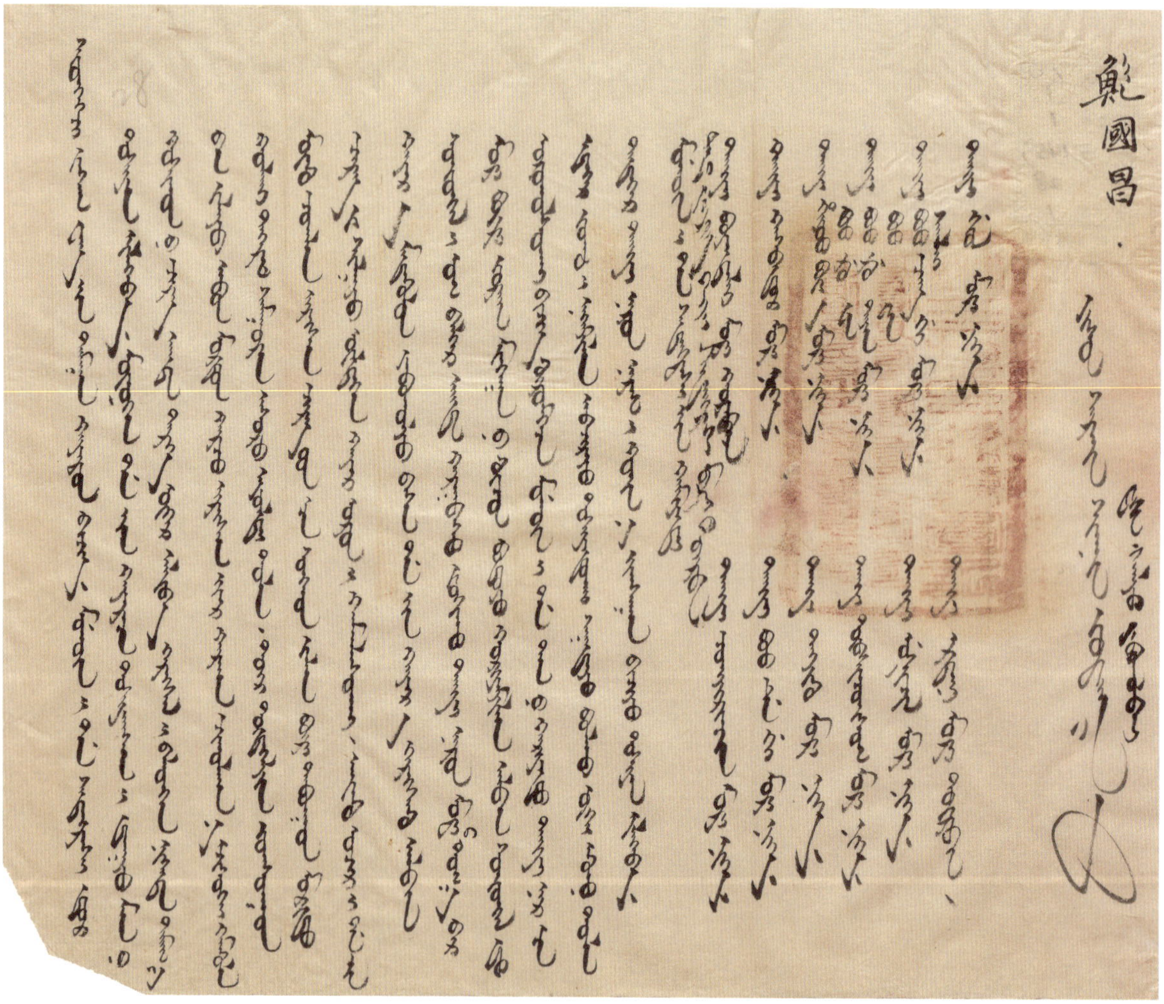

熊國昌

札萨克王府印务处为应交会盟用每匹马费用事札族长色邓拉希文

札萨克王府印务处札族长色邓拉希文。今奉盟长令备齐本旗军马、车辆、牛等一切物品，正准备携印前往会盟。可是盗贼猖獗，非常危险，于是暂停前行。自召集来兵丁中，每札兰选留五名骑兵保护地方。此事，已呈报盟长。另，盟长处所需公差费，由诸台吉应备军马费每匹马六千计算，收取入库。

到文后，族长催所属诸台吉交付上来，不能耽搁。为此，附诸台吉名称。

族长色邓拉希管辖：

二等台吉邓拉希马四匹；

台吉宝音达赖马三匹；

台吉却吉仁钦马一匹；

台吉哈斯巴特尔马一匹；

台吉鲍德济马一匹；

台吉晓布雅马一匹；

台吉德格吉夫马一匹；

台吉鲍国文、鲍国天马一匹；

台吉图布新却苏克马一匹；

台吉鲍凡、鲍常吉、萨哈力马一匹；

台吉五十七马一匹；

台吉根儿马一匹；

台吉额尔德尼马一匹。

九月初六日，重换发走。

盟务帮办原盟备兵札萨克兼翁牛特札萨克和硕亲王品级加六级军功加六级多罗杜棱郡王赞巴勒诺尔布、协理二等台吉加二级军功加三级哈青嘎为该旗男丁台吉人数造册上报事呈盟长阿鲁科尔沁札萨克多罗郡王品级加八级军功加四级多罗贝勒等文

宣统三年九月十五日

盟务帮办原盟备兵札萨克兼翁牛特札萨克和硕亲王品级加六级军功加六级多罗杜棱郡王赞巴
勒诺尔布、协理二等台吉加二级军功加三级哈青嘎为该旗男丁台吉人数造册上报事呈盟长阿
鲁科尔沁札萨克多罗郡王品级加八级军功加四级多罗贝勒等文

宣统三年九月十五日

盟务帮办原盟备兵札萨克兼翁牛特札萨克和硕亲王品级加六级军功加六级多罗杜棱郡王赞巴
勒诺尔布、协理二等台吉加二级军功加三级哈青嘎为该旗男丁台吉人数造册上报事呈盟长阿
鲁科尔沁札萨克多罗郡王品级加八级军功加四级多罗贝勒等文

宣统三年九月十五日

盟务帮办原盟备兵札萨克兼翁牛特札萨克和硕亲王品级加六级军功加六级多罗杜棱郡王赞巴勒诺尔布、协理二等台吉加二级军功加三级哈青嘎为该旗男丁台吉人数造册上报事呈盟长阿鲁科尔沁札萨克多罗郡王品级加八级军功加四级多罗贝勒等文

盟务帮办原盟备兵札萨克兼翁牛特札萨克和硕亲王品级加六级军功加六级多罗杜棱郡王赞巴勒诺尔布、协理二等台吉加二级军功加三级哈青嘎呈盟长阿鲁科尔沁札萨克多罗郡王品级加八级军功加四级多罗贝勒、副盟长扎鲁特札萨克加六级多罗贝勒、盟务帮办原盟备兵札萨克兼翁牛特札萨克和硕亲王品级加六级军功加六级多罗杜棱郡王、盟务帮办巴林札萨克加五级记一级多罗郡王文，为呈报事。今逢会盟之年，照例查本旗有：

御前行走盟务帮办原盟备兵札萨克兼翁牛特札萨克和硕亲王品级加六级军功加六级戴孔雀翎子多罗杜棱郡王一人；

御前行走加六级戴孔雀翎子镇国公一人；

御前行走戴孔雀翎子辅国公一人；

加二级一等台吉一人、加二级军功加三级原四等台吉协理二等台吉一人、加三级二等台吉一人、加二级二等台吉二人、闲散二等台吉四人、加三级三等台吉六人、加二级三等台吉七人、闲散三等台吉六人、加二级军功加二级戴孔雀翎子四等台吉兼梅林章京一人、加三级云骑尉四等台吉一人、加二级云骑尉四等台吉两人、云骑尉四等台吉一人、加三级四等台吉三十三人、加二级四等台吉九十八人、闲散四等台吉一百五十人，一等台吉到四等台吉共计三百一十三人；

佐领共二十人，其中大章京一人、戴孔雀翎子管旗章京一人、梅林章京一人、札兰章京四人；

佐领章京二十人、骁骑校二十人、骑都尉

盟务帮办原盟备兵札萨克兼翁牛特札萨克和硕亲王品级加六级军功加六级多罗杜棱郡王赞巴勒诺尔布、协理二等台吉加二级军功加三级哈青嘎为该旗男丁台吉人数造册上报事呈盟长阿鲁科尔沁札萨克多罗郡王品级加八级军功加四级多罗贝勒等文

宣统三年九月十五日

一人、云骑尉二人、旗里任职哈藩五十人，合计男丁共一千一百零五人；

盟务帮办原盟备兵札萨克兼翁牛特札萨克和硕亲王品级札萨克多罗杜棱郡王军功赏三级仪长一人、一等侍卫六人、二等侍卫五人、三等侍卫四人、五等侍卫一人、六等侍卫一人，镇国公三等侍卫四人、五等哈藩一人，辅国公三等侍卫四人、五等哈藩一人；

王、公、一二三四等台吉等应备男丁二百零八人；

随公主、格格来满洲管理农户章京三人，满洲农户一百五十三人。

以上一二三四等台吉、大章京、管旗章京、梅林章京、札兰章京、佐领章京、骁骑校、骑都尉、云骑尉、领催、十户长、披甲、随丁、满洲男丁、农户，共计一千七百七十九人。

此等，从盟务帮办原盟备兵将军札萨克兼翁牛特札萨克和硕亲王品级多罗杜棱郡王赞巴勒诺尔布，协理二等台吉哈青嘎，管旗章京百宁嘎，梅林章京色布兴格、那逊巴图，札兰章京宗堆札布、德庆、穆格邓格、乌尔图那苏图，佐领章京、骁骑校、领催到十户长，等细查后甘结事由，呈札萨克印文。

宣统三年九月十五日

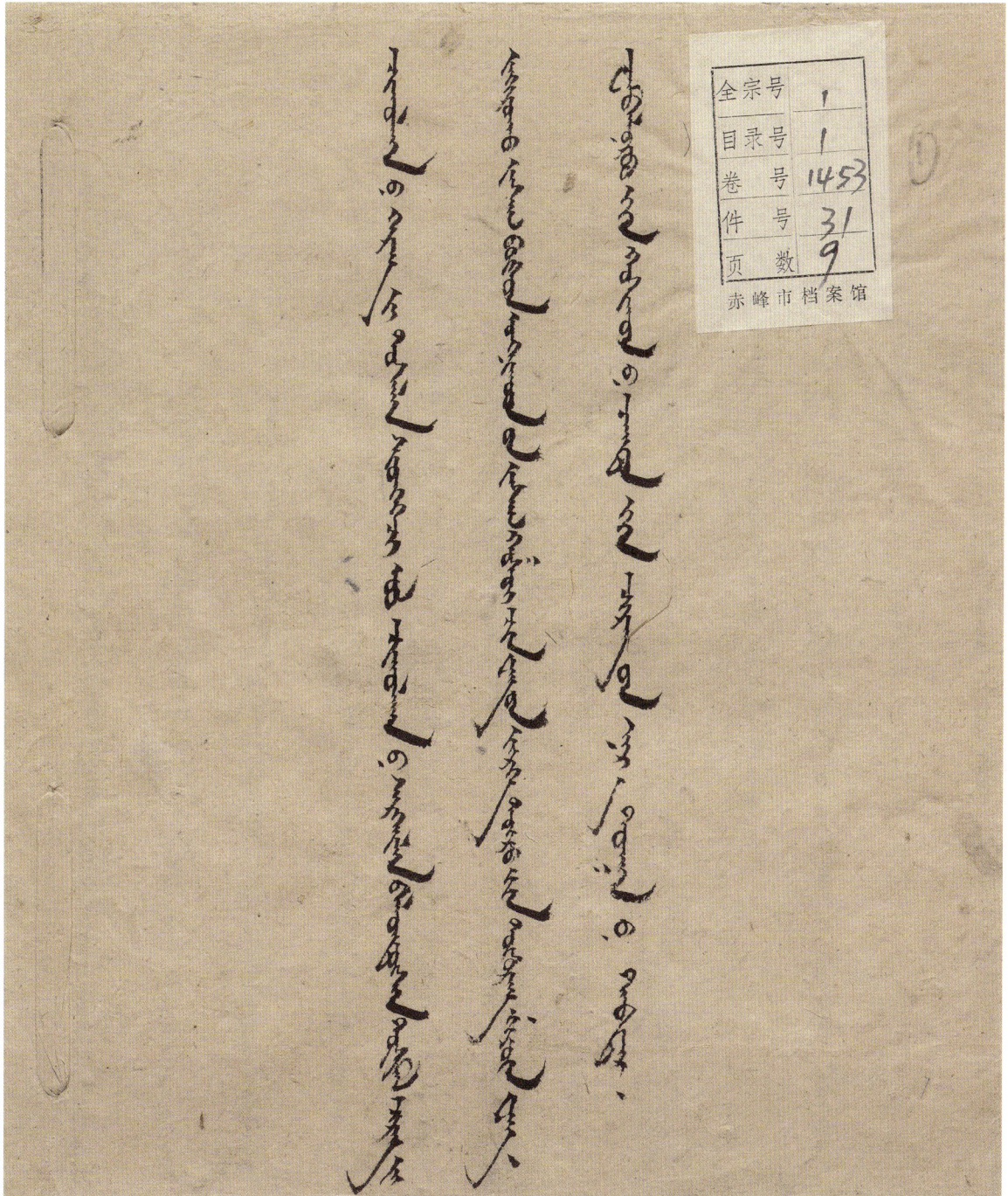

100 盟务帮办原盟备兵札萨克兼翁牛特札萨克和硕亲王品级加六级军功加六级多罗杜棱郡王赞巴勒诺尔布旗军警名册

宣统三年九月十五日

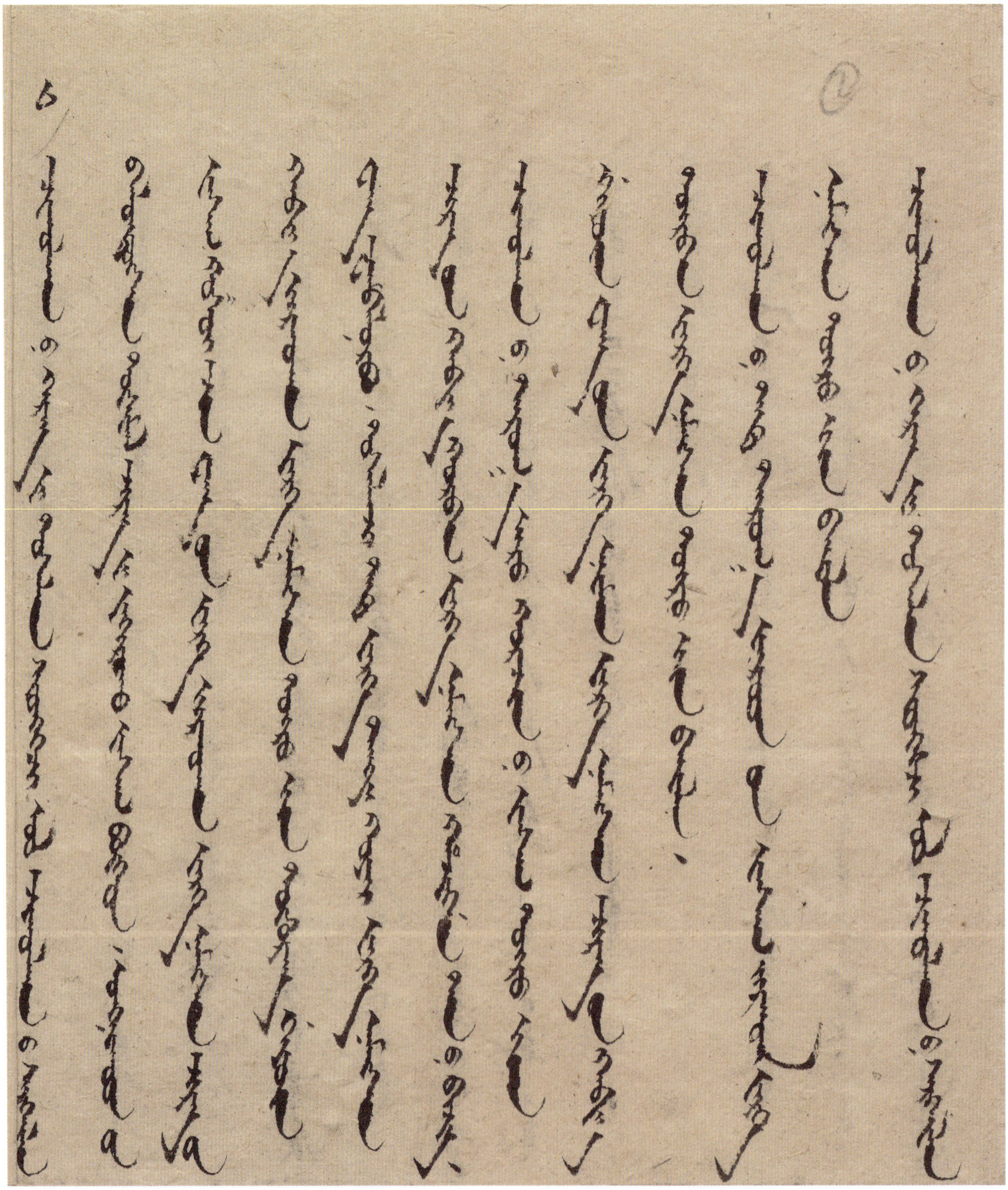

100 盟务帮办原盟备兵札萨克兼翁牛特札萨克和硕亲王品级加六级军功加六级多罗杜棱郡王赞巴勒诺尔布旗军警名册

宣统三年九月十五日

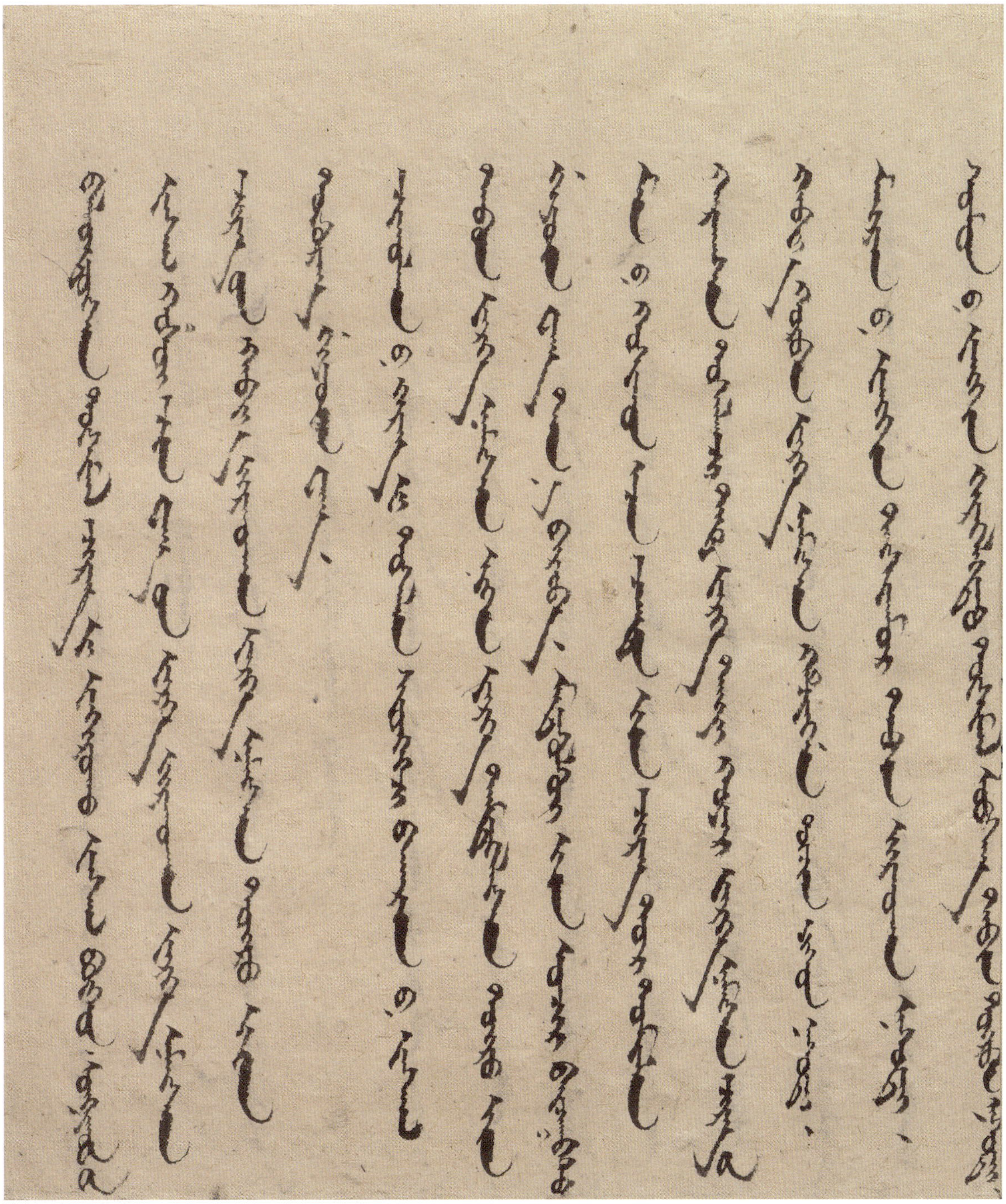

100

盟务帮办原盟备兵札萨克兼翁牛特札萨克和硕亲王品级加六级军功加六级多罗杜棱郡王赞巴勒诺尔布旗军警名册

宣统三年九月十五日

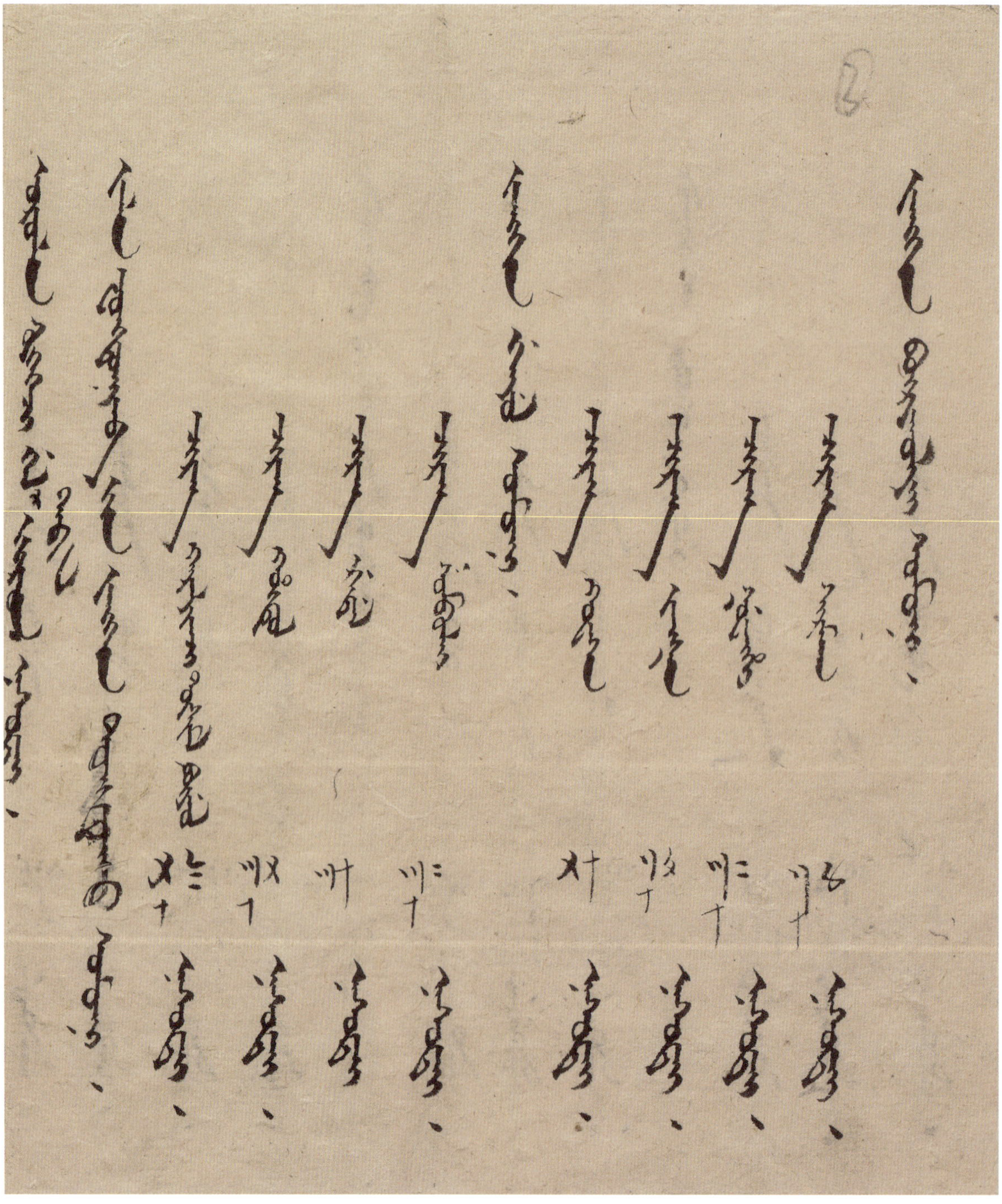

100 盟务帮办原盟备兵札萨克兼翁牛特札萨克和硕亲王品级加六级军功加六级多罗杜棱郡王赞巴勒诺尔布旗军警名册

宣统三年九月十五日

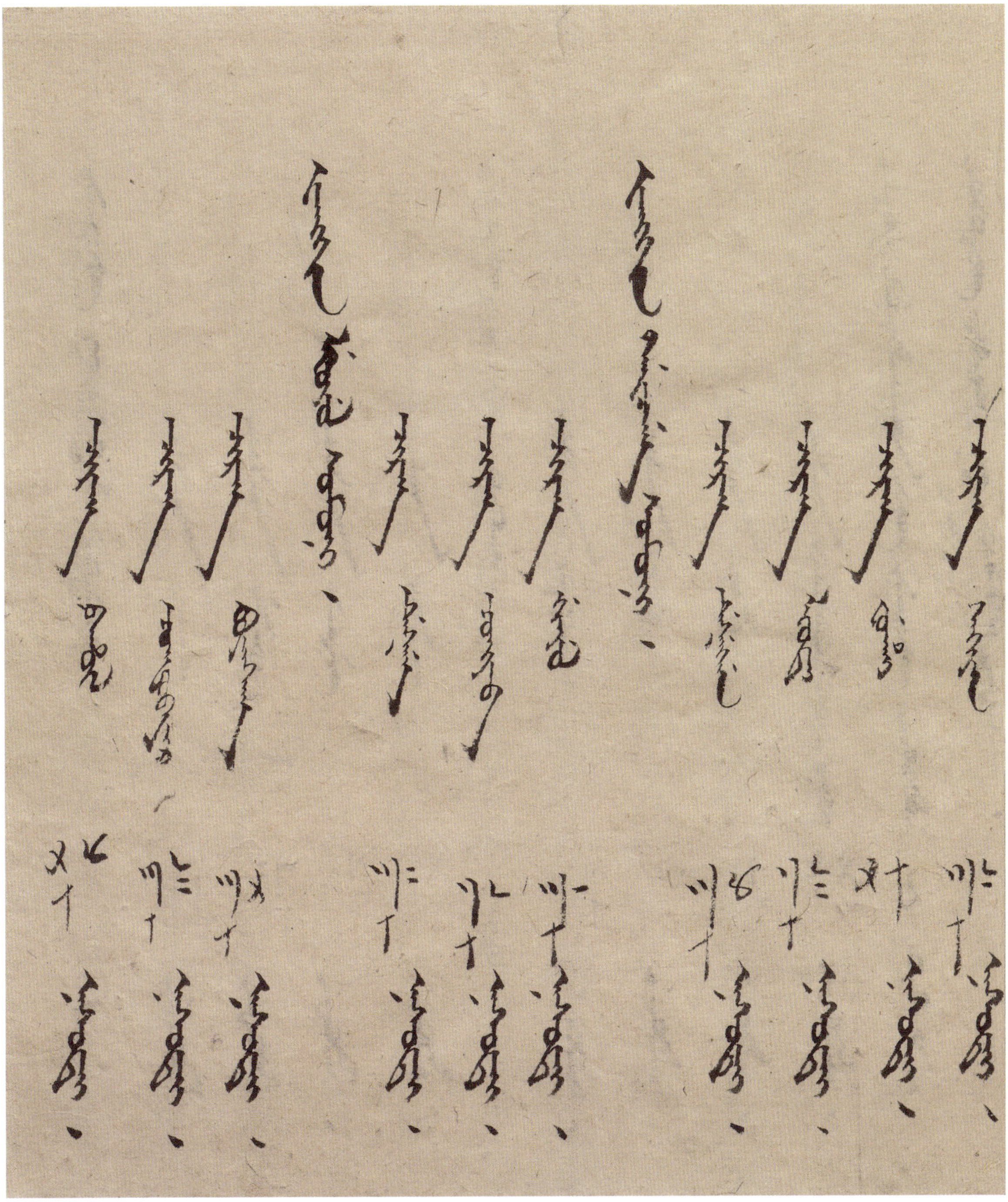

100 盟务帮办原盟备兵札萨克兼翁牛特札萨克和硕亲王品级加六级军功加六级多罗杜棱郡王赞巴勒诺尔布旗军警名册

宣统三年九月十五日

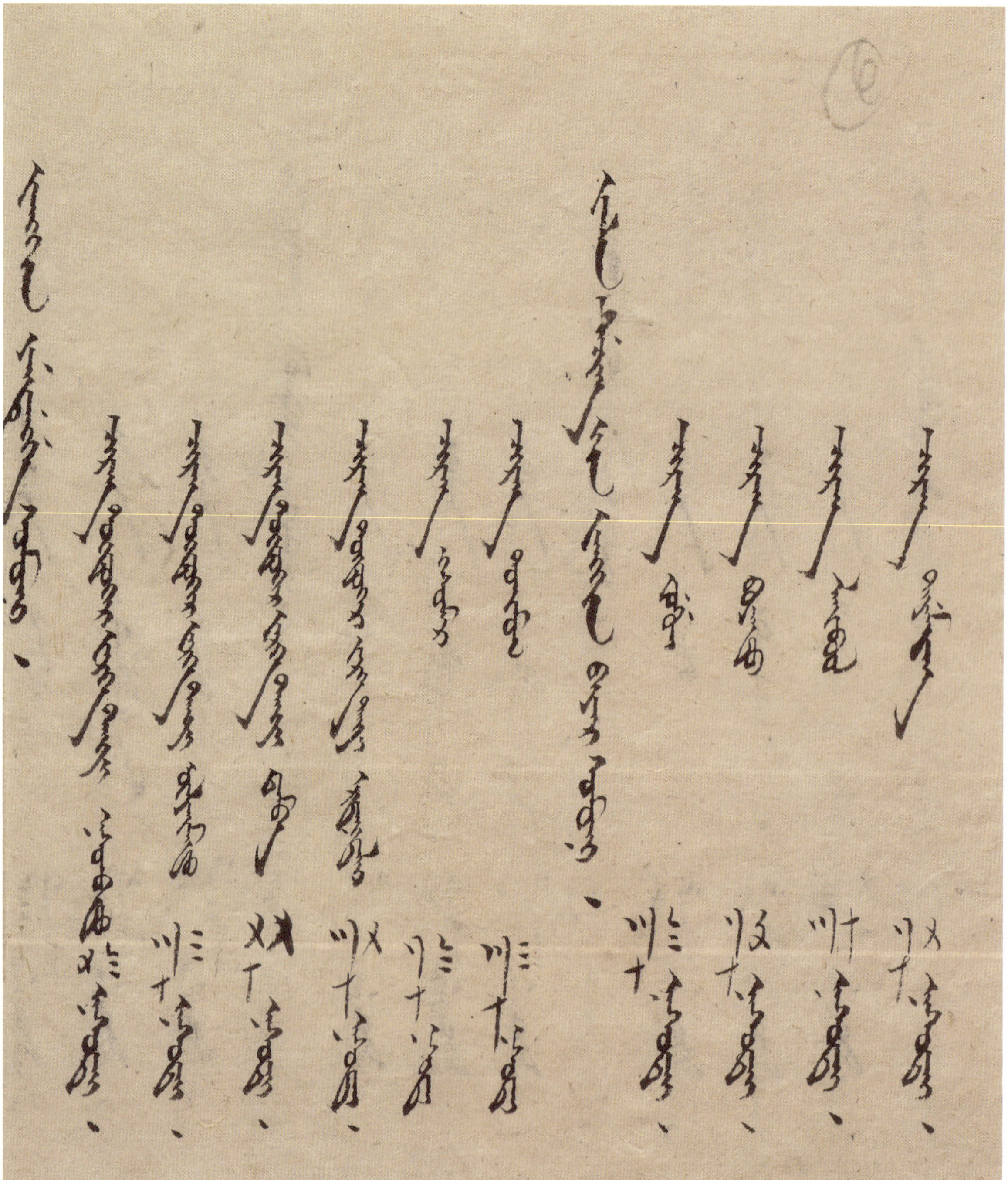

100 盟务帮办原盟备兵札萨克兼翁牛特札萨克和硕亲王品级加六级军功加六级多罗杜棱郡王赞巴勒诺尔布旗军警名册

宣统三年九月十五日

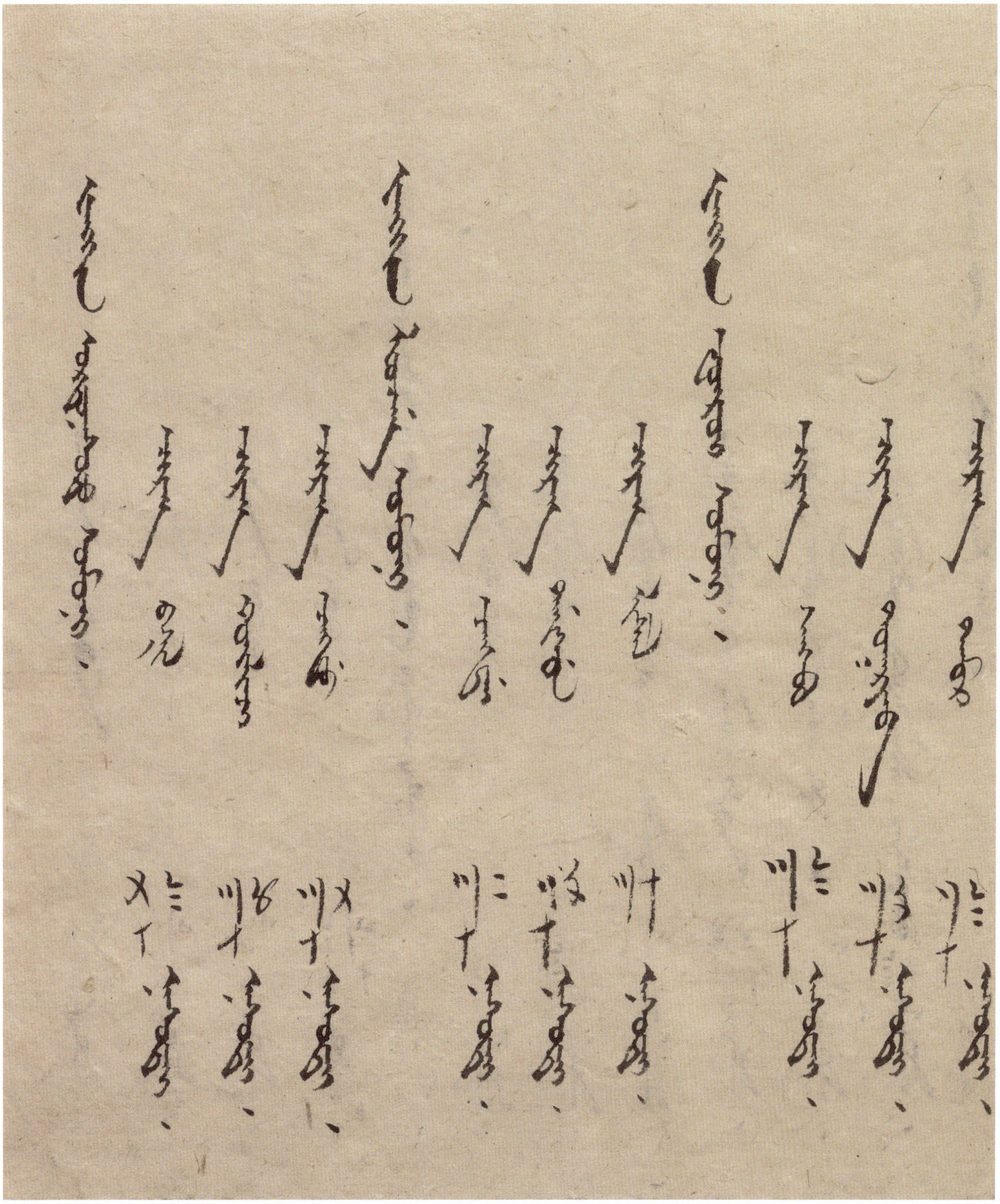

100

盟务帮办原盟备兵札萨克兼翁牛特札萨克和硕亲王品级加六级军功加六级多罗杜棱郡王赞巴勒诺尔布旗军警名册

宣统三年九月十五日

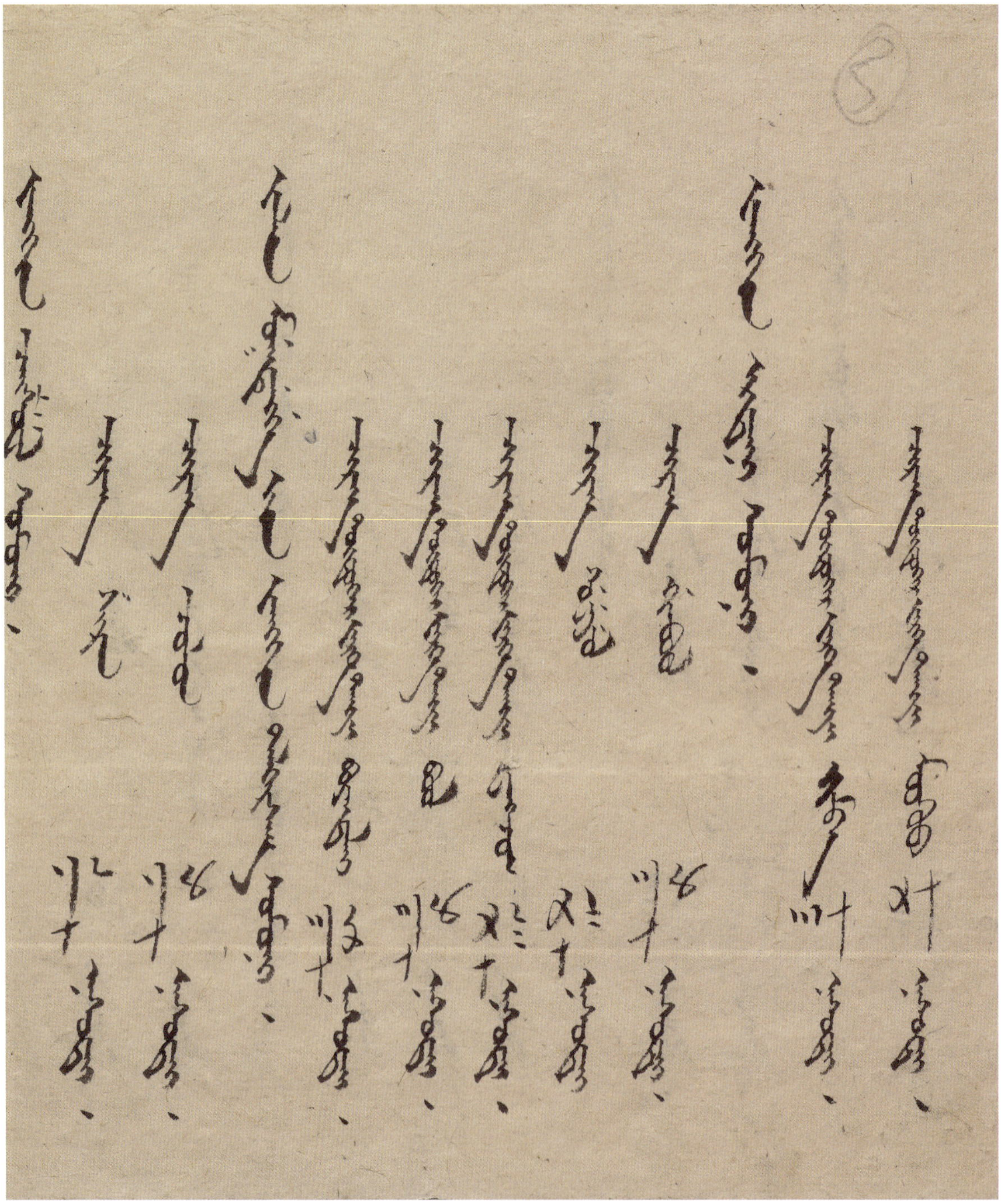

100

盟务帮办原盟备兵札萨克兼翁牛特札萨克和硕亲王品级加六级军功加六级多罗杜棱郡王赞巴勒诺尔布旗军警名册

宣统三年九月十五日

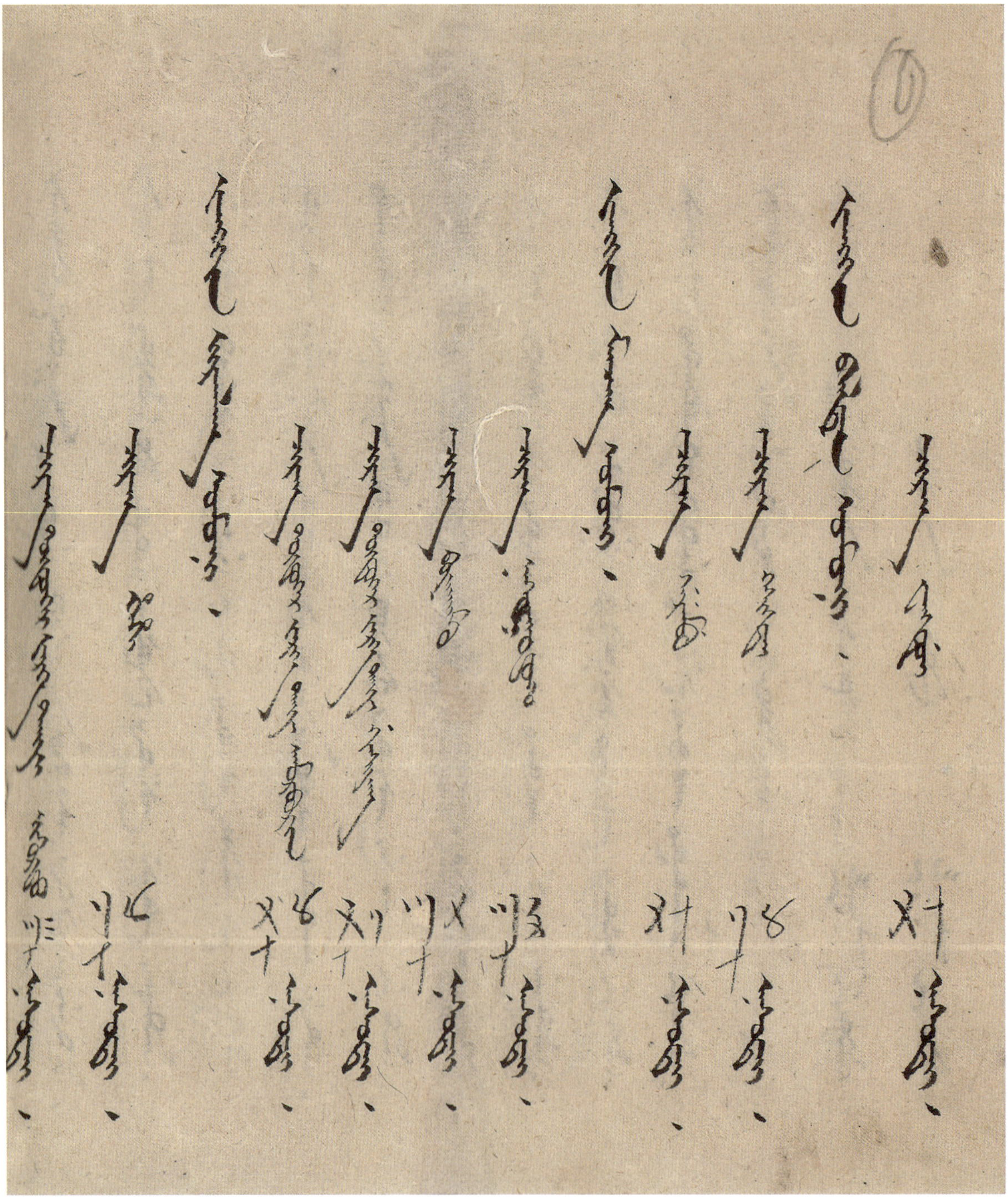

100

盟务帮办原盟备兵札萨克兼翁牛特札萨克和硕亲王品级加六级军功加六级多罗杜棱郡王赞巴勒诺尔布旗军警名册

宣统三年九月十五日

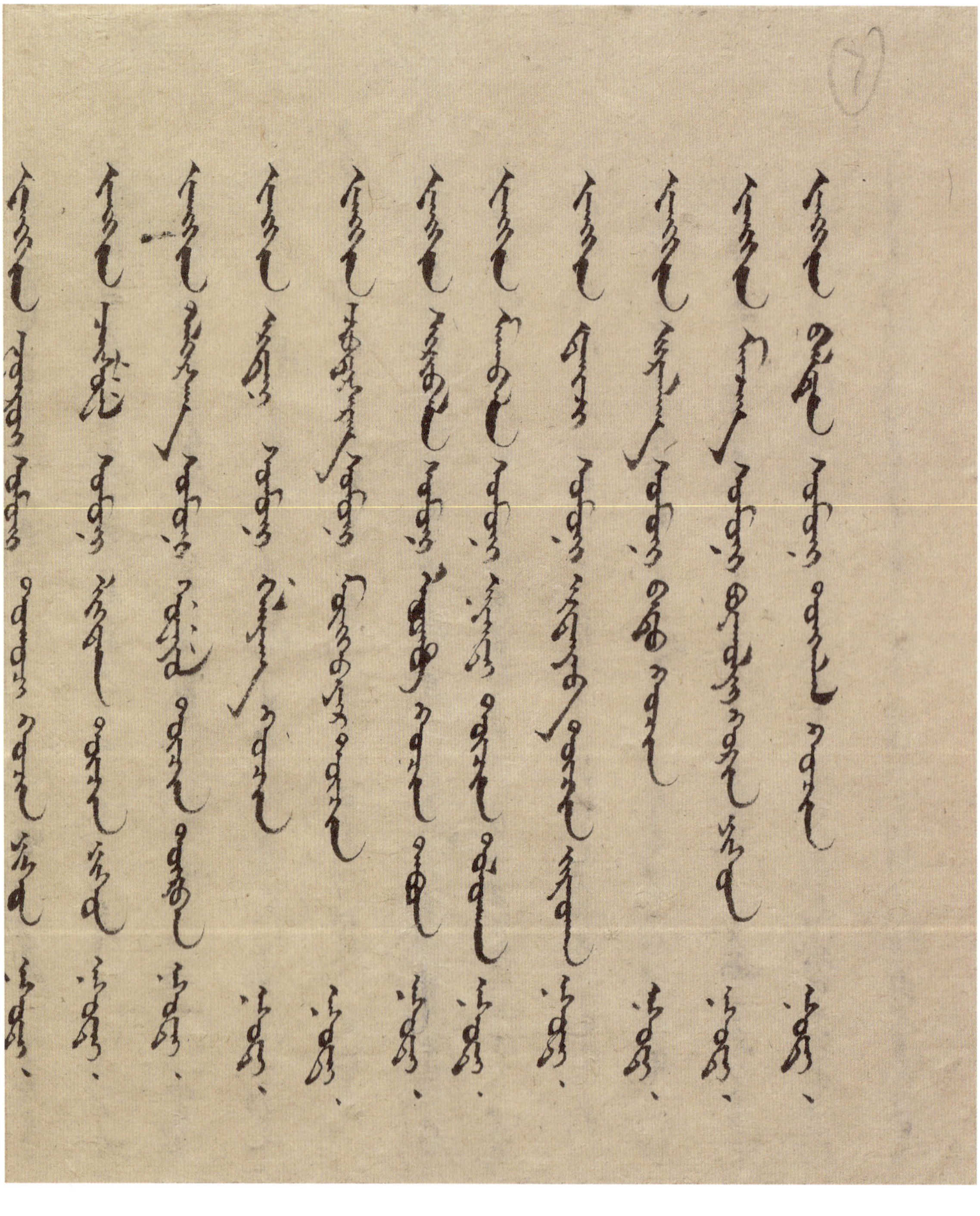

100 盟务帮办原盟备兵札萨克兼翁牛特札萨克和硕亲王品级加六级军功加六级多罗杜棱郡王赞巴勒诺尔布旗军警名册

宣统三年九月十五日

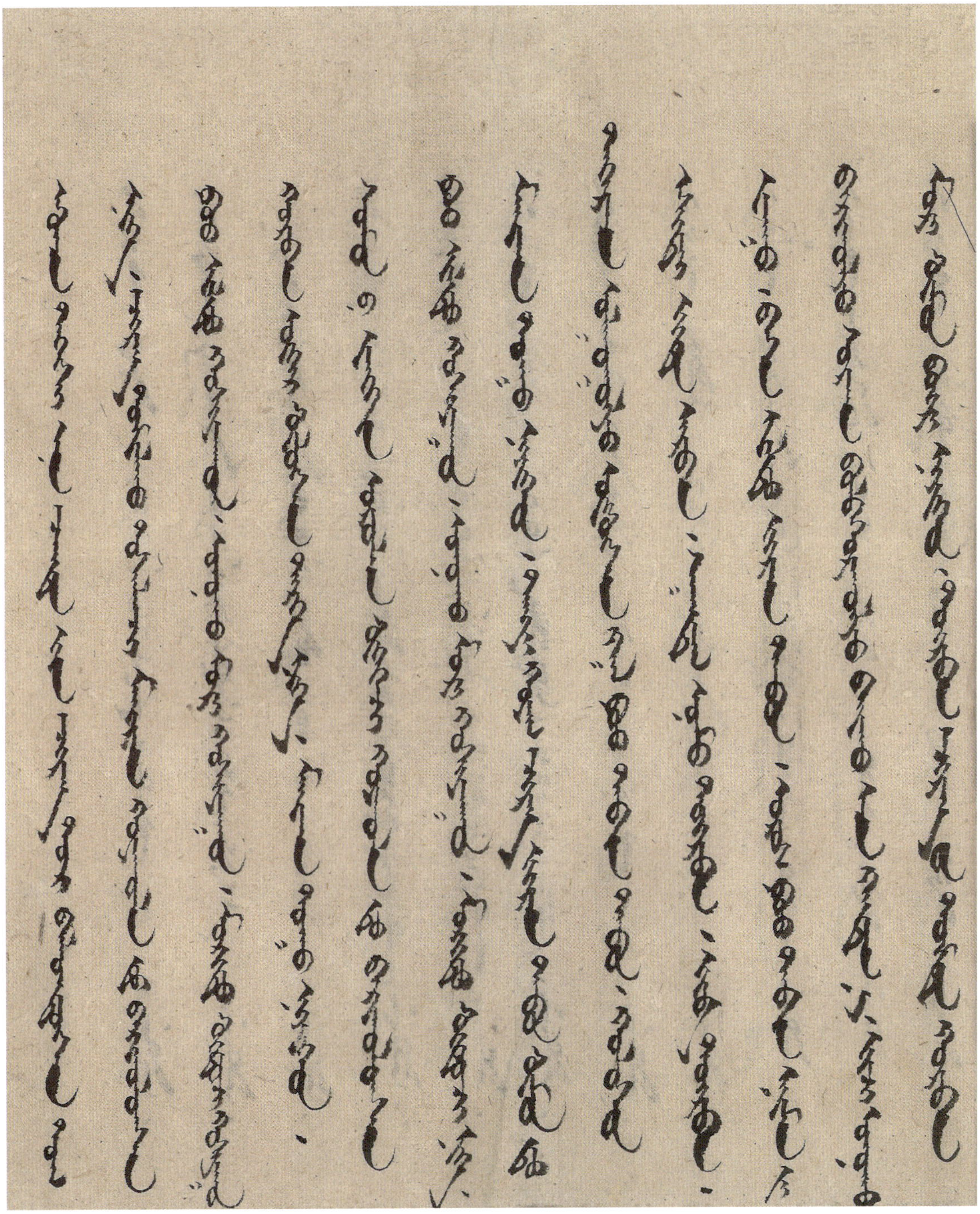

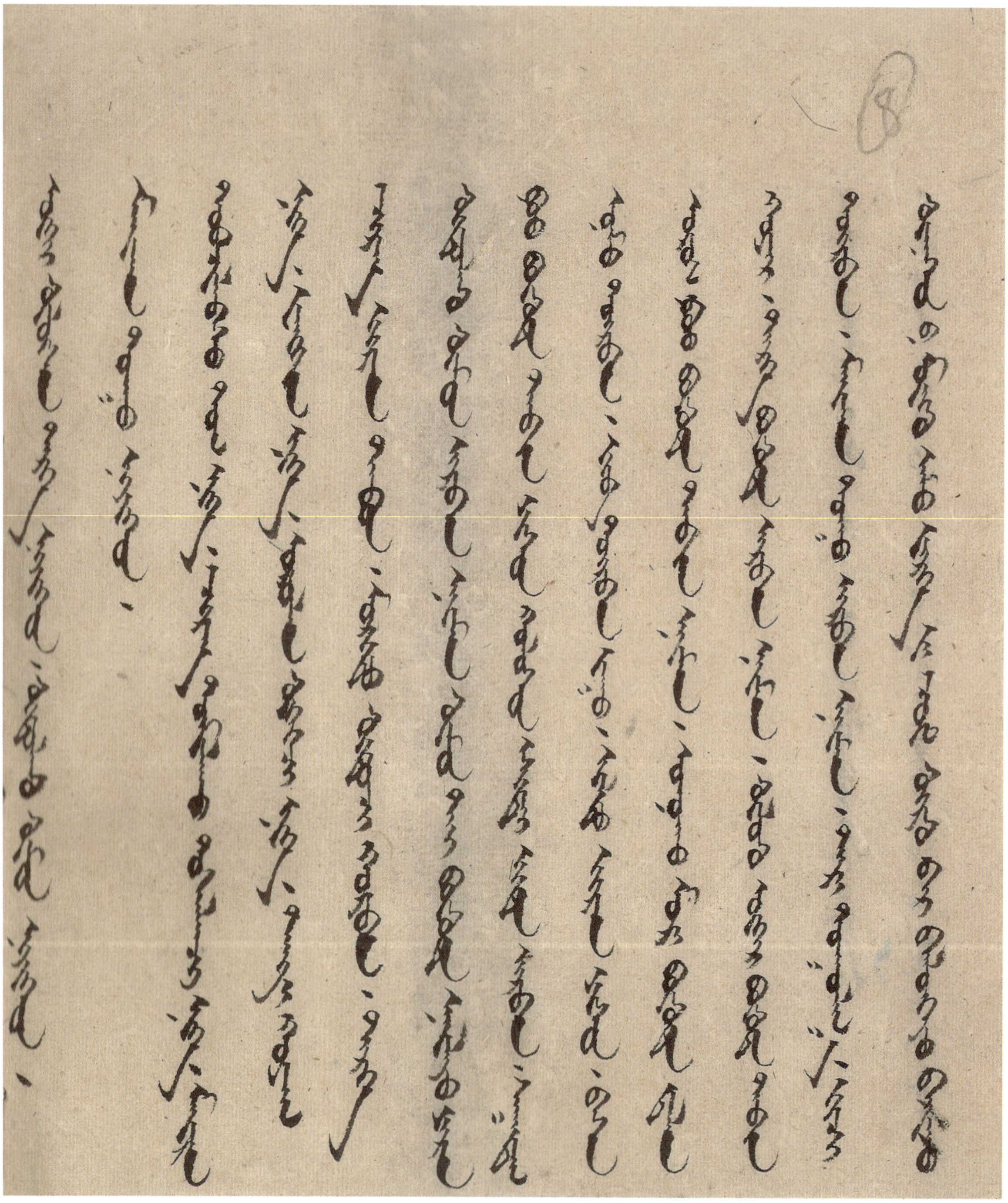

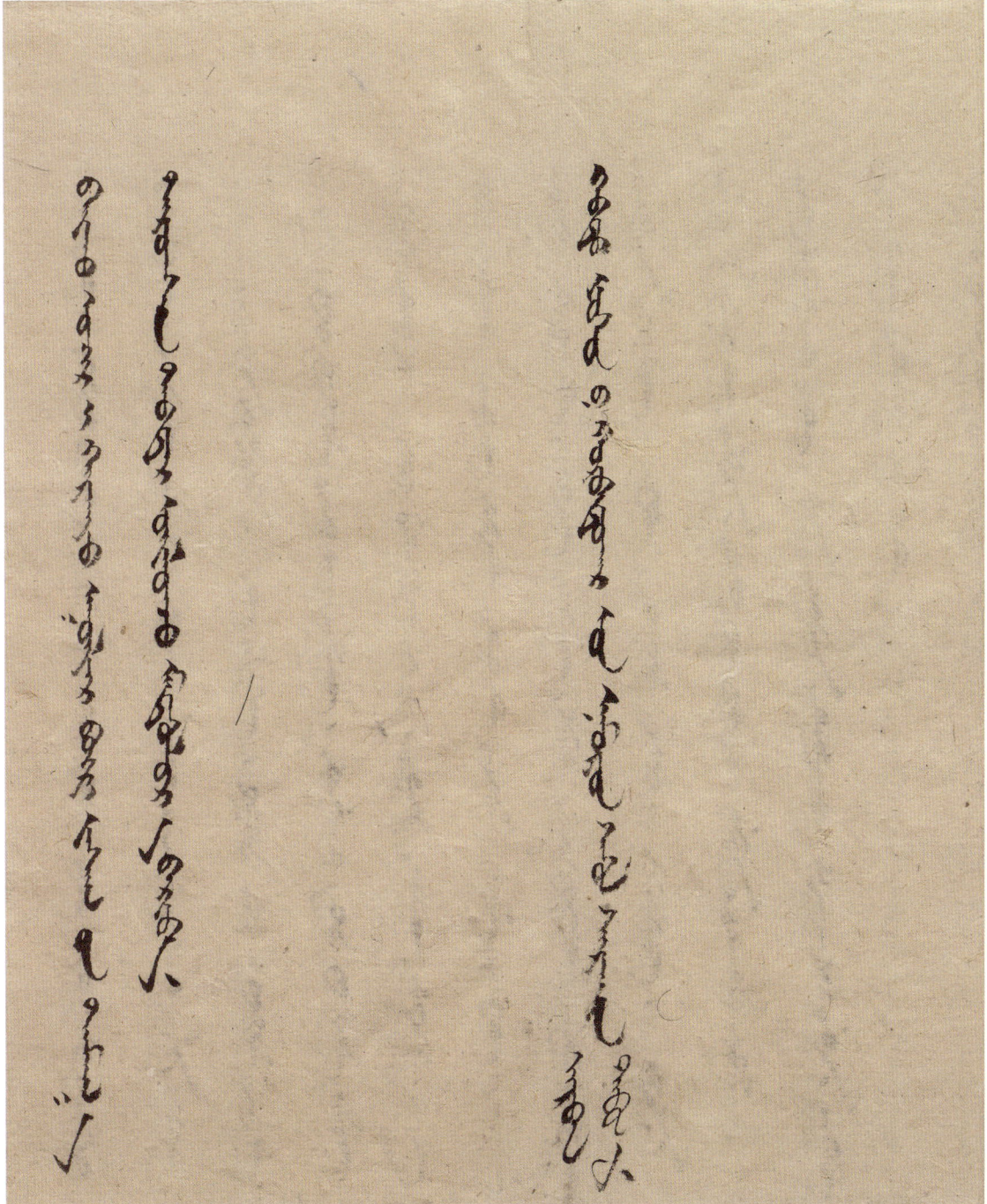

盟务帮办原盟备兵札萨克兼翁牛特札萨克和硕亲王品级加六级军功加六级多罗杜棱郡王赞巴勒诺尔布旗军警名册

盟务帮办原盟备兵札萨克兼翁牛特札萨克和硕亲王品级加六级军功加六级多罗杜棱郡王赞巴勒诺尔布、协理二等台吉加二级军功加三级哈青嘎呈盟长阿鲁科尔沁札萨克多罗郡王品级加八级军功加四级多罗贝勒、副盟长扎鲁特札萨克加六级多罗贝勒、盟务帮办原盟备兵札萨克兼翁牛特札萨克和硕亲王品级加六级军功加六级多罗杜棱郡王、盟务帮办巴林札萨克加五级记一级多罗郡王文，为呈报之事。案查，本旗已派遣巡警名单如下：

协理二等台吉加二级军功加三级哈青嘎四十九岁，梅林章京特格喜特木尔五十六岁，佐领章京骑都尉罗卜藏五十四岁，骁骑校根儿五十六岁；

札兰宗堆扎布章京陶格陶佐领兵云骑尉福柱四十八岁、兵呼都三十四岁、兵嘎达三十岁、兵孙布来三十二岁；

章京根柱佐领兵华萨四十岁、兵双喜三十二岁、兵希尔门二十五岁；

章京布仁乌力吉佐领兵八虎四十五岁、兵朝克图巴雅尔三十八岁、兵宝音桑三十四岁；

章京留运佐领兵德盛三十二岁、兵乔扎布二十六岁、兵金珠三十一岁；

章京岱成佐领兵德盛嘎三十五岁、兵留弟二十八岁、兵福海五十岁、兵萨吉颜三十七岁；

章京银邓格佐领兵四等台吉纳逊巴图五十八岁、兵四等台吉乌力吉门都三十三岁、兵四等台吉丹巴四十四岁、兵四等台吉额尔德尼达赖三十四岁、兵克苏门尔岁二十八岁、兵陶义木格三十三岁；

札兰德庆章京巴雅尔佐领兵富贵三十八岁、兵宝音图二十九岁、兵来宝三十岁、兵天命二十五岁；

章京乌日图纳素图佐领兵八十五十八岁、兵浩义拉齐三十五岁、兵常都三十四岁；

章京刘成佐领兵长迪三十二岁、兵带锁

二十九岁、兵粟子三十岁；

　　章京聪睿佐领兵桑宝三十八岁、兵都嘎尔扎布三十九岁、兵特木热二十八岁；

　　章京常锁佐领兵沙日二十六岁、兵朝伦二十五岁；

　　札兰穆格邓格章京德力格尔桑佐领兵四等台吉宝音达来三十九岁、兵四等台吉宝尔三十五岁、兵四等台吉王其格四十八岁、兵锁住五十七岁、兵金宝三十五岁；

　　章京额尔德尼佐领兵四等台吉津巴三十岁、兵四等台吉茂呼五十岁、兵阿木尔通拉嘎二十八岁；

　　章京齐布德尔色棱佐领兵四等台吉云骑尉格义四十七岁、兵正月四十三岁；

　　章京希日巴拉佐领兵四等台吉图布新四十岁、兵根敦三十五岁、兵福泉四十岁；

　　札兰乌日图纳素图章京玛卡巴拉佐领兵四等台吉鲍西亚四十三岁、兵方迪三十五岁；

　　章京岱齐佐领兵四等台吉济古尔图二十三岁、兵喜喜二十五岁；

　　章京济尔哈朗佐领兵四等台吉阿木尔布仁四十五岁、兵四等台吉金象四十二岁、兵宝音讷木呼三十四岁、兵那顺呼图克三十九岁；

　　章京满昌佐领兵色日木宝四十岁、兵克喜克泰二十五岁；

　　章京巴勒丹佐领兵方迪五十岁、兵金锁三十七岁、兵扎果三十九岁。

　　又，赶车人、跟役：

　　章京陶格陶佐领六十五十七岁；

　　章京根柱佐领巴图巴雅尔五十二岁；

　　章京布仁乌力吉佐领巴雅尔五十一岁；

　　章京留运佐领刘元四十四岁；

　　章京岱成佐领宝音图三十一岁；

　　章京银邓格佐领达日邦二十七岁；

　　章京巴雅尔佐领宝珠三十六岁；

　　章京乌日图纳素图佐领伊如乐图二十九岁；

　　章京刘成佐领宝音桑三十三岁；

　　章京聪睿佐领陶胡奇三十九岁；

　　章京常锁佐领力格丹四十九岁；

　　章京德力格尔桑佐领锁住四十四岁；

　　章京德力格尔桑佐领拴住四十四岁；

　　章京额尔德尼佐领格亮三十岁；

　　章京齐布德尔色棱佐领盂和巴雅尔四十岁；

　　章京希日巴拉佐领老郝三十五岁；

　　章京玛卡巴拉佐领乃音太四十七岁；

　　章京带齐佐领额尔德尼扎布四十六岁；

章京吉尔哈朗佐领巴图三十岁；

章京满昌佐领宝音乌力吉二十九岁；

章京巴勒丹佐领通拉嘎三十岁。

又，本巡警备旗一面；配给**指挥兵协理**、**梅林**所用火枪两把，刀各一把，马两匹，跟役两名，三套牛车一辆，帐篷、锅各一；配给**佐领章京**、**骁骑校**所用火枪、刀两把，马两匹，跟役一名，帐篷、锅各一；**台吉**、**披甲兵丁**六十五名，上发给火枪五十五把，竹把枪十把，箭筒、弓四副，箭头四百枚，配大刀六十五把、俄罗斯火枪五十八把用于训练，马匹各一，每四名兵配三套牛车一辆，赶车人一名，帐篷、锅各一。

总计，旗一面；指挥兵协理一名、梅林一名、章京一名、骁骑校一名、台吉兵丁六十五名、跟役三名、赶车人十八名，共九十名；火枪五十九，竹把枪十把，箭筒、弓四副，箭头四百枚，刀六十九把，俄罗斯火枪五十八把，马共七十二匹，车共十八辆，拉车牛五十四头，帐篷、锅十八，火药、铅，伙食钱粮等，已备好。等因。特造札萨克骑缝印文呈报。

宣统三年九月十五日

101

盟长阿鲁科尔沁札萨克多罗郡王品级加八级军功加四级多罗贝勒为奖惩禁卫军事札盟务帮办原盟备兵札萨克兼翁牛特札萨克和硕亲王品级加六级军功加六级多罗杜棱郡王赞巴勒诺尔布、协理二等台吉加二级军功加三级哈青嘎、协理二等台吉朝克图格日勒文

宣统三年冬十一月三十日

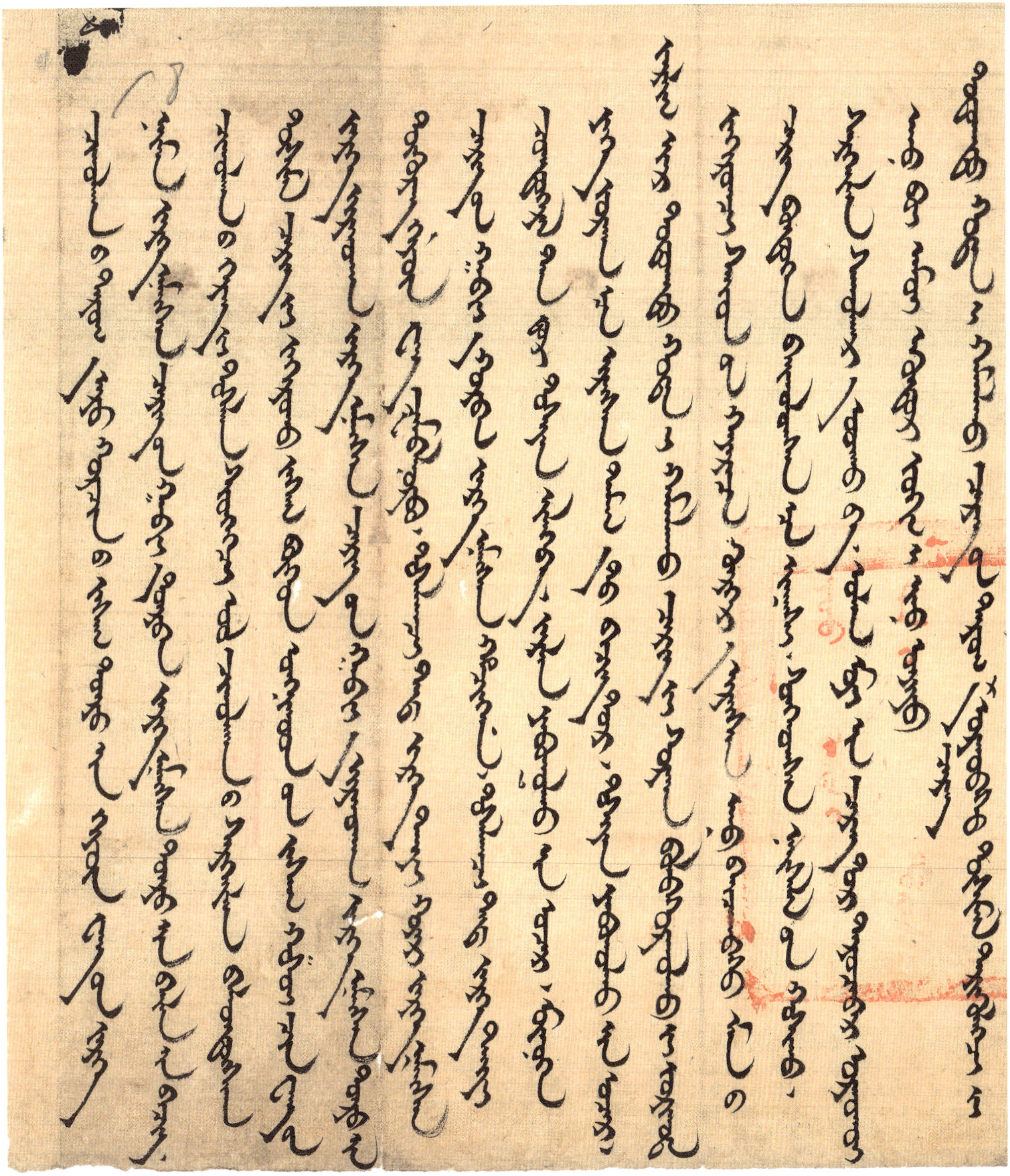

101

532

101

盟长阿鲁科尔沁札萨克多罗郡王品级加八级军功加四级多罗贝勒为奖惩禁卫军事札盟务帮办原盟备兵札萨克兼翁牛特札萨克和硕亲王品级加六级军功加六级多罗杜棱郡王赞巴勒诺尔布、协理二等台吉加二级军功加三级哈青嘎、协理二等台吉朝克图格日勒文

宣统三年冬十一月三十日

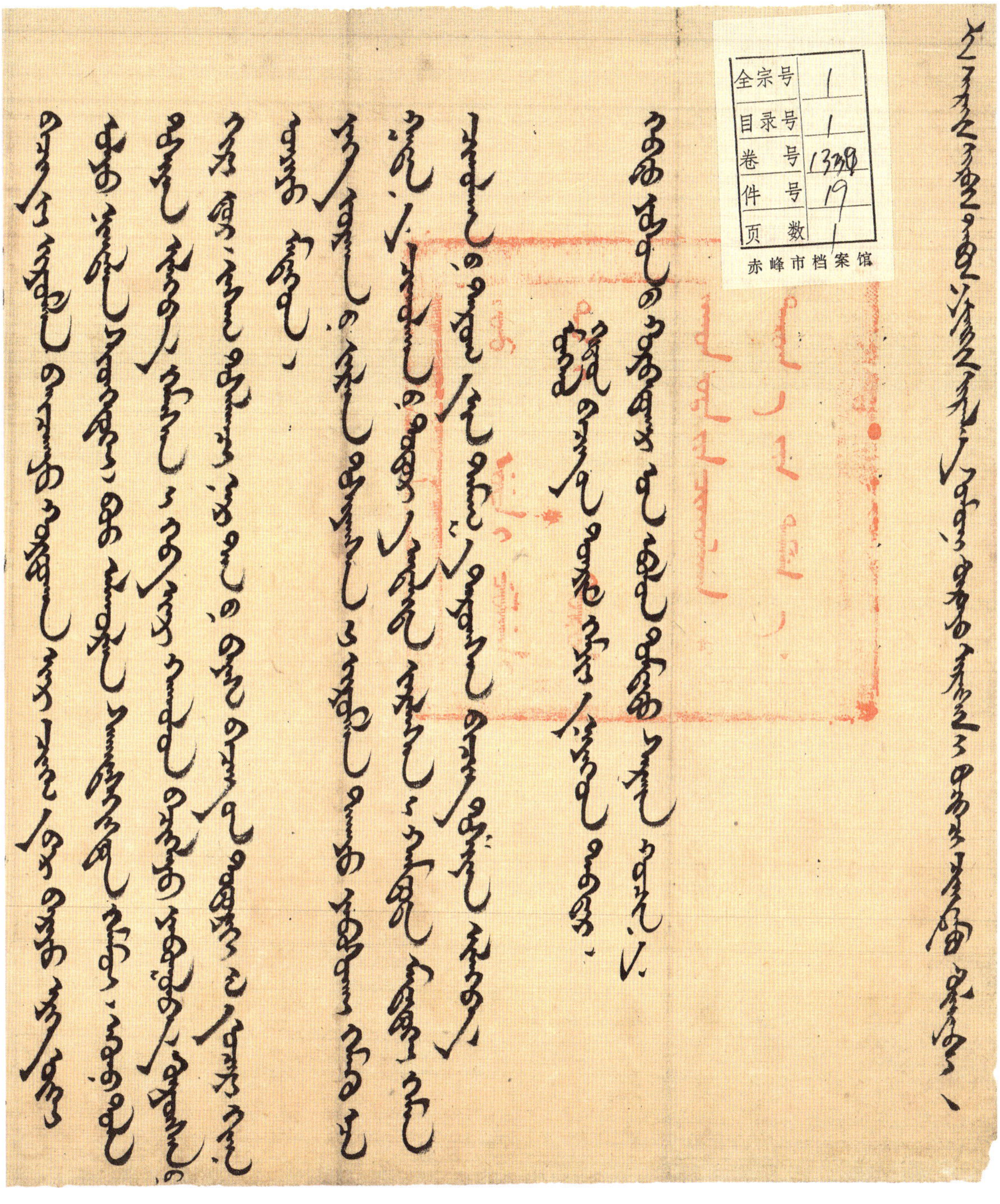

盟长阿鲁科尔沁札萨克多罗郡王品级加八级军功加四级
多罗贝勒为奖惩禁卫军事札盟务帮办原盟备兵札萨克兼
翁牛特札萨克和硕亲王品级加六级军功加六级多罗杜棱
郡王赞巴勒诺尔布、协理二等台吉加二级军功加三级哈
青嘎、协理二等台吉朝克图格日勒文

为札付事。今理藩部饬印文，转饬行事。今钦命专司训练禁卫军大臣咨称，案查，自设军以来，选入京城旗、驻防及诸骑兵中有屡次逃跑者。为此，依据禁卫军官兵有逃跑者情形，罚其长官，拟定抓捕逃跑兵丁奖惩规则一事宣统三年二月十六日奏闻，朱批："依议，钦此。"奉旨一事，已录在案。

其次，内蒙古各札萨克旗选派兵丁已入队进行训练一事，也记录在案。今又咨规则五十本送达贵院，转晓各札萨克旗，定出规则后遵照执行等。为此，把送来原文用蒙古文翻译后札付昭乌达盟盟长，分别转各旗一同奉行。土默特贝子旗等各旗蒙古兵丁穿军服逃跑者，照前札文巡查，立刻抓捕严惩，不得延误。为此，札付。等因。照抄札付，札萨克、协理等知悉文内内容，奉大院饬令执行。另，为盟内一同知悉事，造盟长印文札付。

蒙汉文规各一本。

宣统三年冬十一月三十日
腊月十五日，章京吉日嘎郎佐领送来，笔帖式其格达木布接收。

534